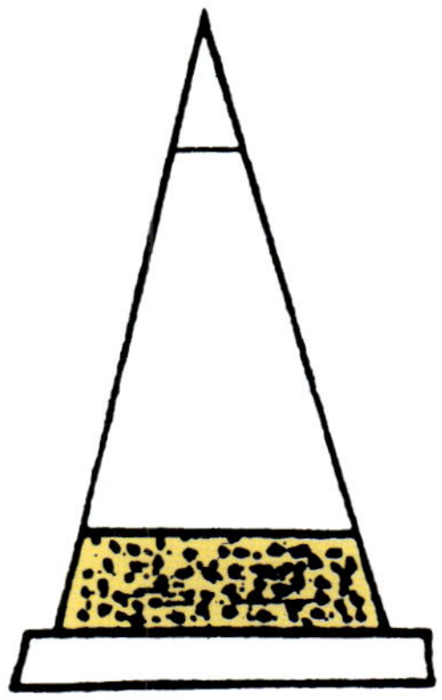

 ***mr*** **‘pyramid’**

»Die Götter, die diese Pyramide
und diesen Bau des Königs gut und
robust sein lassen – ihnen ist
alles zu verdanken, sie werden geehrt,
sie zeitigen Eindruck, in ihrer Hand
liegt alles Gedeihen, [...] ihnen
allein gebührt die Krone.«
Pyramidenspruch 1650

Das erste Weltwunder

Die Geheimnisse der ägyptischen Pyramiden

MARK LEHNER

Aus dem Englischen von Hermann Kusterer

ECON

Bruce Ludwig zum Dank für treue Hilfe

Titel der englischen Originalausgabe:
»The Complete Pyramids«
Originalverlag: Thames and Hudson
Übersetzt von Hermann Kusterer

Die Deutsche Bibliothek - CIP-Einheitsaufnahme
Lehner, Mark
Das erste Weltwunder: Die Geheimnisse der ägyptischen
Pyramiden / Mark Lehner.
Aus dem Engl. von Hermann Kusterer. - Düsseldorf, München: ECON, 1997
Einheitssacht.: The Complete Pyramids <dt.>
ISBN 3-430-15963-6

Der ECON Verlag ist ein Unternehmen der ECON & List Verlagsgesellschaft

Lektorat: Peter Klumbach
Gesetzt aus der Century Old Style, Linotype
Satz: Heinrich Fanslau GmbH, Düsseldorf
Printed in Slovenia
ISBN 3-430-15963-6

INHALT

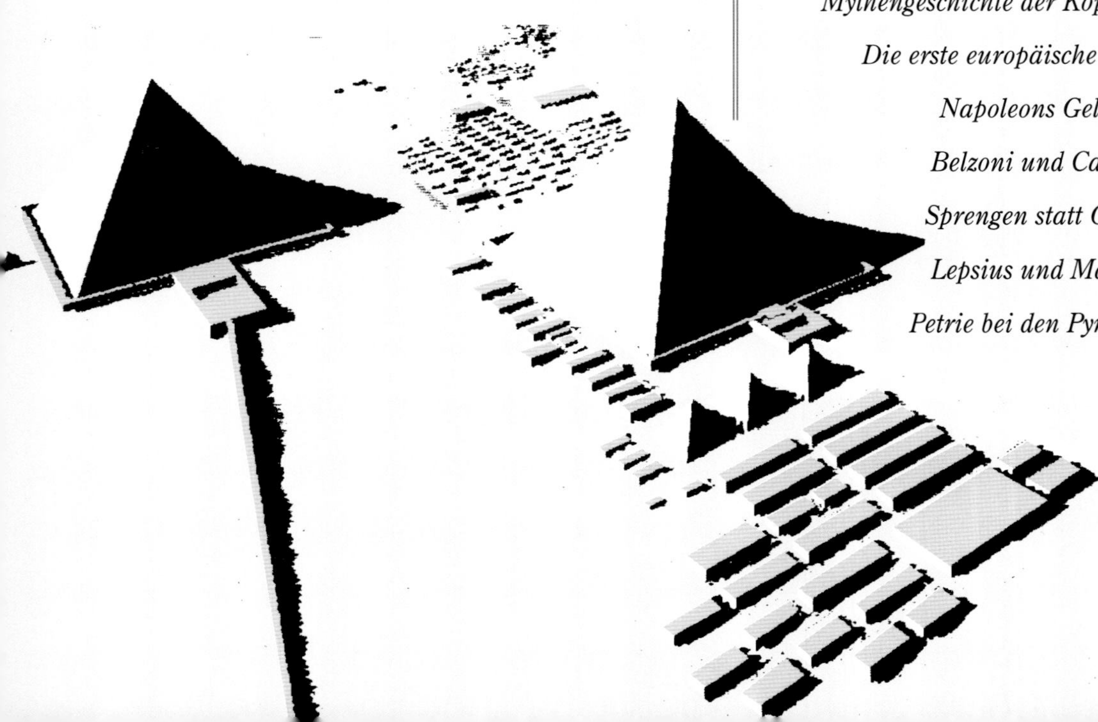

Pyramiden, Land und Leute

Noch immer erglühen die Pyramiden von Gise frühmorgens im ersten Licht der Morgenröte und fangen am Abend den letzten Funken der sinkenden Sonne ein, doch ihr einstiger Glanz hat unter der Beseitigung des Verkleidungsmantels und einer in Jahrtausenden angesetzten Patina beträchtlich gelitten.

Die ägyptischen Pyramiden sind höchst menschliche Monumente, auch wenn ihre Erbauer wohl kaum diesen Aspekt betonen wollten. Wenn morgens die Sonne über den Felsklippen im Osten aufging, tauchte sie die geheiligten Bezirke der Pyramiden in einen kraftvollen Strahlenkranz aus Licht und Wärme, während im kühlen Talgrund noch der Morgendunst lag. Vor 45 Jahrhunderten, als ihre frisch polierte Kalksteinhaut noch unversehrt war, muß um Mittag der weiße Glanz der Pyramiden das Auge geblendet haben. Nur in diesem Licht wird uns bewußt, wie machtvoll die Pyramiden den Sonnengott kündeten.

Diese mächtige Wirkung ging verloren, als die meisten Pyramiden vor langer Zeit ihrer Außenverschalung beraubt wurden. Wo sie wie an der Spitze der Chephren-Pyramide in Gise erhalten blieb, hat sie über die Jahrtausende eine bräunliche Patina angesetzt. Was wir heute sehen, ist nur mehr der bloße Pyramidenkern aus wesentlich rauherem Mauerwerk. Selbst der Kern der eindeutig schönsten, der großen Cheops-Pyramide, besteht aus gröberen, vergipsten Blöcken und gelegentlichen losen Gesteinsfüllungen. Die Kerne anderer Pyramiden wurden aus kleineren Blöcken erbaut, deren Nähte mit Wüstenlehm verschmiert oder mit Geröll aufgefüllt waren, und fielen beim Abraub der Außenschicht in sich zusammen. Manchmal bestand der Kern auch aus dunklen Ziegeln von Lehm und Stroh. Manchmal erkennen wir noch Spuren der Arbeiter, die während der jahre- oder jahrzehntelangen Bauzeit praktisch auf der langsam wachsenden Pyramide wohnten.

1984 leitete ich mit Robert Wenke von der University of Washington ein Projekt, bei dem im Pyramidenmaterial enthaltene organische Spuren zur Radiocar-

bondatierung gesammelt werden sollten. Es war ein prickelndes Gefühl, über die Große Pyramide zu klettern und im Gipsmörtel versteckte, winzige Bröckchen Holzkohle zu suchen. Bei solch naher Begegnung mit den Pyramiden offenbaren sich nicht etwa die »Fußspuren der Götter«, sondern eher die »Fingerabdrücke von Menschen«: Stroh und Schilf, Holz, Seil- und Steinwerkzeugfragmente, Kupferstückchen und Tonscherben.

Die Geographie der Pyramiden

Da sich das Leben der alten Ägypter am Rhythmus zweier kosmischer Achsen orientierte, waren sie sich der Himmelsrichtungen unmittelbar bewußt. Die Sonne erhob sich über der beigegelben Wüste im Osten und ging über den bronzefarbenen Klippen im Westen unter. Die Nord-Süd-Achse bestimmte der Nil als Träger der Waren und Dienstleistungen und der Verwaltung des Landes. Sogar im Delta reiste man leichter die Nilarme hinauf und hinab als quer übers Land.

Etwa 4000 Jahre vor Gründung des heutigen Kairo entstand nahe der Deltaspitze Ägyptens erste Hauptstadt Memphis als befestigte Siedlung. Von hier bis zur Pforte des Fajum erstreckte sich ein langer, enger Abschnitt des Niltals, der in der ganzen ägyptischen Geschichte »Hauptstadt-« und »Pyramidenzone« zugleich war. Im Alten Reich hatte die Verwaltung vielleicht ihren Sitz in der königlichen Hauptresidenz im Tal unterhalb der Pyramiden. Da der Westen die traditionelle Richtung der Toten war, wurde die westliche Hochwüste entlang der nördlichen Hauptstadtzone zum Begräbnisgebiet der Könige, Fürsten, Höflinge, Beamten und heiligen Tiere.

Karl Butzer zufolge lagen die zwei am dichtesten bevölkerten Gebiete in dynastischer Zeit zwischen Luxor (dem antiken Theben) und Aswan (Elephantine) am ersten Katarakt und von Meidum an der Fajum-Pforte nordwärts zur Deltaspitze. Dazwischen erstreckte sich Mittelägypten, eine geographische Pufferzone mit niedriger Bevölkerungsdichte. Die Gesamtbevölkerung Ägyptens zur Bauzeit der Gise-Pyramiden wird auf 1,6 Millionen geschätzt (1995: 58 Millionen).

Die Ländereien und Menschen Mittelägyptens und des Nildeltas belieferten die Pyramiden mit ihren Erzeugnissen. Hier die Zeichnung eines Opferträgers von einem Relief im Pyramidentempel Senwosrets I. in Lischt.

Chronologie der Pyramiden-Erbauer

Die ägyptische Chronologie und die Daten der Dynastien und Pharaonen sind bis heute unter den Gelehrten umstritten. Die hier verwendeten Daten beruhen auf der von Professor John Baynes und Dr. Jaromir Malek in ihrem Atlas of Ancient Egypt *vorgeschlagenen Chronologie. Für die im Text vorkommenden Pharaonen und Pyramiden sind, soweit bekannt, Einzeldaten genannt.*

Späte vordynast. Periode *um* 3000 V. CHR.

Frühzeit

1. Dynastie	**2920–2770**
Menes (Hor-Aha); Djer, Uadji; Den, Anedjib, Semerchet; Qa'a	
2. Dynastie	**2770–2649**
Hetepsechemui; Raneb; Ninetjer; Seth-Peribsen; Chasechem(ui)	
3. Dynastie	**2649–2575**
Nebka	2649–2630
Djoser (Netjerichet)	2630–2611
Sechemchet	2611–2603
Chaba	2603–2599
Huni	2599–2575

Altes Reich

4. Dynastie	**2575–2465**
Snofru	2575–2551
Cheops	2551–2528
Djedefre	2528–2520
Chephren	2520–2494
Menkaure (Mykerinos)	2490–2472
Schepseskaf	2472–2467
5. Dynastie	**2465–2323**
Userkaf	2465–2458
Sahure	2458–2446
Nefererkare	2446–2426
Raneferef	2419–2416
Niuserre	2416–2388
Djedkare-Asosi	2388–2356
Unas	2356–2323
6. Dynastie	**2323–2150**
Teti	2323–2291
Pepi I.	2289–2255
Merenre	2255–2246
Pepi II.	2246–2152
7./8. Dynastie	**2150–2134**
darunter Ibi	Daten ungewiß

Erste Zwischenzeit

9./10. Dynastie	**2134–2040**
11. Dynastie *(Theben)*	**2134–2040**
Antef I.	2134–2118
Antef II.	2118–2069
Antef III.	2069–2061
Mentuhotep	2061–2010

Mittleres Reich

11. Dynastie	**2040–1991**
Mentuhotep I.	2061–2010
Mentuhotep II.	2010–1998
Mentuhotep III.	1998–1991
12. Dynastie	**1991–1783**
Amenemhet I.	1991–1962
Senwosret I.	1971–1926
Amenemhet II.	1929–1892
Senwosret II.	1897–1878
Senwosret III.	1878–1841?
Amenemhet III.	1844–1797
Amenemhet IV.	1799–1787
Sobeknofru	1787–1783
13. Dynastie	**1783–1640**
darunter	
Ameni-Qemau	*um* 1750
Chendjer	*um* 1745
14. Dynastie	zeitgleich mit 13. oder 15.

Zweite Zwischenzeit	
15.–17. Dynastie	**1640–1532**
Neues Reich	
18.–20. Dynastie	**1550–1070**
darunter	
Ahmose	1550–1525
Dritte Zwischenzeit	
21.–25. Dynastie	**1070–712**
25. Dynastie	**770–712**
(Nubien and Theben)	
Kaschta	770–750
Pije	750–712
Spätzeit	
25. Dynastie	**712–657**
Schabaka	712–698
Schebitku	698–690
Taharqa	690–664
Tanotamun	664–657
26. Dynastie	**664–525**
darunter	
Nekau I.	672–664
Psamtik I.	664–610
27. Dynastie	**525–404**
28. Dynastie	**404–399**
29. Dynastie	**399–380**
30. Dynastie	**380–343**
Zweite Persische Ära	**343–332**
Gräko-Romanische Periode	**332 v. Chr.– 395 n. Chr.**
Meroitisches Königreich	**300 v. Chr.– 350 n. Chr.**

Die Pyramide als Tempel

Zwar sind die Pyramiden Pharaonengräber, aber im alten Ägypten war das Grab eines Pharaos weit mehr als nur ein Königsgrab. Seit Beginn des ägyptischen Staates mit der 1. Dynastie konzentrierte sich die Tradition auf den König als Inkarnation des Gottes Horus, dessen Totem der Falke war, ein Tier, das sich über alle anderen lebenden Kreaturen emporschwang. Starb eine dieser Inkarnationen, so ging Horus in den nächsten Regenten über. Der tote König in der Pyramide wurde mit Osiris identifiziert, dem Vater des Horus. So war die Pyramide in gewissem Sinn ein Tempelkomplex der über die Pyramide symbolisch mit dem Sonnengott verschmolzenen Horus-Osiris-Gottheit. Als Tempelkomplex waren die Pyramiden auch die größten aller »frommen Stiftungen«; ihrem Bau, Unterhalt und Dienst wurden Volk, Land und Ernten in Fülle gewidmet. Als die Ägypter die Pyramiden bauten, gründeten sie gleichzeitig in den Provinzen neue Gehöfte, ja ganze Städte. Von dort aus strömten Vieh und Feldfrüchte ins Gebiet des Pyramidenkomplexes und wurden dort an Arbeiter, Priester und andere verteilt, die dem Tempelkomplex dienten. Somit war die Pyramide auch ein Wirtschaftsmotor und – vor allem bei den Pyramiden des Alten Reiches – ein mächtiger Katalysator der Binnenbesiedlung und Entwicklung Ägyptens als erster wirklicher Staat der Welt.

Die fertige Pyramide spielte zahlreiche Rollen; sie war zugleich Massenbeschäftigungsprojekt, Back- und Brauzentrum für Hunderte Verbraucher, Besiedler der ägyptischen Provinzen, Arbeitgeber für Bauern, Viehzüchter und Handwerker aller Art, Tempel und rituelles Zentrum im Herzen des ägyptischen Staates, Reliquienstätte eines Königs, Verkörperung von Licht und Schatten, Vereinigung von Himmel und Erde, die das Geheimnis von Tod und Wiedergeburt in sich barg.

Als das Werk von Land und Leuten der ältesten ägyptischen Reiche verkörperten die Pyramiden in ihrer unverfälschten Form die schönste transzendente Architektur, die die Menschheit je schuf. Ihre Aura des Jenseitigen beflügelt bis heute die Phantasie aller, die auf der Suche nach ihrem Ursprung sind, und hat zu den seltsamsten Spekulationen geführt, die ausgerechnet eines außer acht lassen: die Menschen, die vor Jahrtausenden das Niltal bevölkerten.

Zwei kleinere Pyramiden-Erbauer: (ganz oben) Pharao Djedefre (4. Dynastie) begann in Abu Roasch nördlich von Gise mit dem Bau einer Pyramide; (darunter) Userkaf (5. Dynastie) errichtete eine Pyramide neben Djosers Stufenpyramide in Saqqara und war zudem der erste Pharao, der in Abusir zusätzlich einen Sonnentempel anlegte.

(Von links nach rechts) Die großen Pyramiden-Erbauer des Alten Reiches: Djoser – hier eine bemalte, lebensgroße Statue – erbaute die erste Steinpyramide der Welt, die Stufenpyramide in Saqqara; Cheops befahl den Bau der herrlichsten, sogenannten »Großen« Pyramide von Gise; von ihm selbst ist jedoch nur diese winzige, etwa 5 cm hohe Elfenbeinfigurine erhalten; Chephren wird in dieser lebensgroßen Statue vereint mit dem Horus-Falken dargestellt; Menkaure ist neben seiner Königin Chamerernebti abgebildet.

DIE ÄGYPTISCHEN PYRAMIDEN

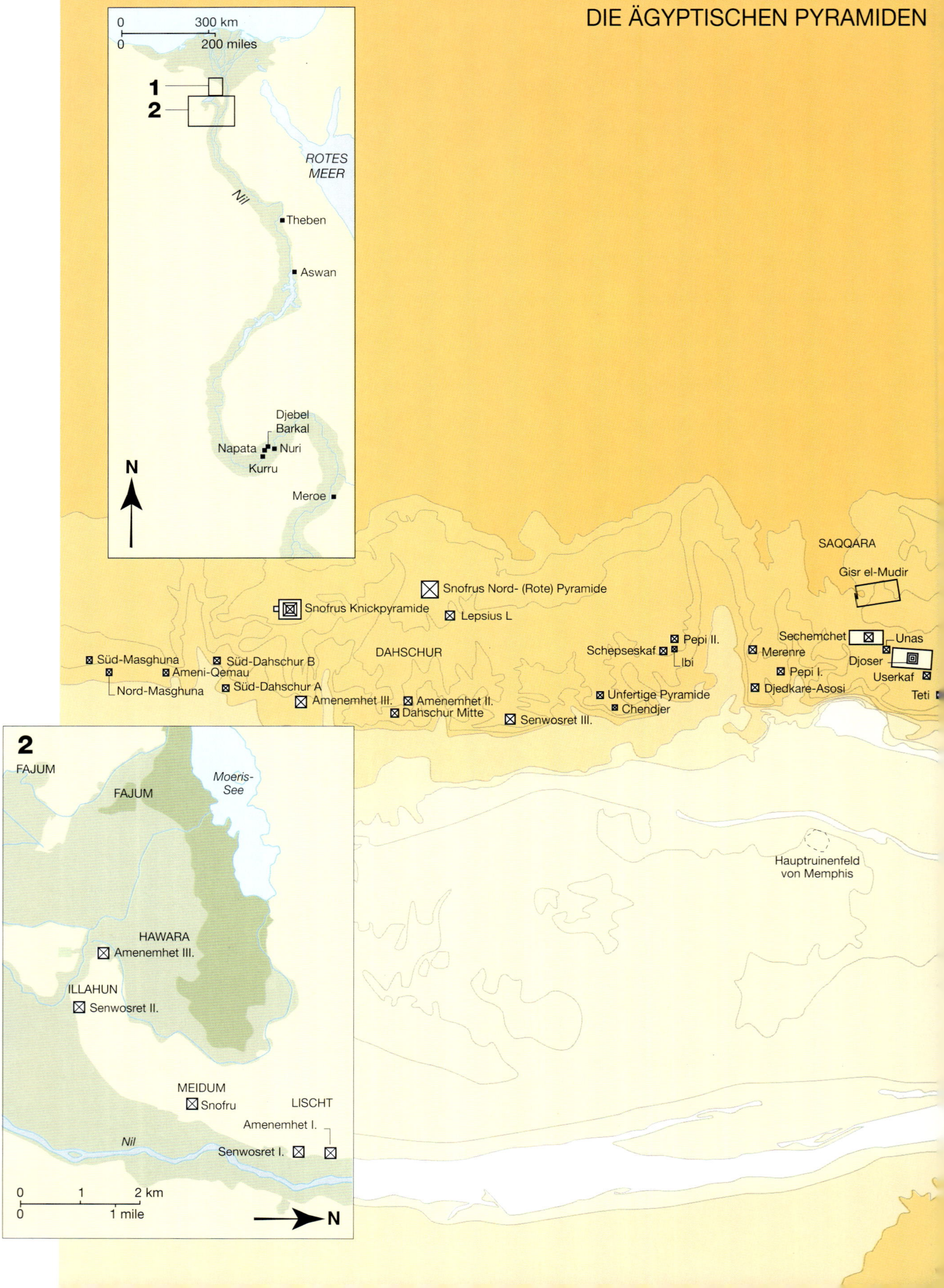

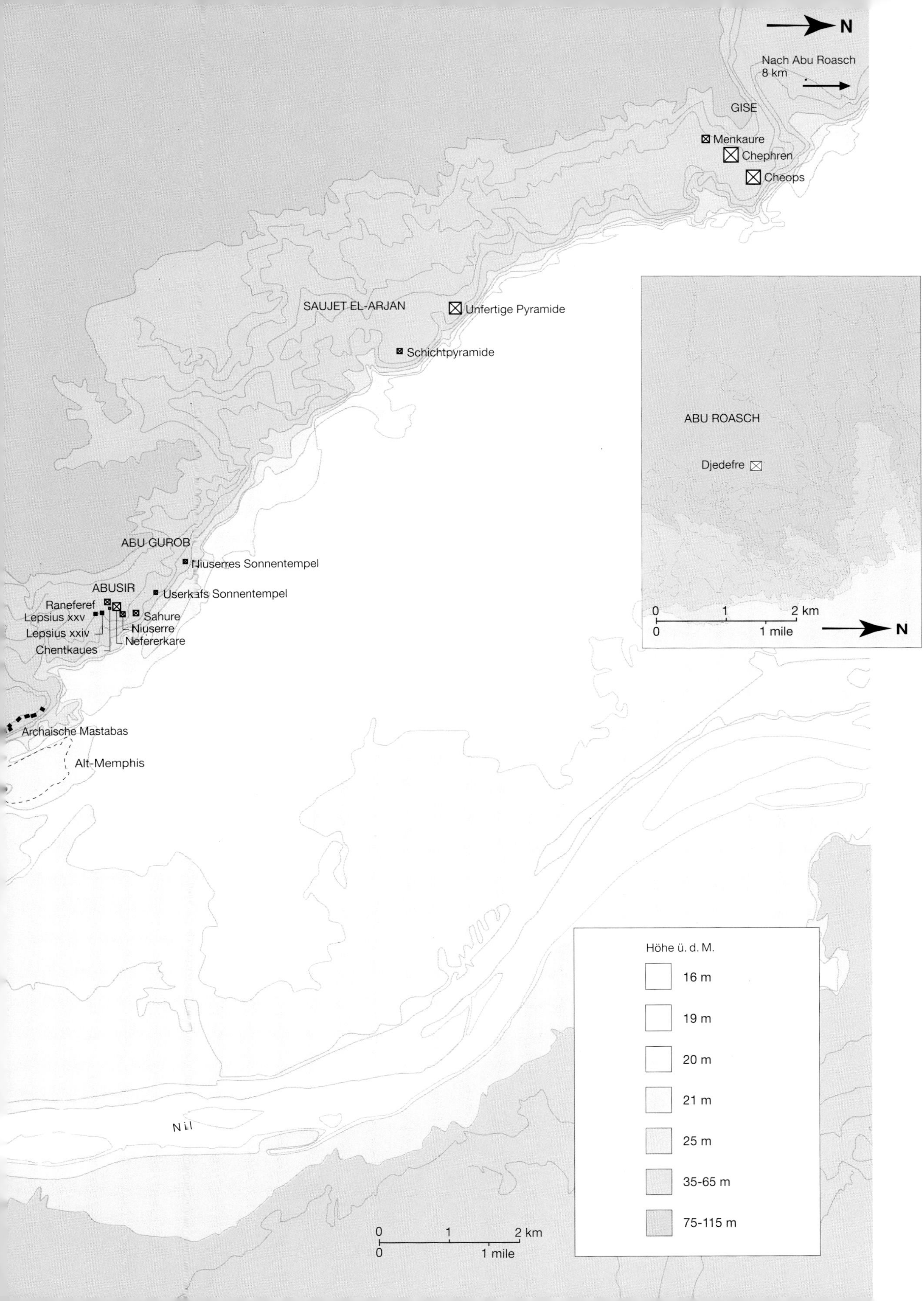
N
Nach Abu Roasch
8 km
GISE
Menkaure
Chephren
Cheops
SAUJET EL-ARJAN
Unfertige Pyramide
Schichtpyramide
ABU ROASCH
Djedefre
0
1
2 km
0
1 mile
N
ABU GUROB
Niuserres Sonnentempel
ABUSIR
Userkafs Sonnentempel
Raneferef
Lepsius xxv
Sahure
Niuserre
Lepsius xxiv
Nefererkare
Chentkaues
Archaische Mastabas
Alt-Memphis
Nil
Höhe ü. d. M.
16 m
19 m
20 m
21 m
25 m
35-65 m
75-115 m
0
1
2 km
0
1 mile

Pyramiden und Landschaft

Ägypten war die Wiege einer Zivilisation, in der fast 3000 Jahre lang dieselbe Sprache und Kultur blühte. Beinahe diese ganze Zeit über war der Pharao »Herr der Zwei Länder« – Ausdruck der natürlichen Teilung des Landes in zwei bewohnbare Bereiche: das Tal und das breite Delta des Nils. Jeder Pharao trug eine Doppelkrone, in der sich die Rote Krone Unterägyptens (im Norden) mit der Weißen Krone Oberägyptens (im Süden) verband.

Von der Gestalt her ähnelt der Nil mit seinem Y-förmigen Delta drei Pflanzen, die im Tal gedeihen und von den Erbauern der Pyramiden in Stein verewigt wurden: Palme, Lotus und Papyrus. Oberägypten bildet den Stamm, das Delta den Palmwedel, die Lotusblüte oder die Papyrusspitze. Ist das Delta die Lotusblüte, dann ist der Fajum seine Knospe. Der Fajum ist ein weites, fruchtbares Becken, das immer wieder ein See füllte, dessen heutige Überreste die Brackwasser des Qarunsees sind. Gespeist wurde der See vom einzigen größeren Nilzufluß Ägyptens, dem »Bahr Yussuf« (»Josefsfluß«), der über den alten Hawarakanal in ihn einfließt.

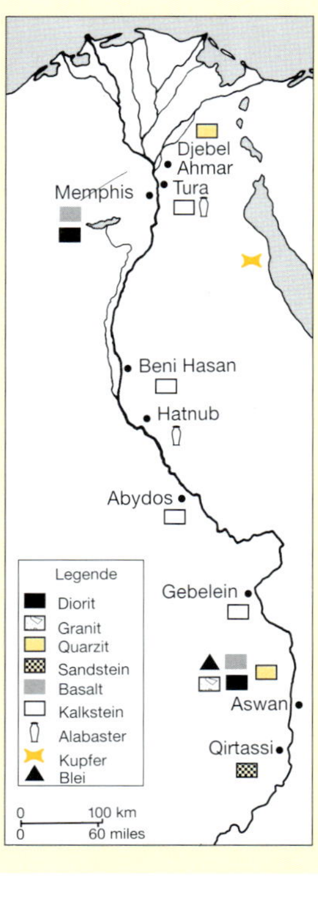

Steine für die Pyramiden

Für ihre Pyramiden und ihre Bildhauerkunst bevorzugten die Ägypter ganz bestimmte Gesteinsarten. Jahrmillionenlang (vor allem im Eozän vor 65–35 Millionen Jahren) bedeckte das Meer einen Großteil Ägyptens, und aus seinen Ablagerungen wurde der Kalkstein des ägyptischen Tafellandes. Dieser wurde für die Pyramidenkerne in Blockgrößen gebrochen, die oft der Dicke der natürlichen Schichten entsprachen. Der feinere Kalkstein für die Außenhaut kam aus Steinbrüchen im Osten jenseits des Nils. Der aus älterer geologischer Zeit stammende Sandstein weiter südlich wurde für die letzten Pyramiden im Tal – Napata und Meroe – benutzt.

Als zweite Gesteinsart für die Verschalung war Granit wichtig, der oft auch das Grundmaterial für Sarkophage und Grabkammern abgab. Für Statuen standen Diorit und Grauwacke hoch im Kurs. Als Pflasterung in den Tempeln zog man lange Zeit Basalt vor. Zur Beschaffung dieser härteren und geologisch älteren Eruptivgesteine veranstalteten die Ägypter regelrechte Expeditionen nach den Orten, wo sie offen zutage lagen – das Fajum, die Berge am Roten Meer sowie Aswan mit seinen Wüsten-Steinbrüchen. Dort fand sich auch das für Werkzeuge benötigte Kupfer sowie Gold, Silber und Eisen; letzteres wurde allerdings fast nur in der Spätzeit verwendet.

Becken und Nomoi

Durch Erosion und Ablagerungen schuf der Fluß eine konvexe Überschwemmungsebene: Das höchste Land liegt dem Fluß am nächsten, das tiefere – entgegen unserer Erwartung – näher an der Wüste. Dazwischen erstreckten sich natürliche Becken terrassenförmig flußabwärts. Sie bildeten das größte und grundlegendste Merkmal des Jahreszyklus und waren ein riesiges natürliches Bewässerungssystem, das die modernen Stauwehre inzwischen beseitigt haben. Die großen, zellenartigen und eingedeichten Becken enthielten jährlich zur Überschwemmungszeit sechs bis acht Wochen lang Wasser. Im letzten Jahrhundert gab es zwischen Elephantine und nördlich des Fajum 136 Hauptbecken. Die alten Ägypter müssen den wilden Nil über 3000 Jahre etappenweise gezähmt haben.

Verwaltungsmäßig unterteilten die alten Ägypter Oberägypten in Bezirke, »Nomoi« genannt; Nomos 1 lag am ersten Katarakt bei Elephantine und Nomos 22 gleich nördlich der Fajum-Pforte. Diese Nomoi wurden von der 5. Dynastie errichtet; jeder besaß eine Hauptsiedlung, die zu seiner »Hauptstadt« wurde. Die insgesamt 20 Nomoi im Norden, die mit dem unterägyptischen Nomos 1 bei Memphis begannen und sich von da aus ins Delta erstreckten, entstanden erst in der Spätantike.

Wie haben nun die alten Ägypter diese Landschaft und ihre Bauern organisiert, damit genug Nahrung und Arbeitskräfte für den Pyramidenbau bereitstanden? Im letzten Jahrhundert gehörten dazu selbständige Beckensysteme aus (selten) einem bis (meist) mehreren Becken, die ein einziger Zufuhrkanal speiste, der an einer Bresche am Nilufer begann. Ab der 18. Dynastie benannte man die Kanäle, die saisonal Flutwasser in die Becken führten, mit der Hieroglyphe für den menschlichen Arm – sie waren »Armaturen des Wassers«. An jedem Beckensystem befand sich ein Endauslaß, über den das Wasser in den Nil zurückfließen konnte, nachdem es seinen fruchtbaren Schlick abgelagert hatte. Der Auslaß wurde als erstes gebrochen; ihm folgten Öffnungen der quer zum Kopfbecken liegenden Deiche.

Auf den Beckenböden von Süd nach Nord tauchten Äcker auf. Die Ägypter säten von Hand, und das geschah am besten, wenn das Wasser abgeflossen, der Acker aber noch feucht war. Dränage und Säen mußten daher genau abgestimmt werden, und bald schon müssen die Beckenaufseher Ackergrenzen abgesteckt und überwacht haben. Gewöhnlich besaß, pachtete oder verwaltete ein Tempel- oder Großhaushalt mehrere Äcker, die vielleicht nicht aneinanderstießen und nicht zwangsläufig in der Nähe des Hauses lagen. Wie in anderen Überschwemmungskulturen mag auch im alten Ägypten ein ganzer, über das Land verstreuter Archipel von Landeigentum unterschiedlicher Art als Versicherung gegen zu hohe oder zu niedrige Wasserstände gegolten haben. Die Pyramiden des Alten Reiches haben mit als erste solcherlei Landbesitz gefördert. Sehr häufig trifft man

Der Dahschur-See als letzter verbliebener Pyramidensee am Wüstenrand vermittelt einen fast gespenstischen Eindruck von der Ökologie der Pyramiden. Im Westen erhebt sich Snofrus Knickpyramide.

in den Pyramidentempeln auf Szenen, die einen langen Zug von Opfernden zeigen, der jeweils einen Ort, ein Gehöft oder einen Nomos personifiziert. Die südlichsten Becken Oberägyptens waren gewöhnlich bis zum 5. Oktober, die nördlichsten bis zum 30. November wieder trocken. Das Säen und Wachsen geschah in der Jahreszeit *peret* (»Sprießen«), ihr folgte *shemu* (»Ernten«) und im Spätsommer *achet* (»Überschwemmung«). Jede der drei Jahreszeiten hatte vier Monate, das Jahr mithin zwölf. Man ist versucht anzunehmen, daß die Nomoi und die ersten Proto-Königreiche, die gegen Ende der prädynastischen Epoche zum ägyptischen »Staat« verschmolzen, in diesen Naturbecken ihren Ausgang nahmen. Jedenfalls dürften die kleineren Beckensysteme wie am Kina-Nilbogen die Verständigung über das Füllen und Entleeren erleichtert haben.

Becken und Pyramiden

Die Erforschung der Flutbecken und der Geographie der Memphis-Region räumt allmählich mit alten Fehlvorstellungen auf. Die Durchschnittstiefe der Nilüberschwemmung reichte nicht aus, um riesige Kalksteinblöcke oder Granitquader an den Fuß des Pyramidenplateaus zu »flößen«. Nichts deutet auch darauf hin, daß die Ägypter im Alten Reich dauerhaft bewässerte Kanäle quer durch die Flutebene geschlagen hätten.

In der nördlichen Pyramidenzone von Dahschur bis Gise und vor allem im Bereich von Memphis verlief der Nil in der frühägyptischen Geschichte näher am Westufer. Am Wüstenrand entlang befanden sich immer wieder Seen, die nach Abfluß der Flut Wasser zurückhielten, so wahrscheinlich vor größeren Pyramidenstätten wie Abusir, Saqqara, Dahschur, vielleicht auch Gise. Wo dauerhaft bewässerte Seen fehlten, könnten die Pyramidenbauer sie durch Erweiterung und Vertiefung der natürlichen Flutbecken geschaffen haben, die ihnen dann als Häfen dienten, wie sie jeder normale Pyramidenkomplex benötigte. Möglicherweise sind die fortbestehenden älteren Kanäle an der Böschung von Saqqara und Abusir, vor allem der Bahr el-Libeini, Überreste aus alter Zeit.

Von einem Aussichtspunkt in den Mokattamhügeln südöstlich von Kairo sieht man jenseits des Tales als Silhouette im Wüstendunst die Pyramiden von Gise, Abusir, Saqqara und Dahschur. Unten im Tal überschwemmt der Nil die Becken nicht mehr. Die Zentren der Nomoi und die Königsgemeinden – mit ihren Bäckereien, Kornspeichern, Brauereien und Werkstätten – sind der Ausbreitung von Afrikas größter Stadt gewichen. Die Pyramiden stehen nicht mehr in lebendigem Austausch mit dem Ägypten von heute, und damit verlor sich die Rolle, die sie einst im Leben des alten Ägypten spielten. Doch von den Mokattamhügeln aus empfinden wir die Pyramidenfelder noch immer als gewaltige Nekropolis, und die Pyramiden wirken wie Riesengrabsteine ferner Gottkönige.

Vereinfachter Querschnitt (nach Karl Butzer) durch das Niltal zwischen Sohag und Asyut, wo der Fluß heute der Ostböschung am nächsten kommt. Die konvexe Flutebene hinterläßt entlang der Nildeiche höheres Land, während sich zur Wüste tieferes Beckenland hinzieht. Über die Zeit hat sich der Nil nach Osten verlagert.

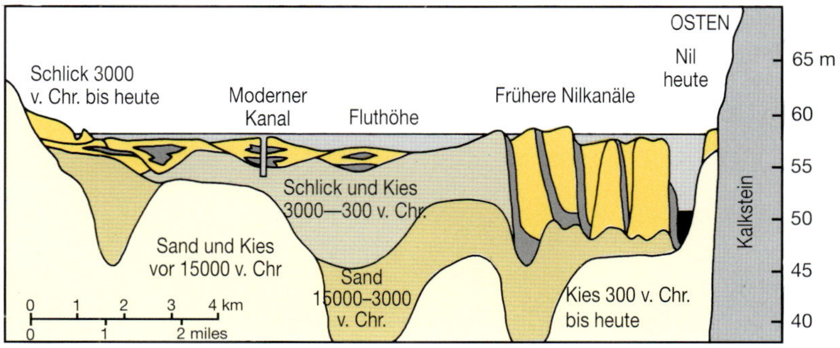

Die Riesenpyramiden: Aufstieg und Fall

(Oben) Die Cheops- (oder »Große«) Pyramide in Gise war die größte, die je gebaut wurde: Sie hat eine Grundfläche von 5,3 ha, war ursprünglich 146 m hoch und weist einen Neigungswinkel von etwa 52° auf.

Snofru (2575–2551 v. Chr.) ließ außerdem in Dahschur die Nord- (oder »Rote«) Pyramide (oben) – eine echte Pyramide mit einem Neigungswinkel von 43° – sowie die Pyramide von Meidum erbauen, der er die echte Pyramidenform mit einem Neigungswinkel von 52° verlieh.

Der lange Marsch zur Vervollkommnung der Pyramide setzte mit Snofrus Knickpyramide in Dahschur ein (unten).

Den Ursprung selbst der großartigsten Pyramiden erblicken die Ägyptologen letztlich in den bescheidenen Grubengräbern der prädynastischen Zeit, die mit einfachen Sand- und Kieshügeln bedeckt waren. Etwas später, an der Schwelle zur 1. Dynastie (um 2900 v. Chr.), bestanden die Gräber der Herrschenden und der Elite aus sauber gearbeiteten Lehmziegelbehältnissen, die in die Wüste eingelassen und wie ein Haus in mehrere Kammern aufgeteilt waren. Die Pharaonengräber der ersten beiden Dynastien folgten diesem Muster, waren aber komplexer. Jedes der weit draußen in der Wüste bei den Hochklippen von Abydos liegenden Gräber dürfte von zwei großen Stelen markiert und von einem Hügel bedeckt gewesen sein. Diese königlichen Gruben- und Hügelgräber sind zusammen mit den Palastimitationen in Form rechteckiger, lehmummauerter Innenhöfe die architektonischen Vorläufer der Pyramiden. Sind einige auch von monumentaler Größe, so kommen sie doch nicht den Ausmaßen nahe, die in der 3. Dynastie unter Djoser (2630–2611 v. Chr.) plötzlich auftauchen.

Die Stufenpyramide des Djoser läutete das klassische Pyramidenzeitalter ein: die 4. bis 6. Dynastie, auch »Altes Reich« genannt. In jenen Jahrhunderten erbauten die Ägypter Pyramiden für ihre Gottkönige Wüstenbereich von Roasch nordwestlich von Gise bis nach Meidum im Süden bei der Fajum-Pforte. Läßt man die Pyramiden Djedefres in Abu Roasch und Snofrus bei Meidum als »Ausreißer« beiseite, so stehen die 21 anderen großen Pyramiden des Alten Rei-

In der 3. Dynastie tauchte unter Djoser urplötzlich die Riesenpyramide auf. Er errichtete die erste Pyramide und den ersten Totenkomplex aus Stein; diesen friedete er mit einer über 1 600 m langen Mauer ein.

Blick über den Dahschur-See (den letzten verbliebenen Pyramidensee) auf die Lehmziegelpyramide Amenemhets III. (Mittleres Reich) und die aus Stein gebaute Nordpyramide Snofrus (Altes Reich).

ches wie Wächter entlang einer 20-Kilometer-Strecke westlich der Hauptstadt vom »Weißen Wall«, des späteren Memphis, und drängeln sich bei Gise, Saujet el-Arjan, Abusir, Saqqara und Dahschur.

Die wahrhaft gigantischen Steinpyramiden wurden in nur drei Generationen erbaut: Snofru, Cheops und Chephren. Falls Snofru neben seinen zwei Steinpyramiden in Dahschur tatsächlich auch noch die Meidum-Pyramide gebaut hat, so enthalten allein seine Monumente eine Steinmasse von über 3,5 Millionen Kubikmeter. Alle übrigen Königspyramiden (Königinnen- und Nebenpyramiden nicht eingerechnet) machen zusammen nur 41 Prozent der Gesamtmasse der Pyramiden Snofrus, seines Sohnes Cheops und seines Enkels Chephren aus. Menkaure benutzte zwar für die dritte Pyramide in Gise noch vieltonnige Quader, aber die Gesamtmasse lag unter der Djosers.

In der 5. und 6. Dynastie erbaute jeder König eine Pyramide, aber sie waren viel kleiner, hatten kleinere Steine, und ihre Kerne bestanden aus Felsgeröll – im gewissem Sinn eine minderwertige Bauweise; dennoch erzielten die Ägypter dieselbe Pyramidalform mit feiner Außenhaut zu geringeren Kosten. Gleichzeitig wurden die Pyramidentempel größer, komplexer und kunstvoller angelegt als in der frühen 4. Dynastie. Eine echte Standardisierung war in der späten 5. und vor allem in der 6. Dynastie erreicht. Trotz unterschiedlich langer Regierungszeit waren die Pyramiden des Merenre (9 Jahre) und Pepi II. (über 90 Jahre) in den Außenabmessungen fast identisch.

In der Ersten Zwischenzeit, als die Einheitsherrschaft rivalisierenden Fürstentümern wich, wurde der Pyramidenbau nahezu eingestellt. Er wurde im Mittleren Reich wieder aufgenommen, als die ersten Pyramiden mit einem Kern aus kleinen und zersplitterten Steinen in Kasemattenwänden entstanden; später bestand der Kern aus Lehmziegeln. Die Größe war nicht so standardisiert wie im späten Alten Reich. Der Eingang lag nicht mehr durchweg auf der Nordseite, und die Durchgänge zur Grabkammer folgten einer umständlichen, abseits der Achse verlaufenden Route. Der Südrand hatte sich von Dahschur (nördlich von Illahun und Hawara) zur Fajum-Pforte verschoben.

Die Pharaonen des Neuen Reiches bauten ihre Gräber dann in einem gemeinschaftlichen Gräberfeld, dem Tal der Könige mit Zentrum bei Theben (dem heutigen Luxor). Über das Tal ragt eine Bergspitze, die angesichts der zahllosen, in die unteren Schluchten gehauenen Korridore und Grabkammern wie eine Naturpyramide wirkt. Die von Menschenhand geschaffenen Pyramiden reduzierten sich jetzt auf kleine Überbauten über den in den Fels geschlagenen Gräbern von Schreibern, Künstlern, Handwerkern und Beamten im Dienst des Königs, die beim Bau der Königsgräber mitgewirkt hatten. Während der ganzen Antike ahmte Nubien (im jetzigen Nordsudan) viele Aspekte der ägyptischen Kultur nach, darunter auch den Bau von Pyramiden als Königsgräber. Mehr als 800 Jahre nach Fertigstellung der letzten Königspyramide in Ägypten begann etwa 720 v. Chr. der Bau von Pyramiden kleineren Maßstabs für die Herrscher des Königreichs Napata und des Königreichs Meroe, das um 350 n. Chr. endete. Im Lauf von 1000 Jahren wurden in Nubien rund 180 Königspyramiden erbaut, zweimal so viele wie in Ägypten.

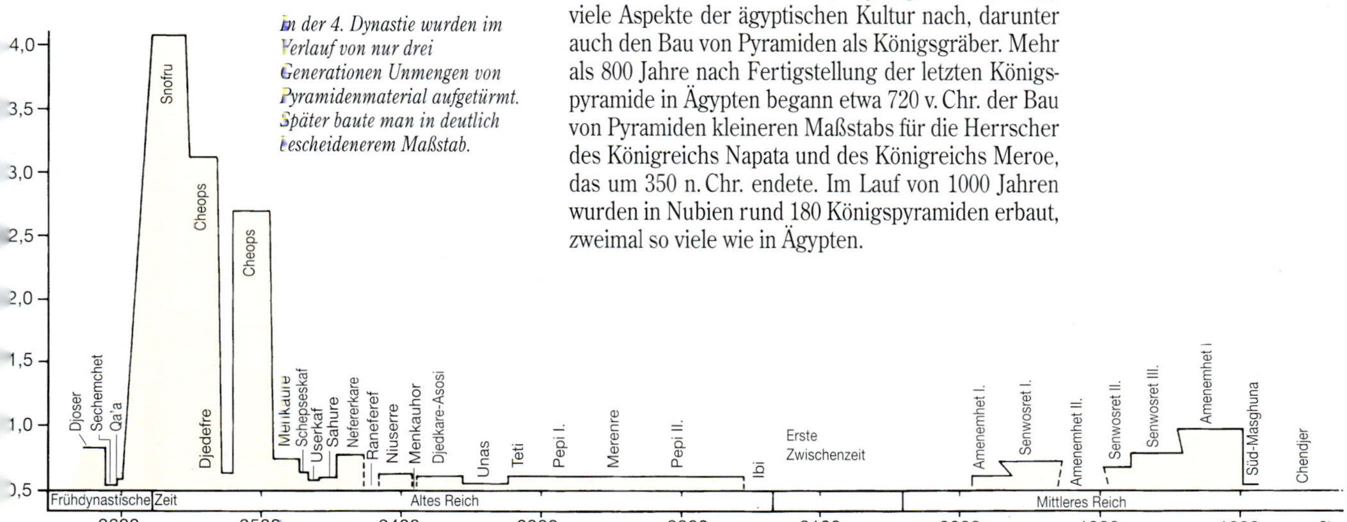

In der 4. Dynastie wurden im Verlauf von nur drei Generationen Unmengen von Pyramidenmaterial aufgetürmt. Später baute man in deutlich bescheidenerem Maßstab.

Geschichte der Pyramidenformen

Die Profile der wichtigsten Pyramiden sind allesamt im selben Maßstab gezeichnet; sie reichen von den frühesten gestuften Hügeln der 1. Dynastie über die gestuften Pyramiden der 3. und die massiven Pyramiden der 4. Dynastie bis zu den viel kleineren Monumenten der spätägyptischen Geschichte. Einer möglichen Chronologie nach sind zwischen der Vollendung von Djosers Stufenpyramide und dem Beginn der Großen Cheops-Pyramide nur 60 Jahre verstrichen. Trifft dies zu, hätte jemand als Kleinkind die gerade fertige Djoser-Pyramide sehen und als alter Mann noch den Baubeginn der Cheops-Pyramide erleben können, als »die ägyptische Maurerkunst im Zenit stand«. Die Riesenpyramiden stellen einen etwa unserer Raumfahrt- oder Computer-Revolution vergleichbaren Kulturfortschritt dar.

Nach dem Ende der 5. Dynastie liegt der Pyramideneingang nicht mehr durchweg im Norden, und die Passagen und Kammern folgen gewundenen Wegen; das Innere ist auf den entsprechenden Profilen daher nicht zu erkennen.

1. DYNASTIE

Gestufte Mastaba, Saqqara

2. DYNASTIE

Gräberhof des Chasechemui, Abydos

3. DYNASTIE

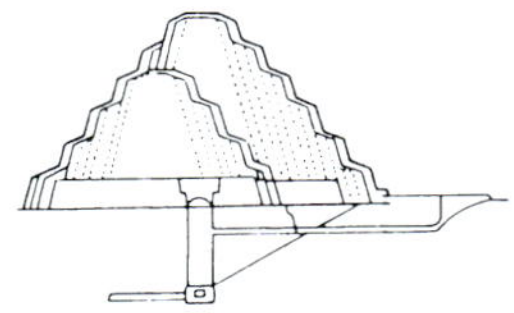

Djosers Stufenpyramide, Saqqara

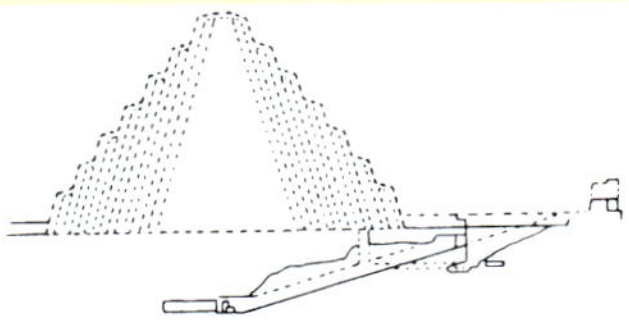

Sechemchet, Saqqara

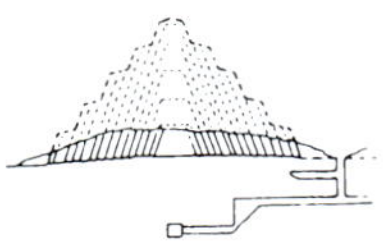

Schichtpyramide, Saujet el-Arjan

4. DYNASTIE

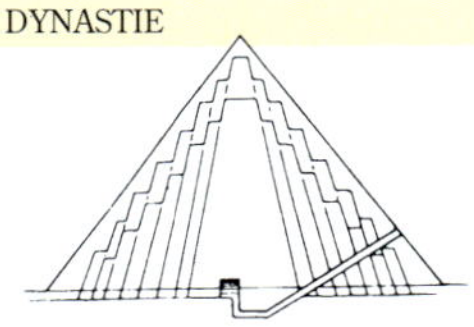

Snofru, Meidum

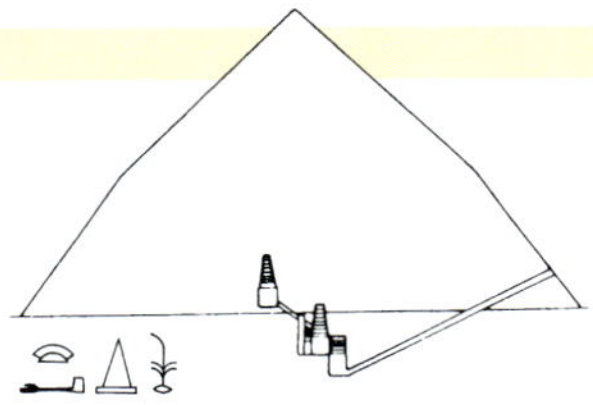

Snofru, Knickpyramide, Dahschur

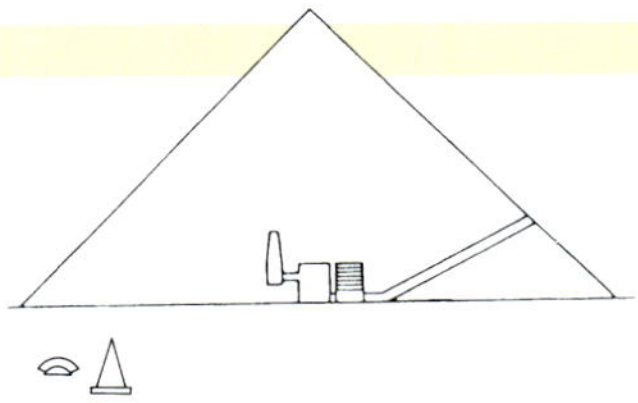

Snofru, Nordpyramide, Dahschur

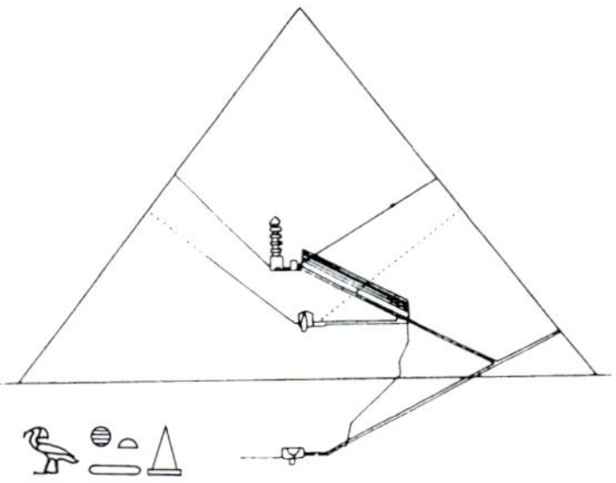

Cheops, Große Pyramide, Gise

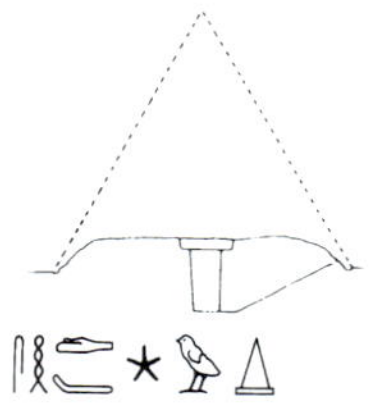

Djedefre, Abu Roasch

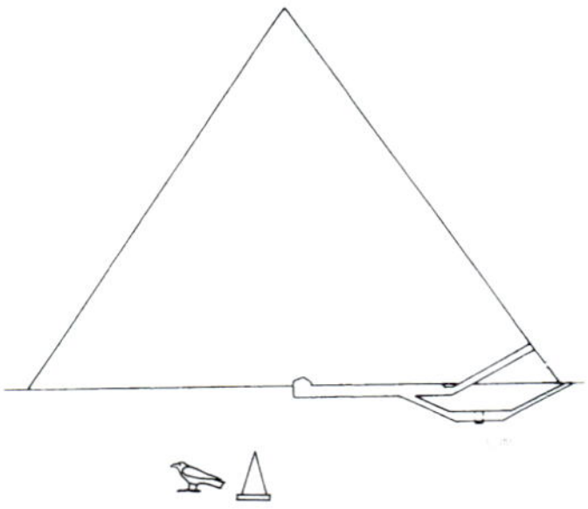

Chephren, Gise

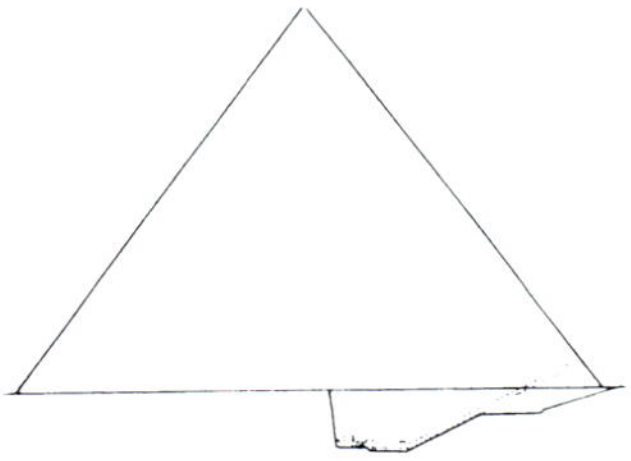

?Nebka, unfertige Pyramide, Saujet el-Arjan

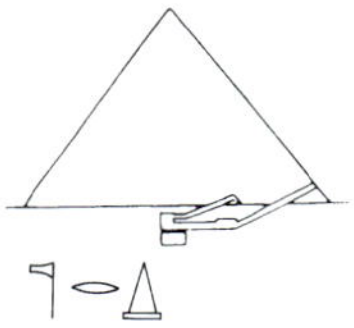

Menkaure, Gise

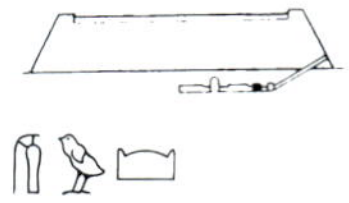

Schepseskaf, Saqqara

Chentkaues, Gise

5. DYNASTIE

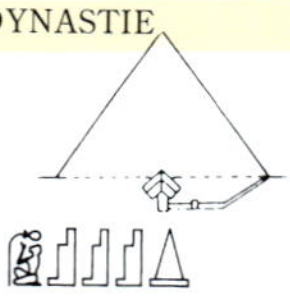

Userkaf, Saqqara

Sahure, Abusir

Neferirkare, Abusir

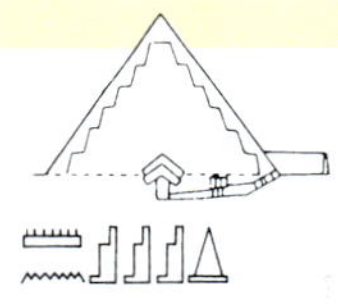

Niuserre, Abusir

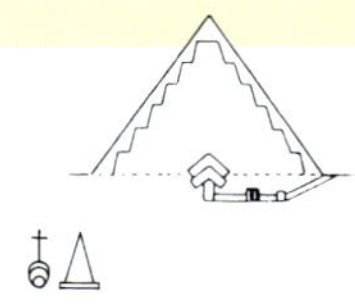

Djedkare-Asosi, Saqqara

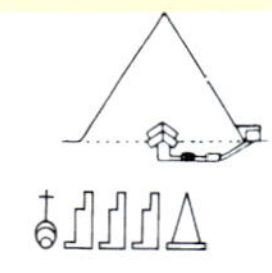

Unas, Saqqara

12. DYNASTIE

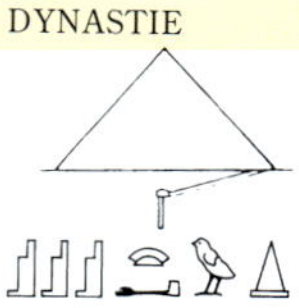

Amenemhet I., Lischt

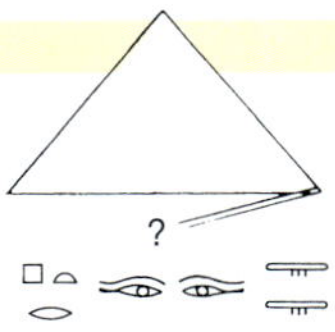

Senwosret I., Lischt

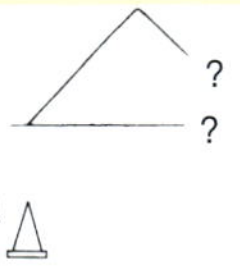

Amenemhet II., Dahschur

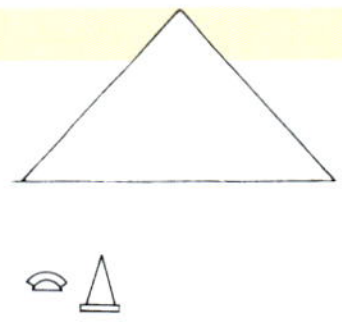

Senwosret II., Illahun

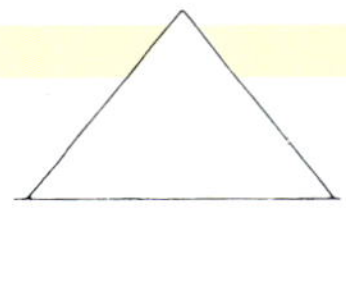

Senwosret III., Dahschur

Statistische Angaben zu den wichtigsten Pyramiden

Pharao	Ort	Dyn.	Basismaß (m)	Höhe (m)	Volumen (m^3)	Neigung	Nebenpyr.	Königin-P.	Alter Name
Djoser	Saqqara	3	121x109	60	330.400				
Sechemchet	Saqqara	3	120	7 (unfertig)	33.600				
Chaba (?)	Saujet el-Arjan	3	84	20 (unfertig)	47.040				
Snofru (?)	Meidum	4	144	92	638.733	51°50'35"	√		Snofru ist beständig
Snofru	Dahschur	4	188	105	1.237.040	54°27'44"/ 43°22	√		Die Leuchtende Südpyramide
Snofru	Dahschur	4	220	105	1.694.000	43°22'			Die Leuchtende Pyramide
Cheops	Gise	4	230,33	146.59	2.583.283	51°50'40"	√	3	Horizont des Cheops
Djedefre	Abu Roasch	4	106	67	131.043	52°	√		Zum Firmament gehört Djedefre
Chephren	Gise	4	215	143.5	2.211.096	53°10'	√		Chephren ist groß
?Nebka	Saujet el-Ar.	4	200	(unfertig)					
Menkaure	Gise	4	102,2x104,6	65	235.183	51°20'25"		3	Menkaure ist göttlich
Schepseskaf	S. Saqqara	4	99,6x74,4	18	148.271	70°			Die Gereinigte Pyramide
Chentkaues	Gise	4	45,5x45,8	17.5	6.372 (oben)	*ca.* 74°			
Userkaf	Saqqara	5	73,3	49	87.906	53°7'48"	√		Die Stätten des Userkaf sind rein
Sahure	Abusir	5	78,75	47	96.542	50°11'40"	√		Die Seele des Sahure erscheint
Nefererkare	Abusir	5	105	*ca.* 72	257.250	53°7'48"			Nefererkare ist eine Seele
Raneferef	Abusir	5	65	(unfertig)					Die Pyramide der Göttlichen Seelen
Niuserre	Abusir	5	78,9	51.68	112.632	51°50'35"	√	2?	Es bestehen die Stätten des Niuserre
Djedkare-Asosi	S.Saqqara	5	78,75	*ca.* 52.5	*ca.* 107.835	52°	√	1	Djedkare ist vollendet
Unas	Saqqara	5	57,75	43	47.390	56°18'35"	√		Die Stätten des Unas sind vollendet
Teti	Saqqara	6	78,75	52.5	107.835	53°7'48"	√	2	Die Stätten des Teti sind beständig
Pepi I.	S.Saqqara	6	*ca.*78,75	*ca.* 52.5	*ca.* 107.835	53°7'48"	√	5	Es besteht die Vollendung des Pepi
Merenre	S.Saqqara	6	*ca.*78,75	*ca.* 52.5	*ca.* 107.835	53°7'48"			Es erscheint die Vollendung des Merenre
Pepi II.	S.Saqqara	6	78,75	52.5	*ca.* 107.835	52°7'48"	√	3	Es besteht das Leben des Pepi
Ibi	S.Saqqara	8	31,5	21?	6.994?				
Chui	Dara	1. Zz.	130						
Amenemhet I.	Lischt	12	84	55	129.360	54°27'44"			Die Stätten des Erscheinens
Senwosret I.	Lischt	12	105	61.25	225.093	49°23'55"	√	9	Senwosret erblickt die Beiden Länder
Amenemhet II.	Dahschur	12	*ca.* 50						Amenemhet ist versorgt
Senwosret II.	Illahun	12	106	48.6	185.665	42°35'	√? oder	1?	Senwosret erscheint
Senwosret III.	Dahschur	12	105	78	288.488	56°18'35"		7	
Amenemhet III.	Dahschur	12	105	75	274.625	57°15'50"			Amenemhet ist schön
Amenemhet III.	Hawara	12	105	*ca.* 58	200.158	48°45'			Amenemhet lebt
Amenemhet IV. oder Sobek-neferu	S.Masghuna	13	52,5	(unfertig)	30.316				
Ameni-Qemau Chendjer	S.Saqqara	13	52,5	*ca.* 37.35	44.096	55°			

6. DYNASTIE

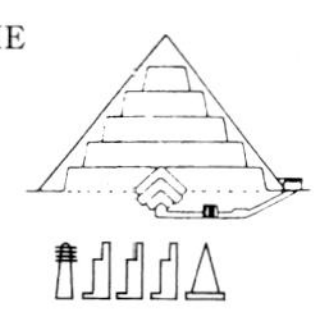

Teti, Saqqara

Pepi I., S. Saqqara

Merenre, S. Saqqara

Pepi II., S. Saqqara

8. DYNASTIE

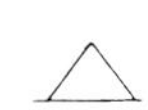

Ibi, S. Saqqara

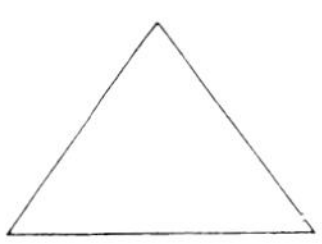

Amenemhet III., Dahschur

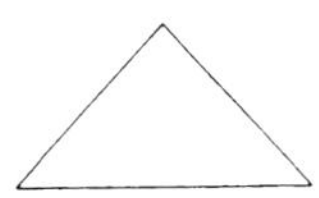

Amenemhet III., Hawara

Amenemhet IV. oder Sobek-neferu, S. Masghuna

13. DYNASTIE

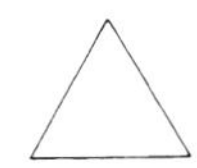

Chendjer, S. Saqqara

Unfertige Pyramide, S. Saqqara

Der Standard-Pyramidenkomplex

Die Pyramiden überdeckten die Gräber der Gottkönige; in ihrer späteren Geschichte markierten sie auch Adels- und Beamtengräber. Sie genügten einem Prinzip, das der große Gise-Ausgräber George Reisner wie folgt formulierte: »Jeder Unterbau [Grab] verlangt einen Oberbau, der den Ort des Grabes bezeichnet und eine Stelle vorgibt, an dem man Gaben für den Toten ablegen kann.« Als Graboberbau war die Pyramide das Zentralelement eines Ganzen, das seinerseits den »Pyramidenkomplex« bildet.

Die fundamentalsten Elemente zeigen zwei Extremfälle. Gräber in Unternubien (Gruppe A) aus der Zeit der oberägyptischen Spätdynastie bestanden aus in die Erde eingelassenen Gruben, über denen ein Tumulus aus Geröll in Trockenmauer-Einfassungen errichtet wurde. Am Fuß der Tumuli, die an der West- und Südseite zum Teil bewußt als Opferstätten gestaltet waren, wurden Tonwaren abgelegt. Bei den Pyramiden von Gise als komplexerer Version desselben Grundmusters in gigantischem Ausmaß wurde die Grabgrube am Ende eines langen Korridors, der der Seele des Königs den Weg zu den nördlichen Polarsternen wies, in den Fels geschlagen oder – einmalig bei Cheops – in das obere massive Mauerwerk verlegt. Die Pyramide ist nichts anderes als der zu sublimer Geometrie verfeinerte und zu einem Berg von Menschenhand vergrößerte Tumulus.

Die Opferstätte ist nunmehr ein Toten- oder Kulttempel an der Ostseite mit breitem Kolonnadenhof und schwarzem Basaltpflaster, Granitsäulen und Wänden mit bemalten Reliefs. Eine Querhalle trennte einen Vorder- oder Außenteil des Totentempels vom inneren Tempel. Dahinter befanden sich Lagerräume und als letztes ein Innenheiligtum; das Ganze endete an einer Scheintür, dem symbolischen Portal des Pyramidenkomplexes.

Lange meinte man, das Begräbnis des Pharaos habe im Totentempel stattgefunden, aber einiges spricht dagegen (mehr dazu später). Sicher wissen wir nur, daß er dem toten Herrscher, der in täglichen Riten, die auch Prozessionen zur und um die Pyramide einschlossen, als Gottkönig verehrt wurde, symbolisch als eine Art ewiger Palast diente.

Vom Totentempel führte ein mit Mauern und meist einem Dach versehener »Aufweg« zum Taltempel hinunter, der den Eingang des ganzen Komplexes bildete. Nach dem klassischen Muster mußte die Pyramide in der Nähe des Talbodens liegen, von wo aus sie sich mit einem Kanal erreichen ließ, der auch nach der Nilüberschwemmung noch Wasser führte. Gleichzeitig mußte sie so weit draußen auf einem Wüstenplateau liegen, daß die Annäherung dramatisch war. Ihre Basis umschlossen ein oder zwei stein- oder lehmummauerte Innenhöfe. Im Innen- oder Außenhof stand eine kleine Nebenpyramide, ein Miniatur-Doppel, das vielleicht mit dem *ka* (»Geist«) des Königs zu tun hatte. Viele Komplexe umfassen auch kleinere Pyramiden für Königinnen, und einige sind von Gruben für die Beisetzung von echten oder imitierten Schiffen flankiert.

Diese Standardelemente – Pyramide, Nebenpyramide, Königinnenpyramiden, Totentempel, Aufweg und Taltempel – ergeben sich aus der Betrachtung der Überreste entlang des Niltals von Abu Roasch bis Meidum. Für die Ägypter der Pyramidenzeit mögen noch weitere Elemente auf dem Talboden zur Norm gehört haben. Diese Bauten, die der Gesellschaft und Wirtschaft der lebenden Pyramide gelten, wurden zumeist aus Lehmziegeln erbaut und sind dem Wetter und der modernen Urbanisierung zum Opfer gefallen. Aber wir erfahren von ihnen aus alten Papyri und Grabtexten über die Funktion der Pyramiden. Kürzlich wurden Überreste dieser fehlenden Elemente wiederentdeckt.

Der Standard-Pyramidenkomplex verlangte den Zugang über einen Hafen oder Kanal. Den Eingang zum Gesamtkomplex bildete der Taltempel, der im Grunde nichts anderes als ein prunkvoller Portikus war. Von dort aus führte der Aufweg zum Totentempel und zur Pyramide hinauf.

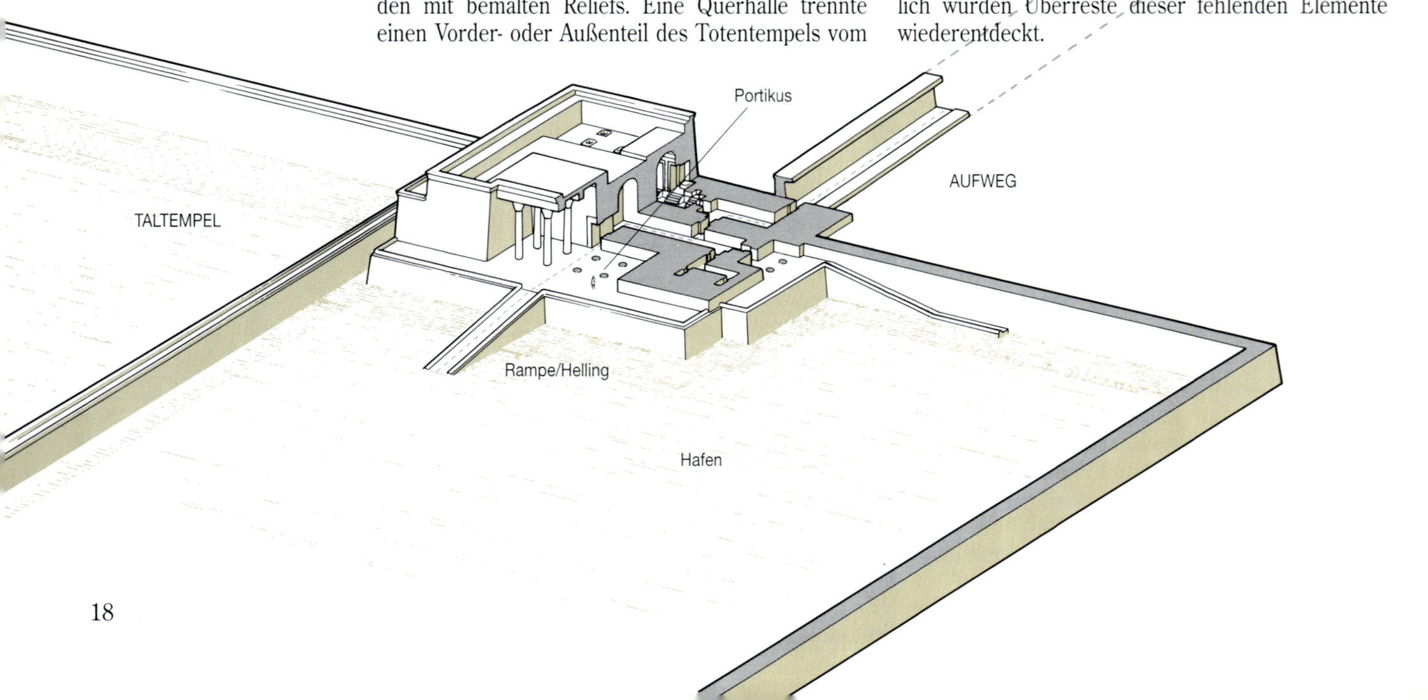

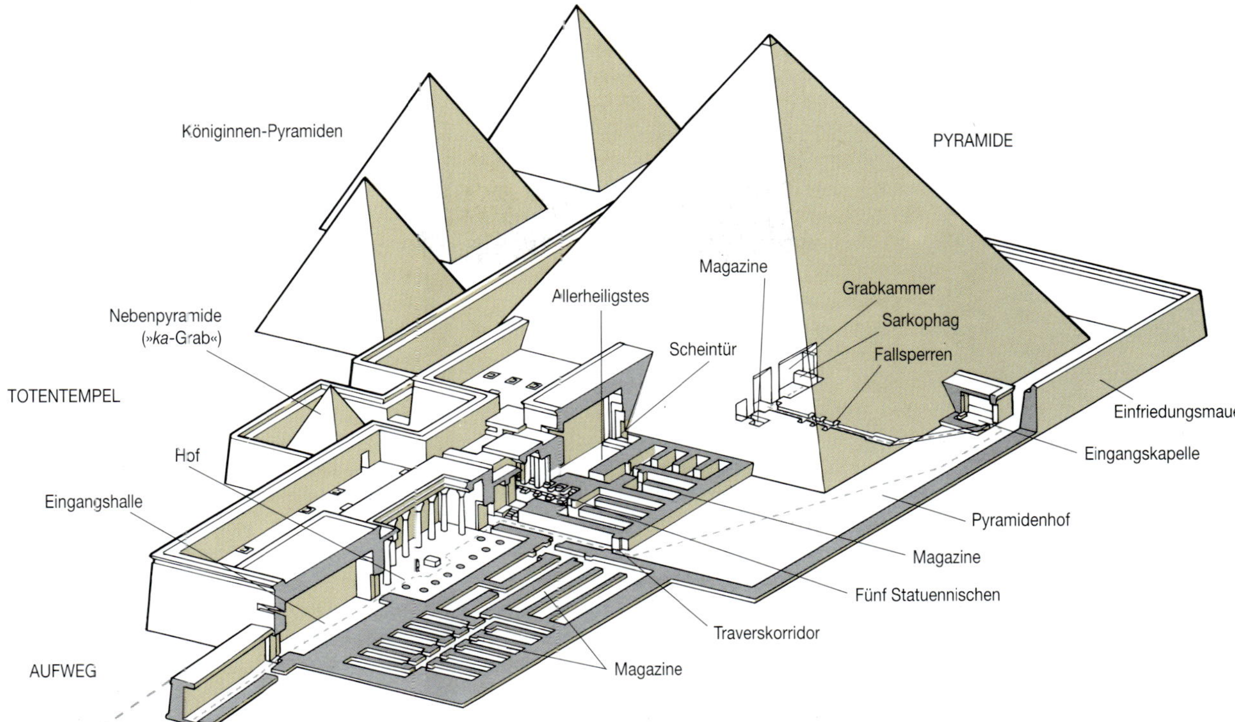

Die Standardanordnung des klassischen Pyramidenkomplexes des Alten Reiches mit seiner Ost-West-Achse trat erstmals in einfacher Form bei der Meidum-Pyramide zutage. Sie wurde im Cheops-Komplex sofort in erstaunlicher Weise vergrößert und erweitert und blieb im ganzen Alten Reich im wesentlichen unverändert. Anders sah es jedoch bei Djosers erster Pyramide in Saqqara aus. Dort definiert eine nischendekorierte Mauer mit einzigem Eingang am südlichen Ende der Ostseite eine lange, rechteckige Nord-Süd-Einfassung. Die plötzliche Explosion des Steinbaus, die sich im Djoser-Komplex niederschlägt, hat die späteren Pyramidenerbauer stark beeinflußt. Im Mittleren Reich, als die Pyramiden des frühesten Meidum-Typs schon zerfielen, wandten sich die Pyramidenerbauer in einer Zeit des Experimentierens und Erneuerns wieder den Grundelementen des Djoser-Komplexes zu.

So kann man mit Fug und Recht von zwei konzeptionell verschiedenen, später aber vermischten Grundtypen sprechen. Dieter Arnold hat das merkwürdige Hin und Her zwischen dem idealen »Djoser-Typ« und dem »Meidum-Typ« dokumentiert. Schon in der 5. Dynastie kehrte Userkaf zum Djoser-Typ zurück. In der 12. Dynastie adaptierte ihn Senwosret III. ebenso sein Sohn Amenemhet III. für seine zweite Pyramide in Hawara. Wird auch das eine oder andere Layout bevorzugt, so hallen in diesen späteren Anordnungen doch stets Einflüsse beider Frühtypen nach. Am Ende von 1000 Jahren Pyramidengeschichte in Ägypten kehrten die nichtköniglichen »privaten« Pyramidenkomplexe zur Grundstruktur der einfachen Tumulusgräber zurück: zur Pyramide als Zentralsymbol von Grabhügel und Auferstehung, zur Kapelle als Ort der Zwiesprache mit den Toten und Opferraum und zur Grabkammer unter diesem geheiligten Raum.

Der Standard-Pyramidenkomplex nach dem Beispiel der Unas-Pyramide, jedoch mit zusätzlichen drei Königinnen-Pyramiden, wie sie bei der Pyramide Pepis I. gefunden wurden.

Die beiden Grundtypen eines Pyramidenkomplexes

	Djoser–Typus	Post–Meidum–Typus
Orientierung	Nord–Süd	Ost–West
Eingang	Südende der Ostseite	Mitte Ostseite
Teile	N–S–Sequenz	O–W–Axialsymmetrie
Einfriedungsmauer	Nischen, keine Innenmauer	Glatte Außenwand, Innenwand gelegentlich mit Nischen
»ka–Grab«	Südgrab, keine Nebenpyramide	Nebenpyramide
Tempel	Nord- oder Südtempel, einfache oder keine Ost-Kapelle	nur Ost-Tempel Nord- »Eingangskapelle«

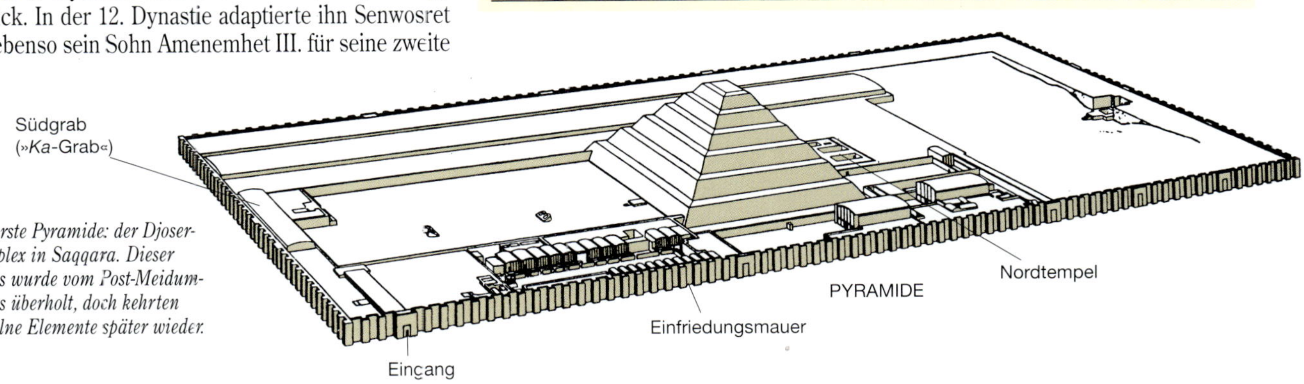

Die erste Pyramide: der Djoser-Komplex in Saqqara. Dieser Typus wurde vom Post-Meidum-Typus überholt, doch kehrten einzelne Elemente später wieder.

Jede Pyramide war das Grab eines Königs. Da dieser ein Gott war, war die Pyramide zugleich Mittelpunkt eines Tempelkomplexes, den eine Priesterschaft noch lange betreute, nachdem der Pharao zur Ruhe gebettet war. Der Pyramidenkomplex wirkte als Wirtschaftsmotor, denn er setzte Menschen und Waren in Bewegung. Das war nur möglich, weil die Pyramide zugleich als kosmische Maschine gedacht war: Jede Pyramide sorgte für die Herrschaft der Ordnung im Universum, sie ließ die Tage und Jahreszeiten kreisen und den Nil über die Ufer treten. Ihre Mechanik als kosmische Maschine ergab sich aus der ägyptischen Idee von der Person und von Leben und Tod, *cheperu* genannt. Diese »Verwandlungen« gingen auch nach dem Tode weiter, denn dort wirkten *ka*, *ba* und der Körper, die der Tod getrennt hatte, in einer letzten Transformation zusammen und wurden zum *ach* – dem verklärten Lichtwesen im Nachleben. Die Pyramide war das Instrument, das diese Alchimie für den Pharao in Gang setzte, der als leibhaftiger Gott regiert hatte, und sie übertrug diese Leibhaftigkeit vom Vater auf den Sohn, von Osiris auf Horus. Die Pyramide umschloß die gefahrvolle Grenzregion zwischen kosmischer Ordnung und schrecklicher Formlosigkeit der Zeit vor dem Werden; leichter verständlich wird sie, wenn man sie als Schnittpunkt von Licht und Leben mit Tod und Dunkelheit begreift. Eine erste Ahnung von diesen Vorstellungen vermitteln uns die Pyramidentexte, die ab Unas (5. Dynastie) auf die Wände der Pyramidenkammern geschrieben wurden. Sie erzählen vom Sinn der Pyramide als Symbol und lassen uns einen Blick tun in die Begräbniszeremonien für den Gottkönig und in die Rituale, die stattfanden, nachdem seine sterbliche Hülle mumifiziert und beigesetzt war, womit die kosmische Maschine in Gang kam.

Die »Mundöffnungs«-Zeremonie, aus einem Totenbuch des Neuen Reiches.

I GRABMAL UND TEMPEL

Der ka, *der* ba *und der einbalsamierte Körper*

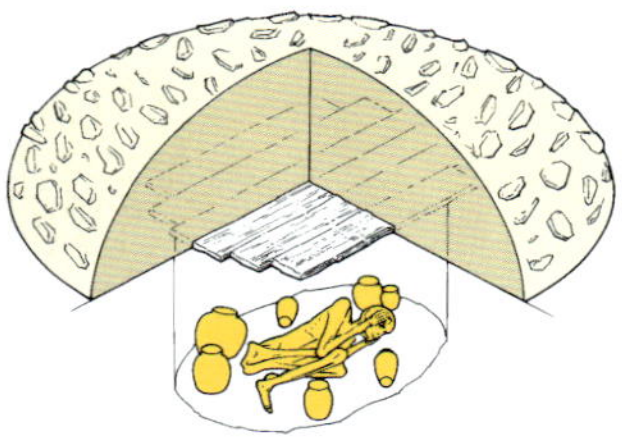

Seine zwei Flügel wuchsen wie die eines Falken, [seine] Federn sind die eines heiligen Falken. Sein *ba* hat ihn gebracht. Seine magischen Kräfte schmückten ihn. Mögest Du [Nut] ihm Deinen himmlischen Ort zwischen den Sternen öffnen.
Pyramidenspruch 245, 250–51

Beim Besuch einer Pyramide wandern wir über einen uralten Friedhof. In den Pyramiden, ihren Tempeln und den Grabstätten der Könige, Edlen und Gemeinen äußert sich die einzigartige altägyptische Todesvorstellung. Für die Lebenden stellt sich der Tod als ein von Riten begleiteter Übergang dar, und unter allen antiken Gesellschaften haben die Ägypter dieses Überwechseln ins Nachleben vielleicht am deutlichsten markiert. Für sie war der Tod nicht das Ende, sondern nur eine weitere Verwandlung im natürlichen Kreislauf des Lebens. Diese letzte Statusveränderung hing von der ersten Pflicht im Umgang mit dem Tod ab – von der Behandlung der Leiche.

Im Leben hieß der Leib *chet* oder *iru* – »Form«, »Gestalt«; die Leiche war *chat.* Zur Mumie verwandelt wurde er *sah*, ein Wort, dessen Wurzel auch »edlen Stammes« bedeutet. Die Mumifizierung galt weniger dem Erhalt der äußeren Form des Körpers als vielmehr der Verwandlung der Leiche in einen neuen, »von Zauber erfüllten« Leib, ein Bildnis oder eine Statue, in Tücher und Harz gehüllt.

(Oben) Einfaches Grab der vordynastischen Zeit; der Leichnam wurde in einer Grube unter einem Hügel beigesetzt. Der trockene, heiße Wüstensand trocknete die Leiche auf natürliche Weise aus.

(Oben rechts) Frühes Mumifizierungs-Beispiel: ein Menschenarm aus dem Grab von König Djer in Abydos mit Leinen-Umwicklung und vier Armreifen.

Der Ursprung der Mumifizierung

Oft heißt es, die Mumifizierung sei von der einfachen, prädynastischen Grubenbestattung abgeleitet, die den Körper im Wüstensand auf natürlichem Wege austrocknen ließ. Im Laufe der Zeit seien die Gräber immer kunstvoller geworden, wodurch die Leiche nicht mehr mit dem Sand in Berührung kam. Ironischerweise habe das die Verwesung eher beschleunigt als verhindert. Die ersten Schritte zur Mumifizierung – das Umhüllen der Leiche mit Tüchern – fallen mit der Entwicklung der Graboberbauten zusammen. Im Grab des Djer in Abydos wurde ein bandagierter Arm mit vier Armreifen aus der 1. Dynastie gefunden.

Die Mumifizierung könnte durchaus auf eine Praxis zurückgehen, die dem Verhindern der Verwesung dia-

Kanopengefäße

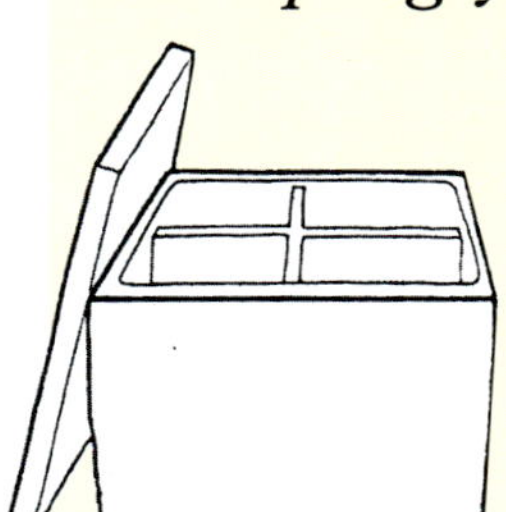

(Links) Alabaster-Kanopentruhe der Königin Hetep-heres I. aus ihrem Geheimgrab in Gise.

(Rechts) In der Pyramide Pepis I. fand man Fragmente von Kanopenkrügen sowie ein Paket fest umwickelter Eingeweide, das noch die Form des Kruges aufwies.

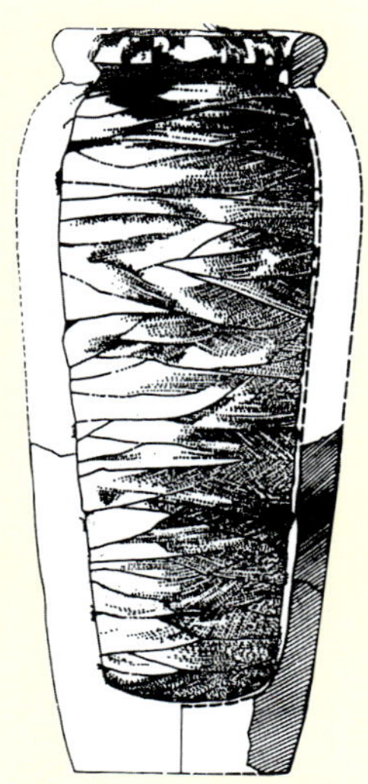

Bei der Mumifizierung entnahmen die Ägypter dem Leichnam die Eingeweide – vor allem Leber, Lungen, Gedärme und Magen –, um (wie man annimmt) die Verwesung zu verhindern. Diese Organe wurden dann umwickelt und getrennt im Grab deponiert. In Meidum enthielt das Grab Rahoteps und Ranefereſs in der Südwand der Grabkammer kleine quadratische Nischen für die Kanopenpäckchen. In der Kanopen-Nische Ranefereſs lagen noch seine leinenumhüllten Organe. Im Grab der Hetep-heres in Gise wurde die älteste bekannte Kanopentruhe gefunden; sie war aus Alabaster gearbeitet und besaß vier Abteile. Als man sie öffnete, lagen noch Pakete darin, die vermutlich die mit Natronlösung konservierten Eingeweide der Königin enthielten.

Zur Zeit der Cheops-Enkelin und Chephren-Gemahlin Meresanch III. legte man die Eingeweide in vier getrennte Krüge. Spätere Kanopenkrüge wurden in die Truhen eingepaßt. In der Pyramide Pepis I. hat man ein Kanopenbündel vermischt mit Fragmenten der Alabasterkrüge gefunden, in denen es und andere Kanopen einst lagen.

»Kanope« ist vom griechischen Mythus des Canopus abgeleitet, dem Steuermann des Menelaos, der später in Ägypten in der Gestalt eines Kruges verehrt und mit Osiris assoziiert wurde.

metral entgegengesetzt war. Flinders Petrie fand Anhaltspunkte, wonach schon in frühdynastischer Zeit manche Verstorbene für den Übergang ins Totenreich vorbereitet wurden, indem man den Körper verwesen ließ, um vor der eigentlichen Herstellung der Mumie alle fäulnisanfälligen Körperteile zu entfernen, und anschließend das Skelett wieder zusammenfügte. In frühdynastischer Zeit wurde es dann säuberlich zu einer mit Leinentüchern umwickelten Nachbildung des Toten zusammengesetzt. Bis weit ins Mittlere Reich sind die menschlichen Überreste in den Mumien oft kaum mehr als Skelette. Noch rätselhafter wird diese Beobachtung, wenn man bedenkt, daß die Ägypter nichts mehr fürchteten als die Zergliederung und Verwesung der Toten. Begräbnistexte aus allen Zeiten enthalten neben diesen Ängsten klare Hinweise auf die Rekomposition des Körpers. Anrufungen erflehen sie für die königliche Leiche und implizieren einen voraufgegangenen Zergliederungszustand. Das alles hat mit dem zentralen Osiris-Mythos zu tun, demzufolge der Gott von seinem Bruder Seth getötet und zergliedert, von seiner Frau und Schwester Isis als Archetypus der Mumie wieder zusammengefügt und von seinem Sohn Horus – dem in jedem König fleischgewordenen Gott – gerächt wurde.

Die Zergliederung macht etwas unbrauchbar. Im Grabbezirk, einer Grenzzone zwischen dieser Welt und der Unterwelt, scheinen die Ägypter ängstlich alles zergliedert zu haben, was im Kontakt mit den Toten »aufgeladen« gewesen sein könnte. Manchmal wurden Bauten, die mit Tod und Begräbnis zu tun hatten, rituell zerlegt und sorgsam getrennt vom Toten begraben. Große und herrlich vollständige Beispiele dafür sind die Schiffe des Cheops. Ein anderes ist die unter der Nebenpyramide des Chephren gefundene Kanope. Wahrscheinlich war mit ihr zunächst eine Begräbnisstatue transportiert worden; danach wurde sie zerschmettert, die Teile in eine Kiste gelegt und in einer Blindpassage unter der Pyramide beigesetzt.

Zum einen sollte die Mumifizierung den Toten beiseite schaffen und handlungsunfähig machen, zum andern den Körper wieder zusammenfügen und in eine andere Existenzebene entlassen. Das Paradox der Mumienfesselung war, daß sie zugleich Befreiung und Fortleben versprach – nicht, um bei den Lebenden herumzugeistern, sondern um im Nachleben wiedergeboren zu werden. Beide Bereiche wirkten ineinander, waren sogar interdependent. Darum sollten die Geister der Verblichenen an die sterblichen Überreste gebunden werden, aber ins Jenseits des Grabes verbannt sein. Der wieder zusammengefügte Körper diente als Anker einer spirituellen Zusammenführung auf der anderen Seite der Scheintür — eine geheimnisvolle Alchimie der getrennten Teile einer Person, des *ka* und des *ba*.

Der *ka*

Der *ka* gehört im ägyptischen Denken zu den wichtigsten Dimensionen des Menschen. Sein Schriftzeichen sind die erhobenen, am Ellbogen eingewinkelten Arme. Die knappste Übersetzung lautet »Lebenskraft«. Im *ka* klingt der »Nahrungsunterhalt« – *kau* – an. »Auf deinen *ka*«, lautete ein ägyptischer Toast ähnlich unserem »auf dein Wohl«.

Obschon in jeder einzelnen Person verborgen, war der *ka* zugleich transferierbar und Gemeingut. Die erhobenen Arme der *ka*-Hieroglyphe stellen eine Umarmung dar. Die Umarmung übertrug Lebenskraft zwischen zwei Personen oder zwischen den Göttern und dem König. Der *ka* durchlief den Generationenstrang, war generisch oder, wie wir sagen würden, genetisch. Der *ka* eines jeden reichte über zahllose Generationen zurück zum Schöpfergott; dieser hatte sein *ka* den Göttern übertragen, letztere wiederum dem König. Der König ist die Lebenskraft, der *ka*, seines Volkes – »der *ka* der Lebenden«.

Beim Tode kehrte der *ka* eines Menschen wieder zu seinen generischen Ursprüngen zurück. Das geschah während der Aufbereitung der Leiche zur Mumie. Sodann mußte der *ka* reaktiviert werden, damit die Wiedergeburt stattfinden und über das Grab die Verbindung zum Land der Lebenden erhalten werden konnte. Dazu mußte der Tote zu seinem *ka* reisen, aber nicht als Körper, der ja in seine Linnen gefesselt war. Die Reise macht vielmehr der *ba*.

Der *ba*

Ist der *ka* die generische Lebenskraft, so ist der *ba* das Ansehen oder die spezifische Erscheinung einer Person – der Eindruck, den sie auf andere macht. Oft wird *ba* mit »Seele« übersetzt und gilt neben *ka* und *ach* als Teil des ganzheitlichen Selbst. Bei genauer Prüfung zeigt sich jedoch, daß *ba* und *ach* eigenständige Entitäten sind. Der *ba* scheint eine eigene Leiblichkeit zu besitzen und beispielsweise essen, trinken, reisen und kopulieren zu können. Dargestellt wird er mit der Ibis-Hieroglyphe, ab der 18. Dynastie mit Menschenkopf. Die *ba*s der Götter waren ihre Manifestationen in der Natur – Sterne, leblose Dinge, sogar andere Götter. Der Wind ist ein *ba* des Luftgottes Schu. Ebenso sind die *ba*s des Königs Bekundungen seiner Macht. Auch Städte hatten *ba*s. Selbst leblose Dinge wie Tempelpfeiler, Dreschböden, Türen und heilige Bücher hatten *ba*s. Im Leben offenbarte sich diese Macht hauptsächlich über den Körper. Im Tode wird der Leib leblos; Persönlichkeit und Status der Person schlugen sich damit in einem Wesen nieder, das ins Reich des Nachlebens reisen und zum Grab zurückkehren konnte.

Im Nachleben konnte der *ba* nicht funktionieren, wenn der Körper verweste und verfaulte; deshalb mußte der Leib alles Verweslichen entkleidet werden. Die Sargtexte verkünden dem Toten: »Dein *ba* erwacht auf deinem Körper«, doch dazu mußte der Körper »fest«, »haltbar«, »stabil«, »dauerhaft«, »ganz«, »solide« gemacht werden.

Wie überall in der Welt gab es auch bei den ägyptischen Riten des Übergangs in einen höheren Zustand eine Phase der Beseitigung und Auflösung der Erken-

Diese herrlich vollständige, lebensgroße hölzerne ka-*Statue des Königs Hor (13. Dynastie) wurde in dessen Grab in Dahschur im Bezirk der Pyramide Amenemhets III. gefunden.*

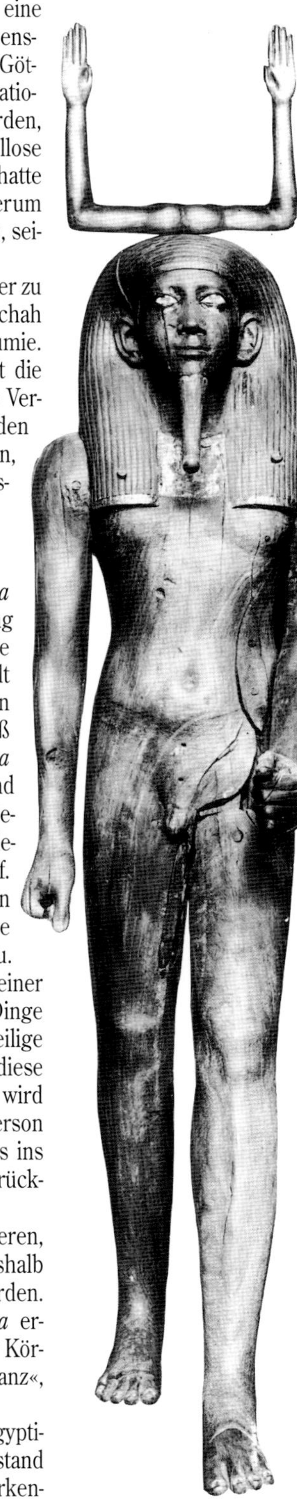

Der ka, *der* ba *und der einbalsamierte Körper*

Der ba *schwebt über einer Mumie. Aus einem Totenbuch aus dem Neuen Reich.*

nungsmerkmale des Lebens. Als Sammlung entfleischter Knochen, getrockneten Fleisches und Haares sah der nackte Leichnam eines Königs aus wie jeder andere. Das Begräbnisritual stellte den Status und die Persönlichkeit wieder her, nunmehr als *ba*. Die Pyramidentexte sprechen von der Verleihung der Königsinsignien – des Uräus und des Horus-Auges – an den König. Für den Durchgang durch die Himmelspforten legt der König ein *ba*-Kleid an – das Leopardenfell fürstlicher und priesterlicher Macht.

So wundersam diese neue Existenz sein mochte, sie war nur Teil der finalen Verwandlung. Es folgte eine Reise zum Himmel, zum Sonnenlicht, zu den Sternen. Im himmlischen Bezirk erhoffte der Tote einen höheren Status, der nur der Gottgleichheit nachstand – die Auferstehung als *ach*.

Der *ach*

Nach den Pyramidentexten steigt der König zur Himmelskönigin Nut auf und hinterläßt dabei »einen Horus«, einen neuen lebenden König. In der Vereinigung mit den Sternen wird der König zum *ach*. Das wird oft mit »Geist« oder »geistiger Zustand« übersetzt. Der Name stammt vom Wort für »strahlendes Licht«, dessen Schriftzeichen der Haarschopf des Ibis ist, als verkläre der Schopf den gewöhnlichen Ibis des *ba*. Der *ach* ist die auferstandene, verklärte Form des Toten im Nachleben. Das Wort *ach* bedeutet auch »wirksam«, »heilsam«, »nützlich«. Die Vereinigung des *ba* mit dem *ka* wird durch das Begräbnisritual bewirkt und führt zur finalen Verwandlung des Toten zum *ach*. Als Teil des Sternenhimmels, den die Pyramidentexte und das Totenbuch *ach-ach* nennen, kann sich der König frei auf und über der Erde bewegen. Wie der *ba* war für die Ägypter auch der *ach* eine vollständige Einheit, die mit *ka* und *ba* koexistierte. Ein »wirkungsvoller, wohlgerüsteter *ach*« ähnelt unserem Konzept eines Geistes, denn er konnte die Schwelle zwischen den Welten überschreiten und aus dem Grabe heraus positiv oder negativ auf das Reich der Lebenden einwirken. Ein *ach* zu sein brachte praktische Alltagsverantwortlichkeiten mit sich.

Der ach *– die abschließende Verwandlung des Toten – wurde als Ibis mit Schopf dargestellt.*

Die Pyramide als Ort der Verwandlung

Der Erfolg eines Altägypters im Nachleben hing von den Begräbnisriten und späteren Opferritualen im Grab ab. Für den König war die Pyramide Ort des Aufstiegs und der Verwandlung. Seine eigenständigen Daseinsformen – vor allem sein *ka* – standen allen seinen lebenden und toten Untertanen vor. Besonders galt dies im Alten Reich, als nur die Pyramide des Königs mit Begräbnistexten beschriftet wurde. Kein Wunder also, daß die Sorge für seinen *ka* so wichtig war, enthielt er doch in gewissem Sinne die Lebenskraft aller lebenden Untertanen. Die Namen der Pyramiden zeigen, daß sie als Ort des Aufstiegs und der Verwandlung begriffen wurden. Die des Cheops hieß *achet* – »Horizont« – des Cheops. Auf *ach* aufbauend, bedeutete der Name nicht bloß Horizont, sondern »strahlender Ort« der Verklärung. Mehrere Pyramidennamen der 5. Dynastie enthalten Bezüge auf den *ba*. Sechs der 26 bekannten Namen beziehen sich auf den Aufstieg des Königs, fünf auf seine Vollkommenheit. Fünf weitere bezeichnen den König als »etabliert« und »dauerhaft«, während sechs nach den »Orten« oder »Thronen« benannt sind, die »sich erheben« und »gedeihen« – »rein«, »göttlich« und »vollkommen«. So wie die Könige aufstiegen und ihren Hof im Nachleben einrichteten, überschritten Generationen von Ägyptern als Kohorten die Todesschwelle, um als »Gemeinschaft von *ka*s« weiterzuleben, deren spirituelle Mitte die Pyramide.

Horus nimmt ihn in seine Hände, auf daß er reinige
diesen Unas im Becken des Schakals [Anubis];
Er wird befreien das *ka* dieses Unas im
Morgenbecken;
Er wird das Fleisch des *ka* von seinem
Körper wischen;
Er führt das *ka* dieses Unas und seines Körpers
zum Großen Hause.
Pyramidenspruch 268

Die Begräbnisriten und der Pyramidenkomplex

Die Begräbnisriten an der Pyramide gewährleisteten die Übertragung der Königswürde vom toten auf den lebenden Pharao. Sie könnten uns also die Funktion von Teilen des Pyramidenkomplexes verstehen helfen. Unsere Kenntnis der ägyptischen Bestattungen stammt zumeist von Szenen in den Gräbern hoher Beamter, denn kein in den Pyramidentempeln entdecktes Bildfragment zeigt die Königsbeisetzung. Anhand solcher Szenen hat man die Beisetzungszeremonie in vier oder fünf, ja bis zu 16 Episoden unterteilt. Typisch für Ägypten war die Einbettung von Ritualen in andere Rituale – Einbalsamierung, Reinigung, Bestattung und Opferriten. Dieses sakrale Schauspiel wurde vermutlich nur selten vollständig aufgeführt – außer vielleicht für den König.

Die Reise der Toten

Einen ersten Blick auf die Eröffnungsszenen des Beisetzungsgepränges erhaschen wir in Gräberreliefs der 6. Dynastie. Frauen kreischen und klagen, Menschen fallen zu Boden, zerreißen ihre Kleider und streuen sich Staub aufs Haupt, während der Sarg auf einer Bahre vorbeigetragen wird. Hier schon treffen wir auf die Hauptpersonen der gesamten Handlung. Im Alten Reich enthielt die Prozession eine Frau, »die Beweinerin« – entweder ein Klageweib oder die Witwe. Später gab es zwei Beweinerinnen, identisch mit den Osiris-Beweinerinnen Isis und Nephtys. Erwähnt sind sie in den Pyramidentexten, die den toten König mit Osiris gleichsetzen. Ebenso zugegen war der »Einbalsamierer«, dessen Name *Wet* »Umhüller« bedeutet und der diejenigen befehligte, die den Leichnam zur Mumie formten. Der »Lektorenpriester« (wörtlich: »der das Ritual führt«) besaß die Schlüsselkenntnisse für die Verwandlung des Toten in einen *ach*.

Der Sarg wurde auf ein Schiff gesetzt, wo ihn nun die beiden Beweinerinnen und die übrige Begleitung flankierten. Kam der Tote aus einiger Entfernung von der Nekropolis, so führte die Anreise vermutlich über alte Flußadern, Kanäle oder einen Hafensee beim Pyramidenkomplex. Kam er aus einer Stadt am Fuß des Pyramidenplateaus, so reiste er vielleicht auf einem Scheinkanal an, wie Szenen eines von Männerreihen am Ufer gezogenen Bootes andeuten könnten. Mit den Schiffen, die in Gruben außerhalb der Cheopspyramide zerlegt und rituell beigesetzt gefunden wurden, könnte der königliche Leichnam transportiert worden sein. Das Schiff machte am Pyramidenhafen fest, und der Tote wurde vor den »Toren des Himmels« abgeladen, die von den Pyramidentexten als Teil der himmlischen Wasserwelt beschrieben werden. Die Gräberszenen verknüpfen die Türen mit dem *Ibu*, dem »Zelt der Reinigung«.

Ibu und *Wabet*

Bis hierher hatte die Leiche wohl noch keine spezielle Behandlung erfahren. Doch vor Eintritt in die heilige

Weißgekleidete Trauernde gehen dem Sarg voran, der auf einem Schlitten gezogen wird. Szene aus dem »Buch der Toten des Ani« (Neues Reich).

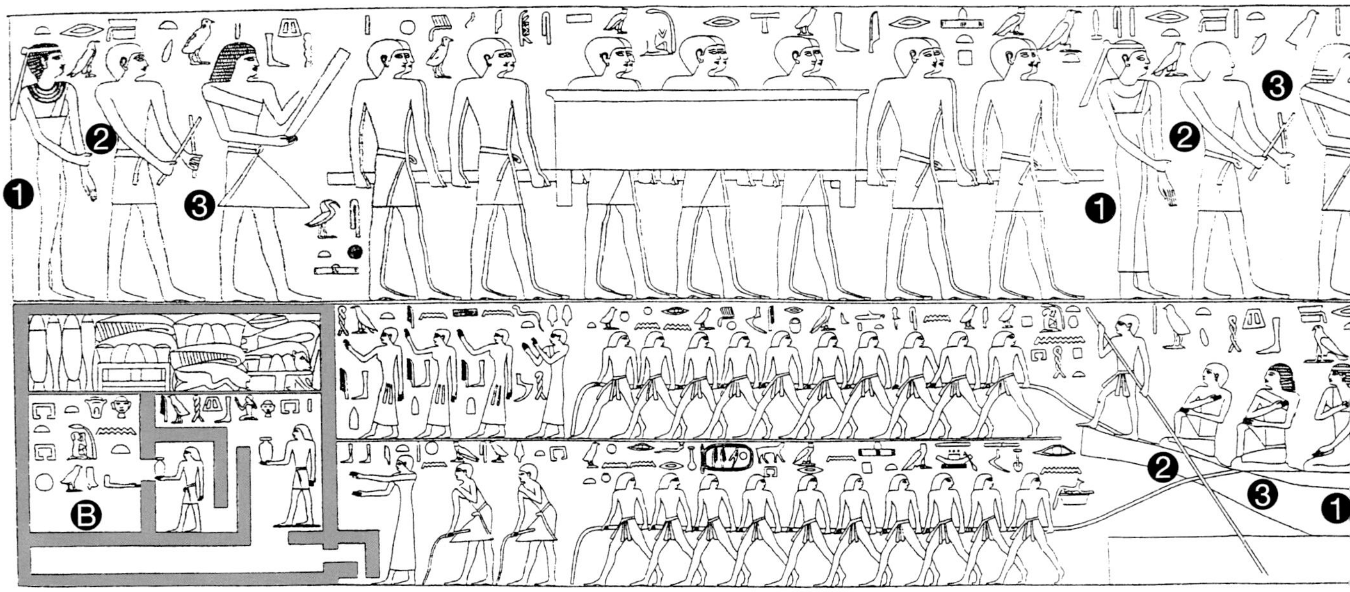

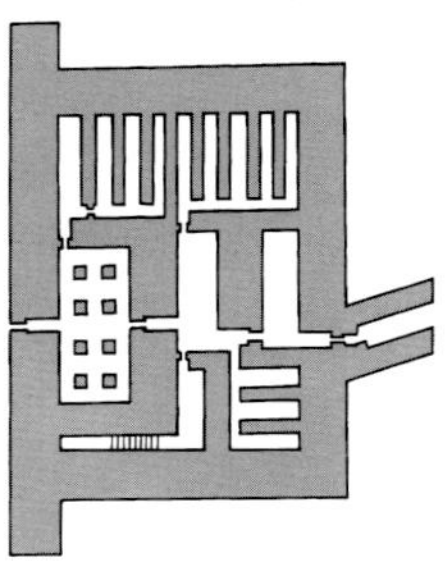

Im Plan des Taltempels von Pepi II. spiegeln sich, wie oben deutlich zu sehen ist, die wesentlichen Merkmale von Qars Wabet: zwei Vestibüle oder Vorkammern, ein Korridor oder eine Treppe, die als Sackgasse endet (unten im Plan), die Haupthalle und Seitenmagazine (ganz oben im Plan).

Nekropolis mußte sie gereinigt werden. das umfaßte auch die Entfernung des größten Teils des Weichgewebes. Wo geschah das? Die Gräberszenen vermitteln den Eindruck, daß der Leichnam fast sofort nach Eintreffen in der Nekropolis ins *Ibu* oder *Ibu en Waab* (»Reinigungszelt«) gebracht wurde.

In den Gräberdarstellungen ist das *Ibu* eine Leichtkonstruktion aus Holzpfählen und Schilfmatten über einem Rechteck mit Durchgängen und Türen an beiden Seiten. Sie läßt sich mit bekannten Tempeln im Pyramidental vergleichen, insbesondere denen Chephrens in Gise und Pepis II. in Süd-Saqqara. Längs der Vorderseite des Tempels Pepis II. führten Rampen vom Hafen zu einer Plattform hinauf; die Zugänge führten durch kleine Pavillons an beiden Enden. Auch zum Taltempel Chephrens gelangt man über zwei Steinrampen, die zu einer niedrigen Terrasse entlang der Tempelvorderseite führen. 1996 hat Zahi Hawass in den Fels unter den Rampen geschlagene Tunnels entdeckt, deren Ziegelsteinmauern einen Korridor bildeten – vielleicht einen symbolischen Kanal. Nach Durchqueren dieses symbolischen Wasserlaufs führten Rampen zur Nord- und Südtür des Taltempels. Das *Ibu* könnte somit ein zeitweiliger Aufbau aus Holzrahmen und Schilfmatten auf Plattformen vor dem Taltempel gewesen sein.

Vom *Ibu* wurde die Leiche ins *Wabet* gebracht – einer Ableitung aus dem Wort für »rein«. Im Grab Pepianchs heißt es »Reiner Ort der Umhüllung«. Gemeinhin wird *Wabet* mit »Begräbniswerkstatt« übersetzt und gilt als Ort der Einbalsamierung. Man hat gesagt, das königliche *Wabet* habe vielleicht im Totentempel gestanden, aber Texte und Bilder deuten eher darauf hin, daß das *Wabet* im Tal (Taltempel?) und nahe des *Ibu* stand.

Wenn der Prozeß des Austrocknens und teilweisen Zergliederns 70 Tage (oder einen Großteil von 272 Tagen, wie im Grab von Königin Meresanch notiert) dauerte, mochte das *Ibu* nicht sicher genug gewesen sein. Vielleicht wurde die rituelle Waschung und Entfernung der Eingeweide und des Gehirns im *Ibu* vollzogen, während die lange Austrocknung im *Wabet* geschah. Auf Szenen im Grab des Qa'ar in Gise wird sein *Wabet* als »*Wabet* auf Zeit« bezeichnet und ähnelt dem Taltempel Pepis II. Beide weisen drei zentrale Haupträume, einen langen, ausgangslosen Korridor und an einer Seite Lagerräume auf.

Solche Ähnlichkeiten zwischen den Taltempeln Chephrens und Pepis II. und Merkmalen auf Szenen aus der 6. Dynastie – Kanal- oder Seeufer, zwei Durchgänge, zwei Eingänge, ein Portikus, die Form der »göttlichen Hütte« – haben die Vermutung ausgelöst, die Taltempel hätten als *Ibu* oder *Ibu* plus *Wabet* gedient. B. Grdseloff glaubt, die Reinigung sei auf dem Dach des Taltempels, die Einbalsamierung im Vestibül geschehen. Herbert Ricke meinte, das Ganze sei anderswo in Lehmziegelbauten vorgenommen und dann im Taltempel rituell nachgestellt worden. Keiner der acht ausgegrabenen Taltempel (von insgesamt wohl 28) enthält einen Mumifizierungsort, der sich von selbst aufdrängt.

Die Reise zum Grab

Nun wurde der Sarg mit dem mumifizierten Leichnam von Ochsen auf einem Schlitten zur Nekropole gezogen. Auch jetzt gingen die Beweinerinnen und Priester in der Prozession mit. Der Zug führte außerdem den Hausrat mit, der notwendig war, um sich im Nachleben einzurichten: Leinen, Werkzeuge, Waffen, Ton- und Metallgefäße, Salben und Öle sowie Statussymbole. Leider ist keine einzige Pyramide mit im archäologischen Sinne intakten Grabbeigaben gefunden worden, so daß wir nur raten können, welche Kostbarkeiten sie eingeschlossen haben mögen.

Ein wichtiges Grabritual war das »Hervortreten der Stimme«. Der Tote wurde aufgefordert, an den Opfergaben teilzuhaben. Im Laufe der Zeit wurde die Opfe-

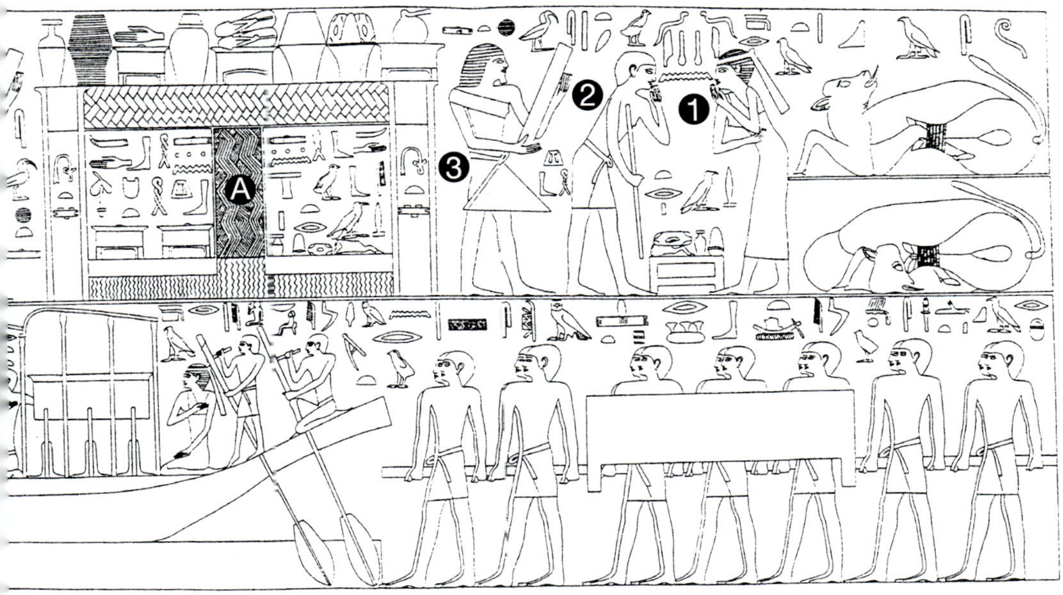

Trauerprozession zum Ibu *und* Wabet*; sehr detaillierte Darstellung im Grab des Qar (6. Dynastie) in Gise.*
A Ibu
B Wabet
1 *Beweinerin*
2 *Einbalsamierer*
3 *Lektorenpriester*

rung immer länger und komplexer. Hermann Junker hat in Gräbern des Alten Reiches 17 verschiedene rituelle Darbringungen gezählt, die sich mit denen in den Pyramidentexten genannten deckten, darunter Beweihräucherungen, Libationen, Kleider-, Vieh- und Wildgeschenke. Als noch ein zweiter Ritus der Verklärung des Toten oder dessen Vollendung (*ach*) hinzutrat, wurde das Ritual so komplex, daß in den Szenen der 5. Dynastie ein Spezialist – der Lektorenpriester – dazukam. Die »Mundöffnung« wurde vollzogen, damit der Tote im Nachleben atmen, essen und sprechen konnte. In Texten der 6. Dynastie ist von 80 Männern die Rede, die den Deckel auf den Steinsarkophag hoben. Das mag zwar die Gesamtzahl gewesen sein, aber sie paßten nicht alle gleichzeitig in die Grabkammer. Der Schluß des Ritus bestand im »Füße[weg]bringen« – die Fußspuren der Beteiligten wurden mit einem Besen weggewischt – sowie weiteren Räucherungen und Waschungen.

Mittelpunkt aller Gräber, auch der Könige, waren der Opferplatz und eine Scheintür – der Eingang zur Unterwelt. In großen Gräbern und in Pyramidenkomplexen enthielten die Bilder auch Jagd-, Fisch- und Opferszenen. Bei Pharaonen und Adligen standen Statuen, die das Fortleben des Hausherrn darstellten. In Elitegräbern wird die Ankunft am Grab als »Anlegen am *Tjephet* [Höhle] des Großen Palastes« bezeichnet, und in den Abusir-Papyri heißt die Kammer mit den fünf Statuen im Totentempel ebenfalls *Tjephet.* Offenbar verkörperte der Pyramidenkomplex ein – umfangreicheres und ausgefeilteres – Ritual, das dem in den Grabszenen des Adels im Alten Reich dargestellten ähnelte. Der König »bewegte sich« durch den Pyramidenkomplex in einem Zyklus von Wiedergeburt und Verwandlung, den der Bestattungsritus bewirkte, selbst wenn der konkrete Umgang mit Tod und Begräbnis zwar reale, aber temporäre Aufbauten und Nebenrouten oder -rampen voraussetzte.

Bühne für die Beisetzung?

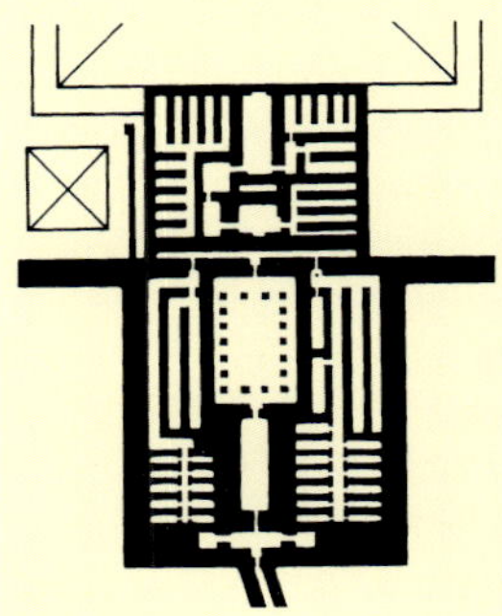

Totentempel Pepis II.

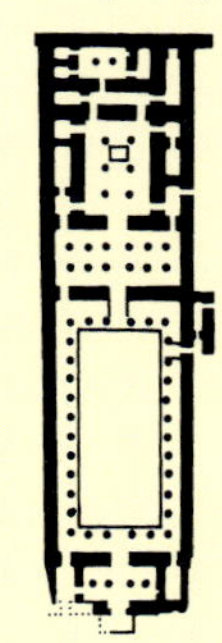

Merenptahs Palast

Die Rolle der Totentempel im Beisetzungsritual ist zwar umstritten, aber jedenfalls ab dem Neuen Reich spiegeln sich in ihnen die wichtigsten Merkmale königlicher Paläste wie etwa dem Merenptahs in Memphis (Neues Reich).

Dieter Arnold und andere bezweifeln, ob die Pyramidentempel und Aufwege bei den Beisetzungsfeierlichkeiten überhaupt benutzt wurden. Ein Argument ist architektonischer Natur: Die Räume und Durchlässe scheinen für den Trauerzug zu eng. Vom Totentempel mußten der Leichnam und die Grabbeigaben in den Pyramidenhof und um die Nordseite der Pyramide herum in die Grabkammer gebracht werden. In den Standard-Pyramidentempeln der 5. und 6. Dynastie befand sich der Ausgang zum Pyramidenhof am Ende der Traversalle zwischen der Frontseite und dem Innentempel. Sein Durchgang scheint für den Trauerzug zu schmal. Im Komplex von Djosers Stufenpyramide ist die Route von der Eingangshalle durch den Totentempel und hinunter ins Grabgewölbe genauso eng. Arnold meint daher, die Beisetzungsriten seien vielleicht in Leichtbauten außerhalb des Pyramidenkomplexes vollzogen und der königliche Leichnam anschließend über einen Seiteneingang in den Pyramidenhof gebracht worden.

Doch welchen Zweck hatte dann der Totentempel? Zumindest ein Aspekt war, daß er dem toten König als ewige Residenz diente, denn er ähnelte weitgehend dem Palast, den er zu Lebzeiten bewohnt hatte. In ihm finden sich tatsächlich die Grundelemente archäologisch nachgewiesener großer Häuser: Einfriedungsmauer, Vestibül, ein zentraler Versammlungsraum in Form einer Säulenhalle oder eines offenen Hofes, Podest für den Hausherrn beim Empfang von Besuchern, Privaträume. Der innerste Raum, die Opferhalle, entsprach generell dem königlichen Speisezimmer. Hinter der Scheintür, an der Opfergaben abgelegt wurden, lagen unter der Pyramide die Vorratsräume, die Vorkammer und die Grabkammer; sie entsprachen dem bewohnten Innern und dem Schlafzimmer. Die Pyramidentexte sprechen von der Grabkammer als Per Duat – eine Anspielung auf die Unterwelt, aber auch auf Per Duat im Sinne von »Morgenhaus« oder »Haus für die Toilette« des Palastes, wo der Pharao gebadet, gesalbt und angekleidet wurde.

Welt und Unterwelt

Ich komme des Tags an jeden Ort, an dem ich sein will. Ich habe Macht erlangt über mein Herz, Macht über meine Brust, Macht über meine Hände, Macht über meine Füße, Macht über meinen Mund, Macht über meine Gliedmaßen alle [...] Ich setze mich, ich erhebe mich.

Für die Ägypter war das Nachleben kein bloß ätherisches Dasein. Jede Person erhoffte die volle leibliche Wiedergeburt, wie es Kapitel 68 des Totenbuchs aus dem Neuen Reich belegt (s. Zitat). Von der Fessel der Bandagen befreit, verfügte der Tote über alle physischen und psychischen Fähigkeiten. Doch die Mumie kehrte nicht leiblich in diese Welt zurück, noch durchschritt sie die in soliden Fels gehauene Scheintür. Die am Fuße der Tür hinterlegte Nahrung war offenkundig nicht zum Verzehr bestimmt. Die Auferstehung der Toten geschah in einer anderen, einer parallelen Welt. Essensgaben waren ein mit dem Toten symbolisch geteiltes Mahl, das ebenso Kraft gab, wie die steinernen Nachbildungen von Schreinen, Körpern (Statuen) und Booten dem Toten in der anderen Welt Schutz, Leiblichkeit und Beweglichkeit boten. Im selben Totenbuch beherrschen die Verstorbenen nicht mehr nur ihre eigenen Glieder, sondern jetzt auch die Luft, das Wasser, die Überschwemmungen und die Ufer. Dieser Spruch beginnt so:

Offen stehen mir die Doppeltore des Himmels, offen die Doppeltore der Erde. Offen sind mir die Riegel des Geb, offen das Dach [...] Und das Paar der Schaulöcher ...

Auf der Nordseite seiner Stufenpyramide in Saqqara erhebt sich Djoser in Form einer Statue aus dem Grab. Sie ist von einem kastenförmigen Bau umschlossen, dessen Vorderseite ebendiese beiden kleinen Öffnungen aufweist, damit er hinausschauen kann.

Nut, »Herrin der tausend bas*« – ihre Erscheinungsformen sind Sonne und Sterne – aus dem Königsgrab Ramses' VI. (19. Dynastie) im Tal der Könige.*

Die himmlische Welt

Die älteste Nachlebensliteratur, die Pyramidentexte, betont die göttliche Welt des Himmels mehr als die irdische Unterwelt. Ziel des Königs war es, »voranzuschreiten zum Himmel zu den Unvergänglichen« und »wie die Sonne um den Himmel zu wandern«. Der Himmel, der Abgrund, das *duat* (Unterwelt) und das *achet* (Horizont) bildeten die Hauptelemente der Topographie des Nachlebens.

Neben den Göttern war der Himmel (*pet*) bewohnt von den *ka*s, *ba*s, *ach*s und den Vögeln. Die Pyramidentexte erwähnen dort die Sonne, die Himmelsgöttin Nut, Osiris, Horus und sogar den Erdgott Geb. Die »Unvergänglichen« sind die Zirkumpolarsterne etwa 26 bis 30 Grad über dem Nordhorizont der Pyramidenzone. Da sie um den Himmelsnordpol kreisen und weder auf- noch untergehen, zielten die langen, engen Passagen, die an der Nordseite der Pyramiden von der Grabkammer nach oben führen, wie ein Fernrohr in ihre Richtung. Einlässe auf beiden Seiten des Himmels ließen Götter und Könige durch, versperrten aber Gemeinen und Fremden den Weg. Diese Exklusivität spiegelt sich vielleicht in den Türen der Pyramidentempel, durch die wohl nur Priester gehen durften. Die Weite des Himmels wurde als Oberfläche eines riesigen Gewässers begriffen, über das König und Götter auf Schilfflößen fuhren. Zahlreiche Kanäle und Seen oder Becken in diesem Bild implizieren auch Land – hatte doch auch der Himmel im Westen und Osten seine Ufer. Die Milchstraße war der »feste Pfad der Sterne«, zugleich allerdings auch Wasserlauf. Eine wichtige Rolle am Himmel spielten zwei Felder, das »Feld des Schilfs« (ein Morastgelände am Ostufer) und weiter nördlich das »Feld der Opfergaben«. Im Grunde gleicht die ganze Vision dem Niltal zur Überschwemmungszeit.

Nut war die Verkörperung des Himmels. Man stellte sich vor, sie beuge sich über die Erde mit dem Kopf im Westen, wo sie die sinkende Sonne und die untergehenden Sterne verschluckte, und den Lenden im Osten, wo sie die aufgehenden Gestirne gebar. Versteht man Nut als Himmel der Unterwelt, so beugt sie sich bei Sonnenuntergang unter die Erde. Im Neuen

Diese hochdramatische Darstellung der Auferstehung aus dem Duat durch den Urhügel ist dem Ende der 19. Dynastie entstandenen Buch der Höhlen entnommen; die gemalte Szene befindet sich in den Gräbern von Pharao Merenptah und Königin Tausret. Der Hügel wird zwar nicht als »Pyramide« bezeichnet, weist aber die Form eines in der Mitte geteilten regelmäßigen Dreiecks auf, dessen zwei Hälften wie gigantische Türen auseinandergeschoben sind. Die schwarze Pyramidenspitze und das darunterliegende wasserblaue Band symbolisieren den Weg der Sonne durch die schwarze Dunkelheit und die blauen Wasser der Unterwelt. In jeder Hälfte beugt sich ein Gott über einen schwarzen Hügel mit einem Gesicht darin; dies stellt den im Duat beerdigten Gott dar. Die Texte nennen das »den Großen Gott, das Geheimnis des Duat«. Weitere Texte sprechen von diesem Motiv als dem »Geheimen Hügel, in dem sich das Innere des großen Mysteriums befindet«. Unter der geöffneten Pyramide steht die widderköpfige Nachtgestalt des Sonnengottes mit zum Aufschwung in die Glorie des Morgenanbruchs ausgebreiteten Flügeln. Er erhebt sich in der Öffnung des Pyramidentors. Insgesamt 24 weitere Teilnehmer sind zu sehen – vermutlich eine Darstellung der 24 Stunden von Tag und Nacht. Bei der Geburt selbst helfen riesige, von oben hereinreichende Arme mit, die die kopfstehende Figur eines Kindes, einen Skarabäus und eine Sonnenscheibe herausheben.

Obwohl die Szene über tausend Jahre nach den Pyramidentexten gemalt wurde, behandelt sie bildhaft dasselbe Thema der Schöpfungserneuerung – der Wiedergeburt – in der Tiefe der Erde, wie es die massiven Pyramiden des Alten Reiches in Stein ausdrückten.

Reich wurde auf die Unterseite der Königssarkophage ein Bild der Nut eingeschnitzt, die die Seiten *ka*-ähnlich umarmt. Das Königsgrab war ein kosmischer Mutterleib, wie auch die Pyramidentexte besagen:

> Du wirst deiner Mutter Nut gegeben in ihrer Gestalt des Sarges,
> Sie umfängt dich in ihrer Gestalt des Sarkophags.
> Du steigst auf zu ihr in ihrer Gestalt des Grabes.

Das deutet an, daß die abfallenden Pyramidendurchgänge zur Grabkammer als zu Nut in der Unterwelt »aufsteigend« empfunden wurden. Das Wort für Unterwelt hieß *duat*; geschrieben meist als Stern in einem Kreis, ein Verweis auf Orion als Sternbild des Osiris in der Unterwelt. Osiris war der Herr des *duat*, wie der Himmel (und das Niltal) Wasserwelt und Erdenbezirk zugleich. In den Pyramidentexten wird der *duat* oft mit der Erde oder einer dunkleren Region unmittelbar darunter verbunden. Aker, der Erdgott in Form eines doppelten Sphinx, war die Pforte – schon hier also der Sphinx als Wächter von Pforten.

Achet wird gemeinhin mit »Horizont« übersetzt, wo sich Erde und Himmel berühren, aber in der ägyptischen Weltvorstellung bedeutete es sehr viel mehr. Mit derselben Wurzel wie *ach* war es der Ort, wo die Toten zu wahren Bewohnern der Welt jenseits des Todes verwandelt wurden. Als Teil des Himmels war es zugleich der Ort, in den die Sonne und mithin der König aus dem *duat* neu geboren wurde. Das frühmorgendliche Glühen am Osthorizont und der flammende Sonnenuntergang im Westen ließen die Ägypter den Bereich gleich unterhalb des Horizonts als Ort der Verklärung verstehen. Die Pyramide des Cheops (Chufu) war *Achet Chufu*. Hier und in den Pyramidentexten wird *achet* mit dem Schopf-Ibis und dem elliptischen Land-Zeichen geschrieben und nicht mit der Hieroglyphe der Sonnenscheibe zwischen zwei Bergen, die man später für »Horizont« benutzte. Dieser Ort, an dem der Tote zum *ach* wird, sollte wohl eher mit »Geist« oder »Land des Lichts« übersetzt werden.

Die Lebenden und die Toten

All die kosmischen Himmel und Meere, die ganze geheimnisvolle Bilderwelt, stammen aus der Ungewißheit über die Reise zwischen dieser Welt und der Unterwelt. Die Unterwelt am Ende dieses Weges war eine vage Widerspiegelung der irdischen, sie sah dem Niltal bei Überschwemmung ähnlich. Die Gesellschaft der Unterwelt lebte in »Jener Stadt«, wo die Toten Einfluß gewinnen konnten, wenn sie »wirkkräftig« – zum *ach* – wurden.

Damit die Toten jenseits des Grabes wahrhaft weiterleben konnten, mußten lebende Mitglieder ihres Haushalts die Grabdienste versehen. Als Gegenleistung erwarteten die Lebenden, daß ihre toten Verwandten ihren Einfluß zu ihren Gunsten benutzten. Ihre Wünsche äußerten sie in »Briefen an die Toten« auf Opferschalen, Linnen, Stelen oder sogar Krughaltern, die sie ins Grab stellten. Der in die Unterwelt Eingegangene befand sich unmittelbar jenseits des Schleiers der Scheintür. Die wirklichen Motive hinter den Beisetzungsriten, dem Grab und dem ganzen gespenstischen Aufwand um die Unterwelt waren also die Sorge um den Haushalt und die Weitergabe des Besitztums. Wer den toten Haushaltsvorstand beerdigte, erbte den Besitz. Der Prinz, der den toten König in seiner Pyramide bestattete, erbte das Königtum. Als gewaltigste Gräber von allen machten die Pyramiden den »Hausherrn« ganz Ägyptens zur einflußreichsten Gestalt (*ach*) der Unterwelt. Im Verein mit den sie umgebenden Gräbern der Höflinge und Angehörigen des Königs war die Pyramiden-Nekropole ein steinernes Ebenbild »Jener Stadt«. Sie sollte den König als Haupt der lebenden *kas*, und damit die ganze Gemeinschaft, ins neue Leben nach dem Tode führen.

Die Unterwelt im Neuen Reich

Wie die Pyramide als Begräbnisort im Neuen Reich mit den unterirdischen Gräbern im Tal der Könige durch die Naturpyramide eines Berges abgelöst wurde, betonten jetzt auch neue Begräbnistexte eine Unterwelt in und unter der Erde. Fortan schwang sich der Tote nicht mehr ins himmlische Licht auf, sondern der Sonnengott kam mit seinem Hofstaat zum Toten, indem er in seiner Barke den nächtlichen Nil hinunterfuhr. In dieser Vorstellungswelt gibt es Unterwelt-Pyramiden, die in den Pyramidentexten angedeutete Themen aufgreifen und entfalten. Diese neuartige Begräbnisliteratur, die zunächst wie die älteren Pyramidentexte nur königlichen Gräbern vorbehalten blieb, zierte die Grabwände im Tal der Könige. Der Einfachheit halber spricht man von »Büchern«: Buch der Höhlen, Buch der Tore, Buch des Aker. Wie die Pyramidentexte tausend Jahre zuvor enthalten sie Variationen des Schöpfungsthemas, das nunmehr als Reise mit 7 Toren, 21 Türen, 7 Himmelskühen, 14 Hügeln und 12 Höhlen systematisiert wurde. Diese Bücher sind illustrierte Führer durch die Unterwelt. Das älteste ist das *Amduat* (das Buch »von dem, was in der Unterwelt ist«), das erstmals unter der Herrschaft Thutmosis' I. (1504 – 1492 v. Chr.) auftaucht. Die Reise des Sonnengottes in seiner Nachtgestalt als widderköpfiger Mensch bildet auf den Wänden der absteigenden Grabkorridore die zentrale Sequenz. Die Sequenzen darüber und darunter stellen die Architektur und die Bewohner des in zwölf Stunden geteilten *Duat* dar. In der 5. Stunde erhebt sich ein pyramidenähnlicher Hügel und unterbricht die Sequenz. Oberhalb der Pyramide befindet sich ein kleiner Sandhügel – ein stilisiertes Grab. Ein getüpfelter Streifen soll Sand darstellen und andeuten, daß sowohl das Grab als auch der Pyramidenhügel unterirdisch sind.

Aus der Pyramidenspitze ragt ein Kopf auf, der manchmal als »Fleisch der Isis, die über dem Lande Sokars ist« identifiziert wird. Sokar, die geheimnisvollste Form des Herrn der Unterwelt, des Gottes Osiris, bildet den Kern der Szene; er erwacht in seiner Ellipse oder seinem »Ei« innerhalb des Pyramidenhügels. Den Texten zufolge kann nicht einmal der Sonnengott bis in Sokars Kammer vordringen, aber seine Gegenwart und seine an Sokar in der versiegelten Kammer gerichteten Worte lösen im »Ei« eine Reaktion aus.

Dank des Wechsels zwischen Licht – dem Sonnengott – und Dunkel – der Höhle des Sokar – kommt es am Ende der nächtlichen Reise zur Auferstehung, wenn der Skarabäus Chepri die Sonnenkugel durch die Tore des Horizonts schiebt, während der mumienförmige Osiris ins *Duat* zurücksinkt. Die Schöpfungserneuerung in der Erdentiefe ermöglicht es der Seele des Königs genauso, sich vom Grab aufzuschwingen, wie sie der Sonne einen Neuaufgang erlaubt.

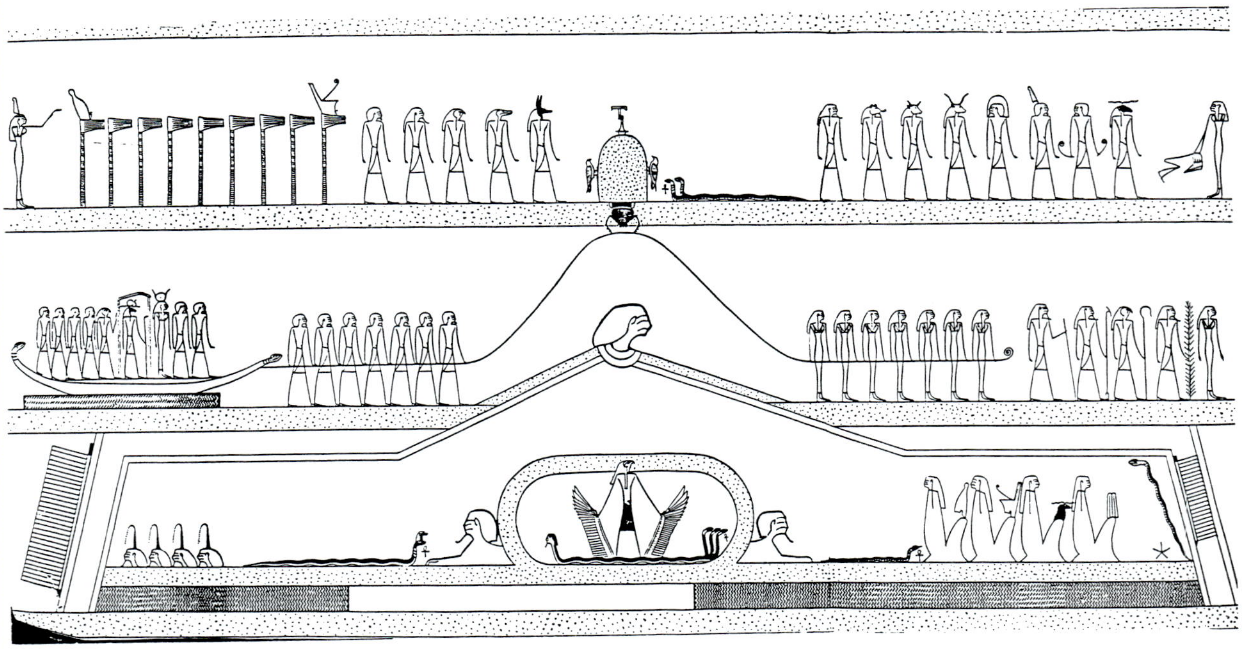

Wer einen Finger auf diese Pyramide und diesen Tempel legt, die mir und meinem Schatten gehören [...], wird von den Enneaden verurteilt, und er und sein Haus werden nirgendwo sein; er wird verstoßen sein, er wird sich selbst auffressen.
Pyramidenspruch 1278–1279

Die Pyramidentexte

Der Weg durch einen Pyramidenkomplex endete an einer großen steinernen Scheintür am Ende der Opferkapelle. Auf der »anderen Seite«, solide vermauert tief unter der Pyramide, lagen die intimsten Räume dieses Hauses der Ewigkeit: die Grabkammer und die Vorkammer. Ab der Unas-Pyramide (5. Dynastie) waren die Wände dieser Kammern in vertikalen Kolumnen mit Texten aus der ältesten religiösen Literatur Ägyptens – ja der Welt – beschriftet. Diese »Pyramidentexte« bieten einen aufregenden, aber verwirrenden literarischen Einblick in die Bedeutung eines Pyramidenkomplexes.

Als erste entdeckten die Brüder Emile und Heinrich Brugsch 1881 solche Texte in den Pyramiden von Unas, Teti, Pepi I., Merenre und Pepi II. Kurt Sethe editierte sie als erster und listete 714 Einzelsprüche auf. Mit 1925 in den Pyramiden von Pepi II. und seinen Königinnen Neith, Ipwet und Wedjebten entdeckten weiteren Texten stieg die Zahl auf 759. In den letzten zwei Jahrzehnten wurden bei französischen Ausgrabungen unter Jean Leclant in Süd-Saqqara weitere Texte gefunden.

Trotz häufiger Wiederholungen unterscheidet sich die »Ausgabe« der Texte von Pyramide zu Pyramide. Die älteste Version, bei Unas, enthält nur 283 der bekannten Sprüche sowie solche, die später nicht mehr auftauchen. In der neuesten »Ausgabe« in der kleinen Pyramide des Ipi finden sich früher unbekannte Sprüche. Das läßt auf ziemliche Unbeständigkeit sowie eine individuelle Auswahl für jeden König schließen. Da das archäologische und historische Beweismaterial Hinweise auf das Alte Reich enthält, vermutet man, daß die Texte in der Zeit nach der Vereinigung entstanden.

In der Ersten Zwischenzeit und im Mittleren Reich wurden auch Beamtengräber mit Pyramidentexten beschriftet. Diese wurden dann in die in Särgen Hochstehender gefundenen Sargtexte übernommen. Auch in den Beamtengräbern des Neuen Reiches, im Totenbuch und den Begräbnispapyri der Spätzeit finden sich noch Pyramidentexte. Radikal überarbeitet sind sie auch im Tempelritual des Neuen Reiches erkennbar. Kopien von Pyramidentexten fanden sich in Gräbern und Sarkophagen der Spätzeit. Diese sorgfältig im Stil des Alten Reiches ausgeführten Kopien enthielten Sprüche, die in den Ausgaben des Alten Reiches teils bekannt, teils unbekannt waren; das läßt vermuten, daß die bekannten Texte des Alten Reiches eine Auswahl aus einem größeren Textkorpus sind.

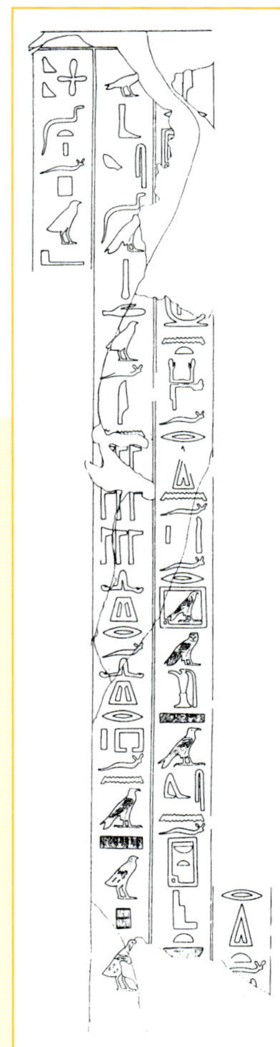

Pyramidentexte vor den Fallsperren in der Pyramide Pepis I. – das Zitat am Kapitelanfang.

Die Kategorien von Pyramidentexten

Die Gelehrten unterscheiden fünf Hauptkategorien:

1 Dramatische Texte. Dazu gehören Klagesprüche, Sprüche für Opferrituale und Sprüche, die mit der Erhaltung der Kronen des Königs, dem Einbringen von Gerätschaften ins Grab sowie der Mundöffnung und anderen Statuenritualen zu tun haben. Diese Texte umfassen Rezitative und vorgeschriebene Handlungen: »erhebe dich vor ihm« (dem Toten); »werfe dich vor ihm zu Boden«. Einige von ihnen lassen vermuten, daß der Sprechende und der Hörende im vorgeschriebenen Ritual als Götter auftraten. Die Formulierung der Dramatischen Texte könnte in die 2. und 3. Dynastie zurückreichen.

2 Hymnen mit Namensformeln. Sie setzen die Kultsymbole, Handlungen und rituellen Objekte der Dramatischen Texte in den Kontext mythischer Geschichten oder Anspielungen, manchmal durch die Hinzufügung »in diesem deinem Namen ...« oder einfach »als«.

3 Litaneien. Sie sind in Versform gehalten und bestehen aus Aufzählungen und Sequenzen von Namen und Namensformeln für bestimmte göttliche Dinge und Wesen. So preist Spruch 220 die Krone bei ihrer Inbesitznahme durch den König: »Er kommt zu dir, O Krone! Er kommt zu dir, O Flamme; Er kommt zu dir, O Große; Er kommt zu dir, O Magische«. Die Hymnen und Litaneien wurden vielleicht in der 4. Dynastie verfaßt.

4 Die Lobeshymnen. Das *Sachu* (wörtlich: »das zum *ach* macht«) nimmt in den Pyramidentexten den breitesten Raum ein. Die ältesten Lobeshymnen, die wahrscheinlich bei der Beisetzung am Grab rezitiert wurden, erwähnen das Sandgrab (Spr. 1877–1878) und die Lehmziegel-Mastaba (Spr. 572c–e). Viele Lobeshymnen sind jedoch jüngeren Datums und stammen aus der 5. oder sogar erst 6. Dynastie.

5 Die Zaubersprüche. Dies sind kurze Schutzformeln vor Schlangen und anderen gefährlichen Wesen. Ihrer Sprechweise nach dürften sie die ältesten Texte sein und bis in die frühe archaische Zeit zurückreichen.

Die Unas-Pyramide in Saqqara enthielt als erste Pyramidentexte. Rechts oben ein Ausschnitt.

Wie bei den Statuen- und Reliefprogrammen der Pyramidentempel war das Kernthema der Pyramidentexte die ewige Existenz des Königs im Nachleben. Eine absolut zusammenhängende Behandlung ist jedoch nicht leicht zu erkennen. Dennoch betonen die Texte deutlich den Himmelsbezirk des Sonnengottes, so daß die Gelehrten vermuten, das Korpus sei weitgehend in Heliopolis formuliert worden. Der König gesellt sich der großen Götterfamilie zu; sein Tod und seine Auferstehung sind also genaugenommen eine Heimkehr. Er besteigt das Schiff des Sonnengottes und reist durch den Himmel und diverse Felder der Unterwelt. Alternativ fliegt er als Falke, Milan oder Gans zum Himmel oder hüpft als Heuschrecke nach oben. Mitunter sind ihm auch Naturkräfte wie Luftwirbel und Hagelstürme beim Aufstieg behilflich. Sein Endziel ist der Tag- *und* Nachthimmel, denn er gesellt sich den unvergänglichen Nordsternen zu. Da sie den toten König mit Osiris identifizieren, haftet den Pyramidentexten auch eine chthonische Unterweltdimension des Nachlebens an.

Mythen- und Ritualfragmente

Die Pyramidentexte spielen auf Mythen an, insbesondere den zentralen Osiris-Mythos und den Streit zwischen Horus und Seth um das Reichserbe, erzählen jedoch nie eine zusammenhängende Geschichte. Vielmehr handelt es sich durchweg um Mythenfragmente, als sei das Ganze zu mächtig, um direkt ausgesprochen zu werden. Über den Zweck dieses poetischen Diskurses, der sich wie ein Vorhang aus Ritual und Zauber um die innersten Pyramidenkammern hüllt, gehen die Meinungen auseinander. Für die Ägypter waren das Wort und seine Wirkung ein und dasselbe. Kurt Sethe hielt die Texte für beliebig zusammengestellte Sprüche, die – dauerhaft auf den Wänden um die Leiche des Königs eingemeißelt – seine Verwandlung und Auferstehung erlaubten. Viele teilen diese Meinung. Andere widersprechen ihr zwar nicht, erblicken in den Texten jedoch auch das Skript für die Begräbnisriten. Daß bestimmte Pyramidentexte in bestimmten Kontexten rezitiert wurden, zeigen Anweisungen wie »Worte, die

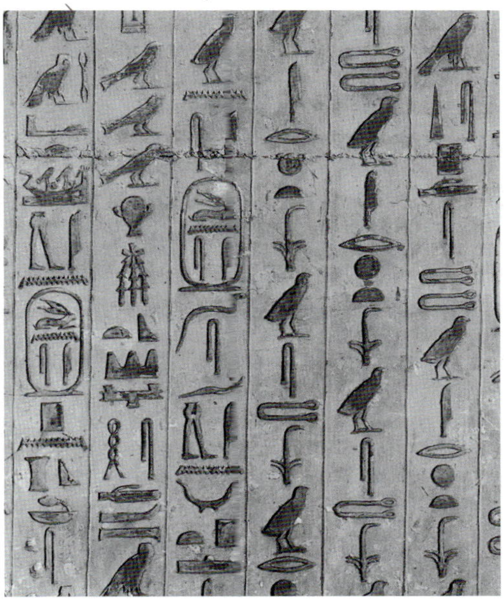

zu sprechen sind«, durch die dramatische Form der Sprüche zur Mundöffnung, die Instruktionen für rituelle Handlungen sowie durch Texte, die sich mit Reinigung, Beweihräucherung, dem Darreichen von Kleidern und Salben und mit der Pyramidenweihe befassen. Es wäre abwegig zu glauben, das Opferritual habe nicht in der Opferhalle des Totentempels stattgefunden.

Text, Architektur und Kosmos

James Allen hat sich in seiner jüngsten »Lesart« die Unas-Pyramide – die älteste und vollständigste Wiedergabe – vorgenommen. Er untersuchte die Anbringung der Sprüche an den Wänden, ihre Erzählrichtung und die Spruchgruppen. Es ergaben sich zwei Ordnungsprinzipien. Erstens verläuft die Erzählung gegenläufig zur Blickrichtung von Vogel-, Tier- und Menschenhieroglyphen – die Texte laufen von rechts nach links, ausgenommen an der Nordwand der Grab- und Vorkammer, wo sie von links nach rechts laufen. Dies geschieht zur Befolgung der zweiten Regel: Die Texte bewegen sich vom Grabinnern nach außen. Thematisch zerfallen die Texte in zwei grobe Gruppen: eine für die Grab-, eine für die Vorkammer.

Die Sprüche auf dem Westgiebel der Grabkammer schützen den König vor Schlangen, Skorpionen und anderen Gefahren. Ähnliche Schutzsprüche finden sich am Ostgiebel der Vorkammer. Die Privaträume des Königs sind also von Abwehrtexten umrahmt, wie auch vor der Pyramide, im Aufweg und kleinen Vestibül Szenen stehen, die seinen Weg durch den Pyramidenkomplex schützen. Parallelen zwischen Innentexten und Außenzeichen und -symbolen werden auch im Eröffnungsspruch des Opferrituals auf der Nordwand der Grabkammer deutlich, wo vom Aufgreifen von Feinden die Rede ist. Auf Szenen am unteren Ende des Aufwegs waren Götter mit Stricken zum Fesseln der Feinde des Königs zu sehen. Das übrige Opferritual erwähnt, daß der König bekleidet, gesalbt und bedient wird, wie es während seines Lebens in den Privaträumen geschah. Auf dem Ostgiebel der Vorkammer steht auch der berühmte »Kannibalenhymnus«, in dem der König im Sturm zum Himmel fliegt: »... glänzend und beseelt als der Gott, der von seinen Vätern lebt und an sich von seinen Müttern nährt ...« Diesen »Kannibalismus« sollten wir im Lichte des *ka* als die Übertragung der Lebenskraft vom Schöpfer über die Götter auf den König und von den Eltern auf das Kind verstehen. Auch sollten wir nicht übersehen, daß die Ostwand der Vorkammer zum »virtuellen« Ausgang der unterirdischen Pyramidenräume weist – zur Scheintür an der Ostflanke der Pyramide auf Höhe der Spitze des Totentempels. Jenseits der Vorkammer befinden sich die drei Standardnischen, die manchmal als Aufnahmeort für Statuen gelten. Es könnte sich aber auch um Lagerräume für Vorräte gehandelt haben, die symbolisch in die Kammern gelangten, wenn sie als Gaben vor der Scheintür abgelegt wurden.

Alles in allem reflektiert die Anordnung der Unas-Pyramidentexte die Reihenfolge, in der Unas sie lesen würde, wenn er sich aus dem Sarkophag erhob und über Grabkammer und Vorkammer durch den Korridor schritt. Bleibt auch Unas' Leib in der Grabkammer, wie Osiris im *duat* bleibt, so erwacht doch sein *ba*, befreit sich vom Körper und wandert durchs *duat* zum Sonnenaufgang. Die östlich der Grabkammer gelegene Vorkammer dient als *achet* – die Region zwischen *duat* und dem Tageshimmel gleich unter dem Horizont. In den Pyramiden von Teti, Pepi I. und II. ist der Korridor zwischen Grab- und Vorkammer mit Texten über das Durchschreiten der Sümpfe am Rande des *achet* beschriftet, dem Ort der Verwandlung, wo der König zum »wirkkräftigen Geist« (*ach*) wird, der sich bei Tagesanbruch erhebt und im Nachleben agiert.

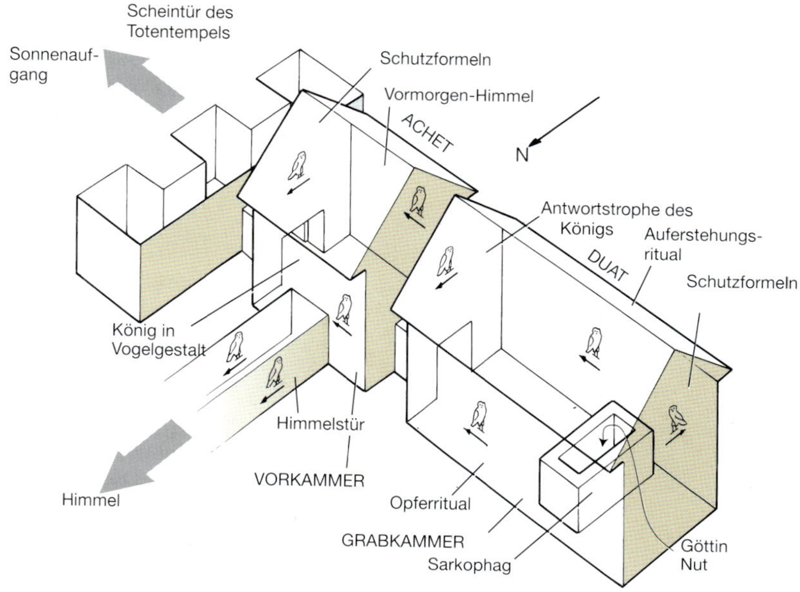

Der Verlauf der Pyramidentexte in den Kammern unter der Unas-Pyramide. Im Eingangskorridor liegt der Schwerpunkt auf der Auferstehung aus dem Achet. Die Scheintür in der Opferhalle des Totentempels der Pyramide liegt den drei östlichen Magazin-Nischen gegenüber. Ab dem Neuen Reich wurde in die Sarkophage eine Darstellung der Göttin Nut eingemeißelt.

Die Symbolik der Pyramide

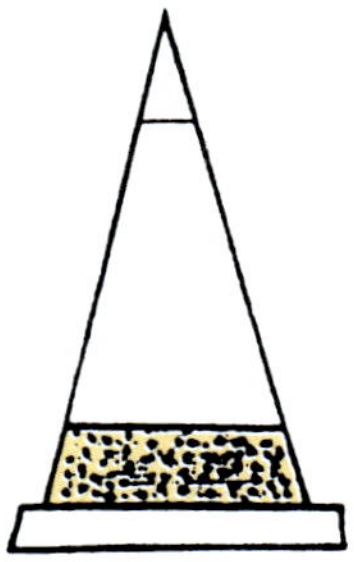

Das vollständige Hieroglyphen-Zeichen für »Pyramide«. Bedeutet das untere rote Band, daß Pyramiden so bemalt waren, wie manchmal angenommen wird? Oder ist es ein Überbleibsel der roten Granitverkleidung am Sockel einiger Pyramiden, wie zum Beispiel jener des Chephren, Menkaure und Neferekare?

Atum Scarab!
Als du hoch wurdest wie der hohe Grund, als du dich
als *ben-ben* erhobst im Gefilde des Phoenix,
in Heliopolis,
niestest du Schu aus,
spieest Tefnut aus, und legtest die Arme um
sie als die Arme des *ka*, auf daß dein *ka* in ihnen sei.

Pyramidenspruch

Die Pyramide war in erster Linie ein im Wortsinne gewaltiges Symbol. Es heißt, die Ägypter hätten zwischen Hieroglyphenschreiben, zweidimensionaler Kunst und Reliefs, Bildhauerei und Monumentalarchitektur nicht scharf unterschieden. Die Pyramiden sind gewissermaßen gigantische Hieroglyphen. Doch warum eine Pyramide? Und wie sollten wir ihre Hieroglyphe lesen?

Pyramide und Pyramidion

Auf altägyptisch heißt Pyramide *mer*. Dem Begriff als solchem scheint keine kosmische Bedeutung innezuwohnen. I. E. S. Edwards, eine Kapazität in Pyramidenfragen, versuchte eine Ableitung von *m* (»Werkzeug« oder »Ort«) plus *ar* (»Aufstieg«) zu finden, also »Ort des Aufstiegs«. Zwar hatte er selbst seine Zweifel, aber die Pyramide war tatsächlich ein Ort oder Werkzeug des Aufstiegs des Königs nach dem Tode.

Unser »Pyramide« kommt vom griechischen *pyramis* (pl. *pyramides*) – »Weizenkuchen«. Die Ägypter hatten einen konischen Brotlaib namens *ben-ben*; das Wort bezeichnete gleichzeitig den Schlußstein einer Pyramide oder die Spitze eines Obelisken: *ben-benet* nach dem *ben-ben*-Stein, dem heiligen Symbol im Tempel von Heliopolis, der ältesten Sonnenkultstätte.

Der Schlußstein (Pyramidion) ist eine komplette Pyramide en miniature und bildet die Spitze des Baus im selben Winkel und in denselben Proportionen wie das Gesamtwerk. Stadelmann fand das früheste Pyramidion bei Snofrus Nordpyramide in Dahschur; es bestand aus dem gleichen Kalkstein wie die Verkleidung und war unbeschriftet. Auch von den Königspyramiden des Mittleren Reiches und von Kleinpyramiden nichtköniglicher Gräber des Neuen Reiches und später sind mehrere Pyramidien erhalten geblieben. Der vollständigste königliche Schlußstein ist das Pyramidion Amenemhets III. von Dahschur aus hartem, schwarzem Stein. Eine der vier Seitenflächen zeigt eine geflügelte Sonnenscheibe als Relief. Darunter sind zwei *wedjat*, heilige Augen, und darunter drei *nefer*-Zeichen (»Schönheit«/»Vollkommenheit«); noch tiefer finden wir wiederum die Hieroglyphe der Sonnenscheibe, flankiert von den Namen und Titeln Amenemhets III. Die Komposition kann als »Amenemhet gewahrt die Vollkommenheit des Re« gelesen werden. Die heiligen Augen sind die des Königs. Wie die Pyramidennamen – »Snofru erstrahlt«, »Chephren ist groß« – sagen uns die Augen, daß die Pyramiden eine Personifizierung der in ihnen begrabenen und wiederbelebten Könige waren.

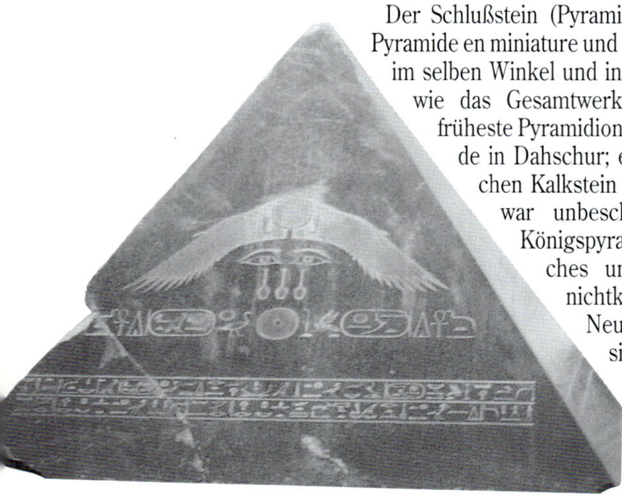

Das Pyramidion der Pyramide Amenemhets III. in Dahschur (S. 179). Die Augen des Pharaos schauen aus seiner Pyramide heraus in die Schönheit der Sonne empor.

Pyramide und *ben-ben*

Die Formel »gewahrt die Vollkommenheit des Re« ist einer der vielen Belege, daß die Pyramiden als Sonnensymbol galten. Ein anderer ist die Identifizierung der Pyramide mit dem heiligen *ben-ben*-Stein im Tempel von Heliopolis. Um den *ben-ben* zu verstehen, muß man bei Aton beginnen, dem vermutlich ältesten in Heliopolis verehrten Gott. Diese Erscheinungsform des Sonnengottes stellt die »alte« Sonne des Abends dar, die mittags »Re« und morgens »Chebri« (Skarabäus) heißt. Aton (oder Atum) war zugleich der älteste Schöpfergott; in seiner Urform war er der Einzigartige in den Urwassern des Abyssus. Die Wurzel »tm« bedeutet »vollendet«, aber auch »nicht seiend«. In späteren Texten ist Aton »Herr des Alles« und »Der Vollendete«, in den Pyramidentexten »selbstentwickelnd«. Aton ist ein chthonischer Gott: Praktisch alles Bestehende ist Teil seines Fleisches und hat sich als seine »Millionen *kas*« gebildet. Und wie begann diese Entstehung? Der Pyramidentext 527 besagt:

Aton der Eine erstand mit einer Erektion in Heliopolis. Er ergriff seinen Penis und machte sich einen Orgasmus, und geboren wurden die zwei Geschwister Schu und Tefnut.

Die nächste Göttergeneration sind der Luftgott Schu und seine Schwester Tefnut. Die Genealogie

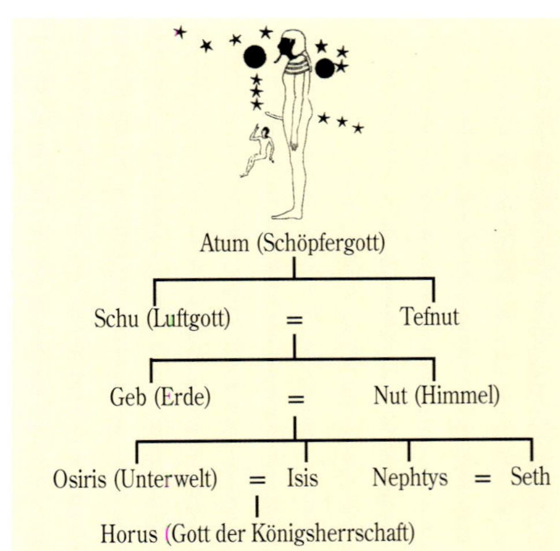

In den Pyramiden vereinigten sich auf magische Weise die dunkelste und dichteste Ur-Erde und die Strahlen des Himmelslichtes.

geht weiter mit Geb (Erde) und Nut (Himmel), die Osiris, seine Schwester und Frau Isis, seinen Bruder und Gegner Seth und Seths Schwester Nephtys zeugen. Osiris und Isis zeugen den Herrschergott Horus. Damit reicht das Königtum bis zum Schöpfer zurück. Andere Texte verbinden Atons Erektion und Ejakulation mit dem *ben-ben*-Stein über ein kosmisches Wortspiel um die Wurzel *bn*, das Fortpflanzung beinhaltet und »erigieren« oder »ejakulieren« bedeuten könnte. In *bn* könnte überhaupt jedes Anschwellen anklingen. Mit seiner Masturbation soll sich Aton als Hügel *(bnnt)* im Urmeer Nun erhoben haben. Die Ägypter müssen darin das aus den abfließenden Überschwemmung auftauchende Land des Niltals gesehen haben. In den wenigen Textzeilen über Atons Urhügel vermengen die Theologen unzählige Metaphern und verbinden die Schöpfung mit dem Bild des Skarabäus und dem *ben-ben* von Heliopolis. Im selben Atemzug sollen Schu und Tefnut lautmalerisch aus Atons Niesen *(ishesh)* und Spucken *(tff)* hervorgegangen sein.

Als Sinnbild des Urhügels ist die Pyramide mithin Ort der Schöpfung und Wiedergeburt im Abgrund. Im Geflecht des Heliopolis-Schöpfungsmythus taucht der Phönix *(benu)* sowohl dank des Gleichklangs mit *ben-ben* als auch deswegen auf, weil er oft nach langer Abwesenheit zu seinem Wohnort heimkehrt, der von den Ägyptern als pyramidenförmiger Stangensitz dargestellt wurde.

Sonnenlicht und Pyramide

Das *ben-ben* und die Pyramide können die Sonnenstrahlen symbolisiert haben, wie sie durch eine Wolkenlücke erscheinen; somit wäre die Pyramide das Materie gewordene Immaterielle. Die Pyramidentexte nennen die Sonnenstrahlen eine Rampe, auf der der König zur Sonne emporsteigt, genau wie die älteren Stufenpyramiden als riesige Treppen gegolten haben mögen. Aber die Pyramide war weit mehr als nur ein magisches Hilfsmittel für den Aufstieg des Königs zum Himmel. Sie war Ort der physischen und geistigen Verwandlung, die den Aufstieg des Königs mit der Weltschöpfung und der täglichen Wiedergeburt der Sonne verband.

Es gibt Anzeichen, daß der *ben-ben*-Stein kegelförmig war; in monumentalem Maßstab läßt sich das am leichtesten durch eine Pyramide nachahmen. Hier sollten wir auch im Auge behalten, daß die Pyramide ursprünglich mit geglättetem weißem Kalkstein verkleidet war und das Licht nahezu blendend grell zurückgeworfen haben muß.

Durch die ägyptische Kunst und Architektur zieht sich eine Art »Aussichtsfenster-Prinzip«, das vielleicht auch für die Pyramide als steingewordenes Sonnenlicht gilt. Sie mag zugleich gigantischer Reflektor, steinernes Ebenbild des Sonnenlichts und Fenster zum Himmel gewesen sein, durch dessen Steinmassen man gewissermaßen hinaus in die Sonne blickte, wie es die Augen Amenemhets III. auf seinem Pyramidion tun. Wenn wir durch das »Fenster« der Pyramide, ihrer Tempel und ihrer unterirdischen Gemächer schauen könnten, würden wir den ganzen Komplex besser verstehen – nämlich als königliches Haus mit Vorbau (Taltempel), Eingangskorridor (Aufweg), Vestibül, Hof, Portikus und Empfangshalle (Hof und Statuenkammer), Vorkammer zu den Privatgemächern, Speise-(Opfer-)Saal und ganz zum Schluß dem intimsten Gemach, in dem der König im Todesschlaf liegt, um wiedererweckt, gebadet und gekleidet zu werden, ehe er im himmlischen Hof erscheint.

Was das Ganze jedem anderen Haus unähnlich macht, ist die über den intimsten Räumen sich türmende Pyramide. Sie ist es, die dieses ewige Haus mit dem Haus der Götter – dem Kosmos – verschmilzt. So ist die Pyramide Abbild des Urhügels und der schwerelosen Sonnenstrahlen zugleich, eine Vereinigung von Himmel und Erde, die den Gottkönig verklärt und verwandelt und die göttliche Herrschaft des Königshauses sichert.

Pyramidensymbole (v. l. n. r.): Darstellung des benu-*Vogels (Phönix) auf der Sonnenscheibe an der Spitze des* ben-ben *aus der 2. Dynastie;* benu-*Vogel aus dem Neuen Reich im Grab Ramses' VI.; ein als Verkörperung des Osiris bezeichneter Obelisk – in ihm spiegelt sich wie in den späten Begräbnisbildern des Osiris in einer dunklen Stufenpyramide der chthonische Aspekt der Pyramide als Ur-Hügel.*

Als sie schon längst aufgegeben waren, ragten die Pyramiden oder ihre Stümpfe noch aus den Trümmern ihres Zerfalls und dem Treibsand der Jahrtausende hervor. Sie trotzten jedem, der in ihre Geheimnisse eindringen wollte. Zunächst versuchte man, im Frontalangriff hineinzugelangen. Dann wurden ihre Kammern, Schächte und Durchgänge freigelegt und später kartographiert. Nun wandte man sich auch der Umgebung zu. Um den Beginn des 20. Jahrhunderts wurde klar, daß zu den Pyramiden auch Tempel gehört hatten und über lange Aufwege mit den tiefergelegenen Taltempeln verbunden waren. Allmählich erkannten die Forscher die Einheit des Gesamtkomplexes. Die Ausgrabung, Kartographierung und gedankliche Rekonstruktion der Tempel und übrigen Teile des Pyramiden-Ensembles geht an den meisten Stätten bis heute weiter: Abu Roasch, Gise, Abusir, Saqqara und Dahschur.

Neuerdings nimmt die Erforschung eine neue Richtung. Die Archäologen nehmen sich nicht mehr nur der Kunst und Architektur an, sondern suchen nach Anhaltspunkten für Grundstrukturen des Alltags der Gesellschaft, die hinter diesen Monumenten stand, die uns ohne den sozialen und wirtschaftlichen Hintergrund so geheimnisvoll und fremdartig dünken, wie es ihre Erbauer wollten. So fragt der Ausgräber heute: Wie wohnten und ernährten sich die Bauleute? Welche Bedeutung kam den Pyramiden wirtschaftlich und rituell zu? Was trugen sie zur Entwicklung der ägyptischen Kultur und letztlich zum Aufstieg der Menschheit bei? Dazu braucht es ganze Teams von Gelehrten – Experten für Knochen- und Pflanzenreste, Spezialisten der Radiokarbon-Datierung und dazu jene, die in der steten Erwartung, die Pyramiden könnten weitere Geheimnisse bergen, mit Hilfe ferngesteuerter Roboter und kosmischer Strahlen noch immer das Innere der Monumente selbst durchleuchten.

Darstellung der Pyramiden von Gise durch einen Künstler Napoleons; aus der Description de l'Egypte.

II FORSCHER UND GELEHRTE

Frühe Legenden

> [Chaemwaset] schrieb hierher den Namen des Königs von Ober- und Unterägypten, Unas, der nicht auf der Pyramide stand, denn der *Setem*-Priester liebte es sehr, die Monumente der Könige Ober- und Unterägyptens wiederherzustellen.
>
> Inschrift des Chaemwaset (19. Dynastie)

In der Antike aufgegeben

Im Mittleren Reich (11.–13. Dynastie) waren die Pyramidenerbauer des frühen Alten Reiches wie Cheops und Chephren schon mehr legendäre als historische Gestalten. Etwa 550 Jahre nach Chephren scheinen von seinem Pyramidentempel und denen seiner Nachfolger die Reliefs entfernt worden zu sein, denn Teile davon wurden im Kern der während der 12. Dynastie errichteten Pyramide Amenemhets I. in Lischt wiederverwendet. Auch letztere wurde schon einige Zeit vor dem Neuen Reich, der Ära des Mose und des Exodus, aufgegeben.

Die Pyramiden waren also Relikte längst vergangener Zeiten, ihr Stein wurde für andere Gebäude gebrochen, ihre Tempel zerfielen. Doch die Namen und die Abfolge ihrer Erbauer waren aus Königslisten bekannt, und gelegentlich wurde versucht, die hehren Monumente der Ahnen wiederherzustellen. In seiner Stele am Sphinx nennt Amenhotep II. (um 1427 v. Chr.) sowohl Cheops als auch Chephren. Chaemwaset (um 1250 v. Chr.), Sohn Ramses' II. und Hoherpriester von Memphis, scheint an den Pyramiden der 5. und 6. Dynastie in Saqqara und Abusir und anderen Gräbern des Alten Reiches einiges restauriert zu haben, darunter Schepseskafs Mastaba el-Fara'un.

Der Sphinx in Gise war schon zur Zeit Ramses' II. (1290–1224 v. Chr.) Ziel vieler Besucher. Beamte, Schreiber, Heerführer, Baumeister und Pilger kamen und hinterließen kleine Gedenkstelen. Die älteste Darstellung der Gise-Pyramiden stammt von dem Schreiber Montuher auf seiner einzigartigen Stele.

Die Namen der Erbauer der Monumente von Gise stellten die Herrscher des Neuen Reiches allerdings nicht wieder her. Es gibt sogar Hinweise, daß sie zur gleichen Zeit, als sie den Sphinx in Form des Gottes Horemachet restaurierten, den feinen Kalkstein, den Alabaster und den Granit von Chephrens Pyramidentempeln entfernten. Der Turiner Königskanon läßt vermuten, daß die 4. Dynastie folkloristisch umgeschrieben wurde. Beispielsweise können die verdächtig ähnlichen Herrschaftszeiten – Huni und Snofru je 24 Jahre; Cheops 23 Jahre usw. – ganz einfach jeweils eine Generation auf dem Thron anzeigen.

Die 26. Dynastie erlebte den Versuch, den Ruhm des Alten Reiches wiederzuerwecken. In Gise entstand eine aktive Priesterschaft des Sphinx als Horemachet, andere nannten sich Priester Cheops', Chephrens und Menkaures. Ironischerweise wurden die mächtigsten Könige, die die größten Bauten errichtet hatten, in der 21. Dynastie im winzigen Isis-Tempel neben den südlichsten Pyramiden der Cheops-Königinnen (GI-c) verehrt. Dort erzählt eine kleine Stele noch eine andere Geschichte von Cheops: Als er den Isis-Tempel in Ruinen vorfand, habe er die Götterbilder restauriert und die Kopfbedeckung des Sphinx wiederhergestellt. Der Stil und die erwähnten Gottheiten lassen vermuten, daß der Text in der 26. Dynastie geschrieben wurde; die Geschichte sollte dem noch in den Kinderschuhen steckenden Kult wohl mehr Alter und Authentizität verleihen. Aber der implizite Irrtum, den Sphinx und den Isis-Tempel habe es schon vor Cheops gegeben, zeigt, wieweit die Vorstellungen, die man sich von der Geschichte des Ortes machte, schon von den Fakten abwichen.

Reisende aus Griechenland und Rom

Die Schriften Herodots enthalten eine Mischung aus Dichtung und Wahrheit. Als er zwischen 449 und 430 v. Chr. nach Ägypten kam, las man zwar noch die Hieroglyphen und praktizierte die Pharao-Religion, aber sein Bericht wirft die Frage auf, ob der Kult Cheops' und seiner Söhne im Isis-Tempel aufgegeben worden war. Die Priester, die der neugierige Grieche befragte, stellten Cheops eindeutig negativ dar (Buch II, 124):

> [Er] habe das Volk zu jeder Schlechtigkeit getrieben. Er habe nämlich alle Heiligtümer geschlossen und sie von den Opfern ferngehalten. Dann habe er allen Aigyptiern befohlen, für ihn allein zu arbeiten.

Schon die Legenden des Westcar-Papyrus hatten auf Cheops ein wenig vorteilhaftes Licht geworfen, aber die irrige und inzwischen unausrottbare Verknüpfung von Pyramidenbau und Sklaverei geht auf Herodots Konto. Sicher forderte die Cheops-Pyramide massive

Schwerstarbeit, aber es geht auf Kosten der Glaubhaftigkeit, wenn Herodot weiter berichtet (Buch II, 126):

Cheops sei in seiner Schlechtigkeit so weit gegangen, daß er, weil er Geld brauchte, seine Tochter in ein Bordell schaffte und sie soviel wie möglich Geld beschaffen ließ. Die Summe nannten sie mir jedoch nicht. Die Tochter habe sowohl das vom Vater verlangte Geld beschafft als auch den Gedanken gefaßt, ein persönliches Denkmal zu hinterlassen. Sie habe daher jeden, der zu ihr einging, gebeten, ihr einen einzigen Stein zu schenken. Aus diesen Steinen, so sagten sie, sei die Pyramide gebaut worden, die in der Mitte der drei steht, vor der Großen Pyramide.

Bei Herodots Besuch war der Aufweg der Cheops-Pyramide noch intakt, der »ganz aus geglättetem Stein mit eingemeißelten Bildern« bestehe, »ein Werk, das nicht viel geringer war als die Pyramide« (Buch II, 123).

Für das bedrückte Volk seien [...] für den Bau der Straße [...], [die] Arbeiten an dem Hügel, auf dem die Pyramiden stehen, und an den unterirdischen Bauten, die er als seine Begräbnisstelle auf einer Insel anlegte, nachdem er einen Kanal des Nils hineingeleitet hatte, [...] zehn Jahre vergangen. Für den Bau der Pyramide selbst habe die Zeit zwanzig Jahre betragen.

Zwei Jahrhunderte nach Herodot stellte der ägyptische Priester Manetho seine *Aegyptiaca* zusammen, die wir nur in den gekürzten Fassungen des Flavius Josephus (um 70 n. Chr.), Africanus (3. Jhdt. n. Chr.) und Eusebius (4. Jhdt. n. Chr.) kennen. Unser altägyptischer Geschichtsrahmen beruht immer noch auf Manethos Königsliste von 30 Dynastien, und er hat als erster die Könige von Menes bis Unas in fünf Dynastien eingereiht. (Der Turiner Kanon des Neuen Reiches nennt 39 Namen dieser Zeit als ununterbrochene Genealogie.) Manetho muß seine Einteilung auf der Volkstradition und der Pyramidensequenz aufgebaut haben. Er schreibt Cheops (den er »Suphis« nennt) den Bau der Großen Pyramide sowie das Verfassen des »Heiligen Buches« zu.

332 v. Chr. eroberte Alexander der Große Ägypten. Danach beherrschten 300 Jahre lang bis zu Cleopatra die Ptolemäer das Land, Nachfahren des großen Generals Ptolemaios (I.) Soter, der Alexanders Leichnam raubte, nach Ägypten brachte und dort fortan regierte. 30 v. Chr. wurde Ägypten römische Provinz – und Touristenattraktion ersten Ranges. Wie heute schloß der Weg jedes Reisenden die Pyramiden von Gise und den Sphinx, Memphis und das Apis-Haus und – nilaufwärts bei Theben – die Memnonskolosse, die Tempel von Karnak und das Tal der Könige ein. Das Labyrinth – der heute eingeebnete Tempel der Hawara-Pyramide Amenemhets III. – lag abseits der Touristenroute.

Nach dem griechischen Autor Diodorus Siculus, der um 60 v. Chr. in Ägypten weilte, war der Mantel der Großen Pyramide noch intakt, allerdings wohl ohne Schlußstein. Im 1. Jahrhundert n. Chr. erwähnt Plinius der Ältere, die Bewohner des Dorfs Busiris (Abusir) am Fuß des Pyramidenplateaus seien für die Touristen die Pyramiden hochgeklettert – wie es ihre modernen Ebenbilder in Nazlet es-Samman heute noch tun (allerdings dürfte es bei intakter Verschalung einiges schwieriger gewesen sein). Ein weiterer Mythos entstand, als der jüdische Historiker Flavius Josephus gegen Ende des 1. Jahrhunderts n. Chr. den Pyramidenbau in die Härten der jahrelangen Sklavenarbeit der Hebräer in Ägypten einbezog:

[Die Ägypter] legten ihnen auf, den Fluß in viele Bäche abzuleiten, Mauern um die Städte zu führen und Wälle aufzuwerfen, damit das Wasser nicht in die Städte eindringen und hier sumpfig werden könne. Auch zwangen sie unser Volk, Pyramiden zu bauen [...] [und] trachteten danach, die Israeliten durch schwere Arbeit aufzureiben ...

Diese Vorstellung blieb erhalten, obwohl wir mittlerweile wissen, daß die größten Pyramiden über tausend Jahre vor der Hebräer-Ära erbaut wurden.

Zur Römerzeit wurde Ägyptisch mit griechischen Buchstaben geschrieben. Ab dem 3. Jahrhundert n. Chr. war Koptisch die Sprache Ägyptens. Als Konstantin 313 das Christentum zur offiziellen Reichsreligion erhob, endeten 3000 Jahre Pharaonenkultur. Die Kopten zerstörten die heidnischen Monumente ihrer Ahnen, und der letzte, der noch Hieroglyphen lesen konnte, starb irgendwann im 4. Jahrhundert n. Chr. Als die alten Inschriften kryptisch wurden, ertrank das wirkliche Wissen über die Pyramidenerbauer in einem Meer der Mythen und Legenden, und die Pyramiden verfielen ins Schweigen.

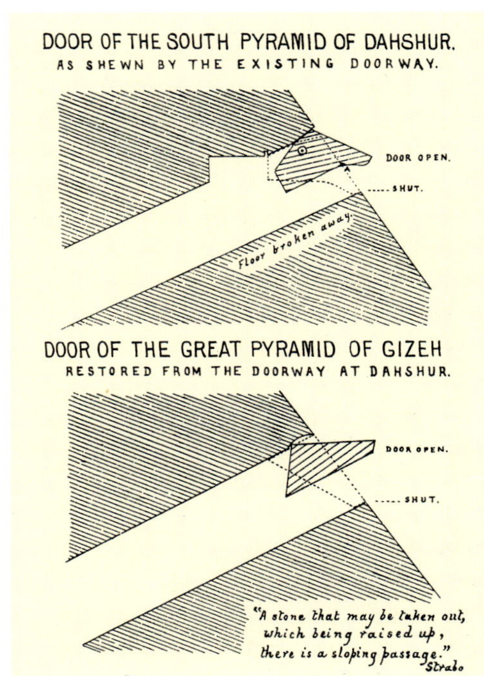

Um 25 v. Chr. berichtete der römische Geograph Strabon von einem beweglichen Stein hoch oben und in der Mitte einer Seite der Cheops-Pyramide als Zugang zur Absteigenden Passage. Da eine »Falltür« im Originalbau die Sicherheit der Pyramide gefährdet hätte, kann dieser Zugang nur nachträglich angelegt worden sein – vielleicht, damit Touristen in die unterirdische Kammer gelangen konnten. Rechts eine hypothetische Rekonstruktion durch W. M. Flinders Petrie anhand der Zapfenlöcher, die er am Eingang zur Knickpyramide in Dahschur fand.

Mythengeschichte der Kopten und Araber

Dann befahl Surid den Bau der Pyramiden und ließ in ihnen die Wissenschaften aufzeichnen und Schätze und Skulpturen in sie hineinbringen. Schließlich setzte er einen Götzen als Wächter vor jede der drei Pyramiden. [...] Nach seinem Tod wurde Surid in der »Ost«- [Cheops-], sein Bruder Hujib in der »West«- [Chephren-] und Hujibs Sohn Karuras in der »gescheckten« [Menkaure-]Pyramide begraben.
Koptische Legende

Bücher wie Tausendundeine Nacht *erzählen von verborgenen Schätzen in der Großen Pyramide. Nach einer dieser Legenden soll der Kalif Al Mamun in die Nordseite eine Bresche geschlagen haben. Einige Versionen besagen, er habe ein Gefäß mit endlos sich auffüllendem Wasser, einen goldenen Sarg mit einem rubinenübersäten Menschenkörper und einen beseelten Hahn aus Edelsteinen gefunden.*

The Thousand and One Nights,
COMMONLY CALLED, IN ENGLAND,
THE ARABIAN NIGHTS' ENTERTAINMENTS.
A NEW TRANSLATION FROM THE ARABIC WITH COPIOUS NOTES.
BY EDWARD WILLIAM LANE,
AUTHOR OF "THE MODERN EGYPTIANS."
ILLUSTRATED BY MANY HUNDRED ENGRAVINGS ON WOOD, FROM ORIGINAL DESIGNS BY WILLIAM HARVEY.
VOLUMES.

Im Jahre 395 n. Chr. spaltete sich das Römische Reich, und Ägypten kam unter die Herrschaft von Byzanz. Zweieinhalb Jahrhunderte später, 642, wurde Ägypten von den Arabern erobert. Um die so uralten Pyramiden rankten sich bald Legenden und Fabeln.

Die Pyramiden und die Sintflut

Eine koptische Sage erzählt von König Surid, der drei Jahrhunderte vor der Sintflut lebte. In seinen Träumen sah er künftiges Chaos, dem nur entging, wer sich dem Herrn des Bootes anschloß. Darin vermengt sich die jüdisch-christliche Sintflut mit alten ägyptischen Themen. »Surid« kann eine Verballhornung von »Suphis« sein, einer alten Form von Cheops; seine Stadt Amsus ist Memphis; der Herr des Bootes ist eine Mischung aus Noahs Arche und der Barke des Sonnengotts.

Nach einer arabischen Volkssage war die Große Pyramide das Grab des Hermes, des griechischen Gegenstücks zum ägyptischen Toth, der wie Surid Pyramiden baute, um die Literatur und Wissenschaft vor den Uneingeweihten zu verstecken und über die Sintflut zu retten. Die jemenitischen Araber hielten die zwei großen Pyramiden für das Grab ihrer alten Könige, von denen einer die Ägypter besiegte – wohl eine ferne Erinnerung an den Hyksos-Einfall im 2. Jahrtausend v. Chr.

Es wimmelte von Ausschmückungen der arabischen Legenden, darunter der Surid-Sage. Der Historiker al-Maqrizi (15. Jhdt.) erzählt, der König habe die Wände und Decken seiner Pyramidenkammern mit Darstellungen der Sterne und Planeten und aller Wis-

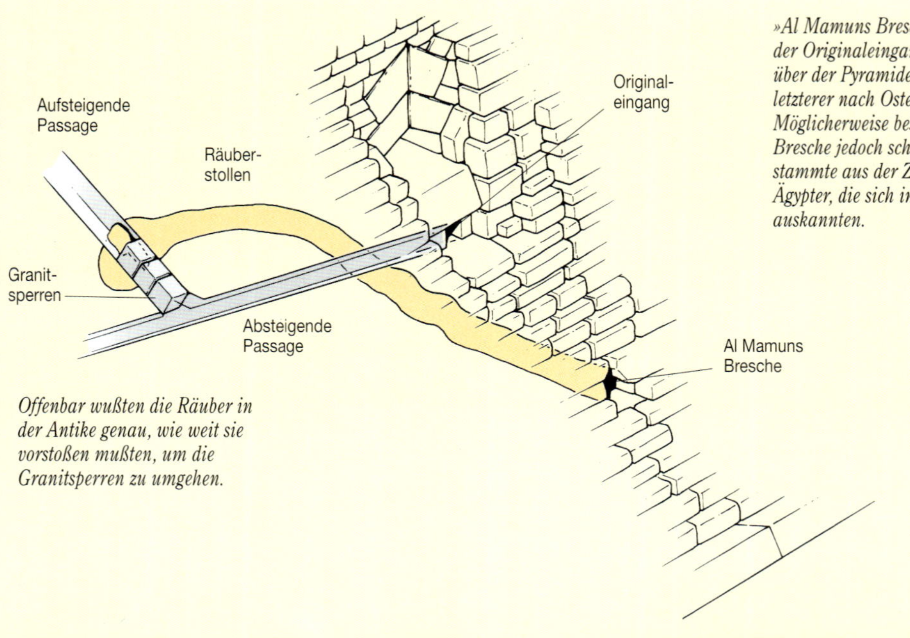

Offenbar wußten die Räuber in der Antike genau, wie weit sie vorstoßen mußten, um die Granitsperren zu umgehen.

»Al Mamuns Bresche« liegt 7, der Originaleingang 17 Meter über der Pyramidenbasis, letzterer nach Osten. Möglicherweise bestand die Bresche jedoch schon und stammte aus der Zeit der alten Ägypter, die sich im Inneren auskannten.

senschaften verziert und Schätze wie Eisenwaffen, die nicht rosteten, und biegsames, unzerbrechliches Glas darin gelagert. Auch sei den Kopten zufolge Surid umgeben von all seiner Habe in der Pyramide begraben worden. Ist Surid eine Erinnerung an Cheops, käme das der Wahrheit wohl ziemlich nahe.

Die Bresche des al-Mamun

Die Sage von den in der Cheops-Pyramide verborgenen Schätzen blieb lebendig und fand Eingang in *Tausendundeine Nacht*. Gleiches gilt für die Erzählung, der Kalif al-Mamun, Sohn Harun al-Raschids, sei um 820 n. Chr. als erster in sie eingebrochen. Mit Eisenpickeln und Stemmeisen und indem er kalten Essig auf erhitzte Steine goß, bahnte er sich mühsam den Weg. Es gibt tatsächlich unter und neben dem ursprünglichen Eingang eine Bresche im Mauerwerk (den heutigen Touristenzugang). Doch wann die Pyramide erbrochen wurde, bleibt ein Rätsel; es kann aber in antiker Zeit gewesen sein. Wer immer es tat, zielte direkt auf einen Punkt gegenüber der Kreuzung der ab- und aufsteigenden Durchgänge und wandte sich dann nach Osten, um die Verschlußblöcke aus Granit zu umgehen. Die Reparaturen wurden vielleicht von Priestern der Saïten-Zeit (26. Dynastie) ausgeführt, als man sich um Restaurierung von Denkmälern des Alten Reiches bemühte. Wurde die Bresche jedoch in pharaonischer Zeit geschlagen, dann mußte sie 820 n. Chr. gähnend offen sein (und wären Reparaturen wohl sichtbar gewesen). Vielleicht haben Mamuns Leute nur eine Einbruchstelle antiker Räuber erweitert. Das alles flößt nicht gerade Vertrauen in die Historizität der Geschichte von al-Mamun ein. Berichte über wilde Ereignisse und märchenhafte Funde in der Pyramide verstärken den Zweifel. Nüchterner und glaubhafter klingt die Version Abu Szalts von Spanien. Nach ihm legten Mamuns Männer eine aufsteigende Passage frei. An deren Ende befand sich eine rechteckige Kammer mit einem Sarkophag. »Der Deckel wurde aufgebrochen, aber außer ein paar total zerfallenen Knochen fand sich nichts.« Neue Zweifel erweckte der jakobitische Patriarch von Antiochia, Denys von Telmahre. Er begleitete Mamuns Leute und stellte fest, bei ihrem Besuch habe die Große Pyramide bereits offengestanden.

Die Pyramiden als Steinbruch

Nach dem Gelehrten Abd al-Latif (12. Jhdt.) waren die Pyramiden mit unentzifferbarer Schrift bedeckt – wahrscheinlich Graffiti von Besuchern, zum Teil sogar aus pharaonischer Zeit. Demnach wäre damals die Außenhaut in Gise noch weitgehend intakt gewesen. Doch zur gleichen Zeit wurden die Pyramiden bereits systematisch als Steinbruch benutzt. Abd al-Latif berichtet, unter Saladin (1138–1193 n. Chr.) habe der Emir Karakusch mehrere kleine Pyramiden zerstört. Vermutlich beseitigte dieser die Nebenpyramide südlich der Cheops-Pyramide und begann mit der Demontage von Cheops' Nebenpyramiden. Steine der zwei Großpyramiden wurden im aufstrebenden Kairo benutzt. Die Plünderung der Verkleidungsplatten der Großen Pyramide setzte sich generationenlang fort, bis der Mantel völlig abgetragen war.

Al-Latif schwärmte auch vom – schon unter seinem heutigen arabischen Namen *Abu Hol* (»Vater des Schreckens«) bekannten – Sphinx. Er beschreibt sein schönes Gesicht »von rötlicher Tönung und rotem Lack so leuchtend wie frisch gemalt«. Da er die Nase ausdrücklich erwähnt, darf man annehmen, daß sie – trotz einiger Hinweise, sie könne schon im 10. Jahrhundert gefehlt haben – damals noch intakt war. Mit Sicherheit hat sie jemand vor dem frühen 15. Jahrhundert abgeschlagen, denn damals schrieb al-Maqrizi, ein weiterer arabischer Historiker, über ihr Fehlen. Auf jeden Fall war sie schon längst weg, als Napoleon (dem man ihr Verschwinden oft anlastet) 1798 Gise besuchte.

Wann oder von wem die Nase des Sphinx abgebrochen wurde, ist zwar unbekannt, aber eine sorgfältige Untersuchung des Gesichts läßt darauf schließen, wie es geschah. Jemand muß in die Nase lange Keile oder Meißel getrieben haben, einmal von oben in die Nasenwurzel, einmal von unten zwischen den Nasenlöchern. Dann wurde die Nase nach rechts (Süden) weggehebelt.

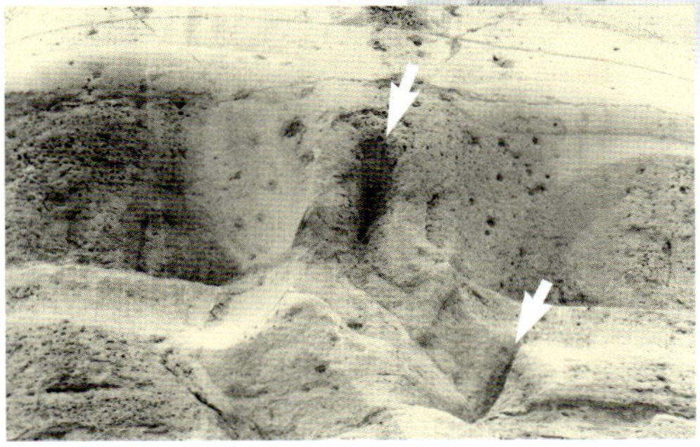

(Unten) Anno 1196 n. Chr. startete der Sohn Saladins, Malek Abd al-Aziz Othman ben Yussuf, einen Generalangriff auf die Menkaure-Pyramide, um sich ihrer Steine zu bemächtigen. In achtmonatiger Arbeit wurde lediglich die Nordseite der Pyramide beschädigt. Diese gewaltige, aber erfolglose Anstrengung verstärkt noch unsere Bewunderung für das Können der alten Bauleute, die so haltbare Monumente zustande brachten.

Die erste europäische Entdeckung

(Oben) Wer nie in Ägypten gewesen war, konnte sich von dem Sphinx und den Pyramiden nur ein Phantasiebild machen. Der angesehene Jesuit und Universalgelehrte Athanasius Kircher (17. Jhdt.) etwa zeichnete 1674 die Pyramiden mit zwei riesigen doppeltürigen Eingängen, vermutlich, weil er sie sich als Mausoleum vorstellte. Desgleichen hatte Kircher gelesen, der Sphinx rage als gewaltige Büste aus dem Sand und stellte ihn prompt als klassische Büste mit den vollen Brüsten der weiblichen Sphinx aus der Ödipussage dar.

(Oben rechts) Darstellung der Pyramiden als Kornspeicher des Joseph auf einem Mosaik im Markusdom von Venedig.

Und manche sagen, sie seien die Gräber großer Herren und einst, aber das stimmt trotz aller dort nah und fern umgehenden Gerüchte nicht, die Kornkammern Josephs gewesen.

Voiage and Travaille of Sir John Maundevile

Etwa zu der Zeit als Abd al-Latif schrieb, kehrten die Kreuzfahrer mit aufregenden Geschichten aus dem Nahen Osten nach Europa zurück. Bald wurde aus wenigen Pilgern ein ganzer Strom von Reisenden, die mit ihren Memoiren Verblüffung und Erstaunen erwecken wollten.

Geschichtenerzähler

Ein Mosaik aus dem 12. Jahrhundert in einer der Kuppeln des venezianischen Markusdoms zeigt die Pyramiden als Josefs Kornspeicher – eine Idee, die erstmals bei den lateinischen Schriftstellern Julius Honorius und Rufinus (5. Jhdt. n. Chr.) aufgetaucht war. Dieses Bild wurde von vielen frühen Reisenden wiederholt, obschon sie der Augenschein eines Besseren hätte belehren müssen. Ebenso galt Maundeviles oben zitierte *Voiage* als kundiger Führer, war aber in Wirklichkeit im 14. Jahrhundert von einem gewissen Jean d'Outremeuse zusammenfabuliert worden, der das Land nie besucht hatte. In der Renaissance erwachte das Interesse an der heidnischen Vergangenheit neu. Hinter der Größe Roms stand die Griechenlands. Mit den Reiseberichten wuchs die Erkenntnis, daß dahinter die Größe der nahöstlichen Kulturen, darunter Ägyptens, lag. Als Ägypten 1517 unter türkische Herrschaft geriet und Sultan Selim I. den Schutz der französischen Pilger und Händler bekräftigte, wurde das Reisen sicherer. Die Erfindung der Druckerpresse Mitte des 15. Jahrhunderts erleichterte die Verbreitung der Reiseberichte über die Pyramiden.

Schließlich wurden die Reisenden zu »Altertumsjägern«, die ab dem 16. Jahrhundert die wachsende Zahl europäischer Sammler, Bibliotheken und Museen mit Artefakten und antiken Manuskripten bedienten. Es entsand ein schwunghafter Handel, der sogar Mumien umfaßte, die schon seit 400 Jahren vermarktet wurden; die »Mumiengruben« von Saqqara waren eine Touristenattraktion ersten Ranges.

Sehen und Phantasieren

Wer nicht selbst nach Ägypten konnte, verließ sich auf seine Phantasie. Typisch dafür ist Athanasius Kircher (1601–1680), den einige als »Vater der Ägyptologie« feiern. Die Pyramiden- und Sphinx-Zeichnungen in seinem *Turris Babelsive Archontologia* (1674) zeugen eher von Einbildungskraft als von akkurater Wiedergabe.

Auch über die Illustrationen einiger Reisender des 15. und 16. Jahrhunderts, die tatsächlich bis Ägypten gelangten, können wir uns nur wundern. Viele beruhten eindeutig nicht auf dort angefertigten Skizzen. Nachdem sie weit gereist waren und viel gesehen hatten, mußten sich diese Autoren bei der Niederschrift auf ihre Erinnerung verlassen, wobei sich ins flüchtig gesehene Exotische nicht selten Bekanntes einschlich. Beim Zeichnen der Pyramiden hielten sie sich also an die vertrauteren steilkantigen klassischen Monumente.

Kircher beflügelte die noch heute gängige Vorstellung, den Pyramiden wohne irgendein mystischer Sinn inne. Trotz solch phantasievoller Ideen akzeptierten einige frühe Besucher wie George Sandys

Europäer tendierten dazu, die Pyramiden eher ihren eigenen Denkweisen und kulturellen Prägungen gemäß darzustellen als der Wirklichkeit. Der Neigungswinkel der Seiten war oft ungenau und unmöglich steil wiedergegeben.

Der obige Holzschnitt aus Relation of a Journey Begun in 1610 *zeigt den Dichter und Reisenden George Sandys mit Begleitung beim Besuch der Gise-Pyramiden. Wie die klassischen Autoren war Sandys der Meinung, daß sie weder von hebräischen Sklaven gebaut worden noch die Kornspeicher des Joseph, sondern Gräber ägyptischer Könige waren.*

(1610) den Gedanken, daß die Pyramiden Königsgräber waren.

Frühe Reiseberichte enthalten auch zweideutige Hinweise auf den Zeitpunkt, an dem die Pyramiden ihrer Verkleidung beraubt wurden. 1546 bemerkte Pierre Belon, die dritte Gise-Pyramide befinde sich in so tadellosem Zustand, als sei sie eben erst fertig geworden. Doch was hat es dann mit dem von al-Latif berichteten Osmanenangriff von 1196 auf sich? Jean Chesneau erwähnt, die anderen zwei Gise-Pyramiden seien »nicht in Stufen ausgeführt«. Heißt das, daß ihr innerer Stufenkern nicht freilag? Prosper Alpinus, der als einer der ersten eine genaue Vermessung der Pyramiden versuchte, schrieb 1591, Ibrahim Pascha, Vizekönig Ägyptens, habe den Eingang zur Großen Pyramide verbreitert, »so daß man darin aufrecht stehen kann«. Das muß sich auf eine Verbreiterung der Bresche von al-Mamun beziehen. Mit den nächsten Forschern änderte sich die Vorgehensweise. Im 17. Jahrhundert räumten die ersten seriösen Berichte über die Große Pyramide von Gise mit den schiefen Bildern und wunderlichen Ideen auf.

1556
Thevet

1579
Helferich

1647
de Monconys

1650
Boullaye-le-Gouz

1743
Pococke

1755
Norden

Das Bild des Sphinx im Lauf der Jahrhunderte

Es dauerte einige Zeit, bis die Europäer vom Sphinx ein zutreffendes Bild gewannen. André Thevet erzählte in seiner 1556, sieben Jahre nach seinem Gise-Besuch, veröffentlichten *Cosmographie de Levant*, der Sphinx sei »der Kopf eines Kolosses, dessen Herstellung die von Jupiter so sehr geliebte Isis, Tochter des Inachus, veranlaßt« habe. Er stellte ihn als sehr europäisches, lockenhaariges Monster mit einer Art Hundehalsband aus Gras dar. Johannes Helferich, auch er ein vielzitierter Gise-Besucher, wußte von einem Geheimgang zu berichten, durch den die antiken Priester ins Innere gelangen konnten, um ihre Stimmen für die des Sphinx auszugeben. Helferichs Sphinx ist ein flachgesichtiges, vollbusiges Weib mit glattem Haar. Der einzige Vorteil gegenüber Thevets Darstellung besteht darin, daß die Frisur der tatsächlichen Form der Kopfbedeckung nahekommt.

George Sandys erklärte schlicht, die Ägypter hätten den Sphinx als Hure dargestellt. Balthasar de Monconys interpretierte den Kopfputz als eine Art Haarnetz, während Boullaye-le-Gouz den Sphinx wiederum als Europäerin mit gerundeter Frisur und wallendem Kragen gesehen haben wollte (vielleicht erinnerten sich die Reisenden auf diese Weise an die vorstehenden und verwitterten Halsschichten). Alle diese Autoren gaben den Sphinx mit vollständiger Nase wieder, obwohl sie schon seit Jahrhunderten fehlte.

Richard Pococke kommt in seinen *Travels* gegenüber allen vorherigen Veröffentlichungen der Wirklichkeit am nächsten, sieht man von der Illustration »Bau der Pyramide« von Cornelius de Bruyn ab. Es scheint, als habe Pococke seinen Sphinx (bis hin zu dem Herrn mit ausgestreckter Linker unterhalb des Kopfputzes) der Zeichnung de Bruyns entnommen. Wiederum ist in beiden Zeichnungen die Nase mehr oder weniger vollständig vorhanden. Genauer dagegen, samt abgebrochener Nase, die Darstellung Frederick Nordens. Der Sphinx von Casas entstand zwar etwas später, zeigt jedoch abermals eine vollständige Nase. Eine wirklichkeitsgetreue Darstellung setzte erst mit den Künstlern der napoleonischen Expedition (z. B. Dutertre) ein.

1799
Casas

1822
Dutertre

Die erste europäische Entdeckung

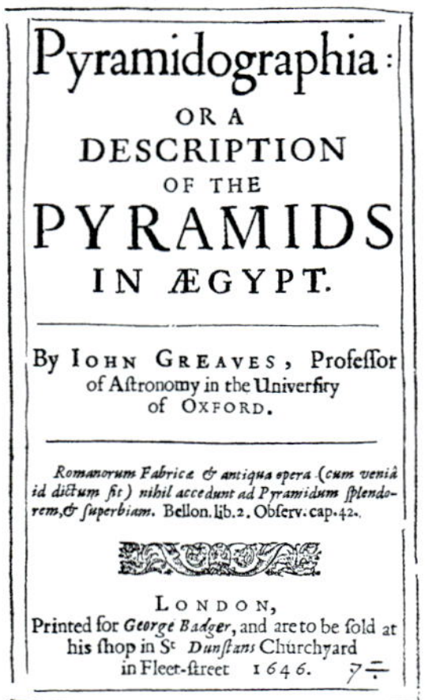
Pyramidographia:
OR A
DESCRIPTION
OF THE
PYRAMIDS
IN ÆGYPT.

By JOHN GREAVES, Professor of Astronomy in the University of OXFORD.

Romanorum Fabricæ & antiqua opera (cum veniâ id dictum sit) nihil accedunt ad Pyramidum splendorem, & superbiam. Bellon. lib. 2. Observ. cap. 42.

LONDON,
Printed for *George Badger*, and are to be sold at his shop in St *Dunstans* Churchyard in Fleet-street 1646.

Auftritt der Gelehrten

Der Oxforder Astronomieprofessor John Greaves (1605–1652) las erst die vorhandene Literatur und ging dann nach Ägypten, um die Pyramiden selbst zu studieren. Er verwarf alles Gerede, die Gise-Pyramiden seien von biblischen Gestalten oder sagenhaften Königen erbaut worden. Aus den klassischen Quellen schloß er, Cheops, Chephren und Mykerinos (Menkaure) hätten sie als sicheres Grab für ihre leibliche Hülle erbaut, weil dies nach altem Ägypterglauben das Fortleben der Seele gewährleiste. Greaves machte sich dann mit den besten verfügbaren Instrumenten und streng wissenschaftlicher Methodik an eine präzise Vermessung der Pyramiden. Die lotrechte Höhe der Cheops-Pyramide berechnete er auf 152 m (tatsächlich mißt sie 146,5 m), die Höhe der seitenbildenden Dreiecke auf 211 m und die Basis auf 44 615 m². Beim Erklimmen zählte er die Stufen (207 oder 208). Er beschrieb, wie er über einen Schutthaufen zum Originaleingang in der Höhe der 16. Steinlage gelangte, der seit dem Entfernen der Außenverkleidung offenstand. Er folgte dem Absteigenden Durchgang, dessen Gefälle er mit 26° angab. Er bewunderte die Vorkammer mit ihrer Fallsperre und die glatten Granitwände der Königskammer und beschrieb die Abmessungen und Lage des Sarkophags. Der frühe Gelehrte bemerkte sogar das Basaltpflaster östlich der Pyramide, das auf die Existenz des Pyramidentempels hindeutete.

Einen weiteren Fixpunkt in der unklaren Geschichte der Pyramidenzerstörung setzte Greaves mit der Feststellung, zwar seien die Steine der Chephren-Pyramide nicht so groß und regelmäßig verlegt wie die der Großen, aber die Oberfläche sei glatt, eben und frei von Unregelmäßigkeiten oder Lücken, ausgenommen die Südseite. Heute ist der Mantel nur noch im oberen Drittel der Zweiten Pyramide erhalten.

Benoît de Maillet war von 1692 bis 1708 französischer Generalkonsul in Ägypten und hat in dieser Zeit die Cheops-Pyramide mehr als vierzigmal besucht. Sein Plan und Querschnitt des Oberbaus ist nicht so genau wie der von Greaves, seine Zeichnung der Durchgänge und Kammern dafür präziser. Länge und Proportionen der Aufsteigenden Passage und der Großen Galerie stimmen fast, ebenso die Angaben über die diversen Teile des Brunnenschachts. Jenseits ihrer Kreuzung mit der Aufsteigenden Passage war die Absteigende noch unbekannt.

Zwischen 1639 (Greaves) und 1692 muß die Zweite Pyramide in ihren jetzigen Zustand gebracht worden sein, denn de Maillet erwähnt, die Verschalungssteine seien nur an der Spitze erhalten. De Maillet rief dazu auf, eine genaue Karte zu erstellen und alle altägyptischen Fundorte zu dokumentieren. Diesen Plan sollte die napoleonische Expedition hundert Jahre später ausführen.

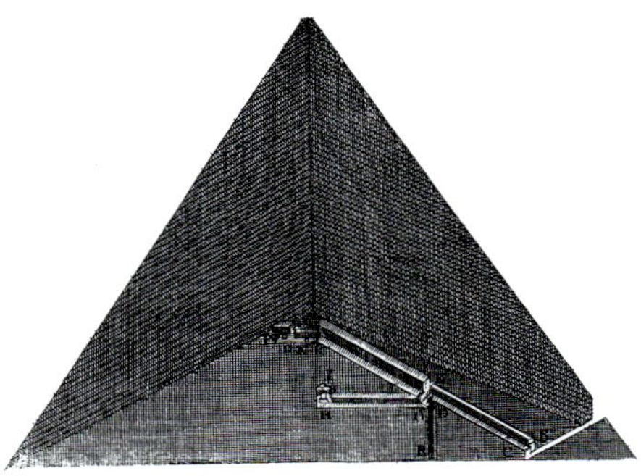

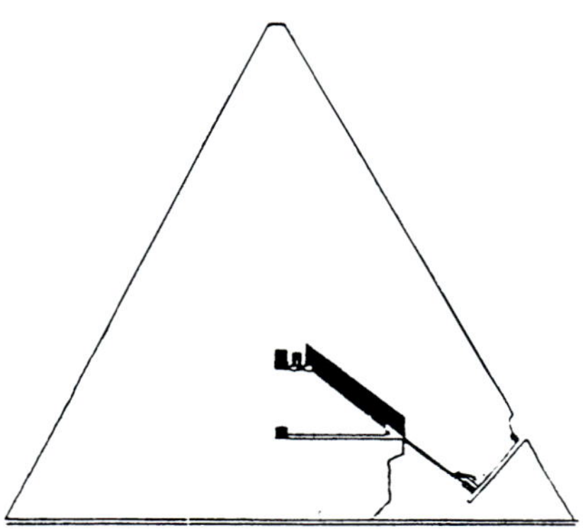

Die Pyramidographia *(1646) von Greaves enthielten erstmals einen maßstäblichen Querschnitt der Pyramiden und ihrer Innenpassagen (links). Die Aufsteigende Passage weist allerdings falsche Proportionen auf, und die Absteigende Passage endet abrupt am Pyramidenfuß, weil sie erst noch bis zur Unterirdischen Kammer freigelegt werden mußte. Greaves nannte auch die Abmessungen aller bekannten Gänge und Kammern. Einen genaueren Querschnitt lieferte de Maillet in seiner Veröffentlichung von 1735 (Mitte); in den Proportionen ist seine Pyramide aber noch zu hoch und zu steil.*

Vom Reisenden zum Altertumsforscher

Während des ganzen 18. Jahrhunderts folgten Reisende diesem Aufruf und kamen nach Ägypten, um nicht nur zu beschreiben, was sie sahen, sondern

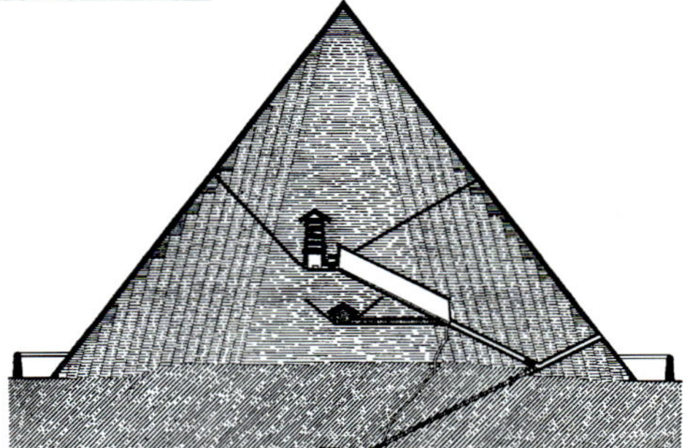

Der vollständige Plan und die präzisen Abmessungen des Innern der Cheops-Pyramide wurden erst im Laufe der Zeit erkennbar (hier Borchardts Profil von 1922). 1765 betrat Davison die unterste der fünf Druckentlastungskammern unmittelbar über der Königskammer. Die vier Kammern darüber waren damals noch unentdeckt.

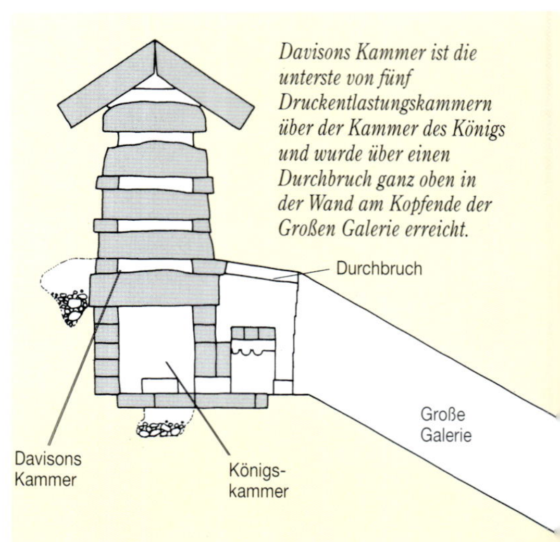

Davisons Kammer ist die unterste von fünf Druckentlastungskammern über der Kammer des Königs und wurde über einen Durchbruch ganz oben in der Wand am Kopfende der Großen Galerie erreicht.

In Pocockes »Pyramiden von Dahschur« (unten) scheinen sich Snofrus Knickpyramide und der von der Pyramide Amenemhets III. (beide in Dahschur) übriggebliebene Lehmziegelturm niedergeschlagen zu haben.

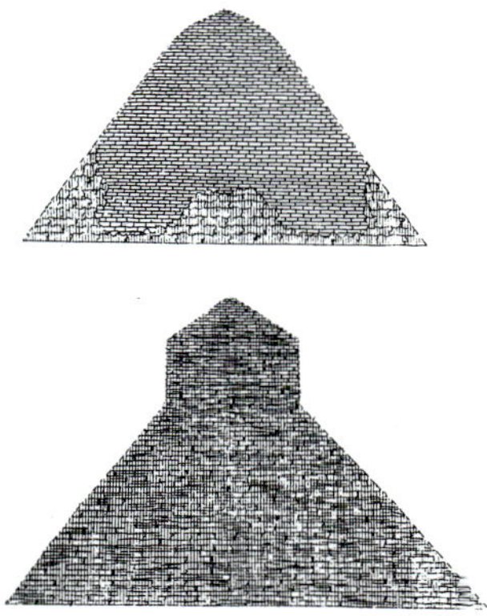

auch präzise Aufzeichnungen zu machen. Aus den Reiseberichten wurden geographische Kataloge, die auch die alten Monumente verzeichneten. Einer dieser Altertumsforscher war der Jesuit Claude Sicard, der zwischen 1707 und 1726 Ägypten bereiste. Er dokumentierte 20 größere Pyramiden, 24 komplette Tempel und über 50 verzierte Gräber.

Unter den Altertumsforschern des 18. Jahrhunderts ragen der Brite Richard Pococke und der Däne Frederick Norden heraus, die beide 1737 in Ägypten waren. Pocockes Gise-Karte ist höchst schematisiert, und sein Profil der Großen Pyramide stammt von de Maillet. Auch sonst ist sein Bericht mitunter recht kurios, etwa die angebliche Beschreibung des Cheops-Aufwegs. Ihm zufolge war er 7 m breit, 914 m lang, bestand aus Stein und war in Abständen von 9 Metern mit 61 runden Strebepfeilern von 4,30 m Durchmesser verstärkt. Das paßt mitnichten zum Fundament des Damms, der von der Pyramide nach Osten verläuft. Des Rätsels Lösung ist, daß Pococke in Wahrheit die Brückenbögen in der Flutebene nördlich der Cheops-Pyramide beschrieb. Diese unter Saladin aus Blöcken von der Gise-Pyramide erbauten Bögen liefen nach Westen und dann Süden auf das Pyramidenplateau zu. Pocockes Idee, die Pyramiden seien durch Umschließung natürlicher Felstumuli entstanden, erinnert an die Aussage eines anderen berühmten Reisenden des 18. Jahrhunderts, des Schotten James Bruce: »Wer sich die Mühe macht, den Sand zu entfernen, findet dort in Stufen gehauenen soliden Fels.« Bruce dürfte aufgefallen sein, daß der Felsgrund an der Nordostecke der Cheops- und der Nordwestecke der Chephren-Pyramide in die Pyramiden eingelassen und zu Stufen gemeißelt ist.

Nordens 1755 veröffentlichte *Travels* markierte einen gewaltigen Dokumentationsfortschritt, vermutlich, weil er zugleich Maler und Marinearchitekt war. Von Christian VI. von Dänemark nach Ägypten entsandt, gelangte er bis Derr in Nubien. Der englische Diplomat und Reisende Nathaniel Davison (gest. 1808) soll als erster in die unterste Entlastungskammer über der Königskammer der Cheops-Pyramide vorgedrungen sein. Der Deutsche Karsten Niebuhr hatte vergeblich nach ihr gesucht, nachdem er von dem französischen Händler Meynard davon gehört hatte. Da sie nach Niebuhrs Beschreibung direkt über der Königskammer lag (allerdings niedriger war), muß wohl schon vor Davison jemand dort gewesen sein. Davison begab sich in Begleitung Meynards am 8. Juli 1765 in die Pyramide, kroch jedoch allein durch Schmutz und Fledermausdung bis zur Kammer, die seither seinen Namen trägt. Der Boden bestand aus denselben neun Granitblöcken, die die Decke der Königskammer darunter bilden, doch in der Davison-Kammer war die Oberfläche nur grob behauen. Die Kammerdecke bestand aus acht großen, an der Unterseite geglätteten Granitbalken.

Als Davison in die Pyramide vordrang, hatte der Regen kurz zuvor einen Teil des Sandes und der Trümmer weggespült, die die Absteigende Passage versperrt hatten. Er sah, daß die Passage zum Felsuntergrund der Pyramide hin abfiel, und folgte ihr im Dunkel ungefähr 40 Meter weit, bis ihm Schutt den Weg versperrte. Davison untersuchte auch den Brunnenschacht. Er stieg vom Fuß der Großen Galerie bis jenseits der Grotte 47,2 Meter weit hinunter; dort lag der Brunnen, ebenfalls von Schutt blockiert. Es sollte über 50 Jahre dauern, bis eine Verbindung zwischen den beiden versperrten Passagen gefunden wurde.

Nordens Zeichnung »The Sphinx and Pyramids of Giza« in Travels *(1755). Norden lieferte die erste gute Karte von den Gise-Pyramiden, auf der auch die Ruinen der Totentempel von Chephren und Menkaure und die Aufwege des Cheops und des Menkaure eingezeichnet waren. Im Gegensatz zu den meisten damaligen Illustratoren stellte Norden in seinen Profil- und Frontansichten des Sphinx die abgebrochene Nase und die verwitterten Umrisse im wesentlichen korrekt dar.*

Napoleons Gelehrte

In der Darstellung der Zeichner im Gefolge Napoleons scheint die Pyramide von Meidum aus dem umgebenden Geröllhaufen aufzusteigen. Das Geröll enthält auch die Überreste der Außenverkleidung, die vielleicht schon im Neuen Reich abgerissen wurde.

Nähert man sich diesen gewaltigen Bauten, so verbergen ihre geneigten, eckigen Formen ihre wahre Höhe. [...] Versucht man jedoch eines dieser gigantischen Kunstwerke anhand irgendeines Maßstabs zu messen, so enthüllt sich seine ganze Immensität ...

Vivant Denon, *Voyage*

Mit der von Napoleon 1798 angeführten Expedition nach Ägypten wurde eine Schwelle der Ägyptologie überschritten. Die französische Revolutionsregierung wollte ihrem schlimmsten Feind England einen Schlag versetzen. Anstelle einer Invasion über den Ärmelkanal beschloß Napoleon jedoch, sich Ägyptens zu bemächtigen, die Verbindung zum Roten Meer lahmzulegen und damit Englands Indienhandel einen Schlag zu versetzen. Napoleon dachte an die historischen Vorbilder der Ägyptenzüge Alexanders und Cäsars. Hier ging es nicht nur um eine militärische und politische Eroberung, sondern um die Wiederbelebung eines alten Wissensschatzes mit Hilfe der Aufklärung. Der Feldzug als solcher schlug schließlich fehl, aber die bleibende Leistung der Expedition war die Erkundung einer alten Kultur.

Ägypten kommt nach Europa

Napoleon befahl, Wissenschaftler und Geometer mitzunehmen, welche die von de Maillet vorgeschlagene und von Norden begonnene Bestandsaufnahme ganz Ägyptens erstellen sollten. Über 150 Zivilisten wurden als »Kommission der Kunst und Wissenschaft« zusammengezogen. Ein besseres Team zur Dokumentierung der Stätten und Monumente Altägyptens – kurz vor Beginn der Plünderung und Zerstörung, die der Expedition auf dem Fuße folgte – konnte man sich gar nicht erhoffen: Landvermesser, Bau- und Bergbauingenieure, Mathematiker, Chemiker, Botaniker, Astronomen und Archäologen. Maler und Drucker waren vertreten, desgleichen Studenten der Pionier- und Absolventen der Ingenieursschulen. Erstaunlicherweise erfuhren die meisten das Ziel ihrer Reise erst, als die Flotte schon Malta passiert hatte.

Nachdem Bonaparte durch die Wüste auf Kairo zumarschiert war, stellten sich ihm die herrschenden Mameluken in den Weg – eine Elitetruppe aus Abkömmlingen georgischer und armenischer Sklaven. Vor rund 500 Jahren hatten sie Ägypten an sich gerissen und die Eingeborenen, mit denen sie wenig gemein hatten, mit schweren Steuern belegt. Als Napoleon bei Imbaba westlich von Kairo auf das Mamelukenheer traf, soll er auf die fernen Pyramiden von Gise gezeigt und gesagt haben: »Soldaten, von der Höhe dieser Pyramiden schauen vierzig Jahrhunderte auf euch herab!« Die Mameluken waren in dieser »Schlacht bei den Pyramiden« schnell besiegt und zogen sich nach Oberägypten zurück, wohin ihnen General Desaix zehn Monate lang nachjagte. Die Franzosen nahmen Kairo ein, doch nur Tage später zerstörten die Engländer ihre Flotte in der Bucht von Abukir. Aus der gestrandeten Expedition entstand das »Institut d'Egypte«: die mitgebrachten Gelehrten sowie Militärs und Verwaltungsleute. In den über drei Jahren, in denen die Franzosen im Land blieben, schwärmten sie in Ägypten aus, sammelten Artefakte und Spezimen, kartographierten das ganze Land, dokumentierten archäologische Stätten und Einzelmonumente, Bewässerungssysteme und die zeitgenössische Flora, Fauna und Kultur.

Wegen des schwierigen Abzugs von 1801 mußten die Gelehrten einen bedeutenden Teil ihres Materials

Pittoreskes Panoramabild des Pyramidenfeldes von Saqqara; aus der Description de l'Egypte.

zurücklassen, darunter auch den berühmten Stein von Rosette. Immerhin konnten sie noch eine Menge mit nach Hause nehmen, weil sie drohten, es eher ins Meer zu kippen oder zu verbrennen, als den Engländern auszuliefern.

Der Lohn der Mühe

In Paris wurde das Material in der Reihe *Description de l'Egypte* zusammengefaßt die selbst ein veritables Monument darstellt. Die wichtigsten Werke galten den Altertumsfunden, dem modernen Äygpten, der Naturgeschichte und einer topographischen Karte. Die Bände über erstere erschienen zwischen 1809 und 1818 (der Schlußband mit den Bildtafeln 1822). Für die 3000 Abbildungen der *Description* waren 837 Kupferstiche vonnöten. Die von Nicolas Jacques Conté entwickelte Stechmaschine ergab ungemein hochwertige Reproduktionen. Diese Maschine soll in drei Tagen die Handarbeit von sechs Monaten geschafft haben – bei einem Werk dieses Umfangs nicht gerade nebensächlich. Die *Description* wurde für Europa zum Fenster auf 3000 Jahre altägyptische Kultur. Leisten konnte sie sich allerdings nicht jeder – für die Aufstellung der kompletten Reihe brauchte man einen eigens entworfenen Bücherschrank. Dafür gab es aber schon 1802 eine verkürzte Volksausgabe über die Expedition und die Monumente Ägyptens mit dem Titel *Voyage dans la Basse et la Haute Egypte*; ihr Verfasser war Vivant Denon.

Napoleons Leute bei den Pyramiden

Die Künstler der Kommission schufen präzise Ansichten vieler Pyramiden. Oberst Coutelle und der Architekt J. M. Lepère nahmen sich detailliert das Innere der Cheops-Pyramide vor, während der Landvermesser E. F. Jomard und der Ingenieur und Maler Cécile den Oberbau einschließlich der Höhe der Steinlagen neu vermaßen. Ihre Sphinx- und Pyramiden-Ansichten sind impressionistisch, aber genau. Coutelle und Lepère begannen 1801 mit der Demontage der westlichsten Königinnenpyramide Menkaures (GIII-c) in der Hoffnung, ein unversehrtes Grab zu finden. Nach Abtragung des oberen Nordviertels mußten sie die Arbeit einstellen.

Paradoxerweise setzte mit dem massiven französischen Dokumentationsbemühen auch die Ära des Plünderns und zerstörerischen, unsystematischen Grabens ein, das zum Wahrzeichen der Archäologie und Pyramidenerforschung des 19. Jahrhunderts wurde.

Louis François Lejeunes Gemälde The Battle of the Pyramids *(1806). In dieser Entscheidungsschlacht besiegten die französischen Truppen unter Napoleon am 21. Juli 1798 die Mamelukenherrscher Ägyptens und vertrieben sie aus ihrem Machtzentrum in Kairo. Im Hintergrund die drei Pyramiden von Gise; ganz rechts im Bild Napoleon zu Pferde.*

»Soldaten, von der Höhe dieser Pyramiden schauen vierzig Jahrhunderte auf euch herab«, steht auf dieser Bronzemedaille.

Belzoni und Caviglia

Ich erreichte die Tür in der Mitte einer großen Kammer. Ich tat ein paar langsame Schritte und blieb dann stehen, um den Ort zu betrachten, an dem ich mich befand. Was es auch sein mochte, ich spürte, daß ich inmitten der Pyramide stand, die seit unvordenklicher Zeit so viele hundert antike und moderne Reisende vor dunkle Rätsel gestellt hatte.
Giovanni Belzoni, *Narrative*

Seinen größten Beitrag zum Pyramidenstudium leistete Belzoni 1818 mit der Öffnung des unbekannten oberen Eingangs der Cheops-Pyramide (unten). Beim Erreichen der Grabkammer fand er eine arabische Inschrift: »Der Meister Mohammed Ahmed, Steinmetz, hat sie geöffnet, und der Meister Othman war bei der Öffnung dabei und der König Alij Mohammed.« Die Pyramide könnte also schon sechs- bis achthundert Jahre früher betreten worden sein. Die im Sarkophag gefundenen Knochen erwiesen sich später als Teile eines Stiergerippes.

Auch als Napoleons Flotte Ägypten verlassen hatte, blieb es Schlachtfeld britisch-französischer Rivalität, nunmehr in Form eines erbitterten Wettlaufs um die besten Altertumsfunde. Die französische Seite wurde angeführt von Bernardino Drovetti (1776–1852), einem Diplomaten italienischer Abstammung, der auf Napoleons Seite gekämpft hatte. Von 1802 bis 1814 und wieder ab 1820 war er französischer Generalkonsul in Ägypten. 1816 wurde Henry Salt britischer Generalkonsul, der viel in Nahost und Ägypten gereist war. Beide finanzierten Ausgrabungen und häuften Sammlungen an, die sie dann verkauften, um wieder Geld für weitere Arbeit zu bekommen. Zu Drovettis Schätzen gehörte die Sammlung, die die Grundlage des Ägyptischen Museums in Turin bildet. Einer der bekanntesten Funde Salts ist der riesige Kopf Ramses' II., der heute im British Museum steht. Die Rivalität der beiden fand reiche Nahrung in Gise, wo sich einige der bemerkenswertesten Gestalten in der ganzen Geschichte der Ägyptologie tummelten.

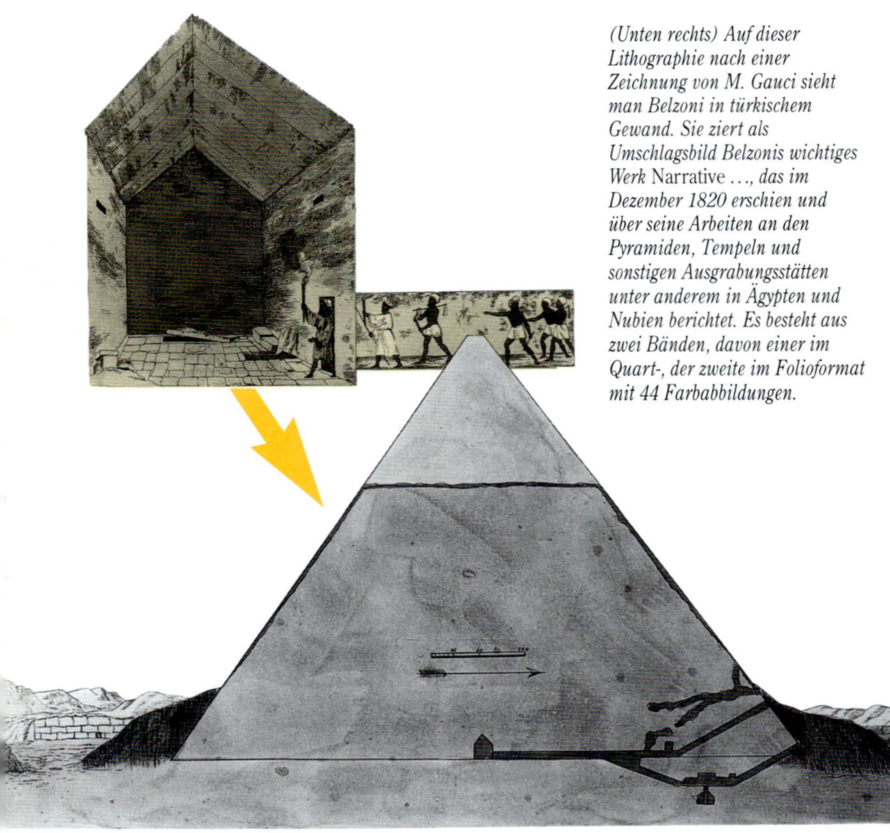

(Unten rechts) Auf dieser Lithographie nach einer Zeichnung von M. Gauci sieht man Belzoni in türkischem Gewand. Sie ziert als Umschlagsbild Belzonis wichtiges Werk Narrative …, *das im Dezember 1820 erschien und über seine Arbeiten an den Pyramiden, Tempeln und sonstigen Ausgrabungsstätten unter anderem in Ägypten und Nubien berichtet. Es besteht aus zwei Bänden, davon einer im Quart-, der zweite im Folioformat mit 44 Farbabbildungen.*

Der Matrose und der Kraftmensch

Ende des 18. Jahrhunderts brachte Italien zwei ausgefallene Helden der Ägyptologie mit gleichem Vornamen, gleicher Leidenschaft für die Nil-Altertümer und gleichem furchtlosem Abenteuergeist hervor. Der in Genua geborene Giovanni Battista Caviglia (1770–1845) war zunächst Handelsmatrose im Mittelmeer. Doch zur wahren Berufung des ungebildeten, temperamentvollen Seemanns sollte die Ägyptologie werden. Mehrere europäische Sammler heuerten Caviglia als Objektjäger für sich an. Sein obsessives Interesse für alles Religiöse brachte ihn zu der Überzeugung, die Kammern der Großen Pyramide bärgen mystische Geheimnisse. Zwischen 1816 und 1819 erforschte er die Pyramiden und Gräber von Gise und unternahm als erster umfangreiche Ausgrabungen auf dem Gise-Plateau.

Caviglia hoffte, in der Davison-Kammer der Großen Pyramide einen geheimen Raum zu entdecken, fand aber nur soliden Fels. 1817 stieg er in den als »Brunnen« bekannten senkrechten Schacht. Atemnot gebot ihm Einhalt, obwohl er die Luft abzuschwefeln versuchte. Daraufhin beschloß er, sich durch die Absteigende Passage durchzuarbeiten. Nachdem er etwa 60 Meter zurückgelegt hatte, roch er Schwefel: Er hatte eine Öffnung zum Brunnen entdeckt. Damit wies er nach, daß der Brunnen wohl ein Fluchtschacht war, durch den die Arbeiter nach Versiegelung der Aufsteigenden Passage in die Absteigende

gelangen konnten. Caviglia fand auch die unvollendete Unterirdische Kammer. Später bezahlte Henry Salt ihn für die Ausgrabung des Sphinx. Dabei fand Caviglia eine kleine Freiluftkapelle zwischen den Vorderklauen mit der berühmten Stele Thutmosis' IV., desgleichen Fragmente des Bartes des Sphinx, von denen sich eines heute im British Museum befindet.

Die vielversprechende Karriere dieses arbeitswütigen Amateurs endete nach kurzer Zusammenarbeit mit Oberst Howard Vyse, der 1835 nach Ägypten kam und Caviglia als Helfer für seine Pyramiden-Erforschung verpflichtete. Als dieser jedoch statt dessen fortwährend nach »Mumiengruben« Ausschau hielt, wurde Vyse wütend. 1837 ließ sich Caviglia in Paris nieder und wurde ein Schützling von Lord Elgin.

Der andere Italiener war Giovanni Battista Belzoni (1778–1823) aus Padua. Um Leben und Leistung dieses ehrgeizigen Exzentrikers ranken sich Halbwahrheiten. Er habe Mönch werden wollen und Hydraulik studiert. Gereist ist er jedenfalls viel und trat schließlich in London als Kraftmensch im Zirkus auf – was zu diesem Zweimeterhünen hervorragend paßte. Doch der rastlose Belzoni war bald wieder auf Reisen, diesmal mit seiner irischen Frau Sarah. 1814 kam er in Malta auf die Idee, Mohammed Ali am ägyptischen Hof seine Hydraulikkenntnisse anzubieten. Das ging schief, aber damit gelangte er in den Dunstkreis der europäischen Altertumsfreunde. 1816 begann er in Salts Auftrag Objekte zu sammeln. Der Konsul regte eine Zusammenarbeit mit Caviglia an, aber mit dem Rivalen hatte Belzoni nichts im Sinn, war sogar beleidigt, als man ihm 1818 fälschlich die Freilegung des Sphinx zuschrieb, den Caviglia ausgegraben hatte.

Belzoni und Gise

Nach der Ankunft in Ägypten ging Belzoni nach Gise und erforschte die Große Pyramide; einmal mußte man ihn sogar aus einer Passage befreien, in der er sich eingeklemmt hatte. Er besuchte auch die Pyramiden in Saqqara und Dahschur, aber sein größter Beitrag zu Gise war die Öffnung des bislang unbekannten oberen Eingangs zur Chephren-Pyramide. Bei genauem Hinsehen entdeckte er auf der Nordseite drei Markierungen. Da er sicher war, den Eingang entdeckt zu haben, wollte Belzoni unbedingt vor Drovetti hinein, von dem es hieß, er sei im Begriff, die Pyramide mit Dynamit aufzusprengen. Belzoni heuerte Einheimische an, um das Geröll wegzuräumen, das die Öffnung versperrte. Dann zwängte er sich durch die obere zur Horizontalpassage und schließlich zur Grabkammer selbst durch, wobei es fast einen Monat dauerte, bis er eine Fallsperre aufhatte. Beim Anblick des halboffenen Sarkophags zerstob alle Hoffnung, eine intakte Grabkammer gefunden zu haben. Der schöne Granitdeckel lag zerbrochen da. Eine arabische Inschrift an der Wand enthüllte, daß die Kammer schon betreten worden war, vermutlich im 13. Jahrhundert. Noch während der Arbeit am Chephren-Monument ließ Belzoni ein Team an der dritten Gise-Pyramide arbeiten, aber ein Zerwürfnis mit Salt machte dem ein Ende. Obwohl Belzoni dank seines Instinkts dem Eingang nahe kam, war es 19 Jahre später Howard Vyse, der sich den Weg in die Menkaure-Pyramide freisprengte.

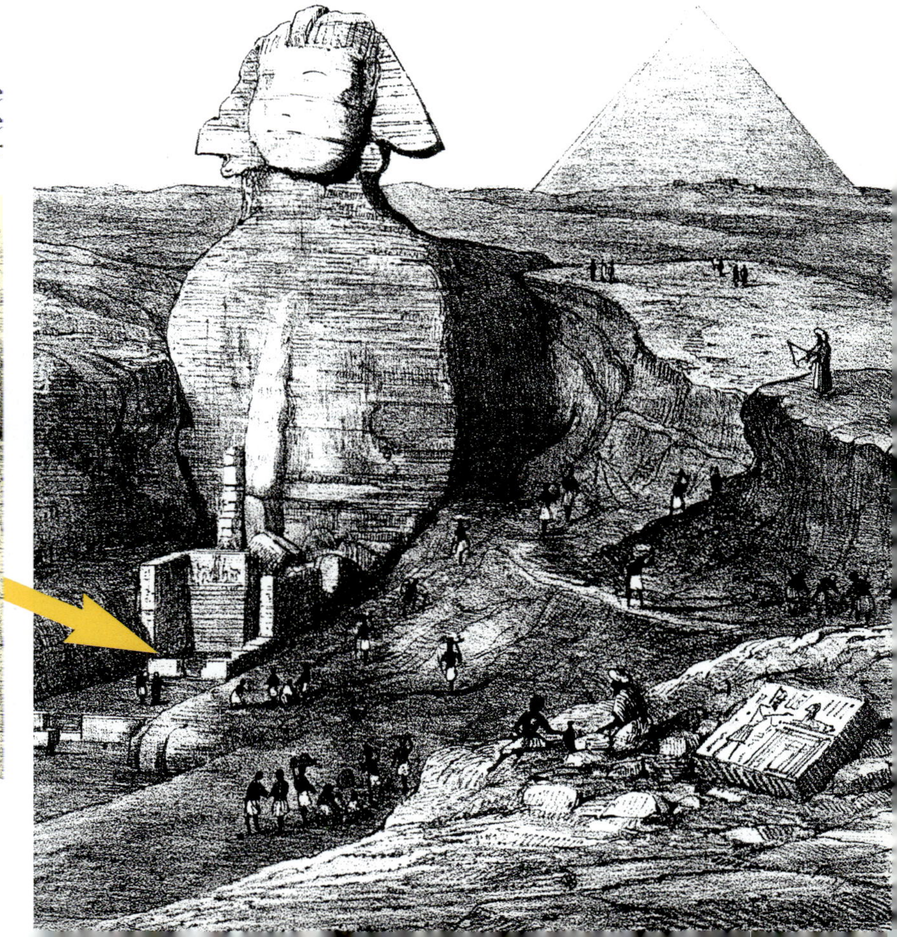

Die erste größere Grabung auf dem Gise-Plateau nahm Caviglia vor, der mit seinen Grabungsarbeitern dank großzügiger Vollmachten beliebig von Monument zu Monument ziehen konnte. Bei seinem wichtigsten Außenprojekt legte er die Vorderseite des Großen Sphinx frei und entdeckte zwischen den Vorderpfoten eine Freiluftkapelle, in der die Herrscher ab dem Neuen Reich bis in die römische Zeit der Kolossalstatue huldigten. Auf dem Altar am Außentor der Kapelle lag noch die Asche des letzten dem Sphinx vermutlich in spätrömischer Zeit dargebrachten Brandopfers.

Sprengen statt Graben

Gegen Ende verwendeten wir mit großer Wirkung Schießpulver ...
R. Howard Vyse und J. Perring, *Operations* ...

Beim Freilegen der Aushöhlung, die Vyse ins Rückteil des Sphinx gesprengt hatte, fand Zahwi Hawass 1978 nicht nur Vyses Bohrloch, sondern auch einen großen Brocken von der Kopfbedeckung des Sphinx mit den typischen Relieffalten.

An einem einzigen Arbeitstag ...

24. Februar 1837

7 Vorarbeiter	99 Mann	66 Kinder

Große Pyramide.
- Grabung an der Vorderseite.
- Königskammer.
- Davisons Kammer.
- Luftkanal im Norden.

Zweite Pyramide.
- Unterer Eingang.
- Basisfreilegung Nordweststrecke.
- Steinbrüche.

Dritte Pyramide.
- Inneres.
- Basisfreilegung Nordoststrecke.

Brücke im Süddeich.

Sphinx. Bohren.

Ein Arbeitstag aus Howard Vyses *Operations Carried on at the Pyramids of Gizeh in 1837.* Vyse (links) schreibt weiter, die Freilegung des nördlichen Luftkanals habe sich an diesem Tag als unmöglich erwiesen, und beim Anbohren des Sphinx sei man bislang 2,95 Meter weit gekommen. Im Gegensatz zu seinem englischen Assistenten, der fünf Monate lang jede Nacht in der Menkaure-Pyramide verbracht habe, hätten sich die Malteser, Türken und Araber nachts nicht hinausgetraut.

Richard William Howard Vyse (1784–1853) war englischer Offizier und kam 1835 erstmals nach Ägypten. Wie bei vielen seiner Zeitgenossen war sein Interesse an den Pyramiden stark religiös geprägt. 1836 begegnete er Caviglia in Alexandria und begann mit ihm noch im selben Jahr in Gise zu graben, fand den Genueser Matrosen jedoch bald unproduktiv und tat sich 1837 (dem Jahr seiner Beförderung zum Oberst) mit dem Ingenieur John Shae Perring (1813–1869) zusammen, um die Pyramiden zu erforschen und zu dokumentieren. Sie errichteten ein Lager in den Gräbern der Ostklippen von Gise. In Tag- und Nachtschichten arbeiteten Teams an mehreren Stellen gleichzeitig. Im Vertrauen auf Perrings Zuverlässigkeit kehrte Vyse gegen Ende 1837 nach England zurück, während der neue Assistent mit seiner finanziellen Unterstützung alleine weiterarbeitete. Perring zeichnete Karten, Pläne und Profile vieler Pyramiden, von Abu Roasch bis Gise, Abusir, Saqqara und Dahschur, und veröffentlichte sie in drei Bänden als *The Pyramids of Gizeh.* Vyse übernahm Perrings Skizzen in seinen eigenen Dreiteiler *Operations Carried on at the Pyramids of Gizeh in 1837.*

Einen weiteren Beitrag zu Vyses Publikation lieferte der Sinologe und Ägyptologe Samuel Birch vom British Museum. Vyse erforschte die Pyramiden ganze 15 Jahre nach der brillanten Entzifferung der Hieroglyphen durch Jean-François Champollion, aber Birch war in der Lage, Anmerkungen zum Text beizusteuern und eine Rohübersetzung der Inschriften zu liefern, die das Team in und an den die Pyramiden von Gise umgebenden Mastaba-Gräbern fand. Birchs krude Transkriptionen der in Hieroglyphen geschriebenen Wörter schließen ihre koptischen Entsprechungen ein. Das größtenteils mit dem griechischen Alphabet geschriebene Koptisch hatte man schon lange vor den Hieroglyphen lesen können; in der Tat war das Verständnis des Koptischen für Champollions Entschlüsselung von unschätzbarem Wert gewesen.

Gewaltsame Grabungen

In Gise sprengte Vyse die Granitblöcke, die den unteren Eingang zur Chephren-Pyramide versperrten, einfach weg. Belzoni hatte die Pyramide von oben her betreten und beim Anblick der von Trümmern blockierten Absteigenden Passage die Existenz eines tiefergelegenen Eingangs vermutet.

Perring und Vyse machten sich mit der Dokumentation der Pyramiden verdient. Bei all seiner Bewunderung für die Monumente hatte Vyse keinerlei Bedenken, Teile der Pyramiden abzutragen, mit Bohrstangen nach verborgenen Kammern zu fahnden und Hindernisse einfach wegzusprengen. Neben einer Ansicht der Menkaure-Königinnenpyramiden schrieb er über die mittlere (GIII-b), daß sie »durch Abnehmen der oberen Steine zum Bohren vorbereitet wurde, denn ich erwartete, damit in die Grabkammer durchzustoßen«. Vyse bahnte sich den Weg direkt durch die Mitte des Überbaus, fand aber keine zusätzliche Passage in die unterirdische Grabkammer, die einen Granitsarkophag mit dem Skelett einer jungen Frau enthielt. In roter Schrift stand auf der Decke der Kammer der Name Menkaure; das bestätigte die Aussage der alten Quellen, die dritte Gise-Pyramide sei das Grab dieses Königs.

Da er sich fragte, ob im Leib des Sphinx eine Kammer stecke, wies Vyse seine Leute an, von hinten oben direkt durchzubohren. Als der Bohrmeißel nach 8,20 m festsaß, ließ ihn Vyse mit Schießpulver freisprengen, sagt jedoch ziemlich widersprüchlich: »Da ich dieses ehrwürdige Denkmal nicht verunstalten wollte, wurde die Grabung abgebrochen und meterlange Bohrmeißel darin zurückgelassen.«

Sprengen statt Graben

Die Menkaure-Pyramide

Vyse wühlte sich auch in den Kern der Menkaure-Pyramide vor, ausgehend von dem Spalt, den Saladins Sohn 1196 n. Chr. angelegt hatte. Vyse grub seinen Tunnel gleich neben der Zentralachse der Pyramide und trieb ihn bis zur Pyramidenbasis vor; die Arbeiter waren gezwungen, vor jeder Sprengung die Pyramide zu verlassen. Er fand jedoch im Oberbau keine neuen Passagen oder Kammern. Schließlich lokalisierte er den Eingang, ließ ihn freilegen, bezahlte seine Leute und stieg mit dem Zeichner Edward Andrews hinein und in die Grabkammer; dieser fertigte viele der Pläne und Querschnitte an, die die Werke von Vyse

Campbells Kammer (links), die oberste der fünf Druckentlastungskammern der Cheops-Pyramide, wurde erst erreicht, nachdem sich Vyse von Davisons Kammer nach oben gesprengt hatte. Sie enthielt Graffiti, darunter eines mit dem Namen des Pharao Cheops (rechts). Die übrigen Kammern wurden nach prominenten Personen benannt (unten: der linke Querschnitt ist von Westen, der rechte von Norden her gesehen).

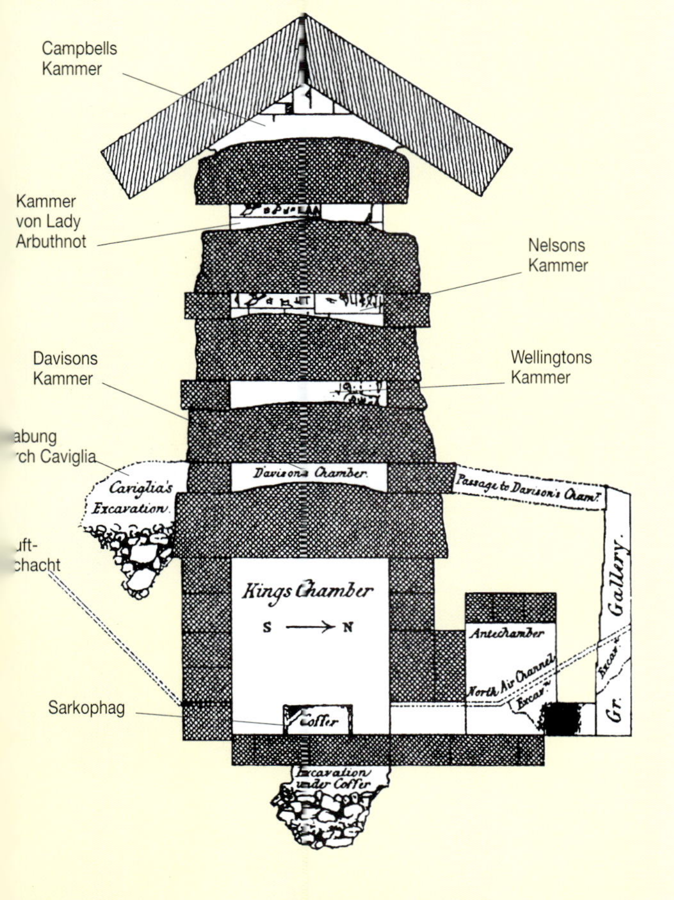

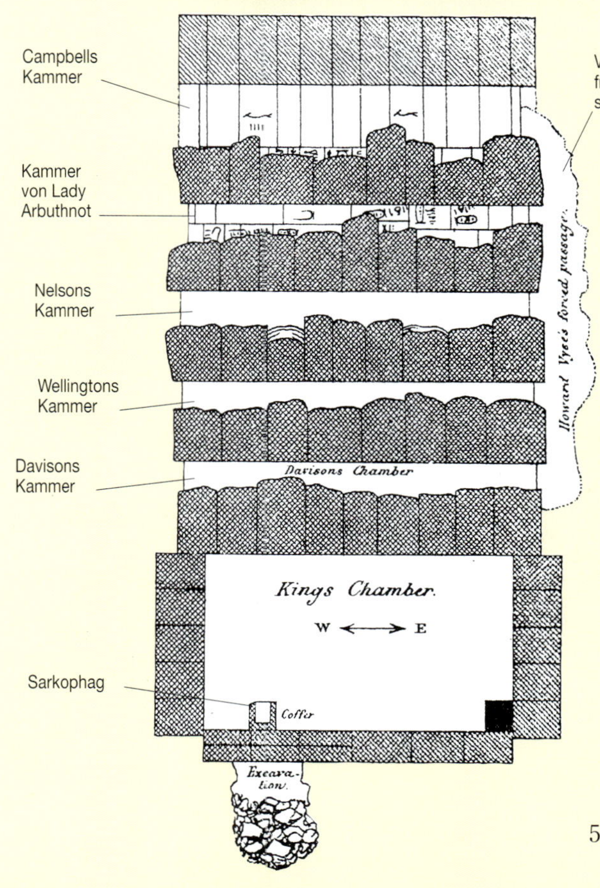

Die Menkaure-Pyramide mit ihren drei Königinnenpyramiden im Vordergrund. Die mittlere davon (GIII-b) wurde zwar aus Kalkstein erbaut, scheint aber wie die westlichste der drei nicht verkleidet gewesen zu sein.

und Perring illustrieren. Wie schon Belzoni in der Chephren-Pyramide sagten ihm die arabischen Graffiti an den Wänden, daß jemand vor ihm dagewesen war. In der granitverkleideten Grabkammer fanden die beiden den Original-Steinsarkophag, aber der Deckel fehlte, und der Sarg war leer. Deckelstücke fanden sich im in den Fels gehauenen »Obergemach« über der Grabkammer, so daß Perring und Vyse ihn rekonstruieren konnten. Mit größter Mühe holten Vyses Männer den Sarkophag für den Abtransport nach England heraus, aber er liegt auf dem Grund des Mittelmeers, denn das Transportschiff *Beatrice* ging in einem Sturm unter.

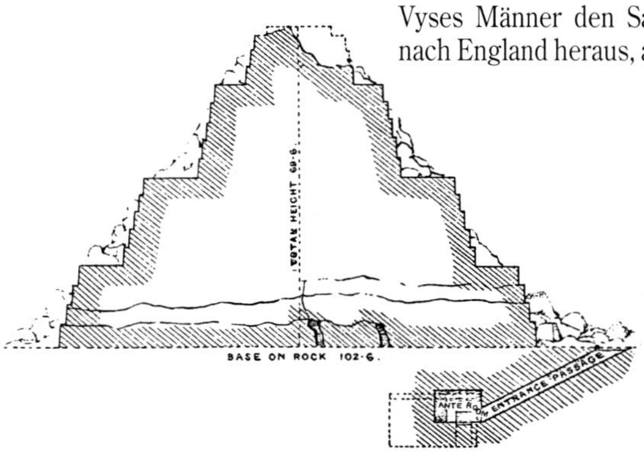

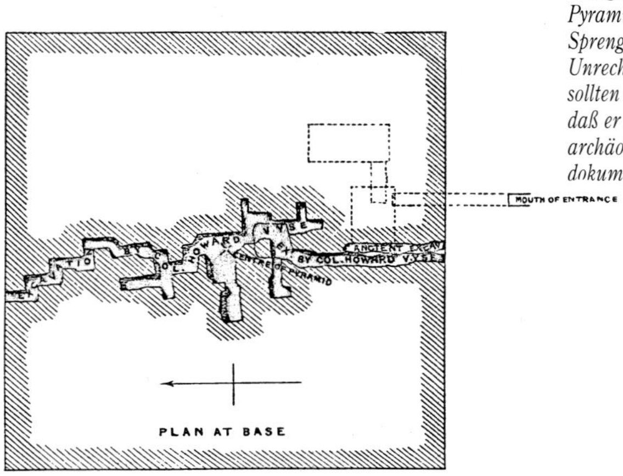

Perrings Detailplan und Profil der mittleren Königinnenpyramide. Von ihrer Spitze nahm Vyse die Steine weg und sprengte sich durch die Mitte einen Weg nach unten, stieß aber entgegen seiner Erwartung nicht bis zur Grabkammer durch. Daß Perring sein Eindringen in das 4600 Jahre alte Monument so genau kartographierte, legt immerhin nahe, daß Vyse in seinen »Ausgrabungen in den Pyramiden«, wie er seine Sprengungen nannte, nichts Unrechtes sah. Zu seinen Gunsten sollten wir immerhin feststellen, daß er vielleicht als erster archäologische Ausgrabungen dokumentiert hat.

Bei den Fragmenten des Sarkophagdeckels fanden die Ausgräber auch Menschenknochen, Leinenbinden und Teile eines Holzsargs. Eine Inschrift auf der Vorderseite des Sargs identifiziert den Eigentümer als »Osiris Menkaure, dem das ewige Leben geschenkt wurde, geboren vom Himmel, von der Himmelsgöttin Nut über dir …« Seltsamerweise datiert er nach dem Stil aus der 26. Dynastie, und die Radiokarbon-Datierung der Knochen verweist auf die christliche Zeit. Sarg und Knochen sind jetzt im British Museum.

Dieses scheinbare »Begräbnis« Menkaures rund 2000 Jahre nach seiner Zeit muß in Wirklichkeit eine Nachbestattung gewesen sein, auf die sich vielleicht eine Inschrift auf der Graniteinfassung gleich unter dem Pyramideneingang bezieht. Diodorus Siculus hat sie vermerkt, aber gefunden wurde sie erst 1968, als die dortigen Trümmer beiseite geräumt wurden. Sie nennt das (leider beschädigte) Jahr, den Monat und Tag von Menkaures dortiger Bestattung, die »reich gewesen« sei. Nach einer Theorie datiert sie auf die Zeit Chaemwasets, des Sohnes Ramses' II., der in Gise vieles restaurierte. Diese mysteriösen Fakten deuten wie die im Chephren-Sarkophag gefundenen Stierknochen darauf hin, daß die Geschichte der Pyramiden nicht immer so geradlinig ist, wie die Ägyptologen gerne denken.

Die Cheops-Pyramide

An der Cheops-Pyramide richtete Vyse seine Sprengladungen zunächst gegen die Südseite, wo er einen zweiten Zugang etwa auf Höhe des Nordeingangs freizusprengen gedachte. Erst nachdem er ein riesiges Loch ins Kernmauerwerk geblasen hatte, gab er auf. Beim Abgraben bis zum Felsgrund entdeckte Vyse jedoch Teile der ursprünglichen polierten Mantelblöcke sowie eine Pflasterung. Eine bemerkenswerte

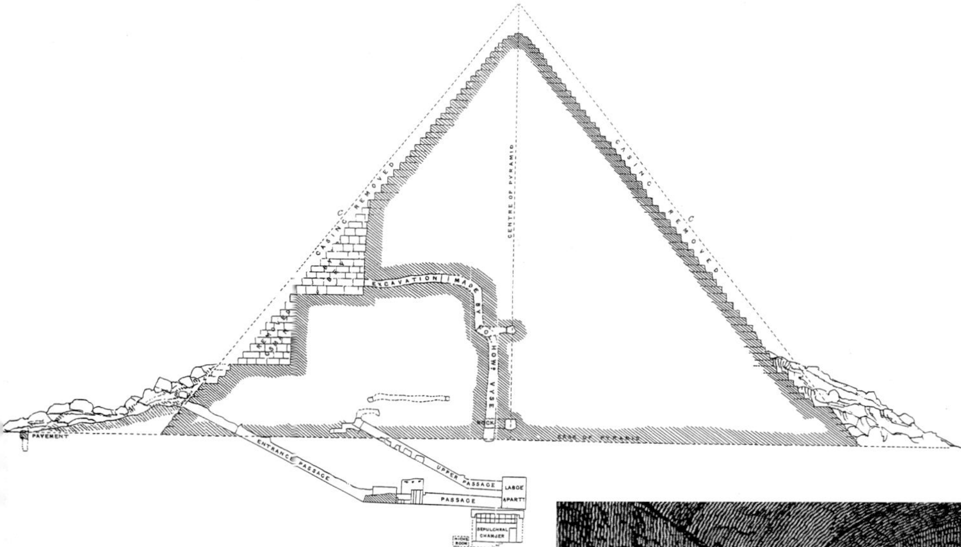

Perrings Querschnitt durch die Menkaure-Pyramide (links) hält seine Grabungsbefunde akribisch genau fest. Er entdeckte den wahren Eingang und drang bis zum Grabgewölbe vor. Zwischen dessen roten Granitmauern stand der Königssarkophag aus Basalt im typischen Palastfassaden-Stil des Alten Reiches. Beim Freilegen des Raums vor der Grabkammer (unten) entdeckte er menschliche Überreste und ein Fragment eines Sargdeckels, das Menkaures Namen trug, aber in einem Stil gehalten war, der erst viele Jahrhunderte nach dessen Tod in Gebrauch kam.

Entdeckung in der Großen Pyramide hat Vyses Schießpulver-Archäologie tatsächlich erbracht. Caviglia hatte sich seinen Weg längs der Südseite der von Davison 1765 gefundenen Kammer freizusprengen begonnen in der Hoffnung, eine Verbindung zum südlichen Luftkanal zu finden, die ihn in einen Geheimraum führen würde. Nachdem er sich mit Caviglia zerstritten hatte, vermutete Vyse direkt über Davisons Kammer eine weitere, da er einen meterlangen Stab durch einen Spalt in eine Höhlung in der Nordostecke schieben konnte. Also sprengte er sich geradewegs nach oben durch und fand im Verlauf von dreieinhalb Monaten die vier weiteren Entlastungskammern, alle mit Granitdecke, -boden und -wänden mit Ausnahme der obersten, die eine Giebeldecke aus Kalkstein hatte, damit das Gewicht der Pyramide die daruntergelegenen Kammern nicht eindrückte. Vyse benannte die Kammern nach wichtigen Freunden und Kollegen: dem Herzog von Wellington, unter dem er gedient hatte; dem Trafalgarhelden Lord Nelson; Lady Ann Arbuthnot, der Frau des Generalleutnants Sir Robert, der die Pyramide gleich nach der Entdeckung am 9. Mai 1837 besucht hatte und dem britischen Konsul in Kairo, Oberst Campbell.

Nicht minder bedeutsam als die erstaunliche Architektur der Entlastungskammern war die Entdeckung der zahlreichen Graffiti in roter Tinte aus der Zeit des Pyramidenbaus. Neben Höhenlinien, Achsenmarkierungen und Richtungsangaben standen Namen der Arbeitskolonnen in Verbindung mit Cheops' Namen wie »Chnum-Chuf« (»der Schöpfergott Chnum schützt ihn«). Eine Mannschaft hieß in etwa: »Wie mächtig ist die große Weiße Krone des Chnum-Chuf!« Obwohl der Aufstieg in die Entlastungskammern sehr mühsam ist, sind seit 1837 viele Besucher Vyses Spuren gefolgt. Leider fügten sie den Graffiti der Arbeiterkolonnen von vor 4600 Jahren auch massenhaft eigene hinzu.

Die einzige Nennung des bloßen Königsnamens »Cheops« findet sich – wieder als Teil eines Kolonnennamens – auf der Süddecke am westlichen Ende der obersten (Campbell-)Kammer. Da sie seit der Versiegelung nach dem Bau niemand betreten hatte, bis sich Vyse den Weg hineinsprengte, bestätigen die Kolonnennamen, daß die Pyramide Cheops, dem Pharao der 4. Dynastie, gehört. Inzwischen sind rote Arbeitergraffiti auch in anderen Pyramiden, Tempeln und Mastabas des Alten Reiches gefunden worden.

Lepsius und Mariette

Diese Zeilen erreichen dich aus dem Labyrinth ...
Auch auf der Nordseite der Pyramide haben wir gegraben, weil wir dort den Eingang zu entdecken hoffen, was aber noch nicht eingetreten ist.
Karl Richard Lepsius, *Discoveries in Egypt*

Karl Richard Lepsius (oben) dokumentierte in seinem Standardwerk Denkmäler *viele ägyptische Pyramiden. Die meisten Abbildungen beruhten auf den Zeichnungen von Ernst Weidenbach, so auch das obige Bild der Pyramide in Meidum. Die Karte, die Lepsius vom Pyramidenfeld in Saqqara anfertigte (rechts), war ein Musterbeispiel an Genauigkeit.*

Zum Glück gewannen diszipliniertes Gelehrtentum und die Konservierung und Aufzeichnung des altägyptischen Erbes nach und nach die Oberhand über die brutalen Grabungsmethoden des frühen 19. Jahrhunderts.

Karl Richard Lepsius (1810–1884) war ein bedeutender Gelehrter und gilt weithin als größter Ägyptologe seit Champollion. Dem Studium der klassischen Archäologie in Deutschland folgte das Ägyptologiestudium in Paris. In den dreißiger Jahren des vorigen Jahrhunderts veröffentlichte er mehrere Arbeiten über Hieroglyphen, darunter einen berühmten Brief an Professor Ippolito Rosellini von der Universität Pisa, der dem Forschungsgebiet eine neue Wendung gab. Lepsius hat viel zur Ägyptologie beigetragen, aber sein Hauptwerk sind sicherlich die postum erschienenen zwölfbändigen *Denkmäler aus Ägypten/* ... mit 894 großformatigen Bildern; seine zahlreichen Briefe sind leider nur auf englisch erschienen (*Discoveries in Egypt*). Fünf anhand seiner Notizen erarbeitete Textbände erschienen zwischen 1897 und 1913.

Die Lepsius-Expedition

Lepsius' Lebenswerk war die Folge einer von Friedrich Wilhelm IV. von Preußen befohlenen Expedition, zu deren Leiter er den damaligen Berliner Dozenten für Philologie und vergleichende Sprachwissenschaft ernannte. Zur Vorbereitung bereiste Lepsius vier Jahre lang die Sammlungen Europas, notierte Details von Artefakten und kopierte Inschriften; er lernte Ägyptisch, Lithographie und Kupferstechen. 1842 machte sich Lepsius mit seiner Mannschaft auf den Weg nach Ägypten. Ihre drei hochproduktiven Jahre standen im Zeichen sorgfältiger, methodischer Analyse, skrupulöser Detailaufzeichnung und hervorragender Funde. Die 15000 Abdrücke und Antiquitäten, die Lepsius mitbrachte, bilden den Kern der Sammlung des Berliner Museums.

Zu den vielen Pyramiden, die Lepsius untersuchte, gehört die Stufenpyramide von Saqqara. Vom Südostteil des Unterbaus entfernte er einen Türsturz und -rahmen mit dem Namen des Königs sowie einige Fayencefliesen der Wand. 1843 grub das Team in Hawara am sogenannten Labyrinth. Schon Herodot und Strabon hatten davon gesprochen; ersterer sah es als noch größeres Weltwunder an als die Gise-Pyramiden. Der Riesenkomplex war in Wirklichkeit der Totentempel Amenemhets III. (12. Dynastie), der als größter seiner Art neben seiner Pyramide stand. Über die Jahrhunderte war er als Kalksteinbruch benutzt und ein Großteil der Bauten abgetragen worden. Auch an der Nordseite der Pyramide begann Lepsius zu graben, fand aber keinen Eingang.

Während des Studiums der Pyramiden formulierte Lepsius seine »Zuwachstheorie«, wonach sich die Größe der Pyramide nach der Herrschaftsdauer des Erbauers richte. Inzwischen gilt diese Theorie als überholt. Spätere Forschungen haben gezeigt, daß einige Pyramiden, etwa die Djosers und Snofrus in Meidum, tatsächlich in mehreren Baustufen erweitert wurden. Die Größe der meisten war indes vorbestimmt. Eine Großpyramide wie die des Cheops mag bedeuten, daß sie ein junger König – im Gegensatz zu einem erst älter auf den Thron gelangten – in Angriff nahm und das Selbstvertrauen und die Langlebigkeit besaß, ein derartiges Kolossalprojekt auch zu Ende zu führen.

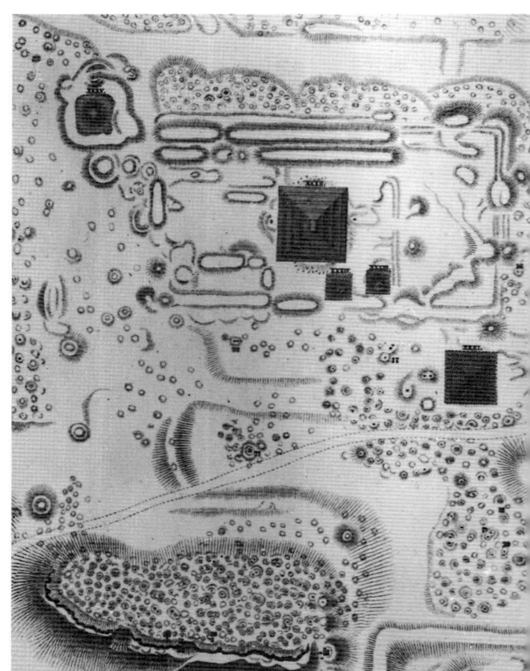

Die Geburt des »Service des Antiquités«

Auguste Mariette (1821–1881) war ein intelligenter, vielseitig interessierter und wißbegieriger junger Mann. 1842 las er die Aufzeichnungen seines Verwandten Nestor L'Hôte, der Champollion und Ippolito Rosellini als Zeichner nach Äygpten begleitet hatte. Mariettes Schicksal war besiegelt. Er studierte die altägyptische Sprache, Kunst und Geschichte sowie Koptisch; er schrieb Artikel und sicherte sich schließlich einen Posten im Louvre. 1850 ging er für das Museum nach Ägypten, wo er koptische Manuskripte kaufen sollte, sich aber statt dessen aufs Graben verlegte. In Saqqara fand er das Serapeum, in dem die heiligen Apis-Stiere in einer Katakombe beigesetzt worden waren, und legte es frei.

1858 drang Ferdinand de Lesseps, der Leiter des Suezkanal-Projekts, beim Herrscher Said Pascha darauf, Mariette die Aufsicht über alle ägyptischen Altertumsfunde zu übertragen. Das geschah; Mariette wurde zum *mamûr* des neuen »Service des Antiquités« ernannt; der Posten blieb bis 1952 in französischer Hand. Mit der Gründung des (später nach Gise und schließlich Qasr el-Nil verlegten) Ägyptischen Museums in Bulaq für die Sammlung und Ausstellung antiker Kunstwerke begann das »Regnum Mariette«. In den folgenden zwei Jahrzehnten arbeitete er archäologisch an 35 Stätten im Lande. Seine Praktiken und Methoden wurden von den nächsten Ägyptologengenerationen teils kritisiert, waren aber zu seiner Zeit fortschrittlich; seinen Ausstoß hat nie wieder jemand erreicht.

Auch in Saqqara hob Mariette gewaltige Gräben aus und legte im dortigen nationalen Friedhof der Pharaonen Gräber aller Perioden frei, darunter viele aus dem Pyramidenzeitalter. Leider hat er nie eine saubere Karte der Gräber angelegt, und viele davon gerieten wieder in Vergessenheit, als der Treibsand sie zuwehte. Mariettes zweite Großentdeckung war der Taltempel Chephrens, von dem nur ein paar Gruben und Steine aus den Trümmern hervorlugten. Mariette grub den Taltempel 1853 zum Teil aus und vollendete die Arbeit 1858 mit der Beseitigung einer seichten Sandschicht vom Fußboden. Im Verlauf dieser Arbeit sprengte Mariette einige eingestürzte Bauteile und andere größere Stücke vom Tempel weg. Ärgerlicherweise publizierte er so gut wie nichts über seine Funde im Innern des Tempels, entdeckte dort jedoch auf jeden Fall eines der Meisterwerke altägyptischer Kunst: die Dioritstatue Chephrens.

In Mariettes letztem Lebensjahr, 1880, öffnete Mohammed Chahin, Vorsteher des »Service des Antiquités«, die Pyramide Pepis I. in Saqqara. Hier wurden zum ersten Mal Pyramidentexte gefunden, die Emile Brugsch und (inoffiziell) Flinders Petrie schnell kopierten. Kurz vor Mariettes Tod betrat sein Nachfolger Gaston Maspero die Merenre-Pyramide und andere. Maspero schreibt:

Die Stufenpyramide von Saqqara aus K.R. Lepsius, Denkmäler. *Diese Abbildung schuf der Künstler J. Frey.*

Die Entdeckung der Pyramiden Pepis I. und Merenres an der Stelle, wo sie theoretisch stehen mußten, bewegten mich dazu, die gesamte Nekropolis von Memphis, von Abu Roasch bis Lischt, in Angriff zu nehmen. Bald hatten wir Erfolg. Die Pyramide des Unas wurde am 28. Februar, jene Pepis II. und Neferkares am 13. April, die des Teti am 29. Mai geöffnet. In nicht einmal einem Jahr hatten fünf der »stummen« Pyramiden von Saqqara geredet …

Dieses seltene Photo wurde aufgenommen, bevor Mariette den Taltempel vollständig freigelegt hatte. Es zeigt eine zwischen die Pfeiler heruntergefallene Granitstrebe. Bei der Freilegung wurde sie ebenso wie andere Stücke im Tempel auseinandergesprengt.

Petrie bei den Pyramiden

William Matthew Flinders Petrie (1853–1942), der »Vater der ägyptischen Archäologie«, war ein aufgewecktes Kind. Er war noch nicht sechs, da lernte er schon das Hieroglyphenalphabet und verband später, angespornt vom Vater, mit der Archäologie noch Mathematik und Vermessungskunst. Zwischen 1875 und 1880 kartographierte er mehrere britische Fundstätten, darunter Stonehenge. 1866 las er Piazzi Smyth' *Our Inheritance in the Great Pyramid* und erkannte erregt die mögliche Aussöhnung von Wissenschaft und Religion. Folgte er Smyth auch nicht in dessen extremen religiösen Ansichten und der Vorstellung, die Briten seien ein verlorener Stamm Israels, so übernahm er doch die Idee von der Pyramide als gigantischem Modell des Erdumfangs. Von der Notwendigkeit einer Nachmessung der Großen Pyramide durchdrungen, landete der junge Flinders 1880 in Ägypten. Seine peinlich genaue Vermessung der Großen Pyramide versetzte Smyth' »Pyramidenzoll« (s. Kasten) den Todesstoß. Es wurde behauptet, die Theorien von Smyth und anderen Pyramidologen beruhten auf bis aufs Komma genauen Messungen. Zu seiner Zeit türmten sich freilich über der Pyramidenbasis noch riesige Schuttberge.

Als die Trümmer beiseite geräumt waren, vermaß Petrie die Große Pyramide von außen mit Hilfe komplizierter Triangulationen aller drei Gise-Pyramiden. Die Eckpositionen und Seitenlängen bestimmte er trigonometrisch. Mit dieser Methode lokalisierte er auch viele andere Punkte, einschließlich solcher auf den Chephren- und Menkaure-Pyramiden. Leider ist Petries Dreieckskarte nie größer als im Taschenbuchformat veröffentlicht worden.

Andere glaubten weiterhin Piazzi Smyth. Anfang dieses Jahrhunderts benutzte der Bauingenieur David Davidson sogar Petries Zahlen erfindungsreich als »Beweis« der Smyth-Theorie und noch ehrgeizigerer Behauptungen.

Petrie nach Gise

1888 und 1889 vervollständigte Petrie die Arbeit Lepsius' von 1843 in Hawara. Er grub das restliche Labyrinth und die angrenzende Pyramide Amenemhets III. aus, wo er die überschwemmte Grabkammer betrat und zwei Sarkophage und verbrannte menschliche Überreste fand.

1887/88 hatte Petrie an der Pyramide Senwosrets II. in Illahun gegraben, aber erst ein Jahr später den

Dieses Photo von 1880 zeigt Petrie vor dem Felsengrab, in dem er wohnte, als er zwei Winter lang seine Pyramidenübersicht erstellte. Für diese Unterkunft waren drei kleine Gräber zu einem einzigen Raum zusammengefaßt worden. Petrie kam mit den herumstreunenden Hunden gut zurecht, hielt sich mit Fallen die Ratten und Mäuse vom Hals und trotzte der Hitze und den Touristen damit, daß er in der Unterwäsche arbeitete: »Das rosa Zeug hält die Touristen in Schach, denn dieses Geschöpf kommt ihnen so seltsam vor, daß sie es lieber nicht in näheren Augenschein nehmen.«

Die Große Galerie: Skizze von Piazzi Smyth, der sich zum Ziel gesetzt hatte, alle Oberflächen und Aspekte der Großen Pyramide präzise zu vermessen. Dazu brachte er Geräte für die Messung der Dimensionen der Steine, des genauen Winkels von Elementen wie der Absteigenden Passage sowie eine Spezialkamera für Innen- und Außenaufnahmen mit. Mit weiteren Instrumenten stellte er astronomische Berechnungen an

Eingang und die Passage zur Grabkammer mit ihrem roten Granitsarkophag gefunden. In einem der Schachtgräber vor der Pyramide entdeckte er den prächtigen Schmuck der Prinzessin Sit-Hathor-Junet (jetzt im Kairoer Museum und im Metropolitan Museum of Art in New York). Nach einer Passage oder Kammer unter der »Königinnen«-Nebenpyramide Senwosrets II. suchte er vergeblich, legte aber unmittelbar unter der Pyramide selbst zwei sich kreuzende Tunnelsysteme und einen tiefen Senkrechtschacht frei. Es ist merkwürdig, daß sich unter der kleinen Pyramide anscheinend keine Passagen oder Kammern befinden, wenn man bedenkt, daß Petrie an der Nordseite die Reste einer Kapelle fand, in der ja jemand verehrt worden sein muß. Petrie setzte seine Untersuchungen in Meidum fort, wo er neben der Snofru-Pyramide den kleinen Kalksteintempel mit den zwei unbeschrifteten Stelen fand. Er nahm sich auch die zwei anonymen Pyramiden in Masghuna südlich von Dahschur vor. Sie stammen aus der 13. Dynastie und ähneln stark einer Reihe anderer Pyramiden der Periode, die Gustave Jéquier und Sami Farag in Süd-Saqqara beziehungsweise Süd-Dahschur fanden.

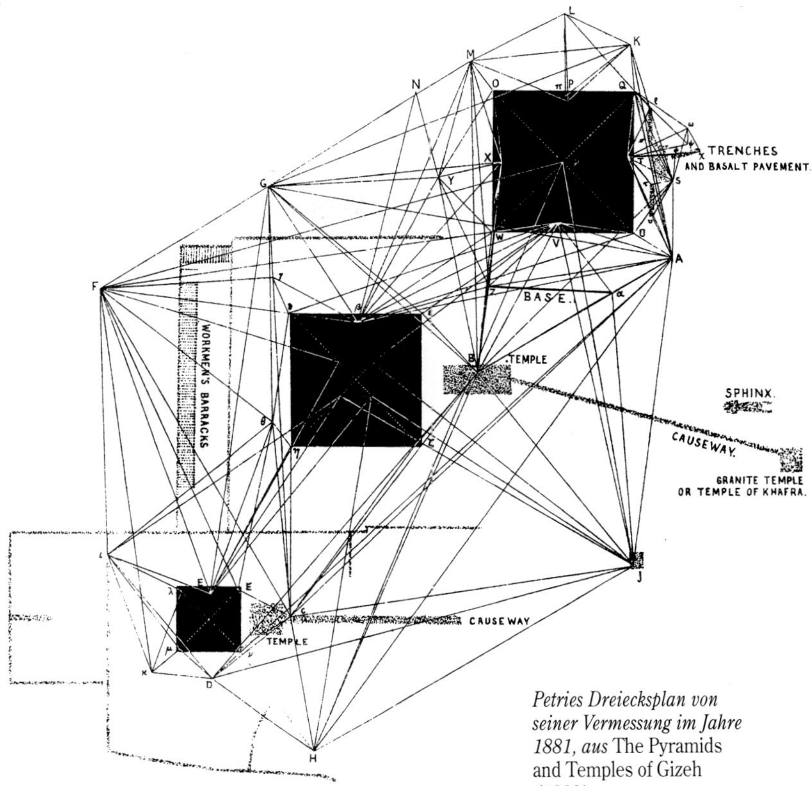

Petries Dreiecksplan von seiner Vermessung im Jahre 1881, aus The Pyramids and Temples of Gizeh *(1883).*

und ermittelte den Breitengrad der Pyramide. Für seine Zeichnungen, wie etwa die obige, benutzte er seinen »Pyramidenzoll«. Die Royal Society of Edinburgh zeichnete ihn in Anerkennung seiner Arbeit mit einer Goldmedaille aus. Neben ihm gab es jedoch noch weitere »Pyramidioten«, die die Pyramiden in Theorien und Zeichnungen unter anderem mit den Sternen oder der Bibel in Verbindung brachten.

Piazzi Smyth und der »Pyramidenzoll«

Charles Piazzi Smyth (1819–1900) war Königlicher Astronom von Schottland und Professor für Astronomie an der Universität Edinburgh. 1865 vermaß er gestützt auf die Theorien John Taylors, des Autors von *The Great Pyramid: Why Was It Built? & Who Built It?* (1859), die Cheops-Pyramide. Taylor, dessen Ideen auf Reiseberichten basierten, hatte aufgrund einiger mathematischer Koinzidenzen erklärt, sie sei gebaut worden, »um das Maß der Erde aufzuzeichnen« – ähnliche Vorstellungen werden auch heute noch von Pyramiden-Alternativtheoretikern wie Robert Bauval und Graham Hancock vertreten. Taylor behauptete unter anderem, die Ägypter hätten bereits den Wert der Zahl Pi gekannt und für ihre 25 Zoll lange Königselle ein Zollmaß ähnlich dem britischen verwendet. Er legte der Royal Academy eine Abhandlung zu diesem Thema vor, die jedoch verworfen wurde.

Stark von Taylor, mit dem er korrespondierte, und seinen eigenen religiösen Ansichten beeinflußt, machte sich Piazzi nach Ägypten auf; ein Stipendium zur Verringerung seiner Kosten war ihm abgelehnt worden. Inzwischen war auch er fest überzeugt, die Cheops-Pyramide sei mit exakt so vielen »Pyramidenzoll« erbaut worden, daß sie ein maßstabgerechtes Modell des Erdumfangs abgebe, und ihr Perimeter entspreche präzise der Zahl der Tage des Sonnenjahres. Diese Ideen standen in engem Zusammenhang mit seinem Glauben, der englische Zoll sei von einem antiken »Pyramidenzoll« abgeleitet, auf dem auch die beim Bau der Arche Noah und der Stiftshütte des Mose verwendete Elle beruht habe. Zudem glaubte er, die Engländer stammten vom verlorenen Stamm Israels ab und die Kammern und Gänge der Pyramide seien ein gottinspiriertes Aufzeichnungswerk, eine steingewordene, von wissenschaftlich fortgeschrittenen Vorahnen der Briten getroffene Vorhersage der großen Weltereignisse. Seine Theorien sind enthalten in *Our Inheritance in the Great Pyramid* (1864) und dem dreibändigen *Life and Work at the Great Pyramid* (1867). 1874 lehnte die Royal Society auch seine Abhandlung über die Gestalt der Cheops-Pyramide ab, woraufhin Piazzi Smyth aus Protest zurücktrat.

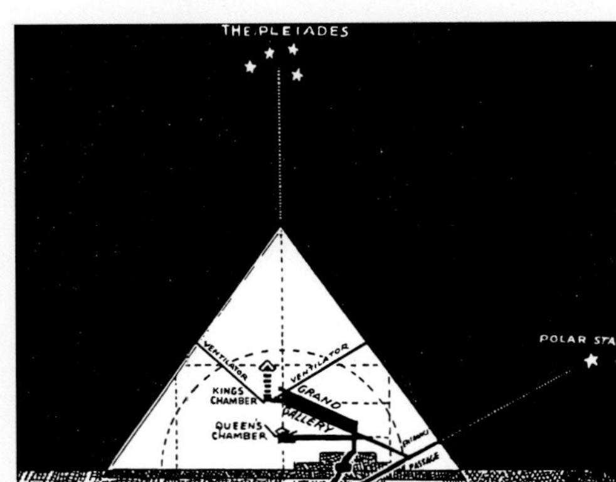

Postkarten, Pyramiden und zunehmender Tourismus

Touristen hoch zu Kamel auf dem Weg zu den Pyramiden (oben) waren im 19. Jahrhundert ein alltägliches Bild. Entlang der Straße zum Plateau verlief ein Kanal und später eine Trambahnlinie zum Transport der stetig wachsenden Touristenscharen.

Etwa sechs bis acht Wochen lang konnten die alten Ägypter bei ruhigem Überschwemmungswasser in den Fluten das kopfstehende Spiegelbild der Pyramiden bewundern. Es ist eine reizvolle Spekulation, ob sie darin die Vereinigung von Himmel und Duat *(Unterwelt) erblickten.*

Ende des 19. Jahrhunderts tauchten die ersten Pyramidenpostkarten auf. So erstaunlich es klingt: Sie sind eine wertvolle Informationsquelle aus der Zeit, als die wichtigen Ausgrabungen von Mariette und Maspero am Sphinx noch nicht dokumentiert waren und die massiven Freilegungsarbeiten der großen Expeditionen noch bevorstanden.

Einige der Postkarten zeigen die Pyramiden beim Höchststand der Nilflut – in der Antike ein eindrucksvoller, alljährlich wiederkehrender Anblick, der jetzt aufgrund der Flußregulierung verschwunden ist. Postkarten, die einen Teilstand der Überschwemmung darstellen, lassen das Muster der Sammelbecken im Talgrund am Fuß des Pyramidenplateaus erkennen und können so Hinweise auf antike Kanäle, Häfen und Siedlungen geben.

Ein Jahr vor Eröffnung des Suezkanals (1869) wurde von Gise zum Pyramidenplateau eine Hochstraße gebaut, damit königliche Besucher – insbesondere Kaiserin Eugenie – leichter dorthin gelangen konnten. Gleichzeitig wurde am Fuß des Plateaus unterhalb der Cheops-Pyramide das Mena House Hotel erbaut. Von ihm führte eine Straße bis unter den Eingang am Fuß der Pyramide. Nun war der moderne Tourismus in vollem Gange.

Mark Twain – ein früher Tourist

‚»Eine mühsame Wanderung in der flammenden Sonne brachte uns zum Fuß der großen Cheopspyramide. Sie war kein Märchenbild mehr. Sie war ein geriffelter, häßlicher Steinberg. Jede ihrer riesenhaften Seitenflächen stellte eine breite Treppe dar, die Stufe auf Stufe in die Höhe strebte und sich dort verschmälerte, bis sie sich weit oben in der Höhe zu einer Spitze verjüngte. Insektengleiche Männer und Frauen [...] krochen in schwindelnder Höhe auf ihr herum [...] wurden wir von einem Haufen muskulöser Ägypter und Araber belagert, die einen Kontrakt mit uns wünschten, uns auf die Spitze hinaufzerren zu dürfen. [...] Da jede Stufe genauso hoch wie ein Eßtisch ist; da es sehr, sehr viele Stufen gibt; da je ein Araber einen Arm packte und beide von Stufe zu Stufe emporsprangen und uns mit sich rissen, [...] bis wir beinah ohnmächtig wurden, wer wird da noch sagen, daß es kein lebhafter, erheiternder, zerfleischender, muskelzerreißender, knochenverdrehender und ausgesprochen quälender und marternder Zeitvertreib wäre, die Pyramiden hinaufzuklettern? [...] Zweimal ließen sie mich eine Minute lang ausruhen, [...] und dann setzten sie ihre irrsinnige Flucht die Pyramiden hinauf fort.«‘

Der Ausgräber zerstört, und was er zerstört, ist ein unersetzlicher und nie mehr zurückholbarer Teil der Menschheitsgeschichte. Dessen muß er sich bei seiner Arbeit stets bewußt sein. Die einzige Rechtfertigung seines Tuns liegt darin, daß er bemüht ist, dem alten Ort, den er zerstört, alles historische Beweismaterial zu entreißen, das er enthält.

George Reisner

Die großen Expeditionen

Das meiste, was wir von den ägyptischen und nubischen Pyramiden – rund 300 Monumenten aus drei Jahrtausenden – wissen, haben Großexpeditionen um die Wende unseres Jahrhunderts in kaum mehr als drei Jahrzehnten ausgegraben. Das heutige Pyramidenverständnis unterscheidet sich radikal von dem der Ausgräber des späten 19. und frühen 20. Jahrhunderts, die erstmals den schützenden Boden wegräumten und das historische Material freilegten. Doch noch heute sehen wir diese Denkmäler oft unter dem Einfluß der Karten und Rekonstruktionen dieser Pioniere. Ihre Notizen – oft ein Gemisch aus Dokumentation und persönlicher Auslegung – wurden zu Denkschablonen der Ägyptologie.

Diese Explosion der Großgrabungen (nicht nur an den Pyramiden, sondern in ganz Ägypten und Nubien) war teilweise das Ergebnis der strengen Aufsicht Mariettes über die Archäologie von 1858 bis zu seinem Tode 1881. Seine manchmal als Monopol bezeichnete Stellung erlaubte es Mariette, Arbeitermassen aus den Dörfern zu rekrutieren wie einst die alten Pharaonen. Nachdem Mariette 23 Jahre lang Gräber, Tempel und Pyramiden freigelegt hatte, dürsteten Ägyptologen aus Ägypten, Deutschland, Frankreich, England und den USA danach, selber graben zu dürfen. Als Gaston Maspero die Leitung des »Service des Antiquités« übernahm, vergab er Konzessionen an Gelehrte, die große, von ausländischen Institutionen und Wohltätern finanzierte Expeditionen leiteten; andere standen selbst im Dienst des »Service«.

Maspero interessierte sich für den jungen Flinders Petrie, den »bedächtigen Exponenten der kontrollierten Methode« und des Grabens nach Informationen. Petrie achtete auf alle Details der alten Kultur – nicht bloß auf die fabelhaften Bauten und Kunstgegenstände. Dennoch setzten die Großexpeditionen eine Unzahl von Grabenden und Korbträgern, ja Minibahnen ein, um die Unmengen Sand und Trümmer von den Pyramidenkomplexen und Friedhöfen wegzuschaffen. Die Qualität dieser Großarchäologie war

George Reisner (oben), Leiter der Harvard-Boston-Expedition an den Pyramiden, mit Anfang 50. Unten sein Lager von 1917 an den Nuri-Pyramiden im Sudan. Hier werden 1070 uschebtis *des Königs Taharqa gezählt.*

Von 1902 bis 1908 grub eine deutsche Expedition unter Ludwig Borchardt die Pyramiden der 5. Dynastie in Abusir aus. Die Niuserre-Pyramide im Hintergrund steht links von der Pyramide Neferirkares. Deren innen gestufte Struktur (die größte dieser Art) ist deutlich sichtbar. Die Ausgräber arbeiten an den Überresten des prächtigen Totentempels Sahures; seine Pyramide steht im äußersten Norden. Der Tempelfußboden bestand aus schwarzem Basalt, sein Mittelhof besaß 16 Rosengranitsäulen, und die Kalksteinwände über einem Granitpostament waren mit farbigen Reliefs übersät.

gemischt. Vieles wurde für immer zerstört, vieles blieb erhalten. Unter Ludwig Borchardt leisteten die Deutschen Pionierarbeit in der Architekturdokumentation und -interpretation. Der Amerikaner George Reisner interessierte sich für die Stratigraphie und Geologie, machte gleichzeitig Fortschritte in archäologischer Photographie und entwickelte verbesserte Dokumentationsmethoden. Reisner und Petrie bildeten viele Archäologen aus, die dann meist eigene Grabungen überwachten und zu vertrauten Namen wurden. Es war eine aufregende Epoche der Pyramidenarchäologie. In Gise legte Reisner das komplette Profil der Menkaure-Pyramide frei – von den Königsstatuen über die Tempel bis zur Stadt. Zusammen mit Hermann Junker räumte er auch die großen Mastabafelder im Osten, Westen und Süden der Cheops-Pyramide frei. Die Deutschen gruben 1909/10 die Tempel der Chephren-Pyramide aus. 1926 begann Emile Baraize den Sphinx und einen Großteil seines Tempels für den »Service« freizulegen. Inzwischen organisierte Selim Hassan namens der Kairoer Universität eine ebenso große Expedition, die sich um die Mastabas und in den Fels gehauenen Gräber des Zentralfelds zwischen Sphinx und Chephren-Pyramide kümmerte. In Saqqara deckten Firth und Lauer die vielgestaltigen Elemente des Stufenpyramiden-Komplexes Djosers auf. In Abusir legten die Deutschen die großen Pyramidenkomplexe der 5. Dynastie und die Sonnentempel von Niuserre frei, während sich die Amerikaner an den Pyramidentempeln und Friedhöfen der 12. Dynastie in Lischt betätigten. Zwischen 1916 und 1918 grub Reisner auch in den Hauptstädten der nubischen Herrscher der 25. Dynastie und ihrer lokalen Nachfolger bis ins 4. Jahrhundert n. Chr. – Meroe, Napata und Nuri.

Gegen Ende der dreißiger Jahre ging es mit den Großexpeditionen allmählich zu Ende. In Gise verlor Reisner schon 1932 das Augenlicht, diktierte aber weiterhin im Harvard-Lager seine Bücher und leitete kleinere Grabungen, die Neues für seine Arbeiten über das Mastaba-Feld erbringen sollten. 1924–1928 unternahm Borchardt kleinere Untersuchungen in Saqqara, Abu-Gurob (Abusir) und Meidum und beteiligte sich in Gise an der Vermessung der Cheops-Pyramide durch J. R. Cole. Der Niedergang der Großexpeditionen ist neben Alter und Krankheit ihrer Leiter auch der veränderten Haltung des »Service« gegenüber fremden Instituten zugeschrieben worden. Zu wachsendem Nationalismus kam – zumal nach den Spannungen mit Howard Carter wegen der Tutanchamun-Schätze – das Gefühl der Ägypter hinzu, die antiken Denkmäler seien nicht nur Kulturerbe der Welt, sondern auch ihr eigener Besitz. Auch der Umbruch in Europa dürfte das Seinige beigetragen haben. Der Zweite Weltkrieg brachte dann den Stillstand. Nach dem Krieg machten einige, so Walter Emery und Jean-Philippe Lauer, dort weiter, wo sie aufgehört hatten, aber die neuen Grabungen waren oft anderer Dimension.

Die Pyramidenerforschung 1887–1950

Jahre	Monument	Lage	Ausgräber
1887–88	Senwosret I., Pyramide	Illahun	W.M.F. Petrie
1888–89	Amenemhet III., Pyramide	Hawara	W.M.F. Petrie
1891	Snofru, Pyramide	Meidum	W.M.F. Petrie
1894	Senwosret I., Pyramide	Lischt	J.E. Gautier und G. Jéquier
1894–95	Amenemhet II., Pyramide		
	Senwosret III., Pyramide		
	Amenemhet III., Pyramide	Dahschur	J. de Morgan
1896–7	Archaische Königsgräber	Abydos	E. Amélineau
1898–1901	Niuserre, Sonnentempel	Abu Gurob	L. Borchardt und H. Schaeffer (Baron von Bissing Expedition, DOG)
1899–1900	Archaische Königsgräber	Abydos	W.M.F. Petrie (EES)
	Ahmose, Pyramide	Abydos	A. Mace
1900	Schichtpyramide	Saujet el-Arjan	A. Barsanti (SAE)
	Unas, Totentempel	Saqqara	A. Barsanti (SAE)
1901	Ahmose, Pyramide	Abydos	T. Currelly (EES)
	Djedefre, Pyramide	Abu Roasch	M. Chassinat
1902–08	Sahure, Pyramide		
	Neferirkare, Pyramide		
	Niuserre, Pyramide	Abusir	L. Borchardt (DOG)
1902–32	Westliches Gräberfeld	Gise	G.A. Reisner (Phoebe Hearst Expedition HMFA)
1903–7	Mentuhotep I., Grab	Deir el-Bahari	E. Naville und H.R.Hall (EEF)
1904–5	Unfertige Pyramide	Saujet el-Arjan	A. Barsanti (SAE)
1905–08	Teti, Pyramide	Saqqara	J.E. Quibell (SAE)
1906–10	Menkaure, Pyramide	Gise	G.A. Reisner (HMFA)
1906–34	Senwosret I., Pyramide	Lischt	A.M. Lythgoe, A.C. Mace und A. Lansing (MMA)
1909–10	Chephren, Pyramide	Gise	U. Hölscher (von Sieglin Expedition)
	Snofru, Pyramide	Meidum	W.M.F. Petrie und G.A. Wainwright (EES)
1910	Amenemhet III., Pyramide	Hawara	W.M.F. Petrie
1910–11	Schichtpyramide	Saujet el-Arjan	G.A. Reisner und C. Fisher (HMFA)
	Masghuna-Pyramiden	Masghuna	E. Mackay (unter Petrie)
1911–31	Mentuhotep I., Grab	Deir el-Bahari	H. Winlock (MMA)
1912–14	Westliches Gräberfeld	Gise	H. Junker (DAI)
1913	Senwosret I., Pyramide	Illahun	W.M.F. Petrie und G. Brunton (EEF)
1913–16	Nubische Pyramiden	Kerma	G.A. Reisner (HMFA)
1915–23	Nubische Pyramiden	Djebel Barkal	G.A. Reisner (HMFA)
1916–18	Nubische Pyramiden	Nuri	G.A. Reisner (HMFA)
1918–19	Nubische Pyramiden	Kurru	G.A. Reisner (HMFA)
1920	Amenemhet I., Pyramide	Lischt	A.C. Mace (MMA)
1920–22	Teti I., Pyramide	Saqqara	C.M. Firth und V. Loret (SAE)
	Chuit und Iput, Pyramiden	Saqqara	C.M. Firth und V. Loret (SAE)
1920–23	Nubische Pyramiden	Meroe	G.A. Reisner (HMFA)
1920/2–38	Cheops, Pyramide	Gise	Diverse SAE und Selim Hassan (SAE)
1924	Schepseskaf, Mastaba	S. Saqqara	G. Jéquier (SAE)
1924–32	Östliches Gräberfeld	Gise	G.A. Reisner (HMFA)
1925–35	Westliches Gräberfeld	Gise	H. Junker (Wiener Hochschule)
1926–35	Sphinx	Gise	E. Baraize (SAE)
1926–36	Pepi II.	Saqqara	G. Jéquier (IFAO)
1926–39	Djoser, Stufenpyramide	Saqqara	C.M. Firth und J.P Lauer (SAE)
1928–29	Userkaf, Pyramide	Saqqara	C.M. Firth (SAE)
1929	Unas, Totentempel	Saqqara	C.M. Firth (SAE)
1929–30	Snofru, Pyramide	Meidum	A. Rowe (UMP)
1929–31	Chendjer, Pyramide	S. Saqqara	G. Jéquier
	Anonyme Pyramide	S. Saqqara	G. Jéquier
1929–35	Zentrales Gräberfeld	Gise	S. Hassan (CU)
1936–38	Sphinx	Gise	S. Hassan (SAE)
1936–39	Unas, Totentempel	Saqqara	J.-P. Lauer (SAE)
1936–56	Mastabas der 1. Dynastie	Saqqara	W. Emery (EES)
1937–38	Unas, Aufweg	Saqqara	S. Hassan (SAE)
1937–49	Unas, Pyramide	Saqqara	A.H. Hussein und S. Hassan (SAE)
1945	Djedkare-Asosi, Pyramide	S. Saqqara	A.H. Hussein (SAE)
1945–49	Snofru, Knickpyramide	Dahschur	A.S. Hussein (SAE)
1950	Sechemchet, Pyramide	Saqqara	Z. Goneim (SAE)

CU *Universität Kairo*
DAI *Deutsches Archäologisches Institut, Abteilung Kairo*
DOG *Deutsche Orient-Gesellschaft*
EEF *Egypt Exploration Fund*
EES *Egypt Exploration Society*
HMFA *Harvard Museum of Fine Arts*
IFAO *Institut Français d'Archéologie Orientale*
MMA *Metropolitan Museum of Art*
SAE *Service des Antiquités de l'Égypte*
UMP *University Museum, Pennsylvania*

Mohammed Zakaria Goneim (links), damals Chefinspekteur für die Altertümer in Saqqara, zeigt auf ein Detail in der unfertigen Pyramide Sechemchets (3. Dynastie), die er zwischen 1952 und 1956 ausgrub. Er fand in den Passagen zwar etwas Schmuck, aber der Alabastersarkophag war leer.

Jean-Philippe Lauer (rechts) arbeitete 1926 als junger Architekt acht Monate lang für Firth und Quibell an Djosers Stufenpyramide. Die nächsten 70 Jahre widmete er der Restaurierung und Rekonstruktion des Komplexes um die Pyramide aus den Brocken und Stücken, die im Geröll herumlagen.

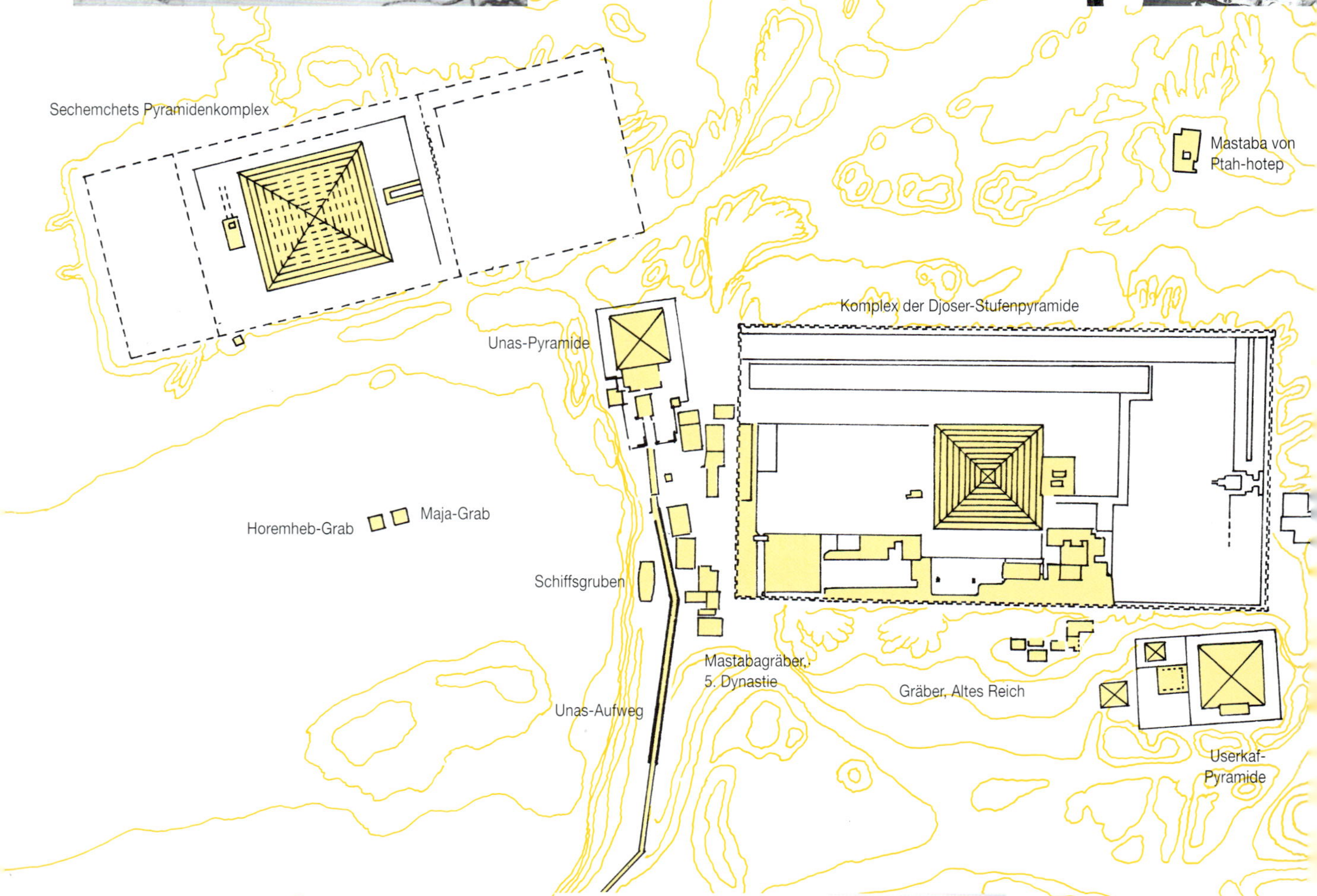

Saqqara

Die Zeit von den großen Expeditionen bis zu den neueren Funden nach dem Zweiten Weltkrieg wird von zwei großen Archäologen beherrscht. Walter Emery grub zwischen 1935 und 1956 die Mastabas der 1. Dynastie aus und ermittelte einen Großteil des Hintergrundwissens zur Entwicklung des Pyramidenbaus. An Djosers Stufenpyramide unternahmen C. M. First und J. E. Quibell die ersten wissenschaftlichen Grabungen am Pyramidenüberbau (der unterirdische Komplex war schon im vorigen Jahrhundert erforscht worden). 1926 gesellte sich ihnen J.-P. Lauer zu, der seither – mit Unterbrechungen im Zweiten Weltkrieg – dort arbeitet.

Südlich des Aufwegs zur Unas-Pyramide liegen zwei Schiffsgruben nebeneinander. Sie sind mit feinem Tura-Kalkstein ausgekleidet.

C. M. Firth begann 1924, assistiert von James Quibell, mit der Untersuchung der Stufenpyramide Djosers in Saqqara. Saison um Saison erbrachte Funde wie eine Djoser-Statue in der serdab-Kammer (S. 90). Allmählich trat ein riesiger Komplex von Höfen und steinernen Gebäuden zutage, die oft Naturformen nachgeahmt waren. Firth sah den Bedarf für die analytischen Fähigkeiten eines Architekten; daraufhin wurde ihm Jean-Philippe Lauer beigeordnet. Das Photo zeigt eine Luftaufnahme des Stufenpyramidenkomplexes zu Beginn der Kampagne 1933.

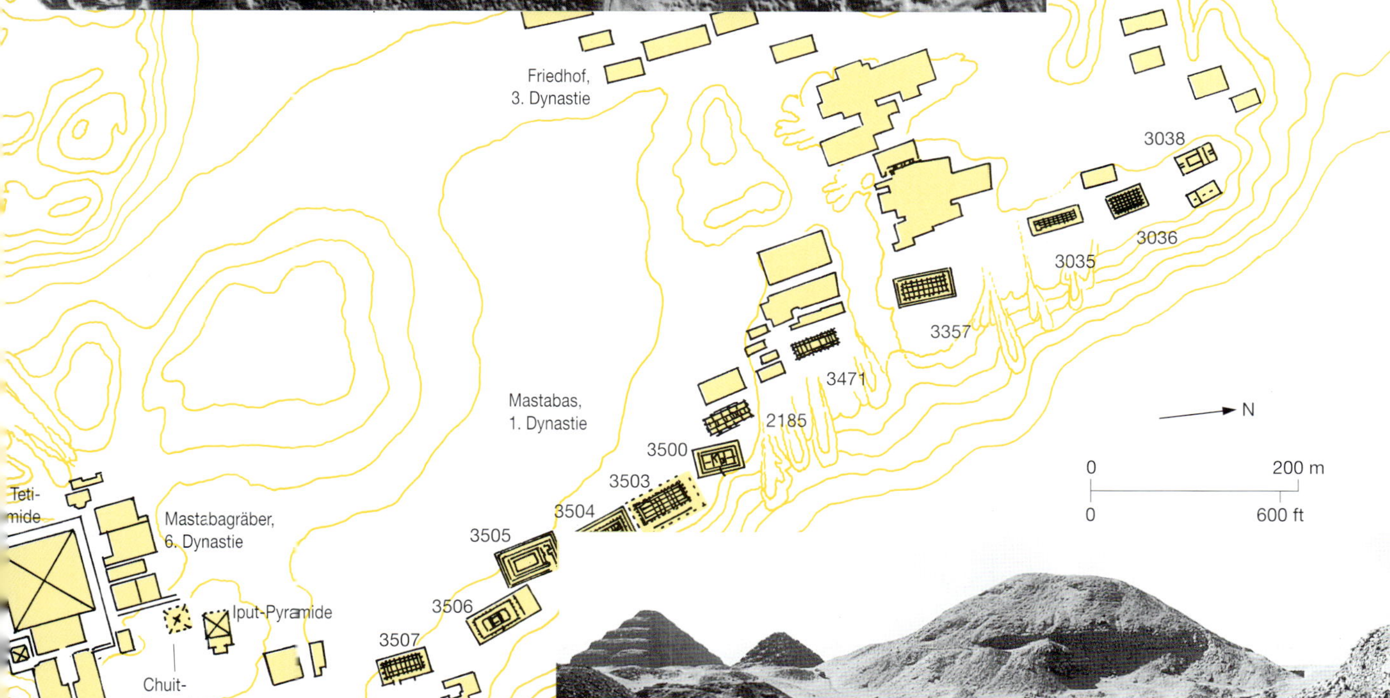

(V. l. n. r.) Djosers Stufenpyramide, die Userkaf-Pyramide und die Teti-Pyramide mit den Ruinen ihres Begräbnistempels.

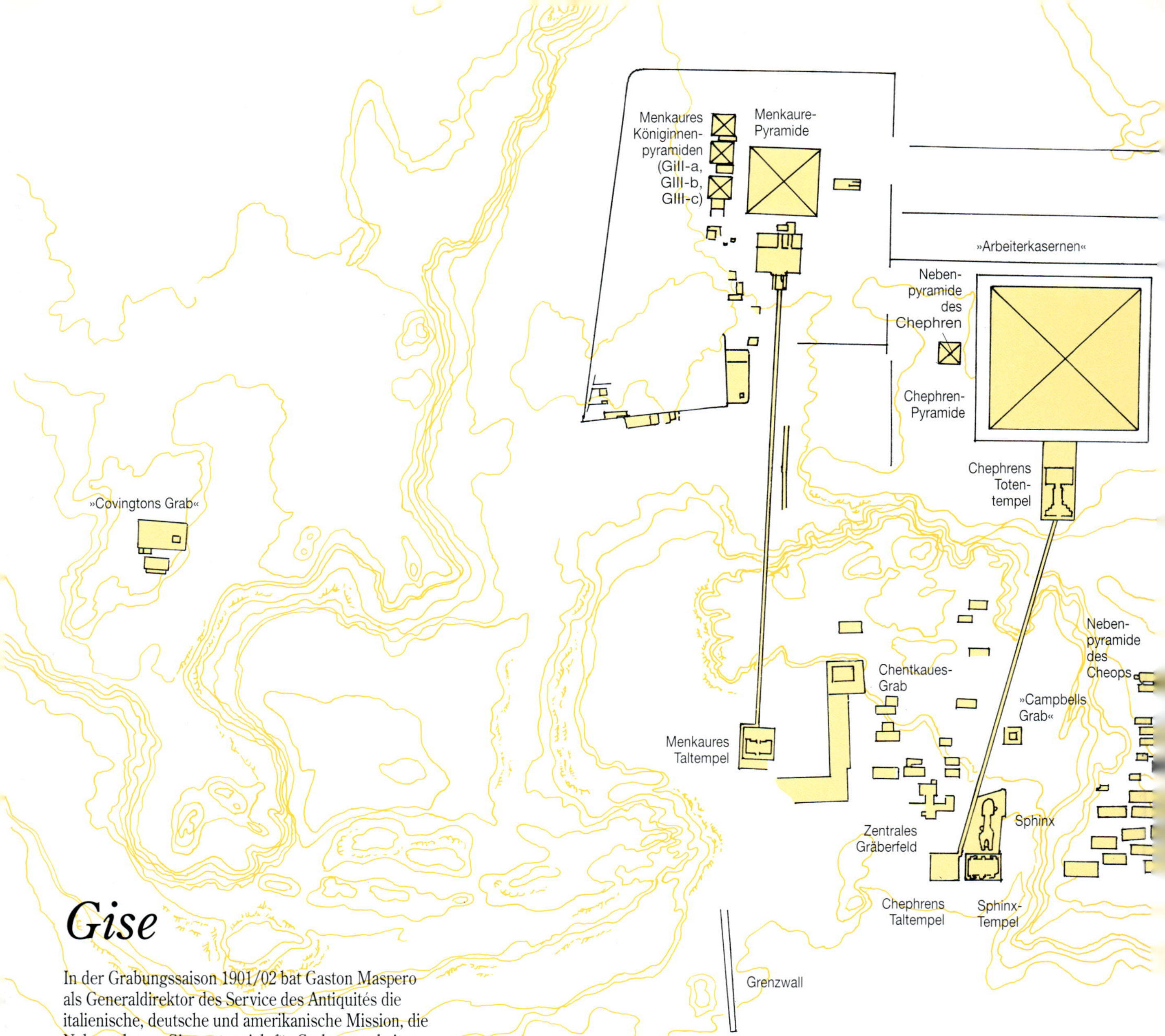

Gise

In der Grabungssaison 1901/02 bat Gaston Maspero als Generaldirektor des Service des Antiquités die italienische, deutsche und amerikanische Mission, die Nekropole von Gise unter sich für Grabungsarbeiten aufzuteilen. Bei der Auslosung des westlichen Gräberfelds erhielt George Reisner von der Harvard-Boston-Expedition den nördlichsten der drei Streifen. Später, als Ernesto Schiaparelli die italienische Konzession zurückgab, fiel Reisner auch der Südstreifen zu. Hermann Junker vom DAI Kairo bekam den mittleren Streifen. Reisners Konzession für das östliche Gräberfeld endete am Hügelkamm, der das »Amphitheater« des Sphinx im Norden abschließt. Sie schloß zudem die Menkaure-Pyramide samt Toten- und Taltempel sowie die Kleinpyramiden der drei Menkaure-Königinnen ein. Der Chephren-Pyramidenkomplex fiel den Deutschen zu, die 1909 unter Udo Hölscher die Pyramide und den Taltempel ausgruben. Der Sphinx und das davor gelegene Gebiet wurde zwischen 1925 und 1935 vom Service des Antiquités unter Emile Baraize sowie zwischen 1936 und 1938 von Selim Hassan ausgegraben.

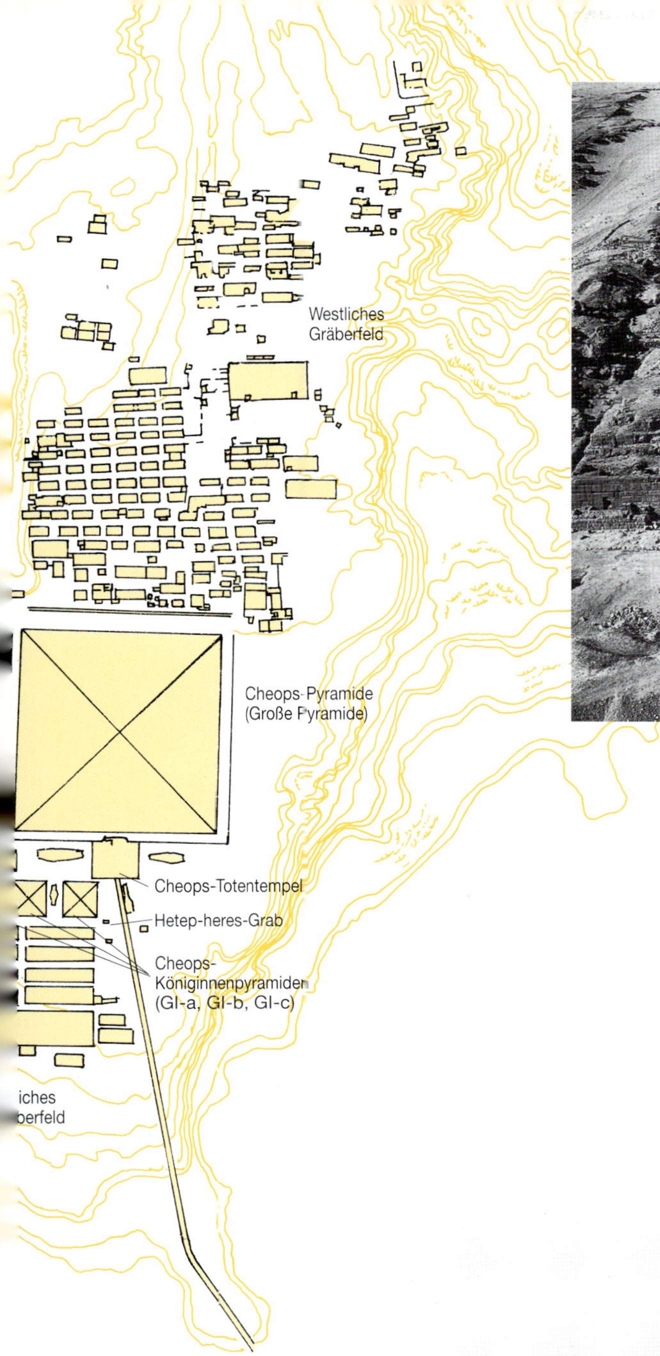

Das westliche Gräberfeld (oben). Seine Mastabagräber wurden nach einem unter Cheops festgelegten Plan entlang von Straßen und breiten Wegen errichtet und hohen Beamten der 4. Dynastie zugesprochen. Würdenträger der 5. und 6. Dynastie erweiterten das Feld bis zum Fuß der Cheops-Pyramide. Am Ende des Pyramidenzeitalters wurden in den Straßen und Wegen zwischen den Mastabas der Vorfahren kleinere Gräber und Schachtgräber ausgehoben.

→ N

0 — 200 m
0 — 600 ft

(Links) Pierre Lacau, Generaldirektor des Service des Antiquités, und der Ingenieur Emile Baraize begannen 1925 den Großen Sphinx freizulegen. Noch während Baraize das Monument vom Schutt befreite, begann er mit Reparaturen, ersetzte altes Mauerwerk durch modernen Zement und stützte den Kopf mit Beton und Kalksteinblöcken. Obwohl die Freilegung 11 Jahre dauerte, wurde kein einziger Grabungsbericht veröffentlicht.

Die Ausgrabung der »Königinnenstraße« und der drei Pyramiden der Cheops-Königinnen führte Reisners Grabungsmannschaft schließlich zum unmarkierten Grab der Cheops-Mutter Hetep-heres.

Neuere Entdeckungen

Die Großexpeditionen legten zwar den Grundstein, aber auch die Nachkriegs-Ausgrabungen haben uns viel gelehrt. Neben ein paar größeren Expeditionen wurde auch erhebliche Arbeit in die Dokumentierung und Konservierung der früher entdeckten Riesenmengen an Material gesteckt. Heute säubern wir Fundstätten, nehmen uns Ergebnisse neu vor oder graben, um bestimmte Wissenslücken zu füllen (wie etwa an der Nordpyramide von Dahschur oder der des Raneferef in Abusir). Ebenso wollen wir mehr über die sozialen und wirtschaftlichen Bedingungen erfahren, die den Pyramidenbau inspirierten und ermöglichten. Sofort nach Kriegsende ging Walter Emery in Nord-Saqqara wieder an die Arbeit und grub die Archaischen Mastabas aus. 1945 kehrte J.-P. Lauer an den Djoser-Komplex zurück. Abdelsalam Hussein begann für den »Service des Antiquités« mit einem Forschungsprojekt, das auf eine systematische Vermessung, Freilegung, Dokumentierung und Konservierung aller größeren Pyramiden abzielt. Nach seinem Tod übernahm Ahmed Fachry das bis heute unvollendete Projekt. Zwischen 1963 und 1975 nahmen Vito Maragioglio und Celeste Rinaldi eine umfassende architektonische Vermessung der Pyramiden vom Alten bis Mittleren Reich in Angriff. Gestützt auf frühere Publikationen und ihre eigenen Messungen veröffentlichten sie acht Bände mit systematischen Beschreibungen jeder Pyramide.

Das Deutsche Archäologische Institut (DAI) setzte 1976 eine Studie zur Architektur des Mittleren Reiches in Gang. Ihr Leiter Dieter Arnold ging 1984 ans Metropolitan Museum in New York und erweckte dessen Lischt-Expedition zu neuem Leben. In Abusir untersuchte das Ägyptologische Institut der Universität Prag unter Zbynek Zaba und später Miroslav Verner die Pyramiden im einzelnen. Rainer Stadelmann nahm sich das Alte Reich in Dahschur vor, die französische Archäologie-Mission begann in Saqqara eine vollständige Untersuchung der Pyramidenkomplexe der 5. und 6. Dynastie. In Gise legte Sahi Hawass mehrere Stätten frei: den fernen Westfriedhof, die Menkaure-Pyramide, den sogenannten Arbeiterfriedhof, die Ostseite der Cheops-Pyramide und den Osten von Chephrens Taltempel.

Pyramiden und moderne Technik

Beim Sondieren der Pyramiden wird immer mehr hochmoderne Technik eingesetzt, oft für sehr gezielte Fragen. Beispielsweise nahmen sich R. und D. Klemm in den achtziger Jahren Steinbrüche in ganz Ägypten vor, um durch Spurenanalysen festzustellen, woher die Steine für die Pyramiden von Abu Roasch bis Meidum kamen. 1984 radiokarbondatierte eine vom Verfasser geleitete Forschungsgruppe 64 organische Materialproben aus Pyramiden und verwandten Strukturen. Nach Kalibrierung lagen die Daten durchschnittlich 374 Jahre weiter zurück als in den meisten Chronologien angegeben. In der Saison 1995

Die Kammern der unfertigen Raneferef-Pyramide in Abusir während der Ausgrabungen durch die tschechische Mission in diesem Pyramidenfeld. Dahinter die Nefererkare-Pyramide, deren Bauphasen deutlich erkennbar sind.

wurden über 300 Proben aus Denkmälern eingeholt, die von Gräbern der 1. Dynastie in Saqqara bis zur Djoser-Pyramide, den Pyramiden von Gise, ausgewählten Pyramiden der 5. und 6. Dynastie und des Mittleren Reiches reichten. Daraus erhoffen wir uns neue Erkenntnisse. Vor allem die Cheops-Pyramide ist mit einem ganzen Arsenal moderner Technik untersucht worden. 1986 nahmen auf Bitte des Präsidenten der Ägyptischen Altertümer-Organisation (EAO), Ahmed Qadry, zwei französische Firmen eine mikrogravimetrische Untersuchung vor. Mit dieser normalerweise zur Bewertung der Fundamente von Staudämmen und Atomkraftwerken benutzten Technik mißt man die Dichte von Strukturen. Es ergab sich, daß die Makrostruktur der Pyramide aus 34 großen »Blöcken« niedriger Dichte an der Spitze und darunter aus Blöcken heterogener Dichte besteht. Das könnte den mastabaähnlichen Mauerstücken im Kern der Königinnenpyramiden des Cheops und der Menkaure-Pyramide entsprechen. Die Mikrostrukturanalyse ergab eine Anomalie westlich und unter der Horizontalpassage zur Königinnenkammer. Die beiden damit befaßten Architekten Gilles Dormion und Jean-Patrice Goidin bohrten daraufhin drei kleine Löcher in die Passage. Sie gingen durch kompakten Kalkstein, Kalksteingeröll und Mörtel, Sand, dann wieder Kalksteingeröll durch. Daß am einen Bohrloch kein Ende des Sandes erreicht werden konnte, weckte Spekulationen über eine versteckte Kammer. Wahrscheinlicher ist, daß die Schichten lediglich eine Füllung zwischen den Kalksteinwänden der Passage und dem Kernmauerwerk sind. 1987 untersuchte ein japanisches Team der Waseda Universität (Tokio) unter Leitung von Sakuji Yoshimura die Cheops-Pyramide mit Hilfe zerstörungsfreier Verfahren. Auch hierbei wurde die oben erwähnte Anomalie bestätigt. Die aufgezeichneten Daten lassen einen Tunnel vermuten, der unter der Südseite in die Pyramide kommt.

1990 studierten die Franzosen Jean Kerisel, Jean-Bruno Kerisel und Alain Guillon die Luftverschmutzung in der Königskammer sowie Hinweise auf eine subtile Senkung nach Süden. Auf dieser Seite zeigten die großen Deckenbalken aus Granit deutliche Risse. Jean Kerisel untersuchte dann 1992 die Unterirdische Kammer mit Radar und Mikrogravimetrie. 1995 erhielt er die Erlaubnis, auf der Suche nach einer Höhlung in ihren Felsgrund zu bohren, fand aber keine.

Die vielleicht bekannteste Studie fand 1992 statt. In einem offiziellen Projekt des DAI Kairo unter Rainer Stadelmann und des Obersten Altertums-Rates bestückte der Roboterexperte Rudolf Gantenbrink einen auf Rädern und Raupenketten laufenden kleinen Roboter mit einer Mini-Videokamera und schickte ihn die »Luftschächte« der Königskammer hinauf. Im Jahr darauf schickte er eine neue Version, Upuaut II, durch den südlichen »Luftschacht« der Königinnenkammer. Der Roboter kletterte über eine 45°-Steigung, bis ihn nach 65 Metern ein glatter Kalksteinpfropfen aufhielt, aus dem zwei Kupfernadeln ragten. Auf dem Boden davor lag ein kleines Kupferfragment. Man hat den Fund als »Tür« bezeichnet, obwohl höchstens eine kleine Ratte durchkommen könnte; »Klappe« wäre vielleicht passender.

Auch der Sphinx war Gegenstand intensiver Forschung. 1978 nahmen SRI International von Kalifornien und die Wissenschaftssektion des EAO eine zerstörungsfreie Unterbodenmessung des Heiligtums und Tempels vor. In einer Vorstudie in Zusammenarbeit mit der Ain-Shams-Universität waren 1977 diverse Anomalien gefunden worden; eine – vor den Vorderpfoten – deutete auf eine »Höhlung« oder einen »Schacht« hin. Das SRI-Team prüfte die Widerstandsfähigkeit genauer; die Ergebnisse wurden mit akustischer Sondierung nachgeprüft. Die bestätigten Anomalien wurden mit Kernbohrungen und einer ins Bohrloch eingeführten Spezialkamera untersucht. Fünf Löcher wurden gebohrt, aber außer den natürlichen Löchern im Kalkstein fanden sich keine Höhlungen. Ein Team des SRI-Projekts in Gise unter meiner Leitung legte den Boden des Sphinxheiligtums frei und grub zusammen mit Sahi Hawass an dessen Nordostecke. Von 1979 bis 1983 war ich Außenleiter und dann Direktor eines Fünfjahresprojekts zur Erstellung maßstabgerechter Architekturzeichnungen des Sphinx und seiner Umgebung. Dabei wurde jeder einzelne Stein der Mauerschichten auf dem Sphinx dokumentiert. Die Zeichnungen erhielten wesentliche Bedeutung für die EAO-Arbeit am Sphinx ab 1988.

1987 wandten die Japaner ihre elektromagnetische Sondierungsmethode auf den Sphinx an. Sie glauben Hinweise auf einen Nord-Südtunnel unter dem Sphinx, einen Wassereinschluß unter der südlichen Hinterpfote sowie eine Höhlung nahe der Nordhinter-

(Oben) Ein Team der Waseda-Universität in der Königinnenkammer des Cheops. (Unten) Ulrich Kapp vom DAI arbeitete an der Sphinx-Vermessung durch das American Research Center in Egypt mit.

Erforschung in neuerer Zeit

Jahre	Monument	Lage	Forscher
1951–52	Snofru, Knickpyramide	Dahschur	Ahmed Fakhry (SAE)
1951–70	Teti, Pyramide	Saqqara	MAFS
1954	Cheops, Schiffsgrube (Ost)	Gise	K. el-Malakh (EAO)
1955–57	Userkaf, Sonnentempel	Abusir	H. Ricke (DAI u. Schweizer Institut)
1960	Chephren, Nebenpyramide	Gise	A. Hafez Abd el-'Al
1961–69	Cheops -Komplex	Gise	H. Messiha
1963–67	Sechemchet, Südgrab	Saqqara	J.-P. Lauer
1963–heute	Nubische Pyramiden	Sedeinga	M.S. Girogini/A. Labrousse
1965–67	Sphinx-Tempel	Gise	H. Ricke und G. Haeny, Schweizer Institut
1966–71	Pepi I., Pyramide	Saqqara	MAFS
1966–73	Mentuhotep I., Grab	Deir el-Bahari	D. Arnold (DAI)
1967	Chephren, Pyramide	Gise	L. Alvarez (UC, Berkeley, Ain Shams und EAO)
1968–88	Pepi I., Totentempel	Süd-Saqqara	MAFS
1971–72	Merenre, Pyramide	Süd-Saqqara	MAFS
1971–73	Abfallgrube d. Siedlung	Gise	K. Kromer (Österreichisches Institut)
1972–73	Pyramidengräber	Tabo, Napata	Ch. Maystre (CEOUG)
1974–76	Unas, Totentempel	Saqqara	MAFS
1974–78	Pyramiden von Gise	Gise	SRI International, Fernfühltechnik
1976	Gräber der Intefs	Luxor	D. Arnold (DAI)
1976–78	Userkaf, Totentempel	Saqqara	J.-P. Lauer und A. Labrousse (MAFS)
1976–83	Amenemhet III., Pyramide	Dahschur	D. Arnold (DAI)
1977	Chentkaues, Pyramide	Abusir	M. Verner (Tschechische Mission)
1977–78	Sphinx	Gise	M. Lehner und Z. Hawass (EAO)
1977–heute	Königsgräber d. 1. Dyn.	Abydos	G. Dreyer und W. Kaiser (DAI)
1977–heute	Snofru, Nordpyramide	Dahschur	R. Stadelmann (DAI)
1978	Sphinx	Gise	SRI International/EAO
1978–79	Provinzpyramide	Elephantine	DAI und Schweizer Archeologie-Institut
1979–83	Sphinx	Gise	J. Allen und M. Lehner (ARCE)
1979–heute	Pyramiden von Meroe	Meroe	F. Hinkel
1980	Unfertige Pyramide	Abusir	M. Verner (Tschechische Mission)
1980–81	Sinki-Pyramide	Süd-Abydos	N. Swelim und G. Dreyer
1981	Seila-Pyramide	Seila	Univ. of California, Berkeley/ Brigham Young Univ.
1981–87	Raneferef, Pyramide	Abusir	M. Verner (Tschechische Mission)
1982	Tio und Tiaa, Pyramide	Saqqara	G. Martin (University College, London)
1982–85	Userkaf, Pyramide	Saqqara	Ali el-Khouli (EAO)
1984	Snofru, Pyramide	Meidum	Ali el-Khouli (EAO)
1984–86	Nefermaat, Mastaba	Meidum	Ali el-Khouli (EAO)
1984–88	»Private« Pyramiden	Saqqara	S. Tewfik (Cairo University/EAO)
1984–89	Senwosret I., Pyramide	Lischt	D. und D. Arnold (MMA)
1985	»Lepsius I«	Abu Roasch	N. Swelim
1985–heute	Archaische Einfriedungen	Abydos	D. O'Connor und W.K. Simpson (Univ. of Pennsylvania/Yale Univ.)
1986	Snofru, Knickpyramide	Dahschur	J. Dorner

ARCE *American Research Center in Egypt*
CEOUG *Centre d'Études Orientales de l'Université de Genève*
DAI *Deutsches Archäologisches Institut, Abteilung Kairo*
DOG *Deutsche Orient-Gesellschaft*
EAO *Egyptian Antiquities Organization*
EEF *Egypt Exploration Fund*
EES *Egypt Exploration Society*
HMFA *Harvard Museum of Fine Arts*
IFAO *Institut Français d'Archéologie Orientale*
MAFS *Mission Archéologique Française à Saqqara*
MMA *Metropolitan Museum of Art*
ROM *Royal Ontario Museum*
SAE *Service des Antiquités de l'Égypte*
SCA *Supreme Council of Antiquities*
UCLA *University of California, Los Angeles*
UMP *University Museum, Pennsylvania*

Ausgrabung an der Ostseite von Snofrus Nord-Pyramide in Dahschur, 1983. Rainer Stadelmann vom DAI hat die Pyramide detailliert untersucht. Rechts sieht man intakte (teils restaurierte) Verkleidungsblöcke.

Jahre	Monument	Lage	Forscher
1986	»Lepsius L« (50)	Dahschur	R. Stadelmann (DAI)
1986	Cheops-Pyramide	Gise	A. Qadry, mikrographische Vermessung
1986	Cheops-Pyramide	Gise	G. Dormion und J.P. Goidin
1986	Djedkare-Asosi, Pyramide	Süd-Saqqara	S. el-Nagar
1986	Pepi I., Nebenpyramide	Süd-Saqqara	A. Labrousse
1986–91	Arbeitereinrichtung	Dahschur	R. Stadelmann (DAI)
1986–heute	Mastaba-Feld	Dahschur	R. Stadelmann (DAI)
1987	Cheops-Pyramide	Gise	S. Yoshimura (Waseda Univ., Tokyo)
1987	Sphinx	Gise	S. Yoshimura (Waseda Univ., Tokyo)
1987	Seila-Pyramide	Seila	N. Swelim und Brigham Young Univ.
1987	Cheops, Schiffsgrube (West)	Gise	National Geographic
1988–95	Pepi I., Königinnenpyramide	Süd-Saqqara	MAFS
1988–89	»Arbeiterkasernen«	Gise	M. Lehner (Yale Univ.)
1988–heute	Siedlungsreste	Gise	M. Lehner (Oriental Inst./ Harvard Semitic Mus.)
1988–heute	Sphinx	Gise	SCA
1988–heute	Senwosret II., Stadt	Illahun	N. Millet (ROM)
1989	Siedlung	Gise	Z. Hawass und M. Jones (AMBRIC/ SCA)
1990	Cheops, Taltempel	Gise	Z. Hawass (SCA)
1990	Cheops-Pyramide	Gise	J. Kerisel, J.-B. Kerisel und Alain Guillon
1990	Sphinx	Gise	UNESCO
1990–91	»Lepsius XXV« (25)	Abusir	M. Verner (Tschechische Mission)
1990–heute	»Arbeiterfriedhof«	Gise	Z. Hawass (SCA)
1990–heute	Gisr el-Mudir	Saqqara	I. Mathieson und H. Smith (Nat. Mus. of Scotland)
1990–heute	Senwosret III., Pyramide	Dahschur	D. Arnold (MMA)
1991	Sphinx	Gise	R. Schoch, T. Dobecki und J.A. West
1991	Unas, Taltempel	Saqqara	A. Moussa und A. Labrousse (MAFS)
1991	Amenemhet I., Pyramide	Lischt	D. Arnold (MMA)
1991–97	Iput und Chuit, Pyramiden	Saqqara	A. Labrousse und Zawi Hawass (SCA)
1991–heute	Dira Abu'n Naga	Luxor	D. Polz (DAI/UCLA)
1992	Sphinx	Gise	I. Marzouk und A. Gharib
1992	Östliches Gräberfeld	Gise	Z. Hawass (EAO)
1992	Cheops, Königinnenpyramiden	Gise	Z. Hawass (EAO)
1992	Ninetjer, Galerien	Saqqara	P. Munro (Mission d. Univ. Berlin u. Hannover)
1992	Sahure, Pyramide	Abusir	Z. Hawass
1992–93	Unas, Aufweg	Saqqara	A. Moussa (EAO) und A. Labrousse (MAFS)
1992–95	Cheops-Pyramide	Gise	J. Kerisel
1993	Cheops, Nebenpyramide	Gise	Z. Hawass
1993	Cheops-Pyramide	Gise	R. Stadelmann und R. Gantenbrink (DAI)
1993	Komplex der Neferhetep	Saqqara	J.-P. Lauer und A. Labrousse (MAFS)
1993–heute	Djedefre, Pyramide	Abu Roasch	Gise Pyramids Inspectorate/IFAO/ Univ. Genf
1993–heute	Ahmose I., Pyramide	Abydos	S. Harvey Pennsylvania/Yale Univ. Expedition
1994	Senwosret III., Tempel	Abydos	J. Wegner Pennsylvania/Yale Univ. Expedition
1995–96	Chephren Taltempel	Gise	Z. Hawass (SCA)
1995–96	»Lepsius XXIV« (24)	Abusir	M. Verner (Tschechische Mission)
1996	Menkaure, Pyramide	Gise	Z. Hawass (SCA)
1997	Königin Chuit, Pyramide	Saqqara	Z. Hawass (SCA)

Zahi Hawass beim Vermessen der Grabkammer der Nebenpyramide des Cheops, die er 1993 entdeckte. Hawass fand auch den Schlußstein der kleinen Pyramide.

pfote gefunden zu haben. Diese beiden Anomalien sind wohl Teil des »Hauptrisses«, der sich durch den Standort des Sphinx zieht. Zur Stützung einer Theorie, daß er hinter die 4. Dynastie zurückreicht, vermaßen Robert Schoch (Boston University), Thomas Dobecki und John Anthony West den Sphinx 1991 mit seismischen Methoden. Doch 1992 fanden Imam Marzouk und Ali Gharib vom ägyptischen astronomischen und geophysikalischen Forschungsinstitut bei einer Untersuchung des Bodens unter dem Sphinx mit seichter seismischer Refraktion keinen Hinweis auf Höhlen.

Im Gegensatz zu den beiden anderen Gise-Pyramiden ist die Basis der Menkaure-Pyramide nie vom Schutt befreit worden. 1996 machte sich Sahi Hawass im Westen und Süden daran und fand eine unfertige, grobe Granitstatue aus ramessidischer Zeit. Dies paßt zu anderen Indizien, daß die Pharaonen des Neuen Reiches die Gise-Pyramiden als Steinbrüche benutzten. Im September 1996 fand das Team entlang der Südseite mehrere große, Kopf an Kopf liegende Kalkstein-Fundamentblöcke.

Alle Pyramiden hatten eine quadratische Basis und eine zu einer Spitze aufsteigende Diagonale, aber ihre Ruinen weisen beträchtliche Varianten auf. Das liegt an der Bauart des Innenkerns. Die Erbauer mußten jede Pyramide mit einem glatten und geradlinigen Mantel umschließen; meist taten sie dies mit feinen weißen Kalksteinblöcken, die sich eng aneinanderschmiegten und auf allen vier Seiten eine durchgehende Fläche ergaben. Der Kern hingegen konnte aus aufeinanderliegenden, nach innen gelehnten Lagen aus Stein und Lehm, aus grob aufeinander gestapelten Blöcken und Felsbrocken ohne regelmäßigen Verlauf, aus Steingeröll in Halterungswänden aus grobem Stein und Lehm oder aus Lehmziegeln bestehen. Als dann im Lauf der Jahrtausende der feine Kalkstein des Mantels von Menschenhand abgerissen wurde, um ihn anderswo zu verwenden, waren die Kerne den Elementen preisgegeben.

Aus den unterschiedlichen Kernen und anderen Merkmalen – Tempeln, Aufwegen, Nebenpyramiden und Höflingsgräbern – folgt, daß wir weder die Methoden des Pyramidenbaus verstehen, noch die historische Bedeutung dieser Monumente einschätzen können, wenn wir von einem einzigen Modell für alle Pyramiden ausgehen. Baumethoden, soziale Organisation und wirtschaftliches Umfeld der Pyramiden müssen sich je nach Architektur unterschieden haben. Darum kann ein Pyramidenkatalog weit mehr leisten als die bloße Befriedigung briefmarkensammlerischer Neugier. Der Katalog veranschaulicht die wechselnden Muster der Pyramidengeschichte im alten Ägypten und liefert uns so Anhaltspunkte für die Entwicklung einer der frühesten Hochkulturen der Menschheit.

Die Pyramiden von Gise. Blick nach Süden über die Wüste.

III DER VOLLSTÄNDIGE PYRAMIDEN-KATALOG

Der Ursprung der Pyramide: Hierakonpolis

Rekonstruktion eines Schilf- und Holzschreins in Form des Per Wer *(»Großes Haus«). Eine solche Struktur könnte auf dem Nechen-Hügel gestanden haben.*

Tempel und Tumulus

Für die alten Ägypter versinnbildlichten die Tumuli über ihren protodynastischen Gräbern vielleicht den Urhügel, das fruchtbare Land als Urgrund der ganzen Schöpfung. Die Priester »pflanzten« den Leib des Königs in den Erdhügel seines Grabes, aus dem er sich wieder erhob, wie die Saaten der ersten Erdhügel aus der Nilüberschwemmung sprossen. Die erste Verbindung von König, Hügel und dem Herrschergott Horus finden wir in Hierakonpolis. Auf griechisch bedeutet das »Stadt des Falken«, dem Symbol des Horus; einst hieß sie Nechen. Archäologisch deutet vieles auf ein vordynastisches Zentrum, vielleicht eine Art Hauptstadt Südägyptens hin. Kurz vor der 1. Dynastie (um 2900 v. Chr.) wuchsen die auf der Wüstenebene bis in den Wadi Abu Suffian (das Tal durchschneidet die hohen Wüstenklippen) verstreuten Siedlungen zur ummauerten Stadt Nechen zusammen. In einer Ecke der Stadt steht ein Tempel in einer Lehmziegeleinfriedung. Hier befindet sich der älteste bekannte Tempelhügel Ägyptens, hier scheint der Ursprung der grundlegenden Ideen zur Gottkönigschaft zu liegen. Grabungen von J. E. Quibell 1897/98 und im Jahr darauf von F. W. Green förderten Merkmale zutage, die zeitlich zwischen der späten vordynastischen Zeit (um 3200 v. Chr.) und dem Neuen Reich (um 1425 v. Chr.) liegen. Green sortierte die Hauptschichten nach ihrer relativen Höhe. Schicht 1 (gleich über der Wüstenoberfläche) enthielt vor dem Tempelbau abgelagertes prädynastisches Material. Schicht 2 besteht aus gelbem Lehm und enthält Feuersteine und prädynastische Keramik.

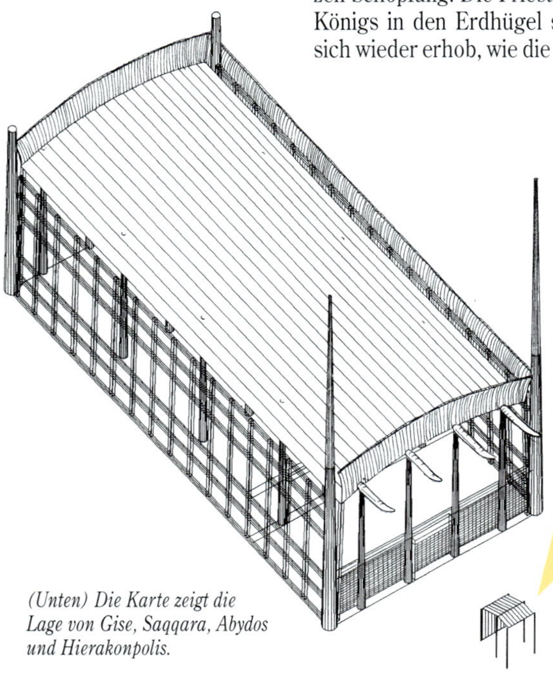

Der vor dem Schrein dargestellte Baldachin (unten, links) beruht auf Narmers Festpavillon, der auf dem im Hauptdepot gefundenen Zepterknauf aus der 1. Dynastie (links) dargestellt ist. Zur Spitze des Nechen-Hügels gelangte man vielleicht über eine ähnliche Treppe; allerdings fand die dargestellte Zeremonie wahrscheinlich in Buto statt.

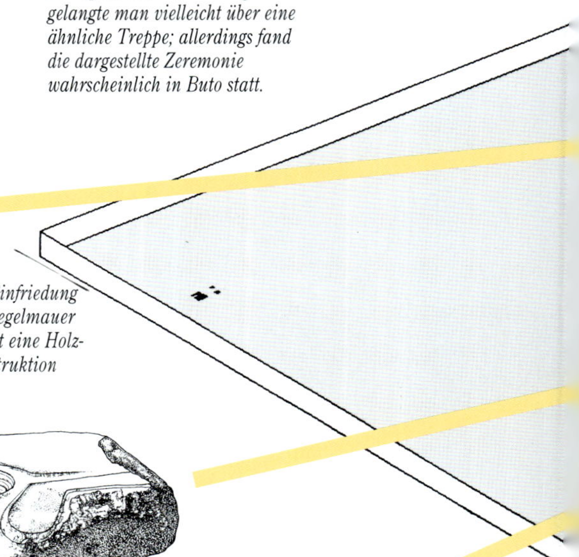

(Rechts) Die heilige Einfriedung war von einer Lehmziegelmauer umgeben, die vielleicht eine Holz- und Schilfmattenkonstruktion ersetzte.

(Unten) Die Karte zeigt die Lage von Gise, Saqqara, Abydos und Hierakonpolis.

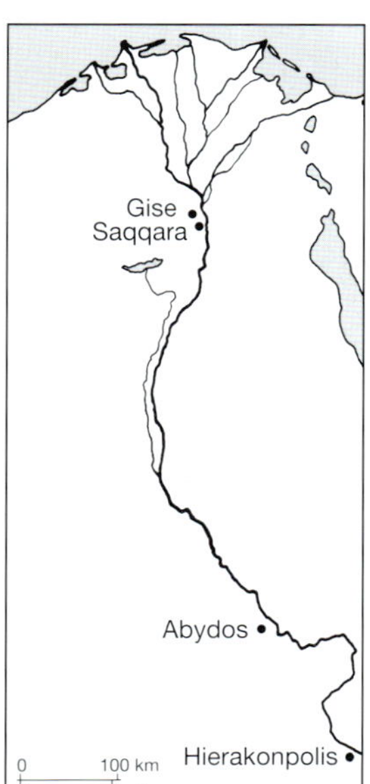

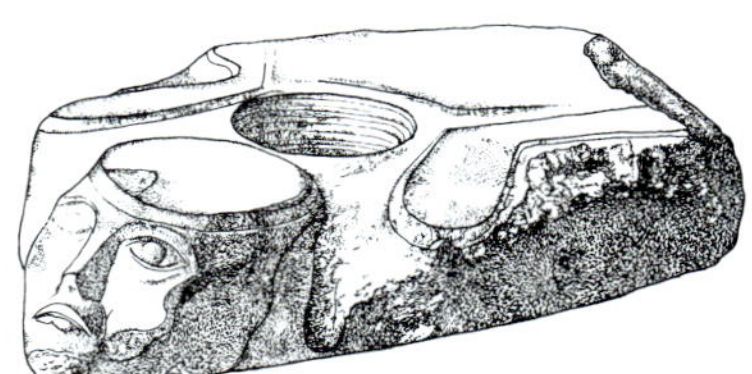

(Oben) Türangel in Form eines Gefangenen mit auf dem Rücken gefesselten Händen.

(Unten) Zwei lebensgroße Statuen kniender Diener. Eine davon besteht aus Kalkstein und hatte beträchtlich unter dem feuchten Boden gelitten. Die Statuen könnten die Eingangspassage flankiert haben.

Mittleres Reich

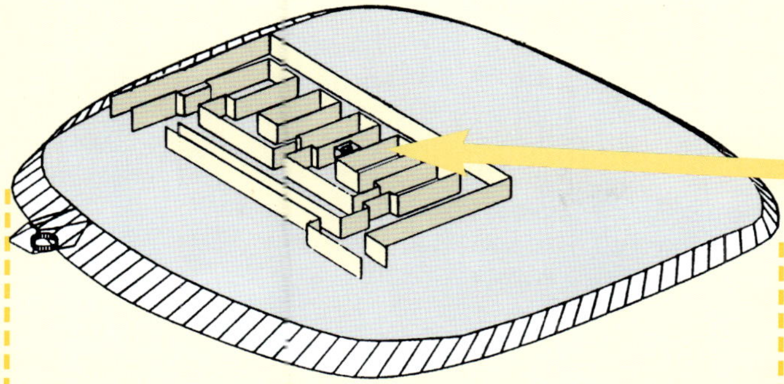

Auf dem Hügel stand ein möglicherweise im Mittleren Reich errichtetes Heiligtum mit fünf Kammern. In der zentralen Kammer war, vermutlich im Neuen Reich, ein Falke mit Kupferleib und Goldkopf und -federn rituell beigesetzt worden. Diese »Reaktivierung« des Hügels unterstreicht seine Bedeutung im späteren Äygpten.

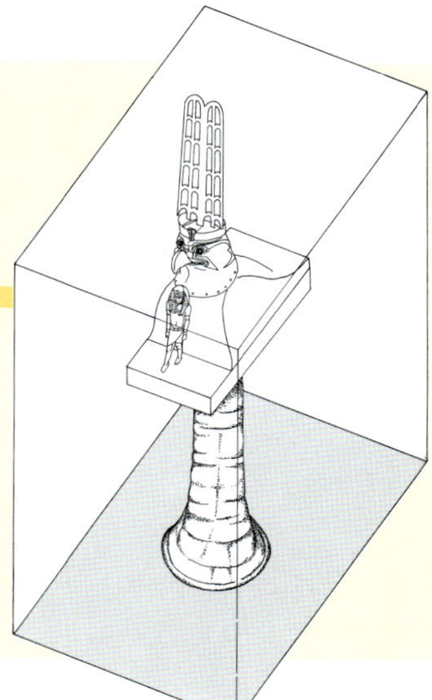

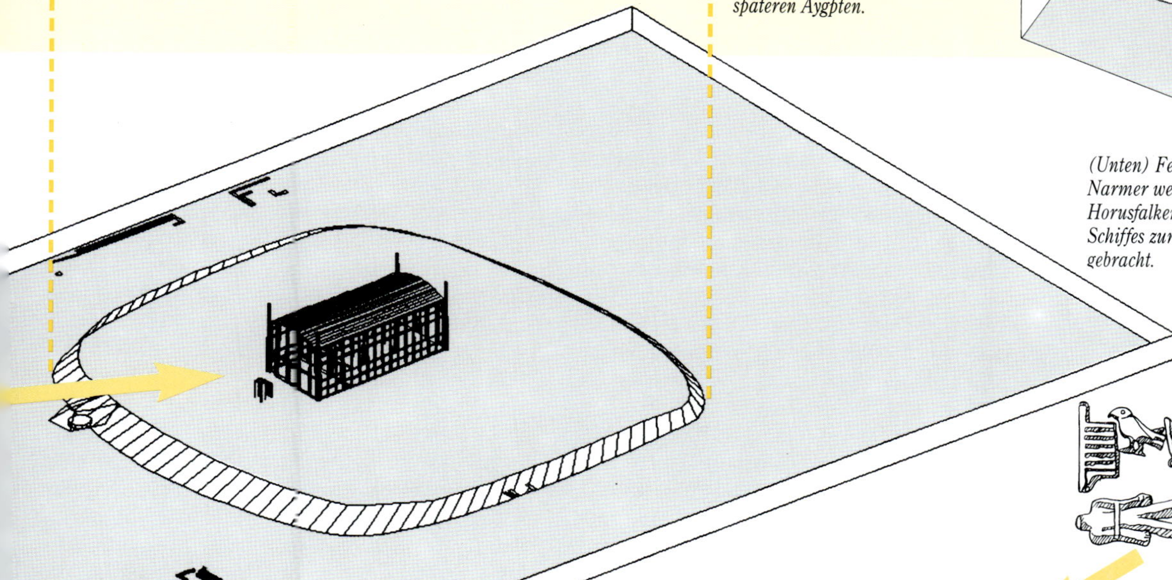

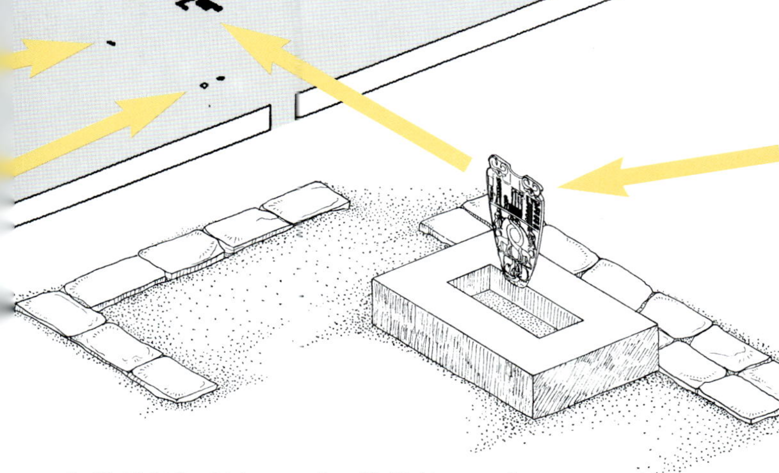

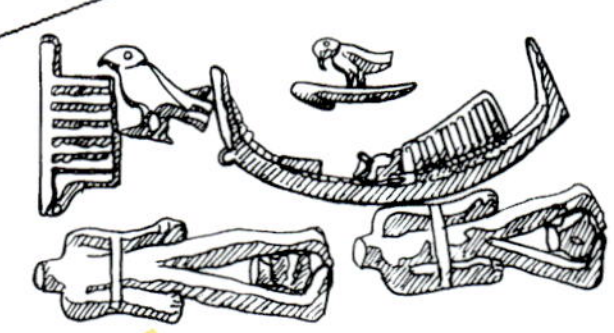

(Unten) Feinde des Pharao Narmer werden vom Horusfalken am Bug eines Schiffes zur Tempelschwelle gebracht.

Auf Schicht 2 ruht der von einer Verkleidungs- oder Stützmauer aus groben Sandsteinblöcken eingefaßte Rundhügel (Durchmesser: 49,26 m), dessen Seiten einen Neigungswinkel von 45° aufweisen. Die ursprüngliche Höhe kennen wir nicht, da bei späteren Bauten die Hügelspitze wohl abgetragen worden ist. Um den Hügel wurde ein Tempel gebaut, vermutlich kurz vor der 1. Dynastie, wie Schicht 3 andeutet, die

Die Narmerpalette aus Grauwacke (dunkelgrünem Schiefer) erinnert an die Siege von König Narmer, dessen Name im serech *steht. Die eine Seite zeigt den König im Triumphzug mit der roten Krone Unterägyptens. Die seltsamen langhalsigen Tiere könnten die beiden Hälften des jetzt gewaltsam vereinigten Landes darstellen. Auf der anderen Seite verprügelt der König, der hier die weiße Krone Oberägyptens trägt, einen knienden Gefangenen (vermutlich einen Unterägypter).*

Hauptdepot

Zepterköpfe, darunter
- *Narmer*
- *Narmer-»Hochzeit«*

Paletten, darunter
- *Narmer-Palette*
- *»Zwei-Hunde«-Palette*

Feuersteinmesser
Archaische Statuette des Chasechemui
Elfenbeinstäbe
Kleine Votivfiguren aus Fayence und Elfenbein
Tierfigurinen, unter anderem Skorpione oder Skorpionschwänze sowie Affen, Vögel, Frösche, Hunde, Nilpferde, ein Eber, eine Gazelle
Stein- und Fayencegefäße
Modellgefäße
Tongefäße
Stelenfragmente

um den Hügel lief und massenhaft Holzkohle, feuergerötete Erde sowie Tonscherben aus vordynastischer Zeit und der 1. Dynastie enthielt. Diese Brandspuren lassen vermuten, daß die Aufbauten aus Schilfmatten und Holz bestanden, der typischen traditionellen Architektur, die Djosers Pyramidenkomplex in Stein nachahmte.

Der Hügel muß der »geweihte Ort« einer Kapelle in Form des *Per Wer* (»Großes Haus«) gewesen sein, wie der Nationalschrein Südägyptens in Hieronpolis hieß. Da der Hügel den höchsten Punkt von Stadt und Tempel markierte, mag bei rituellen Anlässen für den Herrscher ein zeitweiliger Tempel errichtet worden sein. Ein solcher Schrein ist auf dem Narmer-Keulenkopf des Hauptdepots abgebildet, einer nordöstlich des Hügels gefundenen Sammlung von Objekten, die zu den ältesten und archetypischsten Symbolen der Königsherrschaft in Ägypten zählen.

Das Hauptdepot

Dieses geheimnisvolle Depot enthält Feuersteinmesser, kleine und große verzierte Keulenköpfe aus Stein, Fayencefigurinen, Schieferpaletten und eine Menge Elfenbeinfiguren und -stäbe, fast durchweg in prädynastischem oder archaischem Stil. Green zufolge lag das Depot auf oder in Schicht 3.

Die Narmer-Palette ist sicherlich das auffallendste Stück, Denkmal frühen Königtums ebenso wie bildhaftes Zeugnis der gewaltsamen Vereinigung Südägyptens mit dem Norden. Sie ist nach dem König benannt, der mit der Wels- (*nar*) und Meißel- (*mer*)-Hieroglyphe ins *serech*-Paneel (eine stilisierte Palastfassade, die man für Königsnamen verwendete) gehauen ist. Narmer war ein König aus protodynastischer Zeit und Vorgänger von Hor-Aha (wahrscheinlich der erste König der 1. Dynastie).

Einiges läßt vermuten, daß die Palette etwa in ihrer Originalposition nahe des Eingangs zum Archaischen Tempel gefunden wurde. Sie lag bei einer geschlitzten Kalksteinfliese samt Pflaster 9 Meter westlich eines Kalksteintürpfostens mit einer Türangel aus Basalt in Form eines Gefangenen mit auf dem Rücken gefesselten Händen. Das ist etwa der Ort des späteren Tempeleingangs und entspricht bezeichnenderweise dem Eingang zum Djoser-Komplex. Weiter nordöstlich fand Quibell lebensgroße Statuen kniender Diener.

Ebenfalls im Depot fand sich der große Keulenkopf aus Kalkstein, der Narmer bei irgendeiner Zeremonie am oberen Ende einer Treppe sitzend zeigt. Manche halten es für die Darstellung eines Anlasses in Buto, der prädynastischen Delta-Hauptstadt als Gegenstück zu Nechen. Man ist jedoch versucht, in der zur Plattform führenden Treppe eine stilisierte Darstellung eines Tumulus wie dem in Nechen zu sehen. Irgendwie muß man dort ja hinaufgekommen sein, obschon sich keine Anhaltspunkte für Stufen oder ähnliches fanden.

Der Hügel in der Mythologie

Jedenfalls glaubten die Ägypter später, der Hügel von Hierakonpolis hänge ausgeprägt mit dem Horuskult zusammen. Sie bauten, vielleicht im Mittleren Reich, ein Heiligtum mit dem Hügel als Schwerpunkt, das aus fünf Kammern bestand, die an die späteren fünf Standardnischen in den Heiligtümern der Pyramidentempel ab Chephren erinnern. In der Zentralkammer war ein schöner Falke aus Kupferblech mit Kopf und Federn aus Gold aufrechtstehend rituell begraben. Damit wurde aus dem Hügel eine virtuelle Grabstätte des Horuskults von Nechen. Es handelte sich um die symbolische Neupflanzung der Saat der Gottheit, die dem Hügel wieder entstieg, der den Ägyptern der dynastischen Zeit als so alt wie die Welt vorgekommen sein muß.

Die ägyptische Nachlebens-Literatur spricht unentwegt von göttlichen Hügeln. Das älteste Schrifttum (die Pyramidentexte) beschreibt, wie sich der Schöpfer Aton als Hügel in Heliopolis erhob. So war gewissermaßen jeder spätere Tempel der Urhügel inmitten eines geheiligten Raumes. In der Darstellung des Neuen Reiches vom »Ritus des Jemme-Hügels« auf dem Tempel in Medinet Habu heben zwei gigantische Arme, deren einer dem Erd-Urgott Geb, der andere dem Königtumsgott Horus gehört, einen großen Hügel hoch. Aus ihm sprießt ein Lotus (Symbol der Wiedergeburt), auf dem nun der Horusfalke thront und Maat, die Feder der Wahrheit, ruht. Die Szene stellt diesmal die Verklärung Amuns zum Falken als Sonnensymbol und Hüter der Maat, des Prinzips der Ordnung des Universums dar. Im Alten Reich war die Pyramide der Hügel der Verwandlung und der Pharao der Hüter der Maat.

Somit kann der Hügel von Hierakonpolis als unmittelbarer Vorläufer des Jehem-Ritus gelten, und als solcher symbolisiert er ein Grundkonzept, das hinter den größten heiligen Hügeln steht, welche die Ägypter jemals anlegten – den Pyramiden des Alten Reiches.

Im Taharqa-Gebäude und dem Tempel des Osiris Heka Djet in Karnak sind die Riten am Jehem-Hügel dargestellt. Der Falke sitzt auf dem aus dem Hügel sprießenden Lotus und bildet die Auferstehungsform des im Hierakonpolis-Hügel »gepflanzten« Falken.

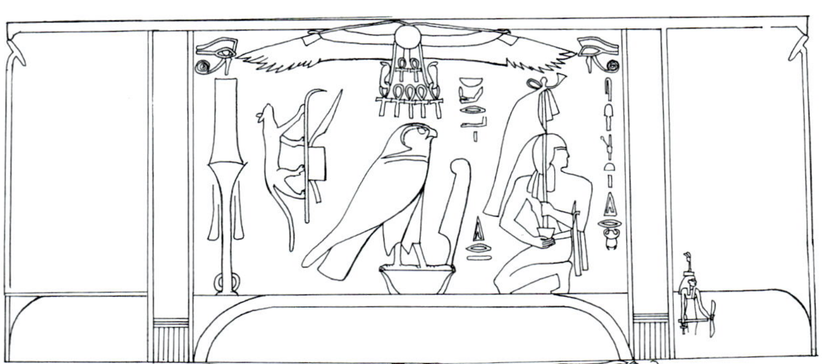

Die Königsgräber von Abydos

Die alten Ägypter glaubten, die ersten Pharaonen seien aus Thinis gekommen, einer Gegend, deren religiöses Zentrum Abydos war. Dort bilden die Hochwüstenklippen eine große, von einer V-förmigen Schlucht durchschnittene Bucht. Die frühesten Könige mögen sie als Durchgang zum Nachleben empfunden haben, denn sie errichteten ihre Gräber auf einem darunterliegenden Felssporn, der das bis zum bebauten Ackerland reichende Tal überragt. Heute heißt dieser Friedhof wegen der Unmasse der Tonfragmente, die altägyptische Pilger hinterließen, Umm el-Qa'ab (»Mutter der Töpfe«).

Mehrere Generationen vor der 1. Dynastie war es üblich, daß der Herrscher sein Grab weit draußen in der Wüste in der Nähe von Hochklippentälern anlegte. So bauten die protodynastischen Herrscher von Hierakonpolis ihre Gräber in den Wadi Abu Suffian, wo sie Michael Hoffman entdeckte. Sie müssen etwa aus der Zeit des Tempelhügels von Nechen stammen.

In Umm el-Qa'ab hat Gunter Dreyer eine Konstellation von Königsgräbern innerhalb einer Galaxis anderer, bis in die prädynastische Zeit zurückreichender Gräber (Friedhof U) freigelegt, die bemerkenswerte Aufschlüsse zur Staatsbildung geben. Unter den dichtgedrängten Grubengräbern fallen größere Kammergräber aus Lehmziegeln ins Auge. Das größte davon ist das Uj-Grab, in dessen Grabkammer einst ein Holzschrein stand. Im Innern fand Dreyer ein elfenbeinernes *heqa*-Zepter – eine Herrscherhieroglyphe. Das Grab ist das Modell eines Hauses mit 12 Kammern, einem Zentralhof und symbolischen Schiebetüren zu Vorratsräumen mit Hunderten von äygptischen und importierten palästinischen Töpfen. Aus sehr frühen Hieroglyphen geht hervor, daß dem hier bestatteten König bereits aus Provinzländereien und von weiter her gewaltige Einkünfte zuflossen. Dieses vom ganzen Land unterhaltene, hausähnliche Grab leitet zu den Pyramiden des Alten Reiches über.

Zwischen Uj und dem (rund 150 Jahre späteren) Grab des Hor-Aha liegt offenes Land, abgesehen von 11 rechteckigen Gräbern, von denen drei aus zwei ziegelverkleideten Gruben den Königen der Dynastie »0« gehören, die Ägypten während der allmählichen Einigung regierten: Iri-Kor, Ka und Narmer. Dann steht unvermittelt neben Narmers Kleingrab das auffallend größere und komplexere von Hor-Aha, in dem manche den ersten König der 1. Dynastie sehen.

Sein Grab wurde (wie später viele Mastabas und Pyramiden) in Etappen errichtet. Es begann als doppeltes Kammer-Grab, bestand später jedoch aus drei großen, ziegelverkleideten Gruben. Der König lag vermutlich in der mittleren, deren Ziegel eine hölzerne Innenkammer bargen. 34 Kleingruben bilden das Gefolge des Königs – die Gräber möglicherweise geopferter Höflinge. Bei der Knochenanalyse stellten sie sich fast alle als männlich und nicht über 25 Jahre alt heraus. Merkwürdigerweise lagen um die letzte Kammer herum Knochen junger Löwen.

Das Grab des nächsten Königs, Djer, war die größte Grabstätte der 1. Dynastie in Abydos. Ihr überdachter, 12 x 13 m großer Raum war wohl die Grenze dessen, was sich mit Holz, Matten und Lehm überdecken

(Rechts) Grab des Uj, eines Lokalherrschers der späten Frühdynastischen Periode; hier fand Gunter Dreyer einige der ältesten ägyptischen Hieroglyphen und Hunderte aus Palästina importierte Gefäße. Schon in dieser Frühphase war das Grab ein Abbild eines von weither belieferten Großen Hauses.

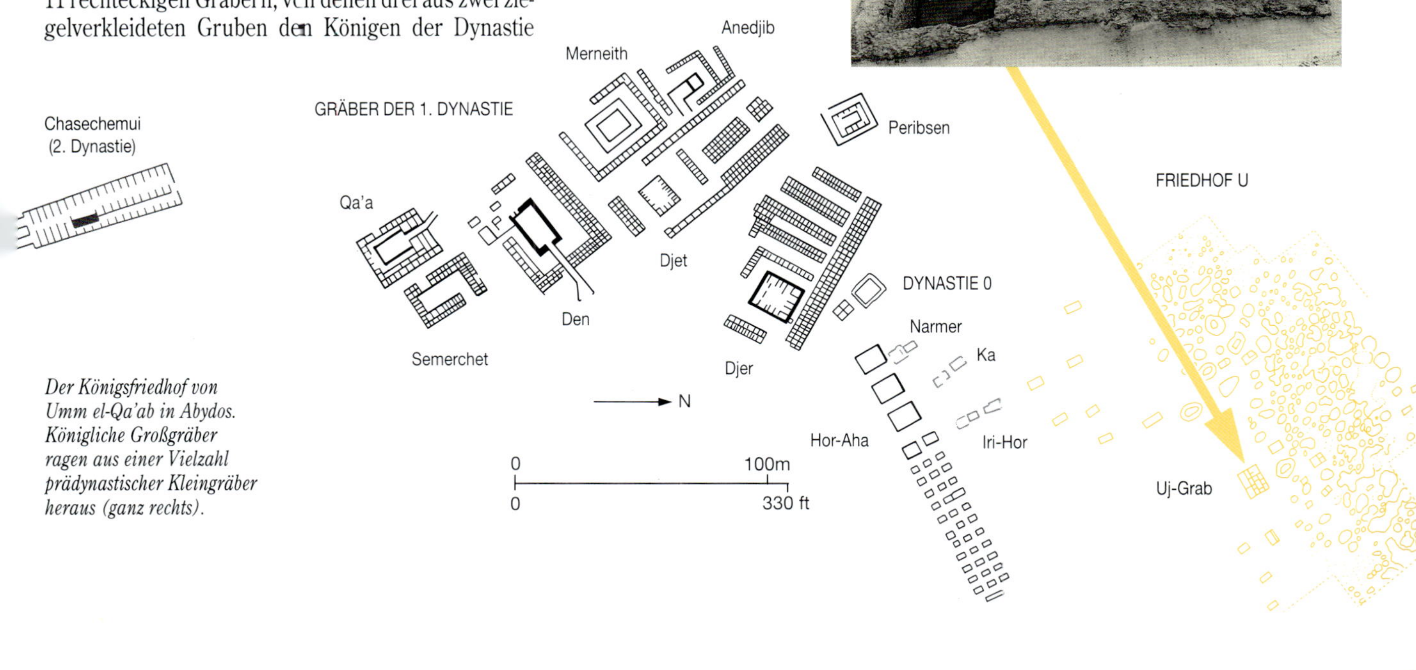

Der Königsfriedhof von Umm el-Qa'ab in Abydos. Königliche Großgräber ragen aus einer Vielzahl prädynastischer Kleingräber heraus (ganz rechts).

ließ. Djer hat 318 weitgehend mit Stelen versehene Gefolgegräber. Von den 97 beschrifteten Stelen gehören 76 Frauen, 11 Männern und 2 Zwergen – wahrscheinlich Diener, Priester und Hofnarren des königlichen Hauses; keine hohen Beamten, denn diese kamen aus der unmittelbaren Königsfamilie und mögen in den großen Nischen-Mastabas bei Saqqara begraben sein.

Wie waren die Gräber markiert?

Mindestens ab Djer wurden nahe und vermutlich östlich des Königsgrabes Steinstelen mit dem Namen des Herrschers in einem *serech* aufgestellt. Hinweise auf sonstige Grabaufbauten wurden jedoch kaum gefunden. Die Aufmerksamkeit galt vor allem dem Grab des Djet, dessen dicke Grabmauern eine dünne Stützwand für einen Sandhügel trugen. Die Rekonstruktionen reichen von einem niedrigen Hügel bis zu einer großen Stufenmastaba. Schwierig wird es dadurch, daß nach Petries Aussage, die Dreyer bestätigte, die Hügelspitze unterhalb der Wüstenoberfläche gelegen haben muß, vielleicht unter einem zweiten Dach. Dreyer meint, der verborgene Tumulus über der Grabkammer, aber unter der Wüstenoberfläche, habe als die Auferstehung sichernder Urhügel magische Bedeutung besessen. In der Annahme, ein Königsgrab müsse von mehr als bloß zwei Stelen markiert gewesen sein, und zudem sei das eine nützliche Verwendung für den beim Ausheben des Grabes übriggebliebenen Sand gewesen, unterstellte er über dem vergrabenen Hügel – etwa 1,5 Meter über Djers Grab und nur 20 bis 40 Zentimeter über dem Dens – einen zweiten Tumulus.

Einen Anhaltspunkt auf den Überbau könnte uns Hoffmans Untersuchung von Grab 1 eines protodynastischen Herrschers in Hierakonpolis liefern. Die sorgfältige Grabung um die rechteckige, lehmziegelgesäumte Grube förderte einen Schrein aus Holzpfählen und Schilfmatten zutage, der von einer ähnlich gebauten Einfassungsmauer umgeben war. Konnte ein solcher Oberbau über den Königsgräbern von Umm el-Qa'ab gestanden haben? Der Schrein wäre

Gefolgschaftsgräber im Umkreis des Grabs von König Den; hier wurden Priester, Zwerge und Frauen des königlichen Haushalts beigesetzt. Ihre große Zahl sowie die Markierung vieler mit Stelen spricht dafür, daß der Friedhof von Abydos (vgl. Karte unten, nach Petrie) das wahre königliche Gräberfeld der 1. Dynastie war. Die Gräber wiesen nach Südwesten – der Richtung der großen Schlucht in den Hochklippen um die Abydos-Bucht – orientierte Elemente auf.

Gunter Dreyer hat das Djet-Grab als Doppelhügel rekonstruiert. Es wurde durch eine Stele mit Djets Namen in einem Holzrahmen und einer Schilfmatten-Palastfassade bezeichnet. Stand darauf auch ein Holz- und Schilfschrein, wie er für Grab 1 in Hierakonpolis rekonstruiert wurde?

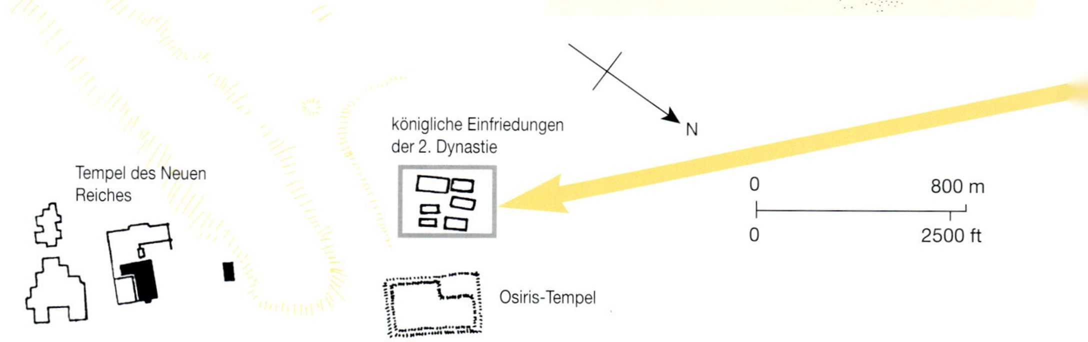

eine Replik des Holzschreins in der Grabkammer gewesen, so wie der Oberflächenhügel eine Kopie des unterirdischen war.

Entwicklung der Grabarchitektur

Sieben Könige und eine Königin (Merneith) der 1. Dynastie haben in Abydos – in grob südwestlicher Ausdehnung auf die große Schlucht zu – Gräber gebaut. Die Mauer über dem Hügel über Djets Grab überlappt an der Südwestecke eine Scheinfalltür zu einer Nische im Grab darunter – eine Vorläuferin der klassischen Scheintür. Dreyer stellte fest, daß eine südwestlich von Dens Grab zugefügte zweite Treppe und Kammer für eine Statue des Königs bestimmt war, womit dies der Prototyp der *serdab*-Kammern der Gräber des Alten Reiches wäre. Im weiteren Verlauf der Grabbauten in Abydos wurde die Hauptgrube tiefer und stand der Holzschrein um die Grabkammer enger an den Wänden, so daß für Lagerräume kein Platz mehr blieb. Weitere Hauptveränderungen faßte Petrie so zusammen:

> Spätestens bei Merneit[h] wurden diese [Opfer-] Kammern getrennt [um die Grabkammer herum] gebaut. Ab Den wurde eine Eingangspassage hinzugefügt, und ab Qa'a wandte sich der Eingang nach Norden. Jetzt sind wir in Reichweite der frühen Durchgangs-Mastabas und Pyramiden.

Ein Bruch in der Abfolge zur 2. Dynastie in Abydos erschwert den Nachvollzug der Grabbauentwicklung in die Pyramidenzeit hinein. Für Qa'as Nachfolger in der traditionellen Königsliste und ersten König der 2. Dynastie, Hetepsechemui, ist hier kein Grab gefunden worden; allerdings wird ihm eine der zwei riesigen unterirdischen Galerien in Saqqara zugeschrieben. Der letzte König der 2. Dynastie, Chasechem, nannte sich offenbar nach Abschluß des Bürgerkrieges in Chasechemui (»Erscheinung der Zwei Mächte«) um. Sein Grab in Abydos weicht von den rechteckigen Grubengräbern ab und besteht aus einer langen, unregelmäßigen Grube mit 40 Vorratsräumen.

Die großen Einfriedungen der Könige der 2. Dynastie simulierten mit vergipsten und bemalten Lehmziegeln Holzrahmen- und Schilfmattenstrukturen.

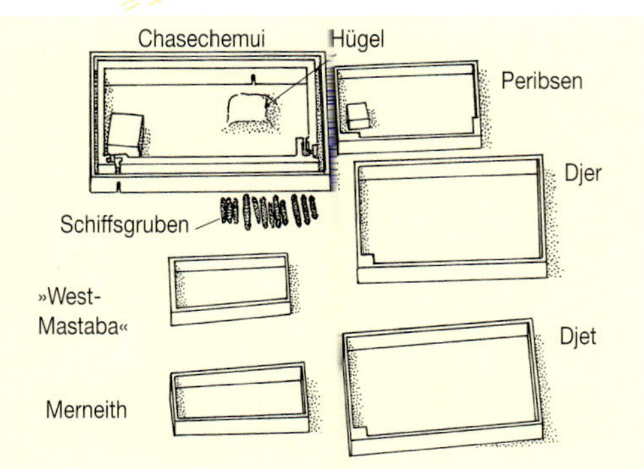

Totenhöfe im Tal

Die Könige der 1. und 2. Dynastie bauten am Übergang des Wadi zum Ackerland das zweite Element ihrer Grabkomplexe von Abydos: einen riesigen rechteckigen Hof. Die frühesten Beispiele sind heute nur noch an den umliegenden Nebengräbern zu erkennen, doch spätere besitzen Lehmziegelwände mit Nischen. Der Chasechemui-Hof ist mit über 5000 m^2 der größte. Für diese Nischenfassaden (oft »Palastfassaden« genannt) könnte die Palasteinfriedung des lebenden Königs Modell gestanden haben. Die meisten sind praktisch leer, aber bei Chasechemui und Seth-Peribsen steht in der Südostecke ein Kleinbau schräg im Eingang. Vielleicht befanden sich hier die Statue des Königs oder Opfergaben für ihn.

Eine Schule will in diesen Höfen maßstäbliche Repliken der offenen Höfe im Königspalast sehen. Eine andere meint, da sie ans Land angrenzten, hätten sie vielleicht eine ähnliche Rolle wie die Taltempel der Pyramiden gespielt. Vielleicht wurden die Höfe wie die Taltempel als »Reinigungszelt« und »Bestatterwerkstatt« genutzt. Nach Art und Lage der Eingänge lassen sie sich auch als Vorläufer der Nischenmauer um den Djoser-Komplex ansehen, wobei das Hügelgrab als Steinmastaba und letztendlich als Stufenpyramide in den Hof hineinrückte. Kann es sich um Vorläufer der Umhegung des Taltempels und der Pyramide handeln? Beide waren steinerne Nachbildungen weniger haltbarer Strukturen, die etwas Königliches und Göttliches zugleich verbargen und offenbarten. Bemalt stellte die Einfassung Chasechemuis wie die Mastabas in Saqqara Stellwände aus Holzrahmen und farbigen Schilfmatten dar. Bei vergipsten bemalten Lehmziegeln handelte es sich um eine solidere Version anderer, (vielleicht wie die Grabüberbauten von Umm el-Qa'ab) untergegangener Höfe, von denen nur die Rechtecke der Nebengräber erhalten blieben.

David O'Connor konnte Spuren vom Fußboden des Chasechemui-Hofes retten. Nahe der Mitte fand er eine kurze, schräg verlegte Ziegelreihe, die auf ein aufsteigendes Gewölbe oder einen Tumulus hindeutete. Er vermutet, daß es sich um Überreste eines Lehmziegeltumulus – einer »Protopyramide« – handelt. Den Hügel im Viereck vergleicht er mit dem Tempel in Hierakonpolis und dem Djoser-Hof. Noch dramatischer war die Entdeckung von 12 vergrabenen Schiffen östlich des Chasechemui-Komplexes. Jedes Holzschiff liegt in einer lehmverputzten, geweißelten Lehmziegeleinfassung. Die Länge schwankt zwischen 19 und 29 Metern. Diese Geisterflotte bestärkt den Vergleich der Tal-Höfe mit den Taltempeln der Pyramiden, die Anlegeplätze zur Unterwelt symbolisierten.

Von Chasechemui bis zur 3. Dynastie, Djoser und dem ersten großen Pyramidenkomplex aus Stein sind es nur noch einige Jahre. Aber vor Djoser müssen wir erst mit der seltsamen Möglichkeit eines anderen Königsfriedhofs der ersten zwei Dynastien in Saqqara ins reine kommen.

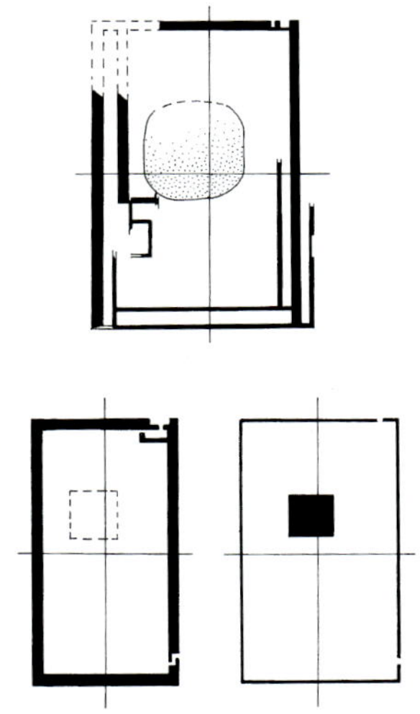

Als David O'Connor eine Ziegelreihe entdeckte, die zu einem Hügel im Talhof Chasechemuis (unten links) gehört haben könnte, rekonstruierte er die »Proto-Pyramide« etwas nördlich und westlich der Mitte; diese Lage nahmen der Tempelhügel in Hierakonpolis (ganz oben) und Djosers Stufenpyramide (unten rechts) in ihren Umfriedungen jeweils ein. Gemeinsam ist ihnen auch der Eingang am Südende der Ostseite sowie (in der ersten Phase der Djoser-Einfriedung) am Ostende der Nordseite. Die Einfriedungen sind nicht maßstabgerecht gezeichnet.

Archaische Mastabas in Saqqara

Nach literarischer Tradition und den archäologischen Funden haben die Eroberer vor 4900 Jahren ihre Verwaltung der Zwei Länder vom Kina-Bogen eine Zeitlang nach Norden bis knapp an die Spitze des Nildeltas verlegt. Ihre neue Hauptstadt, die wir als Memphis kennen, hieß gegen Ende der 2. Dynastie *Ineb Hedj*, »Die Weiße Mauer«. Der Name und seine Hieroglyphe deutet darauf hin, daß es sich um eine Befestigung mit mehreren Bastionen handelte. Das britische »Memphis-Projekt« entdeckt derzeit, daß die älteste Siedlung nahe des Steilhanges von Nord-Saqqara lag. Unmittelbar jenseits des Nils deuten Tausende archaischer Gräber auf eine verschwundene Siedlung im Osten hin. Die beiden Städte müssen die Pfosten der »Pforte zum Delta« gebildet haben, wie Memphis später genannt wurde. Auf der Westseite erstreckt sich von einem alten Seebecken nordwestlich der Stelle, wo die archaische Siedlung begraben liegen mag, ein breiter Wadi wie eine natürliche Rampe bis hinauf ins Saqqara-Plateau. Wie der von Abydos war auch dieser ein Pfad vom Land der Lebenden ins Reich der Toten. Seiner Flanke entlang bauten die Ägypter der 1. Dynastie direkt am Rande der Hochklippe über der Stadt eine Kette großer Mastabas mit Nischenfassaden.

Monarchen oder Nomarchen?

Die meisten dieser Mastabas hat Walter Eremy zwischen 1936 und 1956 ausgegraben. Ihre Feinheit und Größe stand in deutlichem Gegensatz zu den zeitgenössischen Königsgräbern in Abydos, die zumeist Grubengräber-Variationen waren. Die Nischen ähneln denen auf den frühesten *serech*-Paneelen, jenen stilisierten Darstellungen der Palastfassade mit dem Horusnamen des Königs. Gehörten die Saqqara-Gräber (nicht nur aufgrund der Nischen, denn diese finden sich bei vielen hochrangigen archaischen Gräbern) also Königen und Königinnen?

Zuerst sah Emery in den Saqqara-Mastabas Adligengräber und schrieb die Mastaba 3035 dem Ratgeber Hemaka zu, dessen Name neben dem König Dens auf Siegeln steht. Doch nach weiterem Graben ordnete er sie nicht nur ihrer Größe und ihrer Fassaden, sondern auch des Inhalts wegen königlichen Gestalten zu. Auf Krugverschlüssen der Nr. 3357 fand er nur den Namen des ersten Königs der 1. Dynastie, Hor-Aha, woraus er schloß, daß es sich um dessen Grab handle. Andere große Mastabas enthielten Siegelabdrücke fast aller anderen Könige der 1. Dynastie sowie Steingefäße mit den Namen der Königinnen Merneith und Herneith. Damit hatten die Gelehrten zwei offenbar königliche Gräbergruppen vor sich, eine in Saqqara nahe der neuen Hauptstadt, die andere bei Abydos, der legendären Heimat der 1. Dynastie. Die einen hielten die Abydos-Gräber für symbolische Scheingräber oder Kenotaphen, die im Nachleben den Geist des Pharaos in der alten Heimat präsent halten sollten (später wurde es gängige Praxis der Elite, im Kultzentrum des Osiris, Abydos, Kenotaphen zu

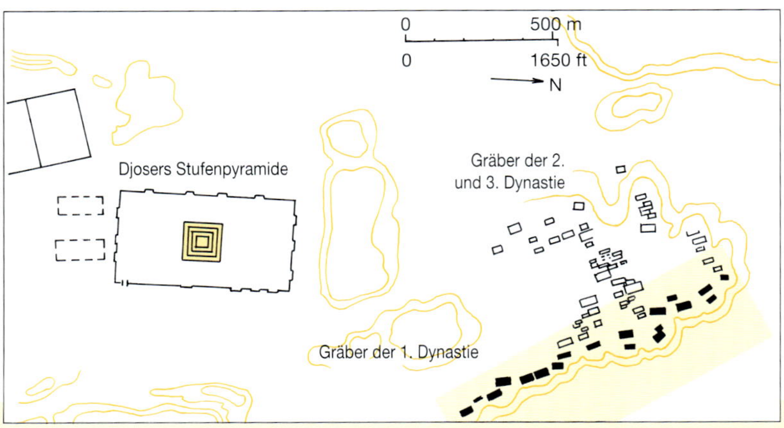

Der Friedhof hoher Beamter der 1. Dynastie am Rande des Plateaus von Nord-Saqqara. Emery meinte, es handle sich um Könige und Königinnen, aber auf Siegeln und anderen Grabtexten fanden sich die Namen bestimmter Würdenträger.

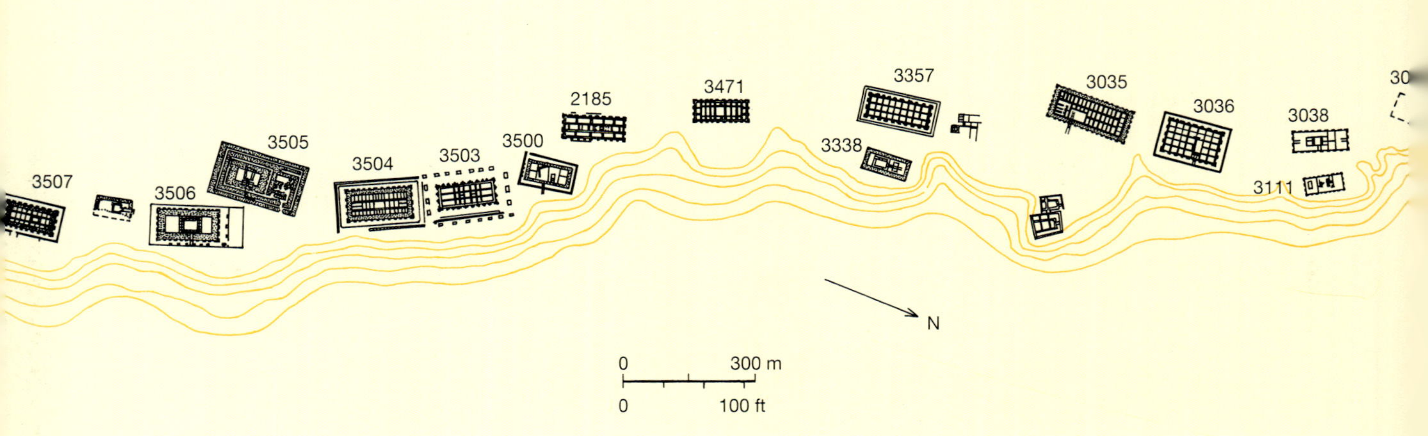

bauen). Andere halten Abydos für den wahren Königsfriedhof und die Saqqara-Mastabas nicht für Kenotaphen, sondern für Gräber hoher Beamter. Siegelabdrücke von Titelhaltern wie Nomarch, Statthalter, Ratgeber, Schatzmeister oder »Herrscher über des Königs Herz« waren fast so häufig wie die von Königen. Zudem fand Emery nahe einer großen Nische oder Scheintür der Mastaba 3505 die Steinstele eines gewissen Merka. Merka war ein Nomarch (*Adj-mer*), Kapitän des Königsschiffes und oberster Palastaufseher. Zugleich war er ein *Iry Paat*, »einer der *paat*«, einer Patrizierklasse.

Zum Argument, die Saqqara-Mastabas seien größer und müßten deshalb Königsgräber sein, ist zu sagen: Kombiniert man die Abydos-Grubengräber mit den Talhöfen, dann bilden sie insgesamt ein größeres Arrangement als die Saqqara-Mastabas. Daß es in Abydos neben den Großstelen der Herrscher auch ungewöhnlich große Gruppen von Gefolgschaftsgräbern mit vielen Kleinstelen gibt, weist ebenfalls auf Abydos als wahren Friedhof hin.

(Links) Beschrifteter Teil der Stele des hohen Beamten Merka, die nahe der Hauptnische am Südende der Mastaba 3505 gefunden wurde. Einige sehen dies als schlüssigen Beweis dafür an, daß die großen Mastabas in Nord-Saqqara nicht den Königen selbst, sondern ihren Würdenträgern gehörten.

Symbolische Architektur

Die Mastabas von Saqqara sind Massivbauten, die den befestigten Stadtmauern gleichen, von denen sich ihre Fassaden nach Meinung mancher herleiten. Doch die auf dem Verputz aufgemalten Verzierungen offenbaren, daß die Erbauer auch noch anderes im Sinn hatten. Eingelassene Paneele sind gelb bemalt, um Holz nachzuahmen, während die breiteren Frontseiten mal mit Quadraten, mal mit Kreuzen oder Rauten verziert sind – dem Muster der Flechtmatten, welche die Erbauer aus dem Alltag kannten. Sie simulierten die Strukturen aus Holzrahmen und Schilfmatten, die etwa den *Per Wer* und den *Per Nu* bildeten, die prädynastischen Schreine, die zum Emblem Ober- und Unterägyptens wurden.

Wie spätere Scheintüren, die »Kurzversionen« dieser Nischenfassaden waren, bildeten die breiteren Mastaba-Nischen Kontaktstellen zwischen dieser Welt und der Unterwelt. In mehreren Nischen der Mastaba 3035 (die einige noch der Merneith zuschreiben, die aber Siegel eines Beamten, vielleicht Sechemkas, enthielten) fand Emery Opferschalen nach fast 5000 Jahren noch am selben Platz stehen. Dramatischer noch sind (ein Merkmal der Nord-Saqqara-Mastabas der 1. Dynastie) Hunderte Ochsenköpfe aus Ton mit echten Hörnern, zum Beispiel in der Djet zugeschriebenen Mastaba 3504, die aber Siegel des Ratgebers Sechemka enthielt. Vielleicht stellen sie Opfergaben oder eine lebende Herde dar. Die Ägyptologen haben lange vergeblich nach einem Vorbild für diese älteste Monumentalarchitektur mit ihrer raffinierten Außenverzierung gefahndet. Vielleicht fehlt ein langes Bindeglied in der Evolution der Befestigungen, Städte und Gräber der frühen Deltagemeinden, die wie Buto noch weitgehend unausgegraben sind. Doch sollte man bedenken, daß die Mastabas (wie die Talhöfe von Abydos) Abbilder sind,

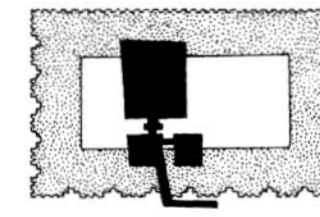

(Oben) Mastaba 3505 von Saqqara; (unten) Grab und Taleinfriedung des Qa'a in Abydos.

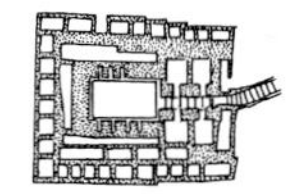

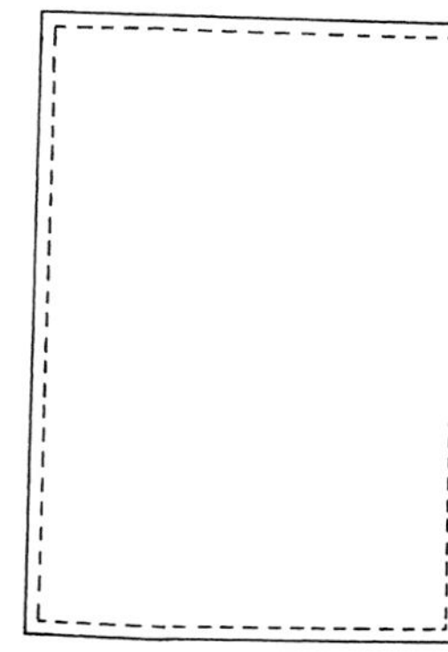

Für die These, die Mastabas von Saqqara seien Königsgräber gewesen, spricht unter anderem ihre Größe. Faßt man jedoch Grab und Taleinfriedung in Abydos zusammen, ergibt sich eine viel umfangreichere Fläche.

(Unten, links und Mitte) Mastaba 3504 ist von Viehschädel-Modellen mit echten Hörnern umgeben – vielleicht eine symbolische Herde. Derartige Schädel wurden auch an anderen Mastabas gefunden, wenngleich in geringerer Zahl.

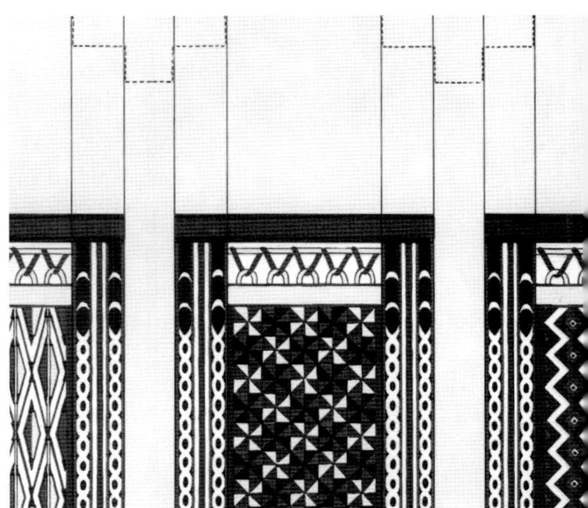

(Rechts) Eine leichte Schilfmatteneinfriedung verfestigt sich zu einer bemalten Lehmziegelmastaba.

Archaische Mastabas in Saqqara

Modelle, deren Scheintüren zu schmal und niedrig waren, als daß sie echte Türen darstellen konnten. Die deutliche Vernischung sollte die gemalte Holzrahmen- und Matten-Darstellung unterstreichen. Sie »zeigte« gewissermaßen »die Konstruktion« des skeletthaften Systems und prägte sie auf ewig in Lehmziegel ein. Einige Grabkammern hatten – als »Inneres« des »Schilfschreins« – echte Pfosten und Schilfmatten an den Wänden.

Vorläufer der Pyramiden

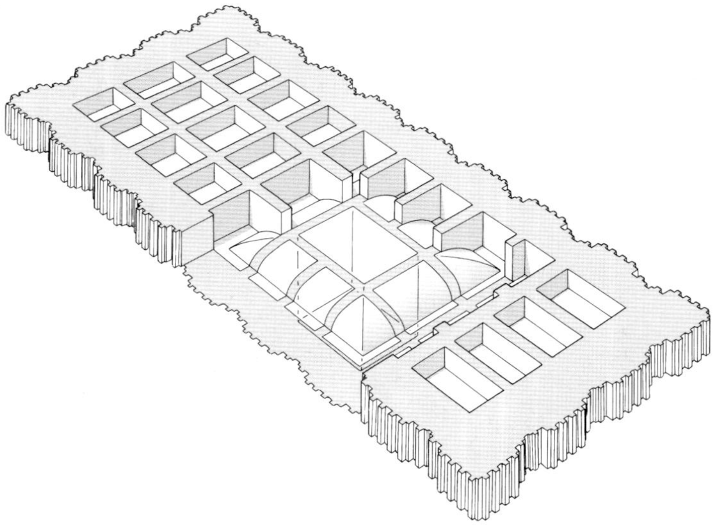

Mastaba 3507 mit innen gewölbtem Tumulus über der Grabkammer. Oberhalb des Unterbaus der Standard-Mastaba war das Innere schachbrettartig in kleinere Magazine geteilt, in denen sich manchmal zusätzliche Grabbeigaben befanden.

Planänderungen in den Mastabas der 1. Dynastie in Saqqara deuten erste Formelemente der späteren Pyramiden an, weshalb einige Ägyptologen weiterhin glauben, daß es sich um Königsgräber handelt. Nördlich der Hor-Aha zugeschriebenen Mastaba 3357 gibt es diverse Modellbauten und zwei breite Terrassen, die an die Einfassungsmauern einer Schiffsgrube heranreichen. Das Ganze nimmt sich aus wie ein simulierter Kai, an dem Waren ausgeladen und in den Modellbauten gelagert werden. Könnte dies ein Vorläufer des Totentempels sein, etwa dem an der Nordseite von Djosers Stufenpyramide? Die ausgeprägtere Nordkapelle von Mastaba 3505 (man schreibt sie Qa'a zu, aber sie gehört wohl Merka) kommt eher Djosers Pyramidentempel nahe, paßt aber auch in die Entwicklung der Grabkapellen hoher Beamter.

Die Merkmale, die sich in den Mastaba-Kernen entwickeln, überzeugen hingegen eher als Vorläufer der späteren Pyramiden. In der Mastaba 2185 sehen wir über der Grabkammer zum ersten Mal große Steinbalken. Die Mastabas 3036 und 3035 der Beamten Anchka und Hemaka weisen einen gestuften Eingangskorridor auf, der sich der Grabkammer von Osten her als abschüssiger Graben nähert. In ihren Korridoren treten erstmals Fallsperr-Rinnen und -platten auf: Vorläufer der steinernen Schiebetür, die im ganzen Alten Reich in den Pyramidenpassagen üblich war. Damit ging nicht nur erhöhte Sicherheit, sondern auch der funktionale Vorteil einher, daß die Grabkammer und die Magazine auch nach dem Versiegeln durch den Oberbau noch für die Beisetzung zugänglich waren (frühere Mastabas müssen erbaut worden sein, nachdem der Tote schon beerdigt war; danach war ein Betreten nicht mehr möglich).

In Mastaba 3507 fand Emery innerhalb der rechteckigen Nischenmauer über der Grabkammer einen niedrigen Rundhügel, der das Grundmuster des frühen Hierakonpolis-Komplexes und des späteren Djoser-Komplexes vervollständigte. In Mastaba 3357 imitierten an den Wänden hängende Schilfmatten vielleicht das Innere einer Schilfeinfriedung – ein Vorläufer von Djosers Gemächern unter seiner Pyramide, in denen blaue Fayencefliesen die Schilfmatten simulierten.

Den deutlichsten Vorläufer zur Stufenpyramide Djosers finden wir jedoch in Mastaba 3038 aus der Zeit Adjibs. Der gesamte Unterbau lag in einer rechteckigen, 4 m tiefen Grube, die von 6 m hohen Lehmziegelwänden umgeben war. Drei Seiten wurden dann mit acht niedrigen Stufen mit einem Steigungswinkel von 49° ausgebaut. Wäre auch die vierte Seite so erweitert worden, hätte sich eine längliche Stufenpyramide ergeben. In der letzten Bauphase wurde rundum eine mit Nischen versehene Einfriedungsmauer errichtet und das Innere völlig mit Sand aufgefüllt, unter dem der Stufenhügel völlig verschwand.

Als Emery die Nischen-Mastaba abräumte, um den gestuften Hügel freizulegen, staunten die Ägyptologen über die Ähnlichkeit des Bildes mit einem gestuften Hügel, den man mit König Adjib verbindet, dessen Name auf Keramik, Steingefäßen und Elfenbeintäfelchen aus Saqqara und Abydos eingeritzt war. Auf der Spitze des Adjib-Hügels steht eine Stele, deren Hieroglyphen »Schutz um Horus« (d. h. den König) bedeuten. War dieser innovative Stufenhügel innerhalb der Mastaba 3038 etwa so berühmt, daß man sie mit dem Namen von König Adjib verband?

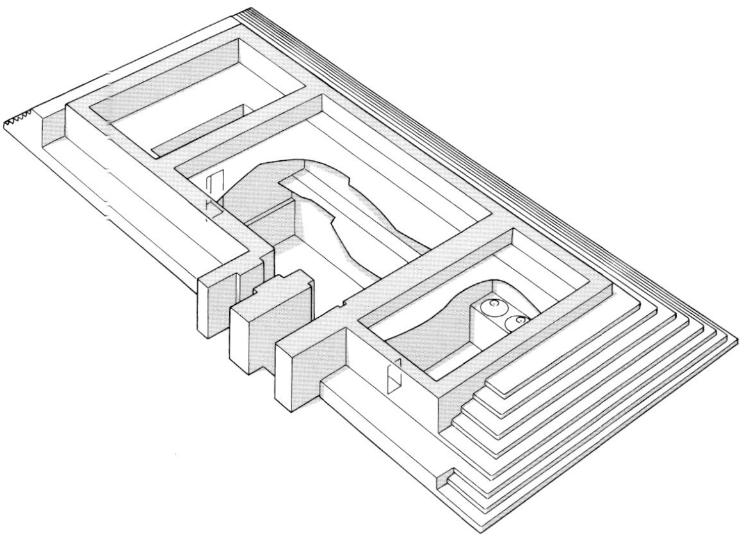

Darstellung einer Stele mit der Inschrift »Schutz um Horus«; sie stand auf einem gestuften Hügel und trug den Namen des Pharao Adjib aus der 1. Dynastie.

Der Stufenhügel in der Nischen-Mastaba 3038 (oben und rechts) mit Siegeln Adjibs. Auf einer Seite der in der Mitte gelegenen Grabkammer befand sich eine Kornspeicherkammer.

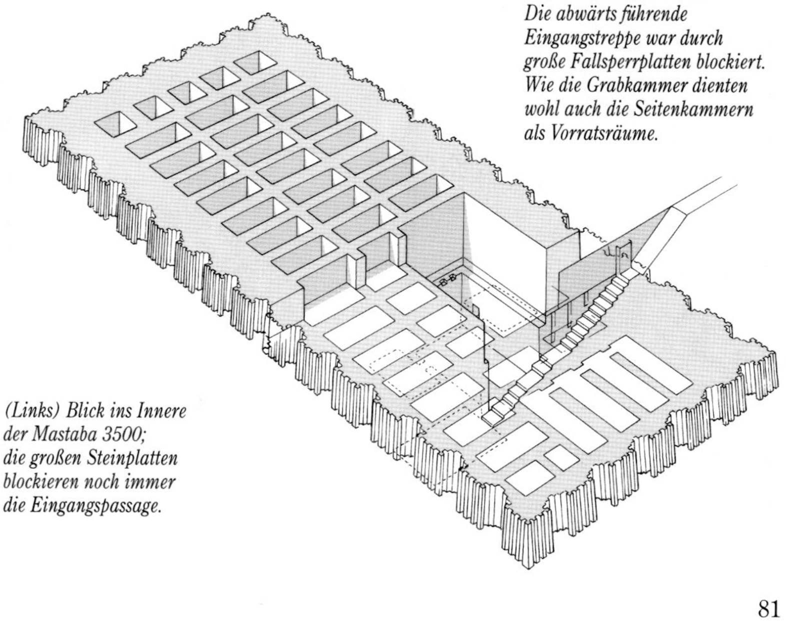

(Unten) Mastaba 3505. Die abwärts führende Eingangstreppe war durch große Fallsperrplatten blockiert. Wie die Grabkammer dienten wohl auch die Seitenkammern als Vorratsräume.

(Links) Blick ins Innere der Mastaba 3500; die großen Steinplatten blockieren noch immer die Eingangspassage.

Saqqara im Überblick

Blick von Gise auf das Pyramidenfeld von Saqqara.

Auf dem Plateau von Saqqara standen mit 11 Königspyramiden (die Satelliten- und Königinnenpyramiden und die Schepseskaf-Mastaba nicht eingerechnet) mehr als irgendwo sonst in Ägypten. Dazwischen liegen die vielen hundert Gräber großer und kleiner Beamter von der 1. Dynastie bis in die Koptenzeit. Die Nekropolis erstreckt sich 2,5 km weit von der Nordspitze der Gräberreihe der 1. Dynastie quer übers Plateau bis südlich des Sechemchet-Pyramidenkomplexes und noch mal so weit vom Ostabhang zum enigmatischen, großen leeren Hof Gisr el-Mudir westlich der Djoser-Pyramide. Nehmen wir die Pyramidenfelder von Abusir im Norden und Süd-Saqqara als natürliche Verlängerungen hinzu, erhalten wir eine Gesamtlänge von über 7,5 Kilometer. Diese Totenstadt in Stein und Sand ist das jenseitige Gegenstück zur Diesseits-Stadt Memphis. Auf der Flucht vor dem Wüstensand im immer trockeneren Klima des Alten Reiches und in Verfolg des sich nach Osten zurückziehenden Nils verschob sich Memphis nach Süden. Die Nekropolis verlagerte sich dabei in die Hochwüste.

Kernstück von Saqqara ist die Stufenpyramide des Djoser (Horusname: Netjerichet). Bei Baubeginn dieser beispiellosen Steinkreation war das Terrain vielleicht schon königliches Reservat. Unmittelbar südlich davon liegen zwei große, über 130 m lange unterirdische Galerien, die man über Passagen vom Norden her betritt. Anhand von darin gefundenen Siegelabdrücken gelten sie als Gräber des ersten und dritten Königs der 2. Dynastie: Hetepsechemui und Ninetjer, die im Gegensatz zu den späteren Seth-Peribsen und Chasechemui ihrer Dynastie keine Gräber in Abydos hatten. In der Gegend wurde auch der Grabstein des zweiten Königs der Dynastie, Raneb, gefunden, was ein weiteres Grab vermuten läßt.

Stadelmann meint, auf den Galerien hätten einst ähnlich Djosers Südgrab lange Mastabas gestanden. Er stellt auch eine Verbindung zu den riesigen leeren Rechtecken aus niedrigen Mauern weiter westlich in der Wüste her. Ihm zufolge handelt es sich um Gegenstücke zu den Talhöfen Seth-Peribsens und Chasechemuis in Abydos, obwohl die heiligen Bezirke hier weiter westlich, in Abydos jedoch östlich der Königsgräber fast an der Vegetationsgrenze liegen. Andere datieren die Rechtecke in die 3. Dynastie.

Warum liegen die Djoser- und Sechemchet-Pyramiden und diese mysteriösen leeren Rechtecke so weit draußen in der Wüste? Betrachten wir die Karte von Saqqara so wie die Ägypter, in deren Weltbild der Süden oben war, dann sehen wir, daß der Abusir-Wadi als natürlicher Aufweg von der Flutebene unter der Nordspitze des Saqqara-Plateaus zur Vorderseite der Djoser- und Sechemchet-Höfe und zu den beiden anonymen Königsrechtecken führt. An der Mündung des Wadi kann ein See gelegen haben, vielleicht mit einem Hafen gleich neben der frühen Siedlung am Fuß des Abhangs.

Die Pyramidenbauer gaben Saqqara fast die ganze 4. Dynastie über auf; während Snofrus Herrschaft verlagerte sich die Bautätigkeit sprunghaft südwärts nach Meidum und dann Dahschur und konzentrierte sich danach drei Generationen lang auf Gise. Erst nach dem Ende dieser Dynastie (um 2474 v. Chr.) kehrte Schepseskaf zurück und baute seine riesige Steinmastaba wieder in Süd-Saqqara.

Rückkehr nach Saqqara

Userkaf, erster König der 5. Dynastie, kehrte nach Zentral-Saqqara zurück und setzte seine Pyramide direkt hinter die Ostmauer des Hofes der Stufenpyramide an deren Nordende. Diese Lage muß dem König sehr wichtig gewesen sein. Damit mußte er seine Pyramide praktisch rittlings auf den riesigen Burggraben setzen, der den Hof der Stufenpyramide umgibt.

Die Pyramidenkomplexe der 5. Dynastie in Saqqara brauchten alle einen Zugang zum Talgrund über einen Aufweg, idealerweise ein Wadi, der flach genug abfiel, so daß der Bau einer riesigen Fundamentrampe entfallen konnte. Das bestimmte die Wahl des Bauplatzes. Neuere Erkenntnisse des britischen Teams aus Memphis und Saqqara deuten auf einen weiteren entscheidenden Faktor hin. Jeder Komplex mochte so situiert worden sein, daß die natürlichen Seen am Wüstenrand genutzt werden konnten. Diese Seen blieben nach der Überschwemmung zurück oder waren alte Flußkanäle, welche die Verlagerung des Strombetts vom Nil abgeschnitten hatte. Der nie ausgegrabene Aufweg Userkafs verlief vermutlich durch den Wadi, der jetzt allerdings die Touristenstraße zum Plateau beheimatet.

Die vier Könige nach Userkaf erbauten ihre Pyramiden als dicht geschlossene Gruppe in Abusir. Wieder könnte der See in der Abusir-»Bucht« einen gemeinsamen Hafen abgegeben haben. Beim Hinzufügen weiterer Pyramiden mögen die Könige einer Praxis gefolgt sein, der wir schon im Königsfriedhof der 1. Dynastie in Abydos und in Saqqara Mitte und Gise begegneten: Ausdehnung in südwestlicher Richtung.

Gegen Ende der 5. Dynastie errichtete Djedkare-Asosi seine Pyramide in Süd-Saqqara auf einem Punkt über der Mündung des Wadi el-Tafla, der wahrscheinlich einen geeigneten Hafen abgab. Unas baute seine Pyramide nahe am Hof der Stufenpyramide am unteren Westende der Südseite. Die Pyramiden des ersten (Userkaf) und letzten Königs der Dynastie (Unas) flankierten den Bezirk ihres Vorfahren Djoser wie zwei Wachtposten. Wie bei Userkaf muß die Wahl des Bauplatzes auch für Unas sehr wichtig gewesen sein, denn er mußte einen extrem langen Aufweg zur Flutebene bauen, der durch zwei kleine Wadis entlang der Naturseen am Wüstenrand führte.

Als der erste Pharao der 6. Dynastie, Teti, seine Pyramide nordöstlich der Userkafs plazierte, lag auf dem Mittelplateau von Saqqara eine schmucke Kette aus Pyramiden der 3., 5. und 6. Dynastie grob gesprochen diagonal von Nordosten nach Südwesten: Von der Nordwestecke der Sechemchet- über die (leicht aus der Reihe fallende) Unas-, die Südostecken der Djoser- und der Userkaf- bis zur Mitte der Teti-Pyramide läßt sich in etwa eine Fluchtlinie ziehen. Eine fast zerstörte Kleinpyramide (die Merikares oder Menkaukors) östlich der Teti-Pyramide verlängert die Linie noch etwas nordöstlich zum Rand des Abhangs.

Pepi I. und zwei seiner Söhne, Merenre und Pepi II., kehrten nach Süd-Saqqara zurück und erbauten ihre Pyramiden auf dem Hochbankett des Wadi el-Tafla. Dieser Teil von Saqqara schließt zu den wichtigsten Ruinen von Memphis aus dem Mittleren und Neuen Reich auf. Das griechische »Memphis« geht wahrscheinlich auf den Namen der Pyramide Pepis I. zurück: *Men-nefer Pepi*, »Die Vollkommenheit Pepis dauert fort«. Seine Pyramidenstadt mag unter dem heutigen Dorf Saqqara liegen. Pepi II. errichtete seine Pyramide dann nahe der Mastaba Schepseskafs. Nach Pepi II. bauten die Pharaonen über 150 Jahre lang keine größeren Pyramidenkomplexe mehr. Die Pyramide des Ibi (8. Dynastie) und die östlich der des Teti (falls sie Merikare gehört und aus der 9. Dynastie datiert) waren die letzten in Saqqara aufgeführten. Diese Kleinpyramiden waren der letzte Seufzer des Pyramidenzeitalters des Alten Reiches.

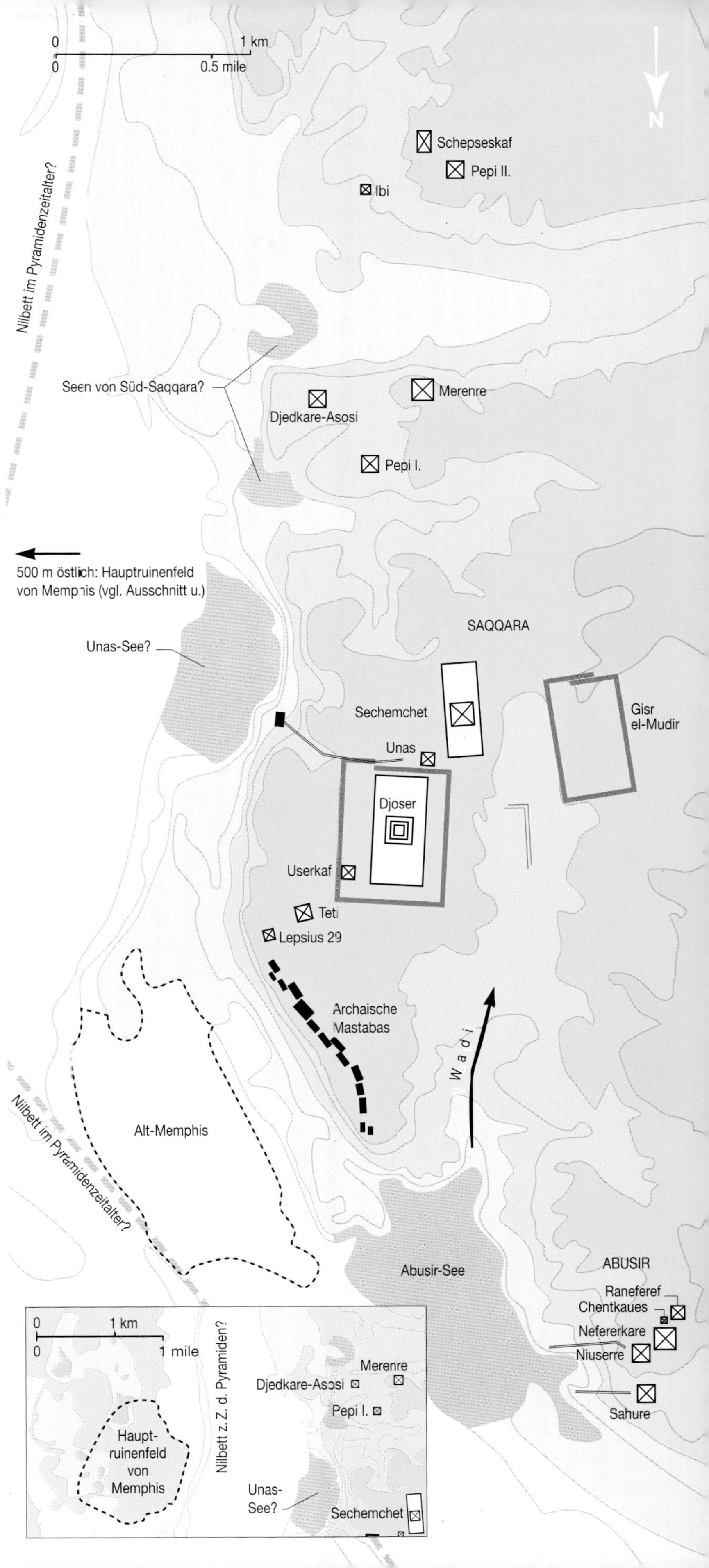

Djosers Stufenpyramiden-Komplex

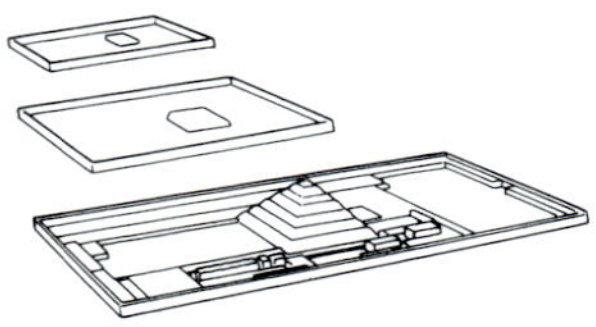

Evolutionsphasen der Pyramide: von Chasechemuis Hügel in einer Einfriedung in Abydos (ganz oben) zu Djosers einfacher Mastaba in rechteckiger Steineinfriedung (Mitte) in Saqqara, über der dann die große Stufenpyramide errichtet wurde.

(Gegenüber) Ein einmaliger Pyramidenkomplex. Djosers Erfolg spiegelt sich in der antiken Überlieferung, derzufolge dieser König und sein Architekt Imhotep als Erfinder der Steinarchitektur galten. Zahlreiche bekannte Formen finden sich hier zum ersten Mal: die erste Kolonnade, das erste Säulendach, der Portikus, lebensgroße Statuen, der Wulst, die viertelkehlige Brüstung und – natürlich – die erste Pyramide. Viele Strukturen des Komplexes lebten in der architektonischen Zeichensprache sakraler Bauten fort – ein »Vokabular der Formen«. Die Baumeister der 3. Dynastie hatten eine Reihe dieser Formen von prädynastischen Holz- und Schilfkonstruktionen ererbt und sie dann im Stufenpyramiden-Komplex in Stein verewigt. Die Türen dieses Komplexes blieben offen und luden kommende Generationen von Königen und Architekten zum Bestaunen, Nachahmen und Variieren ein. Die inzwischen restaurierte echte Eingangskolonnade befindet sich in der Skizze links unten.

Ägyptens erstes königliches Steinbauwerk, Djosers Stufenpyramide in Saqqara und der sie umgebende Komplex, repräsentiert einen riesigen Sprung. Den Namen Djoser erhielt dieser Herrscher erst über tausend Jahre später; auf den Wänden des Komplexes findet sich lediglich sein Horusname Netjerichet. Gemeinhin gilt er als zweiter König der 3. Dynastie; die einen datieren ihn auf höchstens 19 Jahre nach Chasechemui, andere legen 60 Jahre zwischen die beiden. 1966 entdeckte Dreyer allerdings Netjerichets Lehmsiegel im Abydos-Grab des Chasechemui, was eine direkte Verbindung zwischen den beiden nahelegt. Was die Technik betrifft, so wurden vor Djoser für Großbauten fast nur Lehmziegel verwendet.

In Djosers 19jähriger Regierungszeit (2630–2611 v. Chr.) baute dann sein Architekt Imhotep, Kanzler und Großer Seher (d.h. Hoherpriester) des Sonnengottes Re, die Stufenpyramide mit ihrem gewaltigen Hof. Eine 10,5 m hohe und 1645 m lange Kalksteinmauer umschloß ein Areal von 15 Hektar; das entsprach im 3. Jahrtausend v. Chr. einer großen Stadt. Drinnen standen viele Bauten und Scheinbauten, darunter der Nord- und der Südpavillon, große Tumuli und Terrassen, feingehauene Fassaden, gerippte und gekehlte Säulen, Treppen, Plattformen, Schreine, Kapellen und lebensgroße Statuen. Es gab sogar eine Replik des Unterbaus – das Südgrab. In der Mitte erhob sich die 60 m hohe, sechsstufige Pyramide aus 330 400 m³ Lehm und Stein. Dieser Komplex ist ein derart elementares Grundmuster der ägyptischen Kunst- und Baugeschichte, daß man ihn allzuleicht für selbstverständlich nimmt. Doch seine Architektur impliziert erstaunliche Veränderungen im ägyptischen Regierungssystem und seinem Umgang mit dem Volk. Greifen wir nur einen Aspekt heraus, der bedeutsame Auswirkungen auf die menschliche Arbeit hatte: Die Erbauer berücksichtigten die Nischen in der gewaltigen steinernen Umfassungsmauer nicht etwa schon vor dem Verlegen der Blöcke, wie das ein heutiger Maurer tun würde. Statt dessen wurde jede einzelne Vertiefung nachträglich von Hand in das schon aufgeführte Mauerwerk gehauen – eine gewaltige Aufgabe, wenn man bedenkt, daß die Bollwerke und Scheintüren insgesamt 1680 vertiefte Paneele von über 9 m Höhe aufweisen.

Bau in Etappen

Die Pyramide wurde ausgehend von einer ursprünglich quadratischen Mastaba in Etappen gebaut. Laut Jean-Philippe Lauer, der die Stätte im wesentlichen ausgrub, waren es sechs: $M_1 - M_2 - M_3 - P_1 - P_1' - P_2$ Ist das richtig (Rainer Stadelmann hat das Schema modifiziert), dann entstand alle drei Jahre eine wesentliche Erweiterung, wenn wir die sechs Etappen auf Djosers 19 Amtsjahre verteilen; waren es mit 38 doppelt so viele (das ist denkbar, weil ein Steuerjahr jeweils 2 Jahre umfaßte), haben wir immer noch alle sechs Jahre einer größere Veränderung.

Als die Erbauer die Mastaba zur ersten Pyramide umzugestalten begannen, errichteten sie einen groben Kern aus roh behauenen Steinen und einem feinen Kalksteinmantel; dazwischen lag eine Mörtelschicht. Diese Technik war auch bei den Mastabas verwendet worden, aber nun gab es einen entscheidenden Unterschied: Die Steine wurden nicht mehr horizontal übereinandergelegt, sondern in nach innen geneigten Lagen. Außerdem wurden größere und bessere Blöcke verwendet, die nicht mehr mit gewaltigen Mengen Tafla-Mörtels verfugt werden mußten. Vielmehr wurde dieser lohfarbene Wüstenlehm nur noch als Hilfsmittel verwendet, um jeden Block in sein geneigtes Bett zu setzen.

Auch die Umgebungsbauten samt Einfassung wurden in Etappen erstellt. Werner Kaiser hat darauf hingewiesen, daß die erste, kleinere Phase dem Talhof Chasechemuis in Abydos gleicht. Die ursprüngliche Mastaba Djosers steht abseits der Mitte im ersten

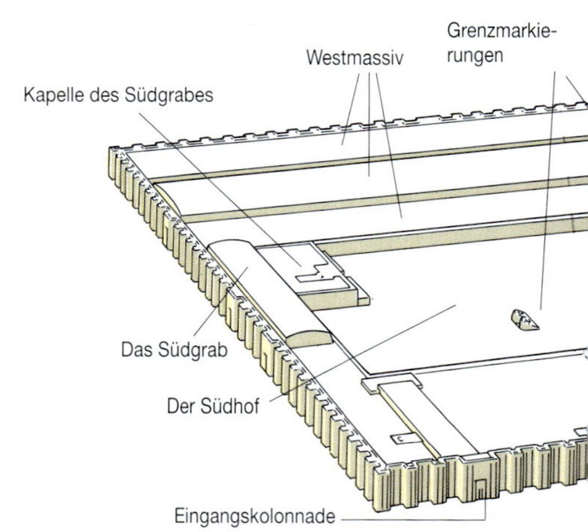

Hof, wie es O'Connor auch für den Chasechemui-Hof und jene in Hierakonpolis vermutet.

Es gibt Anzeichen, daß die Erbauer die Scheinbauten – Nord- und Südpavillon, Südgrab und Sed-Kapellen – fast sofort nach Errichtung in der ersten Phase teilweise eingegraben haben. Desgleichen versahen sie die Mastaba in der ersten Baustufe mit einer feinen Kalksteinverkleidung und überdeckten sie erst ein paar Jahre später vollständig mit der Stufenpyramide, was sie, wenn Stadelmann recht hat, von Anfang an geplant haben könnten. Die Halbvergrabung der Scheinbauten muß den Unterweltsaspekt des Daseins nach dem Tode symbolisiert haben. Und die vollständige Umhüllung der Mastaba entspricht der frühägyptischen Baupraxis, frühere Phasen unter späteren zu verbergen. Der Grabbau scheint Teil eines größeren rituellen Zyklus gewesen zu sein, ein Akt der Konsolidierung und Erneuerung, der das Begraben feingegliederter Strukturen verlangte. Hier äußert sich ganz deutlich der ägyptische Hang zur Simulation. Die steinerne Einfassungsmauer imitiert Lehmziegel; die Deckensteine der Eingangspassage, die Sed-Kapellen und der Nord- und Südpavillon ahmen Holzbalken nach; Farbspuren lassen vermuten, daß viele Fassaden und Pfeiler aus feinem Kalkstein rot bemalt waren, um Holz zu imitieren.

Bei einigen Elementen genügte es, wenn ihre Form – ihr Bild – in der Fassade gegenwärtig war; das Innere konnte sozusagen abgekürzt werden. Doch nicht alle Bauten im Djoserkomplex sind Scheinfassaden. Lauer unterschied zwischen funktionalen und fiktiven Strukturen. Die fiktive Architektur diente dem *ka* des Königs im Nachleben; die funktionale mag für die eigentlichen Begräbniszeremonien nötig gewesen sein. Djosers Trauerzug könnte einen komplizierten Weg durch die Bauten genommen haben, wobei an jeder größeren Wende eine Statue des Königs dem Zug symbolisch den Weitermarsch gestattete. Da viele Ein- und Durchgänge kaum breiter als einen Meter sind, wäre es viel bequemer gewesen, die Leiche samt Ausstattung über eine Rampe an der Nordostecke des Hofs in den Komplex zu bringen.

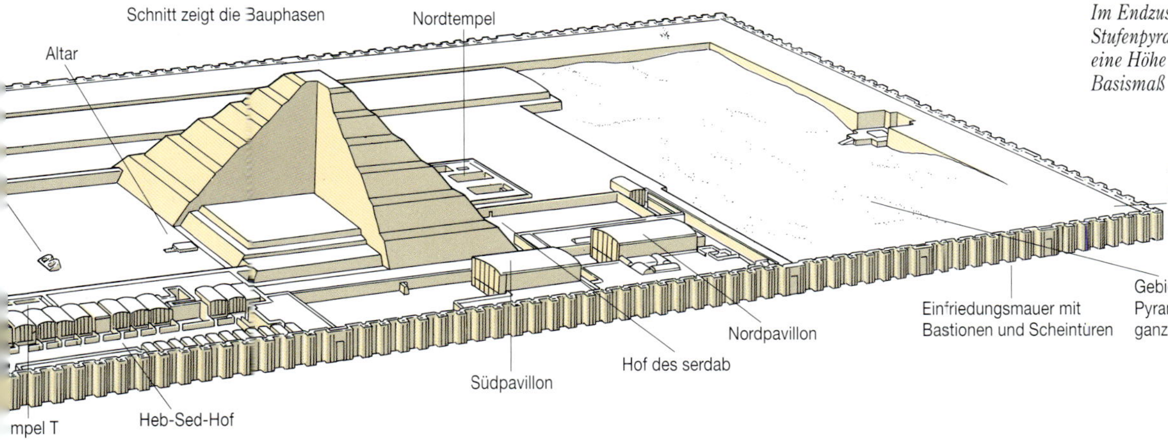

Im Endzustand erreichte die Stufenpyramide in sechs Stufen eine Höhe von 60 m bei einem Basismaß von 121 x 109 m.

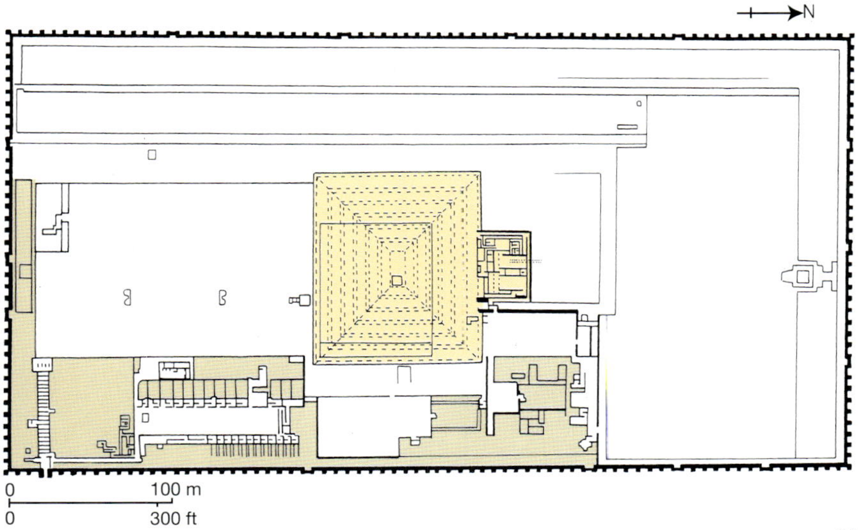

und Granitpfropfen am Platz waren, wurde der abfallende Korridor gefüllt. Der tote König steckte nun gewissermaßen im Herzen der Pyramide wie die Batterie in der Taschenlampe, und zweifellos müssen seine Nachfahren geglaubt haben, daß die Anwesenheit seiner Überreste den ganzen Bau »auflud«. Aus dem Gewölbe wurden Mumienteile geborgen. Unter dem groben Außenlinnen war ein feineres Leichentuch dazu benutzt worden, Sehnen und Knochen zu modellieren – eine für die meisten Mumien des Alten Reiches charakteristische Technik. Bei einer kürzlichen Radiocarbon-Datierung ergab sich jedoch, daß sie viele Jahrhunderte jünger als Djoser sind.

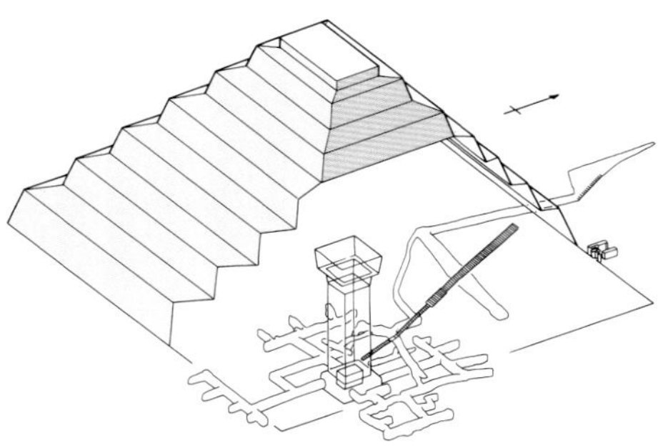

Djosers unterirdischer Komplex von Passagen, Treppen und Kammern ist eine der kompliziertesten Anlagen, die unter den Pyramiden entdeckt wurden. Nicht alle Räubertunnel sind hier dargestellt. Die Skizze (links) verdeutlicht Größenverhältnis und relative Position von Unterbau und Pyramide.

Der unterirdische Palast des Königs

Lange vor Erweiterung der Mastaba zur Pyramide arbeiteten Maurer an Passagen um den Zentralschacht. Lange Tunnels von Norden, Westen und Süden her endeten in Traversgalerien, aus denen sie grobe Vorratsräume zu schlagen begannen. Vom abfallenden Gang wand sich eine Treppe über Korridore zu einer Ostkammer. Hier war die exquisite Fayence- und Kalksteinverzierung schon weit gediehen. Blaue Ziegelreihen mit erhabenen Kalksteinbändern simulierten einen Schilfmattenbau – vielleicht den Königspalast. Das Blau verweist zugleich auf die Wassergestalt der ägyptischen Unterwelt. Die Verzierung war in sechs Paneele geteilt. Über drei Paneelen im Norden erhob sich ein von simulierten *djed*-Säulen getragener Bogen. Eine Säule enthielt eine echte Tür, deren Kalksteinrahmen den Namen und das Protokoll Netjer-chets (Djosers) trug. Die drei Südpaneele umrahmten Scheintürstelen und zeigten Djoser beim rituellen Besuch von Schreinen. Diese Kammer wurde jedoch nie fertiggestellt. Die Ostwand war nur grob aus dem Stein gehauen, die Verzierung wurde offenbar schleunigst abgeschlossen. Die vier Wände von zwei weiteren Kammern waren mit blaugefliesten Intarsien bedeckt. Auf den Türrahmen stand Djosers Name. Die Botschaft scheint zu lauten: Dies sind die privaten Innenräume des Palastes.

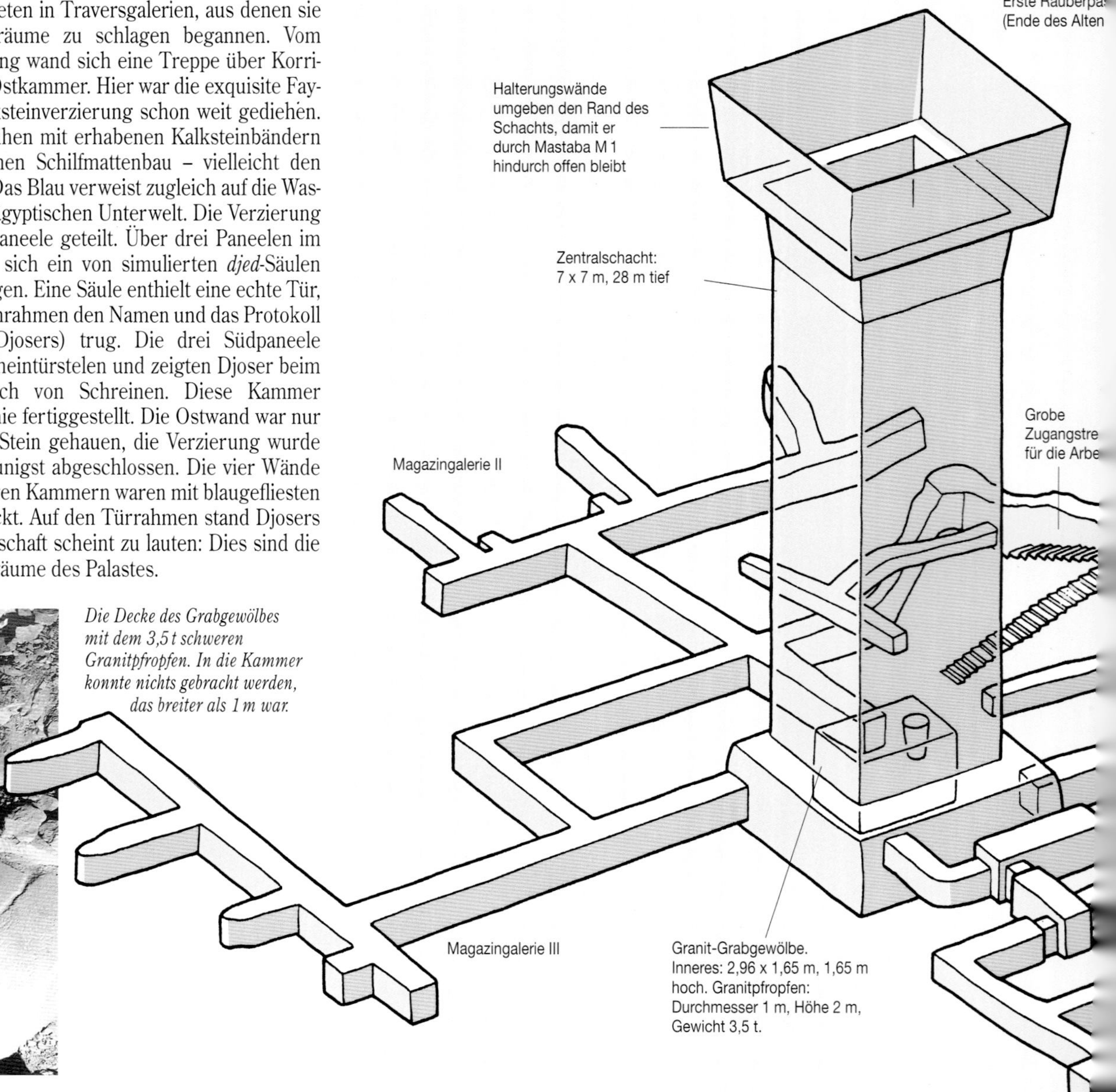

Die Decke des Grabgewölbes mit dem 3,5 t schweren Granitpfropfen. In die Kammer konnte nichts gebracht werden, das breiter als 1 m war.

Im Innern der Stufenpyramide

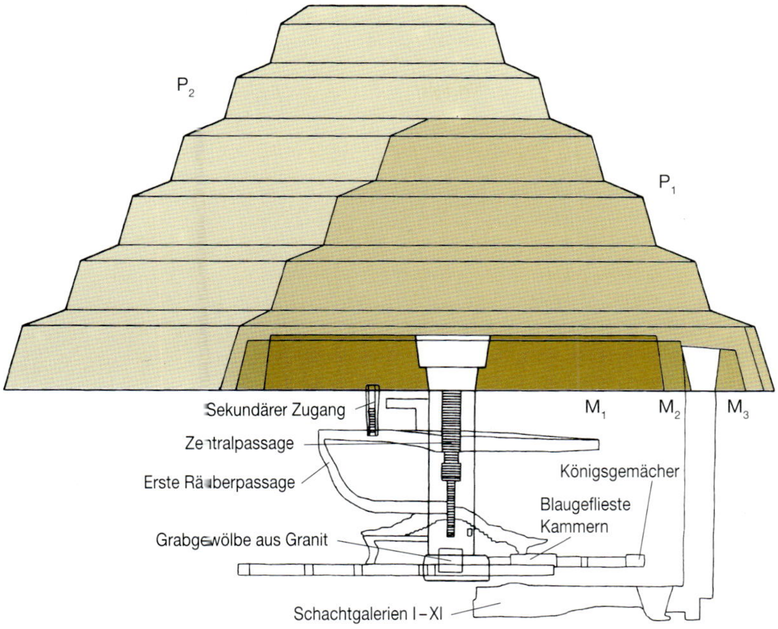

Profilansicht der Stufenpyramide von Süden her. Man erkennt die Bauphasen des Überbaus und das Gewirr von Schächten, Galerien und Kammern im Unterbau.

Die oberirdischen Elemente der Anlage sind nur ein Teil der Geschichte. Darunter schufen die Ägypter einen unterirdischen Komplex bislang unerhörter Größe: über 5,7 Kilometer in den Fels gehauene Schächte, Tunnels, Kammern, Galerien und Vorratsräume. Die einzigen Vorläufer sind die unterirdischen Königsgalerien der 2. Dynastie etwas weiter südlich, deren eine Hetepsechemui zugeschrieben wird. Tatsächlich entsprechen Djosers Westgalerien fast denen Hetepsechemuis, sind aber bedeutend größer (sie sind zudem der am wenigsten erforschte Teil des Unterbaus). Ein Zentralgang und zwei Parallelkorridore verbinden über eine Länge von 365 Metern 400 Räume. Selbst schon eindrucksvoll genug, umschließen sie unter der Pyramide eines der kompliziertesten Labyrinthe von Tunneln und Schächten, das die Ägypter je geschaffen haben.

Für die Grabkammer wurde ein großer, 7 x 7 m weiter und 28 m tiefer Zentralschacht angelegt. Um den Aushub wegzuschaffen, wurde ein abfallender Korridor gebaut, der von Norden zum Schacht vorstößt. Darüber und darum herum bauten die Maurer die Mastaba M_1. Andere begannen am Boden mit der Arbeit am königlichen Grabgewölbe; das Material brachten sie durch den Absteigenden Korridor. Im Endstadium bestand das Gewölbe aus Granit, aber Lauer fand Anzeichen für ein früheres mit Alabasterwänden und Diorit- oder Schieferboden. Fragmente dieser teuren Materialien lagen haufenweise im Gewölbe. Am aufschlußreichsten waren jedoch Kalksteinblöcke mit großen, als Tiefrelief ausgeführten fünfzackigen Sternen. Sie waren in Unkenntnis oder Mißachtung ihrer Verzierung wiederbenutzt worden, müssen aber die Decke des ersten Grabgewölbes gebildet haben – frühestes Beispiel einer Sternendecke. Dieses Motiv, das die Ägypter jahrhundertelang über Königsgrabkammern setzten, verkörpert eines der Paradoxa der Pyramiden. Lag Djoser auch unter Millionen Tonnen Mauerwerk unter der Erde – das Kammerdach ist zum Nachthimmel, in den sich seine Seele frei aufschwingt, hin »offen«.

Daß das Grabgewölbe ausgeschlachtet und durch ein anderes ersetzt wurde, bildet eine Parallele zu den zahlreichen Bauten und Umbauten über der Erde. Als beschlossen wurde, aus der Mastaba eine Pyramide zu machen, überdeckte der neue Aufbau den abfallenden Korridor, so daß der Zentralschacht unzugänglich wurde. Gang und Schacht wurden aufgefüllt und mit Mauerwerk abgedeckt; für das Einbringen des königlichen Leichnams mußte ein anderer Weg gefunden werden. Ein neuer Zugang beginnt nördlich des Pyramidentempels als offene Grabentreppe. Die Mitte des abfallenden Korridors blieb offen. Die engsten Stellen des neuen Zugangs ließen nichts durch, das mehr als einen Meter breit war.

Das Granitgewölbe

Djosers endgültige Ruhestatt war ein Gewölbe aus vier Lagen säuberlich behauener Granitblöcke; einzig offen blieb eine zylindrische Öffnung am Nordende. Nachdem die Überreste des Königs zur Ruhe gebettet waren, wurde das Loch mit einem 3,5 t schweren Granitpfropfen (mit vier Führungsrillen fürs Abseilen) blockiert. Über dem Gewölbe hatten die Bauleute einen kleinen Raum geschaffen, von dem aus sie den Pfropfen hinunterlassen konnten. Von diesem »Manövrierraum« ist nichts erhalten geblieben; antike Forscher, die den Schacht vermutlich in der 26. Dynastie leerten, müssen ihn zerstört haben, aber seine Form ließ sich anhand des intakten Raumes im Südgrab rekonstruieren. Im Gewölbe gab es wenig Platz, aber Lauer meint, der Leichnam sei in einen vergoldeten Holzkasten gelegt worden. Sobald Leichnam

Die Stufenpyramide

Der Djoserkomplex bedeckt eine riesige Fläche; auch die unterirdischen Elemente sind großzügig angelegt.

Mit Augen, in die einst Bergkristalle eingelegt waren, blickte die Statue Djosers (oben) durch Sehschlitze im serdab-*Kasten, der in einer 13°-Neigung gegen den Nordhimmel gerichtet stand, wo sich der König zu seinen Brüdern, den Zirkumpolarsternen, gesellte. Im* serdab *befindet sich heute eine Replik der Statue.*

Die Djoserstatue in ihrem serdab *(unten) stellt den König dar, wie er aus seinen unterweltlichen Privatgemächern unter der Pyramide auftaucht.*

Die Ostschächte und -galerien

Als die Pyramide noch eine Mastaba war, wurde unter ihr ein weiterer, noch tieferer Unterbau begonnen: elf senkrechte Schächte, von deren Grund sich lange Galerien nach Westen erstreckten. Die Galerien I–IV wurden als Gräber benutzt; zwei intakte Alabastersärge und Fragmente weiterer wurden gefunden. Die Galerie III mündete in einen breiteren Raum mit kalksteinverkleideten Wänden; er enthielt den Hüftknochen einer 18jährigen. Ein Siegelabdruck nennt Djosers Horusnamen und die Titel »Schatzmeister, Cheflektorenpriester und Erbauer von Nechen«, deren zwei erste auf Imhotep zutreffen. Wiederum vertieft die neuere RadiocarbonDatierung das Geheimnis des Djoser-Grabs: Eine Gruppe weiblicher Überreste ist um Generationen älter als Djoser.

Die Galerien VI–IX enthielten eine bemerkenswerte Sammlung von Steingefäßen. Teller- und Schalenstapel meist aus Alabaster oder anderem feinen Gestein ergaben die enorme Menge von fast 40000 Gefäßen. Viele trugen Inschriften, die zeigten, daß sie zum größten Teil nicht für Djoser hergestellt wurden, sondern wahrscheinlich seinen Ahnen gehörten. Vielleicht waren sie und die so frühen weiblichen Überreste aus den schon geplünderten Mastabas der 1. Dynastie hierher gerettet worden. Die Stufenpyramide war nicht nur Ort der Weitergabe an die Zukunft, sondern auch Lagerstätte der Vergangenheit.

Die ehemals zur Verlebendigung bemalte Originalstatue Djosers steht jetzt im Kairoer Museum. Die Inschrift nennt ihn mit Namen »Neterichet aus Gold« als König von Ober- und Unter-Ägypten und Erben der beiden Krongöttinen Nechbet (Süden, Geier) und Wadjet (Norden, Kobra).

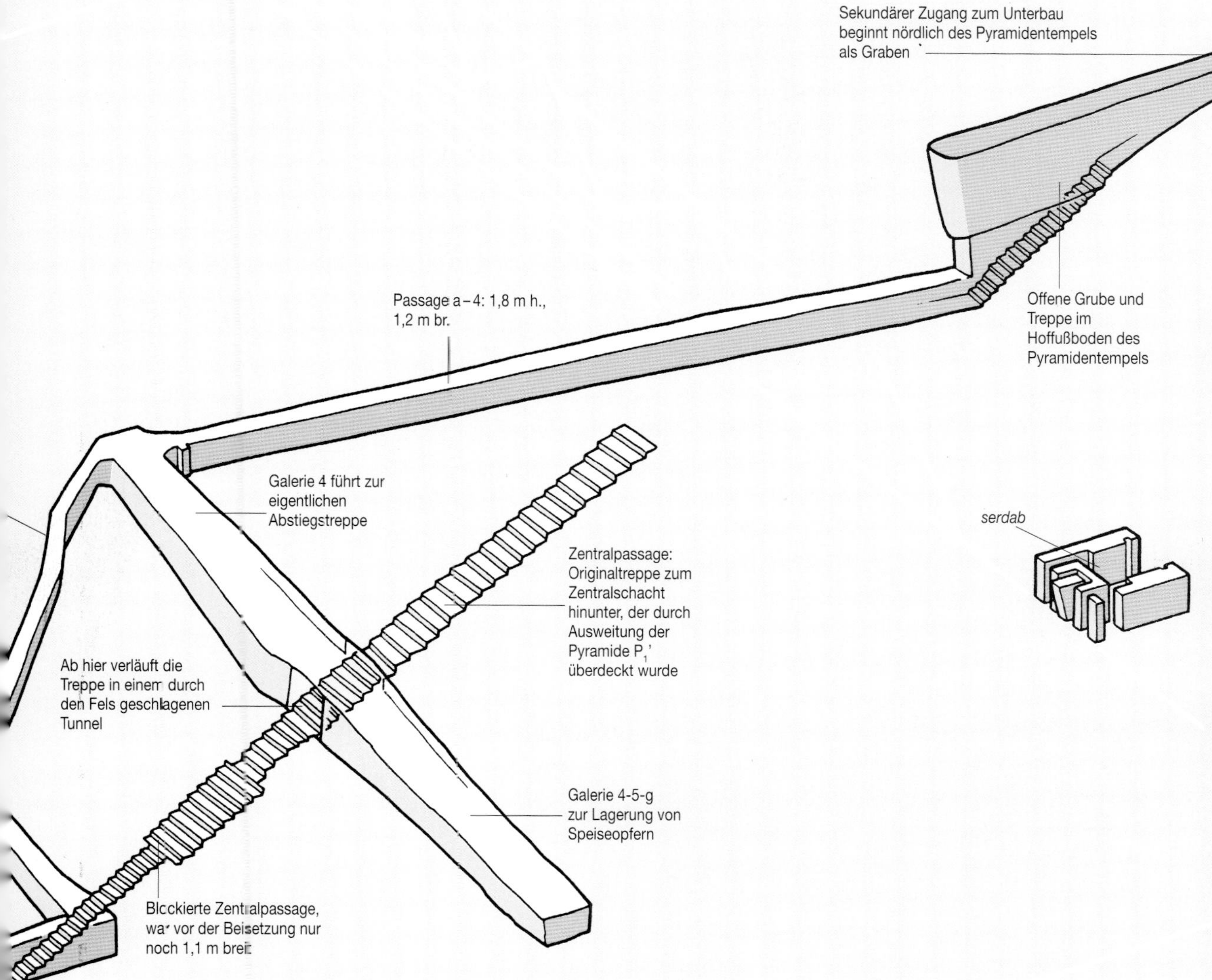

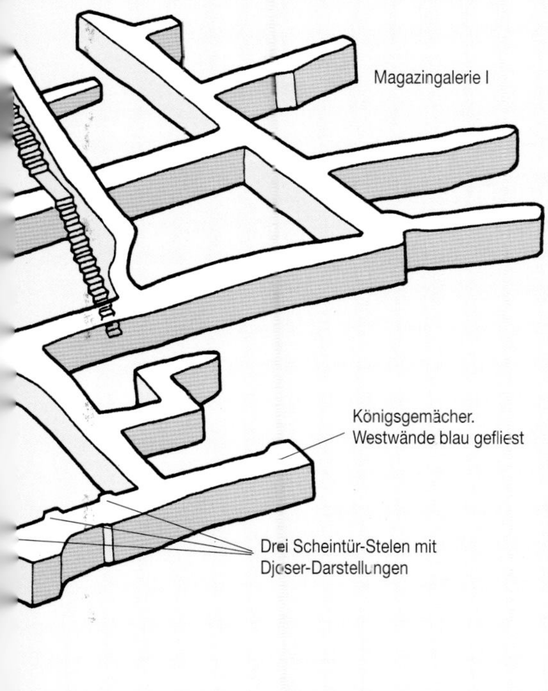

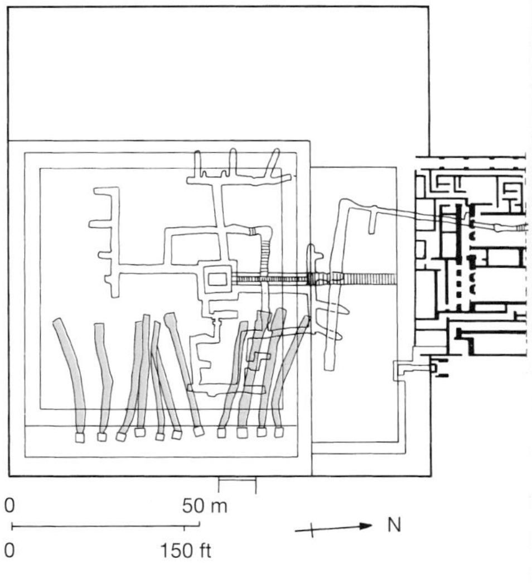

Das serdab *liegt, wie hier zu sehen, auf gleicher Linie wie die blaugefliesten Gemächer des Königs unter der Pyramide. Desgleichen befindet es sich unmittelbar vor der Tür zum öffentlicheren Vorderteil seiner ewigen Wohnstatt. Die Ostgalerien sind hervorgehoben.*

Das Südgrab

Nach aller ägyptologischer Erkenntnis stellt die Stufenpyramide ein vollwertiges Königsgrab dar. Aber im Djoserkomplex finden wir auch noch das rätselhafte Südgrab. Unter ihm replizierten die Erbauer drei Wesensmerkmale des Unterbaus der Pyramide – den abfallenden Korridor, den Zentralschacht mit dem Granitgewölbe und den blaugefliesten Königspalast. Auch hier wurde der abfallende Korridor mit Ausnahme einer engen Treppe (für das Einbringen irgendwelcher Dinge ins Gewölbe) bewußt versperrt. Etwa auf halbem Wege des Korridors fand sich eine Seitenkammer mit großen Krügen, auf denen die Arbeiter eine Holzbahre, eine Kiste und Pfosten eines Baldachins (ähnlich denen im Hetepheres-Versteck in Gise) zurückgelassen hatten.

Das Südgrab ist weit weniger von Räubern beschädigt als die Pyramide; der »Manövrierraum« war noch intakt. Die Wände bestanden aus großen Kalksteinplatten, die Unterseite der steinernen Deckenbalken war abgerundet, um Palmholz zu imitieren. Wie in der Pyramide betrat man die Grabkammer durch eine runde Öffnung. Bemerkenswerterweise war der zum Abseilen des Granitpfropfens benutzte Holzstamm (er trägt deutliche Seilspuren) noch an Ort und Stelle. Das Mauerwerk des »Manövrierraums« enthielt feine Kalksteinblöcke mit Sternenreliefs – Überreste eines früheren Gewölbes.

Das Granitgewölbe ähnelte dem der Pyramide, ist aber viel kleiner; das Innere war mit grünen Kupferspuren bedeckt. Was barg dieses für die Bestattung eines Menschen zu kleine Gewölbe? War es ein fiktives Grab für einen rituellen Tod während der Heb-Sed-Zeremonien, in denen der König seine Lebenskraft erneuerte? War es die Heimstatt des *ka* des Königs? Oder Grabstätte der seit der Geburt aufbewahrten königlichen Plazenta? Bestattungsort der Kronen oder aber Symbolverweis auf die alten – fiktiven oder realen – Gräber von Abydos? Lauer meint, es könne die Ruhestätte der bei der Mumifizierung entfernten Eingeweide des Königs gewesen sein; allerdings stand der sie enthaltende Kanopenschrein später in der gleichen Kammer wie der Leichnam selbst.

Der gesamte Südgrabkomplex mochte für den *ka* des Königs bestimmt gewesen sein, den die Äygpter oft getrennt in Gestalt einer Statue beisetzten. Es gibt eindeutige Hinweise, daß Chephrens Nebenpyramide für eine Statuenbestattung benutzt wurde; vielleicht ist das Südgrab der Vorläufer der späteren Nebenpyramiden. Die Holzbahre, der Kasten und der Baldachin im Vorratsraum des Südgrabes waren vielleicht rituell zerlegte Teile der Statuentrage.

Alle Anzeichen deuten darauf hin, daß das Südgrab als erstes fertiggestellt wurde – hier ist der Innenpalast des Königs viel vollständiger als in der Pyramide. Kammer I enthält sechs Paneele, die den unter der Pyramide gefundenen gleichen: blaue Fayencefliesen auf Kalksteingrund als imitierte Schilfmattenfassaden mit *djed*-säulengetragenem Bogen; Kammer II zwei Scheintür-Stelen, zwei weitere zieren wie ihr Gegenstück in der Pyramide blaue Fayence-Intarsien.

Die blaugefliesten Kammern gehören zum Eindrucksvollsten der Djoser-Unterbauten, doch der Anblick dieser Kunstwerke war nicht für das lebende Auge bestimmt. Sie sollten vielmehr etwas im Dasein des Königs nach dem Tode sicherstellen. Was das genau war, ist aus den Scheintür-Stelen zu schließen, deren Anblick und deren Texte den ganzen unterirdischen Komplex prägen. Am denkbar dunkelsten, tiefsten und unzugänglichsten Ort setzten die Erbauer ihr ganzes, noch unvollkommenes reliefbildnerisches und literarisches Können ein, um den König in ewiger Kommunikation zu zeigen – nicht so sehr mit seinen lebendigen Untertanen, als vielmehr mit den *netjeru*, den Göttern und Bewohnern der Unterwelt, wo der Mattenpalast des Königs fortan Bestandteil der geheiligten Sumpfregion der uralten Schilfschreine war.

Diese Scheintür-Stele (eine von insgesamt drei) in den blaugefliesten Kammern des Südgrabes zeigt König Djoser beim zeremoniellen heb-sed-*Lauf mit der Besitzurkunde, die ihm ganz Ägypten zuspricht. Unter der Hauptpyramide und unter dem Südgrab standen jeweils drei Stelen.*

Djosers Unterbau

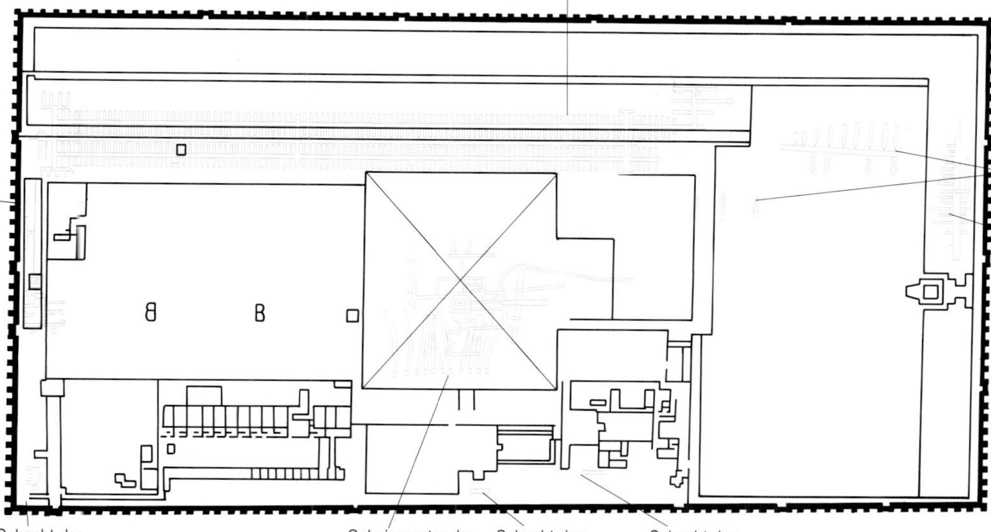

Innenansicht des Südgrabes

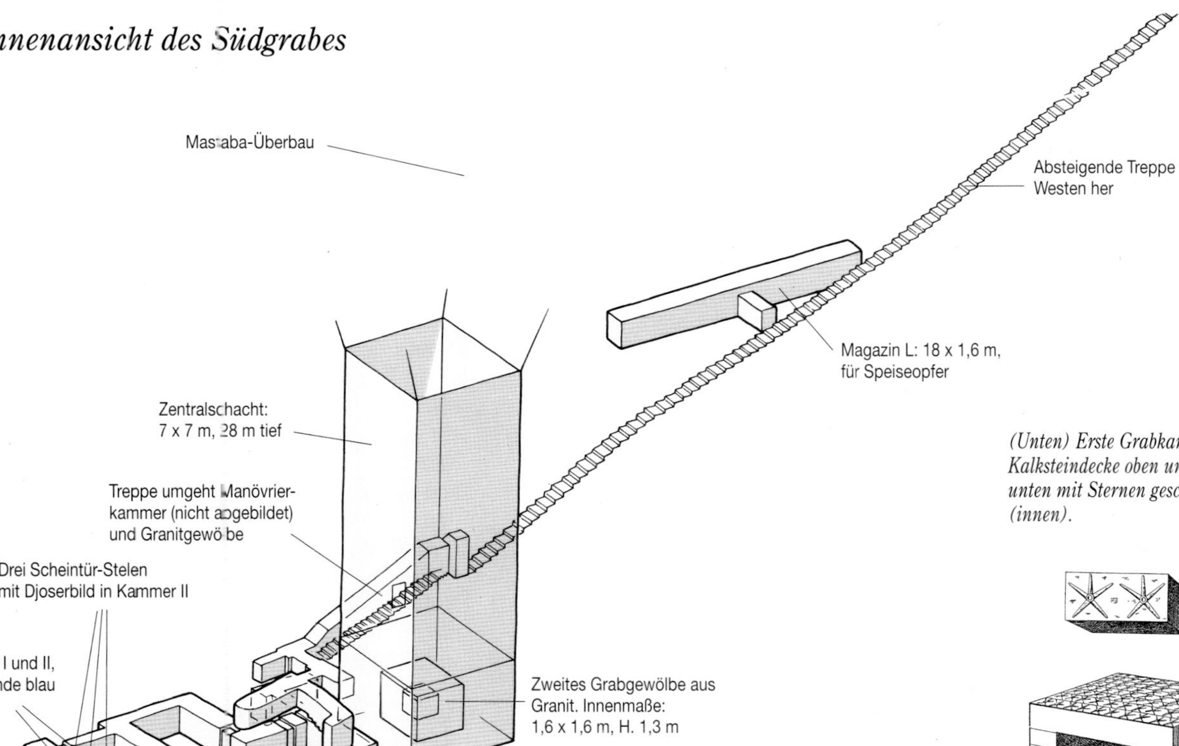

(Unten) Erste Grabkammer. Kalksteindecke oben und unten mit Sternen geschmückt (innen).

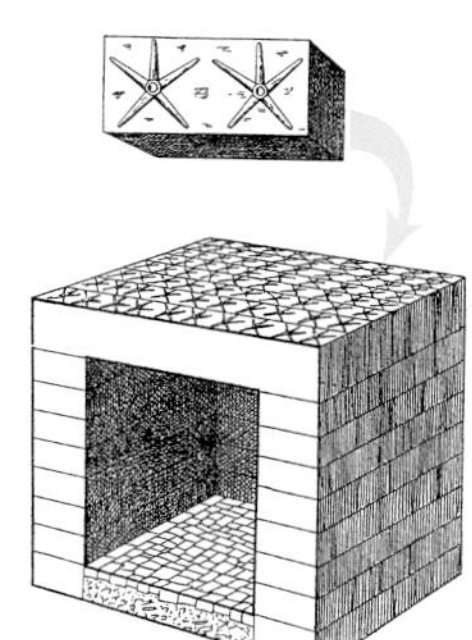

Das kurze Leben der Stufenpyramiden

Die Sechemchet-Pyramide ist zwar unfertig, enthält aber ein seltsames und einmaliges Geheimnis: In einer blockierten Grabkammer stand ein versiegelter, aber absolut leerer Sarkophag (unten).

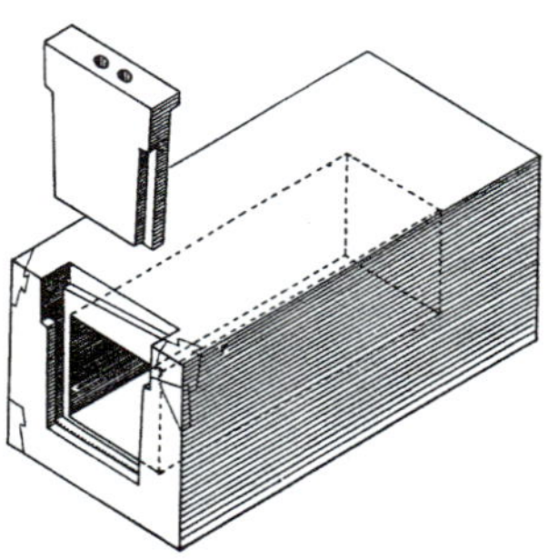

Man hätte erwartet, daß auf Djosers Stufenpyramide eine lange Reihe ähnlicher folgen würde. Doch obwohl sich spätere Generationen viele konkrete Elemente ausborgten: der rechteckige Stufenkomplex hielt sich nicht.

Die vergrabene Pyramide Sechemchets

Die Sechemchet-Pyramide in Saqqara, südwestlich der Djosers gelegen, war ein Versuch, erneut einen solchen Komplex zu bauen, wurde aber bald nach Beginn wieder abgebrochen. Der Turiner Papyrus gönnt Djosers Nachfolger Djoserty nur sechs Herrschaftsjahre. Damit läßt er sich als der König mit dem Horusnamen Sechemchet identifizieren, dessen Pyramide über die Höhe ihres rechteckigen Hofes nie hinauskam. Man hat sie die »vergrabene Pyramide« genannt, doch lassen ihr Basismaß und der Neigungswinkel eine beabsichtigte Höhe von rund 70 Metern in sieben Stufen vermuten – höher als die Djosers.

Für den Bau verwendeten die Maurer dieselbe Technik wie bei Djoser: um 15° nach innen geneigte Mauerbetten mit rechtwinklig zur Neigung verlegten Steinlagen. Da die Pyramide unvollendet blieb, erhielt sie nie ihren Kalksteinmantel, aber der Unterbau war weit gediehen. Galerien und Gemächer umschließen U-förmig den Pyramidenuntergrund.

Am Ende des Eingangskorridors, vorbei an drei offenbar intakten Sperren, fand Zakaria Goneim genau unter der Pyramidenmitte die rechteckige, unfertige Grabkammer. Gänge führten zu ebenfalls unfertigen Galerien, die Teil geplanter »Gemächer« wie bei Djoser sein mochten.

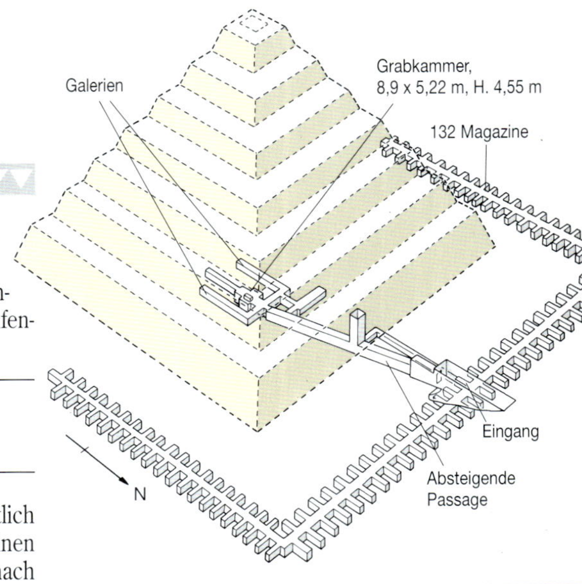

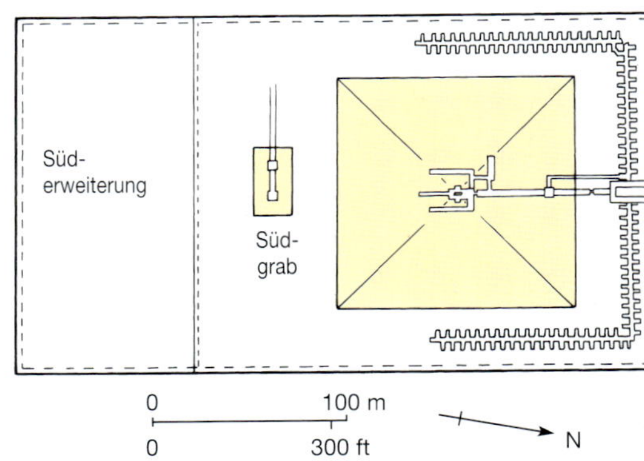

Im Zentrum der Kammer lag ein Alabastersarkophag, auf ihm zwei Bänder aus Pflanzenmaterial, wohl von einem Kranz. Der Sarg ist insoweit einmalig, als er aus einem einzigen Stein gehauen war und an einem Ende eine Schiebetür besitzt. Der Ausgräber konnte das, wie er sagt, mörtelverschmierte Paneel nur mit großer Mühe anheben; der Sarg war leer. Manche bezweifeln die Unversehrtheit des Grabes, aber Goneim war sich sicher, daß er es genau so vorfand, wie es die Erbauer verlassen hatten.

Auch das Südgrab Sechemchets wurde entdeckt, genauer: sein Fundament und Teil einer zerstörten Mastaba, da es ebenfalls unvollendet blieb. Am Ende einer einfachen Verbreiterung des Eingangskorridors wurde ein Holzsarkophag mit den Überresten eines zweijährigen Kindes gefunden, dazu Steinvasen und Schmuck aus der 3. Dynastie. Irgendein Geschehnis bei Hofe muß der Arbeit am wichtigsten Denkmal des Landes ein Ende gesetzt haben. Das Kind ist aber nicht Sechemchet. Er regierte sechs Jahre und ist auf einem Relief im Wadi Maghara im Sinai schon als Jüngling abgebildet. Das Geheimnis bleibt ungelöst.

Die Schichtpyramide von Saujet el-Arjan

Auch der Versuch eines weiteren Königs der 3. Dynastie, einen Stufenpyramidenkomplex zu erstellen, schlug fehl. Über die Schichtpyramide von Saujet el-Arjan wissen wir noch weniger als über die Sechemchets. Sie liegt etwa 7 km nördlich von Saqqara auf einem Grat nicht weit über der Flutebene. Damit bricht sie mit der von Djoser und Sechemchet begründeten Tradition, weit draußen in der Wüste zu bauen.

Der Oberbau besteht aus typischem Mauerwerk der 3. Dynastie mit 14 nach innen an einen Zentralkern lehnenden Steinlagen. Jede Mauerlage war außen geglättet und stützte sich auf groberes Mauerwerk mit dicken Lehmmörtelfugen. Die fertige Pyramide hätte wahrscheinlich in fünf Stufen eine Gesamthöhe von 42–45 m erreicht. Verkleidungsspuren fanden sich keine, wohl weil auch diese Pyramide unfertig blieb. Der Unterbau ähnelt so sehr dem der Pyramide Sechemchets, daß zwischen den beiden kaum viel Zeit gelegen haben dürfte. Bestattungsspuren fanden sich nicht, und eine Seitenpassage führt zu sauberen und leeren Galerien – als seien die Arbeiter eben erst weggegangen. Vielleicht war das angesichts des frühen Todes des Königs ja auch der Fall. Einen Hinweis auf den Eigentümer gibt der Horusname Chaba auf Steinvasen in einer Mastaba nördlich der Pyramide.

(Oben) Die Schichtpyramide von Saujet el-Arjan gehörte vielleicht Chaba und wurde ebenfalls als Stufenpyramide begonnen. Die nach innen geneigten Steinschichten sind heute noch erkennbar.

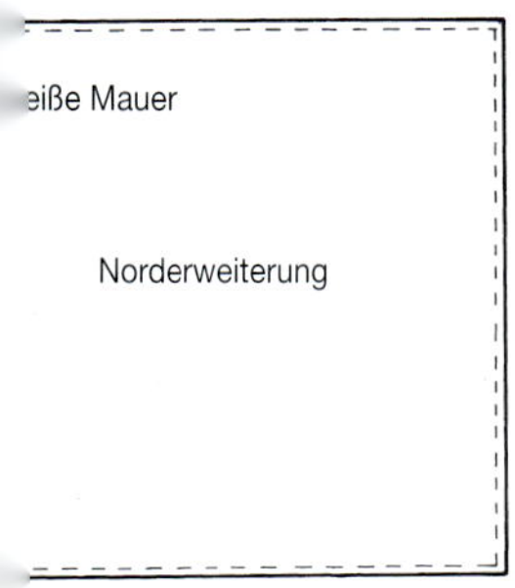

(Links) Die wahrscheinlich als siebenstufige Stufenpyramide geplante Sechemchet-Pyramide wurde nie vollendet. Ihr Basismaß betrug 120 m. Eine Norderweiterung der Einfriedung umfaßte eine Mauer mit Bastionen und Nischen, die wie Djosers Einfriedungsmauer mit feinem Kalkstein verkleidet war.

(Rechts) Gefäße in einer Mastaba nahe der Pyramide waren mit dem Horusnamen Chabas beschriftet.

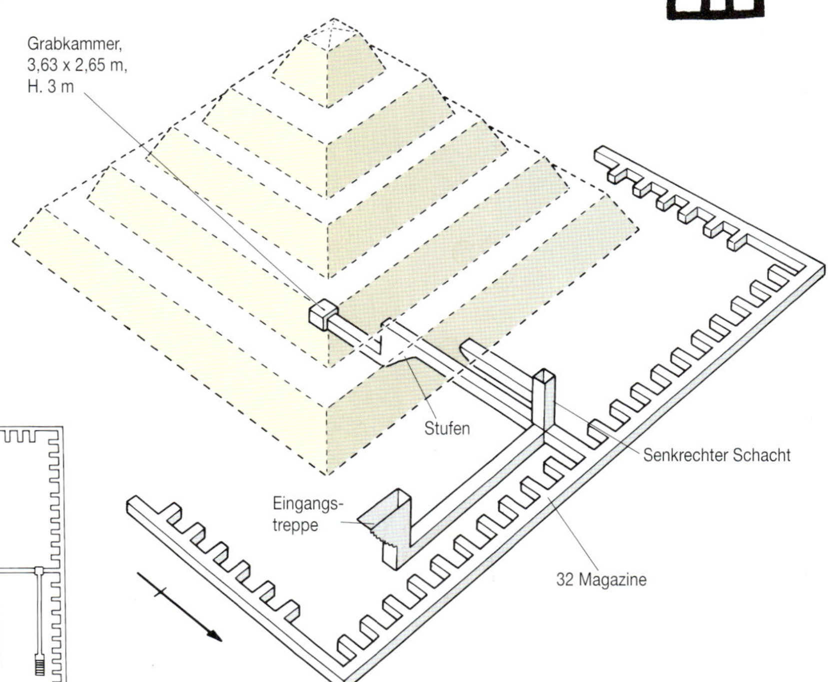

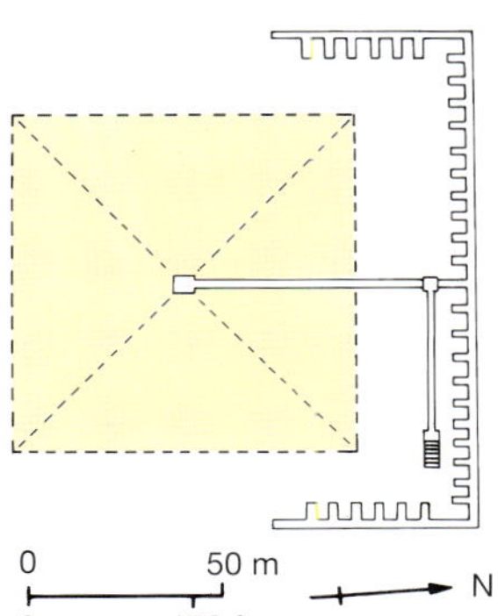

Das Basismaß der unfertigen Schichtpyramide betrug 84 m; sie sollte wohl eine Höhe von bis zu 45 m erreichen. Man betritt sie über Stufen in einem offenen Graben. Über eine abfallende Passage gelangt man zum unteren Ende eines senkrechten Schachts, von dem eine unfertige Passage nach Süden führt. Eine tiefere Passage führt, ebenfalls nach Süden, zu einer Treppe und der Horizontalpassage zur Grabkammer.

Das Rätsel der Provinz-Stufen-pyramiden

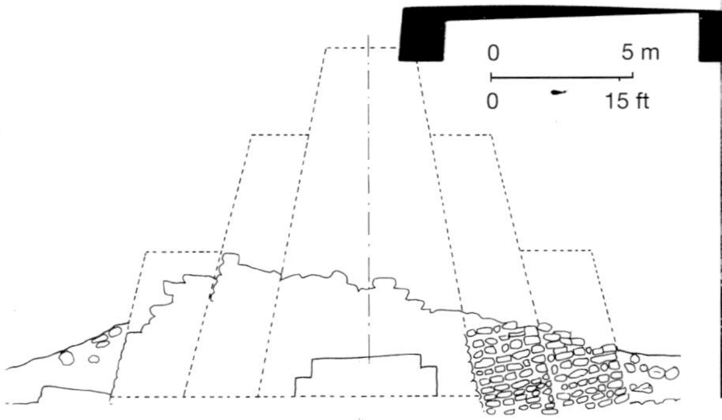

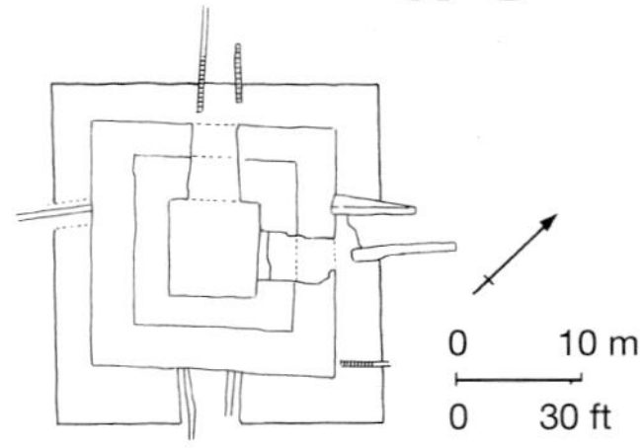

(Rechts) Die Stufenpyramide von Sinki bei Abydos. Als Nabil Swelim und Gunter Dreyer sie ausgruben, waren noch Rampen und Markierungsziegel vorhanden. (Ganz rechts) Die Pyramide von Saujet el-Meitin. (Unten) Die Pyramide in Seila.

In den Provinzen sind sieben Stufenpyramiden bekannt. Die südlichste steht auf der Insel Elephantine. Drei weitere gibt es bei Ombos, Edfu und Hierakonpolis (in El-Kula), die nächste in Sinki bei Abydos. In Saujet el-Meitin in Mittelägypten findet sich eine vereinzelte Kleinpyramide. Eine letzte in Seila überblickt von einem Wüstensporn her das Fajum.

Welchem Zweck sie dienten, ist mysteriös. Sie könnten die Heimatgebiete königlicher Gattinnen markieren, aber auch geheiligte Stätten von Horus und Seth oder Symbole des Urhügels sein. Bislang fand man bei keiner eine Grabkammer oder Nebenbauten wie etwa eine Kapelle. 1987 entdeckte die Expedition der Brigham Young University jedoch Fragmente eines Opfertisches, zwei Stelen (eine davon trug den Namen des ersten Königs der 4. Dynastie, Snofru) und winzige Spuren eines Lehmziegel-Aufwegs an der Ostseite der Pyramide in Seila. Damit gesellt sich Seila zur Snofru-Pyramide in Meidum und zu den beiden in Dahschur. Die fünf Pyramiden im Süden unterscheiden sich von den beiden im Norden; dennoch lassen ihre Ähnlichkeiten den Schluß zu, daß sie Teil eines einzigen Bauprogramms eines Königs waren – vielleicht des Huni, dem Vater Snofrus, denn sein Name stand auf einem großen Granitkonus, der in Elephantine gefunden wurde. Huni wird derzeit noch eine weitere Pyramide zugeschrieben. 1985 untersuchte Nabil Swelim in Abu Roasch eine große Felskuppe, die schon Lepsius mit Ziegeln bedeckt gesehen und mit »I« numeriert hatte. Von der Nordseite führt eine Passage zu einer Kammer der in Pyramiden der frühen 4. Dynastie gefundenen Art hinab. Obwohl die Lehmziegelkonstruktion für die genannte Periode untypisch ist, datiert Selim sie auf Ende der 3./Anfang der 5. Dynastie und schreibt sie Huni zu.

Vielleicht markieren die kleinen Stufenpyramiden den Ort königlicher Residenzen in der Nähe, aber außerhalb wichtiger religiöser oder politischer Zentren. Dieser hätte dann Königen oder deren Abgesandten zeitweilig als Residenz gedient, wenn sie durchs Land reisten, um Steuern einzutreiben oder Gericht zu halten. Desgleichen könnten die über die Provinzen verstreuten Pyramiden mit der frühen Organisation des Landes in »nomoi« (Provinzen) zu tun haben.

Sie sind also vielleicht Symbole lebendiger Souveränitätsausübung, womit die Stufenpyramide mehr als bloß Grab und Markstein eines toten Königs gewesen wäre. Interessant, daß Huni die Pyramide aufs Land trug, während wenig später für den Bau der größten Pyramiden aller Zeiten Menschen und Erzeugnisse aus den Provinzen ins Herz des ägyptischen Staates strömten.

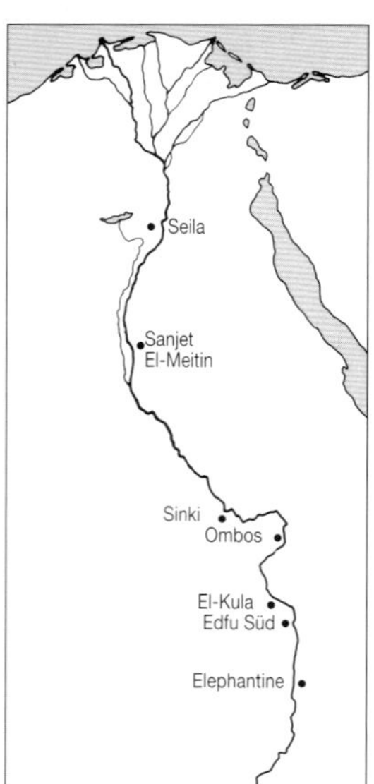

Die Provinzpyramide

	Elephantine	Edfu Süd	El-Kula	Ombos	Sinki	Sanjet el-Meitin	Seila
Orientierung	17° NW	~ N	O–W	~ 12° NW	~ O–W	~ 20° NW	12° NW
Max. erhaltene Höhe	5,1 m	5,5 m	8,25 m	*ca.* 4,5 m	*ca.* 4 m	4,75 m	6,8 m
Basislänge	Durchschn. 18,46 m 35,23 Ellen	35–36 Ellen	18,6 m 35,5 Ellen	18,39 m 35,09 Ellen	*ca.* 35 Ellen	2. Mauerlage: ~ 18,3 m, 35 Ellen 3. Mauerlage: 22,5 m, 43 Ellen	3. Mauerlage: 25 m, 48 Ellen
Neigungswinkel	13°	~ 13°	< 11°	10°	? > 10°	~ 10°	~ 14°
Stufen	3	(3)	3	3?	(3)	3 bzw. 4	4
König	Huni	? Huni	? Huni	? Huni	? Huni		Snofru

Meidum: Geheimnis und Übergang

Die ersten echten Pyramiden: Meidum und Dahschur

In vielem ist Meidum die geheimnisvollste aller großen Pyramiden. Die Rätsel dieser Pyramide und der sie umgebenden Nekropolis bergen ferne Ereignisse auf dem Weg des archaischen Ägypten ins klassische Pyramidenzeitalter des Alten Reiches. Als Snofru, der erste König von Manethos 4. Dynastie, um 2575 v. Chr. den Thron bestieg, war die einzig vollendete Großpyramide die des Djoser. Mit dem Bau von drei Kolossalpyramiden (Meidum sowie die Knick- und die Nordpyramide von Dahschur) und einer kleineren in Sela ging Snofru als größter Pyramidenerbauer in die ägyptische Geschichte ein; die Gesamtsteinmasse übersteigt sogar die Große Pyramide seines Sohnes Cheops in Gise.

Wie Djosers Stufenpyramide wurde auch die von Meidum in Etappen errichtet, beginnend mit einer in sieben Stufen (E1). Bevor noch die vierte oder fünfte Stufe fertig war, erweiterte der König das Projekt zu einer achtstufigen Pyramide (E2), die in Snofrus ersten 14 Amtsjahren vollendet wurde. Früher schrieb man dieses Monument Huni zu, nur weil man für ihn ein Königsgrab brauchte. Aber der alte Name von Meidum *Djed Snofru* (»Snofru lebt fort«) und die Tatsache, daß in den Texten vor Ort sein und nicht Hunis Name erscheint, läßt deutlich vermuten, daß ersterer Meidum von A bis Z erbauen ließ.

Im 15. Thronjahr zog Snofru mit seinem Hof in die Gegend von Dahschur um. In seinen letzten Herrschaftsjahren schickte er seine Arbeiter jedoch laut Stadelmann nach Meidum zurück, wo sie aus der ursprünglichen Stufenpyramide eine echte machen sollten (E3). Somit ist Meidum zugleich Anfang und Ende des Pyramidenbauprogramms Snofrus.

Heute besteht Meidum aus einem dreistufigen Turm, der aus einem Trümmerhaufen ragt. Meist geht man davon aus, daß der Turm zurückblieb, nachdem Außenmantel und Stufenverfüllung weggebrochen worden waren. So verzeichnet Petrie, sogar zu seiner Zeit sei die Pyramide noch als Steinbruch benutzt worden. Eine umstrittene andere Version lautet, die Pyramide sei noch während des Baus eingestürzt. Inzwischen sind die Trümmer jedoch weitgehend weggeräumt; darunter kam eine Reihe späterer Überreste zum Vorschein, aber keine Seile, Hölzer oder Arbeiterleichen aus der 4. Dynastie, was der Theorie eines plötzlichen Einsturzes widerspricht.

Bautechnisch war beim Oberbau zunächst nach dem alten Stufenstil mit nach innen geneigten Steinlagen verfahren worden. Für die Außenseite wurde Stein höherer Güte regelmäßiger verlegt, und die Außenflächen der Stufen bestanden aus weißem Tura-Kalkstein.

Das Pyramideninnere

Die Innenanordnung der Meidum-Pyramide war eine Neuerung, die zur Norm werden sollte. Ein langer Gang führte etwa von der Mitte der Nordseite zur

(Unten links) Die Verkragungstechnik für die Überdachung einer Grabkammer wurde erstmals in Meidum benutzt. Wie die Ostkapelle blieb auch die Kammer unvollendet, denn dem Mauerwerk fehlt der letzte Schliff.

(Unten rechts) Der Querschnitt durch die Pyramide in Meidum offenbart die Bauphasen und verschiedenen Baustile. Anfänglich verwendeten die Maurer die traditionellen, nach innen geneigten Mauerlagen; in der Endphase wurden regelmäßigere Lagen benutzt.

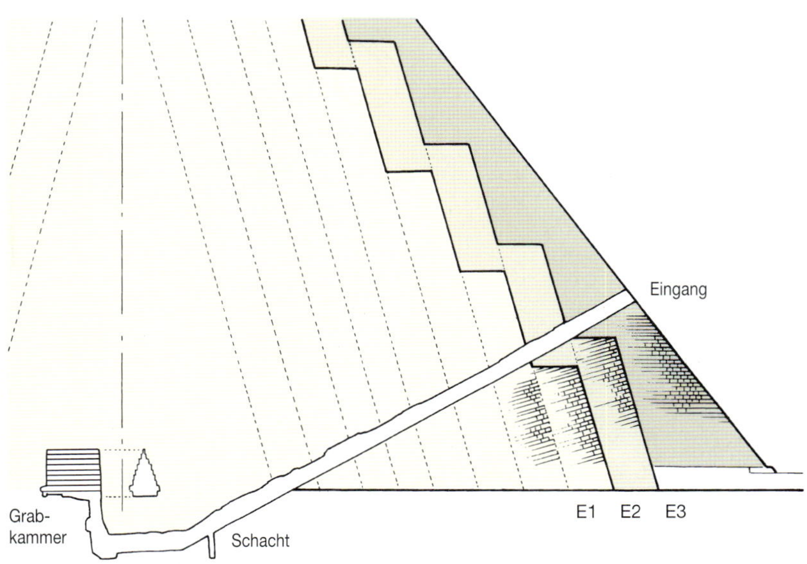

(Oben und gegenüber) Die Pyramide von Meidum ragt hoch über das Niltal, wo sich dieses zur schmalen Hauptstadtzone und dem Pyramidendistrikt verengt, der sich von hier aus über 70 km zur Untenspitze des Deltas erstreckt. Heute ist die Pyramide nur noch ein dreistufiger Turm, der sich aus einem Geröllhaufen erhebt.

Die kleine Kapelle an der Ostseite wurde hinzugefügt, als Snofrus Bauleute zurückkehrten, um eine echte Pyramide zu bauen. Als die Pyramide jedoch ein zweites Mal aufgegeben wurde, blieben die Stelen im Hof leer, vielleicht, weil der mächtige und ehrgeizige Cheops inzwischen an die Macht gelangt war.

Grabkammer. Den Unterteil der Passage schnitten Snofrus Arbeiter als offenen Graben in den Felsgrund und überdachten ihn. Das ist nicht ungewöhnlich, doch die Kammer bauten sie etwa auf Wüstenhöhe und verlängerten den engen Durchgang, der vom Eingang her abfiel, so in den Pyramidenkörper hinauf, daß er etwa 16,6 Meter über der Pyramidenbasis gleich über der ersten Stufe in sie eintrat. Etwa am Nadir der Passage öffnet sich ein senkrechter Schacht nach unten – ein Vorläufer der Schächte im Neuen Reich. Etwas weiter war ein in Wände, Fußboden und Decke gehauener Schlitz vielleicht für eine Tür bestimmt, denn dort fanden sich Holzfragmente.

Vom Korridor gehen zwei Räume oder Nischen ab, in denen wahrscheinlich die Blockiersteine lagen, mit denen er später versiegelt wurde. An seinem Ende führt ein weiterer Schacht senkrecht in die Grabkammer hinauf. Auf halber Schachthöhe ins Mauerwerk eingelassene Zedernstämme dienten vielleicht dazu, einen Sarkophag in die Kammer hochzuhieven – oder herabzulassen. Offenbar probierten Snofrus Arbeiter aus, wie man am besten einen Zentralraum inmitten der Pyramidenmasse schaffen konnte. Anstelle der dicken Granitbalken, die Djosers Gewölbe überdachen, kragte ab einer bestimmten Höhe erstmals jede Steinlage weiter nach innen, bis sich die beiden Wände fast berührten. Die Auskragung ist mit 5,90 auf 2,65 m bemerkenswert klein und war vielleicht als eigenständige Kassette gedacht, wurde aber nie fertig. Nahe der Kammerspitze am Nordende brachten die Arbeiter weitere Stämme an, von denen einer erhalten blieb. Auch sie mögen dem Hochheben des Sarkophags gedient haben. In der Kammer fand sich aber keine Spur eines Sarkophags. Auf dem Schachtboden fand Petrie Stücke eines Holzsarges des »ersten, einfachen Stils«, die jetzt im Londoner University College liegen.

Der Pyramidenkomplex

Eine große, rechteckige Einfassungsmauer, von der nur Spuren übrig sind, umschloß mehrere Elemente des Komplexes, die später zur Norm werden sollten. Auf der Südseite der Pyramide stand vielleicht eine

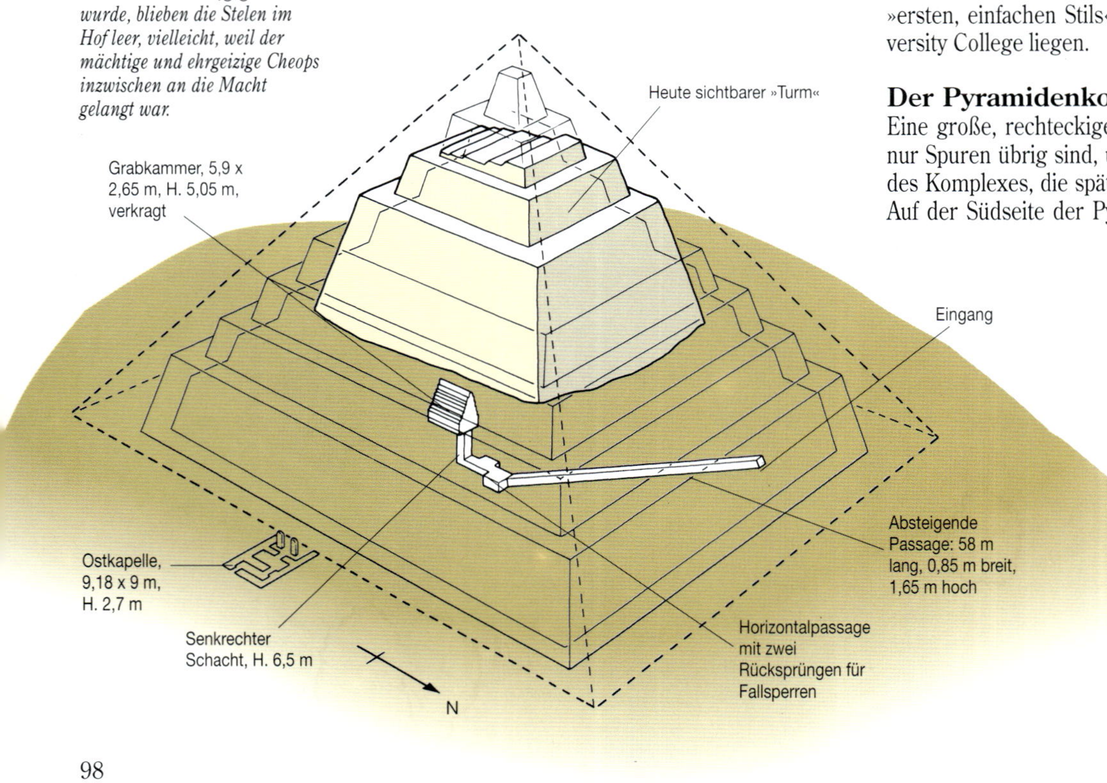

Der Entwicklungsweg der Pyramide: von E1 (siebenstufige Stufenpyramide) über E2 (achtstufige Stufenpyramide) zur echten Pyramide mit 51° 50′ 35″ Gefälle. Ihre Basislänge maß etwa 144 m, die Höhe 92 m. Meidum repräsentiert Anfang und Ende der Snofru-Herrschaft und den Übergang vom archaischen zum klassischen Pyramidenzeitalter. Die große absteigende Passage an der Nordseite zur Grabkammer muß von Anfang an eingeplant gewesen sein.

kleine Nebenpyramide, die aber schon stark zerstört war, als Petrie sie fand. In ihrem Innern führte ein kurzer, abfallender Durchgang von Norden her zu einer Grabkammer. Im Schutt an der Ostseite der Kleinpyramide fand sich ein Relieffragment mit den Beinen eines Falken – vielleicht der einzige Rest eines Stelenpaars, über dem der Horusfalke stand (wie jenem vor der Nebenpyramide der Knickpyramide).

Ebenfalls zur Norm wurde der Aufweg. Das Petrie-Team grub einen langen Kanal aus, der von Ostsüdosten in gerader Linie zur Pyramidenmitte führt, und nannte ihn »Zuweg«. Er liegt südlich des endgültigen Aufwegs und kann eine Vorversion sein. Beide sind als Kanäle in den Felsgrund gehauen und lehmgepflastert, die Seitenwände bedecken Lehmziegel. Der Aufweg selbst hat jedoch vollständige Seitenwände aus Kalkstein.

Die königliche Nekropolis

Seitdem Hor-Aha den Beamtenfriedhof der 1. Dynastie in Saqqara eingerichtet hatte, war Meidum die erste neue Elite-Nekropolis. Wie die Meidum-Pyramide den Übergang von der Stufen- zur eigentlichen Pyramide darstellt, ist auch die Nekropolis, deren Zentrum sie bildet, ein unfertiger Übergang von alt zu neu.

Zunächst wollten die Erbauer die Vorlage von Saqqara mit dem Begräbnisdenkmal des Königs im Süden und mehreren großen Mastabas fürs Gefolge nördlich davon am Ostabhang entlang nachvollziehen. Mastaba 16 gehörte dem Snofru-Sohn Nefermaat, die anonyme Mastaba 17 nahe der Pyramide wohl einem weiteren Prinzen. Dann kam die Idee auf, den Friedhof besser zu organisieren und westlich der Pyramide getrennt zu plazieren. Daraus entstand das Konzept, das dann im Westfriedhof Cheops' in Gise vollendeten Ausdruck fand. Die meisten Gräber blieben indes nach dem Umzug nach Dahschur und der zweiten Aufgabe Meidums unvollendet und unbenutzt.

Zurück nach Meidum: Die wahre Pyramide

Wahrscheinlich im 28. oder 29. Herrschaftsjahr befahl Snofru seinen Arbeitern, nach Meidum zurückzukehren und die Stufenpyramide in eine richtige (E3) mit einem Neigungswinkel von 51° 50' 35" umzubauen, fast demselben wie bei Cheops. Sie vergrößerten die Seitenlängen und verlängerten die Innenpassage durch zusätzliches, nunmehr horizontal verlegtes Mauerwerk hindurch nach oben (wie erstmals im Oberteil der Knickpyramide von Dahschur).

Weitere Elemente, die in komplexerer Form später zur Norm wurden, traten hinzu. An der Mitte der Ostbasis wurde ein Tempel errichtet, der so winzig ist, daß er eine bloße Gedenkkapelle gewesen sein könnte, denn Snofru beendete die Pyramide nicht als Grab, sondern als Kenotaph. Das Innere weist dieselben

(Oben) In den Kapellen der Nefermaat-Mastaba (16) experimentierten die Künstler mit der Grabverzierung. Die Figuren wurden tief eingemeißelt und mit farbigem Gips ausgefüllt. Diese restaurierte Bildplatte heißt übersetzt: »Er schuf seine Hieroglyphen in einer Schrift, die nicht getilgt werden kann.«

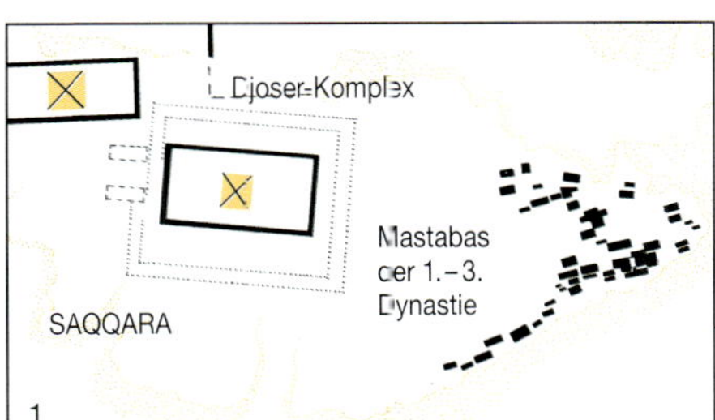

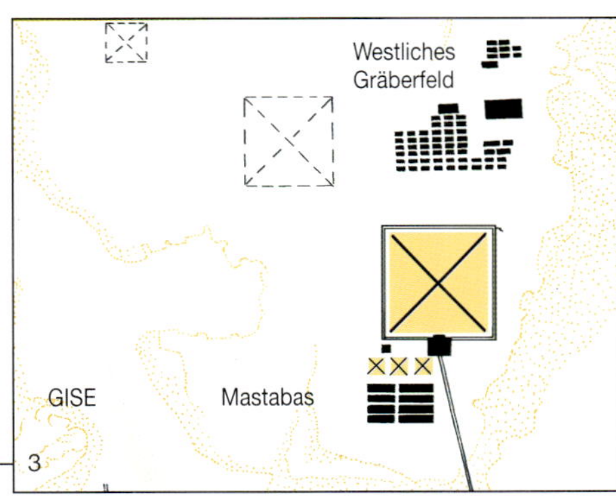

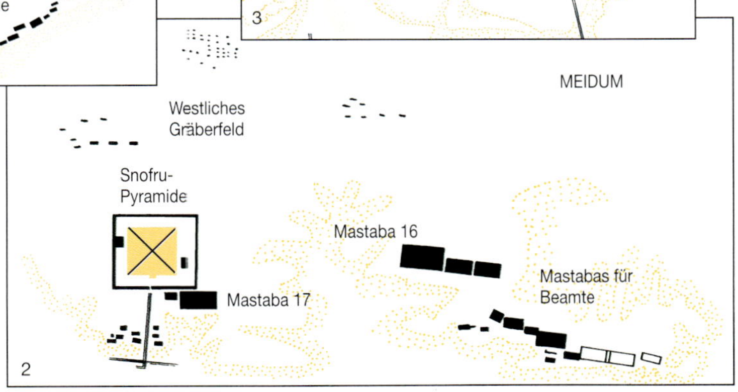

Die Entwicklung der Königsnekropole läßt sich von Alt-Saqqara (1), wo die Elitegräber entlang der Böschung lagen, über ein angelegtes, aber unfertiges Westliches Gräberfeld in Meidum (2) zu den sauberen Gräberreihen westlich und östlich der Cheops-Pyramide in Gise (3) verfolgen. Die Pläne haben unterschiedliche Maßstäbe.

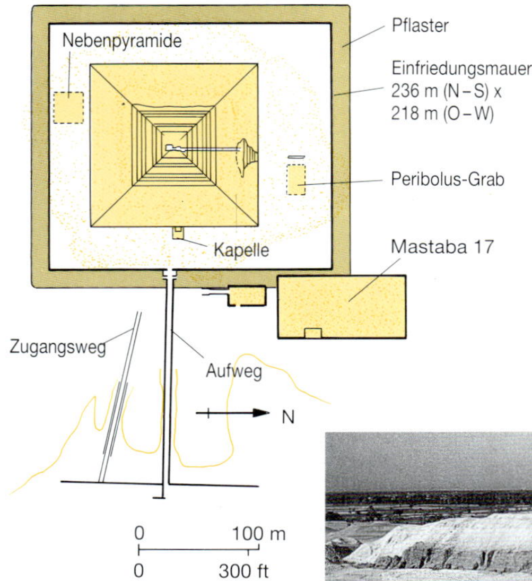

(Links) Plan von Meidum; das 14,5 m breite dunkle Band, das die Einfriedung umschließt, ist Petries »Pflaster aus Gesteinssplittern und -staub«. Im Peribolus-Grab wurde ein weibliches Skelett gefunden. Mastaba 17 (unten) war mit Kalksteinsplittern vom Bau einer Pyramide (E3?) gefüllt. In dem Granitsarkophag, der noch immer in der Nische am Westende steht, lag die gefledderte Mumie eines Fürsten, dessen Namen wir nicht kennen.

(Oben) Zwei Rundkopf-Stelen, Kapelle und Aufweg der Pyramide in Meidum. Wären die Stelen wie ähnliche in Dahschur beschriftet gewesen, hätten für den über den Aufweg Kommenden die Horus-Falken ausgesehen, als säßen sie auf dem Kapellendach. Die Stelen blieben jedoch völlig leer.

(Unten) In der Bauphase E3 der Meidumpyramide wurden die Mantel- und Verfüllsteine horizontal verlegt.

gewundenen Passagen auf, wie man sie vor den Kapellen von Djosers Stufenpyramidenkomplex findet. In einem kleinen, offenen Hof standen zwei 4,2 Meter hohe Stelen.

Ein langer, unüberdachter Aufweg im Felsgrund führte vom Pyramidenhof in den Talgrund. Dort könnte man einen Taltempel wie bei späteren Pyramiden erwarten, aber die Ausgräber fanden nur Lehmziegelwände. Angesichts der einfachen Form anderer Elemente in Meidum führte der Aufweg vielleicht nur in einen einfachen Hof mit Plattform.

Ein zweites Mal aufgegeben?

Snofrus zwei Stelen in der Kapelle wurden nie mit seinem *serech* beschriftet und blieben kahl – fast unverständlich angesichts des Glaubens der Ägypter, ohne Namen habe ein Denkmal (wie eine Person) keine Identität. Vielleicht verursachten der plötzliche Tod des Königs und die Thronbesteigung des aggressiven jungen Prinzen Cheops den abrupten Arbeitsabbruch. Man kann annehmen, daß die dritte Phase der Pyramide (E3) fertig war und nur die Feinarbeit an den Kapellenwänden und die Steleninschriften noch ausstanden. Wenn Plünderer die Pyramide später ausschlachteten, warum verschonten sie dann den unteren Teil der Verschalung und die Stelen? Vielleicht erreichten sie den Oberteil über stehengebliebene Rampen, da die Erbauer ja die alten Pyramidenstufen nie vollständig zur richtiggehenden Pyramide aufgefüllt hatten. Dann hätten Bauschutt und Rampen das untere feinere Mauerwerk verdeckt, das sich die Plünderer gewöhnlich als erstes vornahmen. Damit böte sich die Meidum-Pyramide heute als teils im Bau befindlich, teils schon wieder halb abgerissen dar. Die zwei klar verschiedenen Arten von Schutt können einen bedeutsamen, aber übersehenen Hinweis liefern. Der untere Typus bedeckte eine gut erhaltene Verkleidung, der obere entspricht einem stark verwitterten Außenmantel. Daraus läßt sich ableiten, daß die untere Schicht bald nach Aufbringen der Verkleidung entstand, die obere hingegen, als Verschalungsbrocken von weiter oben herabstürzten. Könnten im unteren Geröll Überreste der ursprünglichen Baurampen enthalten sein?

Da so viel Stein geraubt wurde, können wir in Wirklichkeit einfach nicht sagen, wie weit die Erbauer die Meidum-Pyramide fertiggestellt haben. Zwischen dem Besuch Scheich Abu Mohammed Abdallahs 1117–1119 und dem Nordens im Jahr 1737, als die Pyramide schon ihre heutige Gestalt hatte, scheinen zwei Stufen verschwunden zu sein. Andererseits bestieg 1899 der Landvermesser M.A. Robert die Meidum-Pyramide, um auf ihr eine Markierung anzubringen, und gewann dabei den Eindruck, die höchste Stufe sei nie fertiggebaut worden. Griechische Kritzeleien und drei kleine Hieroglyphen zeigten, daß die Spitze schon in alter Zeit zugänglich war. Robert brauchte nicht einmal ein Loch für sein Fähnchen zu machen, denn in der Mitte der Spitzenstufe war schon eines, das als Halterung für einen Peilstab gedeutet worden ist, den die Erbauer beim Hochziehen der Pyramidenverkleidung für Diagonalmessungen verwendet hätten.

Dahschur

Was auch der Grund war – etwa im 15. Herrschaftsjahr gab Snofru Meidum auf und zog 40 km weiter nördlich nach Dahschur. Hier begründete er eine neue Nekropolis; das war um so ungewöhnlicher, als in Meidum zum ersten Mal seit Gründung von Saqqara eine Königsnekropolis auf unberührtem Gelände angelegt worden war. Ein Motiv mochte der Wunsch Snofrus sein, näher an die Deltaspitze und den immer wichtigeren Handel mit Syrien und der Levante heranzurücken.

In Dahschur baute Snofru zwei Großpyramiden – die Knick- und die Nord- oder Rote Pyramide. Die beiden liegen grob in einer Linie. Von der Knickpyramide verläuft ein langer Aufweg zum ersten Taltempel, wie man ihn oft nennt, der aber tatsächlich ziemlich weit in der Wüste liegt. Nordöstlich der Knickpyramide wurde der Bau eines Mastaba-Friedhofs begonnen. Die mit Reliefkapellen verzierten Gräber waren für Snofrus Hof-Elite bestimmt.

1986 grub Stadelmann Lepsius' Pyramide Nr. 50 (L) aus. Sie liegt 250 Meter östlich der Nordpyramide und besteht lediglich aus einer kaum begonnenen Pyramidenbasis. Auf der Ostseite befanden sich große Kalksteinblöcke und eine Ziegelrampe, die vielleicht für den Bau der unterirdischen Gemächer vorgesehen waren. Die Keramik der Umgebung dürfte aus der 4. Dynastie stammen.

Auch die Pharaonen des Mittleren Reiches, angefangen mit Amenemhet II , erwählten Dahschur zum Pyramidenbauplatz. Die Amenemhets III. und Senwosrets bestehen aus Lehmziegeln, und erstere nimmt sich in mancher Hinsicht wie eine Lehmziegelversion der Meidum-Pyramide aus. Genau wie Snofru, der wegen des instabilen Wüstensands, -gerölls und -lehms mit seiner Knickpyramide in Dahschur auf erhebliche Stabilitätsprobleme stieß, hatte auch Amenemhet III., der auf ähnlichem Grund baute, mit Absenkungen und Rißbildung zu kämpfen. Vermutlich war das der Grund, warum er eine weitere Pyramide in Hawara baute, genau wie Snofru nördlich der ersten in Dahschur einen Ersatz angelegt hatte.

Zwei von Snofrus Söhnen, Nefermaat und der anonyme Prinz der Mastaba 17, wurden in Meidum begraben. Ein weiterer Sohn, Kanefer, liegt in einem der Gräber nahe der Pyramide Amenemhets II. Einer dieser drei Söhne hätte den Thron erben sollen, doch der ging an Cheops über, der noch sehr jung gewesen sein muß, als er zu bauen anfing. Das mag die Zuversicht erklären, mit der er sein gigantisches Programm in Gise begann.

Obwohl er in Dahschur zwei Riesenpyramiden erbaut hatte, von denen eine für seine Bestattung vorgesehen war, gab sich Snofru offenbar immer noch nicht zufrieden und kehrte nach Meidum zurück, um seine dortige Pyramide fertigzustellen.

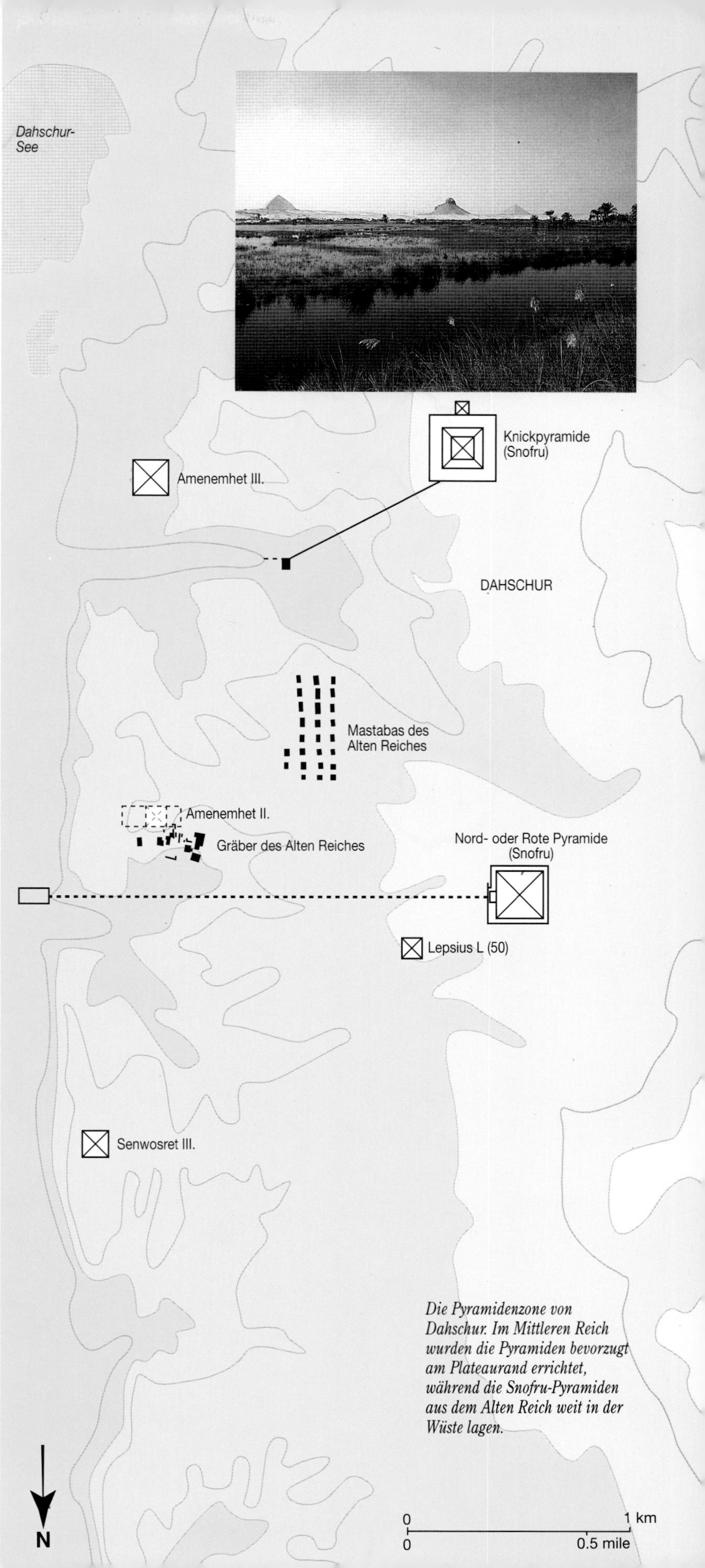

Die Pyramidenzone von Dahschur. Im Mittleren Reich wurden die Pyramiden bevorzugt am Plateaurand errichtet, während die Snofru-Pyramiden aus dem Alten Reich weit in der Wüste lagen.

Da an der Knickpyramide noch relativ viel Verkleidung erhalten ist, erkennt man, daß die Plünderer den feinen Kalkstein von den Ecken her und von unten nach oben abtrugen.

Die Knickpyramide

Als Snofru seine Stufenpyramide in Meidum aufgab und nach Dahschur zog, gab es noch keinen Plan für eine echte Pyramide. Uns, die wir die klassische Pyramide mit ihrer Neigung von 52° oder 53° vor Augen haben, mag das seltsam erscheinen. Es war aber die Zeit des großen Experimentierens, etwa der vergleichbar, als Djosers Architekt Imhotep die Stufenpyramide baute.

Wie die Pyramide zum Knick kam

Der Neigungswinkel der alten Stufenpyramiden war mit 72° bis 78° sicherlich für eine echte Pyramide zu steil. Aus Anzeichen im Kern der Knickpyramide ist zu schließen, daß sie als viel kleineres Bauwerk mit etwa 60° Neigung begann. Doch bald kam es zu Absenkungen. Als Notmaßnahme wurde ein Gürtel um den Pyramidenstumpf gezogen, der nun eine Neigung von knapp 55° aufwies.

In diesen frühen Bauabschnitten wurden nach traditioneller Methode die Steinlagen nach innen geneigt verlegt. Trotz des geringeren Neigungswinkels scheint es noch große Probleme gegeben zu haben, weshalb man etwa auf halber Höhe Steinlagen horizontal zu setzen begann. Man hatte erkannt, daß die Innenneigung die Stabilität nicht förderte, sondern den Druck auf die Pyramide noch erhöhte.

Nun wurde die Stufenpyramide mit nur noch 43° bis 44° Neigung fortgesetzt, und so entstand der Knick. Vielleicht wurde jetzt, vor Fertigstellung des Oberteils, beschlossen, in Nord-Dahschur eine neue Pyramide anzufangen. Etwa zur selben Zeit (nach Stadelmann wohl im 30. Herrschaftsjahr Snofrus) begann auch die Arbeit an der Nebenpyramide.

Auch andere Änderungen der Konstruktionsmethode sind erkennbar. Die Kern- und die Verkleidungssteine sind größer (letztere erheblich) als in der 3. Dynastie. Doch auf saubere Maurerarbeit im Innern wurde wenig geachtet. Beträchtliche Lücken zwischen den Steinen sind einfach mit Kalksteingeröll und manchmal sogar Tafla verfüllt. Die Verwendung von Gipsmörtel hatte gerade erst begonnen, doch im Gegensatz zum Wüstenlehm mußte er eigens hergestellt werden, und dazu brauchte man Brennmaterial. Diese Kombination von schlechtem Mörtel, schlampig verlegten Blöcken und – vor allem – instabilem Wüstengrund war es, der zu bautechnischen Problemen führte.

(Unten) Das Fallsperrsystem in der Westpassage; die Sperre ist offen. Das läßt darauf schließen, daß die höhere Kammer ursprünglich für Snofrus Beisetzung gebaut wurde.

Snofrus Knickpyramide – »Die Strahlende Pyramide des Südens« – hat eine Basislänge von 188 m und eine Höhe von 105 m. Bis zum Knick betrug der Neigungswinkel 54° 27′ 44″, danach 43° 22′.

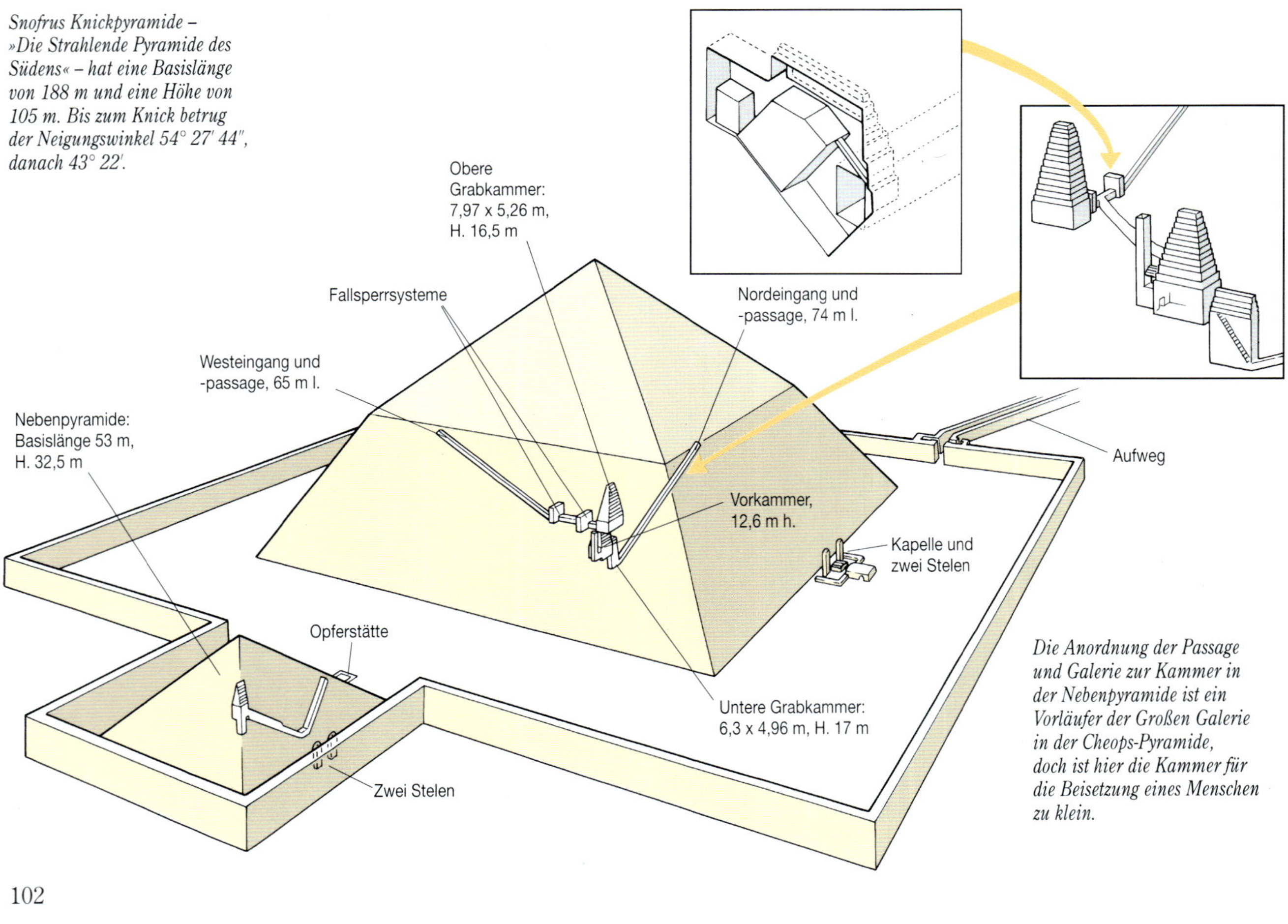

Die Anordnung der Passage und Galerie zur Kammer in der Nebenpyramide ist ein Vorläufer der Großen Galerie in der Cheops-Pyramide, doch ist hier die Kammer für die Beisetzung eines Menschen zu klein.

Das Pyramideninnere

Das Einmalige an der Knickpyramide sind die zwei Innenbauten mit Eingängen von der Nord- und Westseite. Von Norden führt eine lange, abfallende Passage in eine enge Vorkammer mit eindrucksvoll verkragtem Dach. Die ebenfalls verkragte Grabkammer liegt über ihr und wurde vielleicht über eine Treppe oder Leiter erreicht. Die gesamte Bauanlage, zu der auch noch ein senkrechter Schacht gehört, der präzise in der Zentralachse der Pyramide liegt, mußte in einem Graben unter der Wüstenoberfläche errichtet werden.

Die zweite Passage verläuft von der Westseite durch Fallblockiersysteme zu einer weiteren Grabkammer mit verkragter Decke. Sie liegt höher als die erste. Auch hier sind Stabilitätsprobleme unverkennbar, denn die ganze Kammer war mit Balken und einem großen Gerüst aus dicken Zedernstämmen abgestützt.

Nach Fertigstellung beider Kammern wurde zwischen ihnen ein Verbindungsgang angelegt – eindeutig später, denn jemand, der die Lage der beiden Kammern genau kannte, schlug ihn durchs Mauerwerk. Warum Snofru diese Doppelanordnung beschloß, bleibt der Spekulation vorbehalten. Vielleicht war das westliche System ein Überrest von Djosers Südgrab, denn die lange Passage unterstrich erneut die generelle Südwestorientierung des Königsfriedhofs der 1. Dynastie in Abydos.

Der Pyramidenkomplex

Im Zentrum der Ostseite der Knickpyramide liegt eine kleine Kapelle. Wie in Meidum besteht ein auffälliger Gegensatz zwischen diesem winzigen Bau und der Riesenpyramide. Stadelmann betont, die Kapellen bei der Meidum- und der Knickpyramide seien kein Teil der Entwicklung großer Totentempel, sondern als einfache Schreine für Pyramiden gedacht gewesen, die Snofru als Kenotaphen vollendete.

Ursprünglich war die Kapelle der Knickpyramide ein ganz einfacher Bau aus zwei Tura-Kalksteinwänden mit Flachdach und wurde später mit Lehmziegelwänden erweitert. Im Innern befand sich eine Opferstatt aus einer Platte in der Form der Opfer-Hieroglyphe *hetep* – ein stilisierter Brotlaib auf einer Schilfmatte. Dahinter standen zwei rundköpfige Stelen (die Stümpfe sind noch da), auf denen früher die Namen Snofrus standen.

Ein Aufweg, ebenfalls mit Tura-Kalksteinwänden, ging vom Pyramidenkomplex ab zum ersten »Taltempel«, wie man ihn oft nennt – einem schönen kleinen Rechteckbau. Auf der Rückwand befanden sich sechs Statuen des ausschreitenden Snofru. Davor standen zwei Reihen von je fünf Rechtecksäulen, die den Statuen seltsamerweise den Weg versperrten. Die Wände eines Hofes dahinter trugen Reliefs – die ersten Darstellungen der Landgüter des Königs, die den Snofru-Statuen Ernteopfer darbieten. Bei dem Bau handelt es sich um eine Kombination aus Toten-

Snofrus Knickpyramide mit Nebenpyramide in Nordwest-Südostrichtung gesehen.

Eine Stele aus der Knickpyramide des Snofru zeigt den sitzenden König.

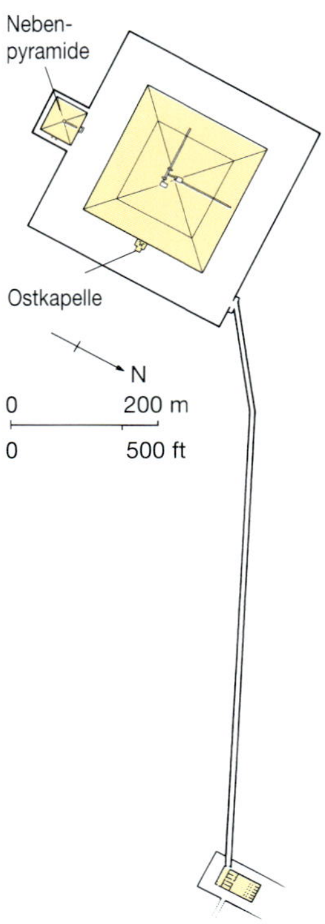

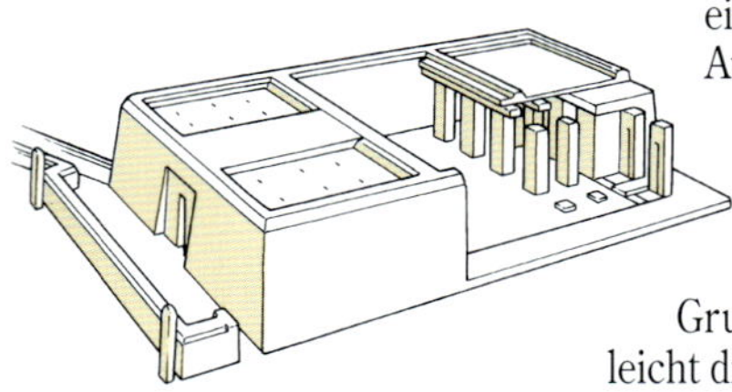

Der Aufweg zwischen der Knickpyramide und dem »Taltempel« ist 210 m lang. In Wirklichkeit liegt der Tempel nicht unten im Tal, sondern weit oben in einem engen Wadi, der in der Überschwemmungszeit teilweise überflutet gewesen sein kann. An den Südecken standen zwei Namens-Stelen des Königs.

und Taltempel; seine Merkmale tauchen später in beiden auf. Hof, Säulen und Statuen finden sich in späteren Totentempeln, und der Bau liegt etwa auf halbem Weg ins Tal. Ein zweiter Aufweg dürfte ihn mit einem Dock oder Landesteg verbunden haben.

In ihrer Steinmetztechnik und Innenstruktur ist die Nebenpyramide ein wichtiges Bindeglied zu Cheops' Großer Pyramide. Die Blocklagen wurden nach der neuen Methode horizontal verlegt. Damit standen die Maurer jedoch vor einem neuen Problem: Das Gefälle mußte jetzt in die Außenseite der Verkleidungssteine geschnitten werden. Es gibt Anzeichen, daß dabei oft die spitze Unterlage abbrach und repariert werden mußte. Die Außenverkleidung steht auf einer Terrasse, die sich in vollendeter Form auch bei den Gise-Pyramiden findet. Dank Stadelmann wissen wir seit kurzem, daß auch Snofrus Nordpyramide auf einer Kalksteinterrasse erbaut wurde.

Die Innenstruktur ist mit einer ab- und einer aufsteigenden Passage gewissermaßen die Große Pyramide in Kurzform. Eine kleine Kerbe an der Stelle, wo die aufsteigende Passage zu einer Großen Galerie en miniature wird, bestärkt den Verdacht, daß dieses Bauelement in der Großen Pyramide zur Lagerung von Verschlußblöcken gedacht war, die abgelassen werden konnten, indem man mit einem Seil ein in der Kerbe steckendes Holzstück herauszog. Wie im Südgrab Djosers ist auch hier die Grabkammer der Nebenpyramide für die Bestattung eines Menschen zu klein. Vielleicht diente sie der rituellen Bestattung einer Königsstatue.

Auf der Ostseite der Pyramide befand sich eine Opferstätte, wiederum mit zwei rundköpfigen Stelen, die Snofrus Namen tragen. Auf der Nordseite gleich unter dem Eingang gab es eine seltsame Einfriedung oder Grube für irgendwelche Kulthandlungen – vielleicht die Bestattung von Opfergaben.

Der Snofru-Kult

Im Gegensatz zu den königlichen Bauherren von Gise, die im Mittleren Reich offenbar völlig in Vergessenheit geraten waren, hielt der Snofru-Kult noch lange Zeit an. Sein Schwerpunkt lag im Taltempel der Knickpyramide. Warum, ist eine interessante Frage. Vielleicht, weil die Knickpyramide ein vollendeter Komplex war. Obwohl Snofru wahrscheinlich nicht hier begraben wurde, steht doch sein Name auf mehreren Stelen; hier also lebte er weiter. Es ist eine Ironie des Schicksals, daß ausgerechnet an diesem Pyramidenkomplex die schwersten Bauprobleme auftraten und die Nerven der Bauleute auf die härteste Probe gestellt wurden.

Die Nord-Pyramide

Etwa im 30. Thronjahr gab Snofru die Knickpyramide als Begräbnisort auf, wenngleich er sie, wie Meidum, später vollenden ließ. Dafür begann er die Nord- oder Rote Pyramide, von Anfang an mit sanfterem Gefälle (43° 22'). Sie war in vielem eleganter als die Knickpyramide, an der die Erbauer offenkundig mit vielerlei Lösungen für die auftretenden Bauprobleme experimentierten. Nicht so an der Nord-Pyramide; ihre Konstruktion ist sauber geplant und materialgerecht durchgeführt.

Rainer Stadelmann arbeitet seit über einem Jahrzehnt in Nord-Dahschur. Beim Wegräumen des Gerölls an der Pyramidenbasis fand er viele hundert Stücke der feinen Kalksteinverkleidung. Oft weist ihre Rückseite Graffiti der Arbeiterkolonnen auf. Ein Eckstück trägt die hieratische (Hieroglyphen-Steno-) Inschrift »das Jahr 15 kommt zur Welt«. Ist dieses Zähljahr ein zwei Jahre umfassendes Steuerjahr, hätten wir damit Snofrus 30. Thronjahr. Etwa 30 Steinlagen höher konnte Stadelmann einen nur vier Jahre jüngeren Verkleidungsstein einpassen. Das zeigt, wie lange der Bau solcher Pyramiden dauerte.

Stadelmann entdeckte bemerkenswerterweise auch den Schlußstein der Pyramide – einen einfachen Block, ohne Gravur oder Inschrift, aus gutem Kalkstein, nicht etwa aus kostspieligerem Material. Er lag

Die Nord- oder Rote Pyramide in Dahschur. Die »Strahlende Pyramide« hatte eine Basislänge von 220 m, eine Höhe von 105 m und eine Neigung von 43° 22'.

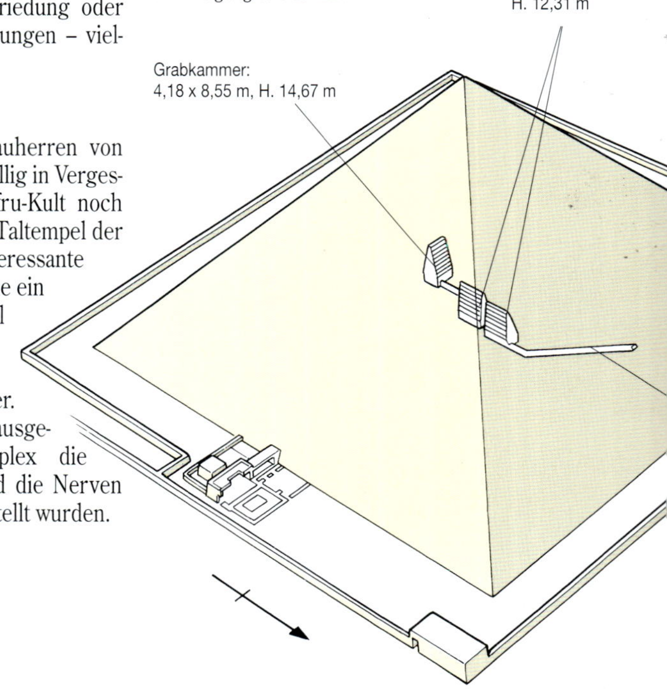

am Fuß der Pyramide – jene, die die feine Außenhaut plünderten, hatten ihn achtlos weggeworfen.

Das Pyramideninnere

Der Unterbau der Nord-Pyramide setzt die Entwicklung von Meidum und Knickpyramide fort. Von weit oben führt ein langer Gang bis Bodenhöhe herunter. Hier finden sich zwei große, fast identische Vorkammern mit herrlich verkragtem Dach, das den Decken in Meidum technisch weit überlegen ist. Hoch oben (um Räuber abzuschrecken) von der zweiten Kammer geht eine kurze Horizontalpassage ab und führt zu einer verkragten, 15 Meter hohen Kammer, die ins Mauerwerk eingelassen ist. In der Grabkammer wurden Fragmente menschlicher Überreste gefunden, aber ob sie von einer Königsmumie stammen, war nicht auszumachen. Von Snofru bis Cheops erleben wir unablässig den Versuch, die Kammer von Bodenhöhe in den Pyramidenkörper anzuheben. Vielleicht spiegelt das die zunehmende Identifizierung des Königs nicht nur mit Horus wider, der sich frei über alles Lebende erhebt, sondern auch mit der Sonne und ihren Strahlen, deren Symbol die Pyramide ist.

Der Pyramidenkomplex

Die Ägyptologen konnten die Ausgrabung des Totentempels der Nord-Pyramide kaum erwarten. Davor – in der Meidum- und der Knickpyramide – waren die Pyramidenkapellen sehr kleine, einfache Bauten, während die der Großen Cheops-Pyramide an Maßstab und Komplexität einen riesigen Sprung darstellte. Der Totentempel der Nord-Pyramide (in der Snofru wohl begraben lag) reichte bei weitem nicht an den Cheops' heran, scheint vielmehr hastig beendet worden zu sein, vielleicht durch Cheops, als sein Vater starb.

Stadelmann gelang es, anhand magerer Überreste den Plan des Tempels zu rekonstruieren. Auf beiden Seiten eines Innenheiligtums (vielleicht mit Scheintürstelen) stand je eine Steinkapelle. In Höfen nördlich und südlich des Tempels fanden sich im Boden runde Höhlungen zur Aufnahme von Topfpflanzen oder Gaben anläßlich der Beisetzung – weit kurzlebigere Kultmerkmale also als die großen Steintempel von Gise.

Östlich des Totentempels fand man zwar ein paar denkbare Spuren, aber ein richtiger Aufweg zum Taltempel scheint nie gebaut worden zu sein. Rudimentäre Reste des letzteren wurden Ende des letzten Jahrhunderts entdeckt, aber nie systematisch ausgegraben. Hier jedoch fand man das Edikt, mit dem Pepi I. die Tempelpriester von Snofrus zwei Pyramidenstädten samt ihren Feldern, Bäumen und Brunnen von der Steuer befreit hatte. Das Fehlen eines Verbindungsdamms zwischen den beiden Tempeln könnte ebenfalls auf einen hastigen Abschluß der Nord-Pyramide hinweisen, die Stadelmann für Snofrus letzte Ruhestätte hält.

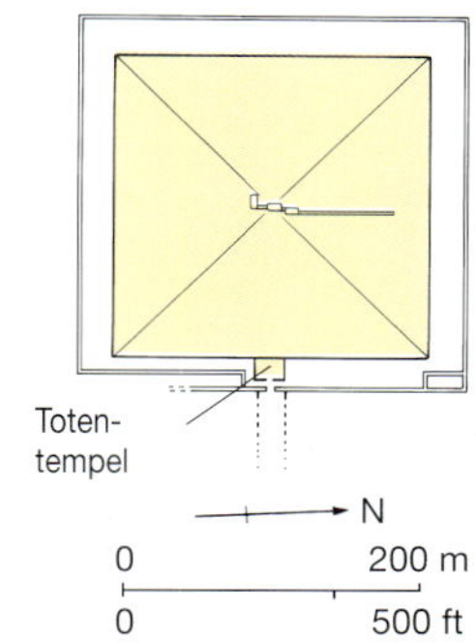

Snofrus Nord-Pyramide, im Hintergrund seine Knickpyramide.

Der Totentempel der Nord-Pyramide wurde bis auf ein paar Spuren im Boden völlig zerstört. Das rekonstruierte Pyramidion steht im Tempelhof.

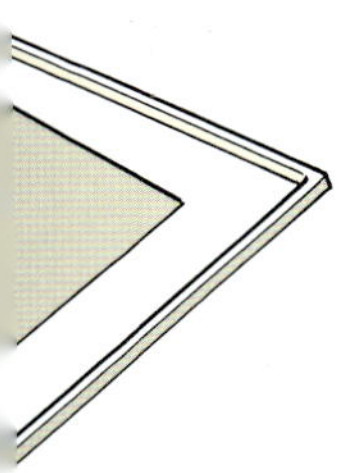

Absteigende Passage, 62,63 m lang

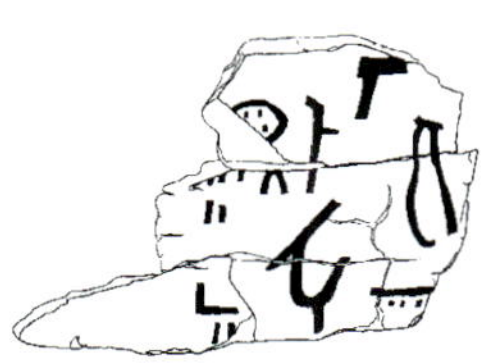

(Oben) Verkleidungsfragment vom Fuß der Nordpyramide mit Graffito: »Den westlichen Eckstein gesetzt im Jahr 15…, zwei Königsellen« – also im 29. oder 30. Herrschaftsjahr Snofrus.

Gise im Überblick

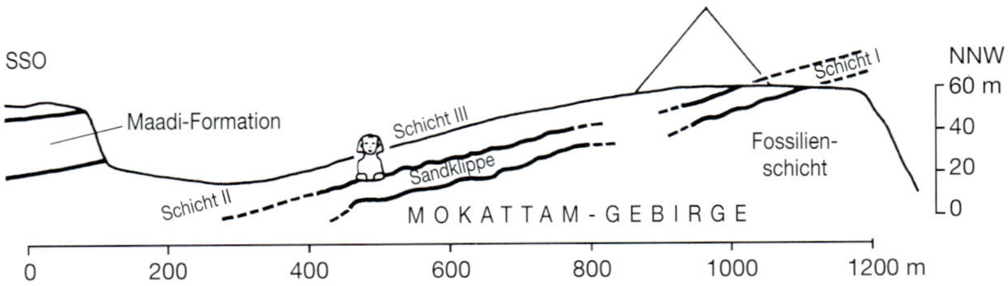

Das Gise-Plateau besteht aus einem Mokattam-Gebirge genannten Kalksteinmassiv, dessen regelmäßige Oberfläche sich ideal zum Bauen eignet. Hier schufen die Ägypter der 4. Dynastie die aufs feinste geplante aller Pyramidenansammlungen. Im Nordwesten liegt eine Fossilienschicht; am Südostabhang wechseln harte und weiche Gesteinsschichten. Die Ägypter räumten die weicheren Schichten ab, um an das Hartgestein für den Bau der Pyramiden, Gräber und Tempel heranzukommen. Dieses Gestein (Schicht II und Schicht III) ist im Leib und Kopf des Sphinx sichtbar. Weiter südlich erhebt sich die von zahlreichen Rissen, Wadis und Wasserrinnen durchzogene Maadi-Formation. Von hier kam der Stein und Tafla-Lehm für die Stützstrukturen der Pyramiden.

Die Bauzeit der Pyramiden von Gise umspannt drei Generationen: Cheops, seinen zweitregierenden Sohn Chephren und Menkaure. Zum Überblick über diese steingewordene Kolossalleistung gehört die Geologie des Baugrundes. Die Südostecken der Cheops-, Chephren- und Menkaure-Pyramiden liegen fast auf der großen Gise-Diagonale, die um 43° östlich der rechtweisenden Nordrichtung fast lotrecht zur Plateausenke verläuft. Sie folgt damit der »Streichrichtung« des Mokattam-Gebirges (mit diesem Begriff bezeichnen die Geologen jene senkrecht zum Gefälle liegende Linie, die man erhält, wenn man eine Hügelseite entlangwandert, ohne hinauf- oder hinunterzugehen). Auf diese Weise stellten die Erbauer sicher, daß sich die Basis der drei Pyramiden in etwa gleicher Höhe befand; die der Chephren-Pyramide liegt allerdings ungefähr 10 m höher als jene des Cheops).

Neben rein praktischen Erwägungen mag auch ein religiöser oder kosmischer Impuls die antiken Landvermesser beeinflußt haben, über den wir nur spekulieren können. Vielleicht zeigte die Diagonale nordöstlich nach Heliopolis, der Heimat des *ben-ben*, und südwestlich in Richtung des Unterwelteingangs des ersten Königsfriedhofs von Abydos.

Fest steht, daß in Gise die Kardinalpunkte ausschlaggebender waren als zuvor. So sind die Seiten der Großen Pyramide fast präzise nach der geographischen Nordrichtung orientiert (die größte Abweichung ist kleiner als 5'). Desgleichen taten die Erbauer der 4. Dynastie alles, damit wichtigere Teile der Pyramidenkomplexe in Fluchtlinie standen. Die Gise-Diagonale verläuft nahe der Diagonale zwischen Menkaures erster Nebenpyramide (GIII-a), der Vorderseite von Chephrens Totentempel und Cheops erster Nebenpyramide (GI-a). Die Westseiten der Cheops- und Chephren-Pyramide stehen fast in einer Linie mit den Fronten der Pyramidentempel Chephrens und Menkaures und die Südseite der Chephren-Pyramide mit der Südmauer des Sphinx-Tempels. Die Abweichung ist nicht größer, als bei der Vermessung mit langen Schnüren über einen Kilometer abfallenden Plateaus unvermeidlich. Die große Nordost-Südwest-Diagonale von Gise kommt im Südwesten bei einem Hügelchen der Maadiformation an, das den Vermessern als »Standvisier« gedient haben mag.

Die formale Symmetrie läßt viele Pyramidenbegeisterte nach weiteren geraden Linien Ausschau halten; dabei haben sie stets einen verborgenen Sinn oder verborgene Schätze im Hinterkopf. Nach einer Theorie von Robert Bauval soll die Gise-Diagonale von den

Die drei Pyramiden von Gise. Ihre atemberaubende Präzision und Ausrichtung war Anlaß zu vielen Theorien.

Computer-Rekonstruktion der Pyramiden von Gise mit dem Hafen, der möglicherweise unmittelbar an Chephrens Taltempel und den Sphinx-Tempel angrenzte.

Sternen im Gürtel der Orionkonstellation inspiriert sein, die Osiris symbolisierte. Legt man die Orion-Karte auf die Karte von Gise, zeigt sich jedoch deutlich, daß es einerseits im Orion Sterne gibt, denen keine Pyramiden entsprechen, andererseits Pyramiden, zu denen es weder im Orion noch sonstwo Sterne gibt.

Der klassische Pyramidenkomplex

In Gise erreichte die Pyramide ihren Zenit, die Standardmerkmale des Pyramidenkomplexes des Alten Reiches – Toten- und Taltempel – wurden erweitert und formalisiert. An die Stelle von Snofrus Kleinkapelle und unfertigem Taltempel an der Knickpyramide und seines hastig beendeten Pyramidentempels in Nord-Dahschur traten nun große, solide Tempel mit sehr viel mehr massivem Stein, Pfeilern und Statuen. Mit Menkaure veränderte sich das Größenverhältnis zwischen Pyramide und Tempel zugunsten des Tempels. Die Aufwege der Gise-Pyramiden reichten fast einen Kilometer weit nach Osten bis zu Taltempeln nahe der Flutebene. Der längste war der des Cheops; vielleicht war es auch dieser Herrscher, der die riesige Südgrenzmauer an der Mündung des Haupttals baute. Mauer und Aufweg bezeichneten ein Areal von Häfen und Siedlungen, vielleicht mit einem Palast am Fuß des Plateaus.

Die Mastaba-Friedhöfe östlich und westlich der Cheops-Pyramide sind nach einem vorgefaßten Plan in Straßen und breiten Wegen organisiert – auch dies ein Fortschritt in der formalen Orthogonie. Reisner grub diese Friedhöfe aus und sah die Nekropolis als »Gemeinde der *kas*«, über die Cheops im Nachleben herrschen konnte. Hier ist der westlich der Meidum-Pyramide und in den loseren Mastabareihen östlich der Snofru-Pyramiden von Dahschur begonnene, vereinheitlichte Friedhof verwirklicht worden.

Bei so straffer Raumplanung, die drei riesige Pyramidenkomplexe in einer einzigen Nekropolis zusammenschloß, war eine gewisse Grenzziehung vonnöten. Zwar stand jede Pyramide in ihrem eigenen engen Hof, aber die Ägypter unterteilten auch das Plateau mit Stein- und Lehmmauern in drei riesige Rechtecke. In der Umgebung der Chephren- und Menkaure-Pyramiden sind sie noch gut erhalten, weniger bei der des Cheops.

Drei Generationen lang wurde in Gise kräftig gebaut. Dennoch wurde die Arbeit unter Djedefre (der sich nach Abu Roasch begab) und vielleicht in den wenigen Thronjahren eines Königs zwischen Chephren und Menkaure unterbrochen, der die unfertige Pyramide in Saujet el-Arjan begonnen haben mag. Das letzte größere Königsgrab in Gise war das der Chentkaues. Ihr mastabaähnliches Grab besaß einen breiten Torweg zur Mündung des Wadi, über den ein Großteil des Baumaterials herangeschafft worden war. Somit wurde aus dem Kanal, dem Gise seine Entstehung verdankte, der Weg zum Grab der Königinmutter, die vielleicht eine neue Dynastie gebar, welche nun ihre Nekropolis nach Saqqara und Abusir verlegte.

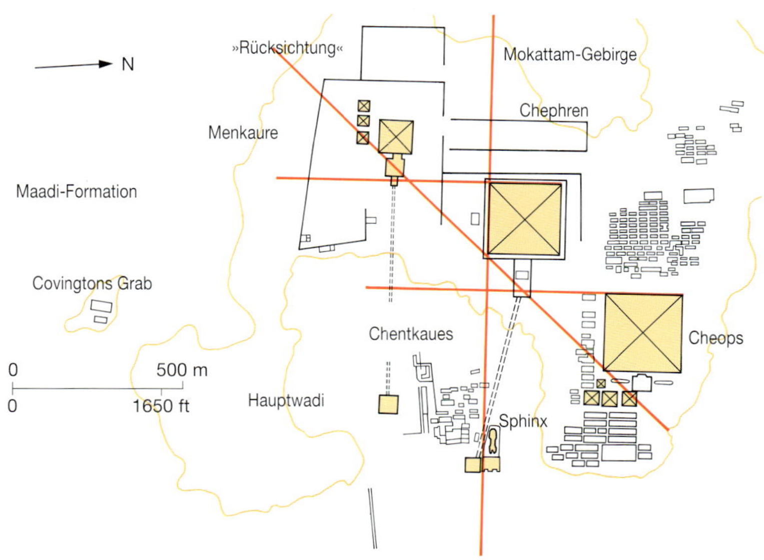

Dieser Plan des Gise-Plateaus verdeutlicht die wichtigsten Fluchtlinien und die Vielzahl unterschiedlicher Elemente, aus denen diese klassische Pyramidenansammlung besteht.

Die Cheops-Pyramide

Von dem Pharao, der die größte Pyramide Ägyptens erbauen ließ, ist nur diese winzige, rund 7,6 cm hohe Figurine bekannt, die in Abydos gefunden wurde. Der Thron trägt den Horus-Namen des Cheops, Hermejedu, als Inschrift.

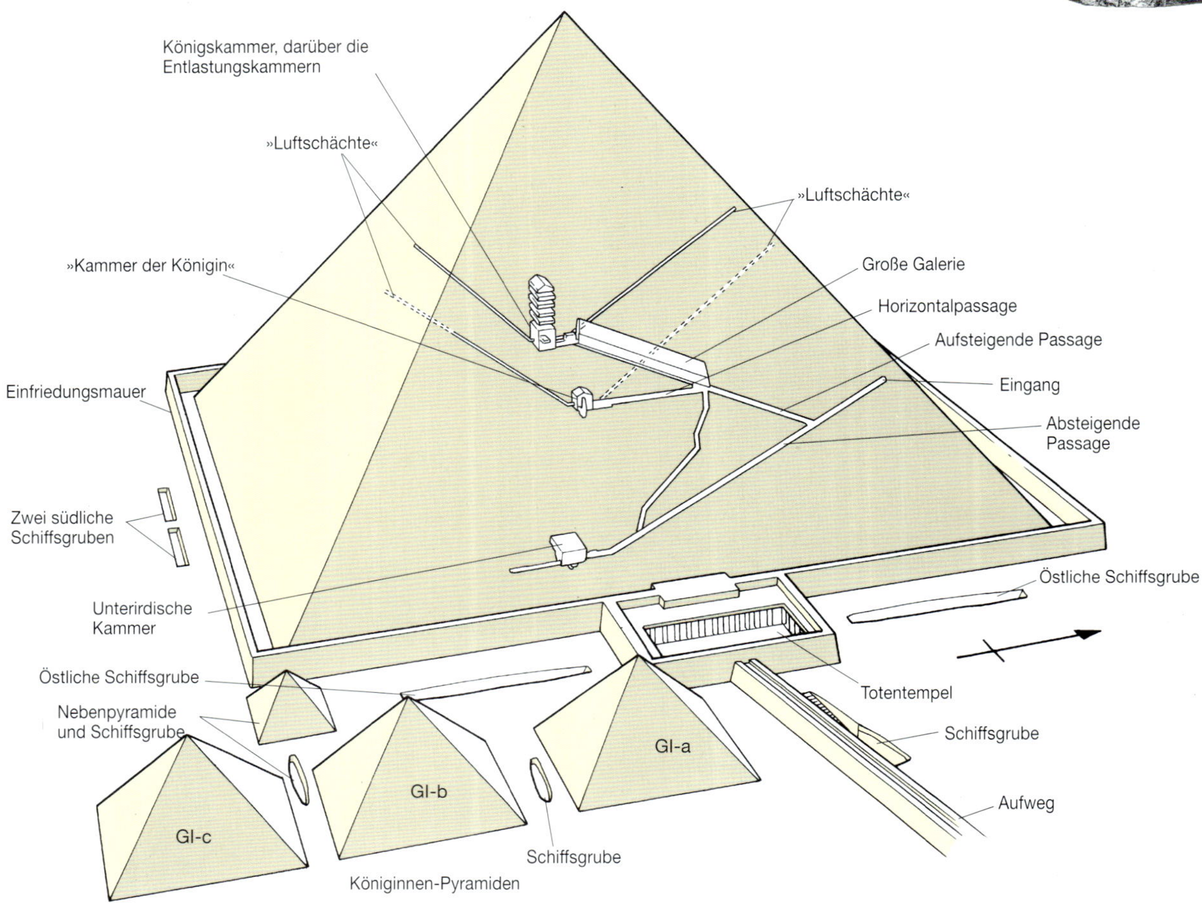

Cheops gelangte um 2551 v. Chr. auf den Thron und errichtete die Große Pyramide namens Achet Chufu (»Horizont des Cheops«). Ihre Basislänge wird auf 230,33 m berechnet; mit einem Steigungswinkel von 51° 50' 40" erreichte sie eine Höhe von146,59 m. Ihre Ausrichtung weicht nur 3' 6" von der geographischen Nordrichtung ab. Neben dieser erstaunlichen Leistung hinterließ Cheops noch drei Königinnen-Pyramiden, Schiffsgruben und eine erst kürzlich entdeckte Nebenpyramide.

Snofru regierte Ägypten vielleicht fast ein halbes Jahrhundert lang und stellte in dieser Zeit seine drei Riesenpyramiden in Meidum und Dahschur fertig. Sein Sohn Chnum-chuf (»der Gott Chnum ist sein Schutz«), kurz Chufu (griechisch: Cheops) wählte für den Bau seines eigenen Pyramidenkomplexes das Gise-Plateau 40 Kilometer nördlich von Dahschur. In Größe, Bautechnik, präziser Ausrichtung nach den Himmelsrichtungen und Organisation war die Cheops-Pyramide ein weiterer gewaltiger Sprung nach vorn.

Stadelmann, der die Herrschaftszeiten der frühen Pyramidenerbauer untersucht hat, kam zu dem Schluß, wie sein Vater Snofru habe Cheops länger als die 23 Jahre regiert, die ihm der 1400 Jahre später erstellte Turin-Papyrus zubilligt. Selbst bei 30 bis 32 Jahren käme man bei der geschätzten Gesamtmasse von 2 700 000 m^3 für Pyramide, Aufweg, zwei Tempel, Nebenpyramide, drei Königinnenpyramiden und Höflings-Mastabas auf unglaubliche 230 m^3 Stein pro Tag – bei einem Zehnstundentag hätte alle zwei bis drei Minuten ein Durchschnittsblock verlegt werden müssen. Erreichte Cheops auch nicht die Gesamtmasse der Monumente seines Vaters, so kam er ihr in seiner Einzelpyramide doch sehr nahe, und an Größe und Genauigkeit übertraf er die Pyramiden seines Vaters bei weitem.

Die Große Pyramide enthält etwa 2 300 000 Steinblöcke mit einem angeblichen Durchschnittsgewicht von 2,5 Tonnen. Das mag leicht übertrieben sein; je näher man der Spitze kommt, desto kleiner werden die Steine, und wir wissen nicht, ob das Mauerwerk des Innenkerns so sauber und einheitlich gearbeitet war wie die jetzt sichtbaren Steinlagen (die feine

Beim Vermessen der Cheops-Pyramide stellten wir fest, daß von der ursprünglichen Basislänge von 921,44 m nur weitgehend stark verwitterte 54,44 m übrig sind, während von der Fundamentplattform 212,48 m überlebt haben. Anhand dieser Überreste konnten die Vermesser die erstaunliche Präzision des Originalbaus rekonstruieren.

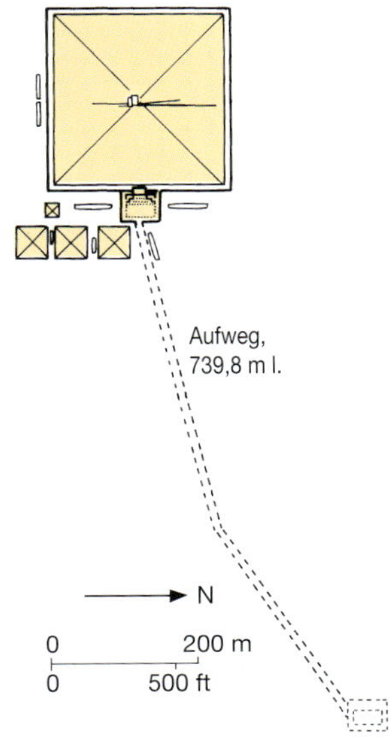

weiße Außenhaut aus Tura-Kalkstein wurde schon vor langer Zeit abgetragen).

Andererseits könnten einige Verkleidungssteine am Fuß bis zu 15 t wiegen, und die granitenen Deckenbalken der Königskammer und der Entlastungskammern über ihr sind auf 50–80 t zu schätzen. Solche Zahlen lassen einen immer aufs neue staunen. Zur Genauigkeit: Die Basis ist bis auf 2,1 cm Toleranz eben; die durchschnittliche Seitenabweichung von den Himmelsrichtungen beträgt 3' 6'', der größte Seitenlängen-Unterschied 4,4 cm. Wozu diese phänomenale Präzision? Für die Planer mag sie einen symbolischen oder kultischen Sinn gehabt haben, der uns entgeht. Eine Reaktion auf die Baukatastrophe bei der Knickpyramide in Dahschur wäre eine praktischere Erklärung. Um ihr zu entgehen, legten die Erbauer das Fundament zur Außenverkleidung auf eine speziell nivellierte Felsgrundterrasse, womit innerhalb der Pyramide ein niedriges Felsmassiv verblieb.

Wie die Snofru-Pyramiden bestand auch die Große aus horizontal verlegten Verkleidungs- und Kernsteinen mit Füllblocks dazwischen. In die oft weiten Lücken zwischen den Kernsteinen wurde massenweise Gipsmörtel gegossen. Die größte Präzision wurde beim Mantel erreicht; der Kern, den wir jetzt sehen, war weniger sorgfältig verlegt, wenngleich erheblich besser als in früheren Pyramiden. An den Ecken und zur Spitze hin wurde der nötigen Präzision und Sauberkeit wegen höherwertiger Kalkstein benutzt.

Der Pyramidenkomplex

Alle Standardelemente des Pyramidenkomplexes waren vorhanden, sind aber inzwischen zumeist verschwunden. Die fertige Pyramide war von einer über 8 m hohen Mauer aus Tura-Kalkstein umgeben, die einen 10,2 m weiten, kalksteingepflasterten Hof rund um das Monument einschloß, der einzig über Taltempel, Aufweg und Totentempel zugänglich war.

Der Totentempel wurde über die Jahrhunderte bis auf den Felsgrund zerstört. Er war quadratisch und viel größer als die Kleinkapellen der Meidum- und Knickpyramide. Verblieben sind etwas Schwarzbasaltpflaster eines offenen Hofes, die Fundamente von Granitsäulen der umgebenden Kolonnade und des Westteils und die Fundierung der Außenmauer im Felsgrund. Die Wände bestanden aus feinem, reliefverzierten Kalkstein. Zum ersten Mal vereinigten sich Basalt und Granit beim Bau eines wirklich großen Tempels. Es gab ein Innenheiligtum und Lagerräume, aber ob die später zur Norm gewordenen fünf Statuennischen und Scheintür schon zum Plan gehörten, wissen wir nicht.

Die Wände von Cheops' Aufweg müssen mit kunstvollen Reliefs bedeckt gewesen sein, wie uns Herodot und der Fund einiger gemeißelter Fragmente sagen. Für den Korridor vom Plateaurand zum Taltempel erreichten ihre Fundamente erstaunliche 40 oder mehr Meter Höhe. Östlich des Abhangs waren sie noch zu Beginn des Jahrhunderts vorhanden. Ein beim Bau einer Abwasserleitung für eine Kairoer Vorstadt gefundenes Basaltpflaster dürfte ein Überrest des Taltempels sein. Ansonsten weiß man nichts über ihn, seine Form bleibt völlig hypothetisch.

Neben Pyramide, Tempeln und Schiffsgruben baute Cheops noch drei Königinnen-Pyramiden und Mastabafriedhöfe – im Osten für die höchsten Ratgeber, im Westen für seine nächsten Verwandten – jeweils als systematische, einheitliche Anlage. Cheops' Nebenpyramide, vielleicht für seinen *ka* bestimmt, hat Zahi Hawass erst kürzlich bei Aufräumungsarbeiten entdeckt. Sie ist mit nur 20 m Seitenlänge winzig und besitzt eine T-förmige abfallende Passage plus Kammer. Die Seiten der Kammer sind nach innen geneigt wie ein Zelt oder eine Art Baldachin; diese Form entspricht den Galerien unter der Ostseite von Djosers Stufenpyramide.

Diese Computer-Diagramme der Cheops- oder Großen Pyramide verdeutlichen die komplexe Innenstruktur.

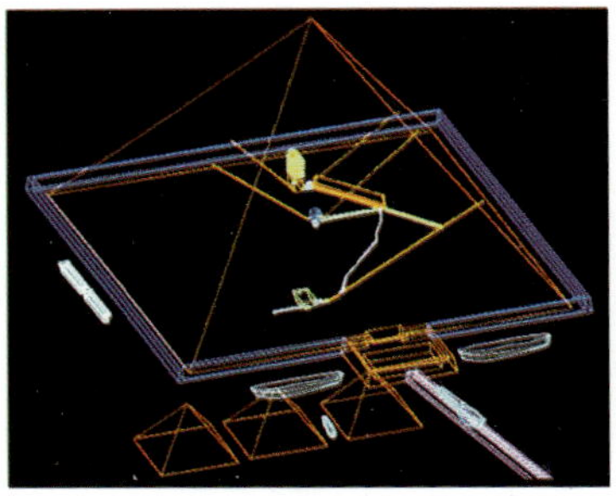

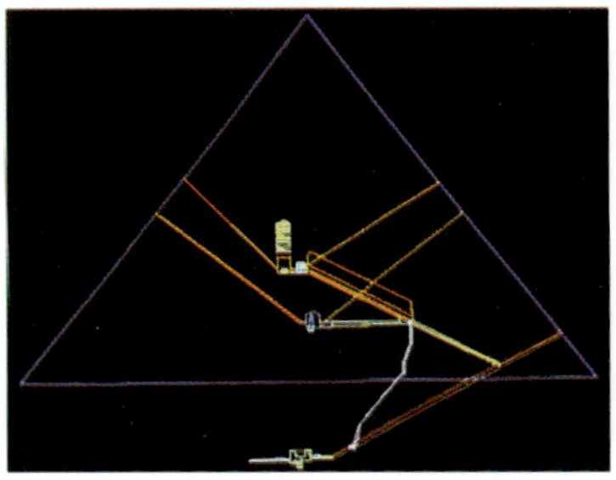

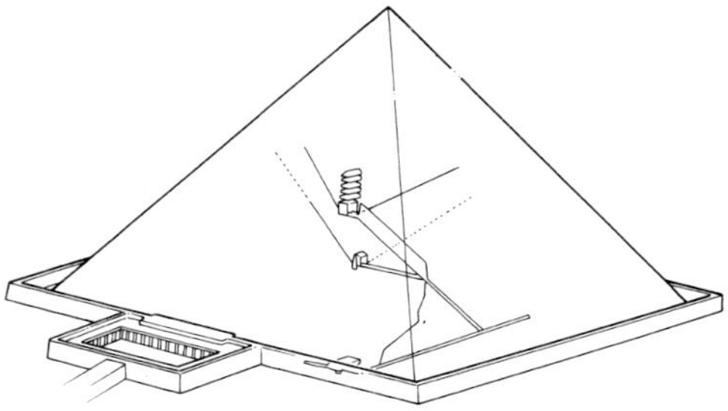

Die »**Luftschächte**« *gehen sowohl von der Kammer des Königs als auch der Königin wie Antennen durch den Pyramidenkörper. Von der Königskammer aus reichen sie bis ins Freie, obwohl diese (vielleicht ursprünglich auch in der Kammer selbst verschlossenen) reinen Kultschächte höchstwahrscheinlich vom Außenmantel überdeckt wurden.*

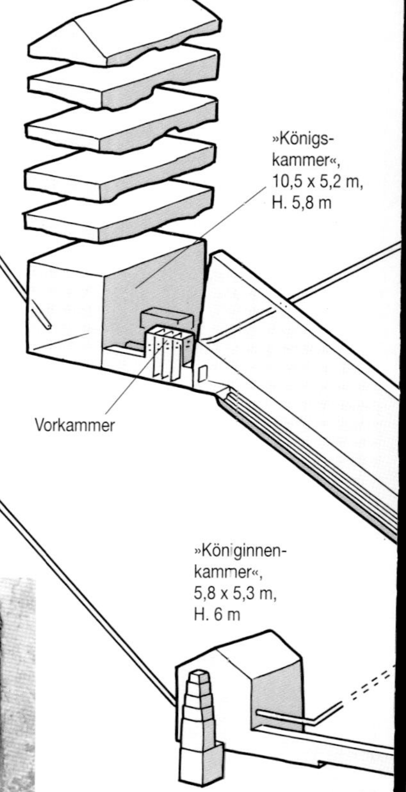

(Rechts) Rudolf Gantenbrinks Roboter »Upuaut II« trug eine Videokamera den nur 20 x 20 cm weiten Südschacht der Königinnenkammer hinauf. Nach etwa 65 m hielt ihn ein Blockierstein aus feinem Kalkstein auf, in dem zwei Kupfernadeln steckten.

(Unten) Die **Unterirdische Kammer** *liegt 30 m unter der Plateau-Oberfläche. Man erreicht sie über die Absteigende Passage, die 28 m weit mit 26° 34′ 23″ Gefälle durchs Mauerwerk der Pyramide und danach weitere 30,3 m weit durch den gewachsenen Fels führt, ohne im Winkel oder der Orientierung je stärker als einen Zentimeter abzuweichen.*

In der »**Königinnenkammer**« *sollte gewiß keine Königin bestattet werden. Höchstwahrscheinlich war sie ein versiegelter Raum für eine spezielle Statue des Königs, die seinen ka (»spirituelle Kraft«) darstellte. Darauf deutet die 4,7 m hohe verkragte Nische an der Ostwand der Kammer hin, wo eine solche Statue gestanden haben kann. Eine quadratische Grube davor wurde von frühen Schatzsuchern vertieft. Die »Kammer der Königin« liegt exakt auf der Ost-West-Zentralachse der Pyramide, Wände und Schrägdecke sind aus feinem Kalkstein. Ein paar angeblich Ende des 19. Jhdts. im Nordschacht gefundene Objekte sind jetzt im British Museum ausgestellt (Foto rechts).*

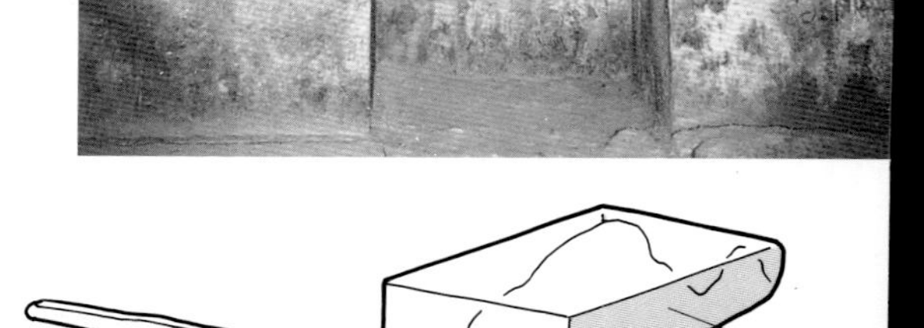

Das Innere der Cheops-Pyramide

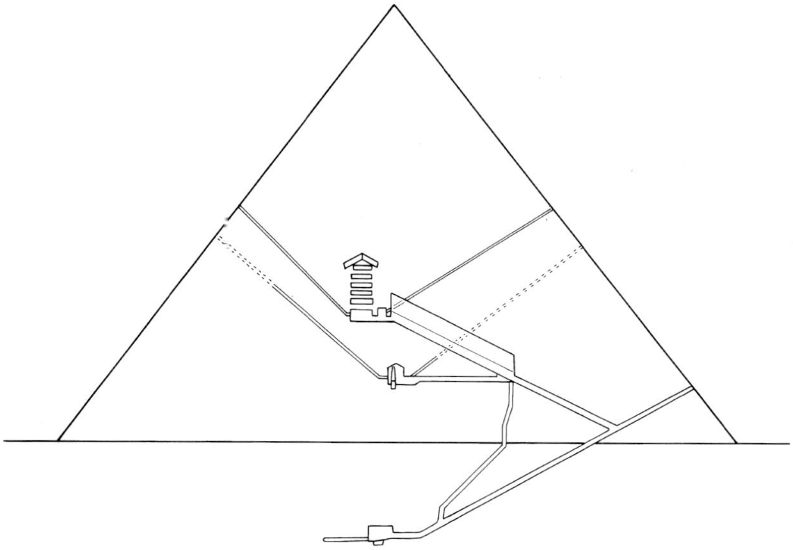

Die Passagen und Kammern im Innern der Großen Pyramide. Es ist verschiedentlich argumentiert worden, zunächst sei die Unterirdische Kammer und dann die »Königinnenkammer« für die Beisetzung des Königs vorgesehen gewesen, im weiteren Planungsverlauf dann aber wieder aufgegeben worden. Der gesamte Innenkomplex könnte jedoch durchaus von Anfang an als ganzheitlicher Bau konzipiert und errichtet worden sein, denn Pyramiden des Alten Reiches weisen häufig drei Kammern auf. Hier waren die beiden tiefergelegenen Räume wahrscheinlich von vornherein eingeplant, um für unterschiedliche Aspekte des spirituellen Wohlergehens des Königs Sorge zu tragen.

In der Cheops-Pyramide finden wir Entwicklungsschritte, die im Pyramidenbau einmalig und architekturgeschichtlich höchst bemerkenswert sind. Viele Ägyptologen haben sich lange Borchardts Meinung angeschlossen, die drei Kammern der Pyramide seien die Folge zweier Planänderungen, in deren Verlauf die ursprünglich als Königsgrabkammer vorgesehene Unterirdische Kammer und dann die der Königin zugunsten der Königskammer aufgegeben wurden. Einiges läßt indes vermuten, daß alle drei Kammern und das gesamte System der Durchgänge und Passagen von Anfang an eingeplant waren. Drei Kammern scheinen in den Pyramiden des Alten Reiches die Regel gewesen zu sein.

Die Abfallende Passage führt vom Originaleingang (7,29 m östlich der Zentralachse) aus steil nach unten und endet in der Unterirdischen Kammer – der klassische Pyramidenunterbau, wie wir ihn schon in Meidum finden. Doch hier wurde die Kammer erstmals in soliden Fels gehauen (wenn auch niemals fertiggestellt).

Ein echtes Rätsel dieser Kammer ist ein kleiner, grobbehauener Gang von einer Ecke nach Süden. An seinem Ende konnte sich nur ein einzelner Mann mühsam mit Hammer und Meißel durch den Fels vorarbeiten. Wohin? Wenn der Gang zu einem weiteren Raum führen sollte, konnte die Unterirdische Kammer nicht Grabkammer sein, die ja immer die letzte in der Reihe war. Zudem ist die absteigende Passage für den Durchlaß eines Sarkophags der Größe des in der Königskammer gefundenen einfach zu eng.

Die von arabischen Forschern fälschlich so benannte »Kammer der Königin« liegt weiter oben und wird über die Aufsteigende und eine Horizontalpassage erreicht. Sie liegt exakt auf der Ost-West-Zentralachse und war fast vollendet; nur Wände und Boden blieben noch auszuschmücken. Die Kreuzung der Aufsteigenden Passage mit der horizontalen zur Kammer der Königin war ursprünglich überdacht. Das beweisen Löcher für große Haltebalken für die Blöcke, die die Horizontalpassage überdachten und einen durchgehenden Fußboden von der Großen Galerie bis zur Aufsteigenden Passage abgaben.

Somit war die Königin-Kammer total abgesperrt – ein Merkmal des *serdab*, des Raums für die *ka*-Statue, den spirituellen Doppelgänger des Königs, wie etwa die in einem Steinbehälter versiegelte Statue Djosers an der Nordseite der Stufenpyramide. Mit ihrer Höhe von 4,7 m konnte die verkragte Nische in der Ostmauer sehr wohl eine überlebensgroße Statue des Königs aufnehmen.

Ist man mühsam durch die Aufsteigende Passage (1,05 m breit und kaum höher) hochgekrochen, so weitet sich nun der Weg zur Königskammer urplötzlich zur atemberaubenden Großen Galerie. An der Spitze folgt die sogenannte Große Treppe, dahinter die Vorkammer und schließlich die Königskammer. Dieser ganz aus Rosengranit gebaute Raum beeindruckt durch seine Einfachheit und sein Echo.

Über der Königskammer befinden sich fünf niedrige, übereinanderliegende Entlastungskammern. Die Steine der obersten sind in der Art eines freitragenden Giebeldachs angeordnet, um das Gewicht und den Druck des Mauerbergs darüber zu verteilen – eine innovative und selten anzutreffende Lösung, für die es keine Vorbilder gab. Arbeitergraffiti auf den Wänden, in denen sich die Namen der Steinmetzen mit dem des Königs – hier »Chnum-Chuf« – verbinden, verleihen dem Ganzen etwas Menschliches.

Der Sarkophag des Cheops bestand aus demselben Rosengranit wie die Kammer und steht exakt auf der

Die Große Pyramide

Computer-Rekonstruktion der Gise-Pyramiden. Zum Innern der Cheops-Pyramide vgl. Folgeseiten.

(Rechts) Das östliche Gräberfeld und die Königinnenpyramiden des Cheops vor der Entdeckung der Nebenpyramide. Diese wurde gefunden, als Zahi Hawass die auf dem Photo sichtbare moderne Straße abtrug und das Gebiet säuberte.

(Unten rechts) Die Überreste der Cheops-Nebenpyramide vor der rechten Königinnenpyramide. Die Schiffsgrube zwischen zwei der Königinnenpyramiden gehört vielleicht eigentlich zu der an deren Ostseite liegenden Nebenpyramide.

recht liegt noch ein perfektes Quadrat bildet. Sie könnten auf eine ideale Länge von 88–89 Ellen geplant gewesen sein – ein Fünftel der Cheops-Pyramide – und waren bei einem Böschungswinkel um 52° auch ungefähr ein Fünftel so hoch wie diese. Wie bei Chephren wurde für die unterste Verkleidungslage der Felsgrund so in unterschiedlichen Höhen und Winkeln ausgehauen, daß sich die Oberkante dieser Schicht mit einem Minimum an Nachbearbeitung in die Waage bringen ließ. Jede Königinnenpyramide hat im Innern einen gestuften Kern. GI-a weist dünne Stützwände aus Stein auf, die an der Spitze freiliegen. Untersucht man GI-c (die besterhaltene), so entdeckt man drei innere Stufen oder Lagen von mastaba-ähnlichen Brocken. Stützsteine, die in Form und Farbe jenen des Kerns gleichen, verschleiern die Stufenstruktur. Nahe dem Boden finden sich bei allen drei Pyramiden zwischen Kern und Verkleidung Füllschichten aus kleinen Blöcken weichen, gelben Kalksteins und schließlich Überreste einer hervorragend verfugten Außenhaut aus feinem Kalkstein.

Jede besitzt an oder nahe der Zentralachse einen abfallenden Durchgang zu einer Kammer, der unterwegs nach Westen abknickt; an dieser Stelle sind die Passagen erweitert, vermutlich, um den Sarkophag manövrieren zu können. Die westlich der Mittelachse gelegenen Grabkammern sind in den Felsgrund gehauen und mit Mauerwerk ausgekleidet.

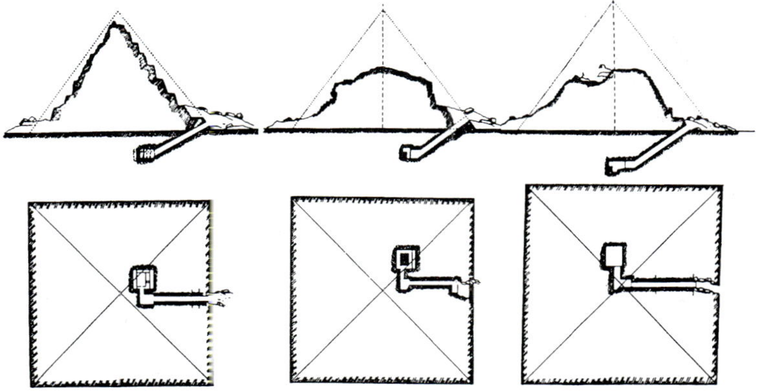

Plan und Profil der drei Königinnenpyramiden des Cheops (v.l.n.r. GI-c, GI-b, GI-a). Diese lagen in einer Reihe auf der Ostseite der Cheops-Pyramide; in jeder führte eine abfallende Passage zu einer Kammer und zweigte dann rechtwinklig zur Grabkammer ab. Für wen diese Pyramiden ursprünglich bestimmt waren, können wir nur raten

Welche Königinnen?

Die nördlichste Pyramide (GI-a) mag für Hetep-heres bestimmt gewesen sein, die vermutliche Mutter des Cheops. GI-b könnte einer in der Kapelle der ersten Mastaba nach Osten – jener des Kawab, eines »ältesten Sohns« des Königs – entdeckten Inschrift zufolge einer Königin namens Meritetes gehört haben, die während der Regierungszeiten Snofrus, Cheops' und Chephrens lebte. Einer Theorie nach waren die männlichen Inhaber der den kleinen Pyramiden nächstgelegenen Mastabas Söhne der jeweiligen Königinnen.

GI-c gehörte vielleicht einer Königin namens Henutsen, deren Name erst sehr viel später auftaucht, als die Kapelle an der Ostseite dieses Monuments zu einem Tempel der Isis in ihrer Funktion als »Herrin der Pyramiden« umgebaut wurde. Alle drei Königinnenpyramiden hatten ursprünglich vergleichbare Kapellen, kleinere Gegenstücke zum großen Totentempel des Cheops, aber nur die von GI-c ist samt Wänden erhalten geblieben. Die Totenkapelle von GI-a wurde bis auf den Felsuntergrund abgetragen und ist heute völlig verschwunden; von GI-b stehen nur noch die Grundmauern.

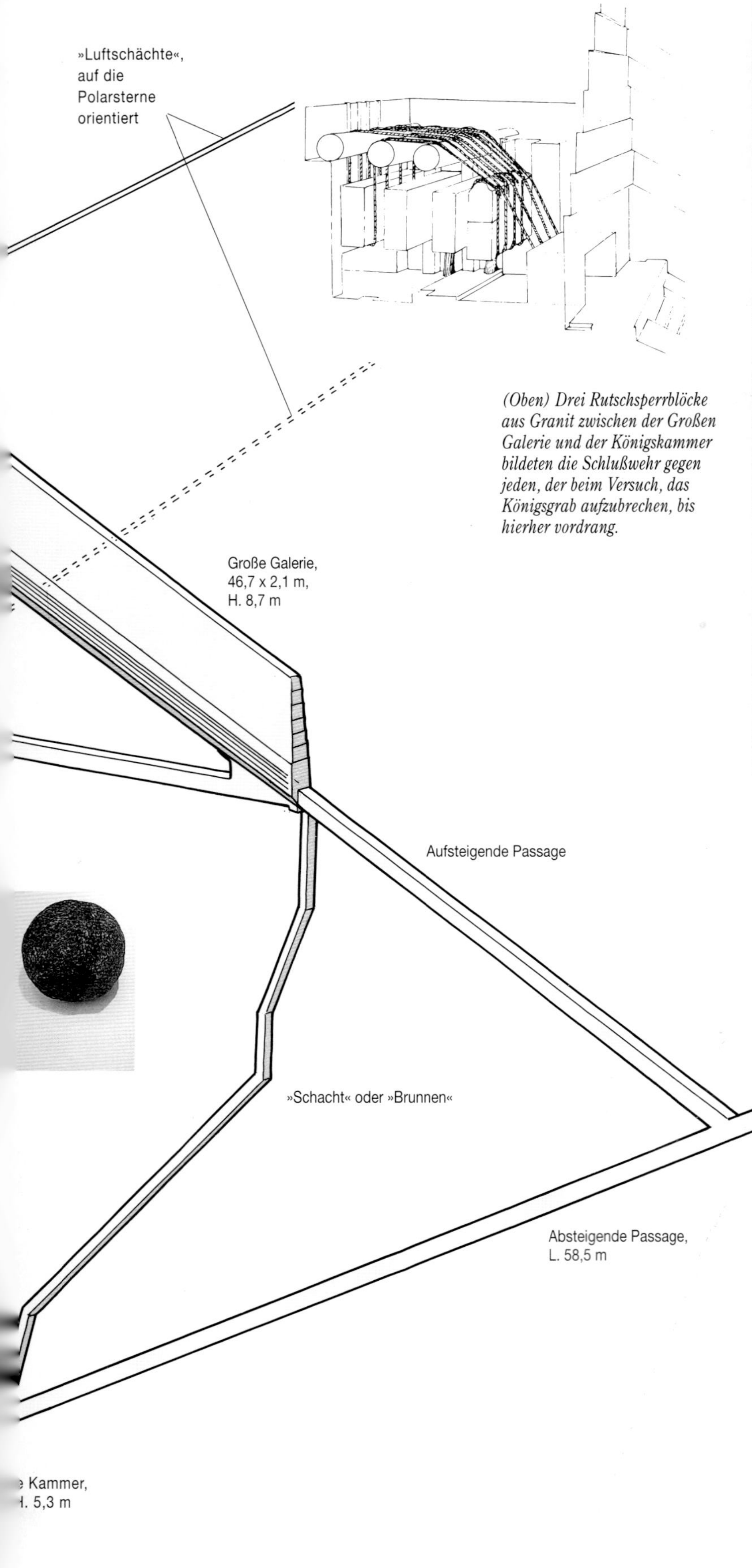

(Oben) Drei Rutschsperrblöcke aus Granit zwischen der Großen Galerie und der Königskammer bildeten die Schlußwehr gegen jeden, der beim Versuch, das Königsgrab aufzubrechen, bis hierher vordrang.

Die **Große Galerie** *ist eine eindrucksvolle Leistung: Ihre Decke erreicht schwindelnde 8,74 m Höhe und bildet den gloriosen Höhepunkt der verkragten Decken von Meidum und Dahschur. Die Verkragung reicht jedoch nicht bis ganz nach oben; die verbleibende Lücke wird von Deckplatten überspannt.*

Entlang der Seitenwände befinden sich in regelmäßigen Abständen zusammenpassende Löcher. Es wird allgemein angenommen, daß darin große Holzbalken steckten, welche die Blöcke zum Versiegeln der Aufsteigenden Passage zurückhielten – womit diese schöne Konstruktion im Grunde als Abstellplatz und Helling gedient hätte.

Die **Königskammer** *mit dem königlichen Sarkophag. Quer über die Decke reichen neun große, je über 5,5 m lange und 25 bis 40 t schwere Granitbalken. Nie zuvor hatten die Ägypter eine solche Weite mit Stein überspannt. Es gibt Anzeichen, daß die großen Balken schon während des Pyramidenbaus erste Risse zeigten, obwohl die alten Ägypter das mit einer der bemerkenswertesten Konstruktionen der Architekturgeschichte zu verhindern gesucht hatten. Als die Priester anno 2528 v. Chr. das Grab endgültig verließen, versiegelten sie es, indem sie aus Aussparungen in den Seitenwänden der Vorkammer drei Fallsperrblöcke einrutschen ließen.*

Der rote Granitsarkophag nahe der Westwand der Königskammer war die letzte Ruhestätte des Cheops. Der Raum mit seiner Rosengranit-Auskleidung, in dem jedes Flüstern und jeder Tritt widerhallt, wirkt selbst wie ein Sarkophag. Wahrscheinlich wurde die geheiligte Stätte schon zwischen dem Ende der Cheops-Herrschaft und dem Zusammenbruch des Alten Reiches (um 2134 v. Chr.) ihres Inhalts beraubt. Die ersten Einbrecher und Fledderer der Königsmumie schlugen vermutlich die Bresche in die Ecke des Sarkophags, um den schweren Deckel hochzuheben.

Zentralachse der Pyramide. Es war Petrie, der bemerkte, daß der Sarkophag ein klein wenig breiter als die Kammertür ist und daher schon an Ort und Stelle gebracht worden sein muß, während die Pyramide noch um ihn herumgebaut wurde.

War nun die Königskammer der Grabraum und die Königin-Kammer ein Statuen-*serdab* – welchen Zweck hatte dann die Unterirdische? Stadelmann meint, ihr unfertiger Zustand könne die Unterwelthöhle darstellen. Vielleicht wurde sie nicht als erste, sondern als letzte Kammer gebaut und war beim Tod des Königs noch nicht fertig.

Auch den »Luftschächten«, die nichts mit Luftzufuhr zu tun hatten, sollte man eine Symbolfunktion zuerkennen. Keine andere Pyramide weist so hoch im Mauerwerk Kammern oder Passagen auf wie die des Cheops; die Erbauer versahen daher die Königskammer mit kleinen Modellgängen, damit sein Geist zu den Sternen aufsteigen konnte.

Ähnliche »Luftschächte« gibt es auch in der Kammer der Königin, wo sie allerdings merkwürdigerweise die Kammerwände nicht durchstießen. 1872 suchte der Ingenieur Waynman Dixon, der für Piazzi Smyth arbeitete und von ihrer Existenz in der Königskammer wußte, auch hier danach, klopfte die Wände auf hohle Stellen ab und stieß dann durch.

Vor einigen Jahren hat Rudolf Gantenbrink, ein Mitarbeiter Rainer Stadelmanns am DAI Kairo, diese Schächte untersucht. Er schickte eine kleine Roboterkamera den Südschacht hinauf; nach etwa 65 m kam sie vor einem Blockierstein zum Halt, aus dem zwei Kupfernadeln ragten. Die Untersuchung wurde an diesem Punkt abgebrochen; der Sinn der Sperre – und vor allem, was dahinterliegen mag – bleibt ein Rätsel.

Das Versiegeln des Grabes

Als Cheops' Priester und Arbeiter die Königskammer endgültig verließen, verschlossen sie sie mit drei in Schlitzen an der Seitenwand der Vorkammer laufenden Fallblöcken. Als zweite Sicherungsmaßnahme schlugen sie die Halterungen der riesigen granitenen Blockiersteine in der Großen Galerie weg, die daraufhin nach unten rutschten und die Aufsteigende Passage versperrten.

Die Männer gelangten vermutlich auf dem Umweg über den sogenannten Brunnen- oder Dienstschacht ins Freie, der in der Westwand am Fuß der Großen Galerie beginnt. Dieser war kein Räubertunnel, wie manche glaubten, sondern vermutlich als Luftschacht zum Bewettern der Absteigenden Passage angelegt, damit man an der Unterirdischen Kammer weiterarbeiten konnte. Nachdem sie durch den Dienstschacht die Absteigende Passage erreicht hatten, kletterten die Pyramiden-Verschließer an der versperrten Passagenmündung vorbei wieder nach oben und verließen die Pyramide durch den Originaleingang. Wahrscheinlich blockierten sie als dritten Sperrgürtel zum Königsgrab auch den Absteigenden Gang bis zur Kreuzung mit dem Aufsteigenden. Der Eingang dürfte mit einem Kalksteinblock verschlossen worden sein, von dem die Erbauer – vergeblich – hofften, man könne ihn nicht von der Außenverkleidung unterscheiden.

Die Königinnen-Pyramiden

Cheops erbaute auch drei für Königinnen bestimmte Pyramiden (GI-a, GI-b und GI-c). Diese folgen der Neigung des Untergrunds, so daß ihre Basis weder waag-

Das Grab der Hetep-heres

Begonnen wurde die Königinnenpyramide GI-a, wie die Anfänge einer in den Felsgrund geschlagenen Passage zeigen, 28 m östlich ihrer endgültigen Position. In der Fluchtlinie der aufgegebenen Pyramide im Norden liegt der tiefe Schacht, der Königin Hetep-heres gehört. Als George Reisner 1925 gerade in den USA weilte, stellte sein Photograph sein Stativ auf, plötzlich sackte ein Stativbein ein. Bei näherer Untersuchung wurde ein versiegelter Schacht samt Treppe entdeckt. Der Schacht war außerordentlich tief (über 27 m) und von oben bis unten mit Mauerwerk gefüllt, dessen Beseitigung zwei Wochen in Anspruch nahm.

Am unteren Schachtende befand sich eine Kammer, in der die Ausgräber einen schönen Alabaster-Sarkophag und in einer Nische an der Westwand ein noch zugeschnürtes und intakt versiegeltes Alabasterkästchen fanden: die Kanopentruhe für die Eingeweide der Königin.

Schon bei der Entdeckung war jedoch klar, daß es sich um eine Nachbestattung handelte, denn die Keramikobjekte waren zerschmettert, und zwischen den Überresten ihrer einstigen Aufbewahrungskästen lag Leinenzeug verstreut. In die Kammer gezwängte Möbelstücke ließen sich, obwohl das Holz weitgehend zerfallen war, anhand übriggebliebener Goldfolie rekonstruieren. Auf dem Sarkophag waren schöne lange Stäbe in Form der frühen Papyrusblütensäulen gestapelt; sie gehörten zu einem zerlegten Baldachin, der zusammengesetzt genau in die Kammern der Königinnenpyramiden passen würde. Außerdem wurden Teile zweier Stühle und eines Tragsessels, ein Spazierstockständer, eine Kopfstütze und zwei Paar Armreife aus Silber gefunden. Hier haben wir das Boudoir einer Königin vor uns.

Der erste im Grab entdeckte Name war der des Snofru. Dann traten jedoch weitere Texte mit dem Namen Hetepheres zutage. Sie wurde als »Mutter des Königs« und »Tochter des Gottes« bezeichnet, und damit war klar, daß sie die Gemahlin Snofrus und Mutter eines regierenden Pharao war. Siegelabdrücke enthielten den Namen Hermejedu – den Horusnamen des Cheops.

Der Sarkophag war leer, und Reisner stellte fest, daß der Inhalt der Kammer in einer der üblichen genau entgegengesetzten Reihenfolge arrangiert war. Warum? Reisner erklärte es sich so, daß Hetep-heres ursprünglich in Dahschur beigesetzt, ihr Grab aber aufgebrochen und ihr Leichnam gestohlen worden sei. Da Cheops' Leute ihm den Verlust des Leichnams verschwiegen, habe der König eine erneute Bestattung in Gise angeordnet, sicherheitshalber in einem tiefen, unmarkierten Schacht. Andere Erklärungen sind denkbar, befriedigen aber nicht völlig. Ich selbst schlug vor, der Leichnam fehle, weil man ihn – nachdem die erste Pyramide angefangen und dann wieder aufgegeben worden sei – in die Grabkammer von GI-a verbracht habe, vielleicht mit neuer Ausstattung. Danach sei der Originalschacht verfüllt und vergessen worden, bis Reisners Photograph rund viereinhalb Jahrtausende später über ihn stolperte. Eine dritte Spekulation lautet, diese unmarkierte Bestattung (oder Nachbestattung) der Grabbeigaben einer Königinmutter deute auf Thronfolgestreitigkeiten hin. Ob Hetep-heres tatsächlich die Mutter des Cheops war, der drei ältere Brüder überlebte, ist nicht sicher.

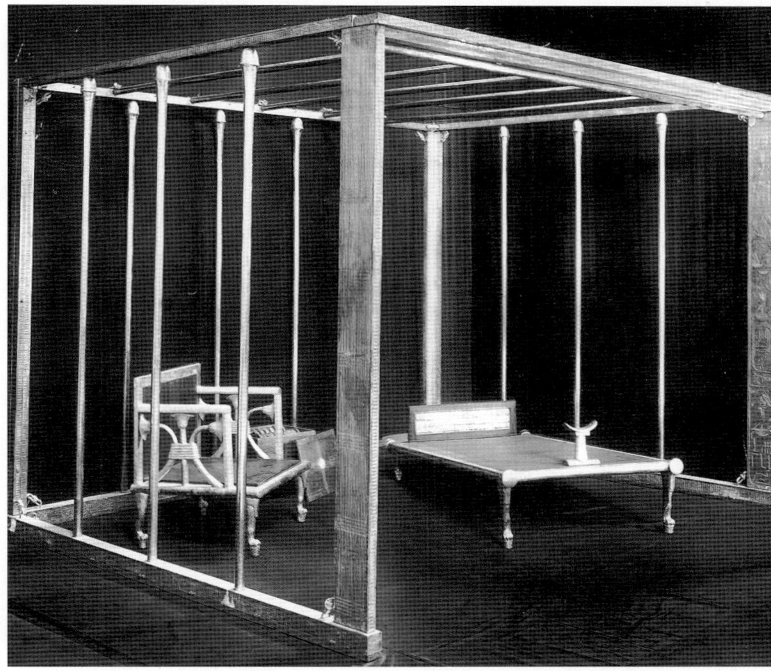

Zusammenmontierter Baldachin und Möbelstücke der Hetep-heres. Auf dem Vorderpaneel des Baldachins wurde der Horusname Neb-Maat (»Herr der Wahrheit«) gefunden (unten), also der des Snofru.

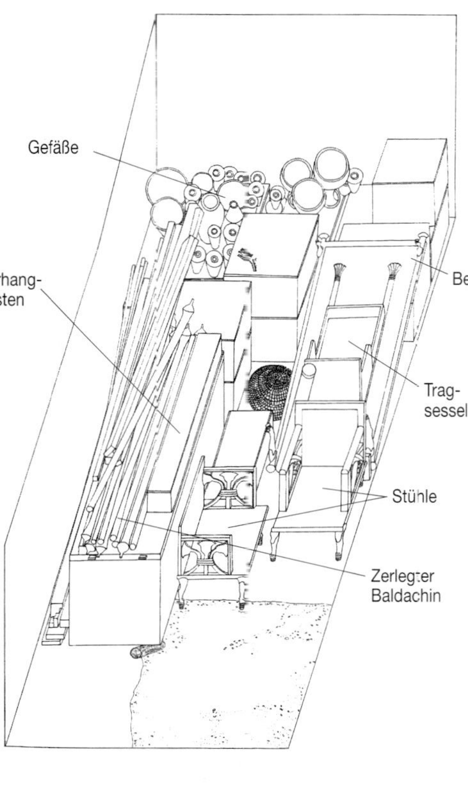

Rekonstruktion der Grabbeigaben von Königin Hetep-heres anhand von Reisners sorgsamer Ausgrabung jedes Einzelfragments. Der große Betthimmel war auseinandergenommen.

Die Schiffe des Cheops

Die Zahl und Größe der schiffsförmigen Gruben östlich der Cheops-Pyramide verleihen ihr das Aussehen einer königlichen Hafenanlage für die Reise in die Unterwelt. Eine Grube liegt parallel zum Aufweg, mithin an der Schwelle zum Totentempel. Auf dessen Nord- und Südseite befinden sich zwei sogar noch größere Gruben; diese Schiffe sollten den König vielleicht zu den Sternen fahren. Eine vierte Schiffsgrube liegt neben der Königinnenpyramide GI-a, und kürzlich wurde östlich der neuentdeckten Nebenpyramide eine fünfte gefunden, vielleicht für den symbolischen Transport der *ka*-Statue des Königs. Zwei weitere Schiffsgruben südlich der Großen Pyramide werden oft in einem Atemzug mit den obenerwähnten behandelt, unterscheiden sich jedoch deutlich insoweit, als sie lang, eng und rechteckig (anstatt bootsähnlich) sind und auseinandergenommene Teile echter Boote enthalten.

Die königlichen Barken

Die beiden Gruben im Süden wurden 1954 entdeckt und waren mit riesigen Kalksteinplatten überdacht. Als man eine davon anhob, wurde die völlig demontierte, aber in Gestalt der fertigen Bootsform angeordnete Beplankung eines großen Schiffs sichtbar. Sie wurde unter Aufsicht des Chefrestaurators des Begräbnismobiliars der Hetep-heres, Ahmed Youssef, Stück um Stück herausgeholt. Die 1224 Einzelteile aus Zedernholz wiesen viele U-förmige Löcher auf, anhand derer sich das Boot mit Hanfseilen »zusammennähen« ließ. Nach jahrelanger, mühseliger Arbeit war das Boot schließlich wie ein riesiges Puzzle zusammengesetzt und steht jetzt in einem eigenen, bootsförmigen Museum nahe der Pyramide.

Es ist 43,3 m lang. Bug und Heck gleichen Papyrusstengeln, das Heck ist einwärts gebogen; das Ganze wird so zur Holzreplik des Bootstyps aus Papyrusschilf, der vielleicht in die prädynastische Zeit zurückreicht – auch dies ein Beispiel für die Vorliebe der Ägypter, ihre frühesten Schilfstrukturen in haltbarerem Material nachzuahmen. Ein Schilfmattenaufbau mit Stützen in ebenjener Papyrusknospenform, die wir auch beim Baldachin der Hetep-heres finden, umschließt eine Kabine oder einen Innenschrein.

Die zweite Schiffsgrube westlich des Museums wurde 1985 von einem Team des *National Geographic Magazine* untersucht. Durch die Kalksteinbalken wurde ein Loch gebohrt und eine winzige Kamera eingeführt. Die Hoffnung, eine so gut versiegelte Kammer zu finden, daß man noch die altägyptische Luft anträfe, wurde enttäuscht, doch in der Grube lagen tatsächlich die demontierten Teile eines Schiffs in ungefähr passender Bauanordnung, obgleich sie kürzer war, als es das zusammengebaute Boot sein würde.

Bei diesen südlichen Schiffsgruben scheint es sich nicht um einen Teil der Symbolanlage des Cheops-Komplexes, sondern eher um eine absichtliche rituelle Unterbringung gehandelt zu haben. Bezeichnenderweise müssen die Gruben außerhalb der – heute untergegangenen – Umfassungsmauer des Komplexes gelegen haben. Beide sind nicht bootsförmig, sondern rechteckig, und zu klein, um die zusammengebauten Schiffe aufnehmen zu können (wenngleich es den Bauleuten leichtgefallen wäre, sie entsprechend

Die Pyramide als Hafenanlage der Unterwelt: An der Ostseite der Cheops-Pyramide liegen die Überreste seines Totentempels (von dem nur das Basaltpflaster erhalten ist), das Fundament seines Aufwegs, Schiffsgruben, Königinnenpyramiden und Mastabagräber.

(Oben) Daß in der ungeöffneten Schiffsgrube ebenfalls ein Boot lag, wurde bestätigt, als man eine winzige Kamera in sie einführte.

Als das erste Schiff rekonstruiert war (ganz rechts), entdeckte man auf den Planken Bug-, Heck-, Back- und Steuerbord-Angaben ähnlich den phyle-Namen von Arbeiterkolonnen und Tempelpriesterschaften.

groß anzulegen, wenn sie gewollt hätten). Offenbar sollten die Boote also in zerlegtem Zustand begraben werden. Aber warum?

Sie mögen symbolische Transportmittel für den Aufstieg des Königs zum Himmel – westlich mit der untergehenden, östlich mit der aufgehenden Sonne – sein, aber nach den Anzeichen zu schließen, gehören sie in eine andere Kategorie. Dinge, die mit der Bestattung des Königs zu tun hatten, galten als »spannungsgeladen«. Um sie zu neutralisieren, wurden sie demontiert und – nahe, aber außerhalb des Begräbnisbezirks – vergraben. Ein anderes Beispiel dafür ist die Holzkonstruktion zum Transport einer Statue, die rituell zerlegt in einem Extraschacht außerhalb der Nebenpyramide des Chephren gefunden wurde. Wahrscheinlich also hatten diese vollständigen, aber demontierten Boote der letzten irdischen Reise Cheops' zu seiner Pyramide gedient.

Der meisterliche Restaurator Ahmed Youssef neben einem Modell des von ihm nach 4500 Jahren wieder zusammengesetzten Cheops-Boots.

Dieses Schiff hat eine Wasserverdrängung von 45 t und einen maximalen Tiefgang von 1,48 m. Es ist 5,9 m breit und 43,3 m lang. Man fand es in 1224 Fragmenten von 656 größeren Bootsteilen, die ursprünglich alle von Seilen und Reihen verzapfter Querstreben zusammengehalten wurden, wie die Skizze unten links zeigt.

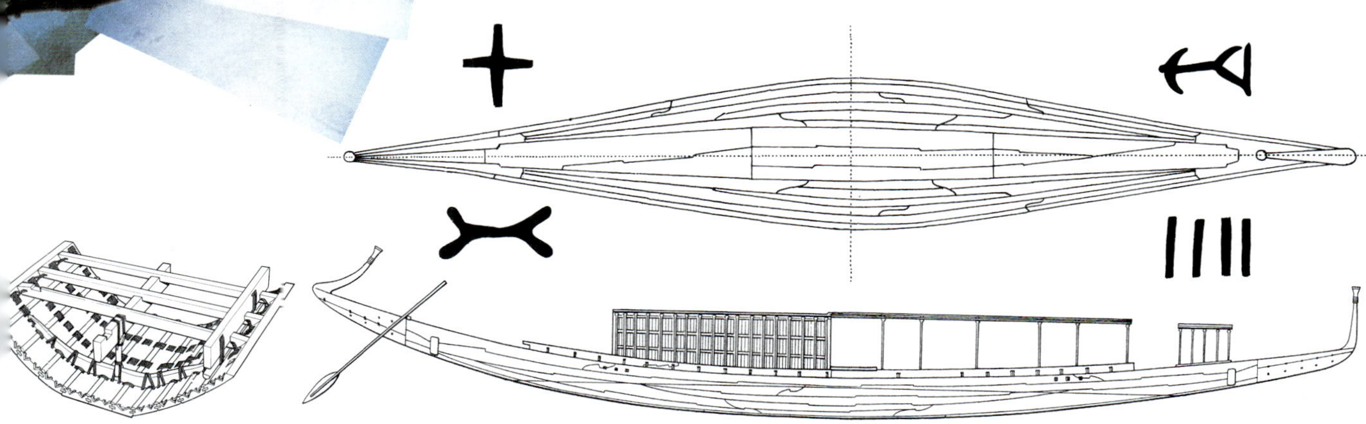

Djedefre in Abu Roasch

Der erste Sphinx? Dieser in Abu Roasch gefundene, herrliche dunkelpurpurne Quarzitkopf zeigt das Antlitz des Djedefre. Er trägt die nemes*-Krone. Die mageren Überreste der Originaloberfläche hinter der Kopfbedeckung sind nach außen geschwungen und deuten auf den Anfang eines Löwenleibes hin. Die Skulptur steht jetzt im Louvre und gehört zu mehreren ähnlich großartigen Funden aus der Schiffsgrube östlich der Djedefre-Pyramide.*

Die sehr betont ausgerichteten Pyramidenkomplexe von Gise legen nahe, daß die Einheitlichkeit der Anlage drei Generationen ein besonderes Anliegen war. Eine Anomalie dazu bildet die Pyramide, die der Cheops-Sohn und -Nachfolger Djedefre 8 km weiter nördlich auf einem Hügel erbaute, der das Giseplateau beträchtlich überragt. Damit lag sie in westlicher Richtung Heliopolis, dem Zentrum des Sonnenkults, näher als Gise. Vielleicht veranlaßten Djedefre dazu religiöse Gründe, denn er ist der erste Pharao, von dem wir wissen, daß er sich den Titel »Sohn des Re« beilegte. Es wurde auch angeregt, daß Djedefres Verlegung seines Grabmonuments weg von Gise, dessen Zerstörung und Chephrens Rückkehr an den alten Ort auf ein Zerwürfnis zwischen den Cheops-Söhnen und einen Nachfolgestreit hindeuteten. Auf den Kalksteinplatten, mit denen die Schiffsgrube des Cheops abgedeckt war, fand sich jedoch zusammen mit Arbeitergraffiti die Kartusche des Djedefre, was zeigt, daß er die Beisetzung seines Vaters beaufsichtigte.

Heute ist außer dem Stumpf des Pyramidenkerns nichts mehr übrig. Mauerwerk und Mörtel des Kerns haften am Felsuntergrund, der in der Mitte der Pyramide erhalten geblieben sein muß wie bei jenen des Cheops und Chephren. Rundum liegen große Mengen Granit von der Verkleidung. Eine Reihe von Blöcken besitzt einen Böschungswinkel von 60°, was manche für ein Anzeichen halten, daß Djedefre eine Stufenpyramide im Auge hatte. Andere meinen, er habe geplant, eine Mastaba ähnlich den späteren Gräbern der Chentkaues und des Schepseskaf zu errichten. Allerdings hatten die Steinlagen von Stufenpyramiden gewöhnlich einen sehr viel steileren Böschungswinkel von 72–75°, und die Mastaba des Schepseskaf weist einen solchen von 65° auf. Daraus wurde früher geschlossen, daß Djedefre eine sehr steile Pyramide baute, vergleichbar der ersten Stufe der Knickpyramide von Dahschur.

Die Ausgrabungen an der Nordecke und am Zentrum der Pyramidenbasis haben eine Fundamentschicht mit einer Neigung von 12° zutage gefördert. Wenn die Verkleidungsblöcke in diesem Winkel verlegt wurden, reduziert sich der Böschungswinkel der Pyramide auf 48°, obschon das Team vorschlägt, von annähernd 52° auszugehen, was zu Snofrus Meidum-Pyramide und jener des Cheops passen würde. Dies würde bedeuten, daß Djedefres Bauleute zu

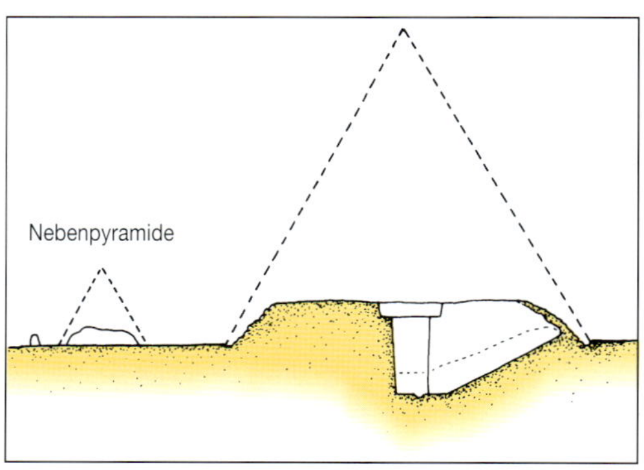

Das französisch-schweizerische Team in Abu Roasch hat neue Details der Djedefre-Pyramide zutage gefördert. Wahrscheinlich war sie mit einer Seitenlänge von 106,2 m geplant. Der genaue Steigwinkel ist ungewiß; nach einigen Anzeichen könnte er 48° betragen haben, doch sind auch bis zu 52° nicht auszuschließen. Die theoretische Höhe betrug zwischen 57 und 67 m.

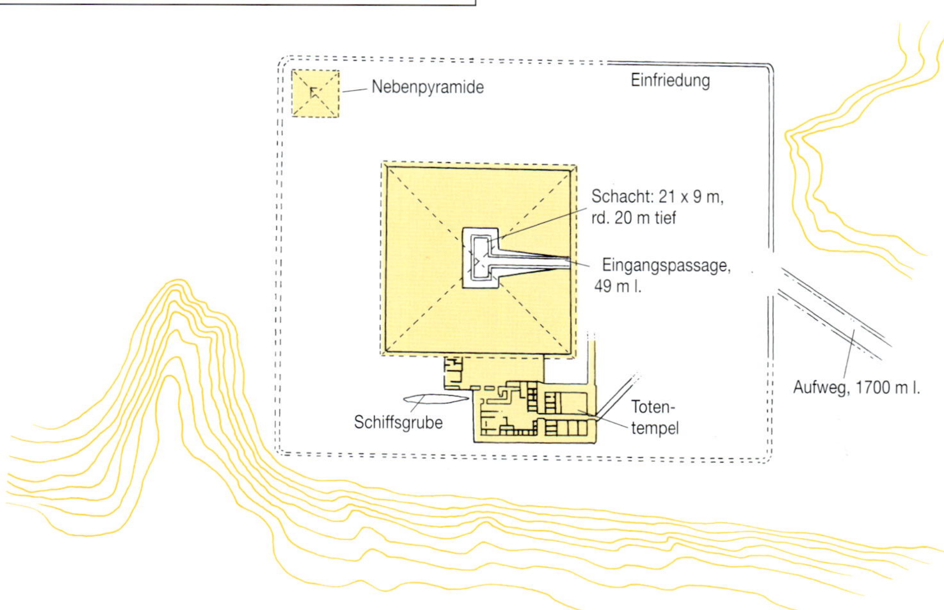

Die Einfriedung der Djedefre-Pyramide weicht von der der Gise-Pyramiden ab. Als in nord-südlicher Richtung orientiertes Rechteck kann es sich um ein erstes Wiederaufleben des »Djoser-Typus« handeln. Der Totentempel ist nach Norden der Ost-West-Zentralachse der Pyramide verschoben. Diese steht auf einem Hochplateau, zu dem ein extrem langer Aufweg führt.

Blick auf den Totentempel des Djedefre von der Pyramide; südöstlich liegt Gise (oben rechts). So hoch im Norden stand die Pyramide genau westlich des jenseits des Tals gelegenen Heliopolis (oben links). Die Form des Totentempels ähnelt Werkstätten um einen Hof. Wurden provisorische Strukturen einfach in einen Tempel für die unfertige Pyramide umgebaut?

der geneigten Verkleidung zurückkehrten, wie sie sich am Fuß von Snofrus Knickpyramide findet, statt wie bei Cheops die einzelnen Lagen sorgfältig horizontal auszurichten. Nachdem das Basismaß der Nordseite nun präzise auf 106,2 m bestimmt worden ist, ergibt sich eine theoretische Höhe von 57 m (bei 48°) bzw. 67 m (bei 52°). Es ist noch immer unbekannt, wie weit der Bau über die zirka 20 Granitlagen an der Basis hinausgedieh. Petrie fand das Fragment des Throns einer Diorit-Statue mit den Hieroglyphen für *Men... Ra*, was höchstwahrscheinlich Menkaure bedeutet. Stadelmann meint, dieser habe an der unfertigen Pyramide Restaurationsarbeiten vorgenommen.

Das Pyramideninnere

Von Snofru bis Cheops ist das Streben erkennbar, die Kammern höher hinauf zu verlagern. Djedefre kehrte zum früheren Konzept zurück und begann seinen Unterbau als 23 x 10 m große Kolossalgrube rund 20 oder mehr Meter tief unter der Erde mit einem 49 m langen Zugangskorridor von 22° 35‘ Gefälle. Die Eingangspassage und die Grabkammer wurden in den Korridor und die Grube hineingebaut.

Der Pyramidenkomplex

Das französisch-schweizerische Team hat inzwischen festgestellt, daß es 6 m von der nördlichen Pyramidenbasis einen Innenhof gab, der sich nach Osten erweiterte, um den Totentempel aufzunehmen. Djedefres Totentempel scheint hastig gebaut. Er besitzt ziemlich dicke Mauern aus Feldsteinen, die mit Lehmziegeln verkleidet sind und rund um einen offenen Hof östlich der Pyramide Abteile und Kammern (laut Stadelmann Kapellen) bilden. Diese Anordnung gleicht Werkstätten in Gise; möglicherweise ließ man den Bau einfach stehen, als Djedefre starb und die Arbeit an der Pyramide eingestellt wurde.

Werkstätten und Wohnquartiere nahmen auch die nordöstliche Ecke des Innenhofs ein. Unmittelbar neben der Nordostecke der Pyramide zeugen ganze Lagen von Steinsplittern von einem riesigen Platz, auf dem Pyramidenblöcke zugehauen wurden. Möglicherweise dienten einige der Wände beim Errichten der Pyramide als Hilfsbauten und wurden später rasch zu einer Art Kultstätte ausgebaut. Eine tiefe Nische im Kernmauerwerk im hinteren Teil des »Tempels« war vielleicht eine Scheintür.

Eine Schiffsgrube an der Südseite des Tempels gemahnt an jene unmittelbar vor dem Eingang des Cheops-Tempels. Vom nordöstlichen Eingang der Umfriedung führte ein überdachter Korridor zum Ende des Aufwegs. Unmittelbar außerhalb dieses Korridors wurde kürzlich ein Depot mit Votiv-Keramik entdeckt. Ähnliche Depots sind nahe den Eingängen zu Snofrus Pyramiden in Meidum und Dahschur, der Schepseskaf-Mastaba und der Raneferef-Pyramide gefunden worden. Dies deutet darauf hin, daß die Kulthandlungen für Djedefre über längere Zeit fortgesetzt wurden.

Die Höhe der Hügelkuppe, auf der die Pyramide erbaut wurde – sie überragt das Gise-Plateau um rund 20 m –, machte einen außergewöhnlich langen Aufweg (möglicherweise 1700 m) zum Tal erforderlich. Seine Dimensionen stehen in scharfem Gegensatz zum provisorischen, flüchtigen und diminutiven Charakter der Pyramide selbst, deren Grundfläche weniger als ein Viertel des Areals ausmachte, das die Pyramide von Djedefres Vater Cheops in Gise beansprucht. Vielleicht wußte Djedefre, der nur acht Jahre regiert haben soll, daß ihm nicht mehr viel Zeit blieb, und entschied sich deshalb für ein kleines Vorhaben.

Zurück nach Gise: Die Chephren-Pyramide und der Große Sphinx

Die Chephren-Pyramide hieß »Chephren ist groß«. Die Einfachheit der Kammer und des Passagensystems spiegelt vielleicht die Probleme wider, auf welche die Bauleute bei der Einrichtung von Kammern hoch oben im Körper der Snofru- und Cheops-Pyramide gestoßen waren. Die Basislänge betrug 215 m, die Höhe 143,5 m, der Winkel 53° 10'.

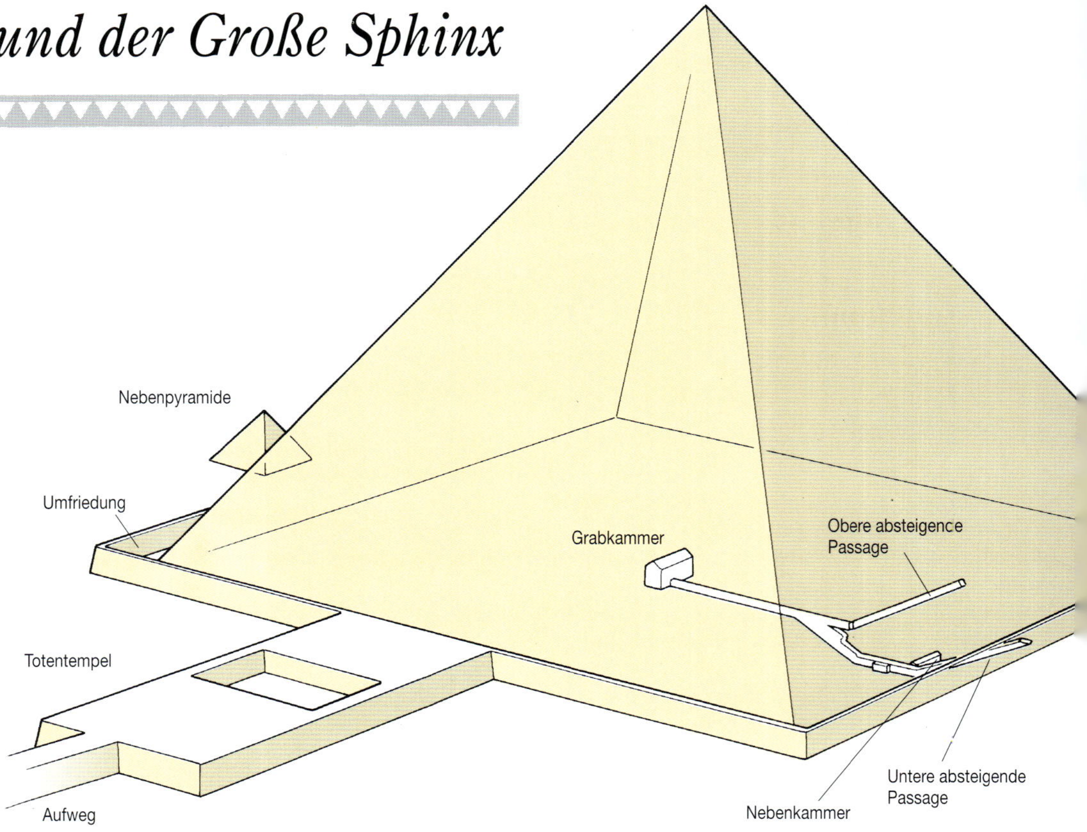

Die verbliebenen Verkleidungsblöcke an der Spitze der Chephren-Pyramide schließen nicht bündig aneinander; vielleicht wurden sie schon vor dem Setzen auf den Neigungswinkel zugeschnitten. Sie könnten sich aber auch gesetzt haben, als die unteren Lagen geraubt wurden.

Djedefres Nachfolger war Chephren, auch er ein Sohn des Cheops. Vor ihm hatten zwei ältere Brüder in der Thronfolge gestanden, so daß wir in ihm wohl einen ziemlich jungen Mann sehen können. Jedenfalls könnte die Jugend die ungewöhnliche Zuversicht erklären, mit der er ein Quadrat von 215 m Seitenlänge für die Basis einer Pyramide anlegen ließ, die Seite an Seite mit der seines Vaters stehen sollte. Zwar ist die Chephren-Pyramide kleiner, aber das vertuschte er damit, daß er sie auf einen etwa 10 Meter höheren Felssockel stellte. Auch ihr Neigungswinkel ist etwas steiler: 53° 10‘ gegenüber Cheops‘ 51° 50‘40“. Ganz an der Spitze ist eine schwache Verzerrung zu erkennen, weil die vier Eckwinkel nicht genau genug ausgerichtet waren, um sich in der Spitze zu treffen.

Die Pyramide

Die Pyramide ruht auf einer Terrasse, die im Nordwesten etwa 10 m in die Felsgrundoberfläche eingehauen, in der Südostecke mit gewaltigem Mauerwerk hochgebaut wurde. Damit wurde die 3–6gradige natürliche Neigung des Mokattamgebirges ausgeglichen. Abgesehen von der Granitaußenverkleidung der untersten Lage wurde die Pyramide mit Tura-Kalkstein umhüllt. Nur das obere Viertel der Verkleidung ist noch erhalten – offenbar ein Hinweis auf das Vorgehen der Räuber, die zuerst Ecken und Basis abräumten und sich dann nach oben arbeiteten. Gleich unter der untersten noch erhaltenen Verkleidungslage ist ein Band gleichmäßig gestufter Kernsteine sichtbar. Die übrige Oberfläche bis zur Basis (der größere Teil der Pyramide) besteht aus sehr groben, unregelmäßigen losen Steinen.

Was stellt dieses Band dar? Die Verfüllung zwischen Kern und Mantel, die zutage trat, als man die Verkleidung abriß? Das klingt einleuchtend – bis man nach Erklettern der Ecken feststellt, daß sich dieses unregelmäßige Mauerwerk bis ziemlich weit in den Pyramidenkörper hinein fortsetzt. Der Kontinuitätsbruch könnte auf unterschiedliche Baustile hinweisen, vielleicht sogar eine vorübergehende Einstellung der Bauarbeiten, die erst später wieder fortgesetzt wurden. Andererseits könnte das Kernmauerwerk auch einfach aus technischen Gründen zur Spitze hin regelmäßiger ausgelegt worden sein.

Die Verkleidungssteine an der Spitze sind mit rund 50 cm Dicke viel kleiner als die Überbleibsel am Fuß der Pyramiden des Cheops und seiner Königinnen.

Chephrens Grabkammer (links). Der schwarze Granitsarkophag war ursprünglich in die Pflasterung versenkt. Eine quadratische Bodenaussparung am Westende der Südwand enthielt vermutlich die Kanopentruhe.

Die untere Felskammer (rechts) mit schräger Decke ist vielleicht das Gegenstück zur Unterirdischen Kammer oder Kammer der Königin der Cheops-Pyramide.

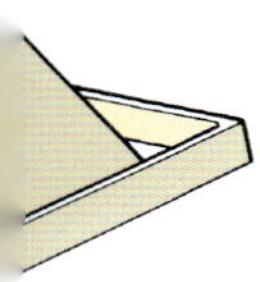

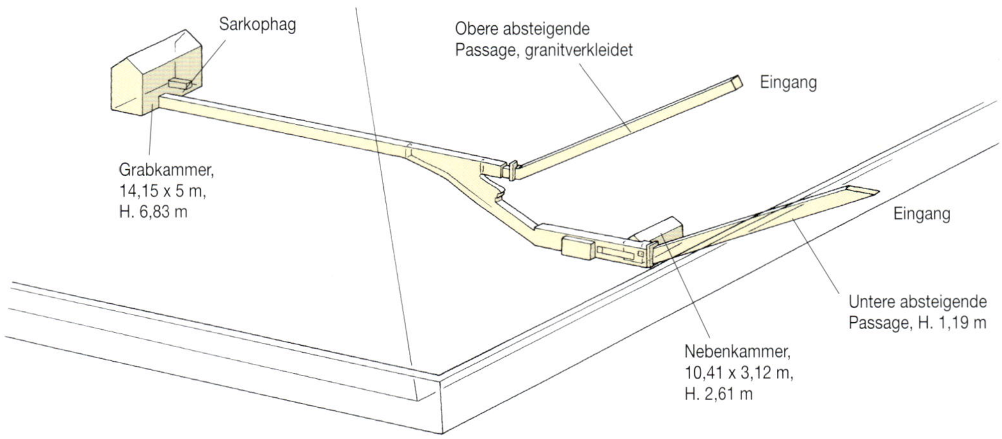

Die doppelte Eingangspassage läßt auf eine Verkleinerung des ursprünglichen Basismaßes schließen. Am Anfang des unteren und oberen Horizontalkorridors befanden sich Fallsperrsysteme.

Ihre Außenseiten sind oft um wenige Millimeter versetzt, statt genau zu fluchten. Daraus könnte man schließen, daß auf dieser Höhe wegen des geringeren Arbeitsraumes die Außenneigung in die Blöcke geschnitten wurde, bevor man sie verlegte. Mit ziemlicher Sicherheit läßt sich sagen, daß sogar jetzt noch (die Chephren-Pyramide war immerhin das fünfte der Riesenmonumente) die Bautechniken weitgehend improvisiert waren. Unter vielem anderem war die Pyramide als Hafen gedacht, von dem aus man die Reise in die Unterwelt antrat. Die breite Terrasse östlich der Chephren-Pyramide besteht aus massiven, bis zu mehrere hundert Tonnen schweren Kalksteinblöcken. Aus den Nordost- und Südwestecken der Terrasse ragen riesige Piers, die wie Hellinge oder gigantische Docks aussehen, und zwischen den beiden Piers und dem Totentempel finden sich fünf in den Naturfels gehauene, enge schiffsförmige Gräben.

Das Innere der Chephren-Pyramide

Die Chephren-Pyramide enthält zwei absteigende Passagen. Die eine beginnt im Mauerwerkskörper etwa 11,54 m über der Grundfläche, die andere geht auf Bodenhöhe von der Mitte der nördlichen Frontseite aus. Wie meist liegt auch dieses Passagensystem nicht auf einer Linie mit der Mittelachse der Pyramide; hier ist es etwa 12 m nach Osten verschoben. Es gibt die Meinung, ursprünglich sei die Pyramide breiter oder mit einer 30 m weiter nördlich liegenden Nordgrundlinie geplant gewesen; dann hätte auch die untere Passage ganz im Mauerwerk gelegen. Aber ein früherer Plan für eine breitere Pyramide ist wegen der Einheitlichkeit von Terrasse, Umfassungsmauer und Grundfläche schwer vorstellbar. Wahrscheinlicher ist, daß man sich während der Bauarbeiten nicht recht für eines der beiden Korridorsysteme entscheiden konnte oder wollte.

Die untere Passage fällt schräg zu einem 1,7 m hohen Horizontalgang ab. Dort tut sich eine in den Felsen gehauene Nebenkammer mit Giebeldach auf. Ihr Zweck ist unklar. Vielleicht war es eine *serdab*-Kammer vergleichbar der fälschlich als »Königinkammer« bekannten in der Großen Pyramide. Sie kann auch als bloßes Opfergabenmagazin gedient haben. Vom Ende des Horizontalganges aus führt eine Passage nach oben und kreuzt sich mit der anderen, die ihrerseits von hoch oben in der Pyramide zum Felsboden hinabgeht.

Da an der Nordwestecke der Felsgrund fast 10 Meter hoch stehen blieb und sich die Oberkante der Grabkammerwände auf Höhe der Terrasse befindet, muß diese in einer Grube gebaut worden sein, die jener in der Djedefre-Pyramide in Abu Roasch ähnelt, aber nicht so tief ist. Die Decke besteht aus schrägliegenden Kalksteinbalken wie in der »Königinkammer« und der obersten der fünf Druckentlastungskammern über der Grabkammer der Großen Pyramide.

Von allen drei Komplexen in Gise sind der Totentempel, das Aufweg-Fundament und der Taltempel des Chephren am besten erhalten. Er fügte noch den Sphinx und dessen Tempel hinzu.

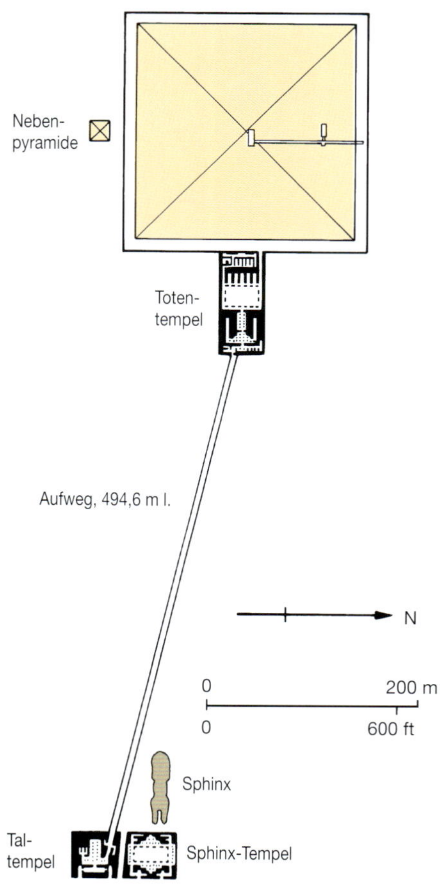

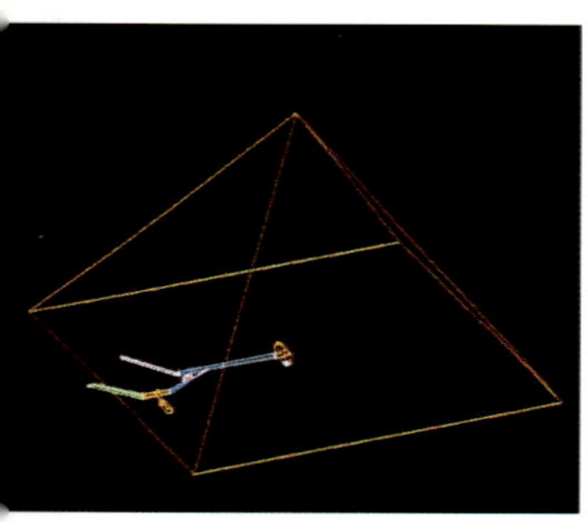

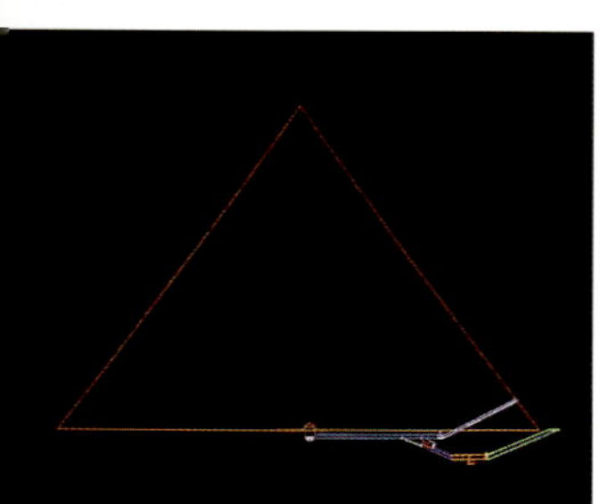

Die Grabkammer der Chephren-Pyramide muß in einer aus dem Felsgrund gehauenen Grube errichtet worden sein.

Der Sarkophag

Die Kammer liegt rechtwinklig zur Achse des Gangsystems, weshalb in diesem Fall der Sarkophag ganz nahe der Nord-Süd- und der senkrechten Pyramidenachse zu stehen kam. Er besteht aus schwarzem Hartgranit und ist halb in das sehr dicke Pflaster eingelassen, das früher mehr vom Fußboden bedeckte. Der Deckel lag in zwei Teile geborsten da. Eine Grube im Fußboden – die erste ihrer Art in einer Pyramide gefundene – barg wahrscheinlich die Kanopentruhe, deren Deckel dann eine der Bodenfliesen gebildet hätte.

Nachdem er den Eingang zur oberen Passage wiederentdeckt hatte, gelangte Belzoni 1818 in diese Kammer, mußte aber enttäuscht feststellen, daß er nicht der erste war, der sie in nachpharaonischer Zeit betreten hatte. Die im Sarkophag gefundenen Knochen stellten sich seltsamerweise als Stierknochen heraus. Stiere wurden sehr viel später als Sinnbild der Pharaonen oder des Osiris begraben. Stadelmann meint, hier handle es sich wohl um Opfergaben, die Eindringlinge irgendwann später, als die Leiche des Königs längst geraubt war, in den Sarkophag geworfen hätten.

Der Pyramidenkomplex

Der Totentempel

Chephrens Totentempel markiert einen echten architektonischen Fortschritt; er ist größer als die früheren und enthält erstmals alle fünf Elemente, die später zur Norm werden sollten. Er besteht aus einem Vorderteil als Eingang zum Haupthof und einem Rückteil. Der Vorderteil war aus in der Nähe abgebauten Kalkstein-Megalithen errichtet, die den Wandkern bildeten und mit Stein feinerer Qualität verkleidet wurden – ein von Chephren eingeführter Mauerwerktypus. Das Innere des Tempels war fast völlig mit Granit ausgekleidet.

Der Aufweg erreicht den Totentempel nahe dem südlichen Ende der Frontseite. Unmittelbar links davon befanden sich zwei Granitkammern, am anderen Ende eines Ganges entlang der Tempelfront lagen vier weitere, mit Alabaster ausgekleidete Kammern. Die Eingangshalle im Vorderteil besteht aus zwei Teilen, einer transversalen mit zurückspringenden Buchten, und einer rechteckigen. Das Dach beider trugen Granitsäulen aus einem Stück. Von jedem Ende der ersten Halle zweigt eine lange, schmale, schlitzähnliche Kammer ab. Es wird vermutet, daß am Ende dieser dunklen Passagen einst riesige Königsstatuen standen. Unter Chephren und – etwas weniger – Menkaure explodierte die Statuenkultur. Die Chephrenstatuen blieben nach Größe und Zahl bis zum Neuen Reich (etwa 1200 Jahre später) unerreicht. Dennoch fanden sich zwar massenhaft Fragmente kleinerer Statuen, aber keiner einzigen großen, obwohl es im Chephren-Komplex über 52 lebens- und überlebensgroße Standbilder gab. Sie wurden nämlich auf königlichen Befehl entfernt, vielleicht in der 18. Dynastie oder durch Ramses II., und für andere Königsvorhaben »recycled«. Als nächstes folgte der offene Hof, dessen granitumhüllte Säulen so breit waren, daß sie wie Brückenpfeiler um den Hof stehen. Vor ihnen standen 12 Statuen in Gruben oder Halterungen im weißen Alabasterboden. Hölscher meint, es handle sich um ein Standbild des Herrschers als Osiris. Doch Herbert Ricke rekonstruierte sie als Sitzstatuen des Königs mit *nemes*-Schal. Unsere Ausgrabungen der »Arbeiterkasernen« westlich der Chephren-Pyramide ergaben einen Anhaltspunkt, der uns veranlassen sollte, die Form dieser Statuen neu zu überdenken. Es zeigte sich nämlich, daß diese Galerien keine Wohnstätten, sondern eine königliche Werkstatt waren. Unter anderem fanden wir ein Fragment eines Königsmodells mit der Krone des Südens samt Stützsäule, deren Bemalung Granit imitierte. Die Säule ragt wie ein umgekehrtes »L« über die Krone; gleiches galt für das Kolonnadendach über den Säulen des Hofes von Chephrens Totentempel. Interessanterweise gibt es eine ganze Reihe die Krone des Südens tragende königliche Schreitstatuen, die von Ramses II. usurpiert wurden, aber von viel früher stammen. Ihre Sockel passen genau in die Halterungen im Hof des Chephren-Totentempels. Ob sie von dort stammen, muß die weitere Untersuchung zeigen.

Die Innenwände des Hofs waren vielleicht ab einer gewissen Höhe mit Reliefs verziert. Jenseits des Hofes lagen fünf jetzt schwer beschädigte Nischen für weitere Statuen des Königs, dahinter kleinere Lagerräume, vielleicht für die den fünf Statuen dargebrachten Opfergaben. Ganz hinten im Tempel, unmittelbar an der Pyramide, lag das Innenheiligtum, vermutlich mit Scheintürnische. In der Nordostecke führte eine Treppenrampe zum Dach, während von der Nordwestecke des Säulenhofes ein Gang zum gepflasterten Pyramidenhof abging. Außerhalb des Tempels befanden sich fünf Schiffsgruben, zwei im Norden und drei im Süden, eine sechste mag geplant gewesen sein. Sie sind in Bootsform in den Fels geschlagen; bei zweien sind die Abdeckplatten noch vorhanden.

Der Taltempel

Am Ende des Aufwegs liegt Chephrens 4600 Jahre alter Taltempel, der im Gegensatz zum Totentempel wunderbar erhalten ist. Seine großen Kammern ähneln sehr dem Vorderteil des Totentempels. Das überrascht insoweit nicht, als dieses Portal zum Gesamtkomplex mehr oder weniger das architektonische Muster eines Eingangs umschließt.

Bohrungen in bis zu 16 m Tiefe haben eine Art Kai vor dem Sphinx-Tempel zutage gefördert, der sich wahrscheinlich in südlicher Richtung an der Frontseite des Taltempels entlang fortsetzt und von dem Rampen zu dessen beiden Türen führen – vielleicht ein Symbol der Dualität von Ober- und Unterägypten. 1995 legte Zahi Hawass den Bereich erneut frei und entdeckte dabei, daß die Rampen von Lehmziegelwänden, die einen in nord-südlicher Richtung verlau-

Fünf Merkmale von Totentempeln

Im Chephren-Totentempel treten erstmals fünf spätere Standardmerkmale auf:
1 *Eingangshalle*
2 *Breiter Säulenhof*
3 *Fünf Nischen für Königsstatuen*
4 *Fünf Magazinkammern*
5 *Allerheiligstes – Stelenpaar oder Scheintür oder beides.*

Die fünf Nischen könnten auf die vollendete, fünffache Titulatur des Königs oder die fünf phylai *verweisen. Die Abusir-Papyri lassen vermuten, daß in der 5. Dynastie in drei Nischen Statuen des Königs als Herrscher über Süd- und Nord-Ägypten und als Osiris standen.*

Blick ins Innere des Chephren-Taltempels; die Granit-Innenverkleidung, Säulen und Torstürze sind intakt. Der Korridor zur Rechten verlängert den Aufweg in den Tempel hinein.

(Unten) In der T-förmigen, nur durch schmale Wandschlitze unterhalb der Decke erhellten Halle des Chephren-Taltempels standen ringsum dreiundzwanzig Statuen des Königs.

Die von Mariette im Vestibül des Taltempels gefundene Chephren-Statue aus Diorit. Die Schwingen des Horusfalken umfangen in schützender Geste den Kopfschmuck des Königs. Dies ist eine der ursprünglich 23 Statuen, welche die T-förmige Halle des Totentempels säumten.

(Unten) Rekonstruktion des Statuen-Tragschreins, dessen Stücke unter der Nebenpyramide des Chephren gefunden wurden – hier auf einem Transportschlitten. Eine entsprechende Abbildung taucht auf einem Relief aus dem Grab von Königin Meresanch III. auf (unten rechts).

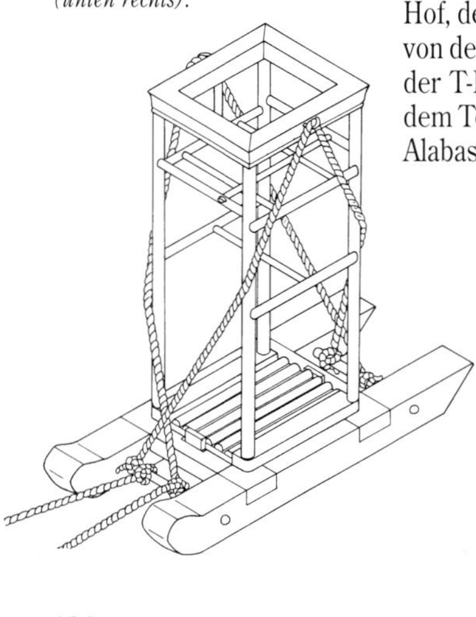

fenden engen Korridor oder Kanal bildeten, umschlossene Tunnel überkreuzen. Vor dem Sphinx-Tempel mündet dieser Kanal in einen nach Nordosten und vermutlich zu dem unter der modernen Touristen-Plaza begrabenen Kai führenden Abzugsgraben. Beide Türen waren von einem Paar 8 m langer Löwen oder – wahrscheinlicher – Sphinxen flankiert. Übrig sind nur noch Formen, die sich als Halterungen für Hebebäume und Einkerbungen für die Statuensockel beschreiben lassen.

Der Taltempel war aus mit Rosengranit umkleideten Megalithen erbaut. Die Eingänge waren mit riesigen, einblättrigen Türen, vermutlich aus Zedernholz, verschlossen. Zwischen den beiden Eingängen lag das Vestibül oder die Vorkammer. Die Wände hier waren aus einfachem, ursprünglich hochpoliertem Rosengranit, der Fußboden mit weißem Alabaster gepflastert. Sodann führte eine Tür zu einer T-förmigen Halle, die den größeren Teil des Taltempels einnahm und wiederum mit poliertem Rosengranit und weißem Alabaster ausgekleidet war; das Dach ruhte auf 16 Granitpfeilern aus einem Stück, von denen viele heute noch stehen.

Der Plan des Taltempels barg eine Art kosmischen Innenkreislauf, vergleichbar dem größeren des Gesamtkomplexes. Seinen Ausgang nahm er an der Traverse der T-förmigen Halle. Das einzige Licht dieses düsteren und geheimnisvollen Raumes fiel durch schmale Schlitze am oberen Ende der Wände ein. Entlang der Wände saßen Chephren-Statuen in rechteckigen Gruben. Es gibt 23 Statuensockel, wobei der in der Mitte des T-Schenkels breiter ist und vielleicht zwei Statuen aufnahm, was 24 ergäbe. Vielleicht fanden hier zu jeder Tag- und Nachtstunde vor einer Chephren-Statue Räucher- und Trankopfer statt, oder aber die Statuen stellten die vergöttlichten Teile des königlichen Leichnams dar, wie H. Ricke und S. Schott meinten.

Die Statuenreihe setzte sich entlang der Traverse des T fort und endete an einer Tür zu einem Gang, von dem aus eine Wendeltreppe zum Dach des Ganges und weiter zum Dach des Taltempels führte. An der Südseite des Daches befand sich ein kleiner Hof, der unmittelbar über sechs Vorratskammern lag, von denen auf zwei Etagen je drei ins Kernmauerwerk der T-Halle eingelassen waren. Vom offenen Hof auf dem Tempeldach führen symbolische Röhren, die mit Alabaster ausgekleidet sind (dieser galt als spezielles Reinigungssymbol), in die tiefen, dunklen Kammern hinab. Die Statuenreihe beginnt gleich außerhalb der Tür zu diesen Kammern von der T-Halle her. Der symbolische Kreislauf windet sich durch den gesamten Tempel, umfaßt sowohl die chthonischen wie auch die solaren Aspekte des Nachlebensglaubens und Balsamierungsrituals, dessen Szenerie der Taltempel nach Meinung einiger Ägyptologen abgab.

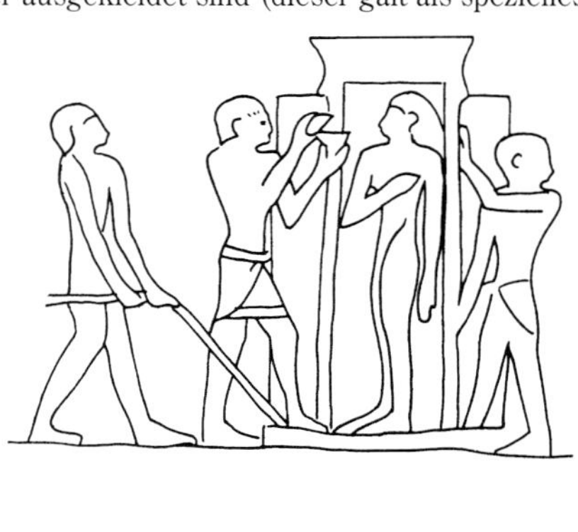

Die Nebenpyramide

Chephrens Nebenpyramide (GII-a) ist von Steinräubern fast völlig beseitigt worden; übrig sind nur die auf der Zentralachse der Hauptpyramide gelegenen Fundamentumrisse sowie ein paar Kernquader. Als Ursprung der Nebenpyramiden vermutet man das Südgrab des Djoser; sie dienten vielleicht der Bestattung von *ka*-Statuen des Königs, also seines spirituellen Doppelgängers und seiner Lebenskraft. Die Chephren-Nebenpyramide hat diese Idee wieder bestätigt. Eine ihrer zwei Absteigenden Passagen liegt auf der Zentralachse der Pyramide, aber außerhalb der Grundfläche. Dieser Gang verläuft unter der Pyramide und endet als Sackgasse in einer kleinen Nische. Dort befand sich eine Holzkiste mit Teilen eines einstigen Möbelstücks. Ahmed Youssef hat sie zusammengebaut; dabei ergab sich ein Zedernholzrahmen in Form einer *sah netjer* (Gotteskabine), die absichtlich – und offenbar rituell – in sehr regelmäßige Stücke zerhackt worden war. Auf Grabszenen (zum Beispiel aus dem Grab der Cheops-Enkelin Meresanch) sieht man, wie die *sah netjer* mit einer Statue des oder der Verstorbenen darin rituell zum Grab gezogen wird.

Der Große Sphinx

Als größte der Hunderte von Statuen aus der Zeit Chephrens war der Sphinx die erste wirkliche Kolossalskulptur des alten Ägypten. Der Löwenkörper ist im Maßstab 22:1 nachgebildet, der Kopf 30:1. Derart gewaltige Statuen sollten die Ägypter erst rund 1200 Jahre später unter Pharaonen des Neuen Reichs wie Amenhotep III. und Ramses II. schaffen.

Lage und Geologie

Der Sphinx wurde aus dem gewachsenen Felsgrund ganz unten am Chephren-Aufweg gehauen. Verlängerte man die rechteckige Zweitumfassungsmauer des Pyramidenkomplexes nach Osten, so schlösse sie den Sphinx mit ein. Die Südseite des Sphinxgrabens bildet den Nordrand des Aufwegs, der am Sphinx vorbei zum Taltempel führt; wegen der engen Verbindung zu ihm ist anzunehmen, daß der Sphinx für Chephren geschaffen wurde.

Die eingehende Untersuchung der geologischen Schichten des Sphinx und der Steine der Chephren-Tempel durch den Geologen Thomas Aigner ermöglicht uns, die Reihenfolge der Steinbruch- und Bauarbeiten zu rekonstruieren. Der Taltempel dürfte aus riesigen Quadern erbaut worden sein, die aus den Schichten stammten, die durch den oberen Teil des Sphinx verlaufen. Die Standard-Kernblöcke des Sphinx-Tempels mit ihrem weichen gelben Streifen zwischen zwei härteren Lagen stammen von knapp unterhalb der Brusthöhe des Sphinxleibs.

Gestalt und Ikonographie

Der Löwe war in mehreren antiken Nahostkulturen ein Sonnensymbol und zugleich Archetypus der Königswürde. Der menschliche Königskopf auf einem Löwenleib versinnbildlichte die von der Intelligenz des Pharao als Wahrer der kosmischen Ordnung (*maat*) ausgeübte Macht. Der Sphinx lebte in seiner zur Zeit des Großen Sphinx gegebenen Gestalt zweieinhalb Jahrtausende in der ägyptischen Ikonographie fort. Der *nemes*-Kopfputz war eine spezielle Faltform des dem König vorbehaltenen Schals. Seine ausladenden Seiten ersetzten die Löwenmähne und paßten so die Proportionen von Menschenkopf und Löwenschultern einander an. Beim Großen Sphinx sind Kopf und Kopfputz im Verhältnis zum Löwenrumpf jedoch kleiner als bei der klassischen Sphinxform, und der Leib ist beträchtlich verlängert. Dabei ist nicht etwa der Kopf falsch proportioniert, sondern der Rumpf als solcher ist zu lang. Erklären dürfte das die konkrete Geologie. Durch die Schichten I und II – die beiden unteren der drei geologischen Schichten, in die der Sphinx gehauen wurde – laufen riesige Risse, der größte mitten durch den dünnsten Teil des Rumpfs. Beim Freilegen des Felsblocks, aus dem die Statue werden sollte, trafen die Ägypter auf diesen schweren Gesteinsdefekt und erkannten sofort, daß sie dort die Kurvung von Rumpf, Hüften, Hinterpfoten und Schwanz nicht ausführen konnten; vermutlich haben sie den Leib verlängert, um dieses Problem zu umgehen.

Der Sphinx-Tempel

Der Boden des Sphinx-Tempels liegt etwa 2,5 m tiefer als die Sphinx-Terrasse und ist in den harten Fels der Schicht I gehauen. Der Tempel scheint ausdrücklich

Zurück nach Gise: Die Chephren-Pyramide und der Große Sphinx

Der Große Sphinx hält Wache vor der Pyramide des Chephren, für den diese Verschmelzung von Mensch und Löwe etwa 2500 v. Chr. geschaffen wurde. Die Skulptur blickt aus 20 m Höhe auf den Betrachter herab und war die erste wahrhafte Kolossalstatue der ägyptischen Geschichte. Hier sieht man sie über die Kalkstein-Kernblöcke des Sphinx-Tempels hinweg. Die verschiedenen geologischen Schichten, aus denen der Sphinx besteht, erklären den unterschiedlichen Erhaltungszustand der Teile. Das Material für den Kopf war viel härter (Schicht III) als der weichere Stein für den Leib (Schicht II); die Basis ist in ein versteinertes Hartsand- und Korallenriff (Schicht I) gehauen.

Die Erbauer des Sphinx hoben als erstes einen U-förmigen Graben aus und meißelten dann den Löwenleib aus dem verbliebenen Felsblock. Abgeschlagener Stein wurde in Kolossalblöcken entfernt und zum Bau der Kernmauern des Taltempels (obere Lagen) und des Sphinx-Tempels auf einer niedrigeren Terrasse im Osten verwendet.

dem Sphinx geweiht gewesen zu sein, aber wir wissen nur wenig darüber, denn kein bekannter Text des Alten Reiches erwähnt den Sphinx oder den Tempel. Als in der 18. Dynastie ein Sphinx-Kult entstand, waren die Tempel des Alten Reiches in Gise längst aufgegeben worden.

Chephrens Bauleute stellten den Sphinx-Tempel nicht fertig; die vorgesehene Außenverkleidung aus Granit wurde nie angebracht. Das mag erklären, warum sich in den Gräbern des Alten Reichs in Gise keine Sphinx-Tempelpriester und -priesterinnen finden – vielleicht hat der Tempeldienst nie begonnen. 24 Säulen aus Rosengranit bildeten eine Kolonnade und einen Wandelgang um einen Zentralhof. Dieser ist mit seinen Kolossalstatuen des Königs, die vor riesigen Säulen stehen, deren Kern vor Ort gebrochene Kalksteinblöcke bilden, fast eine Kopie des Chephren-Totentempels; hier sind es statt 12 aber nur 10 Statuen, vielleicht aus Platzmangel. Die Statuen standen in vor den Säulen in den Fußboden gehauenen Vertiefungen, so daß ihre Basis auf gleicher Höhe wie die Alabasterfliesen lag, mit denen der Felsuntergrund gepflastert war. Jede Hofsäule war, passend zu den Standbildern, mit Rosengranit verkleidet.

Über die Symbolik der Architektur können wir bei einem Tempel, zu dem es keine Texte gibt, nur spekulieren. Herbert Ricke, der ihn 1967 bis 1970 studierte, hat das mit Begeisterung getan. Aufgrund von Parallelen aus dem Neuen Reich schloß er, die Kolonnadenpfeiler repräsentierten die 24 Tages- und Nacht-

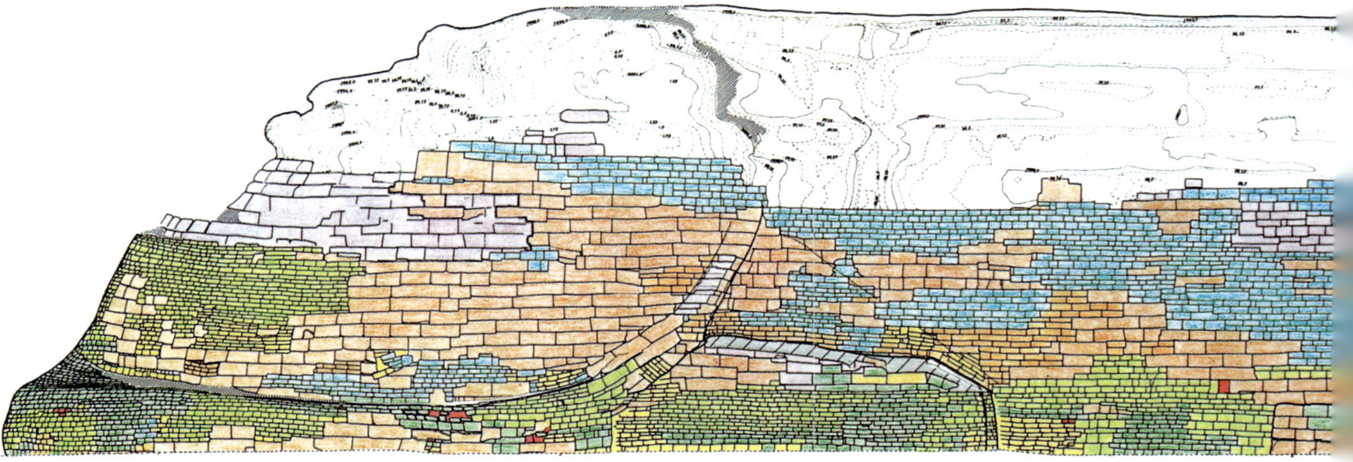

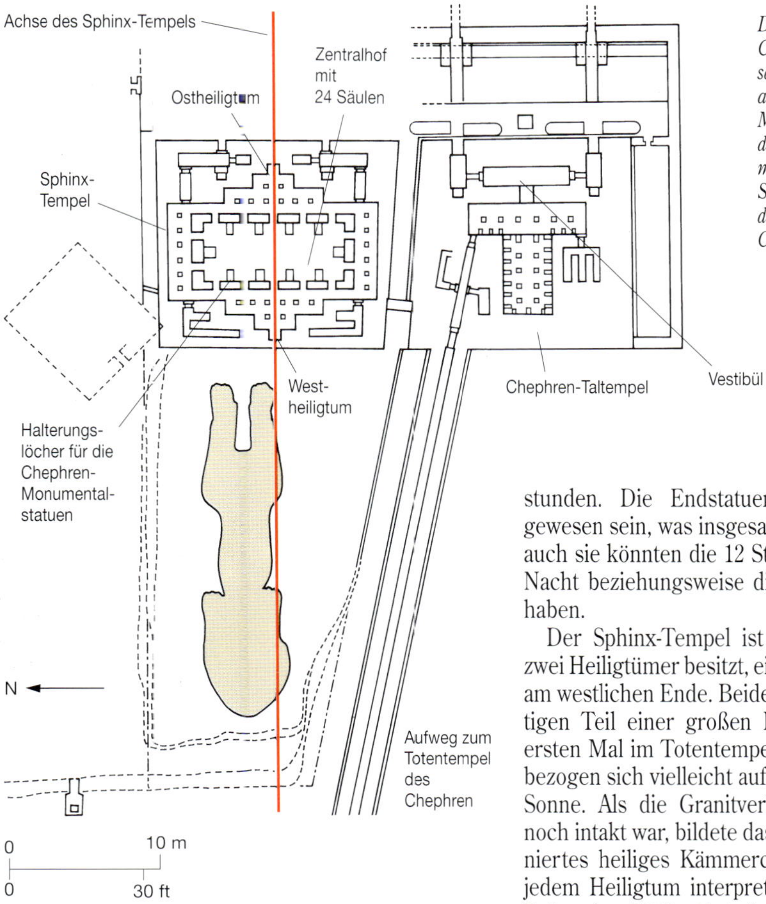

Der Sphinx-Tempel und der Chephren-Taltempel stehen sauber nebeneinander und weisen auch dasselbe megalithische Mauerwerk auf, das Nordbankett des Chephren-Aufwegs markiert die Südmauer des Sphinxgrabens – alles Gründe für die Annahme, den Sphinx habe Chephren errichten lassen.

Zurück nach Gise: Die Chephren-Pyramide und der Große Sphinx

stunden. Die Endstatuen mögen Zweiergruppen gewesen sein, was insgesamt 12 ergäbe. Ricke meint, auch sie könnten die 12 Stunden des Tages oder der Nacht beziehungsweise die 12 Monate symbolisiert haben.

Der Sphinx-Tempel ist insofern einmalig, als er zwei Heiligtümer besitzt, eines am östlichen und eines am westlichen Ende. Beide liegen jeweils im rückwärtigen Teil einer großen Nische, wie man sie zum ersten Mal im Totentempel des Chephren findet. Sie bezogen sich vielleicht auf die auf- und untergehende Sonne. Als die Granitverkleidung der Innenwände noch intakt war, bildete das Ostheiligtum ein klardefiniertes heiliges Kämmerchen. Die zwei Säulen vor jedem Heiligtum interpretierte Ricke als Arme und Beine der Göttin Nut. Auf Tempeldecken aus dem Neuen Reich ist Nut vorgebeugt dargestellt: morgens gebiert sie die Sonne und abends verschlingt sie sie.

Bei meiner mehrjährigen Arbeit in Gise fiel mir auf, daß zur Tagundnachtgleiche (je am 21./22. März und September) die Sonne vom Sphinx-Tempel aus gesehen am Südfuß der Chephren-Pyramide entlang der Verbindungslinie zwischen Sphinx und Tempel untergeht. In der Antike wäre sie über die Westkolonnade

Diese photogrammetrische Darstellung des Sphinx von Süden her zeigt das Flickenmuster aus in antiker und moderner Zeit restauriertem Mauerwerk.

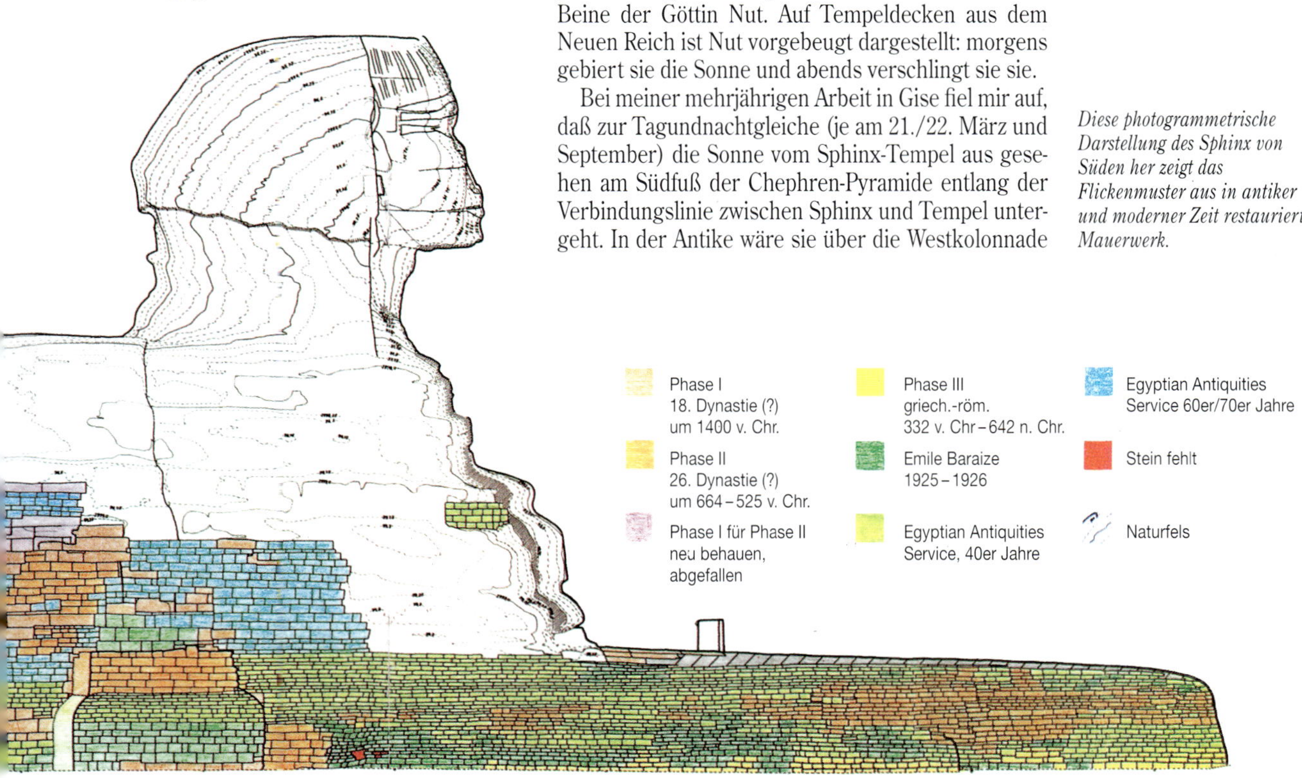

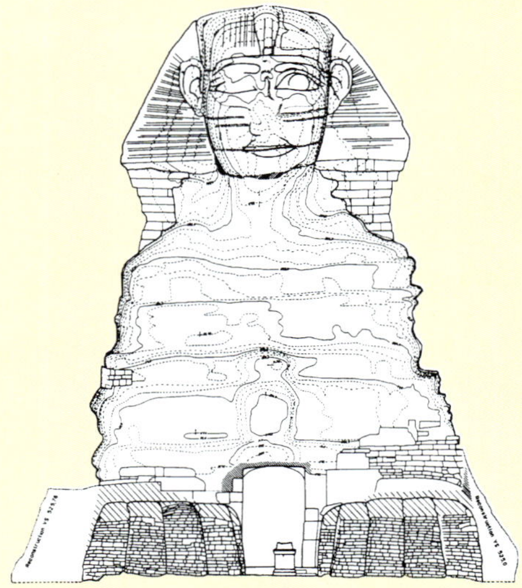

Der Sphinx als Computermodell

Wie sah der Sphinx ursprünglich aus? Um die Antwort auf diese Frage zu finden, verbrachte ich fünf Jahre (1979–1983) damit, das Monument zu vermessen, wobei mir Ulrich Kapp vom DAI zur Seite stand, der photogrammetische Skizzen der Vorder- und Seitenansicht herstellte. Die Draufsicht wurde mühsam von Hand mit dem Bandmaß kartographiert. Später setzte ich Computer ein, um die Karten zu digitalisieren und ein dreidimensionales Drahtgittermodell zu erstellen. Damit dieses Skelettbild eine »Haut« bekam, mußten dann rund 2,5 Millionen Oberflächenpunkte geplottet werden.

gezogen, hätte den Hof überquert und beim Untergang vielleicht ein Kultbild im Ostsanktuarium beschienen. Im selben Augenblick vereinigt sich der Schatten des Sphinx mit dem der Pyramide (beide Königssymbole) zu einer einzigen Silhouette. Der Sphinx scheint den Pharao bei der Darbringung von Opfern vor dem Sonnengott im Tempelhof symbolisiert zu haben. In der kurzen Regierungszeit des Chephren-Vorgängers Djedefre tauchte das fünfte Attribut des Königsnamens auf: »Sohn des Re«. Eigentliche Sonnentempel wurden erst in der 5. Dynastie erbaut, aber der Sphinx-Tempel muß als erster sonnenorientierter Tempel in einem Pyramidenkomplex des Alten Reiches gelten.

Zur Sommersonnwende geht die Sonne drei Tage lang an derselben Horizontstelle unter und bewegt sich erst dann nach Süden zurück. In diesen drei Tagen geht sie in Gise vom Sphinx-Tempel aus gesehen präzise auf halber Strecke zwischen den beiden größten Pyramiden unter. Zufall oder Absicht – was hier nun wahrlich groß über der Skyline von Gise steht, ist die Horizonthieroglyphe *achet*: die Sonne zwischen Bergen. *ach* heißt »rühmen«; *achet* war der »ruhmvolle Ort, an dem die Sonne sinkt« und umschrieb zugleich »Grab«. *achet* oder Horizont war der Name der Großen Pyramide des Cheops und bezeichnete in einigen Texten auch die ganze Nekropole von Gise.

Restaurierung des Sphinx

Die Reparaturarbeiten am Sphinx begannen schon vor rund dreieinhalb Jahrtausenden und ziehen sich durch seine ganze Geschichte. Der schlimmste Verfall – Stellen, wo das Mauerwerk bröckelt und wegbricht – bereitete schon in griechisch-römischer Zeit Probleme und beeinträchtigte auch die modernen Reparaturarbeiten, die bis 1926 zurückreichen, als umfangreiche Ausgrabungsmaßnahmen unter Leitung des Ingenieurs Emile Baraize begannen. Leider wurden die Ergebnisse seiner 11jährigen Arbeit nie publiziert und viele architektonische Überreste im Umkreis des Sphinx abgerissen, ohne je recht dokumentiert worden zu sein.

Vor der 1981 begonnenen, massiven Rekonstruktion der Verkleidungsmauern bestand die altrömische Restauration aus etwa ziegelgroßen Blöcken von relativ weichem und sehr witterungsanfälligem weißen Kalkstein; Baraize entdeckte, daß sich ein Großteil davon abgelöst hatte, und setzte sie neu. Die solideste Restaurationsarbeit wurde in der vorrömischen Pharaonenzeit geleistet. Bei dieser ältesten Reparaturphase benutzten die Ägypter große Kalksteinplatten und im allgemeinen recht haltbares Mauerwerk, das eine braune Schutzpatina entwickelte.

Wann wurde erstmals repariert? Die Antwort liegt zwischen den Vorderpfoten des Sphinx, und zwar in Gestalt der spärlichen Überreste einer von Thutmosis IV. (18. Dynastie) erbauten Freiluftkapelle, die Cavi-

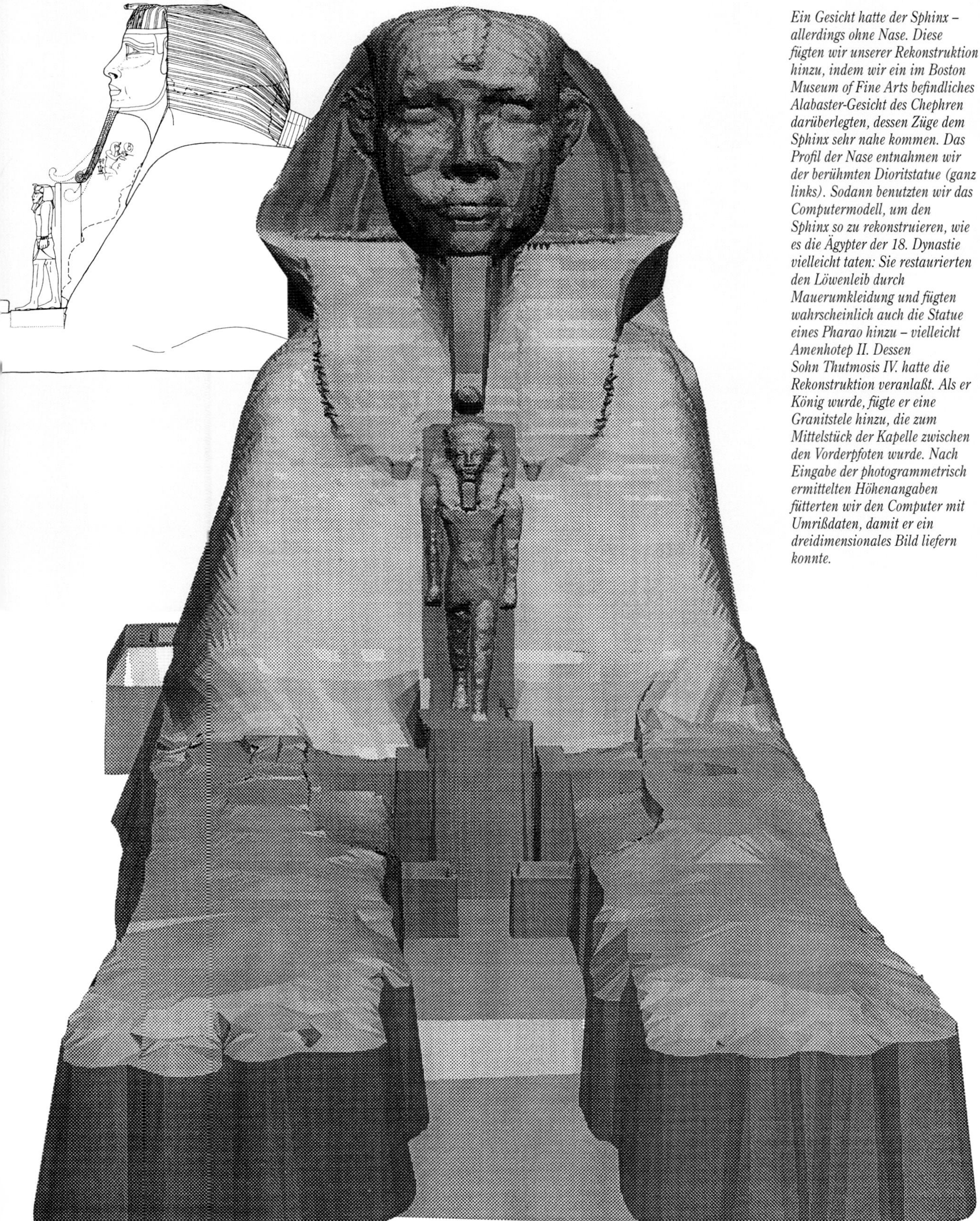

Ein Gesicht hatte der Sphinx – allerdings ohne Nase. Diese fügten wir unserer Rekonstruktion hinzu, indem wir ein im Boston Museum of Fine Arts befindliches Alabaster-Gesicht des Chephren darüberlegten, dessen Züge dem Sphinx sehr nahe kommen. Das Profil der Nase entnahmen wir der berühmten Dioritstatue (ganz links). Sodann benutzten wir das Computermodell, um den Sphinx so zu rekonstruieren, wie es die Ägypter der 18. Dynastie vielleicht taten: Sie restaurierten den Löwenleib durch Mauerumkleidung und fügten wahrscheinlich auch die Statue eines Pharao hinzu – vielleicht Amenhotep II. Dessen Sohn Thutmosis IV. hatte die Rekonstruktion veranlaßt. Als er König wurde, fügte er eine Granitstele hinzu, die zum Mittelstück der Kapelle zwischen den Vorderpfoten wurde. Nach Eingabe der photogrammetrisch ermittelten Höhenangaben fütterten wir den Computer mit Umrißdaten, damit er ein dreidimensionales Bild liefern konnte.

Zurück nach Gise: Die Chephren-Pyramide und der Große Sphinx

Im oberen Teil seiner zwischen den Vorderläufen des Sphinx (rechts) aufgestellten »Traumstele« bringt Thutmosis IV. ihm in Form des Gottes Horemachet ein Opfer dar.

Im Neuen Reich galt der Sphinx als Abbild des Sonnengottes; vielleicht lag dieselbe Vorstellung schon seiner Schaffung in der 4. Dynastie zugrunde. Nach anderer Lesart repräsentierte der Sphinx ursprünglich den im offenen Hof des Sphinx-Tempels Opfer an den Sonnengott darbringenden König.

glia 1816 – noch weit vollständiger erhalten als heute – ausgrub. Kernstück der Rückwand ist eine 15 t schwere und 3,6 m hohe Granitstele, die Thutmosis (wohl in seinem 1. Herrschaftsjahr – 1401 v. Chr.) errichten ließ. Man nennt sie »Traumstele«, denn sie feiert seine Thronbesteigung und erzählt, wie er als junger Prinz beim Jagen in der Sphinx-Gegend im Schatten des Statuenkopfes einschlief – der Sand muß damals also bis zum Hals gereicht haben). Im Traum erschien ihm der Sphinx als Verkörperung der Sonne (des Urkönigs) in all ihren Aspekten – Chepri-Re-Atum – und bot ihm den Thron Ober- und Unterägyptens an, wenn er seinen Leib repariere und vom Sand befreie. Hier bricht der Text ab, aber an der Stelenspitze ließ Thutmosis eine Darstellung einritzen, auf der er dem Sphinx Speise- und Trankopfer darbietet. Die Traumstele ist ein zwingender Beweis, die erste Reparaturen auf Thutmosis IV. – etwa 1100 Jahre nach Chephren – zu datieren, nicht nur wegen dieser Geschichte, sondern auch, weil als Rahmen der Stele die gleichen Kalksteinblöcke benutzt wurden wie zur Restaurierung von Pfoten und Brust.

Die Stele hat auch anderes, weniger Konstruktives, zum Sphinxstudium beigetragen. Sie zeigt den Sphinx auf einem hohen Piedestal liegend, das unten eine Tür hat. Das dürfte nichts anderes als ein künstlerisches Motiv sein, um den ruhenden Sphinx auf eine Ebene mit Schulter und Kopf des Königs zu bringen. Dennoch hat sie die hartnäckige Legende gespeist, unter dem Sphinx verborgen liege eine Passage oder ein Tempel.

Vom Ursprung her ist die Stele ein wiederbenutzter Türsturz aus dem Chephren-Totentempel. Wegen seiner enormen Größe dürfte er vom Tempeleingang am oberen Aufweg-Ende stammen. Die Zapfenlöcher auf der Rückseite entsprechen jenen der Tempelschwelle. Da zudem die frühesten Restaurierungssteine zu den Überresten der Aufwegmauern passen, wurde wohl in der 18. Dynastie das Mauerwerk des Chephren-Komplexes geplündert. Das setzte sich bis in die nächste Dynastie hinein fort. Es mag seltsam und kaum glaubhaft klingen, daß die Pharaonen die Tempel des *Horus-User-ib* (Chephren) zur Wiedererweckung des Kults des Sphinx als *Horemachet* (Horus im Horizont) benutzt haben sollen. Aber da jeder Pharao eine Neuverkörperung des Horus war, galten die Einzeldenkmäler vielleicht als Gemeingut des Horus.

Als der Kult in der 18. Dynastie neu erwachte, wurde der Sphinx zum Mittelpunkt eines großen Lehmziegelkomplexes (eine Art Nationalpark) um die Ruinen der Chephrentempel der 4. Dynastie. Amenhotep II. baute in seinem ersten Herrschaftsjahr einen Tempel auf der höheren Terrasse nordöstlich des Sphinx und widmete ihn diesem als *Horemachet*. Hinter Chephrens Taltempel stand das »Rasthaus« Tutanchamuns, davor eine Villa im typischen Amarnastil, wohl ebenfalls ein königliches »Rasthaus«. Vor dem Sphinx befand sich eine breite Aussichtsplattform mit Treppe. Zahllose Stelen erinnern an Besuche von Königen und Prinzen, Adligen und Gemeinen in der 18. Dynastie und im späteren Neuen Reich. Mehrere zeigen eine Königsstatue, die vor der Brust des Sphinx zwischen den Pfoten steht und von hinten schützend umarmt wird – eine für die 18. Dynastie typische Konfiguration. Hinter der Thutmosis-Stele ist nicht nur Platz für eine solche Statue, sondern auch ein riesiger Mauerblock, der als Sockel für eine 6–7 m hohe Kolossalstatue gedient haben mag.

Inschriften aus dem Neuen Reich nennen das Sphinx-Heiligtum *Setepet* – »der Erwählte«. Im ersten Herrschaftsjahr kam damals jeder Pharao in die Kapelle zwischen den Vorderpfoten, um sich dem Sphinx zu weihen und im Amt salben oder bestätigen zu lassen. Damit nahmen sie an einer Rückverbindung der Königsmacht vom lebenden Pharao über den Altkönig der 18. Dynastie (wahrscheinlich Amenhotep II.) und schon damals »antike« Herrscher wie Cheops und Chephren bis hin zu Horemachet teil, dem Ur-Gottkönig, dessen Abbild in Form des Sphinx über ihnen aufragte.

Die Menkaure-Pyramide

Die Menkaure-Pyramide trug den Namen »Menkaure ist göttlich«. Sie war mit einem Basismaß von 102,2 x 104,6 m kleiner als die seiner Vorgänger in Gise und erhob sich mit einer Neigung von 51° 20' 25" auf rund 65 m Höhe. Die beiden absteigenden Korridore könnten bedeuten, daß sie noch viel kleiner geplant war oder aber eine Passage außen so weit oben wie bei Cheops beginnen sollte. Stadelmann meint, die obere Passage habe als Luftschacht für die Bauleute gedient.

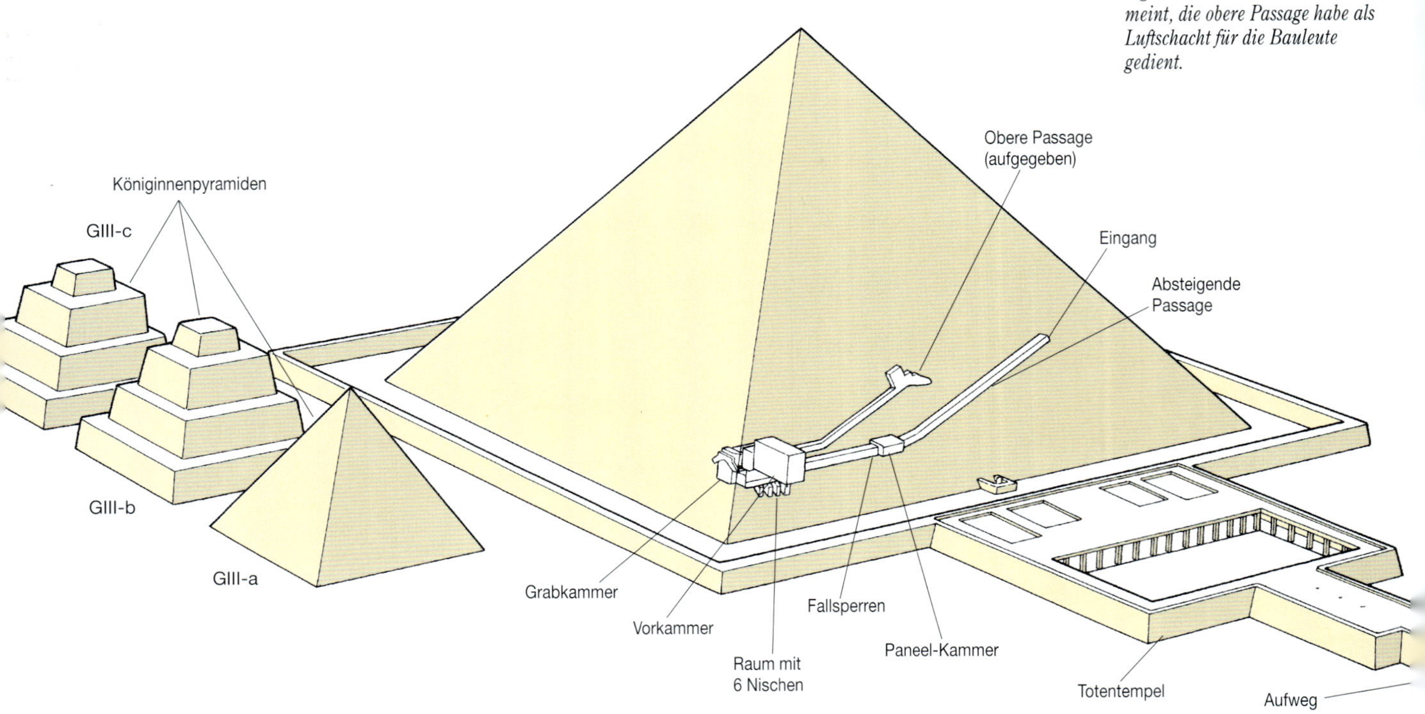

Die Königinnenpyramiden des Menkaure bieten faszinierende Anhaltspunkte. Die östliche war mit Granit und Kalkstein verkleidet. Sie besitzt den T-förmigen Unterbau einer Neben- oder ka-*Pyramide und liegt nahe der Zentralachse der Hauptpyramide. Dennoch enthielt sie einen Granitsarkophag und besaß eine Ostkapelle, was vermuten läßt, daß sie für die Bestattung einer Königin wiederverwendet wurde (allerdings gibt es auch die Meinung, in ihr sei der König einbalsamiert worden). Die beiden anderen Kleinpyramiden wurden entweder absichtlich als Stufenpyramiden errichtet oder blieben unvollendet, was vermuten läßt, daß zumindest hier der Kern und der Außenmantel nicht zur gleichen Zeit hochgezogen wurden.*

Als die Archäologen 1899 auf dem Balkon des Mena House Hotel die Ausgrabung von Gise auslosten, ging die Konzession für Menkaure an George Reisner. Er wußte bereits, daß die Pyramide zwar die kleinste der drei in Gise war, ihre Tempel aber die reichsten Funde versprachen (sein Assistent Arthur Mace hatte das vorher erkundet). Tatsächlich lieferte die Pyramide dann ein einmalig vollständiges Pyramidenprofil. Reisner war seiner Zeit in der Aufzeichnungs- und Grabungstechnik voraus und konnte die Geschichte der Pyramide weitgehend rekonstruieren. Er untersuchte sie und die Grabkammer, die Königinnenpyramiden, den Totentempel, Aufweg und Taltempel. Da Menkaure frühestens 26 Jahre nach der Thronbesteigung starb und der Komplex zu diesem Zeitpunkt unvollendet war, bieten die Überreste eine höchst aufschlußreiche »Momentaufnahme«. Vollendet hat das Werk dann sein Nachfolger Schepseskaf, offenbar hastig, mit Lehmziegeln.

Der Pyramidenoberteil war mit dem traditionellen Tura-Kalkstein verkleidet. Am Fuß waren 16 Lagen Rosengraniteinfassung, abgesehen von wenigen Stellen am Eingang und hinter dem inneren Totentempel, unbearbeitet geblieben. Neben der Beisetzung selbst scheint die Hauptarbeit der Freilegung der Pyramidenvorderseite gegolten zu haben. Auf vielen der unfertigen Granitblöcke sind noch Transportspuren zu sehen.

Die Menkaure-Pyramide liegt am Ende der Gise-Diagonale und am Rand des Mokattamgebirges, wo dieses sich nach Süden neigt und in die jüngere Maa-

(Rechts) Die rechteckige, aus dem Felsgrund gehauene Ost-West-Kammer ist als frühere Grabkammer gedeutet worden, wobei die Nische am Westende für den Sarg bestimmt gewesen wäre. Die Nische ähnelt in der Tat den Alkoven in antiken ägyptischen Häusern. Von hinten führt eine Passage in den Bereich über den Granit-Deckenbalken der unteren Kammer.

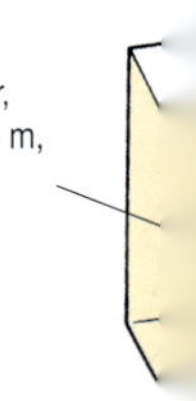

diformation übergeht. Ihre Grundfläche beträgt weniger als ein Viertel von jener der Cheops- und Chephren-Pyramiden, und die ursprüngliche Höhe von 65–66 m nur rund ein Zehntel der Baumasse der Cheops-Pyramide.

Möglicherweise war in Gise einfach kein Platz mehr für eine weitere Riesenpyramide. Doch sicher wirkte auch anderes mit. Man hat spekuliert, daß der Pharao als Sohn des Sonnengotts nunmehr eher die Tempel und ihre Ausstattung im Auge haben mußte als die Pyramide, seinen persönlichen »Grabstein«.

In einem schon unter Chephren erkennbaren Prozeß, der sich durch das ganze Alte Reich fortsetzte, schrumpfte die Pyramide und nahmen gleichzeitig Größe des Totentempels sowie Komplexität und Kostbarkeit seiner Verzierungen zu. Trotz der reduzierten Größe wurde in Menkaures Komplex jedoch eine Menge Granit verbaut, der stets teurer zu brechen und transportieren war als der weichere Kalkstein.

Das Pyramideninnere

Der Eingang liegt etwa 4 m über dem Fuß an der Nordseite der Pyramide. Eine 31 m lange Passage führt mit einer Neigung von 26° 2‘ in eine horizontale Kammer hinunter, wo in eine Reihe von Paneelen jeweils ein sehr hohes und stilisiertes Scheintürmotiv geschnitten ist – die ersten rein dekorativen Elemente in einer Pyramide seit Djoser. Der Türsturz über dem Eingang zur horizontalen Passage ist wie ein langgestreckter Zylinder geformt und stellt den aufgerollten Schilfmattenvorhang dar. Von hier aus führt ein ebener Gang mit drei Fallblöcken in eine ost-west-orientierte rechteckige Vorkammer, deren östliches Ende

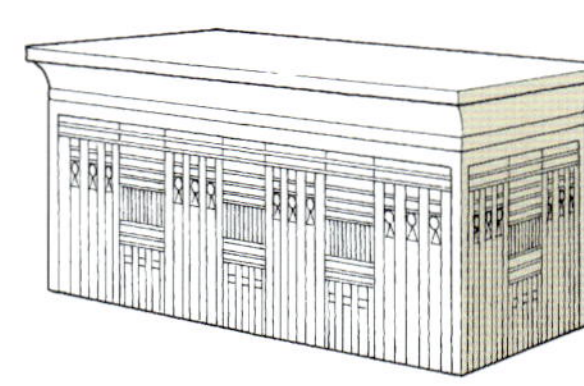

(Unten links) Die rechteckige Ost-West-Kammer, die manche für eine frühe Grabkammer halten, wurde wahrscheinlich angelegt, damit man die Granitauskleidung der eigentlichen Grabkammer (unten Mitte) manövrieren und die großen Granit-Deckenbalken einsetzen konnte. Diese wurden so bearbeitet, daß sie wie ein Tonnengewölbe wirkten.

(Unten) In der granitausgekleideten Grabkammer des Menkaure fand Howard Vyse dessen herrlichen, mit Nischen und Paneelen verzierten dunklen Steinsarkophag. Er sollte nach England gebracht werden, ging aber verloren, als das Transportschiff sank.

(Ganz unten) Der grobbehauene »Keller« mit seinen sechs Nischen könnte von Cheops' Unterirdischer Kammer abgeleitet sein. Vielleicht ist er auch ein Vorläufer des in Pyramiden der 5. und 6. Dynastie üblichen Ostraums mit drei Nischen, in dem vermutlich Speiseopfer für den ka des Königs gelagert wurden.

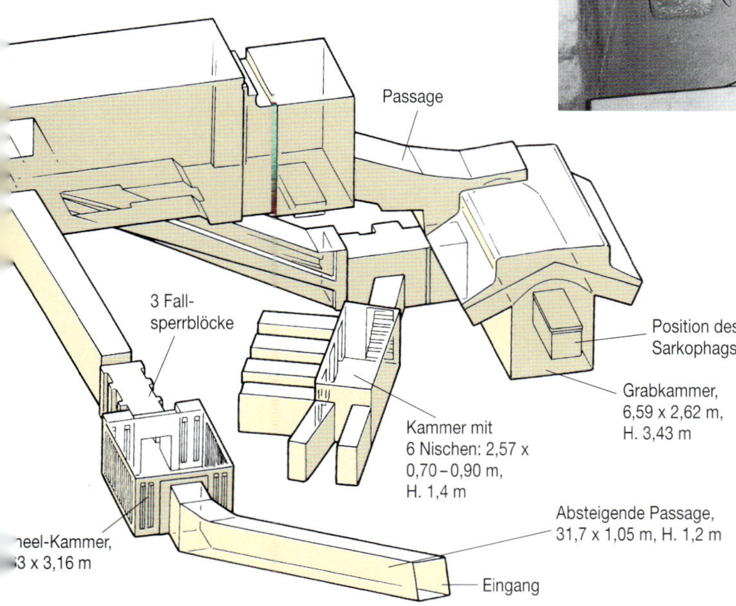

Die Menkaure-Pyramide

(Unten und gegenüber) Menkaures Totentempel umfaßte die fünf Elemente, die in dem des Chephren aufgetreten waren: Eingangshalle, breiter Hof, Statuennische, Magazine und Allerheiligstes; allerdings war an die Stelle der fünf Statuennischen wohl eine einzige Kolossalstatue getreten. Im Taltempel fand Reisner mehrere sehr schön gearbeitete Statuen Menkaures in Begleitung der Göttin Hathor und lokaler Gottheiten sowie eine, die ihn mit einer seiner Königinnen zeigt (s. Skizze rechts).

direkt unter der Vertikalachse der Pyramide liegt. Unmittelbar über der Mündung des horizontalen Gangs geht von der Kammerwand eine weitere Passage ab. Nach kurzem Horizontalverlauf steigt sie in den Pyramidenkern hoch, wo sie endet. Wahrscheinlich wurde sie aufgegeben, als der Boden der Vorkammer tiefergelegt wurde.

Von der Mitte des Bodens der Vorkammer führt ein kurzer Gang nach unten in die Grabkammer. Rechts von ihm liegt eine weitere Kammer mit vier tiefen Nischen in der Ost- und zwei in der Nordwand. Ähnliche Kammern tauchen in der späteren Schepseskaf-Mastaba auf und könnten Vorläufer des Normunterbaus der Pyramiden aus der 5. und 6. Dynastie sein.

Am Ende des Gangs liegt die als rechteckiger Raum aus dem Felsen gehauene und ganz mit Granit ausgekleidete Grabkammer. Ihre Decke wirkt wie ein rundes Tonnengewölbe, aber sie wurde in die Unterseite riesiger, als Giebeldach verlegter Granitplatten geschlagen.

In der Grabkammer fand Vyse einen herrlichen dunklen Sarkophag mit eingelassener »Palastfassade«. Er war leer, der Deckel fehlte; in einer oberen Kammer wurden neben Knochen und Mumienbinden einer männlichen Leiche später allerdings auch Deckelfragmente gefunden. Der Sarkophag ging leider mit der *Beatrice* unter.

Im Sarkophag befand sich seltsamerweise ein für Menkaure beschrifteter Holzsarg, als sei er in ihm zur Ruhe gebettet worden. Sein Stil datiert jedoch frühestens aus der Saïten-Zeit. Die Radiocarbon-Datierung der Knochen in der oberen Kammer ergab, daß sie aus christlicher Zeit stammen. Nach neueren Messungen sind Mumienteile aus Djosers Grabgewölbe viel jünger als die 3. Dynastie, Frauenknochen aus der Stufenpyramide dagegen Jahrhunderte älter als Djoser. Das deutet darauf hin, daß die Bestattungspraxis in den Pyramiden komplexer war als vermutet.

Die Königinnen-Pyramiden

Südlich der Menkaure-Pyramide wurden drei Königinnen-Pyramiden erbaut. Unter der im Osten befand sich ein T-förmiger Unterbau; vermutlich wurde sie zunächst als Nebenpyramide begonnen und später zum Grab einer der Königinnen des Menkaure umfunktioniert, vielleicht Chamerernebit II. Alle drei besaßen Lehmziegelkapellen und dürften Königinnen aufgenommen haben; in der Grabkammer der mittleren wurde die Leiche einer jungen Frau gefunden.

Totentempel und Aufweg

Begonnen hat Menkaure wie Chephren seinen Totentempel mit vor Ort gebrochenen Kalksteinquadern. Der größte davon – gefunden an der Nordwestecke des Tempels – ist mit über 200 Tonnen der schwerste in Gise gefundene. Archäologische Anzeichen lassen vermuten, daß der Steinbau abrupt abgebrochen und der ganze Tempel von Menkaures Nachfolger Schepseskaf dann mit Lehmziegeln fertiggebaut wurde. Ursprünglich sollte der Tempel mit Granit verkleidet werden; im Nordkorridor ist der Arbeitsfortschritt deutlich zu erkennen. Menkaures Steinmetzen hatten in beide Korridorseiten Granitblöcke gebracht und schnitten die großen Kalkstein-Kernquader so zurück, daß die Vorderseiten der Granitblöcke plan lagen. Der unfertige Granitmantel war hinter vergipsten und gekalkten Lehmziegeln verborgen. Als Reisner die Lehmziegel entfernte, entdeckte er hellrot auf die Kernblöcke aufgemalte Nivellierlinien, Maße und Arbeiternamen, doch das alles ist inzwischen verschwunden. Im Totentempel fanden sich auch Fragmente königlicher Statuen, darunter Kopf, Brust, Lenden, Knie und Schienbeine einer überlebensgroßen Menkaure-Statue aus Alabaster, die das Kernstück des Ganzen gewesen sein muß. Ursprünglich stand sie an der Hinterfront einer hohen, engen Ost-West-Halle am Ende der Mittelachse des Tempels. Von hier aus blickte der König durch den offenen Hof, die Eingangshalle und den Aufweg entlang ins Land der Lebenden. Hinter der Statue befand sich auf der anderen Rückseite des Totentempels am Fuß der Pyramide wohl eine Scheintür.

Die Statue stellte den König dar, wie er aus der Scheintür tritt, dem symbolischen Portal zur Unterwelt der Pyramide. Dort nahm er die ihm als Haupt seines Haushalts auf Ewigkeit dargebrachten Opfergaben entgegen und projizierte seine göttliche Kraft zum Wohle ganz Ägyptens aus dem Pyramidenkomplex hinaus ins Niltal. Wäre der Menkaure-Komplex fertiggestellt worden, dann wäre der Aufweg ummauert und überdacht worden und hätte sich bis hinunter zum Taltempel erstreckt. Meist heißt es, Schepseskaf habe ihn mit Lehmziegeln fertiggebaut, aber der Ziegel-Aufweg reicht nur bis zu der Stelle, wo er den Westen des alten Cheops-Steinbruchs erreicht. Von da bis zum Taltempel war der Aufweg wahrscheinlich nie mehr als eine Baurampe für den Antransport von Steinen.

Der Taltempel und die Pyramidenstadt

Reisner fand den Taltempel, indem er die Aufwegachse von der Eingangshalle des Totentempels aus projizierte. Die erste Grabung förderte eines der herrlichsten Beispiele altägyptischer Kunst überhaupt zutage:

Die Menkaure-Pyramide mit der riesigen Bresche, die Othman 1196 n. Chr. in die Nordseite schlug. Darunter ist etwas intakte Granitverkleidung zu sehen.

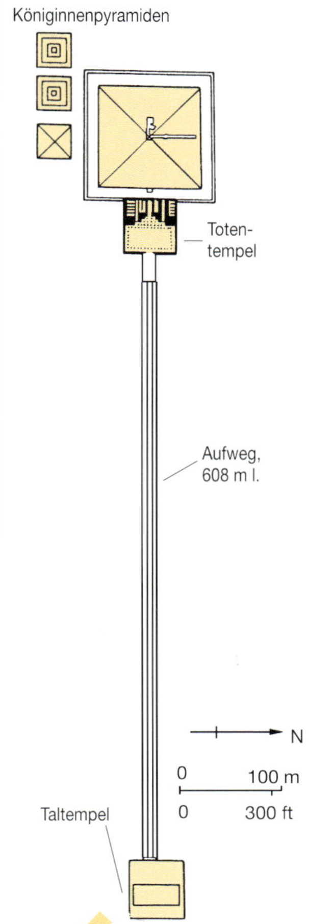

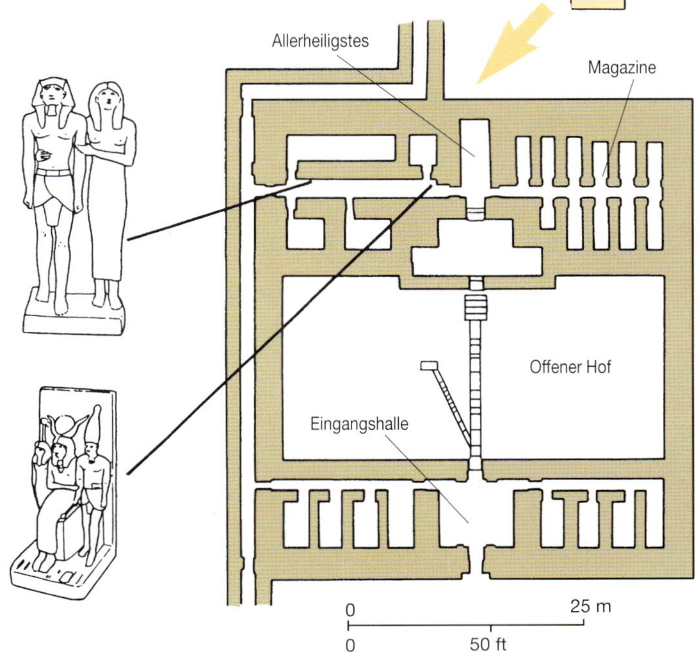

das Doppelbildnis, auf dem Menkaure umarmt von seiner Hauptkönigin Chamerernebit II. ausschreitet.

Der Taltempel liegt an der Mündung des Hauptwadi und schließt dort den Weg ab, über den drei Generationen Baumaterial nach Gise gebracht hatten. Offenbar wußten Menkaures Architekten, daß dies nun der letzte große Komplex sein würde. Der Tempel wurde in zwei Phasen erbaut. Zunächst wurden unter Menkaure die Fundamente aus lokal gebrochenen, riesigen Kalksteinquadern gelegt, danach wurde der Tempel von Schepseskaf mit Lehmziegeln vollendet. In der 6. Dynastie (wahrscheinlich unter Pepi II.) wurde er nach schweren Beschädigungen durch eine Überschwemmung völlig neu gebaut.

In der kleinen Opferstätte des Tempels fand Reisner die Sockel von vier Alabasterstatuen Menkaures, weiter innen im Heiligtum die Überreste anderer Statuen. In den Magazinen entlang des rückwärtigen Zentralsanktuariums lagen die Menkaure-Triaden, auch sie Wunder altägyptischer Kunst. Auf jeder davon schreitet der König mit der hohen konischen Krone des Südens in Begleitung zweier Gottheiten voran – einmal der Göttin Hathor, zum andern einer Gottheit, die einen ägyptischen Nomos darstellt.

In einer der frühesten stratigraphischen Grabungen in Ägypten hat Reisner aufgespürt, wie es zu den Häusern der Pyramidenstadt kam, die sich zunächst an die vordere Tempelmauer schmiegten und dann über den Hof in den Tempelbezirk selbst überschwappten. Die Pyramidenstadt wurde gewissermaßen zu einem heiligen Slum und weitete sich mit der Zunahme der Zahl ihrer steuerbefreiten Bewohner aus. Hier dämmert uns die Diskrepanz zwischen königlicher Absicht und volkstümlicher Wirklichkeit der Pyramiden. Auf der Rückseite des Taltempels entdeckte Reisner eine Opferstätte, wo vor den wenigen intakten Statuen in den dunklen Innenkammern noch die Asche der letzten dargebrachten Gaben lag.

Eine Dynastie klingt aus

Das Grab der Chentkaues maß 45,5 x 45,8 m, war 17,5 m hoch und hatte eine Neigung von etwa 74°. Ein in die Granittür des Monuments eingemeißeltes Porträt der Königinmutter (unten links) zeigt sie mit Uräus und falschem Bart – den Symbolen des Königtums.

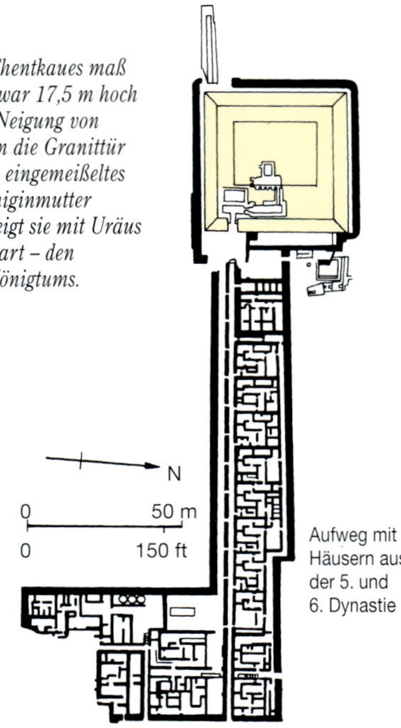

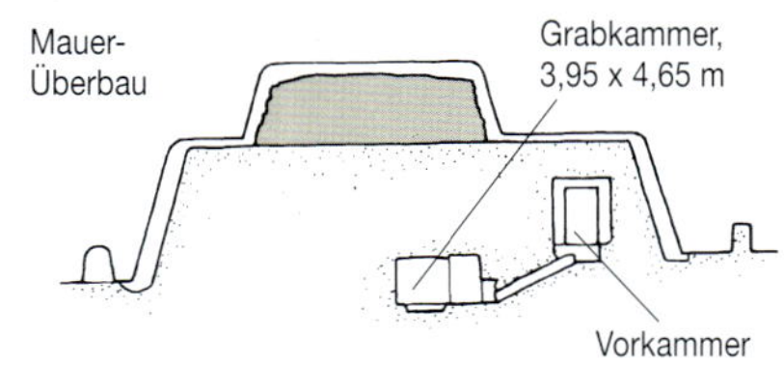

Wie sein Name »Vor ihren kas« (d. h. ihren Ahnen) besagt, steht das Felsengrab der Chentkaues vor den Pyramiden ihrer pharaonischen Vorfahren Cheops, Chephren und Menkaure. Mit dem mastaba-ähnlichen Überbau und den weit auf den Ostzugang geöffneten Türen, die ihre »Pyramidenstadt« flankierte, schloß diese Königinmutter die Gise-Linie ab und trug vielleicht zur Geburt der 5. Dynastie bei.

Ihre Pyramidenstadt bestand aus zehn Reihenhäusern entlang des Aufwegs. Ein größeres »Haus« mit dickeren Mauern am Westende kann zu ihrem wabet *gehört haben (S. 26). Die Südverlängerung aus getrennten Gebäuden, einem Hof mit Kornspeichern, Terrassen und einem Tunnel unter dem Aufweg diente Verwaltungszwecken oder war eine symbolische königliche Residenz.*

Das Grab der Chentkaues

Bei seinen Ausgrabungen auf dem Zentralfriedhof von Gise stieß Selim Hassan 1932/1933 auf ein seltsames Grab. Man hatte es für das des Schepseskaf gehalten, aber es gehörte der Herrscherin Chentkaues vom Ende der 4. Dynastie. Es besteht aus einem großen Felskubus, um den herum man den Stein für die Großpyramiden gebrochen hatte. Obenauf steht ein mastabaähnlicher Mauerbau. Auf einem für ein derartiges Königsgrab ebenfalls außergewöhnlichen, großen Granittor stand Chentkaues' Name. Das untere Felsfundament war in 74°-Neigung mit demselben feinen Tura-Kalkstein verkleidet, der in den früheren Stufenpyramiden Verwendung fand. Oben ist das Mauerwerk wie die Schepseskaf-Mastaba leicht gewölbt.

Das schon in der Antike schwer beschädigte Innere weist Ähnlichkeiten mit dem Grab des Menkaure auf. Aus einer in den Felskubus eingehauenen, granitausgekleideten Halle führt ein kurzer Gang in die Vorkammer, mehrere Magazine und eine Grabkammer aus Granit hinunter. Wie andere Königspyramiden besitzt auch dieses Grab nahe der Südwestecke eine Schiffsgrube – in der Richtung also, die schon seit den Abydos-Gräbern der 1. Dynastie so wichtig war.

Zu den interessantesten Aspekten dieser Pyramide zählt die dazugehörige Siedlung. In der 5. und 6. Dynastie wurde das Andenken an die Königin von Menschen bewahrt, die in den Häusern einer der ältesten geplanten Wohnanlagen Ägyptens lebten. Die Häuser waren dem Aufweg entlang und dann nach Süden hin wie ein großes »L« angeordnet. Es sieht so aus, als habe die Anlage im südlichen Teil ein wichtiges Haus eingeschlossen, vielleicht sogar einen Scheinpalast. Unmittelbar südwestlich dieses Blocks liegt eine Einfriedung mit Mauern und Räumen, die Selim Hassan als Taltempel der Chentkaues bezeichnete. Da sie mit der Vorderseite von Menkaures Taltempel verschmilzt, stellt sie genaugenommen eine von einer dicken Mauer umgebene Erweiterung von Menkaures Pyramidenstadt. Die Toreinfassung seines nördlichen Zugangs wurde von der Basis einer Chephrenstatue gebildet; das Zapfenloch für die Türangel steckte in einem der königlichen Füße.

Das Grab steht am Rande zum Wadi, durch den drei Generationen lang Baumaterial nach Gise geschafft worden war. Indem sie ihr Grab an dessen Mündung legte, verschloß die Königin, die vielleicht nur ein Übergang zu den Königen der 5. Dynastie war, symbolisch den Durchgang zur großen Gise-Nekropole.

Auf dem Granittor zum Grab fand Selim Hassan einen Titel, der entweder »Mutter von zwei Königen Ober- und Unterägyptens« oder »König von Ober- und Unterägypten und Mutter eines Königs von Ober- und Unterägypten« bedeutet. Noch dunkler wurde das Geheimnis, als Miroslav Verner in Abusir die Pyramide einer Chentkaues mit denselben Titeln fand. Beide regierten als vollwertige »Könige«, scheinen aber eine Generation voneinander entfernt zu sein.

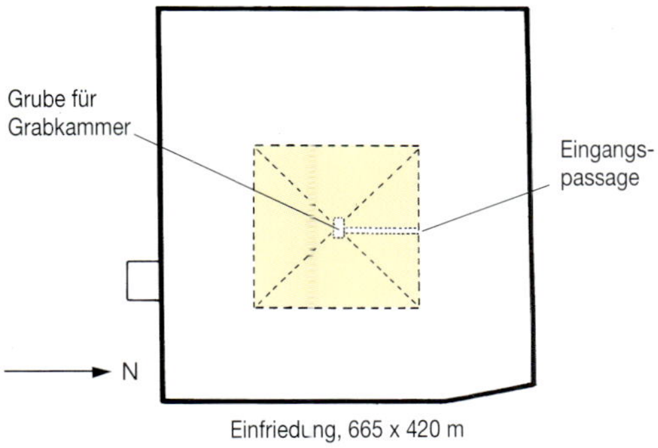

Die Grundfläche der Unfertigen Pyramide in Saujet el-Arjan sollte 200 x 200 m umfassen. Die abfallende Passage zur Grabkammer ist 106 m lang. Man sagt, an diesem massiven Bau sei weniger als ein Jahr lang gearbeitet worden.

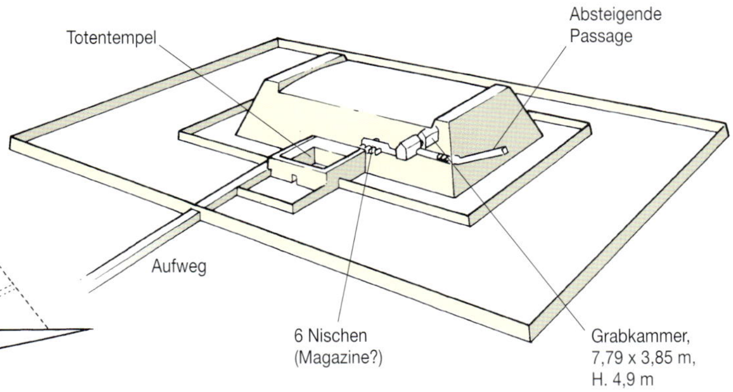

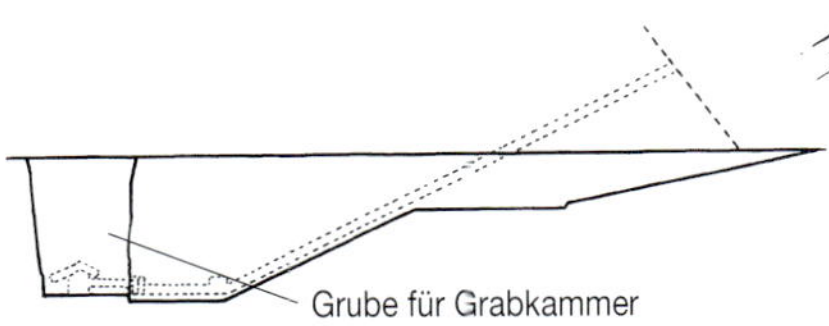

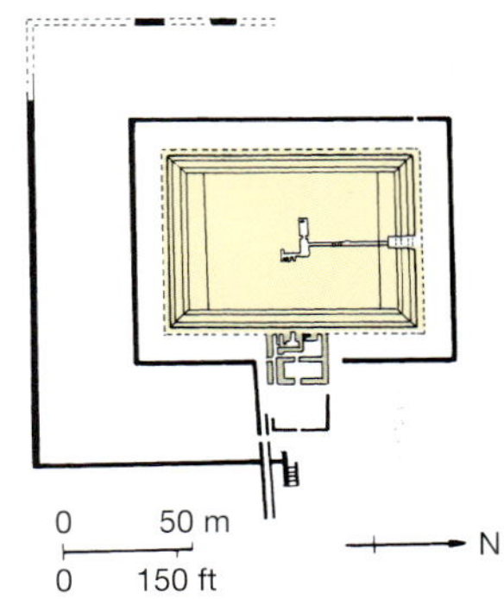

Die Riesenmastaba des Schepseskaf maß 99,6 x 74,4 m, hatte eine Neigung von etwa 70° und war rund 18 m hoch.

Die unfertige Pyramide von Saujet el-Arjan

Die große unfertige Pyramide bei Saujet el-Arjan wurde einem Pharao zugeschrieben, der zwischen Chephren und Menkaure nur so kurz regiert habe, daß man ihn in der Königsliste übersah. Hieratische Inschriften wurden als Nebka oder Wehemka gedeutet. Andere halten ihn für Baka, an den man sich später als Nebkaure oder Baufre erinnerte, den »Bicheris« von Manethos Königsliste.

Auf jeden Fall zwingen uns die Ausmaße, diesen unvollendeten Bau auf die 4. Dynastie zu datieren. Wäre das Monument fertig geworden, so hätte es fast die Größe der Chephren-Pyramide erreicht. Es hat einen geräumigen Sekundärbezirk mit Mauern aus Feldsteinen und Lehm, wie sie die Pyramiden von Gise umgeben, und vergleichbarer Dimension. Im Innern der Pyramide führt eine lange abschüssige Passage hinunter in eine tiefe, rechteckige Grube ähnlich jener des Djedefre; sie mißt 11,7 auf 24 m, ist 21 m tief und war mit gigantischen Kalkstein- und Granitblöcken gepflastert. Hier handelt es sich eindeutig um ein in vollem Vertrauen auf eine lange Regierungszeit begonnenes Großprojekt. Der in den Fußboden eingelassene Granitsarkophag hatte die Form einer großen ovalen Wanne. Der Deckel ist erhalten geblieben, aber der Sarkophag war leer.

Die Mastaba el-Fara'un

Menkaures Nachfolger Schepseskaf ließ sich in Süd-Saqqara begraben, und zwar unter einer gewaltigen Mastaba (99,6 x 74,4 m), die bis auf eine Bodenlage aus Rosengranit ursprünglich mit feinem Kalkstein verkleidet war. Bei einer Außenneigung von 70° könnte sie sich in zwei Stufen erhoben haben und hatte zweifellos die Form eines Buto-Schreins. Ein 20,95 m langer Korridor führt im Winkel von 23° 30' in eine Kammer hinab, hinter der drei Fallblock-Schlitze und eine Passage zu einem Vorraum liegen. Ein kurzer, abschüssiger Durchgang nach Westen endet in der Grabkammer, deren Decke wie bei Menkaure zu einem Scheingewölbe ausgehauen wurde. Sie enthielt Überreste eines Sarkophags aus dunklem, hartem Stein, der dekoriert war wie jener des Menkaure. Vom Südosten der Vorkammer führt ein enger Korridor zu sechs Nischen, dem Gegenstück jener in den Gräbern des Menkaure und der Chentkaues und Vorläufer der drei kleinen Magazine, die später zur Norm wurden. Die Mastaba war von einer doppelten Einfriedung aus Lehmziegelmauern umgeben. Ein kleiner Totentempel im Osten wies eine Opferhalle und eine von fünf Magazinen flankierte Scheintür auf. Es gab keine Nischen für Statuen, obschon im Tempel ein Stück einer Schepseskaf-Statue gefunden wurde. Nach Osten hin lagen ein kleiner Innenhof und ein größerer äußerer.

Die gewölbte Decke der Granitgrabkammer des Schepseskaf ist aus der Unterseite der Deckenplatten herausgehauen.

Die Userkaf-Pyramide

Granitkopf des Userkaf; von einer Kolossalstatue, die im Tempelhof gestanden haben muß.

Mit Userkaf, wahrscheinlich einem Sohn der Chentkaues, läßt Manetho eine neue, 5. Dynastie beginnen. Interessanterweise kehrte Userkaf nicht nur wieder nach Saqqara zurück, sondern wählte auch einen Platz möglichst nahe am Djoser-Komplex. Seine Pyramide baute er genau in dessen Nordostecke, Unas (der letzte König der 5. Dynastie) die seinige in die gegenüberliegende Südwestecke des Komplexes. Userkaf kehrte auch zur Pyramidenform zurück.

Er herrschte nur kurz, weniger als zehn, vielleicht nur sieben Jahre (etwa 2465–2458 v. Chr.). Seine Pyramide (»Die Stätten des Userkaf sind rein«) war viel kleiner als die Menkaures. Die ursprüngliche feine Kalksteinverkleidung verbarg einen Kern aus Mauerwerk, der so schlampig gebaut war, daß die Pyramide zu einem riesigen Schutthaufen zusammensackte, als man die Außenhaut entfernte. Die Wahl des Kernmauerwerks mag ebensosehr mit der Geologie von Saqqara (dünne Kalksteinschichten) wie mit Veränderungen der Bautechnik zu tun haben.

Das Pyramideninnere

Alle Elemente des Unterbaus wurden in einem tiefen, offenen Schacht unterhalb der Erdoberfläche erstellt, bevor man mit der Pyramide selbst begann. Ein 18,5 m langer Gang führte hinunter in den Baugraben, dessen Boden 8 m unter der Pyramidenbasis lag. Dort begann ein horizontaler Korridor, der teilweise mit Granit ausgekleidet und mit Blöcken aus dem gleichen Stein versperrt war, von denen Fragmente erhalten sind. In seiner Mitte befand sich eine Deckennische für einen Fallblock, dahinter ging es in einen T-förmigen Vorratsraum. Der Korridor mündete in eine genau unter der Vertikalachse der Pyramide liegende Vorkammer, von der ein weiterer kurzer Gang nach Westen zur Grabkammer führte. Dieses Grundmuster eines Pyramiden-Unterbaus sollte sich während des ganzen Alten Reiches halten.

Die Grabkammer war ursprünglich mit feinem Kalkstein getäfelt und gepflastert. Ihr Giebeldach bestand aus riesigen, aneinandergelehnten Kalksteinbalken. Der Sarkophag war aus Basalt (und leer, als ihn die Archäologen fanden).

Die Pyramide des Userkaf hieß »Die Stätten des Userkaf sind rein«. Sie hatte eine Seitenlänge von 73,3 m und erhob sich mit einer Neigung von 53° in 49 m Höhe.

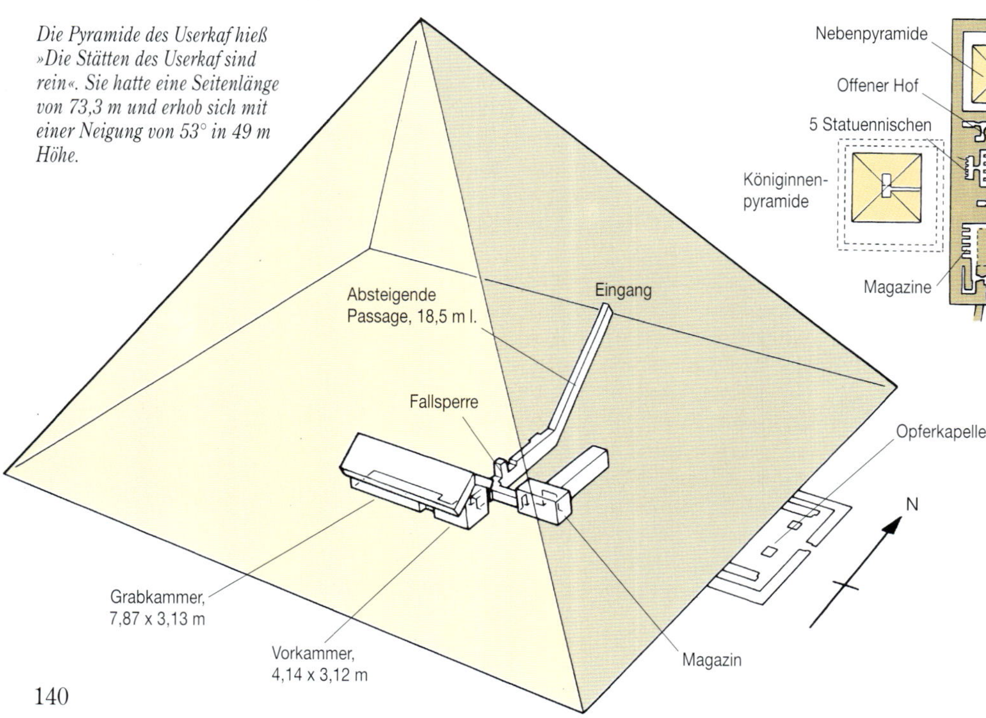

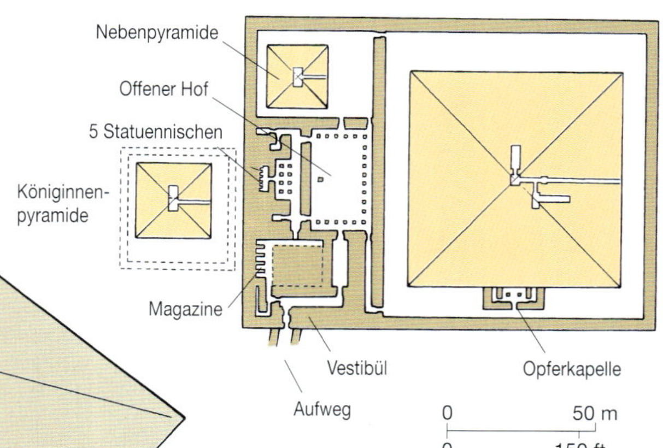

Der Tempel des Userkaf steht an sehr ungewöhnlicher Stelle – im Süden der Pyramide und von ihr abgewendet. Die Gründe können auch praktischer Art sein; vielleicht war um den Djoser-Komplex ein Wallgraben gezogen.

Die Reliefs in den Pyramidentempeln der 5. Dynastie gehören zu den schönsten Beispielen ägyptischer Kunst. Dieses Fragment stammt aus Userkafs Totentempel.

Der Pyramidenkomplex

Die Lage von Userkafs Totentempel weicht vom Standard-Komplexplan beträchtlich ab. Die Opferkapelle an der Mitte der östlichen Pyramidenseite war vom Totentempel getrennt, der nach Süden verschoben war. Das ist als ideologiebedingt ausgelegt worden. Anhand der Legenden über den Ursprung der 5. Dynastie im Westcar-Papyrus wissen wir, daß deren Könige sich mehr und mehr dem Sonnenkult von Heliopolis hingaben. Neben den Pyramidenkomplexen fingen sie nun an, spezielle Sonnentempel zu bauen – der Userkafs in Abusir war der erste davon. Mit der Südlage seines Totentempels wollte Userkaf erreichen, daß die Sonnenstrahlen das ganze Jahr über hineinschienen. Andere halten die dramatische Abweichung vom Hergebrachten für einen bloßen Notbehelf wegen des armseligen Baugrunds im Osten.

Nabil Swelim hat auf Anhaltspunkte hingewiesen, wonach den ganzen Djoser-Komplex ein bis zu 25 m tiefer Graben umgab – vielleicht einst der Steinbruch für die Kernsteine. Die Userkaf-Pyramide hätte zwar zwischen die Umfassungsmauer und diese Senke gepaßt, nicht aber die Pyramide mitsamt dem Tempel an der Ostseite. Wenn es den »Graben« wirklich gab, können der Südverlegung des Totentempels rein praktische Gründe zugrunde gelegen haben. Jedenfalls scheint es Userkaf wichtig gewesen zu sein, seine Pyramide ganz nahe an den bereits historischen Djoser-Komplex zu legen. Und das mag ein weiterer Grund für das eigenartige Layout sein. Dieter Arnold verwies auf die Schwankung zwischen den Pyramidenkomplexen vom »Typ Djoser« und dem »Meidum-Typ« mit Totentempeln und Aufwegen im Osten. Ein Hin und Her zwischen den beiden ist zwar bezeichnender für die Pyramiden des Mittleren Reiches, doch Userkaf kehrte zu Elementen des »Djoser-Typs« zurück: ein rechteckiger Nord-Süd-Hof und mit der südlichen Tempellage ein Eingang ganz am südlichen Ende der Ostseite.

Der Totentempel scheint Standardelemente aller Pyramidentempel ab Chephren enthalten zu haben, wenngleich in anderer Anordnung. Der Aufweg kam nahe dem Südende der Ostmauer im Hof an. Ein Torweg führte in ein Vestibül und weiter in eine Art Eingangshalle, diese wiederum in einen Freilufthof mit Kolonnade aus Granitmonolithen. In den Trümmern fand sich ein Kolossalkopf des Userkaf. Südwärts stand eine kleine Säulenhalle. Dahinter lagen die fünf Statuennischen (die dortigen Königsstatuen hätten zur Pyramide geblickt), ein Heiligtum und Vorratsräume. Der Tempel war nicht nur nach Süden verschoben, sondern seine Elemente orientierten sich außergewöhnlicherweise nicht (wie in allen anderen Totentempeln) auf die Pyramide, sondern nach Süden.

Die nur in Spuren erhaltene Opferkapelle bestand aus einem zentralen Raum mit Quarzit-Scheintür und je einer engen Kammer zu beiden Seiten. Der Fußboden der Kapelle war wie im Totentempel aus schwarzem Basalt. Die Wände hatten Granitsockel, waren aber mit Tura-Kalkstein hochgezogen worden und trugen sehr feine Opferszenen-Reliefs. Userkafs Aufweg wurde nie nach Osten weiter verfolgt, und sein Taltempel ist bis heute unentdeckt.

Userkaf ließ auch eine Nebenpyramide von 21 m Seitenlänge mit T-förmigem Unterbau und einer Kammer mit Giebeldach (wie in der Hauptpyramide) bauen. Eine dritte Pyramide direkt südlich und außerhalb der Umfassungsmauer war offenbar für eine Königin bestimmt, deren Name verlorenging. Mit ihrem Basismaß von 26,25 m dürfte sie etwa 17 m hoch gewesen sein. Der Unterbau war eine kleinere Version des Userkafschen, allerdings ohne die Magazine, und die Pyramide besaß ihren eigenen, mit Reliefs verzierten Totentempel.

In der 5. und 6. Dynastie hatten die Pyramidenkammern in der Regel eine Decke aus riesigen, schrägliegenden Kalksteinbalken; hier die Kammer der Nebenpyramide des Userkaf.

Die Pyramiden von Abusir

In Ägypten gibt es mehrere Orte namens Abusir. Der arabische Name kommt vom griechischen »Busiris«, und dieser wiederum vom altägyptischen *Per Wsir* (»Ort des Osiris«); die vielen Abusirs spiegeln den Mythus von der Ermordung des Osiris wider, dessen Leib in Stücke geschnitten wurde, die an unterschiedlichen Plätzen begraben wurden. Das Pyramidenfeld von Abusir ist eine Norderweiterung der Nekropolis von Saqqara. Es liegt auf den Wüstenhängen nordwestlich des Abusir-Sees, der den Pyramidenkomplexen als Naturhafen diente. Die großen Mastabas der 1. Dynastie liegen auf dem hohen Kamm südlich des Sees.

Die Pyramidenanlage der 5. Dynastie in Abusir zeigt erneut, wie schon die in Gise, welche Bedeutung der Fluchtlinie beigemessen wurde. Hier wird die Diagonale nur von Niuserre unterbrochen. Unmittelbar nördlich in Abu Gurob liegen die zwei erhaltenen von insgesamt sechs Sonnentempeln, die nach den Inschriften von Pharaonen der 5. Dynastie erbaut worden waren.

Userkaf begründete den Königsfriedhof von Abusir mit dem Bau seines Sonnentempels etwas nördlich des Plateaus, auf dem seine Nachfolger dann eine ganze Traube von Pyramiden errichteten. Wie in Gise stehen drei Abusir-Pyramiden (Sahure, Neferirkare und Raneferef) in gerader Linie auf einer Nordost-Südwest-Diagonale entlang ihrer Nordwestecken. Miroslav Verner, der Direktor der tschechischen Abusir-Mission, merkt an, die beiden Diagonalen träfen sich in Heliopolis, wo das Grundsymbol der Pyramide, der heilige *ben-ben*, im Innenheiligtum des Sonnentempels stand. Die Diagonale wurde dann von Niuserre unterbrochen, der seine Pyramide zwischen die Sahures und seines Vaters Neferirkare einfügte. Neben den vier Königspyramiden gibt es die kleineren Pyramiden der Chentkaues, zwei möglicherweise für Königinnen bestimmte (Lepsius XXIV und XXV) und eine unfertige (vielleicht für Schepseskare).

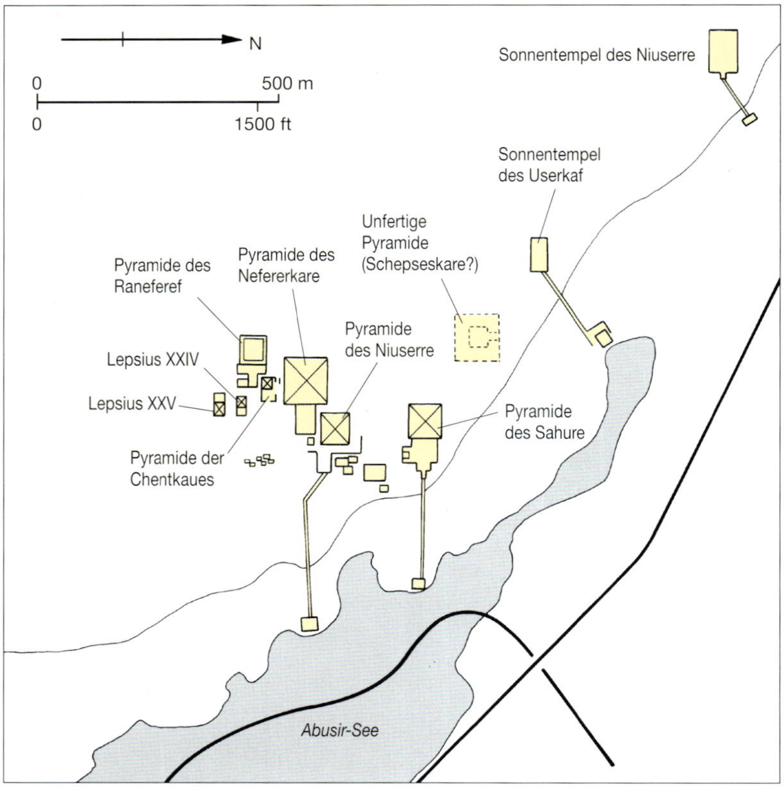

Die Sahure-Pyramide

Als Ludwig Borchardt 1902–1908 den Sahure-Komplex ausgrub, fand er reiche Reliefarbeiten. Auch in der 4. Dynastie hatte man Tempelwände mit Reliefs verziert, aber hier fällt die Verzierung im Verhältnis zur sehr reduzierten Pyramidengröße noch stärker ins Gewicht.

Den Kern der Sahure-Pyramide bildeten grobbehauene Kalksteinblöcke aus den Steinbrüchen von Abusir. Er bestand aus fünf bis sechs von Schlammörtel lose zusammengehaltenen Stufen. Dank einer breiten »Baulücke« im Norden konnte an den Innenbauten weitergearbeitet werden, während rundherum der Pyramidenkern wuchs; die Lücke wurde später mit Geröll gefüllt.

Das Pyramideninnere

Betreten wurde die Pyramide über eine Gangöffnung im Norden etwa auf Höhe des Hofbodens. Nach kurzem, granitverkleideten Gefälle versperrte ein Fallblock aus Granit den Weg. Danach stieg die jetzt kalksteinverkleidete Passage leicht an und ging in einen kurzen, ebenen, granitverkleideten Gang zur Grabkammer über, deren Giebeldach drei Lagen gewaltiger Kalksteinbalken bildeten. Der Unterbau war schwer beschädigt; als Perring Anfang des 19. Jahrhunderts die Grabkammer betrat, fand er nur ein einziges Fragment eines Basaltsarkophags.

Der Pyramidenkomplex

An der Vorderfront von Sahures Taltempel reichten die Wellen des Abusirsees bis unmittelbar zum Haupteingang, der eine Anlegerampe besaß. Ein nach Süden führender Kanal oder Nebenarm mag die Richtung angeben, wo der Palast lag. Eine Mauer dort könnte zur Pyramidenstadt gehören (»Glorreich erscheint die Seele des Sahure«).

Die Rampe führte zu einem eleganten Portikus, dessen Dach mit aus dem Stein gehauenen und golden bemalten Sternen auf blauem Grund verziert war und von acht Granitpfeilern mit Palmwedelkapitellen getragen wurde. Der Steinkontrast ist wie im ganzen Komplex eindrucksvoll: Fußboden aus schwarzem Basalt, Wandpostament aus Rosengranit, Wandoberteil aus feinem Kalkstein mit bemalten Reliefs des Königs, der als Sphinx besiegte Feinde zermalmt.

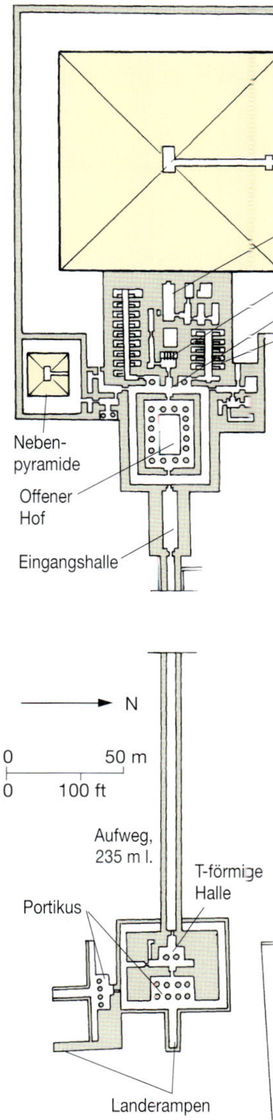

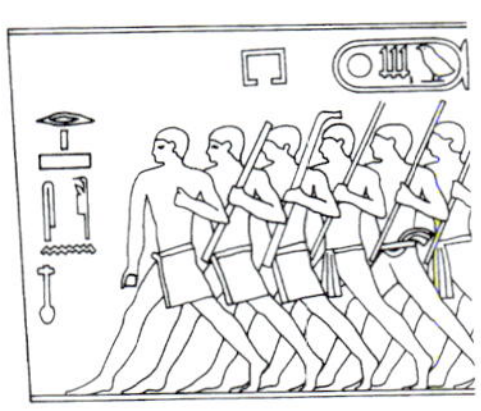

Im Innern des Taltempels öffnete sich eine T-förmige Halle unmittelbar auf den 235 m langen, geraden Aufweg zur Eingangshalle des Totentempels auf dem Plateau. Die Wände des Aufwegs waren auf der ganzen Länge mit Reliefs verziert, darunter mit Szenen von Göttern, die einen Gefangenenzug anführen, der sich aus den traditionellen Feinden Ägyptens zusammensetzt. Mit derartigen Darstellungen sollten Böses und Unordnung vom inneren Tempel ferngehalten werden. Die Reliefs gehören zu den ältesten dieses Genres, das nun 2500 Jahre lang die Tempeleingänge schmücken sollte.

Der Plan des Totentempels gilt als »konzeptioneller Beginn« aller nachfolgenden im Alten Reich. Ein mit Granit eingefaßter Torweg führt zu einem geschlossenen Korridor um einen Säulenhof. Reliefs auf der Nordwand zeigen den König beim Fischen und Fallenstellen, während er auf der Südwand mit seinen

An der Südseite des Totentempels von Sahure befand sich ein geweihter Lieferanteneingang für die Tempelmagazine. Im Innern waren die Wände mit Szenen von Nilgöttern und Opfernden dekoriert. Durch diesen kleinen Portikus gelangte man auch zur Nebenpyramide.

Die Sahure-Pyramide »Die Seele des Sahure erscheint« maß 78,75 m im Quadrat und erreichte 47 m Höhe bei einer Neigung von 50° 11′ 40″. Die Nebenpyramide hatte eine Seitenlänge von 15,7 m, eine Neigung von 56° und war 11,55 m hoch. Die Zeichnung beruht auf der Borchardts Rekonstruktion.

(Oben) 10 000 m² feinster Reliefs (hier einige Fragmente) sollen die Wände des Sahure-Komplexes geziert haben. (Ganz oben) Im Totentempel führt die Göttin Seschat Buch über Kriegsbeute; (Mitte) im Taltempel wird Sahure von Tempelgöttinnen gesäugt; (unten) Truppen grüßen seine Barke.

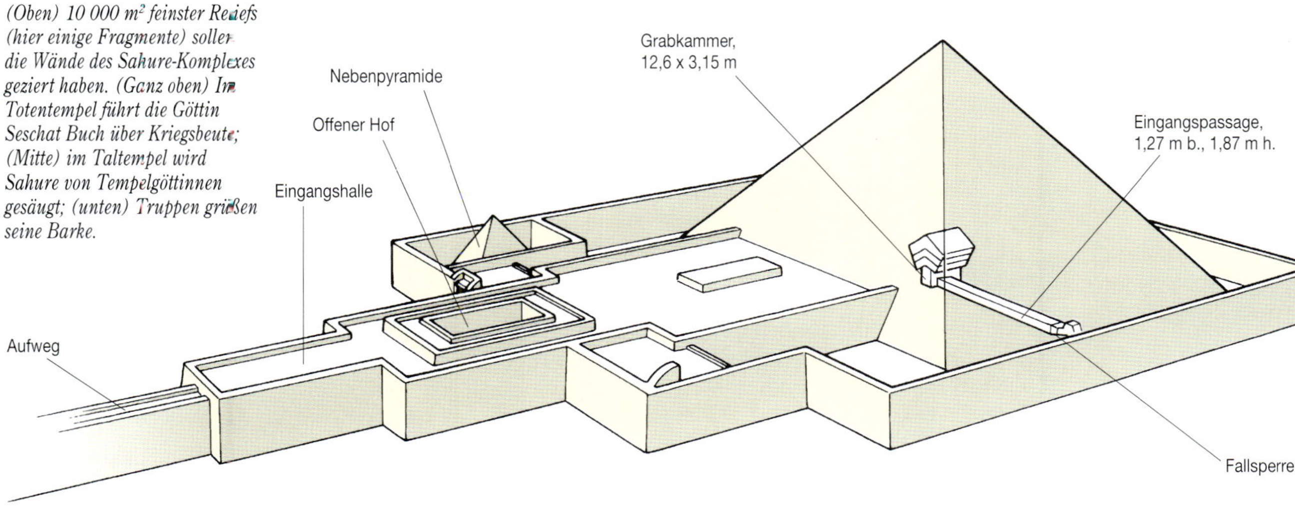

Statue des Sahure; er erbaute die erste Pyramide in Abusir.

Höflingen jagt. Daß die Jagdszenen auf den dunklen Korridorwänden um den Hof erscheinen, ist sicherlich kein Zufall: als Garant der Ordnung zähmt der König die helle Lichtung. Die Kolonnade wird von Granitsäulen mit Palmkapitell und den Insignien Sahures getragen. Im Hof stand ein Altar aus weißem Alabaster. Reliefs auf den Wänden zeigen die Siege des Königs über Asiaten und Libyer; auf einer Szene will er gerade einen libyschen Häuptling exekutieren, dessen Familie um sein Leben fleht.

Ein Traverskorridor am jenseitigen Ende des Hofs trennt ihn vom Innentempel. Seereisen darstellende Reliefs auf der Ostwand gehören zu den frühesten Bildern dieser Art auf Wänden beidseits der Tempelschwelle. Kleine Kammern nach Westen sind mit Opferträgern verziert, die jeweils einen Stand vertreten. Durch Seitentüren gelangt man zu Magazinen, in denen (vielleicht nur symbolisch) alles Gejagte, Erbeutete oder Angebaute gelagert wurde. Eine kleine Alabastertreppe unmittelbar auf der Tempelachse führte zu einer Kammer mit Alabasterboden und zweiflügliger Tür, in deren fünf Nischen jeweils eine Königsstatue gestanden haben dürfte.

Den Kern des Totentempels bildet die (nur in Fragmenten erhaltene) Opferkapelle mit Scheintür, wiederum mit weißem Alabasterfußboden. Ursprünglich enthielt sie eine Statue aus schwarzem Granit und ein Opferbecken mit einem Abfluß aus Kupferrohr. Ein Durchgang in der Nordwand führte zu fünf Räumen, von denen zwei ebenfalls Kalksteinbecken mit Kupferabfluß als Teil eines komplexen Drainagesystems besaßen, das den ganzen Tempel durchzog.

Sahures Nebenpyramide liegt, ähnlich wie die des Cheops, an der südöstlichen Ecke der Pyramide – eine Standardanordnung, die bis zum Ende des Alten Reiches beibehalten wurde. Sie war von einem eigenen kleinen Hof umgeben, den man durch einen Portikus mit zwei runden Granitsäulen betrat, die mit Sahures Titeln beschriftet waren.

Die Neferirkare-Pyramide

Sahures Nachfolger auf dem Thron war sein Bruder Neferirkare. Obwohl dieser wohl schon fortgeschrittenen Alters war, als er Pharao wurde (warum die Herrscherwürde auf ihn überging statt auf Sahures Sohn, ist unbekannt), versuchte er eine Pyramide zu bauen, die größer als jene seines Bruders war. Anscheinend war sie als Stufenpyramide mit sechs Etagen aus sauber verlegten Kalkstein-Haltemauern geplant. Auf der Süd- und Westseite ist jedoch etwas loses Mauerwerk erhalten, das eindeutig zur Stufenfüllung diente, was vermuten läßt, daß das Monument zur echten Pyramide umgebaut werden sollte. Fest steht, daß man später begann, die Pyramide durch Hinzufügen eines Mauergürtels und einer Verkleidung aus Rosengranit zu vergrößern. Die unterste Lage scheint verlegt, aber nicht geglättet worden zu sein; fertig wurde die Pyramide nie.

Das Pyramideninnere

Wie bei Sahures Pyramide war der Unterbau auch hier sehr stark beschädigt. Etwa in der Mitte der Nordseite begann ein abfallender Korridor, dessen Giebeldecke aus großen Kalksteinbalken das Gewicht der Steinmassen nach den Seiten ableiten sollte. Die Grabkammer war mit drei Lagen solcher Balken abgedeckt. Vom Sarkophag fand sich keine Spur.

Der Pyramidenkomplex

Neferirkares Totentempel scheint hastig beendet worden zu sein. Der Innentempel mit seinen fünf Statuennischen und der Opferhalle war aus Stein; Hof und Eingangshalle wurden jedoch aus Lehmziegeln errichtet, und die wie Lotusstengel und -knospen geformten Säulen bestanden aus Holz. Als die Arbeit eingestellt wurde, standen vom Aufweg und Taltempel erst die Fundamente. Als Niuserre später den Ort für seinen eigenen Taltempel übernahm, wurde der Eingang zum Neferirkare-Komplex zum Totentempel hinauf verlagert. Gleiches galt offenbar für die Verwaltung der Pyramide, die normalerweise in der Stadt unten im Tal gelegen hätte. Neun oder zehn Häuser

Die Neferirkare-Pyramide hieß »Neferirkare ist eine Seele« und hatte eine Basislänge von etwa 105 m; die Stufenflächen ergeben eine Neigung von rund 73°. Wäre der Umbau zu einer echten Pyramide vollendet worden, hätte sie bei einer Neigung von 54° eine Höhe von ca. 72 m erreicht.

(Gegenüber) Da Niuserre den unfertigen Taltempel Neferirkares usurpierte, verlagerten sich Eingang, rudimentäre Pyramidenstadt und Verwaltung vor den Totentempel.

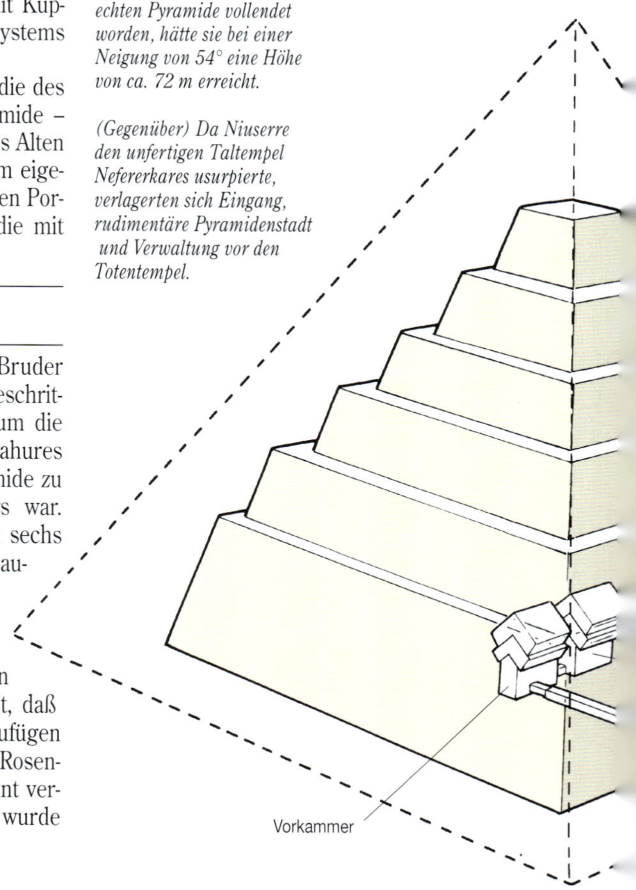

Kontraste: Vor dem Hintergrund der Riesenpyramiden von Gise stehen aufgereiht die eingestürzten Kerne der Abusir-Pyramiden.

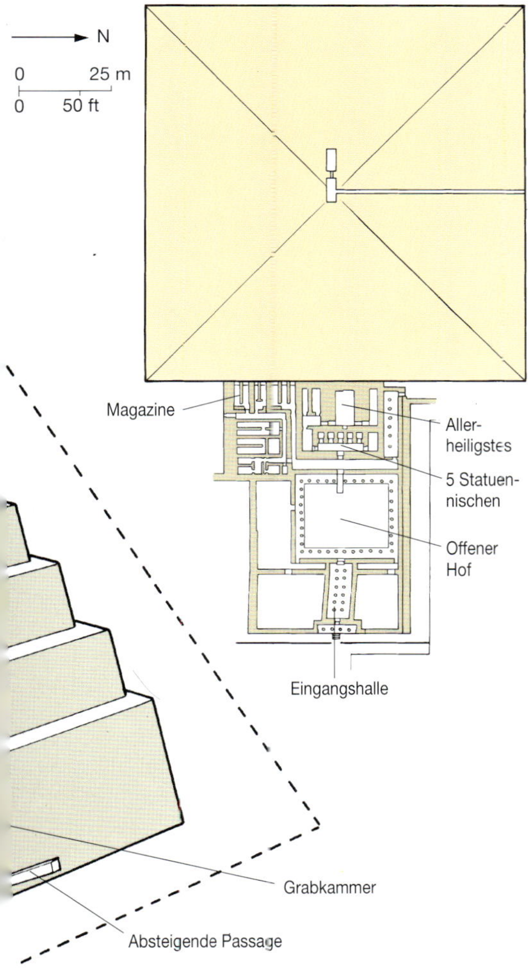

wurden erbaut, vermutlich für die Tempeldiener. Da die Holzsäulen und -dächer verwitterten, umbauten die Bewohner sie mit neuen Zimmerwänden aus Lehmziegeln. Dem ist die Erhaltung eines Teils des Verwaltungsarchivs, der Abusir-Papyri, zu verdanken.

Die Pyramide der Königinmutter

Auf dem Graffito eines Kalksteinblocks der Nefererkare-Pyramide fand Perring »die Königsfrau Chentkaues« erwähnt. Als solche tauchte sie auch auf einem anderen Block, zusammen mit Nefererkares Sohn Raneferef, auf einem Relief der Königsfamilie auf. Doch erst in den siebziger Jahren identifizierte die tschechische Expedition sie als Inhaberin einer kleinen Pyramide in Abusir.

Die Pyramide der Chentkaues liegt südlich jener des Nefererkare und nahe ihrer Mittelachse – die Position, welche auf die Nebenpyramiden von Snofrus

Die Nefererkare-Pyramide. Blick von Südosten her über den Totentempel der Pyramide von Königin Chentkaues.

Königin Chentkaues; Relief aus dem Hof ihres Totentempels. Wie in Gise (S. 138) trägt sie den Königs-Uräus und hält ein Papyruszepter als Symbol Nordägyptens in der Hand.

Knickpyramide in Dahschur und jene der Chephren-Pyramide in Gise einnehmen. Das deutet auf eine Verbindung zwischen der Funktion der Nebenpyramiden als Behausung des *ka* und der Rolle der Königinmutter hin, die den *ka* an die nächste Generation weitergibt. Ein Datum auf einem Pyramidenblock zeigt, daß im Jahr 10 eines ungenannten Königs die Bautätigkeit ruhte. Auf einem anderen Block wurde (bei Wiederaufnahme der Arbeit?) über »Königsfrau« das Wort »Mutter« hinzugefügt. War ein Sohn der Chentkaues König geworden und hatte ihren Status erhöht?

Sowohl Ober- wie Unterbau der Pyramide waren schwer beschädigt. Das tschechische Team hat festgestellt, daß der Totentempel in zwei Stufen errichtet wurde und am Eingang der ersten rotbemalte und mit Chentkaues' Namen beschriftete Vierecksäulen aus Kalkstein standen. Ähnliche Säulen, die einen offenen Hof zieren, zeigen die Königin mit dem *wadj*-Zepter aus Papyrus in der Hand und dem königlichen Uräus auf der Stirn, wie es wohl nur Königen vorbehalten war.

In der Westwand der Opferhalle, die an die Pyramide stieß, befand sich eine Scheintür aus Granit. Drei tiefe Nischen daneben enthielten wohl Statuen der Königin. Die Wände des Innentempels zierten bemalte Reliefszenen mit Opferprozessionen der Stände und Bauern. Auf einem Fragment trägt sie denselben Titel wie die Chentkaues von Gise, doch handelt es sich wohl nicht um dieselbe Person – diese war die Mutter Ranefrefs und Niuserres. Nach Verner heißt der Titel »Mutter des Königs Ober- und Unterägyptens [in Ausübung des Amtes als] König Ober- und Unterägyptens«. Gestützt wird die These, Chentkaues II. habe als eigenständiger Pharao regiert, durch die zweite Stufe ihres Totentempels. Sie wurde nach Osten hin erweitert und besaß die für Königstempel typische Ost-West-Achse. Südlich des Eingangs wurden fünf Vorratskammern hinzugefügt. Desgleichen besaß Chentkaues ihre eigene Nebenpyramide, für die Steine von einer Umfassungsmauer der Pyramide abgezweigt wurden. Chentkaues wurde in ihrer Kleinpyramide 300 Jahre lang bis zum Ende der 6. Dynastie verehrt. Ihr Tempel barg eine weitere Sammlung von Papyri, die wie jene des Nefererkare einen Blick auf das Leben in einem Pyramidenkomplex erlauben.

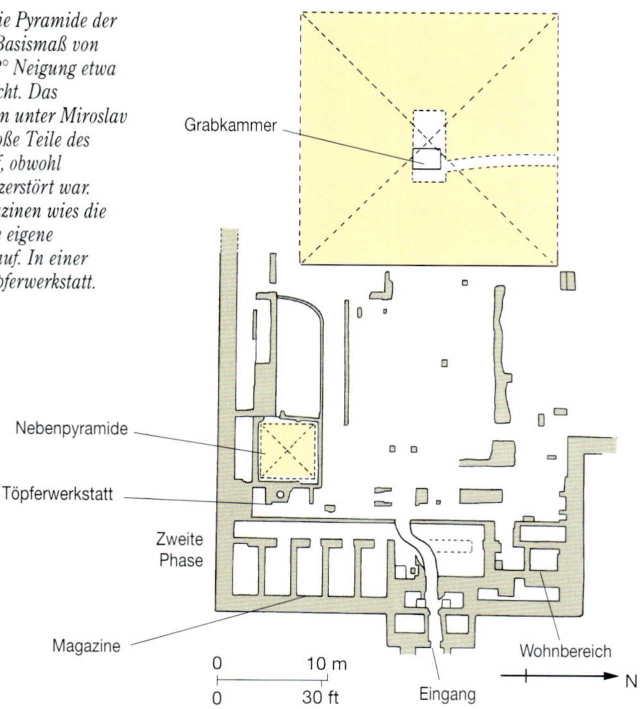

Vollendet hätte die Pyramide der Chentkaues ein Basismaß von 25 m und mit 52° Neigung etwa 17 m Höhe erreicht. Das tschechische Team unter Miroslav Verner spürte große Teile des Totentempels auf, obwohl das Innere stark zerstört war. Neben fünf Magazinen wies die Anlage auch eine eigene Nebenpyramide auf. In einer Ecke lag eine Töpferwerkstatt.

Die Raneferef-Pyramide

Die letzte Pyramide auf der Abusir-Diagonale war lange als »Unfertige Pyramide« bekannt. 1974 begann die tschechische Expedition sie auszugraben; man vermutete, sie gehöre Raneferef, dessen Totentempel in den Abusir-Papyri erwähnt wird, der aber nur kurze Zeit regiert hat. Es zeigte sich, daß die Pyramide tatsächlich unvollendet war, aber dennoch als Kultstätte für Raneferef gedient hatte. Da es keine hochaufragende Pyramide gab, die Räuber anlockte, und der Tempel größtenteils mit Lehmziegeln statt dem von Mörtelherstellern begehrten Kalkstein verkleidet war, blieb der Ort vergleichsweise unbehelligt. So gewährt das unfertige Monument paradoxerweise viel Aufschluß über die Bautechnik der Pyramiden dieser Periode und ihre Nutzung als Kultstätten.

Raneferefs Werkleute nivellierten den Baugrund und markierten die quadratische Pyramidenbasis mit einer Seitenlänge von 65 m – eine beachtliche Größe, kaum weniger als bei Sahure. In der Mitte des Quadrats hoben sie eine Grube aus, in der die Grabkammer errichtet werden sollte, während ringsum der Pyramidenkern wuchs. Ein offener Graben, über den der Stein für die Grabkammer hergebracht werden sollte, enthielt später die Eingangspassage. Der Un-

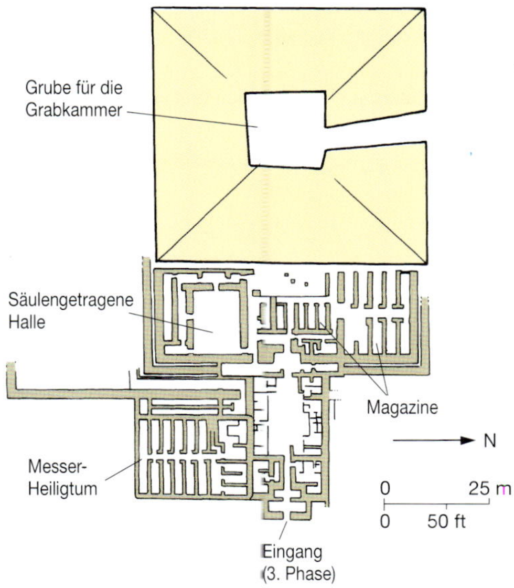

terbau fehlt, kann aber bei Raneferefs Tod fertig gewesen sein. Nur eine Kernstufe war beendet und schnell in 78°-Neigung mit Kalkstein verkleidet worden, womit das Grabmal einer niedrigen Mastaba gleicht. Die Spitze war mit einer Lehmschicht verkleidet, in die Wüstensteine gesteckt wurden. Kein Wunder, daß die Pyramide in den in ihrem Tempel entdeckten Papyrusfragmenten als »Hügel« bezeichnet wird.

Hier konnten die Tschechen die Idee Lepsius' und Borchardts nachprüfen, die Pyramiden der 5. Dynastie seien wie die der 3. in Lagenstufen um einen hohen, engen Mittelkern erbaut worden, allerdings nicht mit nach innen geneigtem Mauerbett. Dann hätten aber die Lagen unter der Deckschicht wie die Schalen einer Zwiebel aussehen müssen. Doch der Kern bestand aus einer äußeren Haltemauer mit vier bis fünf gut verlegten Kalksteinblocklagen und einer Innenverkleidung aus kleineren Blöcken um den Graben zur Grabkammer. Der Zwischenraum der beiden Mauern war mit schlechtem Kalkstein, Mörtel und Sand verfüllt.

Der Pyramidenkomplex

Verner glaubt, die erste Phase des Totentempels sei zwischen Tod und Begräbnis des Königs – also in etwa 70 Tagen – rasch beendet worden. Der ungewöhnlich nord-südlich orientierte, kleine rechteckige Bau stand im Zentrum der Ostseite der Pyramidenplattform. Ein Eingang im Süden führte zu einem Vestibül und drei Kammern, darunter der Opferkapelle mit Scheintür und Altar aus Rosengranit. Nach Verner könnte Schepseskaf (der nach Raneferef möglicherweise kurz regierte) sie erbaut haben, denn in der Nähe

Die unfertige Raneferef-Pyramide wurde mit einer Basislänge von 65 m begonnen. An ihr entlang verläuft der Totentempel; die L-Form ergab sich durch das Hinzufügen einer dritten Phase, die aus einem säulenumstandenen Hof und dem »Messer-Heiligtum« (einem Schlachthaus für Opfertiere) bestand. Da die Pyramide unvollendet blieb und der Unterbau heute völlig fehlt, ist eine Rekonstruktion unmöglich.

Die Abusir-Papyri

In Abusir wurden insgesamt drei Pyramidenarchive in hieratischer Schrift (einer Kursivform der Hieroglyphen) gefunden. Die die Neferirkare-Pyramide betreffenden Papyri hat Paule Posener-Kriéger untersucht und veröffentlicht. Die Fragmente, die nur einen Bruchteil des ursprünglichen Archivs ausmachen, datieren zum größten Teil aus der Regierungszeit des Djedkare-Asosi, der zwar seine Pyramide in Süd-Saqqara errichten ließ, aber für die Überwachung der Totenkulte seiner in Abusir bestatteten Familienmitglieder ein zuverlässiges Verwaltungssystem benötigte. Die Neferirkare-Papyri lassen sich in mehrere Hauptgruppen gliedern:

Dienstpläne der Tempelpriester für Tages- und Monatszeremonien und wichtige Festtage. Sie schreiben Opfergaben, Opfer- und Wachpflichten vor und skizzieren die Organisation der Arbeiterkolonnen.

Inventare der Tempelausstattung – Messer, Gefäße, Schmuck, Kästen usw.

Listen der dem Tempel gelieferten Produkte und Materialien, ihrer Verwendung oder Lagerung und der damit verbundenen Finanzgeschäfte. Sie sind unsere wichtigste Quelle zur wirtschaftlichen Funktion der Pyramiden. Sie verzeichnen die aus den königlichen Ländereien sowie von Königsresidenzen und anderen Institutionen ankommenden Waren. Dabei scheint der – bislang nicht gefundene – Sonnentempel Neferirkares eine spezielle Rolle gespielt zu haben.

Architekturverzeichnisse machen nur einen kleinen Anteil aus, sind aber aufschlußreich. Sie betreffen Inspektionen des Tempelmauerwerks und notwendige Reparaturen. Ein Fragment aus dieser Kategorie lieferte dem tschechischen Team den Hinweis auf den Totentempel Raneferefs. Dort wurde ein weiteres Archiv gefunden, das derzeit untersucht wird. Es scheint ähnliche Themen wie das Neferirkare-Archiv sowie mehrere Königsdekrete zu behandeln und erwähnt auch das »Messer-Heiligtum«. Auch im Totentempel der Chentkaues wurde ein Archiv entdeckt, das derzeit noch ausgewertet wird.

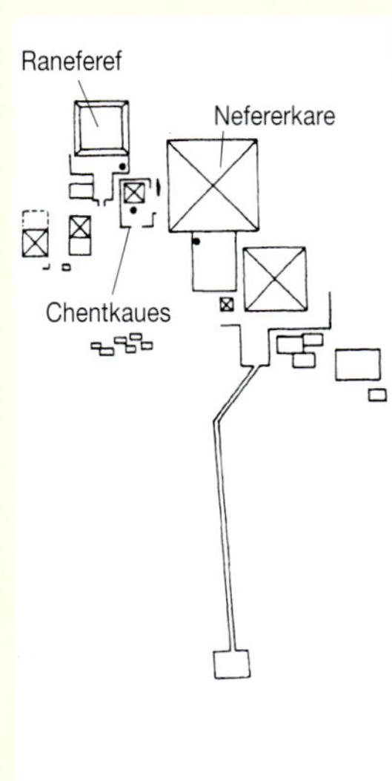

Kalkstein-Statue des Raneferef. Der Horusfalke als Gott des Königtums umarmt ihn und verschmelzt seine Identität mit ihm. Die Statue stammt aus dem Totentempel.

wurden zwei Lehmsiegel mit seinem Horusnamen gefunden. Jedenfalls steht fest, daß es Niuserre war, der den ausladenden Komplex von Ziegelmauern und -kammern hinzufügte. Diese zweite Phase umschloß die frühere Steinkapelle und erstreckte sich ostwärts über die ganze Pyramidenlänge. Den Eingang in der Mitte der Ostseite markierten zwei Lotusstengel-Säulen aus Kalkstein. Direkt dahinter führte ein Traverskorridor zu fünf großen Magazinen. In einem davon waren zwei hölzerne Kultboote rituell beigesetzt, dazu Tausende von Karneolperlen, die sie einst geziert haben mögen. Im nördlichen Teil des Tempels lagen 10 weitere Magazine, die in zwei Fünfergruppen angeordnet waren. Hier wurde ein weiteres Papyrusversteck entdeckt, außerdem zahlreiche andere Objekte, darunter Steingefäße und Feuersteinmesser.

Den Südteil nahm eine der ältesten ägyptischen Hallen mit Säulendach ein, das von vier Reihen zu je fünf Holzpfeilern getragen wurde. Nur die Säulenabdrücke auf der Kalksteinbasis waren erhalten, ließen aber erkennen, daß sie die Form von Lotusblütenblättern hatten. Unter den vielen Statuenfragmenten aus dem Hof zeigt die schönste Raneferef mit dem Horusfalken. Aus Papyri wissen wir, daß sich um die größte Statue – sie war aus Holz – spezielle Kultriten rankten. Es gab auch kleine Holzstatuen der traditionellen Feinde Ägyptens (Asiaten, Libyer und Nubier), die vom Unterteil des Throns oder dem Podest der Hauptstatue stammen dürften.

In dieser Phase wurde eines der bemerkenswertesten Merkmale des Raneferef-Komplexes hinzugefügt – das »Messer-Heiligtum«. Der Name fand sich in Tempeltexten sowie Inschriften auf Tierfett-Gefäßen. Durch einen breiten Eingang konnten Tiere zur rituellen Schlachtung im Hof in der Nordwestecke hereingebracht werden. Hinweise in den Papyri lassen vermuten, daß während eines 10tägigen Festes bis zu 130 Stiere geschlachtet wurden. Das Messer-Heiligtum befand sich kurze Zeit in Betrieb, bevor es in der dritten Bauphase geschlossen wurde und als Vorratsraum diente.

Damals wurde zugleich der Vorderfront des Tempels ein Säulenhof angefügt, womit das Ganze T-förmige Gestalt erhielt. Ein neuer Eingang wurde von zwei sechsstämmigen Papyrussäulen gestützt; den Hof säumten 24 Holzsäulen, von denen nur die Sockel erhalten sind. Ein Abdruck läßt aber erkennen, daß es sich um Palmsäulen handelte.

Die Niuserre-Pyramide

Vielleicht war es Schepseskaf, der mit dem Bau einer weiteren Pyramide zwischen der des Sahure und dem Sonnentempel Userkafs begann. Sie besteht nur aus der Grundfläche des Kerns und den Anfängen von Grube und Graben für den Unterbau. Sie wurde nie fertiggestellt; als Niuserre den Thron bestieg, mußte er die Pyramiden seines Vaters Neferirkare, seiner Mutter Chentkaues und seines Bruders Raneferef beenden. Die mögliche Schepseskaf-Pyramide vollendete er nicht, vielleicht weil dieser Pharao in einer Mastaba begraben wurde, die schon dastand, als er für nur so kurze Zeit den Thron bestieg.

Niuserre regierte über 30 Jahre, aber seine Pyramide ist kleiner als die Neferirkares und kommt größenmäßig eher jener Sahures nahe. Er wollte wohl in dieser Königsfamilie verbleiben und setzte seine Pyramide in den Winkel zwischen der Neferirkare- und Sahure-Pyramide. Der beengte Raum mag die Größe seiner Pyramide bestimmt haben. Der Pyramidenkern war aus fünf Stufen erbaut und ursprünglich mit feinem Kalkstein verkleidet, wie einige noch vorhandene Mantelsteine zeigen.

Das Pyramideninnere

Vom Eingang auf Bodenhöhe in der Mitte der Nordseite führte ein Gang, der durch die Dicke der Verkleidungsschicht horizontal war und dann abfiel, zu einer von drei Granitfallblöcken versperrten Kammer. Danach lief er mit sanfterer Neigung zu einer Vorkammer und knickte dabei ein wenig ab, um sicherzustellen, daß die Schwelle zwischen ihr und der Grabkammer unter der Senkrechtachse der Pyramide lag. Vor- und Grabkammer waren mit feinem Kalkstein ausgekleidet und mit den üblichen drei Lagen gewaltiger Kalksteinbalken von je 10 m Länge und 90 t Gewicht überdacht.

Der Pyramidenkomplex

Niuserre übernahm die für Neferirkares Aufweg und Taltempel gelegten Fundamente. Den Taltempel betrat man durch einen Portikus mit zwei Reihen zu vier Säulen in Form von Papyrusbündeln. Der Innenboden war mit schwarzem Basalt gepflastert, die feinen Kalksteinwände oberhalb des Rosengranitsockels mit bemalten Reliefs verziert. Am Ausgang zum Aufweg mögen Kalksteinfiguren besiegter Feinde gestanden haben. Niuserres Baumeister verwendeten viel Basalt, mit dem sie die Mauersockel über die ganze Länge des Aufwegs verkleideten.

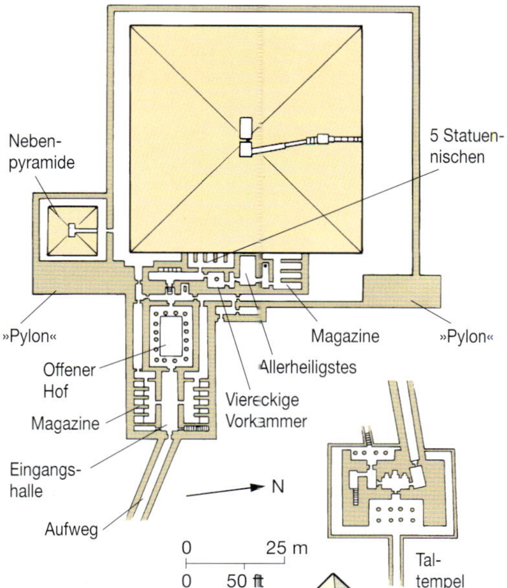

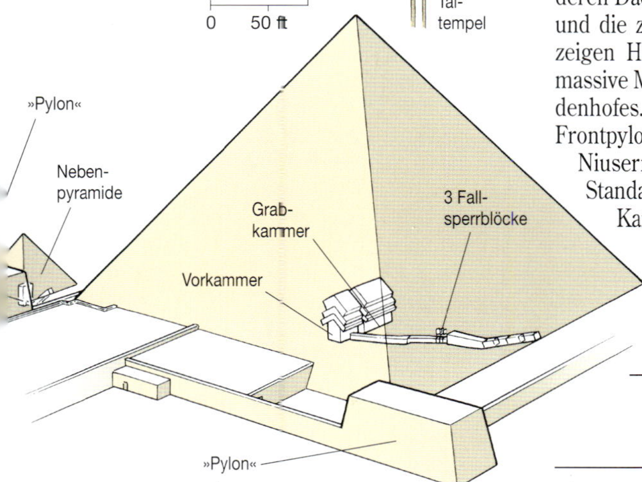

Darüber waren die Wände mit Reliefs verziert, wiederum mit dem König, der als Sphinx oder Löwe seine traditionellen Feinde zermalmt. Die Decke war blau und mit Goldsternen bestückt. Da der Aufweg für die Neferkerare-Pyramide gebaut worden war, bedurfte er jetzt eines scharfen Knicks, um zum Eingang von Niuserres Totentempel zu gelangen. Damit er zwischen die älteren Mastabas paßte, erhielt der Tempel eine ungewöhnliche Gestalt, behielt aber die Hauptelemente früherer (insbesondere Sahures) bei. Die Opferkapelle im Innern steht am traditionellen Platz in der Mitte der Pyramiden-Ostseite in Fluchtlinie zur Grabkammer. Fünf mit Magazinen ergänzte Statuennischen flankierten die Opferkapelle mit ihrer Scheintür und Opferplatte aus Rosengranit.

Gleich nördlich des Eingangs zu den fünf Statuennischen enthielt eine große Nische einen riesigen Löwen aus Rosengranit. Auf Relieffragmenten des Außentempels sind Höflinge zu sehen; im Innentempel gesellt sich Niuserre den Göttern zu. Zum ersten Mal taucht eine kleine, quadratische Vorkammer auf, deren Dach von einem einzigen Pfeiler getragen wird und die zur Opferhalle weiterführt. Relieffragmente zeigen Huldigungsszenen. Ebenfalls neu sind zwei massive Mauerwerk-Blöcke in den Ecken des Pyramidenhofes. Es handelt sich wohl um Vorläufer der Frontpylone späterer Tempel.

Niuserres Nebenpyramide in eigenem Hof wies die Standard-T-Form des Unterbaus aus Passage und Kammer auf. Am Südrand der Pyramidentraube stehen noch zwei schwer beschädigte Pyramiden (Lepsius XXIV und XXV), die vielleicht Königinnen von Niuserre gehört haben.

Die Niuserre-Pyramide hieß »Es bestehen die Stätten des Niuserre«. Sie maß 78,9 m im Quadrat, hatte eine Neigung von 51° 50′ 35″ und war 51,58 m hoch. Hier blickt man über die Ecke von Nefererkares Totentempel hinweg nach Norden auf sie. Um ältere Mastabas im Osten umgehen und den Aufweg seines Vaters mitbenutzen zu können, erbaute Niuserre seinen Totentempel in L-Form. Desgleichen usurpierte er die Fundamente des Taltempels seines Vaters für den Bau seines eigenen.

Die Sonnentempel von Abusir

Alte Dokumente, darunter die Abusir-Papyri, berichten von sechs Sonnentempeln, je einem pro König der 5. Dynastie, ausgenommen Djedkare-Asosi und Unas. Der Name des Sahure-Tempels, »Feld des Re«, fand sich auf einem Steinblock in Niuserres Totentempel. Der Nefererkares hieß »Ort der Freuden des Re«, der Raneferefs »Res Opfertisch« und der Menkauhors »Horizont des Re«. Gefunden haben die Archäologen

Die Abusir-Pyramiden, im Vordergrund die Ruinen des Sonnentempels des Userkaf. Die deutschen und schweizerischen Expeditionen konnten die vier Hauptbauphasen des Tempels rekonstruieren.

Vier Phasen eines Sonnentempels: 1 Hügel in rechteckiger Einfriedung; 2 Granitobelisk auf Sockelbau, davor zwei Schreine (Neferirkare); 3 Inneneinfriedung aus Kalkstein, Erweiterung der Außeneinfriedung, (wieder-) erbauter Taltempel (Niuserre); 4 lehmziegelverkleidete Inneneinfriedung, neuer Altar, Anbauten und Bänke.

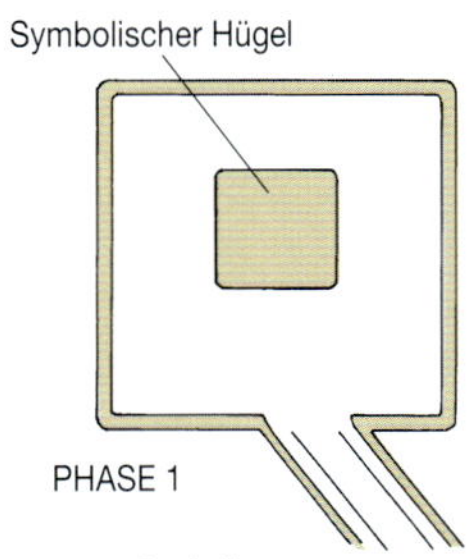

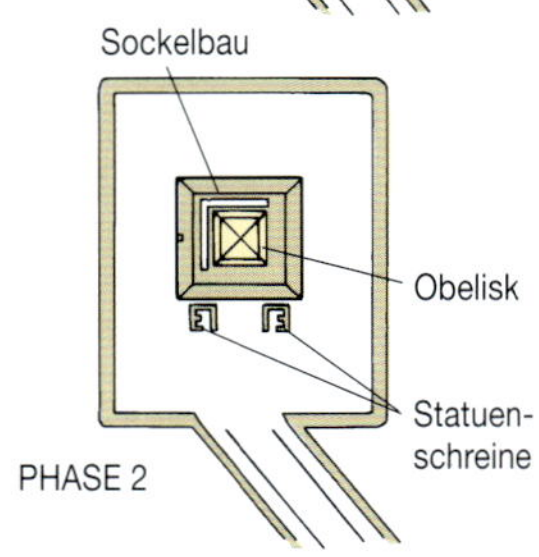

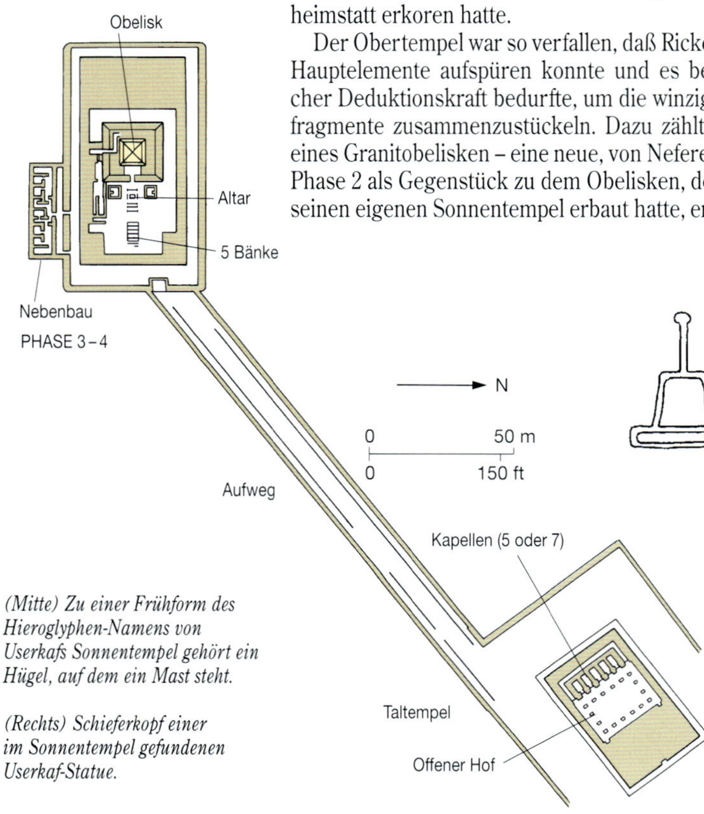

aber nur zwei Sonnentempel, jene des Userkaf und des Niuserre. Im Layout ähneln sie beide einem Pyramidenkomplex – mit Taltempel, Aufweg und Obertempel.

Userkafs »Festung des Re«

Userkaf hat als erster Pharao zusätzlich zur Pyramide einen Sonnentempel erbaut; er ist zugleich der erste Königsbau in Abusir. Der einzige denkbare Vorläufer wäre der Sphinx-Tempel in Gise (4. Dynastie), der der Sonne gewidmet scheint und ähnliche Rituale beherbergt haben mag, wie sie später in den Sonnentempeln geübt wurden.

Userkaf nannte seinen Sonnentempel nach dem alten Namen von Hierakonpolis *Nechen-Re*, »Festung des Re«. Herbert Ricke (er leitete die Großausgrabung von 1955–1957) kam zu dem Schluß, in seiner frühesten Form könne der Obertempel die wichtigsten Elemente seines Namensvetters enthalten haben – einen rechteckigen Hof und einen zentralen Hügel. Eine Frühform des Hieroglyphennamens des Sonnentempels zeigt einen aus einer Hügelspitze aufragenden Mast, vielleicht eine symbolische Sitzstange für den Sonnengott in Falkengestalt.

Ähnlich wie viele Pyramiden erlebte der Tempel mehrere – in diesem Fall vier – massive Umbauten, mit denen man schon begann, bevor die vorherige Phase abgeschlossen war. Dieser endlose Bauprozeß war jedoch nicht allein Userkafs Werk. Spätere Maßnahmen gingen auf das Konto Neferirkares und Niuserres, die sie im Auftrag des Ahnherrn ihrer Dynastie durchführten, der Abusir zur ewigen Familienheimstatt erkoren hatte.

Der Obertempel war so verfallen, daß Ricke nur die Hauptelemente aufspüren konnte und es beträchtlicher Deduktionskraft bedurfte, um die winzigen Baufragmente zusammenzustückeln. Dazu zählten Teile eines Granitobelisken – eine neue, von Neferirkare in Phase 2 als Gegenstück zu dem Obelisken, den er für seinen eigenen Sonnentempel erbaut hatte, errichtete Form, wie aus seinem Hieroglyphennamen hervorgeht. Ein Postament mit Quarzit- und Graniteinfassung ersetzte den Mittehügel, ein Wendelgang führte aufs Dach und in eine Sakristei. In Phase 3 wurden der Hof und die Umgebung des Obelisken erneut komplett umgebaut. Die Kalkstein-Innenumfassung und -Kammern fügte wahrscheinlich Niuserre an; sie waren aber noch nicht fertig verkleidet, als in Phase 4 die Außenoberflächen mit verputzten Lehmziegeln umkleidet wurden.

Ein Lehmziegelaltar auf der Ostseite des Postamentbaus stammt aus der letzten Phase (in den früheren muß es allerdings auch schon einen gegeben haben). Brandspuren fanden sich keine um den Altar, den eine verglichen zur ragenden Höhe des Granitobelisken seltsam niedrige Hofmauer umgab. Ähnlich kleine Trennwände umfassen zwei stallartige Felder unmittelbar östlich des Altars. Der Palermo-Stein erwähnt, unter Userkafs Regnum seien in seinem Sonnentempel täglich zwei Ochsen und zwei Gänse geopfert worden, aber die Ställe erscheinen für lebende Tiere zu klein.

Noch seltsamer sind fünf niedrige Bänke aus Lehm und Geröll. Ricke hielt sie für Opferstellplätze (wie die Freiluftaltäre der Sonnentempel Echnatons über tausend Jahre später) oder Sitzgelegenheiten für Priester. Hier drängt sich ein Zusammenhang der fünf Bänke mit den fünf »Stämmen« auf, in die sich Priester und Arbeiter gliederten, noch mehr dank einer kleinen, als *Wer* (»groß«) etikettierten Blattstele, die vollständig in einer der Bänke verborgen war. In den zwei Bänken daneben wurden keine Stelen gefunden, die letzten zwei ließ man geschlossen. Einige architektonische Merkmale dieses Sonnentempels machten den Umgang mit Opfertieren einfacher als in den Pyramidentempeln mit ihren engen Durchgängen und scharfen Ecken. Der Aufweg war durch niedrige, dünne Ziegelwände in drei Spuren geteilt; zwei schmale Seitenwege flankierten eine Mittelspur, die breit genug war, um darauf auch widerspenstige Och-

(Mitte) Zu einer Frühform des Hieroglyphen-Namens von Userkafs Sonnentempel gehört ein Hügel, auf dem ein Mast steht.

(Rechts) Schieferkopf einer im Sonnentempel gefundenen Userkaf-Statue.

sen ihrem Schicksal auf dem Hügel entgegenzutreiben. Nach Ricke könnten die Seitenpfade zu zwei Statuenschreinen geführt haben, falls diese schon in Phase 2 vor dem Obelisken aufgestellt worden waren.

Am unteren Ende mündete der Aufweg in einen hinten und seitlich ummauerten Hof, der den rückwärtigen Teil des Taltempels einschloß. Nun sollte man annehmen, daß es für die Priester einfacher gewesen wäre, das mühsame Geschäft des Schlachtens und Zerlegens von Tieren, deren Fleisch dann rituell in den Obertempeln geopfert wurde, irgendwo im Taltempel zu erledigen. Die »Messer-Heiligtum« genannte Schlachthalle stand nur deshalb unmittelbar vor Raneferefs Totentempel, weil für seine Pyramide nie ein Taltempel erbaut worden war. Doch der geräumige Hof um Userkafs Sonnentempel und der breite Aufweg lassen vermuten, daß Tiere hinaufgeführt wurden; die Außenecken der ersten (und möglicherweise auch der späteren) Umfassungsmauern des Obertempels waren abgerundet – ein Merkmal, das sich auch im »Messer-Heiligtum« findet.

Der Taltempel von Userkafs Sonnentempel war ausgiebig als Steinbruch genutzt worden, doch anhand von Fragmenten konnte Ricke seinen Plan rekonstruieren. Er war entschieden mehr als bloß ein besseres Torhaus, wie es die Taltempel der Pyramiden oder jener von Niuserres Sonnentempel darstellten, obwohl letzterer auch diesen errichtet haben mag. Der Bau ist reckteckig, aber nicht nach den Himmelsrichtungen orientiert, sondern er zeigt in die ungefähre Richtung von Heliopolis. Ronald Wells vermutet, Aufweg und Taltempel seien auf Sterne ausgerichtet gewesen, die gegen 2400 v. Chr. kurz vor Sonnenaufgang über den Horizont stiegen, so daß der Sonnentempel eine Art astronomischer Uhr für Opferungen bei Tagesanbruch gewesen wäre.

Die vordere Partie des Taltempels ist verschwunden, mag aber eine Eingangshalle und Magazine enthalten haben. Daß es einen offenen Hof mit einer Kolonnade von 16 rechteckigen Granitsäulen gab, ist indes gesichert. Da hinter dem Hof nur wenig übrigblieb, konnte Ricke nicht sagen, ob dort sieben oder nur fünf Nischen standen. Waren es fünf, so erinnert das sehr an die fünf Nischen in den Totentempeln der meisten Pyramiden des Alten Reiches seit Chephren. Sie könnten auch auf die fünf Bänke im Obertempel und die fünf Stämme der Priester verweisen. Desgleichen erinnern sie an die fünf Kammern über dem zentralen Hügel des ursprünglichen Nechen-Tempels, nach dem dieser Komplex benannt ist und mit dem unsere Reise von Pyramide zu Pyramide begann.

Niuserres »Wonne des Re«

Neben den umfangreichen Umbauten von Userkafs Sonnentempel ließ Niuserre auch einen für sich selbst errichten: »Wonne des Re«. Bei ihren Ausgrabungen zwischen 1898 und 1901 fanden Heinrich Schäffer und Ludwig Borchardt Hinweise, daß Niuserres Sonnentempel wie der Userkafs zunächst aus Lehmziegeln bestand und dann in Stein nachgebaut wurde. Warum? Beide Tempel mögen zur Feier von Niuserres Sed-Fest – einer Art Amtsjubiläum – erneuert worden sein. Andererseits könnte der Umbau analog zu Entwicklungen bei den frühesten Pyramiden auch einen Wandel der Vorstellungen von einem Sonnentempel widerspiegeln.

Wie die Taltempel der 5. Dynastie war der Niuserres kaum mehr als ein monumentales Tor zum Aufweg. Er lag innerhalb einer dicken Umfassungsmauer. Borchardt hielt sie für den Wall einer den Tempel umgebenden Stadt, aber da er die vermutete Siedlung nicht näher untersuchte, bleibt das Spekulation.

Aufgrund des Mangels an Überresten, die zudem knietief im Grundwasser lagen, ließ sich der Grundriß des Taltempels nur zum Teil rekonstruieren. Ein Portikus aus vier Palmpfeilern bildete den Eingang durch eine pylonartige Fassade mit weißer Kalksteinverkleidung. Durch weitere Portiken zu beiden Seiten des Haupttors zum Aufweg gelangte man in enge Korridore.

Der Aufweg führte zu einer eindrucksvollen Terrasse, für die eine natürliche Hügelkuppe so erweitert worden war, daß eine Plattform für den Bau des Obertempels entstand. In der ersten Phase bildeten Lehmziegelwände ein mit Geröll aufgefülltes Gitterwerk. Auch die Seiten der Terrasse bestanden aus dicken Ziegelmauern. Diese stützenden Wände wurden in der 2. Phase mit gelbem Kalkstein verkleidet.

Der Obertempel stand in einem rechteckigen, nach den vier Himmelsrichtungen orientierten Hof. Eine T-förmige Eingangshalle besaß fünf granitverkleidete Torwege. Die auf der Zentralachse mündeten in einem breiten Rechteckhof, den im Westen ein 36 m hoher Obelisk aus Kalksteinblöcken beherrschte. Sein Podest war eine gekappte, 20 m hohe Pyramide aus Kalkstein mit Rosengranit an der Basis. Die Gesamthöhe erreichte oder überstieg die der Niuserre-Pyramide. Vor dem Obelisken und in Fluchtlinie mit seiner Mittelachse steht ein Altar aus fünf weißen Alabasterblöcken. Sein zentrales Element ist kreis-

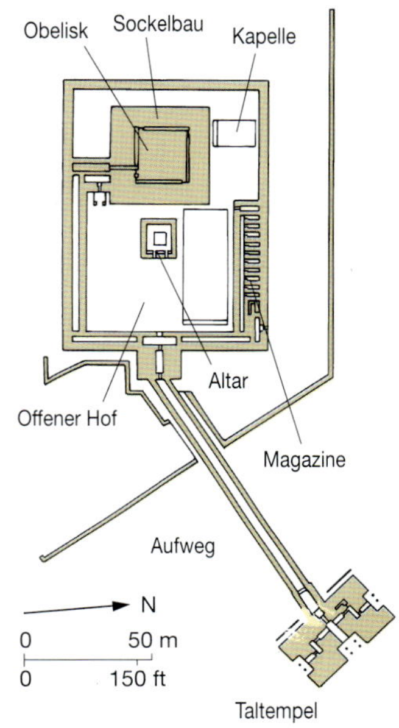

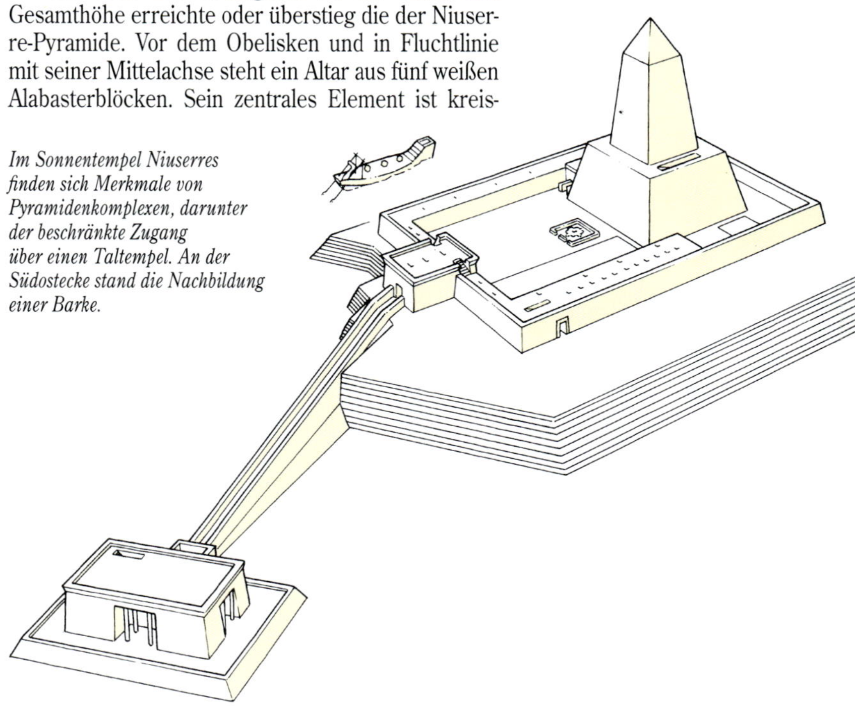

Im Sonnentempel Niuserres finden sich Merkmale von Pyramidenkomplexen, darunter der beschränkte Zugang über einen Taltempel. An der Südostecke stand die Nachbildung einer Barke.

Niuserre, der Erbauer einer Pyramide in Abusir und eines Sonnentempels in Nord-Abusir.

rund und hat einen Durchmesser von 1,8 m; flankiert wird es von vier Blöcken, deren Oberseiten zusammen das Relief einer *Hetep*-Hieroglyphe (stilisierter Brotlaib auf einer Schilfmatte) bilden. Dies ist das Zeichen für »Opfern«, »Zufriedenheit« oder »Friede«, das man häufig am Fuß von Scheintüren in Gräbern des Alten Reiches findet. Das Ganze läßt sich als »Möge Re zufrieden sein« lesen. Brandspuren wurden nicht gefunden; vielleicht wurden Brandopfer auf einem anderen Opfertisch auf einem nahen Granitsockel dargebracht.

Gewisse Merkmale wurden von Borchardt als zu einem großen »Schlachthof« gehörig interpretiert, darunter Fragmente eines gegenüber der Umgebung 15 cm erhabenen Kalksteinpflasters im Hof. In die Oberfläche eingemeißelte Rinnen führten eventuell zu neun bis heute erhaltenen, großen Alabasterbecken. Jedes hat einen Durchmesser von zirka 1,20 m und besaß eine Anzahl (zwischen 24 und 26) flacher, rund um den Rand angeordneter Zuläufe. Borchardt meinte, ursprünglich seien es zehn Becken gewesen, in die über die Rinnen Opferblut oder das Reinigungswasser nach dem Opfer geflossen sei. Verner hingegen bezweifelt, ob es sich überhaupt um einen Schlachtplatz handelte. Im Gegensatz zum Schlachthof neben der Raneferef-Pyramide wurden hier weder Anpflocksteine noch Feuersteinmesser oder Knochen gefunden. Vielleicht wurden die Opfergaben dadurch rituell gereinigt, daß man sie auf den Alabasteraltar legte. Daß Flüssigkeiten im Spiel waren, legen die Rinnen und Becken nahe. Eine ähnliche, kleinere Einrichtung fand sich nördlich des Obelisken mit sieben weiteren Becken, diesmal aus Kalkstein und mit je drei Drainagelöchern.

Im Hof des Sonnentempels des Niuserre steht noch immer ein Alabasteraltar. Er läßt sich als gewaltige Hieroglyphe für »Möge Re zufrieden sein« in den vier Himmelsrichtungen deuten.

Von der Eingangshalle aus ging es nach rechts durch einen Korridor zu einer Reihe von Magazinen an der nördlichen Umfassungsmauer, die vermutlich der Kurzzeitlagerung von Opfergaben dienten. Am Ostende führte eine Treppe zum Dach. Links in der Eingangshalle betrat man einen überreich mit herrlichen Reliefs geschmückten Korridor. Dazu gehört auch eine der frühesten Darstellungen des Sed-Festes, der Erneuerung des Königs. Ein Teil stellte die drei Jahreszeiten dar. Fragmente der Ernte- (*shemu*) und Überschwemmungszeit (*achet*) sind erhalten, aber der Winter (*peret*) ist verlorengegangen.

Vor dem Hof des Obertempels wurde ein riesiges Schiffsmodell aus Lehmziegeln gefunden. Dieses 30 m lange Kolossalmodell versinnbildlicht vielleicht das mythische Boot, auf dem der Sonnengott den Himmelsozean überquerte. Es läßt auch vermuten, daß der Sonnentempel genau wie die Pyramidenkomplexe als symbolischer Hafen der Götterwelt verstanden wurde.

Sinn und Funktion

Die beiden gefundenen Sonnentempel umfassen mindestens sechs Bau- oder Umbauprojekte. Das hat die verführerische Vorstellung erzeugt, bei den Phasen handle es sich faktisch um die sechs in Texten genannten Tempel – daß zum Beispiel *Nechen-Re* umgebaut und in *Sechet-Re* umbenannt worden sei. Dagegen spricht jedoch, daß in den Gräbern der Sonnentempel-Beamten mehr als einer erwähnt wird, als seien sie gleichzeitig benutzt worden. Da im Mauerwerk der Niuserre-Pyramide ein beschrifteter Stein vom Sahure-Sonnentempel entdeckt wurde, könnten die fehlenden Sonnentempel abgerissen und als Steinbruch benutzt worden sein.

Viele Singgebungen der Sonnentempel sind vorgeschlagen worden, so etwa, es handle sich um Totenkomplexe für die Sonne oder den vor der Geburt und nach dem Tod mit ihr identifizierten König. Eine andere Theorie besagt, es habe sich um einen Ort der Vereinigung von Sonne und König zum Wohle des Landes gehandelt.

Die Abusir-Papyri geben uns Einblick in die Funktion von Nefererkares Sonnentempel. Dort lesen wir auf Papyrusfetzen und -fragmenten, daß zweimal täglich Lebensmittel vom Sonnentempel an die Pyramide geliefert wurden. Pro Tag wurde ein Ochse geschlachtet und das Fleisch auf dem Wasserweg zur Pyramide hinübergeschickt. Auch Brot und Bier kamen aus dem Sonnentempel, was vermuten läßt, daß sie nahebei hergestellt wurden – vielleicht im Talhof. In der 5. Dynastie scheint der Sonnentempel eine Art »Filterstation« gewesen zu sein, in welcher der für die Pyramide bestimmte Proviant eine rituelle Reinigung durchlief.

Wir vermissen nicht nur vier der in Texten genannten Sonnentempel, sondern auch eine Pyramide für Menkauhor, der nach Niuserre acht Jahre regierte. Als Ort vermutete man Dahschur, weil ein Edikt der 6. Dynastie über die Snofru-Pyramide Menkauhors Pyramide erwähnt. Stadelmanns Grabungen ergaben jedoch, daß eine unfertige Kleinpyramide nordöstlich der Nordpyramide nicht Menkauhor gehören konnte. Eine Möglichkeit wäre jedoch Lepsius XXIX (die sogenannte »Kopflose Pyramide«) in Saqqara.

Das Ende der 5. Dynastie

Die Pyramide des Djedkare-Asosi

Djedkare-Asosi regierte 32 Jahre oder länger. Seine erste Pyramide erbaute er 6 km von Abusir entfernt in Süd-Saqqara – einem neuen Bauplatz, sieht man von der Schepseskaf-Mastaba ab. Man nennt sie heute passenderweise el-Shawaf, »Der Wächter«, denn sie steht auf einem hohen Felssporn über dem Dorf Saqqara; einst hieß sie »Schön ist Asosi«. Schon in der Antike war sie schwer beschädigt; ihr Ausgräber Abdel Salam Hussein starb, bevor er seine Arbeit veröffentlichen konnte. Wie bei Niuserre wurde der Pyramidenkern in Stufen erbaut. Der Eingang lag auf Bodenhöhe knapp östlich vom Zentrum der Nordseite. Hier gab es (abgesehen von der Opferstatt der Knickpyramide) erstmals Spuren einer kleinen Eingangskapelle aus Kalkstein.

Das Pyramideninnere

Eine granitverkleidete Passage fiel zu einer fast horizontalen, kalksteingesäumten Korridor-Kammer ab, der drei Fallblockschlitze folgten. Dahinter führte ein weiterer Gang zu einer Vorkammer. Westlich dieser lag die längliche Grabkammer. Östlich davon befanden sich drei Magazine (ein Merkmal, dessen Entwicklung wir schon bei den Gräbern Menkaures, Schepseskafs und Userkafs verfolgen konnten). Die in einem 9 m tiefen, offenen Schacht gebaute Kammer war mit drei Lagen großer Giebel-»Dachsparren« aus Kalkstein überdacht.

In der Grabkammer fanden sich Alabasterfragmente und eine Fayenceperle auf Goldgewebe. Im Schutt steckten genug Fragmente eines Basalt-Sarkophags, um dessen Rekonstruktion zu erlauben. Er war in den Boden eingelassen, ebenso eine (ursprünglich hinter einer Platte) verborgene Nische für die Kanopentruhe.

Der Pyramidenkomplex

Der Aufweg ist zwar nicht ausgegraben, schwingt jedoch erkennbar in gerader Linie bis unter das Dorf Saqqara ab. In den Totentempel mündete er zwischen zwei massiven Mauerpylonen. Der symmetrische Tempel ist noch vollends freizulegen, doch Relieffragmente deuten darauf hin, daß er ebenso reich verziert war wie die in Abusir. Ein langes Vestibül führte zu einem Hof in einer granitenen Palmsäulenkolonnade. Vestibül und Hof waren mit Alabaster gepflastert. Zu Magazinen auf beiden Seiten des Vestibüls gelangte

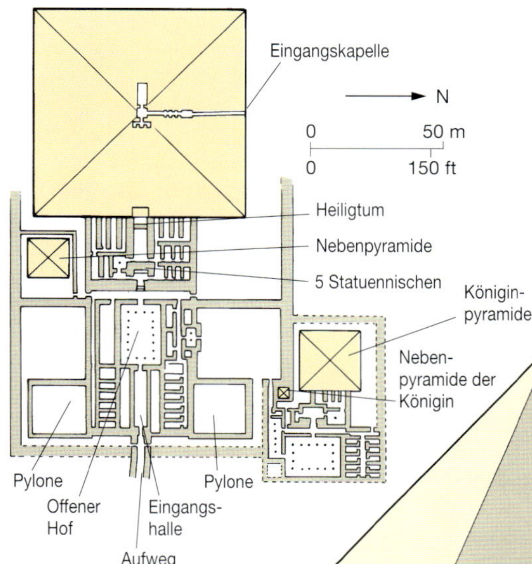

Im Tempel des Djedkare-Asosi besteht eine klare Trennung zwischen Vor- und Innentempel. Erstmals weist auch eine Königinnenpyramide verkürzte Versionen der meisten Standardelemente des Königskomplexes auf.

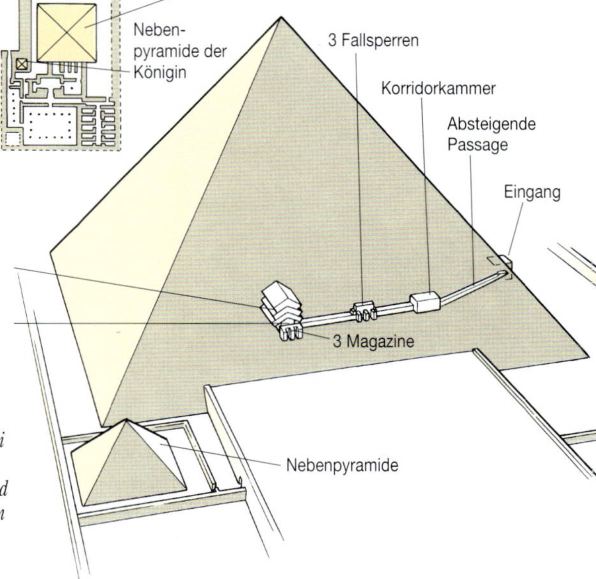

Die Pyramide des Djedkare-Asosi hieß »Asosi ist vollendet«, hatte eine Basislänge von 78,75 m und erhob sich mit einer Neigung von 52° auf etwa 52,5 m Höhe.

man über Gänge an beiden Enden des Traverskorridors zwischen Vorder- und Innentempel, der hier eher einem getrennten Gebäude glich. Eine Tür und eine kleine Treppe führten zu der Standardkammer mit fünf Statuennischen, der eine quadratische Vorkammer mit einem einzelnen Pfeiler folgte, um deren Ecke die Opferhalle lag. Der Innentempel war von langen, schmalen Magazinen flankiert. Zwischen Totentempel und Umfassungsmauer des Pyramidenkomplexes lagen vier große Freilufthöfe. Im einen stand die Nebenpyramide mit ihrem T-förmigen Unterbau. Ein anderer diente vielleicht der Schlachtung von Tieren oder zu Reinigungsriten.

Eine nordöstlich liegende Königinnenpyramide wies erstmals viele Standardelemente einer Königspyramide in kleinerem Maßstab auf, darunter eine eigene Umfassungsmauer, Opferhalle, Magazine, eine quadratische Vorkammer mit Einzelpfeiler, einen Raum an der Stelle, an der normalerweise die fünf Statuennischen liegen, einen Kolonnadenhof und sogar eine eigene kleine Nebenpyramide. Im Tal wurden Granit-Architrave sowie Kalkstein- und Lehmziegelmauern entdeckt, die vielleicht Teil der Pyramidenstadt oder gar des Palastes waren. Bei Grabungen fanden sich auch (als dreidimensionale Version der Reliefthemen an Pyramidentempelwänden) Kalksteinstatuen von Gefangenen mit auf den Rücken gefesselten Händen sowie Kälbern und ein Teil eines Sphinx samt Löwenleib.

(Rechts) Ursprünglich dürfte eine Galerie leuchtend bunt bemalter Reliefs den 750 m langen Unas-Aufweg geziert haben, der durch Schlitze in den großen Deckenplatten erhellt wurde.

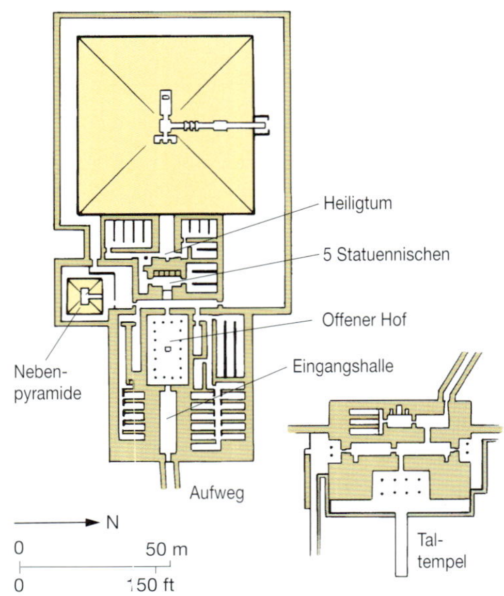

Die Unas-Pyramide

Unas, der letzte König der 5. Dynastie, hat wohl über 30 Jahre (ca. 2356–2323 v. Chr.) regiert, aber seine Pyramide ist die kleinste der aus dem Alten Reich bekannten. Sie liegt zwischen den Umfassungsmauern der Djoser- und der Sechemchet-Pyramide. Damit schloß Unas eine geschichtliche und architektonische Symmetrie ab – die Pyramide Userkafs, des ersten Königs der Dynastie, steht an der gegenüberliegenden Nordostecke. Mit seiner Platzwahl setzte Unas seinen Pyramidentempel unmittelbar über den Unterbau des Hetepsechemui zugeschriebenen Grabes der 2. Dynastie.

Der Eingang in der Mitte der Nordseite lag nicht auf der Pyramidenfläche, sondern auf Bodenebene im Pflaster des Pyramidenhofes. Von einer kleinen Eingangskapelle sind Spuren erhalten.

Unas lag in guter Erde; symbolisiert wird dies dadurch, daß eine in die Wände geritzte Holz- und Schilfmattenhülle seinen Sarg umschließt – Gegenstück zu den archaischen Nischen-Mastabas. Er war der erste Pharao, dessen Grabkammer mit Pyramidentexten beschriftet wurde.

Das Pyramideninnere

Eine abfallende Passage führt vom Eingang zu einer Korridorkammer. Dieser folgt der übliche horizontale Gang mit drei Granit-Fallsperren. Dahinter mündete der Gang in einer Vorkammer unmittelbar unter der Mittelachse. Ein Durchgang im Osten führte in einen Raum mit drei Nischen. Nach Westen hin lag die Grabkammer, deren Basaltsarkophag noch an Ort und Stelle ist. Links vom Fußende des Sarkophags war die Kanopentruhe in den Boden eingelassen. Einige 1881 gefundene Skelettfragmente liegen jetzt im Kairoer Museum.

Erstmals seit Djoser sind die Unas-Kammern verziert. In die weiße Alabasterverkleidung der Wände um den Sarkophag ist das bemalte Muster einer Schilfmatte mit Holzrahmen eingeritzt. Unas lag damit in seinem schwarzen Sarg, der die Erde darstellte, wie in einer zum Himmel offenen göttlichen Schilfkabine, über ihm nur die Giebeldecke mit ihren goldbemalten Sternen auf blauem Nachthimmel. Noch bedeutsamer ist, daß die übrigen Wände der Grabkammer, der Vorkammer und eines Teils der horizontalen Passage mit Spalten feingeschnittener Hieroglyphen bedeckt sind – das früheste Beispiel der Pyramidentexte. Jede Hieroglyphe ist blau ausgemalt – vielleicht (wie in Djosers Blaufliesenkammern) eine Anspielung auf die wäßrigen Aspekte der Unterwelt.

Die Unas-Kammern enthalten nur 283 von insgesamt über 700 bekannten Sprüchen, die schon damals teils sehr alt waren. Die Weisen seines Hofes müssen

Über tausend Jahre nach Unas ließ Chaemwaset, Sohn Ramses' II. und Hoherpriester von Memphis, eine Inschrift einmeißeln, daß er die Unas-Pyramide restauriert habe. Die (dahinter sichtbare) Stufenpyramide des Djoser zerfiel bereits, als Unas mit dem Bau seines Grabmals begann.

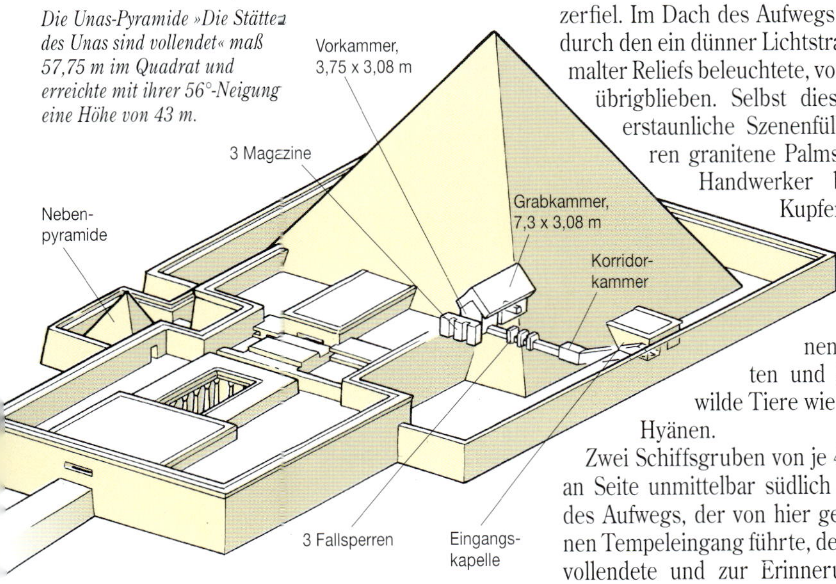

Die Unas-Pyramide »Die Stätten des Unas sind vollendet« maß 57,75 m im Quadrat und erreichte mit ihrer 56°-Neigung eine Höhe von 43 m.

ihre Lektion aus dem gelernt haben, was den Denkmälern und dem Kult früherer Könige zugestoßen war. Indem sie tief in der Pyramide ihre heiligen Sprüche in Stein ritzten, konnte Unas auf Dauer deren Wirkung genießen, ohne auf die Dienste einer unzuverlässigen Priesterschaft angewiesen zu sein.

Der Pyramidenkomplex

Bei der Wahl des Bauplatzes machte sich Unas zwei Naturmerkmale zunutze. Ein langer Wadi im Osten gab eine gute Route für den Aufweg ab und öffnete sich auf einen See, der mit vielen Rampen, Kais und einer Helling versehen als Hafen für seinen Taltempel dienen konnte.

Der Aufweg muß einer der eindrucksvollsten überhaupt gewesen sein; mit 750 m Länge entsprach er dem des Cheops. Obgleich der Wadi eine natürliche Route bot, mußten Lücken ausgeglichen werden. Da dazu auch Quader aus der Djoser-Umfassungsmauer verwendet wurden, ist anzunehmen, daß diese schon zerfiel. Im Dach des Aufwegs blieb ein Schlitz offen, durch den ein dünner Lichtstrahl eine Galerie buntbemalter Reliefs beleuchtete, von denen nur Fragmente übrigblieben. Selbst diese verweisen auf eine erstaunliche Szenenfülle: Schiffe transportieren granitene Palmsäulen für den Tempel; Handwerker bearbeiten Gold und Kupfer; Landarbeiter ernten Feigen, Honig und Getreide; Opferträger ziehen in Scharen herbei. Auf anderen Szenen sieht man bärtige Asiaten und Schlachtenbilder, dazu wilde Tiere wie Löwen, Leoparden und Hyänen.

Zwei Schiffsgruben von je 45 m Länge liegen Seite an Seite unmittelbar südlich der höchsten Biegung des Aufwegs, der von hier geradewegs zum granitenen Tempeleingang führte, den Unas' Nachfolger Teti vollendete und zur Erinnerung daran mit seinem Namen beschriften ließ. Der Plan des Totentempels folgte dem Djedkares und markiert den Übergang zur Standardanordnung der Pyramidentempel der 6. Dynastie: Eingangshalle, Kolonnadenhof, Travers-Trennkorridor zwischen Vorder- und Innentempel, Statuenkammer mit fünf Nischen, quadratische Vorkammer mit einziger Säule, Opferhalle mit Granit-Scheintür und Nebenpyramide. Es gibt einige Varianten; Unas' Pylone waren weniger massiv als die Djedkares; die Palmsäulen des Hofs waren schmäler und höher, und die Einzelsäule in der Vorkammer ist aus Quarzit; dieser Hartstein (vom Gebel Ahmar – »Roter Berg« nahe Heliopolis) hat einen besonderen Sonnenbezug.

Im Neuen Reich war die Unas-Pyramide schon eine Ruine. Chaemwaset, Sohn Ramses' II. und Hoherpriester in Memphis, hinterließ auf der Südseite eine Inschrift bezüglich seiner Restaurationsarbeiten und hauchte so Unas' Namen neues Leben ein.

Granitsäulen mit Palmwedel-Kapitellen schmückten die Tempel des Unas. Diese beiden flankieren den Südeingang seines Taltempels.

Die Pyramiden der 6. Dynastie

(Rechts) Die Teti-Pyramide; im Vordergrund die Ruinen seines Totentempels. Dahinter die Stufenpyramide des Djoser.

Teti gilt als erster König der 6. Dynastie, obgleich nichts auf einen Sukzessionsbruch nach Unas hinweist. Tetis Königin Iput war die Mutter von Pepi I. und wahrscheinlich eine Tochter des Unas. Einige von Tetis Hofbeamten, deren Mastabagräber unmittelbar nördlich seiner Pyramide liegen, hatten schon unter Unas gedient. Einer namens Kagemni muß sogar den Bau von drei Pyramidenkomplexen erlebt haben.

Die Teti-Pyramide

Teti wählte einen Platz in Nord-Saqqara am Südende der Mastabas der 1. Dynastie und nordöstlich der Userkaf-Pyramide. Ihm mag eine Pyramide in der Diagonalen Userkaf–Djoser–Unas–Sechemchet vorgeschwebt haben, aber wo sollten dann der Taltempel und die Pyramidenstadt hin (die beide fehlen)? Die Pyramide steht auf relativ hohem Grund; für einen (ebenfalls unentdeckten) Aufweg hätte es enormer Dammbauten bedurft.

Die Teti-Pyramide folgt dem Prototyp der späten 5. Dynastie; ihre Maße entsprechen praktisch denen Djedkare-Asosis und seiner Nachfolger Pepi I., Merenre und Pepi II. Der Kern wurde in Stufen und Lagen aus kleinen, örtlich gebrochenen Blöcken mit Geröllverfüllung gebaut. Auf der Ostseite sind ein paar Blöcke der feinen Außenverkleidung erhalten, aber der größte Teil war entfernt worden, was den Kern zu der runden Masse zusammenbrechen ließ, die wir heute sehen.

Der Eingang liegt auf Bodenhöhe auf der Zentralachse der Pyramide und war einfach mit schweren Fliesensteinen verdeckt; direkt darüber stand eine Kapelle. Drehzapfenlöcher lassen vermuten, daß die Kapelle zweiflüglige Türen hatte. Die Seitenwände trugen bemalte Reliefs von Opferträgern, das Dach bestand aus einer großen, sternenverzierten Kalksteinplatte. Die Rückwand wies eine Scheintür aus schwarzem Basalt auf.

Tetis Privatgemächer unter seiner Pyramide: Man blickt von der Drei-Nischen-Kammer durch die Vorkammer in die Grabkammer und auf den Sarkophag. Der Holzbalken ist eine moderne Deckenstütze.

Das Pyramideninnere

Der Unterbau entspricht dem der Unas-Pyramide, wenn auch in leicht größerem Maßstab. Eine granitverkleidete Passage fällt zu einer Korridorkammer ab, der ein horizontaler Gang mit drei Fallsperren folgt. Die Vorkammer liegt unter der Pyramidenmitte. Im Osten befindet sich ein Raum mit drei Nischen; nach Westen hin tut sich die Grabkammer auf. Der gut erhaltene Basaltsarkophag ist erstmals mit nur einem Streifen Pyramidentext beschriftet. Räuber durchbrachen den Deckel, von der Mumie blieben nur ein paar Fragmente übrig. Wie in den Unas-Kammern waren die Wände der Grabkammer, der Vorkammer und der letzte Teil der Horizontalpassage mit Pyramidentexten beschriftet, die aber viel stärker beschädigt sind.

Der Pyramidenkomplex

Auch vom Totentempel ließen die Steinräuber kaum etwas übrig, aber der Plan entspricht im wesentlichen denen Djedkares und Unas'. Eine Abweichung bildet der Eingang, da der Aufweg nach Süden ist, möglicherweise um Lepsius XXIX zu umgehen. Gehörte letztere Menkauhor, dann stand sie zu Tetis Zeit schon. Ein langer, enger Gang führte zu einem Tor auf der Zentralachse des Totentempels. Von da aus ging es zu einem sternhimmelüberdachten Vestibül weiter.

Der Kolonnadenhof zeigt wieder die quadratischen Granitsäulen der 4. Dynastie und Userkafs. An einem rechteckigen Alabasteraltar in der Mitte sind Reliefspuren erhalten. Ähnliche Altäre sind aus den Totentempeln Sahures, Neferirkares, Niuserres und Unas' bekannt. Magazine beidseits von Hof und Vestibül betrat man über den Traverskorridor. Die kleine Alabastertreppe zur Statuenkammer mit den fünf Nischen ist gut erhalten, nicht aber die Nischenwände; jede besaß eine zweiflüglige Tür mit Granitrahmen, der mit den Titeln des Königs beschriftet war. Die Opferhalle, die man über ein Vestibül und eine quadratische Vorkammer mit nur einem Pfeiler betrat, hatte ein Gewölbedach. Nach Westen und zur Pyramide hin ruhte eine von Kalksteinreliefs umrahmte Scheintür auf einem Fundamentblock aus Quarzit.

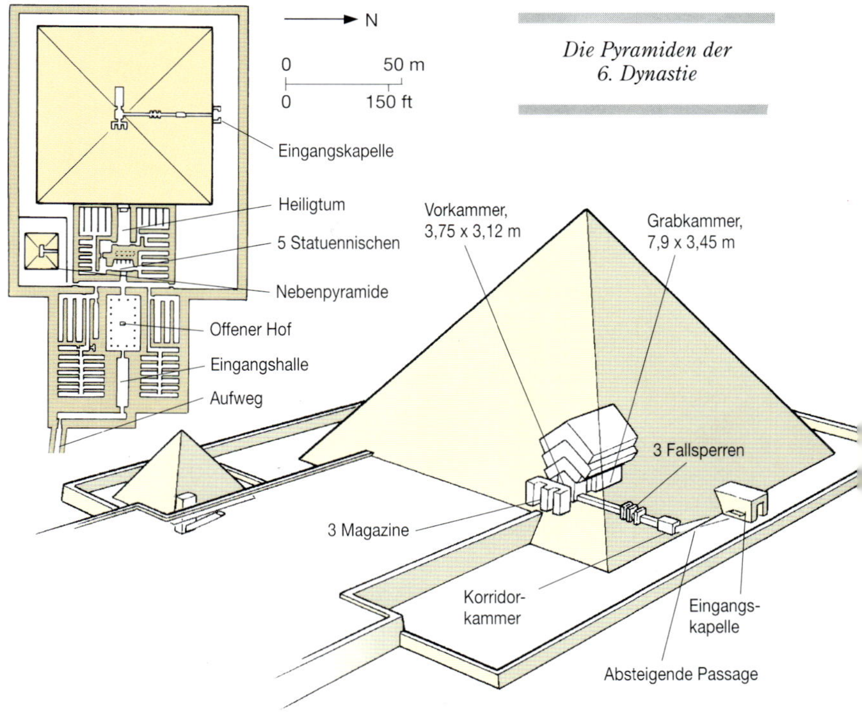

Die Pyramiden der 6. Dynastie

Die Nebenpyramide wurde am Standardplatz südlich des Innentempels gefunden und hatte ein Basismaß von 15,7 m. Der umgebende Hof enthielt zwei Becken aus Rosengranit im Osten und ein drittes im Westen; irgendwo im Norden befand sich ein kleines Kalksteinbecken.

Die Iput- und Chuit-Pyramiden

Zwei königliche Frauen Tetis wurden mit eigenen Pyramiden bedacht, die in getrennten Höfen nördlich der Teti-Pyramide und hinter den Höflings-Mastabas standen. Iputs Pyramide war ursprünglich eine Mastaba, die ihr Sohn, Pepi I., dann zur Pyramide umgestaltete. A. Labrousse ermittelte die Position der Chuit-Pyramide, die seit den Ausgrabungen von Loret (1897–1898) und Firth (1922) in Vergessenheit geraten war, aber freigelegt wurde sie erst 1997 von Z. Hawass. Ursprünglich war sie 20 m hoch; 7 m davon stehen noch.

Loret fand keinen Eingang zur Iput-Pyramide, und zwar aus einem einfachen Grund: sie hatte keinen. Die Kleinpyramide mit 15,75 m Seitenlänge und einem Steilwinkel von 65° war über einem Senkrechtschacht für die Grabkammer errichtet worden. Der Schacht kann bis auf halbe Höhe der Pyramide gereicht haben. Eine kleine Scheintür aus Rosengranit an der Nordseite war Teil einer »Eingangskapelle«, und eine Kapelle an der Ostseite besaß ihren eigenen Hof, eine Statuenkammer mit drei Nischen und eine Opferhalle mit Kalkstein-Scheintür und Granit-Opfertisch. Iputs Überreste lagen in einem Zedernsarg innerhalb eines grob behauenen Kalksteinsarkophags. Diebe hatten eingebrochen, aber Iputs Skelett lag intakt neben Fragmenten ihres Halsschmucks und eines Goldarmbands. Auch fünf grobe Kanopenkrüge wurden gefunden. Der Raum war bis auf Sargdeckelhöhe mit Kalksteinbruch gefüllt. Auf dem Deckel befanden sich Alabastergefäßmodelle, Keramik und Kupfer, mit dem Namen heiliger Öle beschriftete Alabasterplatten und Werkzeugmodelle aus blattvergoldetem Kupfer. Obwohl Diebe die Kammer aufgebrochen hatten, scheint die Grabausstattung viel magerer gewesen zu sein als die Hetepheres' in Gise.

Die Teti-Pyramide hieß »Die Stätten des Teti sind beständig«. Sie hatte eine Seitenlänge von 78,5 m und erreichte bei einer Neigung von 53° 7′ 48″ eine Höhe von 52,5 m. Die Einfriedung maß 200 Ellen (105 m) N–S auf 243 Ellen (127,57 m) O–W.

Die Pyramide Pepis I.

Vielleicht waren nach Teti die topographischen Möglichkeiten Mittel- und Nord-Saqqaras erschöpft. Pepi I. wandte sich wieder der Hochwüste Süd-Saqqaras

Computermodell von Audran Labrousse: der Pyramidenkomplex Pepis I. Außer dem zentralen Hof waren alle Kammern und Magazine überdachte dunkle Räume.

Die Pyramiden der 6. Dynastie

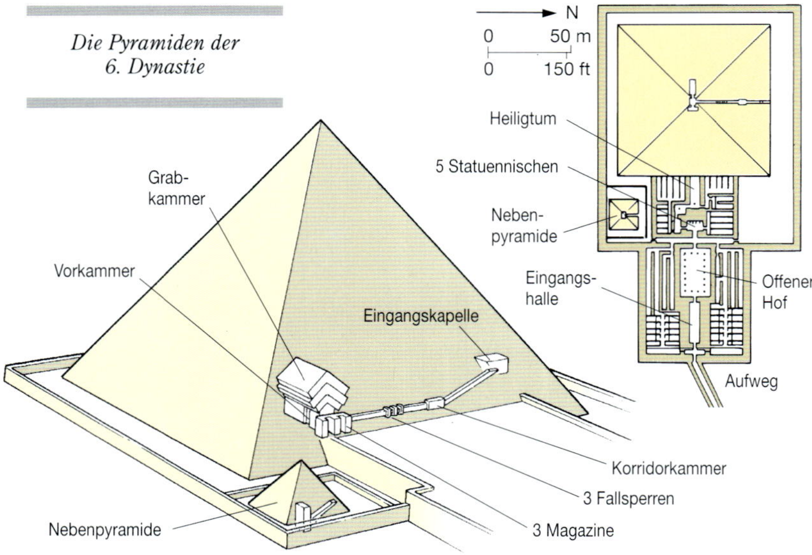

Die Pyramide Pepis I., »Es besteht die Vollendung des Pepi«, folgte dem stark standardisierten Muster der 6. Dynastie. Man schätzt, daß die heute erheblich beschädigte Pyramide eine Seitenlänge von 78,75 m hatte, 52,5 m hoch war und eine Neigung von 53° 7' 48" besaß.

zu, die im Süden der breite Wadi Tafla abschließt. Seine Pyramide ist inzwischen nur noch ein niedriger Hügel von etwa 12 m Höhe mit einem großen Krater in der Mitte, den Steinräuber gruben. In dieser und der Merenre-Pyramide entdeckten die Brüder Brugsch 1881 Pyramidentexte. Die französische Saqqara-Mission (MFAS) hat seit 1951 die Pyramide und ihren Totentempel systematisch ausgegraben und untersucht; 1996 übernahm Jean Leclant die Leitung.

Das Pyramideninnere

Der Unterbau ist ähnlich wie bei Teti mit dem Unterschied, daß die Pyramidentexte mehr Platz einnehmen. Die senkrechten Hieroglyphenspalten waren grün gemalt – in der Farbe der Frische und der Erneuerung. Bei der Restaurierung machten die Franzosen einen seltenen Fund. Die Kanopentruhe aus Rosengranit stand noch samt Deckel in der Fußbodennische vor dem Sarkophag. Daneben lag ein vollständiger Satz Eingeweide (vermutlich Pepis I.); das straff verpackte Bündel trug noch die Form des Alabasterkrugs, in dem es gelegen hatte. Der Sarkophag aus hartem, dunklem Stein trug innen und außen eine Zeile Pyramidensprüche; die Wände rundum waren mit dem Schilfmattenkabinenmotiv verziert. Wie bei Unas und Teti war der Raum östlich der Vorkammer unbeschriftet.

Die Grabkammer nach der eindrucksvollen Arbeit der französischen Mission, die den schwarzen Steinsarkophag (unten) sowie die Kanopentruhe mit einem Paket der königlichen Eingeweide fand (S. 22). Tausende Pyramidentext-Fragmente wurden wie ein riesiges Puzzle zusammengefügt.

Der Pyramidenkomplex

Wie alle Totentempel von Saqqara hatte auch der Pepis I. schwer unter den Mörtelmachern gelitten, aber drei Jahrzehnte französischer Forschung haben gezeigt, daß er alle wesentlichen Teile früherer Tempel besaß. Im Südwestteil des Tempels wurden mehrere an Hals und Taille zerbrochene Gefangenenfiguren gefunden; dort sollten sie in Kalköfen geworfen werden. Es handelte sich jeweils um einen Kniendenden, dem die Hände auf den Rücken gebunden waren; alle gehörten zu Ägyptens traditionellen Feinden. Überreste ähnlicher Statuen fanden sich auch bei den Pyramiden Djedkares, Tetis und Pepis II. Lauer meint, sie hätten als Sinnbild der eroberten Völker im Norden und Süden die Aufwegseiten gesäumt. Sie können aber auch unter Siegesszenen im Totentempel gestanden haben.

Der Taltempel und die Pyramidenstadt Pepis I. sind nie ausgegraben worden, der Aufweg nur über wenige Meter vor dem Totentempel. Der in Umrissen sichtbare Aufweg dürfte jedoch auf einen Taltempel unter dem Schwemmland der Bucht hindeuten. Der Name der Pyramide und ihrer Stadt, *Men-nefer Pepi*, »Es besteht die Vollendung des Pepi« erstreckte sich im Mittleren Reich auch auf die Siedlung um den nahen Ptah-Tempel und war auf Griechisch als Memphis überliefert.

Die Nebenpyramide war besser erhalten als der Totentempel. Statuenfragmente, Teile von Stelen und Opfertischen in den Trümmern lassen vermuten, daß der Kult Pepis I. bis ins Mittlere Reich anhielt; im Neuen Reich zerfiel die Pyramide allerdings schon. 1993 fanden die Franzosen auf der Südseite der Hauptpyramide eine weitere Inschrift Chaemwasets, der beschreibt, wie er für die Nachwelt an den Inha-

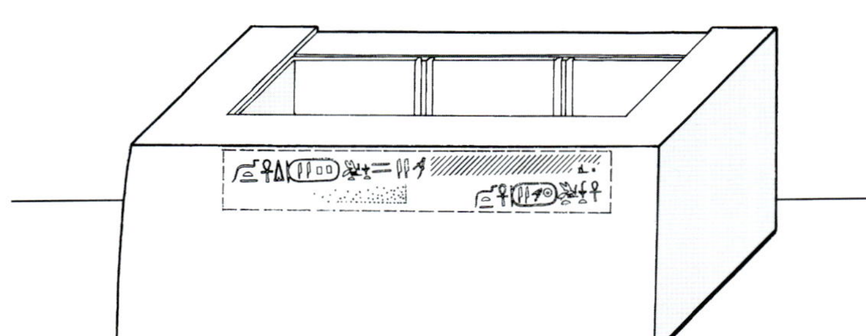

Die Ruinen der Pyramide und des Totentempels Pepis I. während der Freilegung durch die französische Mission in Saqqara.

(Oben) Zwei der Statuen der gefesselten Gefangenen, die den Hof des Totentempels Pepis I. gesäumt haben könnten. Wie der König in säuberlichen Reihen Bäume (die Säulen) im Hof pflanzt und einen Bereich (den Hof) vom Wildwuchs befreit, fesselt er auch die Hände »wilder« Nomaden an den Rändern Ägyptens. Genick und Taille der Statuen waren absichtlich gebrochen worden.

(Links) Diese Kupferstatue von Pepi I. mit einem seiner Söhne, möglicherweise Merenre, wurde in einer der fünf Kammern auf dem Tempelhügel in Hierakonpolis gefunden.

ber der verlassen angetroffenen Pyramide erinnert habe. Doch die dramatischsten Funde der letzten Jahre waren die Königinnen-Pyramiden.

Die Königinnen-Pyramiden

Ein Gebiet südlich der Pyramide Pepis I. war von gewaltigen Geröll- und Sandmassen bedeckt. 1988 suchten die Franzosen mit elektromagnetischen Sonden nach Schiffsgruben und Königinnen-Pyramiden, die sie hier vermuteten, und spürten den möglichen Standort von drei Pyramiden auf. Bald kamen ein Schlußstein und Verkleidungssteine einer kleinen Pyramide zutage. Schließlich wurden drei Pyramiden von jeweils rund 20 m Seitenlänge freigelegt, die grob von Ost nach West aufgereiht waren. Jede davon besaß eine eigene Einfriedung und einen kleinen Opfertempel. Man schrieb sie einer »Königin des Westens«, »Königin des Ostens« und »Königin der Mitte« zu.

Auf dem umgestürzten Pfosten des Totentempels der Ostkönigin fanden sich ihr Bild, ihr Name – Nebwenet – und ihre Titel. Als Identität der Westkönigin ist lediglich »älteste Tochter des Königs«

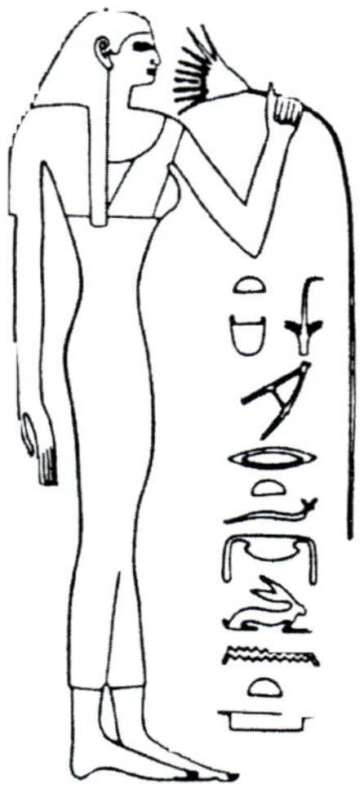

Königin Nebwenet – groß und schlank im Stile der 6. Dynastie – aus ihrer Pyramidenkapelle.

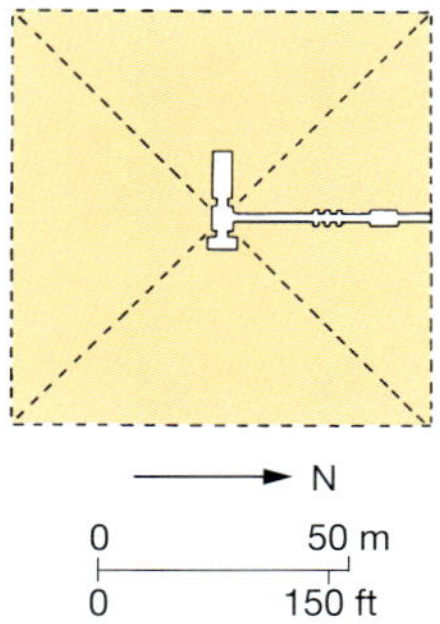

Die Merenre-Pyramide ist stark zerstört und muß erst noch vollends freigelegt und vermessen werden. Vielleicht sollte sie den Abmessungen der Pyramiden seiner Vorfahren entsprechen.

(Rechts) Die Grabkammer mit Sarkophag und Kanopentruhe.

auf einem kleinen Obelisken vor ihrer Pyramide erhalten. Der Name der Königin der Mitte, Inenek/Inti, ergab sich, als ihr Gesicht, ihr Name und ihre Titel auf die Tür zu ihrem Tempel flankierenden Pfosten und kleinen Obelisken gefunden wurden.

Die Franzosen vermuteten, es müsse noch eine vierte Pyramide geben. Das bestätigte sich, als sie eine mit dem Namen Merititjes, Frau und Tochter eines Königs, beschriftete Stele entdeckten. Vor kurzem wurde eine fünfte Königinpyramide aufgespürt. Diese Hofdamen Pepis hätten die Arbeit der Franzosen sehr hoch geschätzt, die für das – jedem gebildeten Ägypter hochheilige – Fortleben ihrer Namen sorgten.

Die Merenre-Pyramide

Pepis I. ältester Sohn und Nachfolger Merenre regierte nur kurz (wie kurz, wissen wir nicht genau; vermutlich waren es neun Jahre). Merenre plante seine Pyramide wohl nach der Standardgröße – 150 Königsellen (1 Königselle = 52,5 cm) im Quadrat, 100 Königsellen hoch, Neigung 53° 7‘ 48“ – seiner Vorgänger; eine präzise Vermessung steht jedoch noch aus.

Sie liegt 450 Meter südwestlich der Pyramide Pepis I. und ebensoweit westlich der Djedkares. Daß eine spätere Pyramide westlich der älteren liegt, ist ungewöhnlich, aber vielleicht wollte Merenre den Wadi Tafla als Hafen benutzen. Dazu hätte der Aufweg über nur 300 m Distanz ein Gefälle von 27 Metern überwinden müssen. Spuren im Gelände könnten den Anfang eines Uferdamms kennzeichnen.

Das Pyramideninnere

Der Unterbau, einschließlich der Verteilung der Pyramidentexte, ähnelt sehr dem Pepis I. Die Brüder Brugsch betraten ihn als erste, indem sie durch einen Räubertunnel um die Granitsperren krochen. In der Grabkammer hingen die riesigen Kalkstein-Deckenträger und eine gigantische Platte zwischen ihr und der Vorkammer lose herunter, da Grabräuber einen Großteil der Stützmauern beseitigt hatten. Doch der schwarze Basaltsarkophag war in gutem Zustand, der Deckel intakt und nur beiseite geschoben. Erstaunlicherweise enthielt er noch die Mumie – offenbar ein junger Mann, denn das Haar war zur jugendlichen Seitenlocke geflochten. Der große Mumien-Anatom G. Eliot Smith hielt sie für eine Nachbestattung, möglicherweise aus der 18. Dynastie. Leider ist die jetzt im Kairoer Museum liegende Mumie nie richtig untersucht worden. Die Franzosen fanden beim Freiräumen der Grabkammer vor dem Sarkophag die Rosengranit-Kanopentruhe samt Deckel.

Der Pyramidenkomplex

An der Nordseite der Pyramide standen noch zwei Ecksteine der Eingangskapelle, hinzu kamen Relieffragmente mit Gottheiten, die auf den König zugehen und ihn in ihrer Welt begrüßen. Die Opferhalle im Totentempel war kalksteingepflastert. Spuren eines Opfertisches mit Kalksteintrog daneben wurden ebenso gefunden wie ein weiterer kleiner Opfertisch an der Nordwand und eine elliptische Vertiefung im Fußboden. Von einer Granit-Scheintür am Westende ist nur der Sockel erhalten. Die Reliefs waren zum Teil

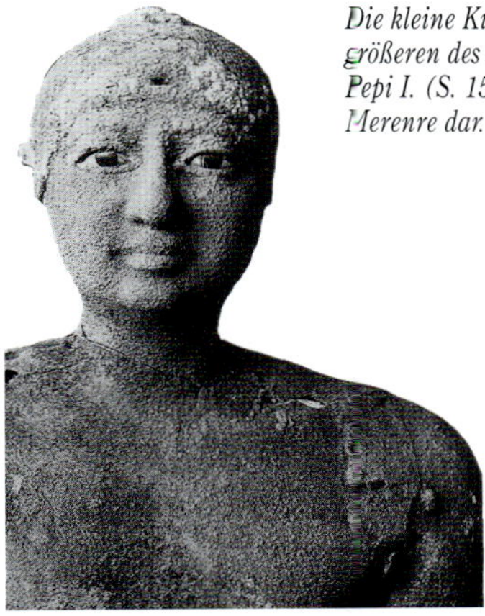

Die kleine Kupferstatue neben der größeren des ausschreitenden Pepi I. (S. 159) stellt vielleicht Merenre dar.

nur skizziert und nicht ausgeführt. Die Arbeit am Tempel muß abgebrochen worden sein, als der König starb.

Eine Kalksteinfliese aus einer kleinen Kapelle in Abydos trägt einen der höchst seltenen zeitgenössischen Texte über den Bau einer Pyramide. Aus den Hieroglyphen spricht Weni, dessen Karriere die Herrschaft Tetis, Pepis I. und Merenres umspannt. Unter Merenre wurde er Statthalter Oberägyptens und mithin für den Steintransport, einschließlich des Sarkophags, zu den Pyramiden zuständig; diese Reisen beschreibt er sehr eingehend.

Die Pyramide Pepis II.

Pepi II. war der letzte nennenswerte Pharao des Alten Reiches. Seine Pyramide trug den passenden Namen *Nefer-ka-Re* – »Lang währt die Herrschaft Neferkares« (=Thronname) –, denn nach Manetho soll er 100 Jahre gelebt und 94 Jahre regiert haben – länger als jeder andere. Er plazierte seine Pyramide südlich der Merenres und Djedkare-Asosis auf der anderen Seite des Wadi Tafla und nur 120 Meter von Schepseskafs Mastaba. Trotz seiner langen Herrschaftszeit hatte seine Pyramide das Standardmaß – Seitenlänge 150 Königsellen (78,5 m), Höhe 100 Königsellen (52,5 m). Als Gustave Jequier sie ausgrub (1926–1936), war sie allerdings nur noch ein niedriger Hügel. Der Kern hatte fünf Stufen, die Haltemauern aus kleinen, unregelmäßigen Steinen waren aus Tafla- und Nilschlamm, das Ganze verkleidet mit schweren, trocken verlegten Tura-Kalksteinblöcken. Die Haltemauern erinnern an die Baurampen in Gise. Tatsächlich erbauten die Nachkommen der Maurer von Gise den Pyramidenkern in der Weise der früheren Rampen mit Material, das sich leichter gestalten und handhaben ließ.

Einmalig an der Pyramide ist ein immenser, 6,5 m mächtiger Gürtel, der nachträglich angefügt wurde. Man sagt, die Baumeister hätten der Pyramide mit einem Band um den Sockel das Aussehen der Hieroglyphe für »Pyramide« geben wollen oder seien um die Baufestigkeit besorgt gewesen. In den genormten Pyramidenkomplexen der 6. Dynastie treffen wir nur selten auf die früher üblichen Umbauten. Angesichts der langen Regierungszeit Pepis I., und vorausgesetzt, der Pyramidenbau war Teil eines Ritualzyklus, wurde mit dem Hinzufügen des Gürtels vielleicht eines seiner Sed-Feste gefeiert.

Das Pyramideninnere

Vom Eingang fällt ein Gang zu einer Korridorkammer mit Sternendecke und pyramidentext-beschriebenen

Diese Alabasterstatuette Pepis II. als Kind wurde nahe der fünf Statuennischen seines Totentempels gefunden.

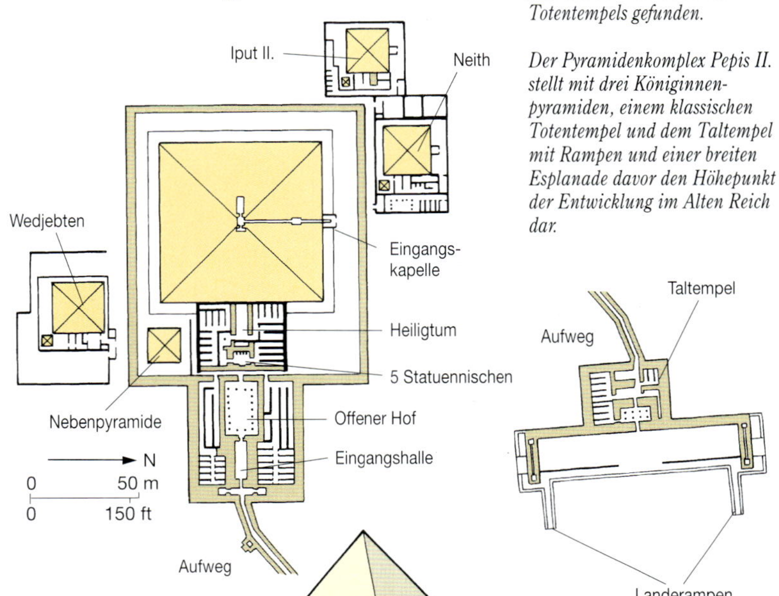

Der Pyramidenkomplex Pepis II. stellt mit drei Königinnen-pyramiden, einem klassischen Totentempel und dem Taltempel mit Rampen und einer breiten Esplanade davor den Höhepunkt der Entwicklung im Alten Reich dar.

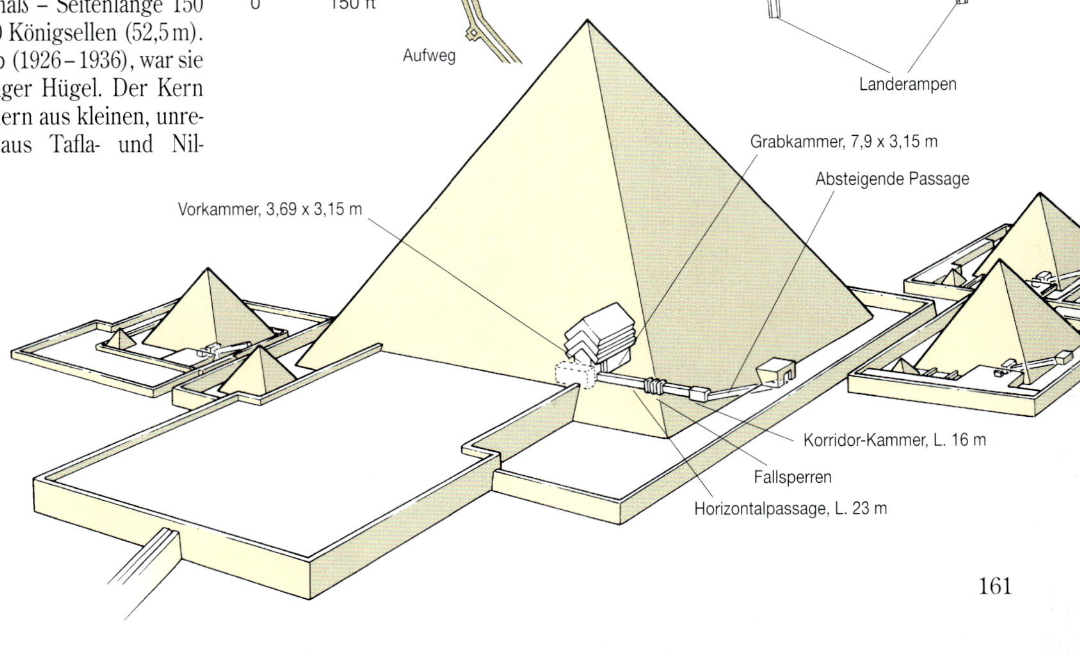

Die Pyramide Pepis II., »Es besteht das Leben des Pepi«, hatte – obwohl er 94 Jahre lang regierte – Standardmaße: 78,75 m im Quadrat, Höhe 52,5 m, Neigung 53° 7′ 48″.

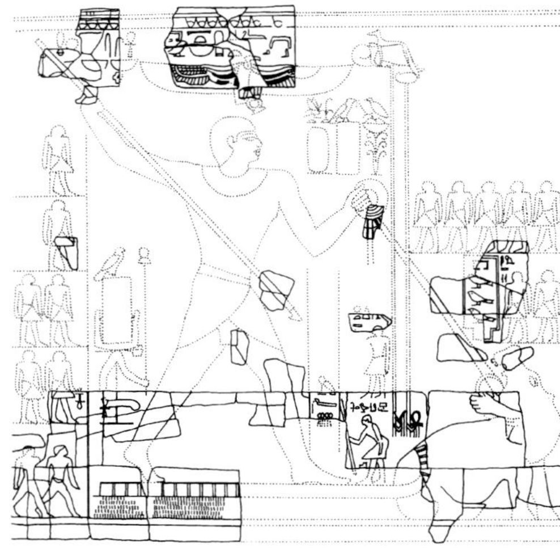

(Oben links) Die Pyramide Pepis II.: Blick nach Nordwesten über die Ruinen der Wedjebten-Pyramide mit den typischen Kernmauern aus aufgeschichteten Steinen und Lehm.

(Oben rechts) Pepi II. spießt ein Nilpferd auf und bekräftigt damit seine Herrschaft über die Mächte der Natur. Relief von der Vorderseite des Vestibüls seines Totentempels.

Wänden ab. Hier fand Jéquier Fragmente von Alabaster- und Dioritvasen (für Parfums?) und einen Goldspatel, die in einem Ritual beim Verschließen des Pyramidenkorridors verwendet worden sein mögen. Ein weiterer Abschnitt der granitverkleideten Horizontalpassage war von drei Fallsperren blockiert.

Die Innenkammern waren mit einer sternverzierten Giebeldecke überdacht. Nord- und Südwand der Grabkammer bestehen jeweils aus einem einzigen, gewaltigen Kalksteinquader. Das Nischenmuster der heiligen Schilfmattenkabine zierte die Wände um den mit den Königstiteln beschrifteten Sarkophag aus schwarzem Granit. Am Kopf- und Fußende zeigte das Dekor grün bemalte Scheintüren, darüber die Namensplatte des Königs. Der Sargdeckel lag auf zwei niedrigen Mauern westlich des Sarkophags und wurde dann zur Versiegelung der Mumie seitlich über den Sarkophag geschoben. Nur die Nische der Kanopentruhe im Fußboden und deren Granitdeckel sind noch übrig.

Der Pyramidenkomplex

Wenn unterhalb der Gräber Djedkares, Merenres, Schepseskafs und Pepis II. (wie vermutet) Pyramidenstädte lagen, muß es gegen Ende des Alten Reiches am Fuß der Böschung entlang eine große Siedlung gegeben haben. Leider ist nie nach ihr gegraben worden. In den Taltempel Pepis II. konnten Besucher entweder von der Wüste oder vom Hafen her über Rampen zu einer Esplanade mit Plattform gelangen. Eine mit Namen und Titeln Pepis II. beschriftete Einfachtür in einem Rahmen aus Rosengranit öffnete sich auf eine kleine Säulenhalle mit acht Rechteckpfeilern. Die Wandreliefs zeigten Götter, die den König begrüßen, die Besiegung von Feinden und eine Jagd im Papyrusdickicht. Die übrigen Räume waren undekoriert.

Die wenigen Fragmente, die Jéquier rekonstruieren konnte, lassen darauf schließen, daß die Künstler Pepis II. weitgehend das Dekorprogramm des Sahure-Komplexes kopierten. Der untere Teil des Aufwegs zeigte, wie der zu Sphinx und Greif verwandelte Pepi seine Feinde zermalmt. Am oberen Teil befanden sich Szenen mit Opferträgern. Der Aufweg wechselt zweimal die Richtung, um das gleichmäßigste Gefälle auszunutzen.

An jeder Ecke der Ostmauer des Totentempels stand eine Art Proto-Pylon, der sich seit Niuserre herausgebildet hatte. Eine Tür auf der Zentralachse von Tempel und Pyramide führte in ein Vestibül, dessen Reliefs den Triumph des Königs über die menschlichen und tierischen Mächte der Unordnung zeigten – letztere in Form eines Nilpferdes, das der König vom Boot aus harpuniert. Den Freihof umgab eine Kolonnade aus 18 rechteckigen Quarzitpfeilern. Zum Hof hin schmückte jeden die Gestalt des Königs mit einem Gott. Trotz der Pfeiler und Granittore scheint billigeres Material und weniger Dekor verwendet worden zu sein – der Hof war kalksteingepflastert, die Hofwände unverziert.

Ein Tor am Südende des Traverskorridors weitete sich auf den Hof mit der Nebenpyramide, deren Quadratschenkel 15,75 m maßen und deren Neigung wie meist im Alten Reich 63° betrug. Die T-förmige Passage und eine kleine Kammer waren ungeglättet. Die Tür am anderen Ende führte zum Hauptpyramidenhof, wo drei ins Pflaster eingelassene Becken vielleicht Reinigungswasser auffingen. Reliefreste von der Ostwand des Traverskorridors gehörten zu Szenen, auf denen der König das Ritual des Sed-Festes vollzieht. Desgleichen wurde eine Szene aus dem Min-Fest geborgen. Ein Relief, auf dem der König gerade einen libyschen Häuptling im Beisein von dessen Familie hinrichtet, gleicht fast aufs Haar der Szene in Sahures Totentempel. Auf Reliefs am Eingang zum Innentempel wird der König von Göttinnen gesäugt. Die fünf Statuennischen umrahmte Rosengranit, die mittlere war etwas größer und trug noch den Kalksteinsockel einer lebensgroßen Königsstatue; dies ist der einzige direkte Beweis, daß diese Nischen tatsächlich Statuen enthielten. Zwischen den Nischen und der Opferhalle steht wie in anderen Totentempeln ein Mauerwerkmassiv mit offenem Kern – vielleicht ein *serdab* für verborgene Statuen.

Der nördliche Durchgang der Statuenkammer führte zu fünf Magazinen, der südliche zu einem kleinen Vestibül mit quadratischer Vorkammer auf dem Weg zur Opferhalle. Im Vestibül sah man den König wiederum Unordnung bekämpfen, Feinde erschlagen und wilde Tiere jagen. Ein einziger achteckiger Quarzitpfeiler trug das Dach der Vorkammer. Hier empfingen bis zu 100 Gottheiten und 45 Höflinge den König. Auf der Nordwand thronte der König, geschützt vom schakalköpfigen Anubis und von Nechbet.

Von der Scheintür am Westende der Opferhalle mit ihrer Gewölbedecke ist nichts übrig. Relieffragmente offenbaren den König vor einem mit Opfergaben überladenen Tisch sitzend. Hinter ihm steht eine kleine Figur mit symbolisch nach oben gebreiteten Händen – der *ka* des Königs nimmt *kau* (Nahrung) entgegen. Vor dem König standen über 100 Würdenträger und Bewohner der Pyramidenstadt und brachten Enten, Gänse, Wachteln, Tauben, Gazellen, Ziegen, Antilopen, Rinder, Obst, Wein, Bier und Brot dar. Auf der Ostwand ist die Schlachtung von Vieh abgebildet. Wie in den Komplexen Pepis I., Tetis und Djedkares finden sich auch hier Gefangenenstatuen, allerdings in viel größerer Zahl. Jede war an Nacken und Taille zerbrochen und dann in kleinere Stücke geschlagen worden.

Die Königinnen-Pyramiden

Drei Königinnen Pepis II. hatten je eine eigene Pyramide mit Eingangskapelle, Tempel und winziger Nebenpyramide. Die schönste und wohl älteste gehörte Neith. Ihren Hofeingang flankierten zwei mit Namen und Titeln beschriftete kleine Obelisken, die sie als Tochter Pepis I. und Gattin Pepis II. auswiesen. Auf Wandreliefs war sie mit Opfergaben abgebildet. Der kleine Tempel besaß fünf Magazine, eine Kammer mit drei Nischen sowie eine Opferhalle mit Opferszenen und Scheintür, die erst bei Jéquiers Ausgrabungen zutage trat.

Die Seitenlänge der Pyramide maß 24 m, die Neigung betrug 61°. Sie war um einen Dreistufenkern gebaut und besaß wie die Königspyramide einen Kalksteingürtel. Die Eingangskapelle enthielt Opferträgerszenen. Eine Scheintür aus Granit in der Westmauer verschloß die zur Grabkammer absteigende Passage, die ein einziger Fallblock versperrte. Zum ersten Mal war eine Königinpyramide mit Pyramidentexten beschriftet. Ein Magazin gegen Osten blieb, wie in der Königspyramide auch, unbeschriftet. In die Flachdecke der Grabkammer waren Sterne gemeißelt. Neiths leerer Rosengranitsarkophag steht noch in der Kammer, davor die Kanopentruhe aus dem gleichen Material. Die Wände waren mit dem Nischen- und Scheintürmuster verziert.

Neiths Nebenpyramide hatte eine Seitenlänge von 10 Königsellen (5,25 m); Steine blockierten eine Miniaturpassage. Eine rechteckige Kammer war mit Tongefäßscherben gefüllt. Drei Alabastergefäße mögen entweder bei der Einbalsamierung des Leichnams benutzt worden oder Opfergaben für den *ka* sein. Zwischen Neiths Neben- und der Hauptpyramide lagen 16 hölzerne Schiffsmodelle in einem flachen Grab – vielleicht die Beisetzungsflotte der Königin.

Der Pyramidenkomplex von Iput II. wurde an die Südostecke von Neiths angebaut und besaß dieselben Elemente samt Nebenpyramide, Kleinobelisken am Eingang, Vestibül und Hof, Innen-Opfertempel und Magazinen, zu denen man hier über einen langen, gewundenen Korridor gelangte. Zwischen den Höfen von Neith und Iput war eine Königin namens Anchesen-Pepi ohne eigene Pyramide begraben. Nahe der Südostecke der Pepi-Umfassung stand die Pyramide der Wedjebten, auch sie eine Tochter Pepis I. und Frau Pepis II. Auch ihr Grab enthielt Pyramidentexte. Ein kleines Vestibül und ein einfacher Hof führten zu einer Kapelle mit einem Opfertisch aus Alabaster, der ihren Namen trug. Die Kapellenwände waren mit Reliefs der Königin vor einer Göttin sowie mit Viehschlachtungs-Szenen verziert. Auf einem Fragment ist der Sockel eines Throns zu sehen, der einem Relief in Neiths Kapelle ähnelt. Das Bemerkenswerteste an der Wedjebten-Pyramide ist ihr zweiter Hof, denn er läßt uns einen Blick in die Wirtschaftsrolle der Pyramide im Nachleben tun. In ihm befanden sich haus- und magazinähnliche Bauten. Inschriften beziehen sich auf eine Dynastie von Priestern. Jeder Begünstigte besaß eine Kammer und einen kleinen Hof, in denen er symbolische Repräsentationen seines wirklichen Haushalts und Grabes aufstellen konnte. Mit dieser Ehrung durfte er an der Grabausstattung der Königin teilhaben, so wie sie selbst an der Pepis II.

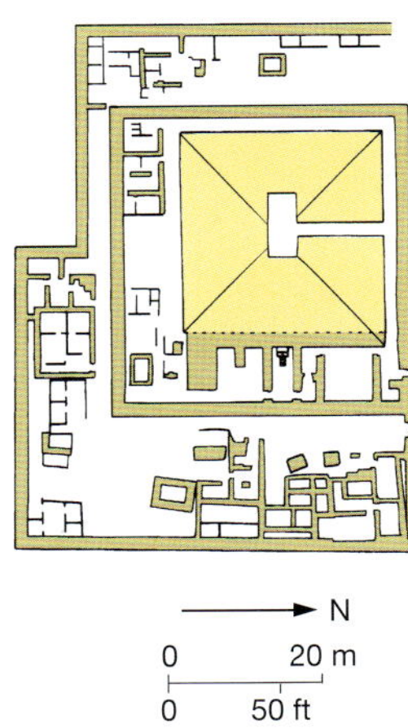

Die Sekundäreinfriedung um die Wedjebten-Pyramide enthielt kleine Häuser und Opferkammern für die Priester und ihre Angehörigen, die so an den Gütern der Königin beteiligt waren, wie diese an denen Pepis II.

In Stein geritzte Rechtsurkunde: Das Tor zur Sekundäreinfriedung der Wedjebten-Pyramide war mit »Tor der Güter« einer Familie von Wedjebten-Priestern beschriftet.

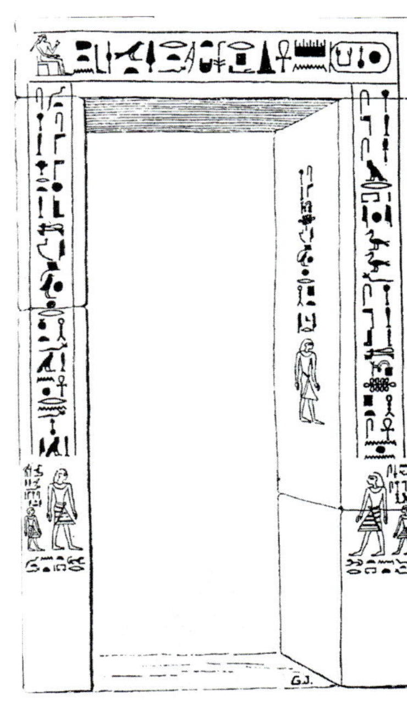

Die Pyramiden der Ersten Zwischenzeit

Trotz archäologischer und dokumentarischer Hinweise auf labile Zustände erstaunt uns das abrupte Ende der Pyramidensequenz des Alten Reiches immer wieder aufs neue. Der Turiner Papyrus läßt die 6. Dynastie mit einer Königin Nitokris enden; das gemahnt an Chentkaues zu Ende der 4. Dynastie. Doch Nitokris' Regierung folgte auf einen langen Zeitraum, in dem ein alternder Pepi II. über ein verfallendes Königreich herrschte. Manetho listet die nachfolgende 7. Dynastie mit 70 Königen in 70 Tagen auf.

Die Ibi-Pyramide

Die Liste der 8. Dynastie umfaßt 27 Könige in 146 Jahren, aber nur von einem einzigen Herrscher wissen wir, daß er eine Pyramide zu bauen versucht hat, die aber einen deutlichen Abstand zu den Großkomplexen des Alten Reiches aufweist. Diese kleine Pyramide wurde auf einer niedrigen Anhöhe nahe dem Aufweg Pepis II. begonnen. Hier fand Jéquier Pyramidentextfragmente für einen König namens Qakare-Ibi. Der Turiner Kanon gibt ihm nur zwei Herrschaftsjahre. Seine Pyramide entspricht nach Ausmaß und Layout den Königinnen-Pyramiden Pepis II. – 31,5 m (60 Königsellen) Basismaß.

Der Kern aus kleinen Steinen hatte die Form eines Doppelgürtels um einen Graben, der die Innenkammern enthielt. Das Fundament der Außenverkleidung wurde in einem Graben um den Kern verlegt, aber die Verkleidung scheint nie begonnen worden zu sein. Von der Nordseite der Pyramide führte eine abfallende, mit Tura-Kalkstein verkleidete Passage zu einem Horizontalgang. Seine Wände und die der Grabkammer waren mit Pyramidentexten beschriftet. Der Sarkophag stand auf einem riesigen Granitblock im Westen der Grabkammer. An der Ostseite schloß sich etwa auf der Mittelachse der unfertigen Pyramide eine kleine Ziegelkapelle an. Über einen Eingang an der Nordseite gelangte man mittelbar zur Opferhalle; vor einer Stele oder Scheintür war ein rechteckiges Becken in den Boden eingelassen. Ein rundes Alabastertablett und ein Obsidianmörser könnten bei Riten gedient haben. Die Südseite der Kapelle nahmen zu einem Zentralhof hin offene Magazine ein.

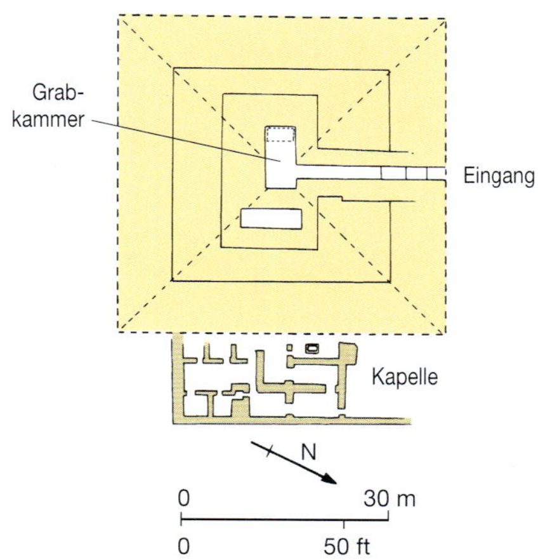

(Rechts) Plan des kleinen Pyramidenkomplexes des Ibi. Die Basislänge betrug 31,5 m, die Höhe vermutlich 21 m. Der heutige Zustand ist sehr schlecht (unten). Vom Kern sind noch Lehmhaufen und Kalksteinbrocken vorhanden; die jetzt mit Beton überdachte Grabkammer ist mit Pyramidentexten übersät.

(Unten rechts) Plan des Pyramidengrabs eines lokalen Herrschers, vielleicht Chui, in Dara/Mittelägypten. Es ist nur noch 4 m hoch.

Die Chui-Pyramide

Da es keinen einigenden Pharao gab, maßten sich in der Ersten Zwischenzeit ums Ende des 3. Jahrtausends v. Chr. örtliche Herrscher die königlichen Hoheitsrechte an. Einer davon baute eine Pyramide in Dara (Mittelägypten). Ihr Ausgräber, Ahmed Kamal, hielt sie für eine Mastaba, aber der Ziegel-Oberbau mit abgerundeten Ecken fiel schräg zu einer quadratischen Grundfläche mit 130 m Basislänge ab (das entsprach fast der Grundfläche der Stufenpyramide Djosers).

Vom Eingang verläuft eine abwechselnd geneigte und horizontale Passage zur Tür einer Grabkammer 8,8 m tief unter der Grundfläche. Die Wände des Schlußteils waren mit Pilastern verstärkt und wie die

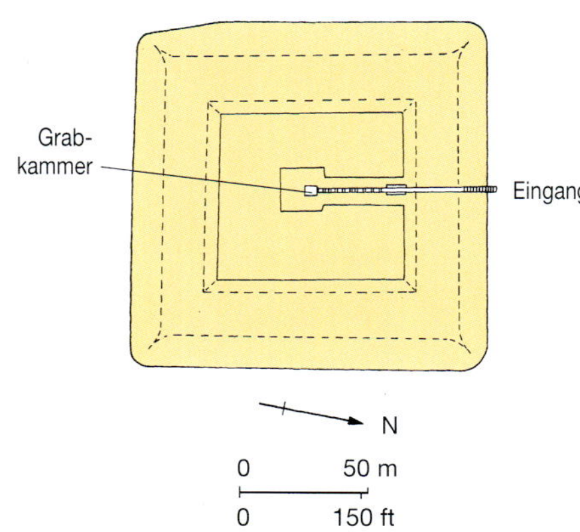

Grabkammerwände mit von Gräbern eines nahen Friedhofs (offenbar aus der 6. Dynastie) gestohlenem Kalkstein verkleidet. Ein in einem Grab südlich der Pyramide gefundener, vielleicht aus einem Opfertempel von ihr stammender Block zeigte eine Opferszene mit einer auf Chui lautenden Kartusche.

Lepsius XXIX

Während der ganzen Ersten Zwischenzeit war nahe der Teti-Pyramide ein Friedhof in Betrieb. Zu den dort Begrabenen gehörte ein Priester aus der frühen 12. Dynastie der Pyramide *Wadj Sut* (»Frische Orte«) Merikares, eines Herrschers der 9. oder 10. Dynastie. Man nimmt an, ihm habe die anonyme Pyramide gehört, der Lepsius die Nummer XXIX gab.

Diese »Kopflose Pyramide«, wie sie genannt wird, liegt östlich der Tetis und wurde ohne besondere Beachtung der Himmelsrichtungen angelegt. Maspero betrat sie 1881 und Firth legte sie 1930 frei, fertigte aber keinen Plan. Vom Oberbau ist praktisch nur noch das Fundament (Seitenlänge rund 52 m) übrig. Der Eingang liegt etwa in der Mitte der Nordseite. Zwei Fallblöcke aus Granit versiegelten den Durchgang zur Vor- und Grabkammer (eine Beisetzung dürfte also stattgefunden haben); auch der zerbrochene Deckel eines Sarkophags wurde gefunden. Obschon es einigen Grund gibt, die Pyramide mit Merikare in Beziehung zu setzen, wies Jocelyne Berlandini darauf hin, daß noch stärkere Indizien auf Menkauhor deuten, dessen eigenes Monument bislang nicht entdeckt wurde. Vor kurzem hat Jaromir Málek allerdings wieder für Merikare plädiert. Endgültigen Aufschluß kann erst eine eingehendere Untersuchung dieser bislang wenig erforschten Pyramide bringen.

Die Terrassengräber der Intefs

Noch einmal brachte der Kina-Nilbogen ein Herrschergeschlecht hervor. Begründet wurde die später als 11. Dynastie bezeichnete Linie von einem Nomarchen und Oberpriester eines örtlichen Tempels namens Intef, der sich zum König Ober- und Unterägyptens erklärte. Seine Nachfolger (Intef II. und III.) erbauten ihre Gräber in el-Tarif bei Theben gegenüber dem späteren großen Komplex von Karnak. Aufgrund der Säulen- und Torreihen am Westende nennt man sie *saff-* (»Reihen«) -Gräber. Ein offener Trapezhof wurde so weit in den Wüstenhang gegraben, bis die Tiefe für eine Fassade mit in den Fels gehauenen Säulen erreicht war. Dahinter lag das Königsgrab. Seitentüren führten zu Kammern und Schachtgräbern von Höflingen, die sich – zumindest vom Plan her – nicht weiter von dem des Königs unterscheiden.

Man hat angenommen, daß das Grab des Königs von einer Lehmziegel-Pyramide im Hof oder über der Fassade markiert wurde. Im Abbot-Papyrus, dem Bericht einer Kommission, die rund ein Jahrtausend nach deren Errichtung (ca. 1115 v. Chr.) die Plünderung von Königsgräbern untersuchte, heißt es vom Grab Intefs II., »seine Pyramide war darauf herabgestürzt, seine Stele ist davor aufgerichtet, und das Bildnis des Königs steht … mit seinem Hunde namens Becha …« 1860 fand Mariette diese Stele, mit nicht nur einem, sondern fünf Hunden darauf, von denen der oberste Becha hieß. Dieter Arnold hat allerdings nachgewiesen, daß sie in einer Opferkapelle östlich vom Grab Intefs II. entdeckt wurde. Es gibt keine Indizien dafür, daß die Intef-Gräber tatsächlich von Pyramiden gekrönt waren.

Von der in Saqqara östlich der Teti-Pyramide gelegenen »Lepsius XXIX« sind nur noch die Fundamente übrig; sinnigerweise heißt sie »Kopflose Pyramide«. Es ist sogar ungewiß, wem sie gehörte.

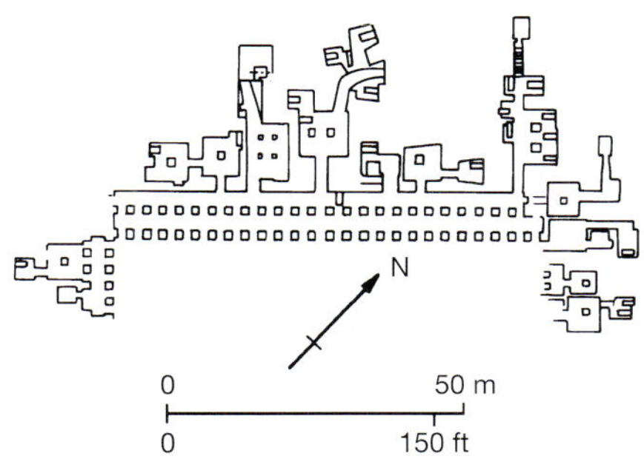

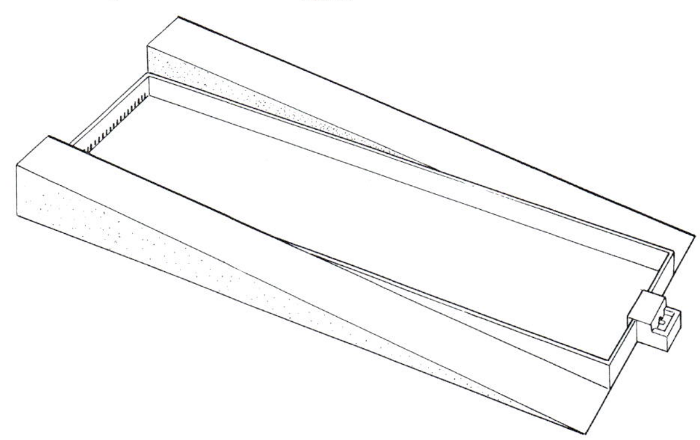

Die Intefs bauten ihre saff- (Reihen-)Gräber in der thebanischen el-Tarif-Ebene. Ihr Entwurf kann als konzeptioneller Beginn des großen Komplexes von Mentuhotep Nebhepetre weiter südlich gelten. Plan und Rekonstruktion zeigen das Grab Intefs II.

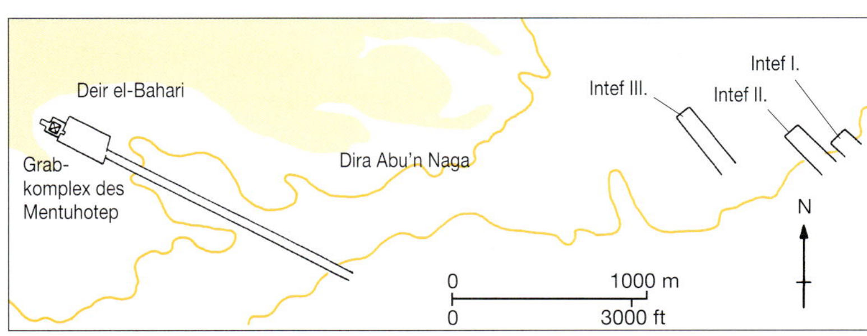

Mentuhotep in Deir el-Bahari

Mentuhotep gehört zu den bedeutendsten Königen der langen Geschichte Ägyptens. Er läßt sich mit Djoser vergleichen, denn wie dieser schuf er einen einzigartigen, kolossalen Tempel und Grabkomplex als Monument des wiedererstandenen Reiches. Die beiden Komplexe ähneln sich insoweit, als sie in mehreren, klar erkennbaren Phasen errichtet wurden, doch der Mentuhotep-Komplex war ein gigantisches saff *oder Terrassengrab, das die Intef-Gräber davor um mehrere Größenordnungen übertraf.*

Mentuhotep (»Die Gottheit Month ist zufrieden«) Nebhetepre (»Herr des Steuerruders des Re«) – er wird als I. oder II. gehandelt – war der vierte König der 11. Dynastie. Er bestieg um 2061 v. Chr. den Thron und vereinigte nach der Ersten Zwischenzeit das Königreich wieder. Sein Grabkomplex war ein gigantisches *saff*-Grab (viel größer als bei den Intefs) in einer tiefen Klippenbucht am Westufer Thebens namens Deir el-Bahari. Dieter Arnold bezog in seine neuere Studie die Grabungsergebnisse Edouard Navilles (1903–1907) und Herbert Winlocks (1920–1931) ein und erkannte vier verschiedene Bauphasen (A, B, C, D).

Anstatt wie seine Vorgänger eine Terrasse in der Wüste freizulegen, reservierte sich Mentuhotep gleich die ganze Bucht Deir el-Bahari. Den Tempelbezirk grenzte er mit einer Natursteinmauer quer durch deren Mündung ab. Den größten Teil seines Tempels kann er durchaus zu der Zeit geplant und gebaut haben, als er seinen Horusnamen in »Einiger der beiden Länder« umänderte.

Eine T-förmige Terrasse am Fuß der Klippe wurde teils gemauert, teils in den Fels geschlagen. Vom Vorderhof führte eine Rampe zu ihr hinauf. Oben umgrenzten niedrige Mauern eine Plattform, auf der eine Wandelhalle mit dicken, innen wie außen mit bemalten Reliefs dekorierten Kalksteinmauern entstand. Die Ecken der Außenmauern waren abgerundet und besaßen einen Wulst, eine viertelkehlige Brüstung krönte das Gebäude – womit das Ganze wie eine stilisierte Schilfmatten-»Gotteskabine« wirkte. Die »Kabine« umschloß einen mauerwerksgefüllten Zentralbau, von dem nur der quadratische Sockel erhalten ist.

Der Abbot-Papyrus erwähnt dieses Grab wie das Intefs II. als *mer* (»Pyramide«), desgleichen wird es in späteren Texten und Graffiti hieroglyphisch als solche behandelt. Deshalb hat man das Zentralgebäude als kalksteinverkleideten Massivbau rekonstruiert, der das Podium für eine Pyramide bildete. Damit paßte Mentuhoteps Monument sauber in die Reihe der ägyptischen Pyramiden. Doch jetzt hat Dieter Arnold nachgewiesen, daß über Intefs Grab wohl nie eine Pyramide stand, und damit könnte *mer* zur spätramessidischen Entstehungszeit des Abbot-Papyrus ganz allgemein »Grab« bedeutet haben. Zudem, betonte er, hätten die Mauern des Mentuhotep-Baus das Gewicht einer Pyramide gar nicht tragen können, und es seien auch keine Verkleidungsblöcke mit den charakteristischen Winkeln gefunden worden. Der Zentralbau sei daher lediglich ein solides Gebäude mit Brüstung. Vielleicht habe es den Ur-Tumulus symbolisiert und damit eine pyramidenähnliche Bedeutung gehabt. Vor kurzem hat Stadelmann einen abgerundeten Osiris-Tumulus innerhalb des Gebäudes rekonstruiert – eine verführerische, wenngleich rein hypothetische Parallele zum Hügel in den archaischen Mastabas von Saqqara.

Das Königsgrab

Von der Wandelhalle führte eine Tür zu einem Arkadenhof am Anfang des Schenkels der T-förmigen Terrasse. In Hofmitte öffnet sich auf der Zentralachse des Tempels das Grab als rechteckiger Graben. An der Einmündung befindet sich ein Sockel für einen Altar oder Opfertisch. Der Graben wird zum Tunnel ins Felsuntere. Wandnischen enthielten Menschengestalten aus Holzmodellen von Bäckereien, Metzgereien, Kornspeichern und Schiffen, von denen selbst aber nichts erhalten ist. Ab hier sind die Seiten und die Gewölbedecke des Tunnels mit Sandstein verkleidet. Die Verkleidung bricht plötzlich ab, und der nackte Fels liegt offen da.

Die Grabkammer ist ein herrlicher Höhlenbau 44,9 m unter Hofhöhe am Ende eines 150 m langen Tunnels. Das Granitgewölbe hat ein Schrägdach, die Seitenwände sind mit leichter Außenneigung gehauen. Drei Viertel des Fußbodens nahm ein Alabasterschrein ein, den eine gigantische Granitplatte aus einem Stück abdeckte. Wahrscheinlich umschloß er einst die Königsmumie in ihrem Holzsarg. Zwischen Schrein und Wand blieb nur ganz wenig Platz, den die

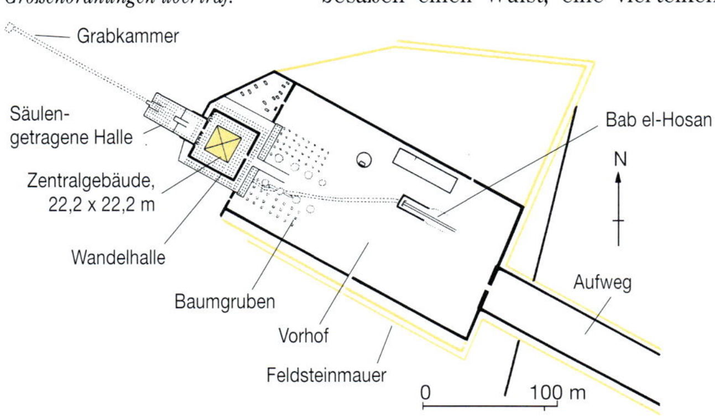

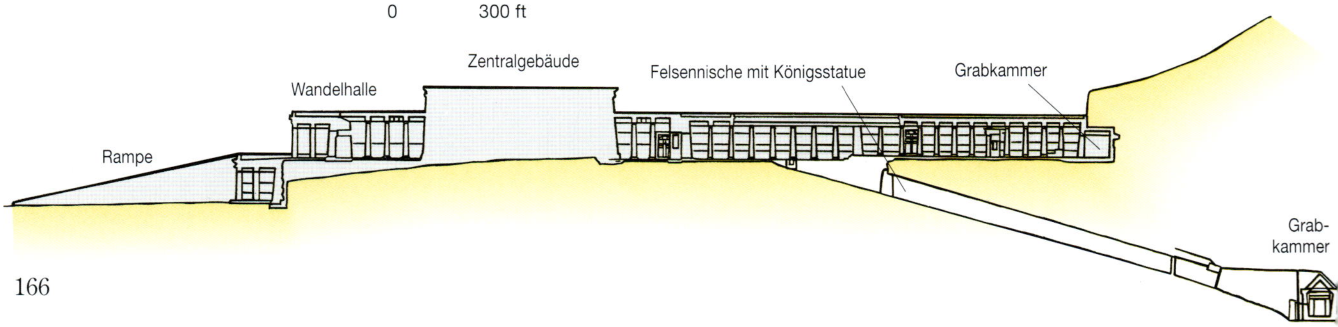

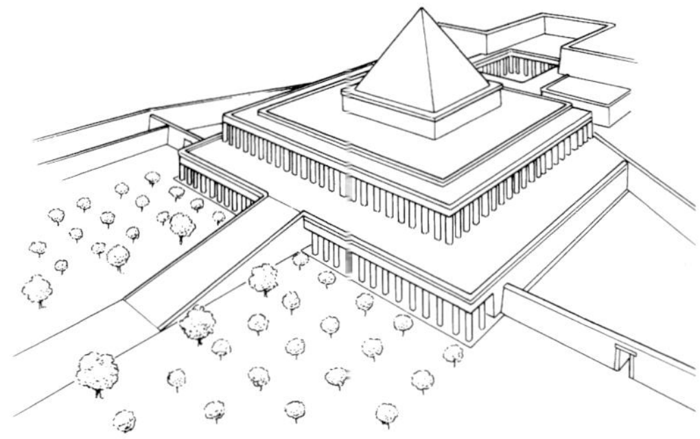

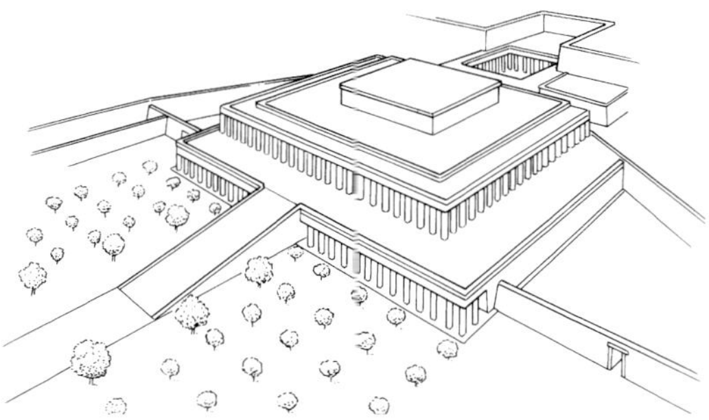

Baumeister dennoch mit schwarzen Dioritplatten zu füllen vermochten. Den toten König umgaben damit mehrere Schichten kostbaren Steins; das gemahnt an die bei Djosers Kammer gefundenen Fragmente.

Hinter dem Kolonnadenhof über dem Grabeingang ließ Mentuhotep die erste große Steinsäulenhalle Ägyptens mit 80 Achteckpfeilern errichten. An deren Westende stand einst eine Statue des Königs in einer in die Klippe gehauenen Nische. Unmittelbar davor stand ein Altartisch am oberen Ende einer Treppenrampe, die durch die Säulenhalle emporführte. Die Statue bildete den Mittelpunkt des ganzen Komplexes – auf sie verwiesen alle natürlichen und architektonischen Merkmale. Mentuhotep entsteigt also nicht seiner Pyramide, sondern dem Berg. Die etwas südlich aufragende Bergspitze el-Qurn wurde vielleicht schon als Naturpyramide empfunden, und im Neuen Reich wurden die Pharaonen unter ihr im Tal der Könige hinter Deir el-Bahari begraben.

Am Ende der dritten Bauphase muß Mentuhoteps Tempel von Osten her wie eine Stufenpyramide gewirkt haben, deren erste drei Lagen die Fassaden der unteren Terrasse, die Wandelhalle und der Zentralbau bildeten. Memphisch wirkte der breite Aufweg zum Tal hin. Der Taltempel muß verschwunden sein, als Ramses IV. das Tal für seinen Totentempel nivellieren ließ.

Als eines der letzten Elemente wurde dem Tempel ein »Garten« mit Baumlöchern und zwei rechteckigen Blumenbeeten hinzugefügt. Eine Reihe von Sandstein-Standbildern des Königs als Osiris blickte zum Prozessionsweg hinüber. Alle 12 gefundenen Statuen waren geköpft und dann in Gruben vergraben worden. Im Garten fand sich auch ein Hain aus 53 Tamariskenbäumen und einem großen Maulbeerfeigenbaum.

In der zweiten Phase war ein rätselhaftes Gebilde, der Bab el-Hosan, in den Vorderhof gebaut worden; ein offener, ziegelummauerter Graben, der dann als Tunnel zu einer Kammer führte, von deren Mitte aus ein senkrechter Schacht in eine weitere, unvollendete Kammer überging. Arnold hält das für das erste Königsgrab, das durch Versiegelung einer rituellen Bestattung im Innern während des Grabneubaus zum Kenotaphen wurde. Nach der Phase C lag die Grabkammer des Bab el-Hosan unmittelbar unter dem Zentralbau des Tempels. Howard Carter grub sie aus und entdeckte dort eine wie eine Mumie in feines Linnen gehüllte Statue des Königs. In der Mitte des Raums führte ein Schacht in eine grobe Grotte hinab – vielleicht als symbolische Verbindung zum Nil der Unterwelt.

Der Sinn

Angesichts Arnolds Rekonstruktion des Zentralbaus als solides Gebäude mit den Umrissen einer »göttlichen Kabine« gehört der Mentuhotep-Tempel strenggenommen nicht zu den Königspyramiden. Dennoch bleiben Zweifel, weil der Abbot-Papyrus von ihm als »Pyramide« spricht. Herrlich bemalte Reliefs enthalten viele der aus den Pyramidentempeln des Alten Reiches bekannten Themen: der König, der als Sphinx seine Feinde zermalmt; Fallenstellen; Fischen; Jagd auf ein Nilpferd; Säen, Ernten und Pflücken. Das Ganze war eine Mischung aus Königsgrab und Tempel – für den vergöttlichten König und für Month-Re und Amun-Re, den neuen Staatsgott.

(Oben) Die Überreste des Mentuhotep-Komplexes. In den zahlreichen Texten und Reliefs ist kein Name des Tempels oder seiner Teile gefunden worden, aber die Texte der 12. Dynastie sprechen von der ganzen Bucht von Deir el-Bahari als »Tal des Nebhepet-Re« und vom Tempel selbst als Ach Sur Nebhepetre *– »Glorreich sind die Stätten des Nebhepetre«.*

(Oben links) Winlock rekonstruierte das Zentralgebäude Mentuhoteps als solides Sockelmassiv einer Pyramide (ganz oben). Diese langgehegte Auffassung focht Dieter Arnold an, nach dessen Meinung die Struktur lediglich ein solider Bau mit einem Gesims darauf war (darunter).

Die Pyramiden von Lischt

Ein anderer König begann mit dem Bau eines großen Grabes, das, wäre es fertig geworden, die Wesenselemente und Größenordnung des Mentuhotep-Komplexes erreicht hätte. Es liegt in einer Bucht auf der anderen Seite des Scheich-Abd-al-Qurna-Hügels südlich von Deir el-Bahari. Wessen Grab war dies? Mentuhotep I. folgten zwei weitere Könige gleichen Namens, die sich dann Sanchkare und Nebtauire nannten. Daß das Grab lange dem ersteren zugeschrieben wurde, machte durchaus Sinn. Er war der nächste Herrscher, Graffiti seiner Priester fanden sich in der Nähe, und seine nur 12jährige Amtszeit konnte erklären, warum das Grab unvollendet blieb. Doch vor kurzem argumentierte Dorothea Arnold, es sei in Wirklichkeit für den Begründer der 12. Dynastie, Amenemhet I., begonnen worden, ehe er seine Residenz (vielleicht erst in der letzten Dekade seiner 30jährigen Herrschaft, 1991–1962 v. Chr.) nach Norden verlegte. Seine neue »Hauptstadt« hieß *Itj-taui*, »Der die Beiden Länder ergreift«.

Die Pyramide Amenemhets I.

Wo *Itj-taui* genau lag, ist unbekannt, aber wenn es die Pyramidenstadt Amenemhets I. war, hatte es am Wüstenrand nahe dem heutigen Dorf Lischt gelegen, etwa auf halbem Weg zwischen Meidum und Dahschur. Attraktiv mochte der Ort wegen der wachsenden wirtschaftlichen Bedeutung des Fajum geworden sein. In Lischt wendet sich ein Kanal namens Libeini (man hält ihn für einen alten Nilkanal) nach Westen und an der Böschung am Fuß von Amenemhets Pyramide vorbei und bot so vielleicht einen Hafen. Amenemhet kehrte in etwa zur Größe und Form der Pyramiden des späten Alten Reiches zurück. Der Kern bestand aus kleinen, rohen lokalen Kalksteinblöcken mit loser Sand-, Geröll- und Schlammziegelfüllung. Das Bemerkenswerteste mag sein, daß er auch Fragmente reliefverzierter Blöcke von Monumenten des Alten Reiches enthielt – meist von Pyramidenaufwegen und -tempeln einschließlich der Cheopspyramide. Für die Verkleidung und Blockierung der absteigenden Passage Amenemhets I. wurden auch Granitblöcke aus dem Chephrenkomplex verwendet. Sie dürften wohl ihrer spirituellen Kraft wegen aus Saqqara und Gise nach Lischt verbracht und in die Pyramide eingefügt worden sein.

Das Pyramideninnere

Der Eingang befand sich auf der mittlerweile zum Standard gewordenen Position: Bodenhöhe, Mitte der Nordseite. Darüber stand eine Eingangskapelle mit einer Scheintür aus Rosengranit im rückwärtigen Teil. Eine mit Granitpflöcken blockierte Passage fiel zu einem direkt unter der Vertikalachse der Pyramide liegenden Schacht ab. Grundwasser hat bislang ein Betreten der Grabkammer verhindert.

Der Pyramidenkomplex

Von Amenemhets Totentempel blieb für die Archäologen nur wenig übrig. Er stand auf einer in den Hügel geschlagenen Terrasse unterhalb der Pyramidenbasis. Zu den Gründungsdepots in mit Kalksteinplatten

Altägyptisches Recycling: Amenemhet I. baute Fragmente von Gräbern und Pyramidenkomplexen des Alten Reiches in seine Pyramide ein.

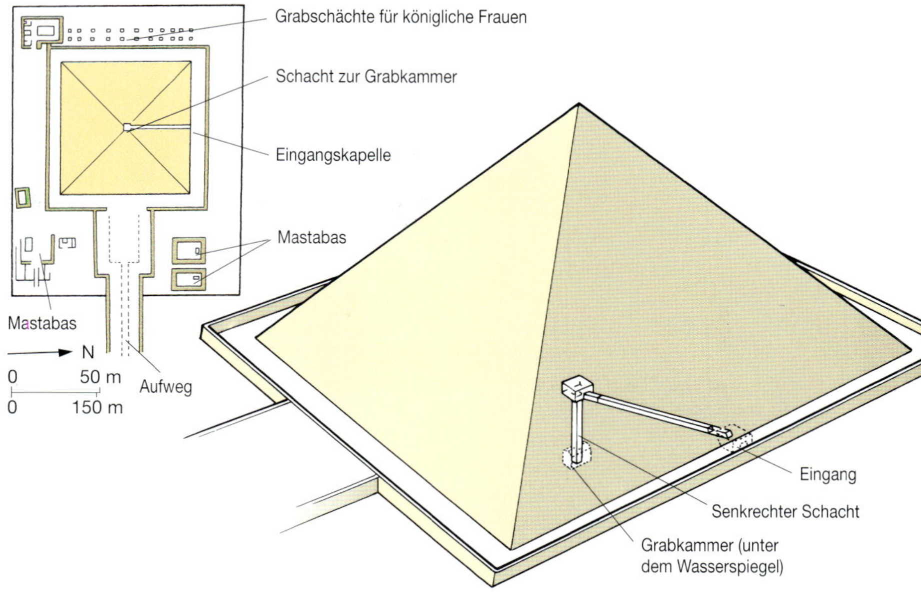

abgedeckten Löchern gehörten ein Ochsenschädel, Farbmörser und Modellvasen aus Ton und Alabaster, desgleichen Ziegel mit Kupfer-, Alabaster- und Fayenceplatten mit der Inschrift »Die Erscheinungsorte des Amenemhet« – vielleicht der Pyramidenname. Ein weiterer, an anderer Stelle gefundener Name, »Die Vollkommenheit Amenemhets sei gepriesen«, mag sich auf den Pyramidentempel beziehen. Eine Scheintür aus Kalkstein und ein Granitaltar oder -opfertisch sind als einzige Ausstattung übriggeblieben. In den Altar sind Nilgötter und Figuren eingemeißelt, welche die Nomoi mit Opfergaben darstellen. Unter Relieffragmenten, die teils aus der Zeit Amenemhets datieren, fanden sich so getreue Reproduktionen des Stils des Alten Reiches, daß sich Kopien und Originale kaum unterscheiden ließen. Einige Reliefstücke im Fundament stammten von einem abgerissenen Pyramidentempel Amenemhets I. Sie tragen auch den Namen seines Sohnes und Nachfolgers Senwosret I. Wahrscheinlich regierten ab Amenemhets Jahr 20 Vater und Sohn gemeinsam. Die Reliefs spiegeln vielleicht die Vorbereitungen eines Sed-Festes für den alten König wider, der bei seinem Tod fast 30 Jahre regiert hatte. Senwosret I. scheint den Tempel wiedererbaut zu haben – Reliefblöcke aus dem zweiten Tempel mit beiden Namen nennen Senwosret selbst »den König«. Hinweise auf eine Nebenpyramide wurden nicht gefunden.

Der Aufweg verlief in gerader Linie auf der Achse von Pyramide und Tempel. Er war unüberdacht, aber Relieffragmente zeigen, daß er mit Prozessionen von Ausländern, Ständen, Edlen und Göttern verziert war. Der Taltempel ist nicht ausgegraben, da auch er unter Grundwasser liegt.

Die Pyramide war von einer Innenmauer aus Kalkstein und einer äußeren aus Lehmziegeln umgeben. In den dazwischenliegenden Mastabas wurden bevorzugte Familienmitglieder und Höflinge beigesetzt. Zwei Reihen von 22 Grabschächten entlang der Pyramidenwestseite waren offenkundig für königliche Frauen gedacht. Fragmente und kleine Steinobjekte liefern uns die Namen einiger, einschließlich der Königstochter Neferu, Hauptfrau Senwosrets I., der Königinmutter Nefret und einer weiteren Gemahlin, Nefritatenen, der Mutter Senwosrets I.

William C. Hayes wies darauf hin, Amenemhets Pyramidenkomplex fehle die Größe, er atme einen gewissen Provinzialismus. Zwar habe er das allgemeine Memphis-Muster wiederbelebt, aber einige Elemente seien thebanischen Ursprungs: der Stil einiger Reliefs, die beiden Terrassen (Pyramide und Tempel), der Zentralschacht zur Grabkammer und der offene Aufweg. Erst Senwosret I. habe den Standard-Mem-

Amenemhet I. (oben links) führte wieder den Pyramidenkomplex als Königsgrab ein, wenn auch mit thebanischen Elementen: zwei Terrassen für Pyramide und Tempel und ein offener Aufweg. Gräberreihen im Westen waren für königliche Frauen bestimmt. Die Basislänge der Pyramide betrug 84 m, ihre Höhe 55 m bei einer Neigung von 54°.

Dieses Relief aus der Pyramide Amenemhets I. enthält die Kartusche des Cheops und kam vermutlich aus dessen Totentempel in Gise.

phis-Komplex wieder der Vollendung näher gebracht, ehe der Pyramidenbau in sein letztes Versuchsstadium eingetreten sei.

Die Pyramide Senwosrets I.

Senwosret I. baute auf einem Hügel 2 km östlich der Pyramide seines Vaters. Vielleicht hatte er eine eigene Pyramidenstadt namens *Chenemsut* (»Die Orte [Senwosrets] sind vereint«), aber damit kann auch die Pyramide gemeint sein. Das mit dem Zeichen eines befestigten Hofes geschriebene *cha-Senwosret* (»Senwosret Erscheint«) könnte der Name der Stadt sein. Auf Fundamenttäfelchen lautete der Pyramidenname *Senwosret Peteri Tawi*, »Senwosret erblickt die Beiden Länder«.

Maspero schrieb 1882 die Pyramide Senwosret I. zu, als er in ihr mit dem Namen des Königs beschriftete Objekte fand. Den Grabungen von J. E. Gautier und G. Jéquier von 1894 folgten die Arbeiten des Metropolitan Museum of Art zwischen 1906 und 1943 und die Arnolds von 1984 bis 1987. Hier wurden mehr Spuren des Pyramidenbaus entdeckt als bei jedem anderen Monument. Die Steine für den Kern lieferten die Steinbrüche im Südosten, Südwesten und Süden. Von ihnen und vom Hafen führten Rampen zur Pyramide hinauf.

Mit 200 Königsellen (ca. 100 m) sind die Seiten länger als bei allen Pyramiden seit Nefererkare; damit gehört die Pyramide zur gleichen Klasse wie jene Djedefres und Menkaures. Doch heute ist nur noch ein Hügelchen übrig, dessen Verkleidung an einer Stelle auf bis zu acht Lagen erhalten ist. Der Pyramidenkern ist eine Neuerung Senwosrets I. Vom Zentrum verlaufen acht Mauern aus riesigen, grobbehauenen, sich nach oben verjüngenden Steinblöcken strahlenförmig zu den Ecken und Seitenmitten. Jedes der acht Dreiecke besitzt noch einmal drei Querwände. Die 32 Abteile sind mit stufenförmig verlegten Steinplatten verfüllt. Haltesteine und Verfüllung müssen parallel gebaut worden sein, während die Pyramide wuchs.

Senwosrets Steinmetzen verwendeten Holzkrampen, um aneinanderstoßende Verkleidungsblöcke zu verbinden, wie die dazugehörigen Zapfenlöcher und erhalten gebliebene Klammern zeigen, die mit dem Namen des Königs beschriftet sind. In die Fundamentblöcke wurde eine kleine Stufe gehauen, und da die unterste Verkleidungslage direkt darüber beginnt, bildete das Hofpflaster die Grundlinie der Pyramide. Statt der Verkleidung Halt zu geben, schwächte sie das eher; die erhalten gebliebenen Partien weisen zahlreiche Flickstellen auf, und östlich des Eingangs läuft ein Riß im Zickzack die ganze Pyramide hinunter. Einen weiteren Instabilitätsfaktor erblickt Arnold in dem offenen Bauschacht unter der Pyramide. Den Kampf der Baumeister veranschaulicht auch die Schräglage der Pyramide: der Höhenunterschied zwischen dem Eingang und zwei der Ecken beträgt bis zu 13 cm.

Die Pyramide Senwosrets I. besaß als erste ein Innenskelett aus Kalksteinmauern, deren Zwischenräume mit grob behauenen Steinen verfüllt waren. Neun Subsidiär-Pyramiden und eine Nebenpyramide sind mehr, als man irgendwo sonst findet. Die Pyramide mit ihrer Basislänge von 200 Königsellen (105 m) sollte wohl eine Neigung von 49° 24' haben, womit sie idealerweise eine Höhe von 61,25 m erreicht hätte.

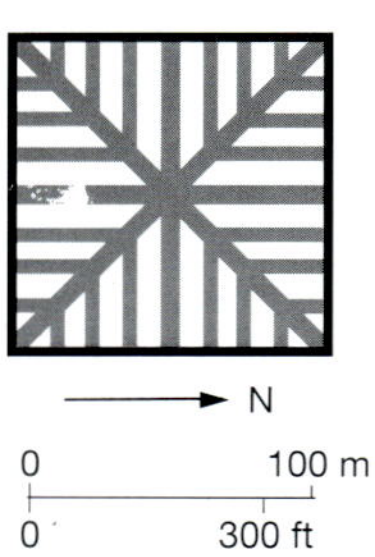

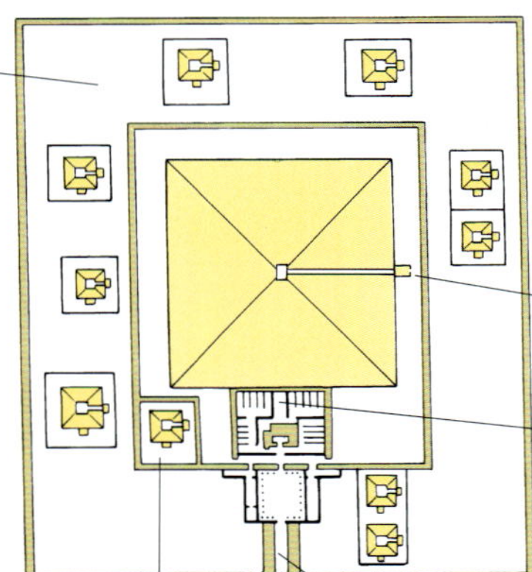

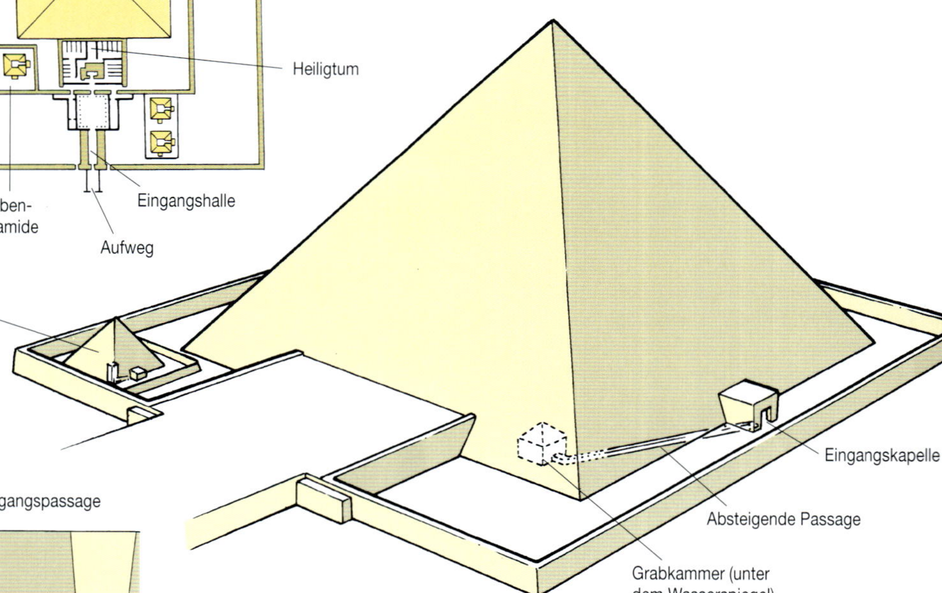

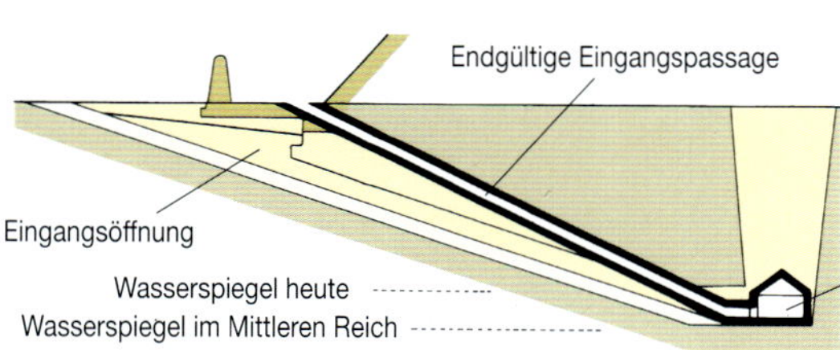

(Unten) Die Eingangsöffnung und die geneigte Baupassage dienten zum Einbringen des Materials für die Grabkammer, wurden aber dann durch die endgültige, höherliegende und granitverkleidete Pyramidenpassage ersetzt.

Der Eingang zur Pyramide lag in der Mitte der Nordseite im Hofpflaster. Er ist völlig zerstört, aber aus der Kapelle darüber wurden Relieffragmente gefunden. Die Kapelle paßte in eine Verkleidungsnische. Das Wasser auf dem Dach lief über löwenköpfige Wasserspeier ab. Den größten Teil der Rückwand nahm eine Alabaster-Scheintür ein, von der nur Fragmente übrig sind. Götter zierten kurze Wandplatten zu beiden Seiten. Die Eingangswand zeigte Tierschlachtungen und Opfergabenstapel, die Seiten trugen Szenen, auf denen der König mit seinem *ka* an einem von Priestern und Opferträgern gesäumten Gabentisch sitzt.

Das Pyramideninnere

Obwohl die Grabkammer wie die Amenemhets I. jetzt unter Wasser liegt und nie von Archäologen betreten wurde, konnte Arnold dank genauer Beobachtung und Analyse einiges feststellen. Als erstes war eine vorläufige Rampe oder Treppe nördlich der Nordfassade gebaut worden – der Zugangseinschnitt. Unter der Pyramide wurde sie dann vermutlich zum Bautunnel (gesehen hat ihn bislang jedoch niemand). Weiter oben befand sich die später gebaute abfallende Pyramidenpassage, die so eng war, daß sie höchstens den Leichnam des Königs und Grabbeigaben durchließ. Der Tunnel könnte der Ausschachtung einer tiefen Grube gedient haben, in der (wie in den Pyramiden Djosers, Djedefres, der »Unfertigen« von Saujet el-Arjan und denen der 5. Dynastie) die Grabkammer lag. Anhand der Neigung von Tunnel und Pyramidengang und des Grundwasseranstiegs hat Arnold errechnet, daß die Grabkammer 22 bis 25 m unter der Oberfläche liegen muß.

Als die Baumeister die Pyramidenpassage zu bauen begannen, füllten sie den Zugangseinschnitt fast bis zur Oberfläche auf. In die Restmulde legten sie mit Kalksteinbruch verfüllte Holzbalken und versiegelten das Ganze mit Schlamm – dem Material der Transportwege rund um die Pyramide. So ergab sich eine Helling für die Granitblöcke von je 8 t Gewicht, die die Passage säumten (außer am Eingang, der mit feinem Kalkstein verkleidet war). Nach der Beisetzung wurde die Passage mit riesigen, 20 t schweren Granitpflöcken versiegelt, die genau in die Passage paßten und wahrscheinlich schon hergeschafft wurden, ehe die kleine und delikat verzierte Eingangskapelle fertig war. Die die Passage hinabpolternden Pflöcke trafen so hart aufeinander, daß sie Risse bekamen.

Arnold meint, schon bald nach der Versiegelung sei ein großer Trupp professioneller Grabräuber in die Pyramide eingedrungen, habe die Eingangskapelle demontiert und nach mehreren Fehlstarts an der Granitsperre und Passagenverkleidung vorbei einen Tunnel gegraben. Masperos Leute folgten diesem Räubertunnel bis zu der Stelle, wo er den zweiten Sperrblock umgeht. Hier fanden sie von den Räubern zurückgelassene Überreste von Beutegut aus dem Königsgrab: Stücke von Holzkästen und Alabasterbehältern, eine goldene Dolchscheide und Teile von vier Kanopengefäßen aus Alabaster. Anstatt dem Räubertunnel weiter zu folgen, schlugen Masperos Leute 30 Meter Granitsperre weg, bevor ihnen dann – wie auch späteren Archäologen einschließlich Arnolds 1984 – die Sandverfüllung und das durchs Mauerwerk sickernde Wasser Einhalt geboten.

Von der Pyramide Senwosrets I. ist nur ein niedriger, 23 m hoher Hügel übrig. Aus den Trümmern ragt das Ende einer Mauer des inneren Rahmenskeletts.

Arnold glaubt, der Sand sei die ursprüngliche Verfüllung gewesen, damit der erste Granitpflock nicht in die Horizontalpassage zur Grabkammer durchbrach. Eine leichte Biegung der Passage läßt vermuten, daß Senwosret dem Muster der 5. Dynastie folgte, deren Grabkammer direkt unter der Mittelachse lag und über die Vorkammer im Osten betreten wurde. Liegt Senwosrets Grabkammer tatsächlich unter der Senkrechtachse, dann ist sie nur frustrierende 7 Meter von dem Punkt entfernt, wo die Archäologen nicht mehr weiterkamen.

Amenemhet I. und Senwosret wollten beide ihre Kammern so tief legen, daß sie selbst zur Bauzeit nur knapp über dem Grundwasserspiegel lagen. Auch Amenemhet II., Senwosret II. und III. gelangten mit Schächten und abfallenden Gängen fast bis zum Grundwasser. Dies und manches andere zeigt den Wunsch, mit dem Reich des Osiris in Verbindung zu treten.

Der Pyramidenkomplex

Der Taltempel wurde nie gefunden, kann aber unter Sanddünen und einem Römerfriedhof liegen. Der Aufweg war ursprünglich (wie bei Amenemhet I. und Mentuhotep) offen und von Kalksteinmauern flankiert. Eine Steinbruchinschrift zeigt, daß er erst in Senwosrets 22. Jahr gebaut wurde. In der nächsten

Senwosret I. in osirischer Gestalt mit der Krone des Südens. Eine Reihe solcher Statuen säumte die Südseite des Aufwegs. Jene an der Nordseite trugen die Krone des Nordens.

Phase wurde ein Dach hinzugefügt, wozu der Durchgang mit Kalksteinblöcken verengt werden mußte. Alle 10 Königsellen stand eine Nische mit fast lebensgroßen Statuen des Königs, die auf der Nordseite die Rote Krone Unterägyptens, auf der Südseite die Weiße Krone Oberägyptens trugen. Acht vollständige Statuen sowie ein paar Sockel wurden gefunden. Ob die Wände mit Reliefs geschmückt waren, ist nicht sicher, aber ein Postamentwürfel war schwarz und rot getüpfelt, um Granit nachzuahmen.

An der Südseite des oberen Aufwegabschnitts führte ein Durchgang zu einem kleinen Lehmziegelbau für Priester oder Diener. Parallel zu beiden Seiten der Steinmauern des Aufwegs verlaufende Ziegelmauern schufen zwei Nebenspuren – ein Merkmal aller bekannten Aufwege des Mittleren Reiches. Am oberen Ende verbreiterten sie sich zu kleinen Höfen mit einem Tor zum Außenhof der Pyramide. Bei Arnolds Grabungen im Nordhof stellte sich heraus, daß in ihm zunächst der harte Diorit geschnitten, dann Gips

Seitenpaneel vom Thron einer der in einer Grube im Totentempel gefundenen Statuen. Horus und Seth wickeln Papyrus- und Lotusstengel um eine stilisierte Luftröhre, die Hieroglyphe für »Einheit«. Gekrönt wird das Ganze von der Kartusche Senwosrets I.

zubereitet worden war. In der Endphase wurde dort ein kleines Bad mit Keramikabfluß installiert. Hier konnten sich die Priester vor Betreten des Außenhofs für den Kultdienst der Königinnen-Pyramiden rituell waschen.

Senwosret I. umgab seine Pyramide mit zwei Höfen; den äußeren umgrenzte eine Lehmziegel-, den inneren eine Steinmauer. Die Innenmauer war außen und innen mit 150 *serech*-Paneelen verziert.

Schon bei der ersten Ausgrabung im Jahr 1894 war der Totentempel arg zerstört. In den Folgejahren litt er noch mehr, so daß nur ein paar Blöcke stehenblieben. Aus dem Vergleich mit Beispielen des Alten Reiches geht hervor, daß er stark den Totentempeln von Teti bis Pepi II. glich. Der Vordertempel lag im Außenhof der Pyramide, der innere im Innenhof. Alle Standardelemente des späten Alten Reiches sind vorhanden, obschon auf die Verwendung von Alabaster, Basalt oder Diorit nichts, auf die von Granit nur wenig hindeutet.

1894 legte Gautier in einem freien Bereich zwischen Vordertempel und den Höfen von zwei Subsidiärpyramiden eine rechteckige Grube frei. Sie enthielt zehn vollständig erhaltene Kalksteinstatuen, die Senwosret I. auf großen, blockähnlichen Thronen sitzend zeigen. Vielleicht standen sie unter der Tempelhofkolonnade, weisen aber laut Arnold keine Verwitterungsspuren auf; auch gibt es im Hof keine Sockel. Möglicherweise brachen die Bildhauer die Arbeit ab und vergruben die Statuen, als der Verzierungsplan des Tempels verändert wurde. Die fünf Nischen in der Statuenhalle, die Arnold (da es keine Spuren gab) anhand von Parallelen zum Alten Reich rekonstruierte, enthielten vermutlich Standbilder. Senwosret I. baute die letzte und in einem Pyramidenkomplex des Mittleren Reiches einzig bekannte Nebenpyramide. Mit ihren zwei unterirdischen Kammern und Hinweisen auf zwei oder drei Bauphasen ist sie komplexer als die meisten. In der ersten Phase maß sie 15,75 m im Quadrat und war ebenso hoch. Die Neigung von 63° 26“ 06‘ entspricht der im Alten Reich seit Sahure üblichen. In einer späteren Phase entstand durch den Bau einer Umfassungsmauer ein Hof, den man von Norden her betrat. Etwa zur selben Zeit wurde die Pyramide durch Hinzufügung einer Verkleidungsschicht und von Haltesteinen im Norden und Westen vergrößert, womit die Seitenlänge und Höhe auf 18,38 m anstiegen und die Pyramide dem Standardverhältnis des Alten Reiches (1:5) näher kam.

Der Hauptschacht zu den unterirdischen Gemächern liegt unter dem Südostquadranten. Unten führten zwei Korridore zu zwei mit Kalksteinplatten verkleideten Kammern. Sie liegen auf gleicher Achse, aber die nördliche ist etwas größer. Offenbar wurde die Pyramide über dem Schacht noch vor Arbeitsabschluß errichtet, so daß östlich der Mitte der Pyramidennordseite ein neuer geschlagen wurde. Die Arbeiter scheinen sich dabei schwergetan und die Kammern erst beim dritten Versuch gefunden zu haben. Auch Räuber entdeckten die Kammern. Entweder räumten sie sie (bis auf ein paar Holzstücke) vollständig aus, oder sie fanden sie bereits leer vor, denn für die Archäologen blieb nichts übrig.

Um so mehr Betätigungsfeld bietet diesen dafür der lehmziegelummauerte Außenhof. Er enthält Priesterhäuser, Kornspeicher, niedere Ziegelmauern, Schleifpisten und Rutschbahnen aus der Bauzeit, zahlreiche flache Gruben für die rituelle Bestattung von Geschirrmodellen, Ochsenknochen und Perlen und (im Westteil) eine Schiffsgrube aus Lehmziegeln. Der Pyramidenfriedhof reicht weit über den Königshof hinaus. Hier finden sich eindrucksvolle Mastabagräber hoher Beamter wie etwa jenes des Wesirs Mentuhotep mit seinem eigenen Aufweg, des nach seinem Vorfahren gleicher Funktionen benannten Hohenpriesters Imhotep von Heliopolis und des Senwosretanch, dessen Grabkammer eine Kopie der Pyramidentexte enthielt. Um die großen Mastabas verstreut liegen zahlreiche kleine Schachtgräber des Gefolges dieser edlen Familien.

Die neun Subsidiär-Pyramiden

Ebenfalls im Außenhof befinden sich neun Kleinpyramiden, alle ungefähr gleicher Größe, abgesehen von der Pyramide 1, die als erste gebaut worden sein dürfte. Jede steht in einem eigenen Hof (außer Nr. 8 und 9, die sich einen teilen); zu jeder gehörte eine kleine Kapelle. Der Neigungswinkel schwankte zwischen 62° und 64°. Mit Ausnahme der Pyramide 1 scheinen die Kleinpyramiden gepaart zu sein: 2/3, 4/5, 6/7 und 8/9, was auf einen engen Zusammenhang zwischen je zwei königlichen Frauen hindeutet. Ausrichtung und Abstand sparen die Ecken des Außenhofs sorgfältig aus.

Die Pyramidenreihe dürfte nicht als solche geplant gewesen, sondern über lange Zeit gewachsen sein. Nr. 9 wurde vielleicht erst unter Amenemhet II. oder Senwosret II. erbaut. So wirkt es seltsam, daß zwar die Pyramiden und ihre Kapellen (einschließlich der Reliefdekorierung) abgeschlossen wurden, offenbar aber nicht die Unterbauten. Es steht nicht einmal fest, ob in allen jemand beigesetzt war. Trotz mehrerer Schächte um den Fuß jeder Pyramide lassen die um 5, 6 und 9 keinen Schluß auf die Existenz einer Grabkammer zu.

Nur von zwei der Pyramiden wurden die Eigentümer ermittelt. Anhand von drei beschrifteten Granitstücken wird Pyramide 1 Senwosrets I. Frau Neferu zugeschrieben. In der Mitte der Ostseite führt ein Schacht zu einem sanft abfallenden, kalksteingepflasterten Korridor, der seinerseits zu einer kalksteinverkleideten Kammer unter der Pyramidenmitte abbiegt. Im Fußboden ist ein Stellplatz für den (nicht gefundenen) Sarkophag und eine unfertige Nische für die Kanopentruhe. Neferus Kammer scheint weder vollendet noch benutzt worden zu sein.

Die Pyramiden 2 und 3 besitzen je zwei Schächte, einen von Norden her zur Bauerleichterung für den Unterbau, einen nach Osten als Zugang zur Kammer, nachdem die erste durch die Nordkapelle versiegelt war. Um Pyramide 2 wurden viele Fragmente von Reliefs der Ostkapelle, einem darin befindlichen bemalten Schrein sowie von 32-seitigen Säulen mit dem Namen der Prinzessin Itayket gefunden. Ihre mit vermörtelten Kalksteinplatten versiegelte Grabkammer war lediglich eine Erweiterung des Zugangskorridors. Räuber hatten ein Loch geschlagen, durch das nur kleine Gegenstände weggeschafft werden konnten; dennoch fand sich weder vom Sarkophag noch von einer Kanopentruhe oder einem Sarg eine Spur. Pyramide 3 stand über einer Hauptgrabkammer und fünf Grabnischen. Wie unter Pyramide 2 war die Grabkammer durch Kalksteinauskleidung des Korridorendes geformt. An drei Stellen versperrten Kalksteinplatten den Zugang, die auf in Kufenrillen laufenden Holzschlitten von der Seite her in die Passage geschoben wurden. Ein schöner Quarzitsarkophag samt Kanopentruhe füllte fast den gesamten Raum. Auch Pyramide 4 enthielt einen Quarzitsarkophag, der aber in einer groben Seitennische außerhalb der kalksteinverkleideten Grabkammer abgestellt war. Nichts deutet darauf hin, daß er jemals benutzt wurde.

Alle neun Pyramiden mögen von Pyramidien aus Rosengranit gekrönt gewesen sein (bei Nr. 3 und 5 fand man Fragmente). Bei Nr. 6 wurden Überreste einer überlebensgroßen Frauenstatue entdeckt. Die Pyramiden 8 und 9 bilden zwar ein Paar, aber Nr. 9 hatte einen Lehmziegelkern; Arnold meint, vielleicht sei der Baustein ausgegangen.

Die Nebenpyramiden Senwosrets I.

Pyramide	Einfriedung	Basismaß	Neigung	Höhe	Schächte
1	100 x 75 c 52,5 x 39,37 m	40 c 21 m	62,5°	36 c 18,9 m	2
2	72 x 54 c 37,80 x 28,35 m	32 c 16,8 m	63,6°	16,8 m	2
3	50 x 50 c 26,25 x 26,25 m	32 c 16,8 m	63,25°	16,8 m	2
4	46 x 43 c 24,15 x 22,575 m	32 c 16,8 m	?	?	3
5	48 x 47 c 25,20 x 24,675 m	31 c 16,275 m	63,917°	31 m 16,275 m	?
6	49 x 56 c 25,725 x 29,4 m	30 c 15,75 m	?	?	?
7	49 x 49 c 25,725 x 25,725 m	30 c 15,75 m	?	?	?
8	47 x 86 c 24,675 x 45,15 m	30 c 15,75 m	?	?	1
9	Wie 8	30 c 15,75 m	?	?	? [c = Ellen]

Die Zweite Phase der Pyramiden des Mittleren Reiches

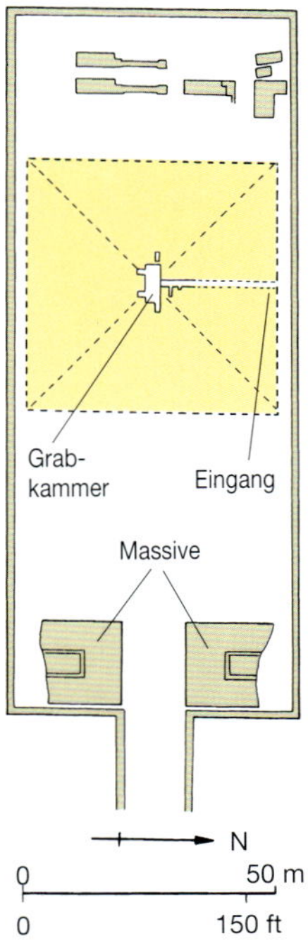

Der Hybridkomplex Amenemhets II.: ein langer, rechteckiger Bezirk nach Art der 3. Dynastie war wie in der 4. ost-westlich ausgerichtet und besaß massive Pylone wie in der 5.

Gehänge aus einem Königinnengrab westlich der Pyramide Amenemhets II.

Amenemhet II. begann, was Arnold die zweite Phase der Pyramidenentwicklung des Mittleren Reiches nennt. Amenemhet I. und Senwosret I. nahmen zwar innovative Elemente in ihre Pyramiden auf, versuchten aber im wesentlichen, die Memphis-Tradition des späten Alten Reiches wiederzubeleben. Damit machte Amenemhet II. Schluß, und an den nachfolgenden Pyramiden ist eine konsequente Entwicklung nicht zu erkennen. Die Architekten der Pharaonen der 12. Dynastie scheinen an einer Mischung neuer Formen mit aus der 11. und 12. Dynastie, dem späten Alten Reich und sogar der 3. Dynastie entlehnten Elementen herumprobiert zu haben.

Zu den neuen Formen gehörten lange rechteckige Einfriedungen; die Senwosrets III. hatte eine Nord-Süd-Ausrichtung, die Amenemhets II. war ost-westlich orientiert. Letzterer erbaute seine Pyramide etwa auf halbem Wege entlang des Dahschur-Plateaus. Von nun an wechselten die Königspyramiden zwischen Dahschur und der Mündung des Fajum hin und her.

In der langen Reihe der Pyramiden gehört die Amenemhets II. zu den am wenigsten erforschten und dokumentierten. Jacques de Morgan grub dort zwar 1894/95, konzentrierte sich aber weitgehend auf den Schmuck und die persönliche Habe der beiden Prinzessinnen Chnumet und Ita, deren Gräber er in der Grabreihe westlich der Pyramide innerhalb deren Umfassungsmauer entdeckte.

Aufgrund ihrer Nähe zum besiedelten Land wurde die Pyramide als Steinbruch benutzt, um den Tura-Kalkstein zu gewinnen, der ihre Verkleidung und das Innenskelett bildete. Es glich jenem der Pyramide Senwosrets I., wobei hier allerdings die Abteile mit Sand verfüllt waren. Ihren modernen Namen »Weiße Pyramide« verdankt sie der Tatsache, daß beim Abraub der Steine massenhaft Kalksteinbruch zurückgeblieben war. Einst hieß sie *Djefa Amenemhet* (»Amenemhet ist Versorgt«). Da keine Verkleidungssteine gefunden wurden, kennen wir ihren Winkel nicht; ebenso ist (mangels richtiger Freilegung) das genaue Basismaß unbekannt – es wird auf rund 50 Meter geschätzt.

Das Pyramideninnere

Der Eingang befindet sich in der Mitte der Nordseite. Ein Gang führt zu einer kurzen Horizontalpassage hinunter, die zwei Fallsperren blockieren, deren eine senkrecht und deren andere waagrecht bewegt wurde. Dahinter liegt die Grabkammer. Mit ihr verbunden sind vier Nischen, je eine an den kurzen Enden, zwei in der Wand gegenüber dem Eingangskorridor. Man hat sie mit den Ostnischen des Alten Reiches verglichen und nimmt an, daß sie Opfergaben oder Statuen enthielten.

Der Sarkophag aus Sandsteinplatten war an der Westwand in den Fußboden eingelassen. Unmittelbar am Kammereingang fällt ein Schacht knapp 2 Meter in eine unter dem Eingangskorridor nach Norden führende Passage ab. Ein quadratisches Loch im Fußboden an deren Ende war vielleicht für die Kanopentruhe bestimmt. Ein verborgenes Dach aus sechs riesigen, aneinandergelehnten Balkenpaaren leitete den Druck der Pyramide von der flachen Grabkammerdecke ab.

Der Pyramidenkomplex

Amenemhet II. kehrte wieder zum breiten, offenen Aufweg zurück, der steil zum Vegetationsrand abfiel. Nach dem Taltempel hat niemand gesucht. An der Eintrittsstelle des Aufwegs in den Pyramidenhof in der Mitte der Ostseite erinnern zwei Massivbauten an die pylonenähnliche Verdickung in den Totentempeln seit Niuserre. Der Raum dazwischen könnte die Eingangshalle sein, aber ansonsten weiß man vom Layout des Tempels fast nichts.

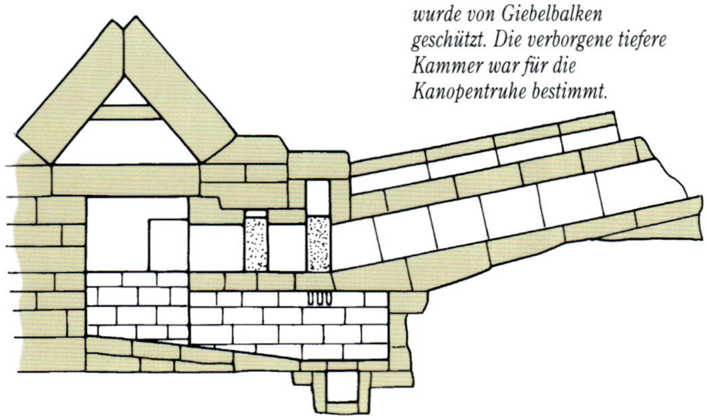

Eingangspassage und Grabkammer der Pyramide Amenemhets III. Die flache Decke wurde von Giebelbalken geschützt. Die verborgene tiefere Kammer war für die Kanopentruhe bestimmt.

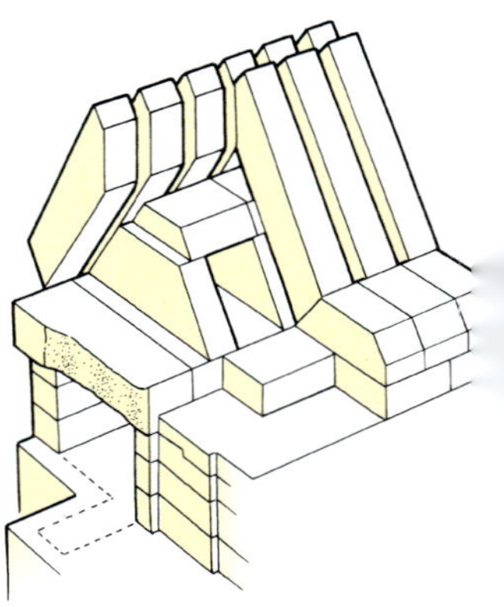

Schlammziegel-Pyramiden

Die Pyramide Senwosrets II.

Die Pyramide Senwosrets II. überschaut die Öffnung des Hawara-Kanals vom Niltal auf das Fajumbecken beim heutigen Dorf Illahun. In der Platzwahl spiegelt sich die zunehmende Bedeutung des Fajum im Mittleren Reich. Die Pyramide wurde um einen gelben Kalksteinstumpf hochgezogen. Auf diesem vierstufigen Kern formten Radial- und Quermauern aus Kalkstein ein Rahmenwerk, das mit Lehmziegeln verfüllt wurde. Dasselbe Material wurde auch beim Bau des oberen Teils verwendet. Die unterste Lage der feinen Kalksteinverkleidung war in einen Fundamentgraben verlegt, der als Vorsichtsmaßnahme gegen ein Absenken in den Fels gehauen wurde. Zusätzlich wurde die Basis mit einem kiesgefüllten Drainagekanal umgeben.

Das Pyramideninnere

Petrie suchte monatelang erfolglos nach dem Eingang, denn die Pyramide Senwosrets II. geht völlig von der bisherigen Anordnung eines Eingangs im Norden ab. Vielmehr betrat man sie über einen engen senkrechten Schacht am Ostende der Südseite. Der Leichnam und die Grabbeigaben des Königs wurden vermutlich durch diesen Schacht abgelassen, aber für den Sarkophag und die Grabkammerblockierung war er zu eng; diese wurden wohl über einen breiteren Schacht eingebracht, der unter einer abfallenden Passage zum Grab einer unbekannten Prinzessin verborgen liegt. Diese Maskierung, die eine radikal neue Lage des Eingangs erforderte, war vielleicht eine Vorsichtsmaßnahme der Architekten gegen die Räubergefahr. Daß sie sie für ausreichend hielten, scheint die Tatsache zu belegen, daß der Korridor keine Sperren enthielt.

In 16 Metern Tiefe unter der Oberfläche öffnet sich der Bauschacht auf einen Horizontalkorridor, der zu einer Halle mit Gewölbedecke führt. Von einer Nische an deren Ostende fällt ein »Brunnen«, dessen Grund nie erreicht wurde, bis zum Grundwasserspiegel ab. Der Korridor läuft leicht ansteigend weiter; im Westen ist eine Kammer. Hinter einer im rechten Winkel abgehenden Vorkammer führt ein kurzes Stück Gang zur vollständig mit Granit ausgekleideten Grabkammer mit Giebeldach, die nicht unter der Pyramidenmitte, sondern unter ihrem Südostquadranten liegt. Ihr Westende nimmt der Rosengranit-Sarkophag ein. Ein alabasterner Gabentisch davor war mit dem

Die Pyramide Senwosrets II. besaß eine Basislänge von 106 m und erreichte bei einer Neigung von 42° 35′ eine Höhe von 48,6 m.

Die Pyramide Senwosrets II. war die erste der Riesenpyramiden aus Lehmziegeln und wurde über einem stehengelassenen Felsstumpf erbaut. Von den Grabbeigaben des Königs ist nur dieser Uräus übriggeblieben. Der Leib der Kobra besteht aus massivem Gold und ist mit grünem Fayence, Feldspat und Karneol besetzt; der Kopf ist aus Lapislazuli geschnitten und hat Granat-Augen.

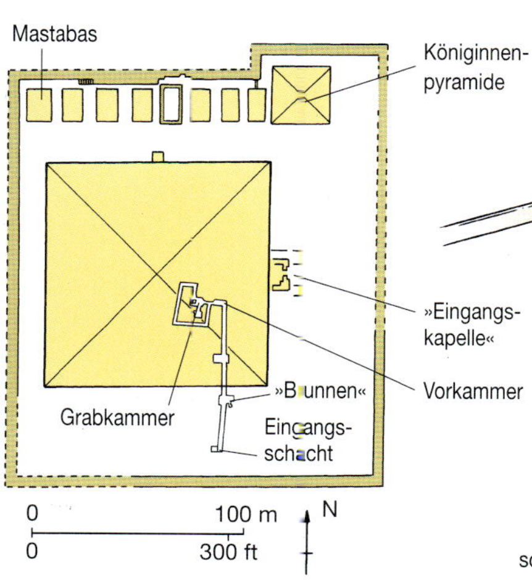

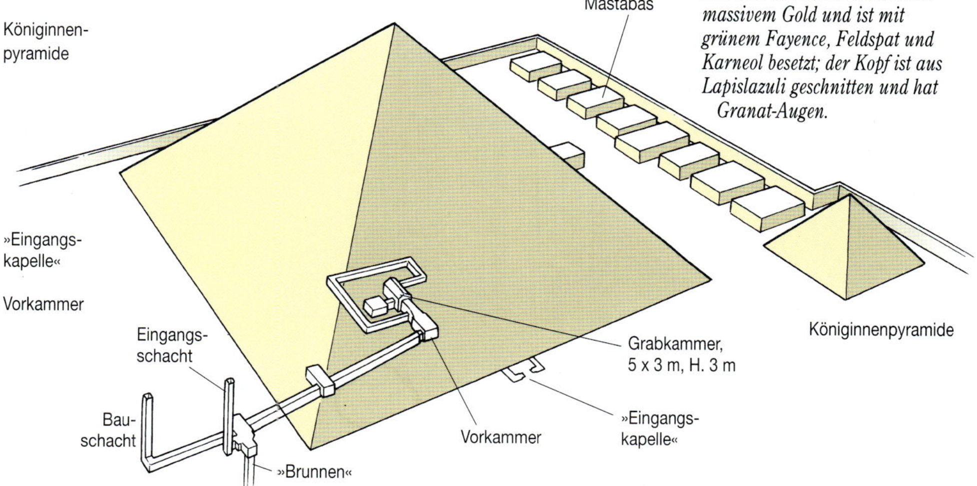

Dioritstatue des jungen Senwosret II., aus Nag el-Medamud.

Namen Senwosrets II. beschriftet. Von der Südostecke der Kammer führt eine kurze Passage zu einem Nebenraum, in dessen Schutt Petrie alles fand, was von der Beisetzung noch übrig war – einen goldenen Uräus, der einst das Stirnband des Königs geziert hatte, ebenso Beinknochen, die vermutlich dem König gehörten.

In der Südwand des Korridors zwischen Vor- und Grabkammer geht eine Passage ab, die fast rund um die Grabkammer führt und am Kopfende des Sarkophags an der Nordwestecke wieder in sie einmündet. Stadelmann hat darauf verwiesen, daß die Seele des Königs hier symbolisch nach Norden hinausgehen, durch die Pyramide wandern und wieder in der traditionell in der Mitte der Nordseite gelegenen »Eingangskapelle« auftauchen konnte. Darin schlägt sich die alte Vorstellung vom Aufstieg des Königs zu den Polarsternen nieder; dem rundlaufenden Korridor kann jedoch auch noch ein anderer Sinn innewohnen. Er schuf eine unterirdische »Insel« – ein wichtiges Symbol des Osiris, dessen Verehrung in der 12. Dynastie in Abydos zunahm. Auch im »Brunnen« und dem kiesgefüllten Drainagegraben kann sich der Osiris-Mythos spiegeln.

Der Pyramidenkomplex

Die Kalksteinverkleidung der Innenhofmauer war mit Nischen verziert – wie bei Senwosret I. eine Verneigung vor dem Djoserkomplex und den archaischen Grabeinfassungen. Parallel zur Lehmziegel-Außenmauer waren Bäume unbekannter Art gepflanzt. Auch der Hain um den »Hügel« ist ein starkes Osiris-Symbol. Man wüßte gerne, ob sich diese neuen Ideen auch im Totentempel niederschlugen, aber dessen Bauplan ist unbekannt. Zahlreiche Fragmente attestieren die Benutzung von Granit mit Reliefverzierungen. Senwosret behielt einen breiten, offenen Aufweg bei, doch wissen wir nicht, wie und wo er in den Hof oder Tempel mündete.

Innerhalb der Nordseite der Außenumfassung begannen die Baumeister acht Mastabas (die Gräber der beiden Prinzessinnen nicht mitgezählt), indem sie wie bei der Pyramide Felsblöcke freischlugen und dann mit Schlammziegeln überbauten. Am Nordende der Reihe steht eine kleine Pyramide mit einem ursprünglichen Basismaß von 27,6 und einer Höhe von 18 Metern. Petrie fand zwar Grundstein-Depots, aber weder eine Passage noch eine Kammer unter der Pyramide, obwohl er sie mit Tunneln und einem tiefen Schacht untersuchte. Hingegen entdeckte er im Norden die Überreste einer Kapelle. Namensteile auf einer Vase und deren Position sind der einzige Anhaltspunkt, daß die Pyramide einer Königin gehörte. Handelt es sich um eine Nebenpyramide, dann ist sie und nicht die Senwosrets I. die letzte (allerdings standen sie sonst im Süden des Totentempels).

Der Aufweg zur Pyramide Senwosrets II. ist nie erforscht worden. Man weiß zwar, wo der Taltempel lag, aber der Aufriß ist verlorengegangen. Unmittelbar nordwestlich davon befanden sich die Fundamente eines Teils der Pyramidenstadt Senwosrets II. mit Namen *Hetep Senwosret* (»Senwosret ruhe in Frieden«). Die Spuren dieser Stadt bilden eine der elementaren Quellen für die Erforschung der ägyptischen Städteentwicklung.

Der Schatz von Illahun

1913 untersuchten Guy Brunton und Petrie das ausgeplünderte Grab einer Prinzessin namens Sit-Hathor-Junet. Zunächst fanden sie außer einem Sarkophag aus Rosengranit und Kanopenkrügen kaum weitere Grabinhalte, entdeckten dann aber eine zugegipste Höhlung, die fünf Kästen enthielt, davon zwei aus Ebenholz mit Intarsien. Darin lagen der Hals-, Arm- und Fußschmuck der Prinzessin, Skarabäus-Ringe, Rasiermesser und Kosmetikgefäße. Zu diesem »Schatz von Illahun« gehörte außerdem ein Goldbanddiadem, das ein Uräus schmückte, der – wenngleich kleiner – dem aus der Königspyramide ähnelte. Ihr Spiegel war eine elektrumplattierte Silberscheibe mit Hathor-Antlitz und schwarzem Obsidiangriff in Form eines offenen Papyrus. Zwei mit Halbedelsteinen besetzte Pektorale aus gepunztem Gold offenbarten Details über Leben und Tod der Prinzessin. Eines bildete den Hieroglyphennamen ihres Vaters Senwosret II., das andere den Namen ihres Neffen Amenemhet III.

Im Grab der Sit-Hathor-Junet, Tochter Senwosrets II. und Tante Amenemhets III., fand man ihre Kanopenkrüge (links) und ein Pektoral (unten links) mit der Kartusche Senwosrets II. (hier Abbildung der Rückseite).

Die Pyramide Senwosrets III.

Senwosret III. baute seine Pyramide wieder in Dahschur nordöstlich von Snofrus Nordpyramide. Sie stand unmittelbar auf dem Wüstenkies, ihr Ziegelkern war in Horizontalstufen verlegt. Da die Lehmziegel unterschiedlich groß sind, wurden wohl keine Gußformen verwendet. Auf einigen sind noch mit dem Finger in den feuchten Ton geritzte Zeichen erkennbar, offenbar Kontrollzeichen. Die Ziegel waren ohne Mörtel verlegt, die Fitzen mit Sand verfüllt. Die Verkleidung bestand aus mit schwalbenschwanzförmigen Krampen zusammengehaltenen Blöcken Tura-Kalkstein. Das in einem Graben angelegte Fundament der untersten Reihe bildeten grob nivellierte Blöcke, die wiederum auf drei Lagen von Lehmziegeln ruhten. Haltesteine auf den Ziegelstufen hinter der Außenhaut hielten Verkleidung und Kern zusammen.

Die Pyramide Senwosrets III. in Dahschur hatte einen Lehmziegelkern, der mit feinem Kalkstein verkleidet war – die Verschalungsblöcke waren mit schwalbenschwanzförmigen Krampen verbunden (unten, rechts). An der Ostseite stand eine Kapelle.

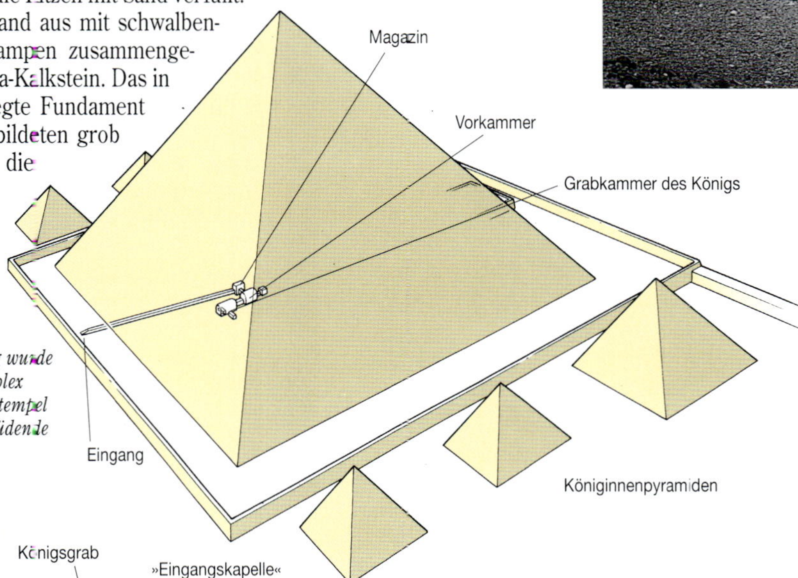

Die Senwosret-Einfriedung wurde so erweitert, daß ein Komplex vom »Djoser-Typ« mit Südtempel und Eingang am fernen Südende der Ostseite entstand.

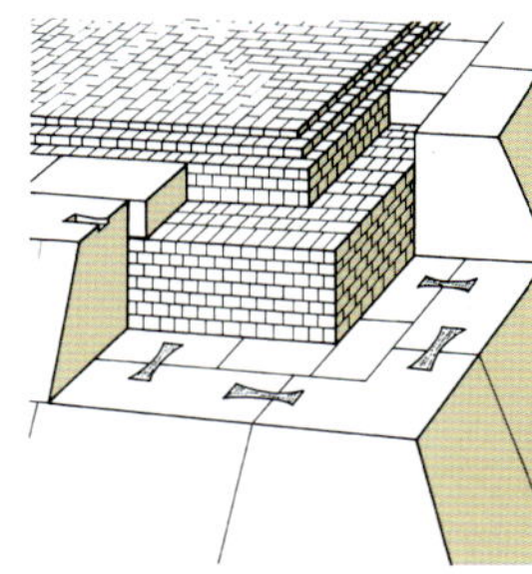

Die Seitenlänge der Pyramide wird auf 105 m berechnet. Auf 56° 18′ 35″ abgeschrägte Verschalungsblöcke lassen eine Originalhöhe von 78 m vermuten.

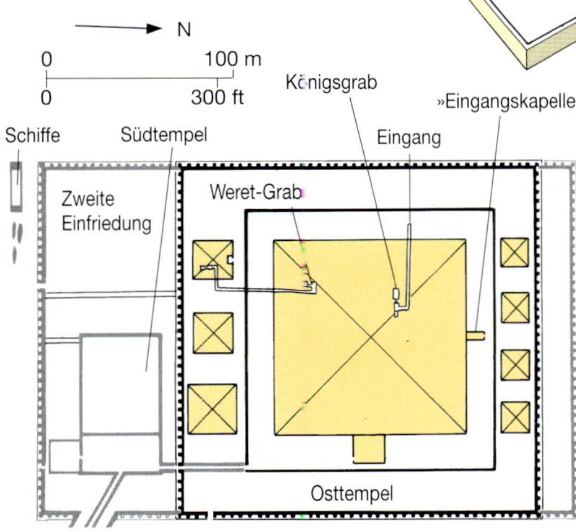

Das Pyramideninnere

Jacques de Morgan, der die Pyramide als erster Archäologe betrat, trieb ausgiebig Tunnel in und unter sie, bis er endlich im November 1895 auf einen alten Räubertunnel stieß, der ihn zur Königskammer führte. Der wirkliche Eingang lag außerhalb der Basis am Nordende der Westseite. Eine absteigende Passage führt unter die Pyramide und biegt dann nach Süden zu einer Vorkammer ab. Nach Osten öffnet sich ein kleines Magazin, die Grabkammer liegt im Westen – ganz die Anordnung des späten Alten Reiches. Die Grabkammer war aus Granit, die Wände jedoch vollständig mit Gips geweißelt; der Granitsarkophag füllte das Westende aus, und eine Nische in der Südwand sollte die Kanopentruhe aufnehmen. Eine blockierte Öffnung in der Nordwand führt direkt zum Eingangskorridor. Über der Gewölbedecke aus Granit fand Arnold ein zweites »Druckentlastungs«-Giebeldach aus fünf Paaren von Kalksteinbalken zu je 30 Tonnen, darüber ein drittes Gewölbe aus Lehmziegeln.

In diesem Teil der Pyramide wurden nur Tonvasen und Stücke eines Bronzedolchs mit Elfenbeingriff gefunden. Im Sarkophag lag nur Staub. Da eine Kanope ebenso fehlt wie andere Objekte und es auch keine Sperren gibt, stellt sich die Frage, ob Senwosret III. hier begraben lag. In Abydos erbaute er ein weiteres Grab – vielleicht das eigentliche.

Der Pyramidenkomplex

Wie viele andere erweiterte Senwosret III. seine Pyramide in mindestens zwei Phasen. In der ersten war der Außenhof fast quadratisch und enthielt eine Innenmauer, die Pyramide mit kleinem Tempel und eine »Eingangskapelle« an der Nordseite sowie Schachtgräber königlicher Frauen. In der zweiten

(Unten) Schwarze Granitstatue Senwosrets III. aus Deir el-Bahari.

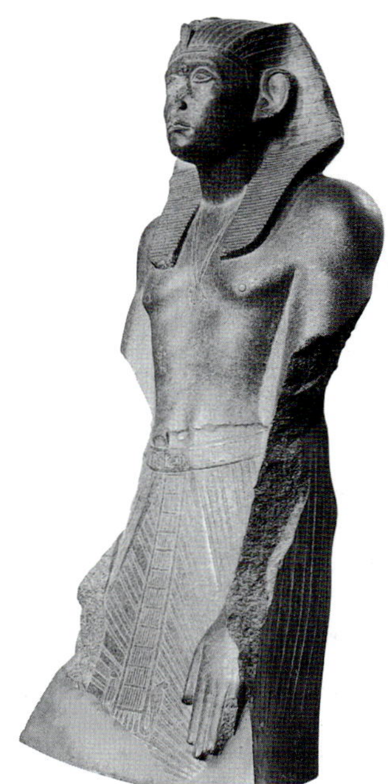

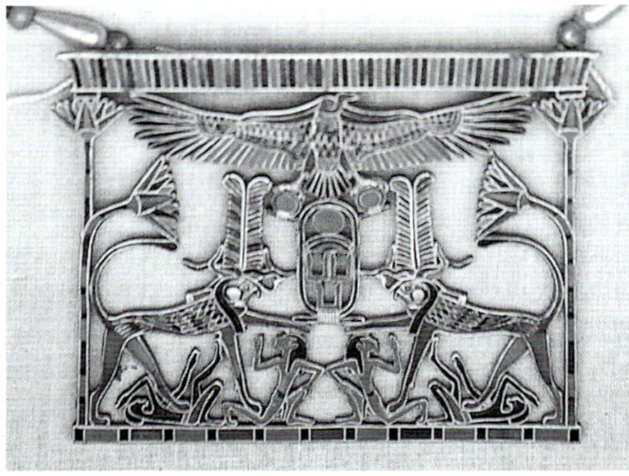

Auf diesem Pektoral der Merit aus ihrem Grab unter der Nordseite der Pyramideneinfriedung Senwosrets III. zertritt der König als doppelflügliger Greif seine Feinde – die Ordnung besiegt das Chaos.

Phase wurde die Umfassungsmauer nach Norden und Süden erweitert. Die Süderweiterung enthielt einen neuen Tempel. Auch ein Aufweg wurde in dieser Phase hinzugefügt.

Bislang ist ein Taltempel nicht bekannt. Der Ost-Totentempel ist verglichen zu früheren klein, war aber so stark zerstört, daß kaum der Grundriß rekonstruiert werden kann. Arnold erblickt in der Größe den Beweis für den Niedergang des traditionellen Totenkults, der jetzt auf die Opferhalle mit Granit-Scheintür, Vorratslager und Eingangskammer reduziert war. Paneele mit Namen und Titeln des Königs schmückten die Wände. Wie bei der Innenverzierung handelte es sich um Hochreliefs. Anhand eines Vergleichs mit den Kapellen des Alten Reiches müssen Fragmente von Szenen, auf denen Gottheiten dem König entgegenkommen, aus einer Vorkammer stammen, in der weiter unten Höflingsreihen und Viehschlachtungen dargestellt waren. Eine innere Opferkammer scheint das Übliche enthalten zu haben: den König auf dem Thron vor einem Opfertisch mit Reihen von Opferträgern, die Opferliste, Tierschlachtungen und Gaben.

Auch der Südtempel war (wohl in der Ramessidenzeit) völlig zerstört worden, doch Arnold vermochte aus den erhaltenen Fundamenten den Umriß herauszulesen. Die Fragmente lassen zwei Abschnitte vermuten: einen Vorhof mit Papyrusbündel-Säulen und im rückwärtigen Teil gelegene Sanktuarien. Auch Fragmente von Lotussäulen wurden gefunden. Reliefs zeigten den König im typischen Zeremonialgewand des Sed-Fests. Götter wie der widderköpfige Chnum

Das Abydos-Grab Senwosrets III.

Zum Komplex Senwosrets III. in Abydos gehörten neben dem langen und gewundenen Unterbau eine kleine Terrasse auf der Klippe, eine große, T-förmige Einfriedung, eine lange Wüstenstraße und ein Tempel – alles auf Nordost-Südwest-Achse.

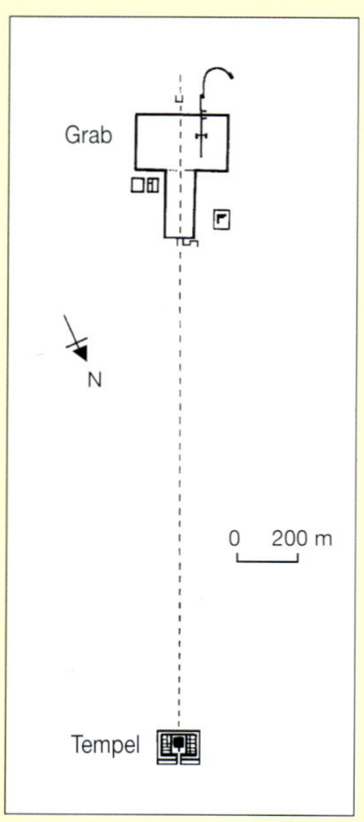

Das Grab Senwosrets III. in Abydos gehört in unsere Übersicht, weil es vom Layout her viele Ähnlichkeiten mit einem Pyramidenkomplex aufweist. Daß Senwosret in Abydos ein weiteres Grab errichten ließ (in dem manche einen Kenotaphen sehen), hängt mit dem wachsenden Interesse am Osiris-Kult im Mittleren Reich zusammen. Etwa um diese Zeit wurde das Grab von König Djer (1. Dynastie) in Abydos zum Osiris-Grab umgebaut (S. 75). Der Komplex Senwosrets ist gewaltig. Er erstreckt sich über 900 m und besteht aus zwei Hauptteilen: einem umfangreichen unterirdischen Grab, das sich in einer T-förmigen Einfriedung am Fuße der Klippen öffnet, und einem am Wüstenrand stehenden Totentempel.

Ein langer Zuweg von der Nordseite des Hofes her weitet sich am Ende der Einfriedung zum Grab. Die Erbauer trafen eine ganze Reihe von Vorkehrungen gegen Räuber – Scheinkammern, hoch in Kammerwänden verborgene Eingänge, mit Blöcken verfüllte Passagen und Schächte. Doch die überaus hartnäckigen Räuber

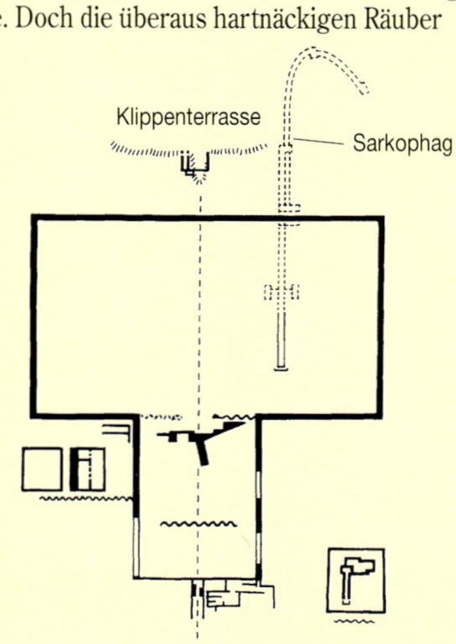

umgingen all diese raffinierten Hindernisse und drangen in die letzten Kammern am Ende einer gewundenen Passage vor. Hier rissen sie einen Großteil der Verkleidung ab, weil sie dahinter das Königsgrab vermuteten, fanden aber nichts. Als sie jedoch die Quarzitverkleidung einer vorherigen Kammer beseitigten, stießen sie auf ihre königliche Beute. Hinter der Verkleidung der Westwand stand, in eine Nische eingepaßt, der Granitsarkophag, in der entgegengesetzten Ecke die Kanopentruhe. Der Deckel wurde aufgestemmt und zerschlagen, der Sarkophag geleert.

Eine lange Straße verband die große Einfriedung mit einem nahe des bebauten Landes stehenden Tempel: eine beidseits von Magazinen und Häusern flankierte Kalksteinkapelle. Vor dem Zentralbau befand sich ein schwerer Lehmziegelpylon und ein Vorhof mit kannelierten Säulen. Wie in vielen Pyramiden stand im Nordwestteil des Hofes ein Altar oder Opfertisch. Für den Abfluß von Reinigungswasser und anderen Flüssigkeiten sorgte ein ausgetüfteltes Kanalisierungssystem. Aus Relieffragmenten geht hervor, daß die Verzierung der in Opferhallen des Alten Reiches ähnelte; eine Neuheit ist jedoch die häufige Erwähnung des Osiris. Zwei große sitzende Statuen des Königs schmückten die Kapellenvorderseite, die für Senwosret III., »den Osiris-Chenti-Amentiu, Herr von Abydos, liebt« und »den Wepwawet, Herr der Nekropolis, liebt«, beschriftet sind, schmückten den vorderen Teil der Kapelle. In der rückwärtigen Halle standen kleinere Kalzitstatuen.

Es gibt Anzeichen, daß der Kultdienst für Senwosret III. in diesem Tempel 200 Jahre lang anhielt. Kernstück ist das Grab, dessen Schutzvorrichtungen zu den komplexesten gehören, die wir kennen. Dennoch sollte es wie ein Kenotaph aussehen. Vielleicht hielten es Senwosret und seine Planer für den besten Schutz, die Königsmumie im »falschen Grab« beizusetzen anstatt in der Pyramide, die seit Generationen traditionell als Königsgrab gedient hatte.

und Herischef spielten eine herausragende Rolle. Arnold hält den Südtempel für einen Vorläufer der thebanischen Totentempel des Neuen Reiches.

Nördlich der Pyramide befand sich eine unterirdische Galerie von Gräbern königlicher Frauen, die komplexer ist, als die vier Oberbauten vermuten ließen. Über einen Hauptschacht gelangte man zu einem langen Gewölbekorridor, der vier Gruppen von Kammern für je einen Sarkophag plus Kanopentruhe und eine oder zwei Nischen verband. Eine weitere, tiefere Galerie führte zu acht Nischen mit Sarkophagen, von denen zwei – für die Prinzessinnen Ment und Senet-senebti – beschriftet waren. In einer Grube in ihrem Zentralkorridor fand de Morgan eine einst mit dem Namen Sit-Hathor eingelegte Truhe mit 333 Schmuckstücken. Ein Goldpektoral trug den Namen Senwosrets II., ein Skarabäus jenen Senwosrets III. Tags darauf fand er einen weiteren Schatz, der Prinzessin Merit gehörte und viele ähnliche Stücke wie der Sit-Hathors enthielt, aber noch umfänglicher war. Zu ihm gehörten ein Pektoral Senwosrets III. und eines Amenemhets III.

Südlich der Königspyramide lagen weitere Gräber königlicher Frauen. 1994 wurde der Schacht der »Mastaba« 9 entdeckt. Ein Tunnel führt zu einer Vorkammer, Grabkammer und Kanopenkammer unter der Südwestecke der Königspyramide. Am Westende der Grabkammer steht ein Granitsarkophag, der Fußboden war mit Tonscherben, Holz, ein paar Alabasterfragmenten und Knochen übersät. Auf einem Kanopenkrug und einer Leiste wurde der Name Werets, einer Frau Senwosrets II. und Mutter Senwosrets III., gefunden. Interessanterweise (wenn man bedenkt, welche Bedeutung dieser Richtung in der Pyramidengeschichte beigemessen wurde) war die Königinmutter unter dem Südwestquadranten der Pyramide ihres Sohnes beigesetzt. Außerhalb dieser Ecke des Senwosret-Hofes war ein Ziegelgewölbebau im Wüstensand vergraben, gleich gegen Osten hin eine »Flotte« aus mindestens sechs je 20 m langen Holzbooten. Mit ihnen waren Holzschlitten begraben worden.

1997 förderte Dieter Arnold Anhaltspunkte zutage, daß die sieben Oberbau-Basen nördlich und südlich der Pyramide und innerhalb des Hofs zu Kleinpyramiden gehörten und nicht, wie zuvor angenommen, zu Mastabas.

Die Pyramide Amenemhets III. in Dahschur

Amenemhet III., Sohn und Nachfolger Senwosrets III., herrschte 46 Jahre. Ein Maurergraffito auf der Pyramidenverkleidung datiert aus dem Jahr 2, so daß anzunehmen ist, daß der König schon im ersten Herrschaftsjahr (als er etwa 20 war) mit dem Bau begann. Jacques de Morgan grub die Pyramide 1894/95 aus, Dieter Arnold arbeitete dort von 1976 bis 1983. Mit nur 33 m über dem Meeresspiegel weist sie einen der niedrigsten Pyramiden-Standorte auf. Vielleicht wollte Amenemhet den Dahschur-See ausnutzen, aber damit war auch das Schicksal der Pyramide besiegelt.

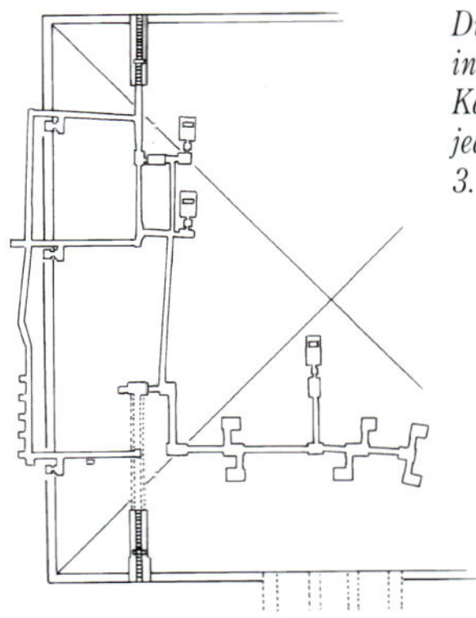

Die Pyramide Amenemhets III. in Dahschur enthielt mehr Kammern und Passagen als jede andere Pyramide seit der 3. Dynastie.

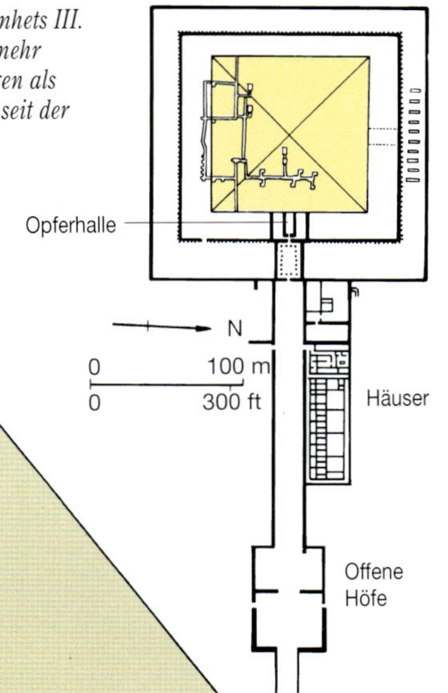

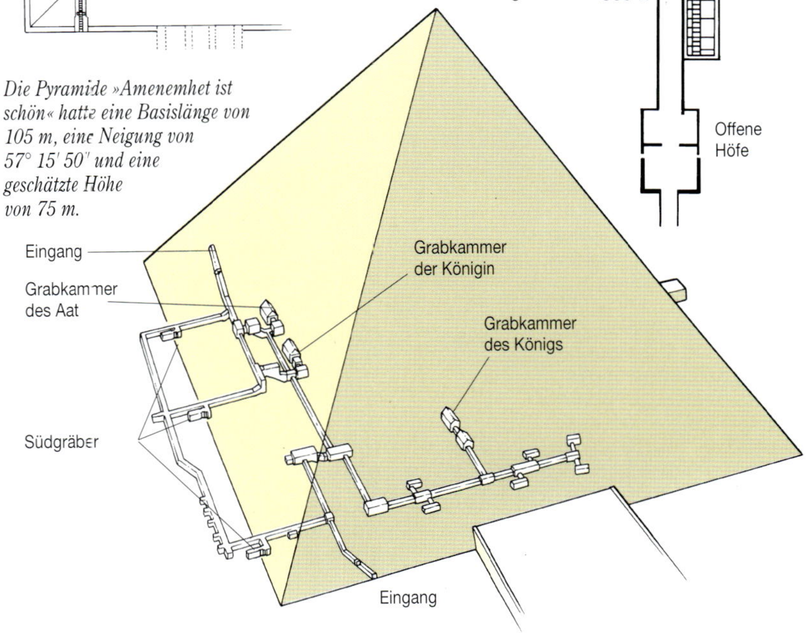

Die Pyramide »Amenemhet ist schön« hatte eine Basislänge von 105 m, eine Neigung von 57° 15' 50" und eine geschätzte Höhe von 75 m.

Im Gegensatz zur Nord-Süd-Einfriedung seines Vaters, die in vielem an den Djoser-Komplex erinnert, kehrte Amenemhet zur Ost-West-Ausrichtung der Zeit nach der 3. Dynastie zurück (bei seiner zweiten Pyramide in Hawara bevorzugte er allerdings wieder das Djoser-Layout).

Der Kern bestand ganz aus Schlammziegeln ohne

Als die feine Kalksteinverkleidung abgerissen wurde, blieb von der Pyramide Amenemhets III. in Dahschur nur ein Lehmziegelturm vom Kern übrig.

(Oben links) Diese ungewöhnliche, archaisierende Statue dürfte Amenemhet III. darstellen. Amenemhets Augen auf dem für seine Pyramide in Dahschur vorgesehenen Pyramidion (oben rechts) »Erblicken die Vollkommenheit des Re«. Der Schlußstein aus schwarzem Granit hat eine Seitenlänge von 1,87 m und ist 1,31 m hoch. Die Komposition zeigt Amenemhet III. als Hügel der Pyramide und zugleich mit zum Sonnengott gerichtetem Blick aus diesem auferstehend.

Rahmenwerk aus Steinmauern. In den feuchten Ton der großen Ziegel waren mit den Fingern Symbole eingedrückt worden. Der Außenmantel aus Tura-Kalkstein war an Stützblöcke angeklammert. Das Pyramidion wurde 1900 bemerkenswerterweise im Schutt an der Südbasis gefunden. Die Unterkanten waren abgeschrägt, damit sie in eine Nut der Verkleidung darunter eingepaßt werden konnten. Kurz oberhalb des Fußes verläuft rundum ein Hieroglyphenband; die Seite, die nach Osten gezeigt hätte, trug eine zusätzliche Zeichnung. Aufgrund des guten Zustands hat man sich gefragt, ob es je aufgesetzt wurde. Als Amenemhet die Pyramide in Hawara begann, wurde in Dahschur weitergebaut; wurde das Pyramidion etwa wie der *ben-ben* von Heliopolis im Tempel aufbewahrt?

Das Pyramideninnere

Die Pyramide besitzt zwei einander gegenüberliegende Eingänge an den Südenden der Ost- und der Westseite. Zum ersten Mal seit der 3. Dynastie handelt es sich um Treppen; sie führen zu mehr Kammern und Gängen als in oder unter irgendeiner Pyramide seit dieser Periode. Die Osttreppe endet in einer kleinen Kammer mit Gewölbedach. Hoch in der Südwand war eine Nische für die Kanopentruhe des Königs. Von der Nordwand führt eine kurze Treppe zu mehreren Korridoren, Korridorkammern und Seitenkammern, die sich hintereinander unter dem ganzen Ostquadranten der Pyramide hindurchziehen. In der Grabkammer steht der Sarkophag am Westende gleich östlich der Zentralachse der Pyramide. Der gesamte Unterbau ist mit weißem Kalkstein ausgekleidet.

Unmittelbar unter der südlichen Basislinie liegt eine mit Tura-Kalkstein ausgekleidete Kammer, eine *ka*-Kapelle mit sechs weitere Kapellchen jenseits der Grundlinie. Sie bilden das Gegenstück zur Grabkammer und den sechs Kammern des Königs und hatten vielleicht denselben Sinn wie Djosers Südgrab und spätere Nebenpyramiden. Die Nebenpyramide scheint, wie die Königinnengräber, in und unter die Hauptpyramide verlegt worden zu sein.

Die Westtreppe führt zu zwei Passagen- und Kammerngruppen für zwei Königinnen unter dem Südwestquadranten der Pyramide. Die erste mündet in einer rechteckigen Kammer mit Kanopennische für eine Königin namens Aat. Hier liegt die Kanopennische in der Ostwand und (wie beim König) oberhalb einer Treppe zur Grabkammer. Über einen kurzen Gang und zwei Vorkammern erreicht man die Grabkammer mit Aats Sarkophag. Frühe Diebe hatten zwei Zepterköpfe, sieben Alabasterbehältnisse in Entenform, einen Alabaster-Ölkrug und diverse Schmuckstücke übersehen. Die Kanopentruhe war aufgebrochen, aber vollständig; einer der vier Kanopenkrüge war noch vorhanden. Wie der König hatte auch Aat ihre *ka*-Kapelle, die man über einen vom Eingang her nach Süden führenden Gang erreichte.

Arnold meint, der Grabkomplex Aats sei schon von Anfang an mit eingeplant gewesen. Vor Beendigung der Bauarbeiten seien die Pläne geändert und das Grab einer zweiten Königin mit etwa gleichem Layout vorgesehen worden. Wieder waren Räuber dagewesen, hatten aber einiges liegengelassen: eine goldbandverzierte Obsidianvase, drei entenförmige Alabastergefäße, Zepterköpfe aus Granit und Alabaster sowie Schmuck. Auch hier gab es eine *ka*-Kapelle, die ebenfalls genau unter dem Südrand der Pyramide lag. Hier fand Arnold Teile des Steinschreins, der ursprünglich goldgefaßt war und eine *ka*-Statue enthielt. Übriggeblieben sind auch Teile einer Frauenperücke. Eine Kanopentruhe könnte andeuten, daß in dieser Zeit jedes *ka*-Grab seine eigenen Kanopenvasen hatte. Die Knochen der Aat und der zweiten Königin zeigen, daß sie 35 respektive 25 Jahre alt waren.

Korridore verbanden die Grabgemächer des Königs mit denen der beiden Königinnen und erleichterten vermutlich das Einbringen von Baumaterial. Die Unmasse sich windender Korridore und Kammern mag die Windungen der Unterwelt widerspiegeln. Dennoch weisen die Hauptelemente eine klare logische und räumliche Ordnung auf. Nach Norden zu liegt die Grabkammer und der Sarkophag mit einem Augenpaar am Nordende der Ostseite, damit die Inliegende in Richtung Sonnenaufgang und Auferstehung blicken konnte. Die Kanopentruhe stand erhöht im Westen und über der Treppe in die Grabkammer. Weiter südlich und auf gleicher Höhe wie die Grabkammer war das *ka*-Grab.

Der Unterbau und (fast) der ganze Oberbau war im

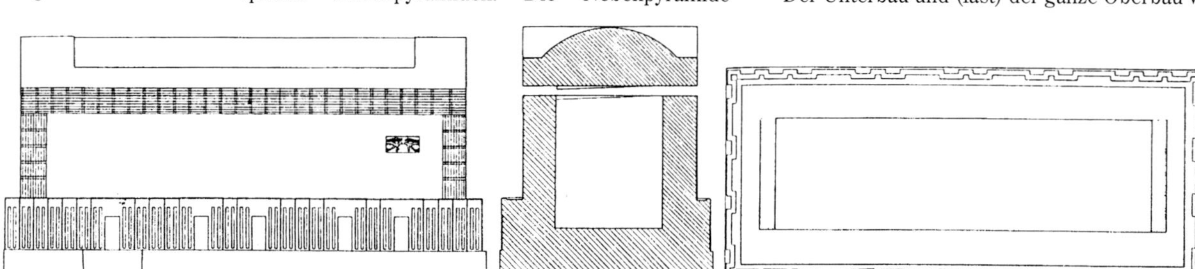

Der Sarkophag Amenemhets III. in Dahschur war eine verkleinerte granitene Kopie von Djosers Einfriedungsmauer samt einer breiteren Torwehr am Südende der Ostseite. Das Augenpaar am anderen Ende stellt magisch dar, wie der König in Richtung der aufgehenden Sonne als Sinnbild der Wiedergeburt blickt.

15. Jahr Amenemhets III. fertig, obschon noch ein beträchtlicher Teil des Königinnen-Komplexes mit Kalkstein zu verkleiden blieb. Etwa zu dieser Zeit müssen Strukturprobleme den Baumeistern Angst eingejagt haben. Das Gewicht der Pyramide drückte die Decken und Wände so nach unten, daß sie an einigen Stellen bis zu 3 cm unter das Pflaster absackten. Als sich dadurch die Türrahmen bogen und in den Wänden lange Risse entstanden, wurden unfertige enge Räume eiligst mit Lehmziegeln ausgekleidet und mit Gewölben aus dem gleichen Material versehen. Breitere Kammern wurden mit Zedernbalken abgestützt und verstärkt. Das verhinderte zwar den Einsturz, aber an einen Weiterbau mit kostspieligen Steinen war nicht zu denken. Wie Snofru begann daher Amenemhet III. mit dem Bau einer anderen Pyramide.

Was war schiefgelaufen? Amenemhets Planer hatten die Pyramide zu nahe an den Talboden gelegt, wo das Grundwasser den lehmigen Felsgrund weiter schwächte, unter der Pyramide gab es zu viele Räume und Korridore, und die Baumeister hatten sich zu sehr auf ihre Deckenkonstruktion verlassen, die über der Königskammer keine wirkliche Druckentlastung brachte.

Der Pyramidenkomplex

Obwohl sie nicht als Königsgrab dienen sollte, besaß die Dahschur-Pyramide Amenemhets III. einen Tempel, Aufweg und Taltempel. Er war der erste Taltempel der 12. Dynastie, der gefunden und teilweise freigelegt wurde. Er bestand aus zwei breiten Freilufthöfen auf aufsteigenden Terrassen. Vorder- und Seitenmauern des ersten waren zu einem pylonenartigen Tor verdickt. Ein kurzes Stück Aufweg führte zum Eingang und von dort weiter über den zweiten Hof zur Pyramideneinfriedung.

Der Totentempel war fast völlig zerstört, so daß man nur vermuten kann, daß er lediglich ein Vorhof mit Papyrusbündel-Säulen und Opferhalle war. Ob es in der Mitte der Nordseite der Pyramide eine »Eingangskapelle« gab, ist nicht sicher. An die Nordseite des Aufwegs schloß sich ein rechteckiger Block von Räumen an, die man für Priesterwohnungen hält.

Aat wurde vielleicht im 20. Jahr Amenemhets III. begraben, die Pyramide danach geschlossen. Die beiden Eingangstreppen, die Königs- und Vorkammer, die Grabkammern der Königinnen und die Zugangskorridore zu den drei *ka*-Kapellen wurden bis zur Decke mit Kalksteinblöcken gefüllt, andere Räume und Gänge mit Lehmziegeln. Das mag eine Vorsichtsmaßnahme wegen Einsturzgefahr gewesen sein; allerdings waren die Korridore und Kammern der Hawara-Pyramide ebenso verfüllt.

In den Bauten nördlich des Aufwegs gefundene Fragmente der Scheintür und einer Opferplatte von Aat könnten bedeuten, daß der Königinnenkult hier abgehalten wurde, obwohl dies zuvor eine Steinmetzwerkstatt gewesen sein könnte. Im Taltempel wurde der Name Amenemhets IV. gefunden; vielleicht wurde unter ihm die Pyramide wieder geöffnet, um Sarkophage in zwei Kammern zu stellen. Arnold fragte sich, ob sie für Amenemhet IV. und die letzte Herrscherin der 12. Dynastie, Königin Sobeknofru, bestimmt gewesen sein mochten. Zwei weitere Bestattungen ergeben insgesamt sechs Mitglieder der Königsfamilie, die in der Pyramide zur Ruhe gebettet wurden.

Anfang der 13. Dynastie wurde die Pyramidenüberwachung lasch gehandhabt. Ortsbewohner fingen an, im Taltempel Kornspeicher anzulegen, und schon jetzt geschah der erste Einbruch in die Pyramide. Es gibt Hinweise auf Restaurierungsarbeiten etwa 100 Jahre später, als König Hor und Prinzessin Nubhetepti-chered in zwei der 10 Schachtgräber im Norden der Außenumfassung beigesetzt wurden. Waren Sie Nachkommen des Königshauses und regierten, wie der Turiner Kanon sagt, nach dem Ende der 12. Dynastie 12 Könige?

Die Pyramide Amenemhets III. in Hawara

Unter dem Fußboden des Taltempels der Dahschur-Pyramide Amenemhets III. vergraben fanden die deutschen Archäologen das Architektenmodell eines Pyramiden-Unterbaus, der stark jenem der zweiten Pyramide Amenemhets III. in Hawara ähnelt. In seinem 15. Jahr kehrte Amenemhet zum Ort der Pyramide seines Großvaters am Eingang zum Fajum zurück und entschied sich für eine lange, niedrige

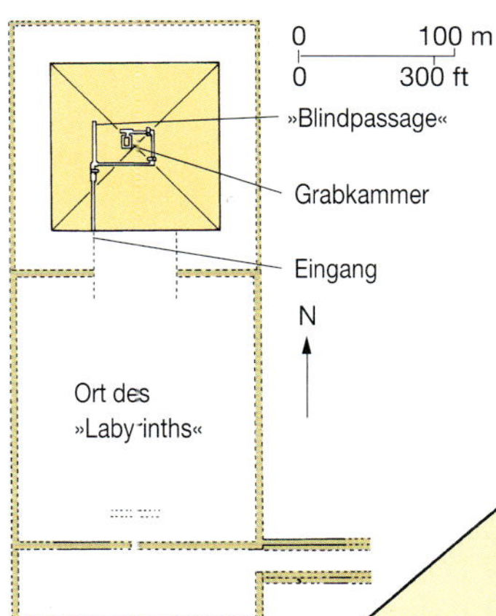

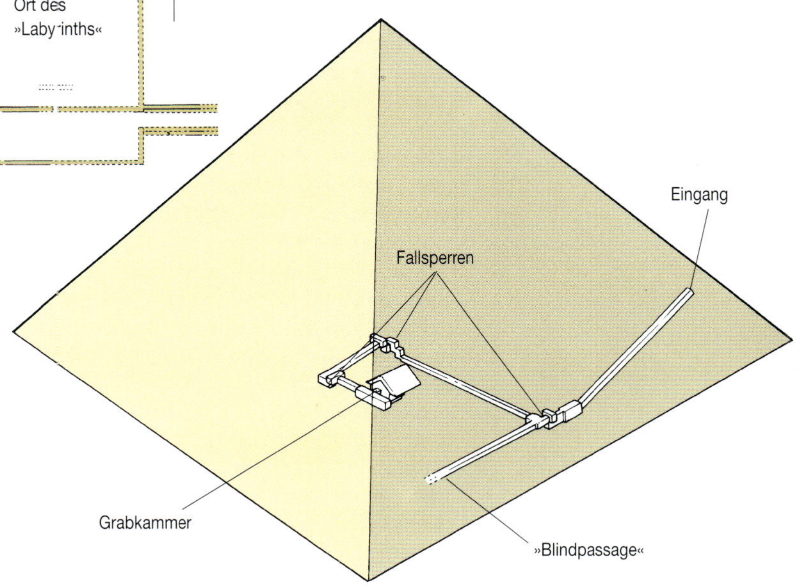

Für seine Pyramide in Hawara, die vielleicht »Amenemhet lebt« hieß, wählte Amenemhet III. einen Komplex vom »Djoser-Typ« mit langer, rechteckiger Nord-Süd-Einfriedung. Die Pyramide hatte ein Basismaß von 105 m und war bei einer Neigung von 48° 45′ rund 58 m hoch.

Obwohl der Kalksteinmantel inzwischen fehlt, ist der Lehmziegelkern der Pyramide Amenemhets III. in Hawara noch immer eindrucksvoll. Der riesige Tempel (das legendäre Labyrinth der altrömischen Touristen) ist jedoch bis auf eine Schicht von Steinbrocken abgetragen worden.

Amenemhet III. regierte 46 Jahre und baute wie Snofru, sein Vorgänger aus der 4. Dynastie, zwei große Pyramiden, allerdings nicht mit Stein-, sondern Lehmziegelkern.

Wüstenzunge. Nach Plan und Lage war diese Pyramide eine völlige Abkehr von der in Dahschur.

Karl Richard Lepsius erforschte die Pyramide von Hawara im Jahre 1843. Er kartographierte Mauern, die seiner Meinung nach zum großen Totentempel im Süden gehörten, den er zutreffend als Ort des sagenumwobenen Labyrinths identifizierte. Auch Petrie arbeitete an der Pyramide; erst nach zwei Grabungsperioden und mit größter Mühe erreichte er die Grabkammer.

Den Namen der Hawara-Pyramide kennen wir nicht mit Sicherheit. Auf Felsinschriften im Wadi Hammamat ist von Statuen für einen Bau namens *Amenemhet-anch* (»Der Immerdar im Hause des Fajumi Sobek Lebt«) die Rede, womit der gesamte Pyramidenbezirk gemeint sein kann. Sobek war die Krokodilgottheit des Fajum. Der Pyramidenkern bestand durchweg aus Ziegeln und hatte einen Kalkstein-Außenmantel. Wie Snofru baute Amenemhet III. seine zweite Pyramide mit niedrigerem Winkel als die erste, vermutlich aus demselben Grund: wegen Einsturzgefahr. Noch deutlicher werden die Sorgen der Baumeister im Plan des Unterbaus sichtbar.

Das Pyramideninnere

Das Terrain in Hawara war kaum besser als in Dahschur, aber die Baumeister sorgten jetzt für einen besseren Schutz der königlichen Grabkammer gegen Räuber und das Gewicht der Pyramide. Es gibt weniger Tunnel und Kammern, und die Grabkammer wurde näher unter der Grundfläche angelegt.

Den Eingang bildet ein westlich des Zentrums der Südseite beginnender Treppenkorridor, der zu einem Niveau hin abfällt, das tiefer liegt als die Grabkammer. Am Fuß der Treppe befindet sich eine kleine Kammer, von der ein als Sackgasse endender kurzer Gang abgeht. Amenemhets Baumeister entwickelten nun einen architektonischen Trick weiter, der schon im Abydos-Grab Senwosrets III. Anwendung fand: Die Route zur Grabkammer setzt sich als in der Decke verborgene Kurzpassage fort. Eine massive, 20 t schwere Quarzitplatte, die man seitlich von einer Nische aus hineinschieben konnte, sollte sie versperren.

Die Deckenpassage führt in eine zweite Kammer, von der zwei Gänge abgehen. Der erste verläuft direkt nach Norden. Petrie hielt ihn für einen weiteren Blindschacht und hatte alle Mühe, ihn zu untersuchen, denn er war mit Schlamm und Wasser gefüllt. Die sogenannte Blindpassage kann durchaus zu einem Südgrab wie dem in Dahschur führen. Die (einst mit einer Holztür verschlossene) zweite Passage biegt rechtwinklig ab und verläuft direkt nach Osten. Genau unterhalb der Südostdiagonale der Pyramide liegt eine dritte Kammer. Nach einer weiteren 90-Grad-Kurve setzt sich die Passage wieder in der Decke verborgen fort; hier sollte sie durch eine weitere Quarzitplatte blockiert werden. Die dritte derartige Anordnung liegt unter der Nordostecke und ist tatsächlich durch eine Quarzitplatte versperrt. Von da führt ein kurzer Gang in eine Vorkammer. Ein Kanal in der Mitte der Südwand öffnet sich auf den Graben mit der Grabkammer leicht westlich der Pyramidenmitte.

Die Grabkammer ist ein technisches Wunderwerk und völlig neuartig. Sie hat die Gestalt einer »Wanne« von 7 x 2,5 x 1,83 m, die aus einem einzigen Stück harten Sandsteins oder Quarzits gehauen und in einem offenen Graben aufgestellt wurde. Das war eine beachtliche Leistung, denn Petrie schätzt ihr Gewicht auf 110 Tonnen. Der Quarzitsarkophag, seine nischendekorierte Sockelplatte, ein zweiter, kleinerer Sarkophag und zwei Kanopentruhen wurden vor Aufsetzen des Daches eingebracht. Obwohl er unter schwierigen Bedingungen arbeitete (die Kammer war vom Grundwasser überschwemmt), berichtet Petrie von Knochenfunden in den Särgen. In der Vorkammer fand er eine Alabaster-Opferplatte mit schönen Reliefdarstellungen von Nahrungsmitteln mit Hieroglyphenetiketten sowie entenförmige Schalen. Sie trugen den Namen einer Prinzessin Neferu-Ptah.

Von Djoser bis Amenemhet III. war der männliche Herrscher im Zentrum eines Pyramidenfriedhofs von königlichen Frauen umgeben, und gerade deren Gräbern verdanken wir die reichsten Entdeckungen ebenso wie die größten Rätsel der Pyramiden – Neferu-Ptah ist eines davon. Bei Reduzierung der Zahl der Kammern unter der Pyramide mag es logisch gewesen sein, daß Amenemhets Favoritin in seiner Grabkammer beigesetzt wurde (der Unterbau in Dahschur enthielt zwei Königinnengräber). Doch 1956 wurde südöstlich von Hawara ein weiteres Grab Neferu-Ptahs entdeckt, das neben anderen Objekten einen Rosengranit-Sarkophag mit ihrem Namen enthielt. Im wassergefüllten Sarkophag fanden sich Spuren von zwei Holzsärgen und Fragmente von Leinenbandagen.

Vertieft wird das Mysterium der Neferu-Ptah noch dadurch, daß die Grabkammer in der Pyramide nur einmal verschlossen werden konnte. Ihre Decke bestand aus drei großen Quarzitplatten, von denen eine auf kleineren Blöcken hochgebockt war, um für das Einbringen der Mumie und der Särge des Königs (und der Königin?) Platz zu lassen. Für das Verschließen des Grabgewölbes installierten die Bauleute die erste bekannte Sand-Ablaßvorrichtung. Kleine Pfeiler, die den angehobenen Deckenblock abstützten, ruhten ihrerseits auf in Schächte zu beiden Seiten des Grabgewölbes gefülltem Sand. Wurde der Sand von Seitengalerien (die Petrie für Räubertunnel hielt) aus weggenommen, so senkten sich die »Böcke« ab und mit ihnen die Deckenplatte, die nun das Gewölbe verschloß. Dieses Quarzitgewölbe verzog sich nicht so leicht wie die gemauerten Kammern der Pyramide von Dahschur, und obendrein hatten die Bauleute dafür gesorgt, daß das Pyramidengewicht nicht unmittelbar auf ihm lastete. Die Deckenplatten reichten über die Gewölbeseiten hinaus und ruhten auf einem in die Seiten des Felsgrabens gehauenen Sims. Auf das Quarzitdach setzten die Baumeister eine Reihe dreieckiger Kalksteinblöcke. Diese wurden mit einem zweiten, hochgiebligen Dach aus Kalksteinbalken abgedeckt, die in Paaren aneinanderlehnten. Darüber kam schließlich noch ein drittes Gewölbedach aus Lehmziegeln.

Der Pyramidenkomplex als Labyrinth

Die beiden Pyramiden Amenemhets III. sind so unterschiedlich angelegt, daß man sich fragt, ob es neben praktischen auch ideologische Gründe dafür gab, gleich zwei zu bauen. Mit 385 x 158 m war die nord-süd-orientierte Anlage in Hawara der größte Pyramidenhof des Mittleren Reichs. Wie bei Djoser stand die Pyramide im nördlichen Teil, während sich der Eingang am äußersten Südende der Ostseite befand, wo ein aus östlicher Richtung heranführender Aufweg mündete. Zwischen Eingang und Pyramide lag der »Totentempel«, dessen Bezeichnung hier etwas irreführend ist. Es handelte sich offenbar um eine so außergewöhnliche architektonische Schöpfung, daß die Besucher der Antike sie als einmaliges Monument ganz eigener Art empfanden. Sie nannten sie das »Labyrinth« und verglichen sie mit dem legendären Labyrinth des Minos in Knossos auf Kreta.

Um so enttäuschender, daß der Tempel für uns fast völlig verloren ist. Seit Römertagen als Steinbruch benutzt, ist wenig mehr übrig als ein Fundamentbett aus Sand und Kalksteinbruch, das die riesige Größe nur erahnen läßt. Dies war kein Labyrinth im Sinne verschlungener Gänge und Blindkorridore. Seine

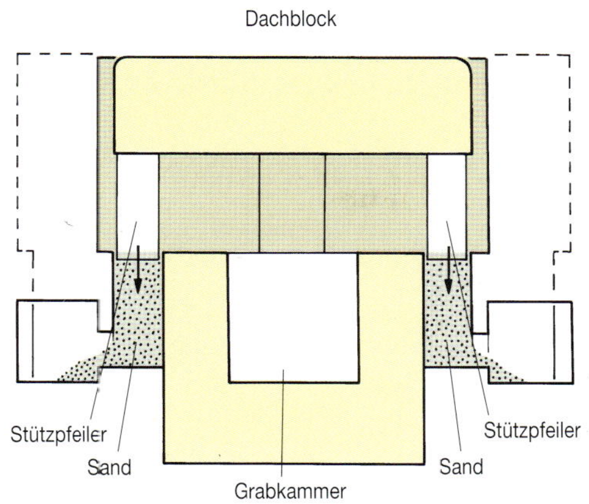

Komplexität ergab sich vielmehr aus der Wiederholung einander ähnlicher kleiner Höfe und Schreine, die Strabon »einen aus ebensovielen kleineren Palästen zusammengesetzten Palast, wie es früher Nomoi gab« nannte.

Alle klassischen Autoren reden von multiplen Höfen, sind sich aber in der Zahl uneins. Herodot sprach von »zwölf überdeckten Höfen« und sagte, der Besucher sei »aus einem Hof heraus und durch die Säle [...] und aus den Sälen in Säulenhallen und aus den Höfen wieder in andere Säle und aus den Sälen wieder in andere Höfe« geführt worden. Er erwähnte (wie auch Plinius der Ältere) tiefer gelegene Räume oder Krypten, die dem heiligen Krokodil Sobek geweiht waren. Nahe der Südseite entdeckte Petrie die Überreste zweier großer Granitschreine von 8–13 t Gewicht, die je zwei Figuren des Königs enthielten. Diese könnten in der Nähe des Fundorts etwas hinter der Mitte des Tempels gestanden haben. Nahmen sie einen zentralen Platz ein wie die fünf Statuen in den Pyramidentempeln des Alten Reiches? Ebenfalls in der Nähe der Pyramide fand Petrie die Überreste einer Granit-Kolossalstatue des Königs.

Andere Fragmente müssen zu Statuen gehört haben, die in den Kapellen und Höfen standen, darunter solchen des Krokodilgottes Sobek und anderer Gottheiten wie Hathor und einer ungewöhnlichen Palmgöttin, desgleichen zu Statuen des Königs und von Opferträgern. Stadelmann erblickt in diesen Statuen, die wahrscheinlich jeweils ihre »Kabinen« oder Höfe hatten, eine dreidimensionale Umsetzung der flachen, gemalten Reliefszenen, die die Wände früherer Pyramidenkomplexe schmückten.

Doch am stärksten gemahnt die Aneinanderreihung von Kapellen an Djosers Heb-Sed-Hof, der allerdings kleiner und simpler war als die sagenumwobenen Säulenhöfe des Labyrinths. Es scheint durchaus passend, daß Amenemhet III., der den letzten bedeutenden Pyramidenkomplex Ägyptens errichten ließ, von Djoser als dem Erbauer der ersten großen Königspyramide überhaupt das architektonische Konzept des »Palastes aus kleineren Palästen« ausborgte und es weiterentwickelte.

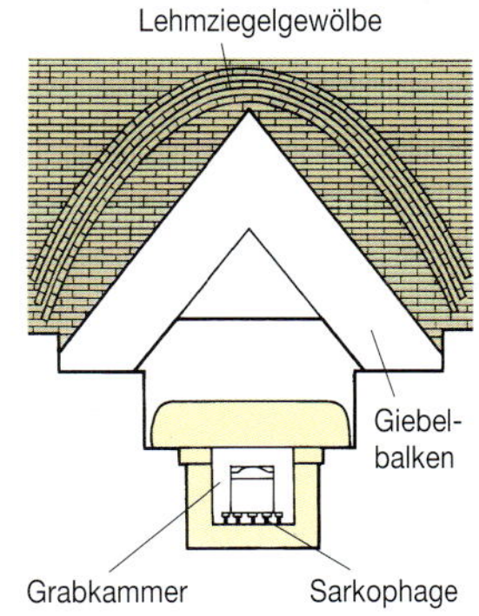

Das Grabgewölbe Amenemhets III. (oben) wurde durch dreieckige Stürze, Giebelbalken und ein Lehmziegelgewölbe geschützt. Das Gewölbe wurde verschlossen, indem man die letzte Deckenplatte aus Quarzit auf geniale Weise herabließ (oben links): Man ließ den Sand, der die Stützpfeiler getragen hatte, in Seitentunnel wegrieseln, so daß sich die riesige Steinplatte langsam an ihren Platz senkte.

Die Pyramiden des späten Mittleren Reiches

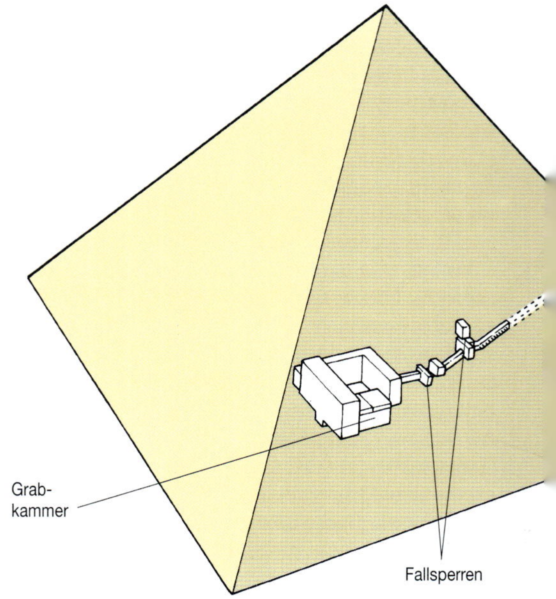

Auf Amenemhet III. folgt in den Königslisten sein Sohn Amenemhet IV. Ein Begräbniskomplex für diesen letzten König der 12. Dynastie ist nicht bekannt, obschon eine der unvollendeten Pyramiden des späten Mittleren Reiches für ihn bestimmt gewesen sein könnte. Möglich ist auch, daß er zusammen mit seiner Nachfolgerin Sobeknofru, die ein paar Jahre lang als eigenständige Königin herrschte, in der Dahschur-Pyramide Amenemhets III. beigesetzt wurde. Obwohl sich den antiken Texten nach in den rund 140 Jahren von der späten 12. bis zum Ende der 13. Dynastie etwa 50 Herrscher ablösten, sind aus dieser Zeit nur sechs bis acht teils unfertige Pyramiden bekannt. Ihre Standorte reichen von der Peripherie Süd-Saqqaras im Norden bis zum südlich von Dahschur gelegenen Masghuna. Die Seen am Wüstenrand, vor allem der Dahschur-See, mögen bei der Ortswahl wieder eine ziemliche Rolle gespielt haben.

Die Pyramide von Zentral-Dahschur

Eine kaum bekannte Pyramide südlich der Amenemhets II. könnte aus dieser Zeit stammen. Bruchstücke von Kalksteinreliefs und die Route eines nach Osten führenden Aufwegs deuten auf einen gewissen Vollendungsgrad hin. Ein Fragment mit dem Königsnamen Amenemhet mag aus dem Komplex Amenemhets II. stammen oder auch zu Amenemhet IV. gehören. Die Fundstätte wurde 1975 beim Bau einer Erdöl-Pipeline stark beschädigt.

Die südliche Pyramide von Masghuna hatte eine gewellte Einfriedungsmauer und einen ziemlich komplizierten Unterbau.

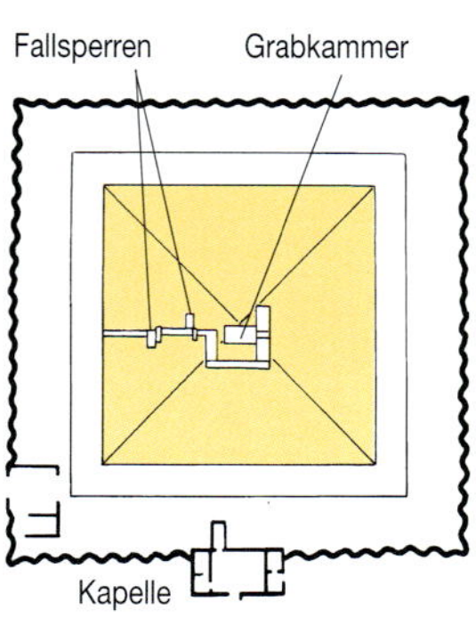

Die Masghuna-Pyramiden

Amenemhet IV. und Sobeknofru sind als mögliche Eigentümer von zwei unvollendeten Pyramiden in Masghuna genannt worden, aber keiner der beiden Namen wurde dort gefunden.

Die etwa 4,8 km südlich von Snofrus Knickpyramide gelegene Masghuna-Südpyramide war von einer gewellten Mauer umgeben, wie sie schon bei früheren Monumenten auftaucht. Am äußersten Ostende der Südseite der Umfriedung wurden ein breiter Eingang und ein Vestibül errichtet. Die dicke Schicht Kalksteinbruch im Umkreis des Vestibüls läßt vermuten, daß es sich um einen Arbeitshof wie am Oberende der Aufwege Senwosrets I. und Amenemhets III. in Dahschur handelte. Eine Lehmziegel-Kapelle in der Mitte der Ostseite besteht aus einer großen Zentralkammer (oder einem Hof) mit Magazinen zu beiden Seiten. In der Südwestecke stand eine Opferhalle mit Gewölbedach.

Die Kapelle deutet darauf hin, daß der Kult schon begonnen hatte, obwohl der Pyramiden-Oberbau nie fertiggestellt wurde. Bei der Ausgrabung bestand der Kern lediglich aus ein bis zwei Lagen hochkant auf den Wüstenkies gesetzter Ziegel. Verkleidungssteine wurden keine gefunden; ein Fundamentgraben zeigt jedoch das geplante Basismaß. Vom Eingang im Zentrum der Südseite führt eine Treppe mit flachen Stufen und Seitenrampen zu einer kurzen Horizontalpassage hinab.

Hier liegt der erste von zwei großen Sperrpflöcken. Nachdem er aus seiner Wandnische in Position geschoben worden war, hinderte ihn eine Granitschwelle im Boden daran, abwärts zu rutschen, so daß er den oberen Teil der Passage blockierte. Von dort aus führt eine weitere Treppenrampe zur zweiten Fallsperre, die der ersten gleicht, außer daß sie offenblieb. Durch eine Flucht von Korridoren gelangte man um mehrere Ecken herum schließlich in die Grabkammer. Ein Nebengelaß an ihrem Kopfende enthielt einen Bodengraben für das Abseilen des Begräbnismaterials. In ihr fand sich neben drei Kalksteinlampen ein Alabastergefäß in Form einer bratfertig verschnürten Ente. Ein Rosengranitblock, der die gesamte Kammer füllt, ist in Wirklichkeit wie Amenemhets monolothisches Gewölbe in Hawara eine Innengrabkammer. Innen waren Mulden für den Sarg und die Kanopentruhen ausgehauen. Räuber fanden den Weg dorthin und ließen nur ein Lidschattentöpfchen aus Alabaster und ein Stück polierten Speckstein zurück.

Ebenfalls der Hawara-Pyramide entlehnt ist die Art, wie der Deckel geschlossen wurde. Zwei große Deckelstücke ruhten auf dem Gewölberand, dazwischen blieb eine Lücke. Das fehlende Stück war mit Stützblöcken aufgebockt, die auf sandgefüllten Schächten standen. Entfernte man den Sand durch

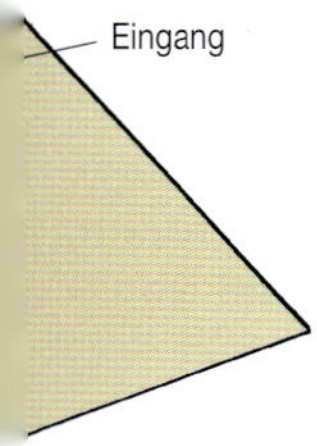

(Links) Das Basismaß der südlichen Pyramide von Masghuna betrug 52,5 m. Der Unterbau ist kompliziert, aber der Überbau wurde nie fertiggestellt.

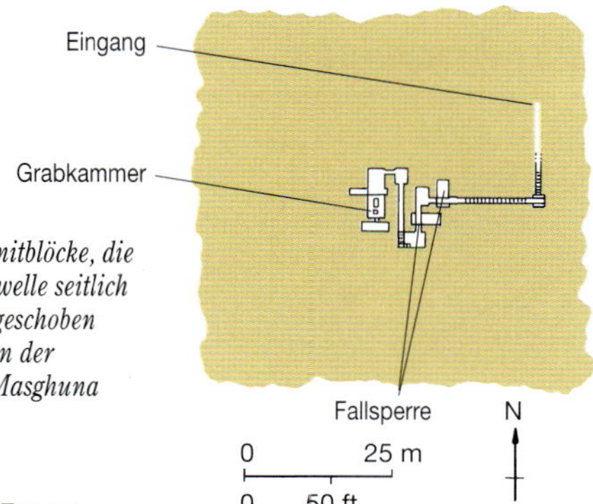

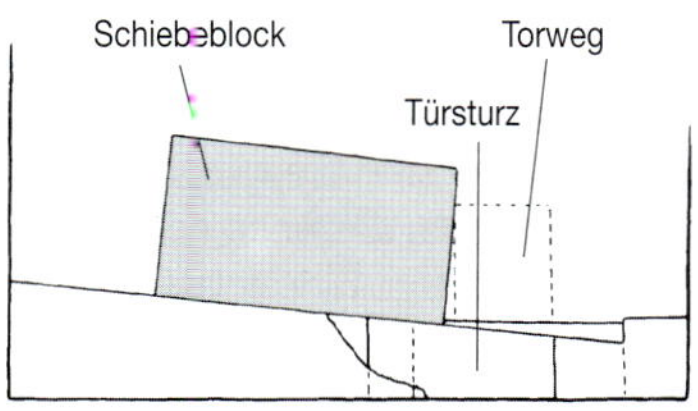

(Unten) Große Granitblöcke, die über eine Granitschwelle seitlich aus Nischen herausgeschoben wurden, versiegeln in der Pyramide von Süd-Masghuna den Durchgang.

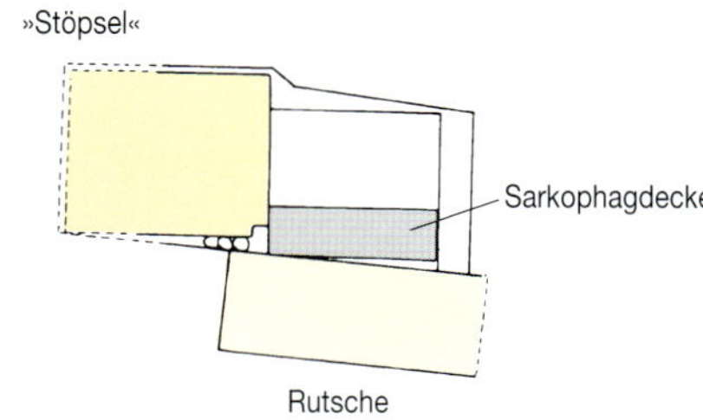

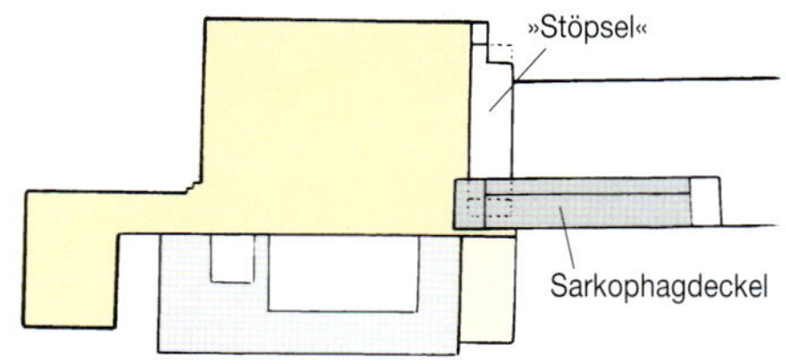

(Oben) Die nördliche Pyramide von Masghuna wurde nie fertiggestellt und niemand in ihr beigesetzt, aber der Sarkophagdeckel lag schon in der Kammer, und die Blockierplatte, die zur Versiegelung über ihn geschoben worden wäre, steckte bereits in ihrer Nische.

Seitentunnel, so senkten sich die Stützen langsam ab, und der Deckel wurde geschlossen. Die Nordpyramide von Masghuna war größer geplant als die im Süden. Der Oberbau wurde nie begonnen und das unterirdische Versiegelungssystem – das jenem von Ameny-Qemau ähnelt, aber komplexer ist – nie benutzt. Die Pyramide könnte daher um einiges nach dem Ende der 12. Dynastie datieren.

Der Durchgang zur Grabkammer beschreibt hier eine U-Kurve, bevor er an der Kammer anlangt – ein Muster, das sich auch bei einer Pyramide des späten Mittleren Reiches in Saqqara findet. Auf der Ostseite der Pyramide führt eine kurze Treppe von Norden her in die Tiefe. Von der quadratischen Kammer am unteren Ende geht es im rechten Winkel und über eine zweite Treppe hinab zur ersten Blockiersteinkammer. Dort öffnet sich nach Norden eine Nische mit einem gigantischen, 42 t schweren Quarzitblock darin, der auf einer Quarzitplatte quer über den Fuß der Passage rutschen und sich vor einen Türsturz aus Quarzit schieben sollte. Danach hätte das Ganze einen regelrechten Wall von Quarzit gebildet, doch der »Stöpsel« blieb offen. Die Passage führte um weitere Ecken an einer zweiten Fallsperre vorbei (sie gleicht der ersten, nur der Block ist kleiner) und mündet schließlich in einen Vorraum nördlich der Grabkammer.

Diese wurde gänzlich vom aus einem Quarzitmonolithen gemeißelten Sarkophaggewölbe ausgefüllt, in dem die Vertiefung für den Sarg am nördlichen Ende lag und die Kanopengrube im Süden. Zwischen dem Gewölbe und den Wänden der Grabkammer blieben knapp 2 cm Platz. Der Deckel war noch in einer niedrigen Kammer nördlich davon geparkt. Von dort hätte man ihn über das Gewölbe rutschen lassen und danach mit einer aus einem seitlichen Rücksprung herausgeschobenen Sperrplatte verschlossen. Aller freiliegender Quarzit war rot bemalt, sogar die Blockiersteine; desgleichen der sorfältig geglättete und anschließend verputzte Sarkophag. Stellenweise fügten die Bauleute auf den bemalten Oberflächen Reihen senkrechter schwarzer Streifen hinzu, die von dünnen Horizontallinien begrenzt werden.

Außerhalb der Pyramide bildeten Lehmziegelmauern einen Aufweg von Osten her. Über ihn müssen die massiven Blockiersteine, das Grabgewölbe sowie anderes Baumaterial herangeschafft worden sein. Ein Block lag noch mitten auf dem Weg; vielleicht hatten die Bauleute ihn dort einfach zurückgelassen, als die Arbeit an der Pyramide abrupt eingestellt wurde.

Die Ameny-Qemau-Pyramide

Eine der wenigen Pyramiden der 13. Dynastie, die wir einem bestimmten Herrscher zuschreiben können, liegt dicht am Ufer des Dahschur-Sees. Zerbrochene Kanopenkrüge, die dort gefunden wurden, trugen den Namen Ameny-Qemau. Seine Pyramide hatte ursprünglich ein Basismaß von rund 50 m. Die Grabkammer war aus einem einzigen Block gehauen wie jene Amenemhets III., aber die Vertiefungen für den Sarkophag und die Kanopentruhe zusammen im Innern angelegt wie in der Nordpyramide von Masghuna. Der Deckel wurde vom Eingang der Kammer her aufgeschoben und dann mit einer seitlich gleitenden Sperrplatte blockiert.

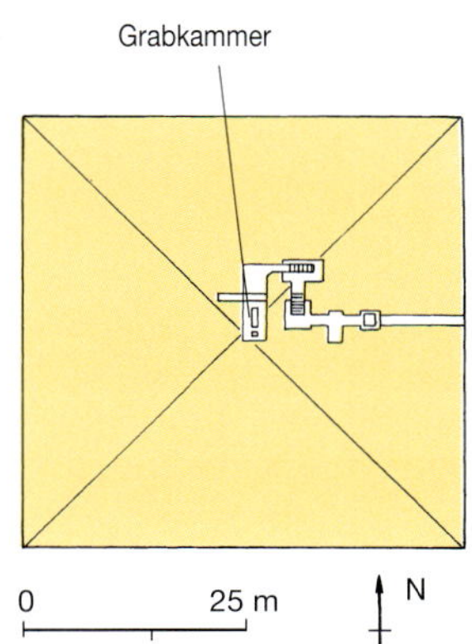

Die Pyramide des Ameny-Qemau ist heute kaum noch von der umgebenden Landschaft zu unterscheiden, hatte aber ursprünglich eine Basislänge von 50 m. Der Unterbau ist jetzt schwer beschädigt.

Die Chendjer-Pyramide

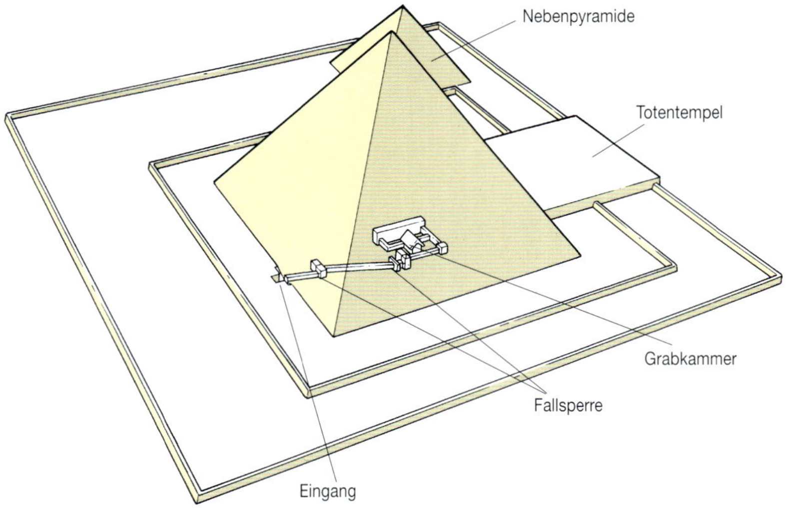

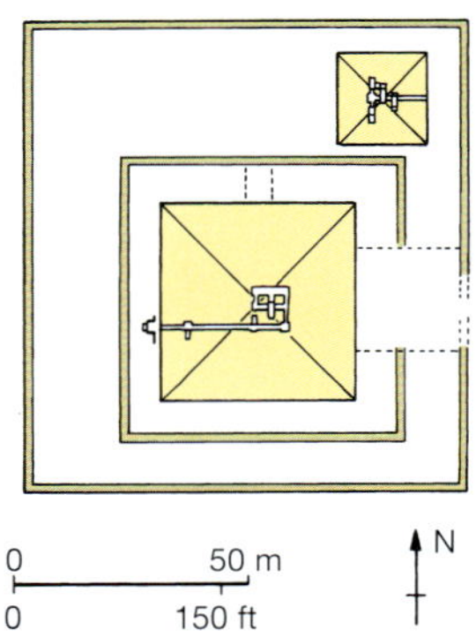

Der Chendjer-Komplex in Süd-Saqqara ist die einzige in der 13. Dynastie fertiggestellte Pyramide. Sie hatte eine Seitenlänge von 52,5 m und erreichte mit 55° Neigung eine Höhe von 37,35 m.

Chendjer ist ein Pharao aus der Mitte der 13. Dynastie, dessen »asiatischer« Name auf syrische oder palästinensische Herkunft hindeuten könnte. Seine Pyramide siedelte er ganz unten in Süd-Saqqara an. Sie liegt zwischen denen Pepis II. und Senwosrets III. und ist die einzige bekannte Pyramide der 13. Dynastie, die jemals fertiggestellt wurde. Sie war einmal 37,75 m hoch, hatte eine Neigung von 55° und ein Basismaß von 100 Königsellen (52,5 m); heute sind die Ruinen gerade noch einen Meter hoch. Der Kern bestand aus Lehmziegeln, die Verkleidung aus Kalkstein auf Haltesteinen. Auf der Ostseite wurden Fragmente eines Pyramidions aus schwarzem Granit gefunden. Die Pyramide war von zwei Umfassungsmauern umgeben. Innerhalb der äußeren stand in der Nordost-Ecke die einzige bekannte Nebenpyramide der 13. Dynastie. Ein Totentempel auf der Ostseite, von dem nur noch Teile des Pflasters sowie Relief- und Säulenstücke übrig sind, erstreckte sich über beide Höfe. An die Innenmauer lehnte sich eine Nordkapelle an, deren Nordwand eine Scheintür aus gelbem Quarzit besaß. Auf Relieffragmenten sind Standardszenen mit Opferträgern zu sehen.

Dieses aus zahlreichen Fragmenten restaurierte Pyramidion aus schwarzem Granit schloß einst die Chendjer-Pyramide ab.

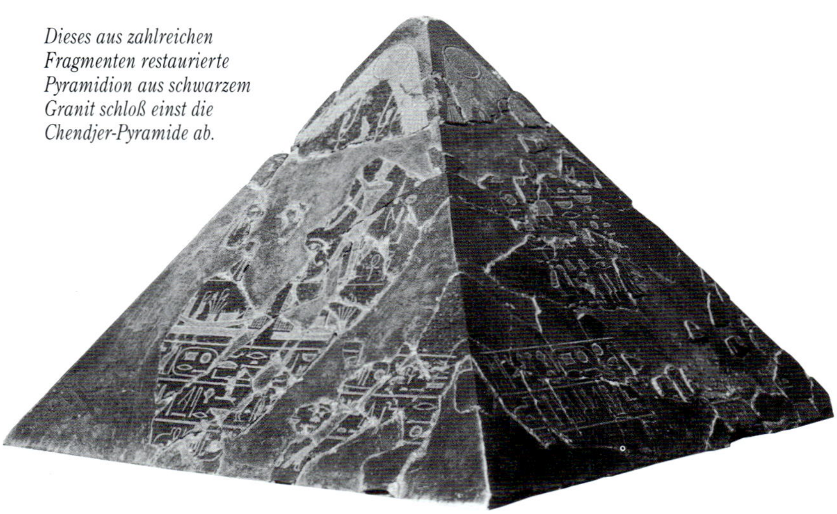

Die Innenumfassung war aus Kalkstein und mit Nischen und Paneelen geschmückt. Sie ersetzte eine frühere gewellte Mauer aus Lehmziegeln, was Stadelmann auf die Idee gebracht hat, derartige Wände könnten eine verkürzte Form der Nischenmauer gewesen sein, die unter Zeitdruck als provisorischer Ersatz errichtet wurde. Eine blockierte, unfertige Treppe in der Südostecke der Außenumfassung könnte auf einen früheren Plan für den Unterbau hindeuten, oder aber auf ein angefangenes, nie beendetes Südgrab für den *ka*.

Der Pyramideneingang liegt in der südlichen Hälfte der Westseite. Eine Treppenrampe führt zu einer Fallsperrenkammer, die jenen der Masghuna-Pyramiden ähnelt. Der riesige Blockierstein wurde nie aus seiner Wandnische heraus und in die Passage geschoben. Eine 39stufige zweite Treppe fiel entlang derselben Achse zu einer Passage ab, die vor einer geschlossenen zweiflügligen Holztür endete. Gleich dahinter lag eine zweite, ebenfalls unbenutzte Blockiervorrichtung.

Daß die Sperren offen sind, muß nicht unbedingt heißen, daß die Beisetzung nie stattfand; es könnte auch ein Hinweis darauf sein, daß diese gewaltigen Konstruktionen letztlich reine »Show« waren. Solange der König lebte, inspizierte er mit seinen Beamten zweifellos den Arbeitsfortschritt, und es dürfte sie beruhigt haben, daß derart gigantische Blöcke aus härtestem Gestein einmal die königliche Ruhestätte beschützen würden. War der Pharao aber erst einmal tot, mag es relativ einfach gewesen sein, sich die mühselige Arbeit des Sperrenschließens zu sparen – zumal, wenn die Arbeitskolonnen gewechselt hatten oder sogar der Palast umgezogen war.

Chendjers zweite Fallsperre befand sich an der Ecke eines Grabens, in den man die Grabkammer stellte, bevor die Pyramide darüber errichtet wurde. Die Kammer bestand aus einem einzigen, riesigen Quarzitblock, in den die Mulden für den Sarkophag und die Kanopentruhe gehauen wurden. Zwei Quarzitbalken bildeten das Dach. Nach Fertigstellung der Quarzit-Fallsperren und der Grabkammer überdachten die Bauleute die Korridore; die Grabkammer erhielt ein Giebeldach aus Kalksteinbalken. Zur Druckentlastung wurde zusätzlich ein Ziegelgewölbe gebaut.

Der Verschlußmechanismus war derselbe wie in Hawara und Süd-Masghuna: Deckenplatte auf sandgefüllten Schächten. War der Sand durch Seitentunnel abgelassen, mußten die letzten Sandreste wohl weggefegt werden, wobei die Arbeiter kurze Holzstützen benutzt haben dürften. Danach entschwanden sie durch Tunnels, die zugemauert wurden. Schließlich pflasterten sie auch noch die Öffnungen zum Korridor zu.

Korridor und Verschlußsystem der kleinen Subsidiärpyramide waren einfacher. Eine Treppenrampe führte über einen Korridor und durch zwei Sperrkammern zu einer zentralen Vorkammer, von der zwei Grabkammern nach Norden und Süden abzweigten. Beide enthielten Quarzit-Sarkophage. Die Deckel ruhten auf Blöcken, die Sarkophage wurden nie geschlossen. Allgemein wird angenommen, die kleine Pyramide sei keine Neben- oder *ka*-Pyramide des Königs, sondern die Grabstätte einer Königin gewesen. Andererseits ist zwar die letzte *ka*-Pyramide (sie standen immer südlich oder südöstlich der Hauptpyramide) im Komplex Senwosrets I. in Lischt gefunden worden, aber auch diese besaß zwei gemauerte Kammern – eine im Norden, eine im Süden.

Die Süd-Pyramide von Süd-Saqqara

Südwestlich der Chendjer-Pyramide liegt der Unterbau einer weiteren unfertigen Pyramide. Mit ihrer Seitenlänge von etwa 150 Königsellen (78,75 m) war sie größer als die Chendjers geplant. Eine Wellenmauer umgibt den Bauplatz, aber von Kultbauten fand sich keine Spur. Ein bemerkenswerter Fund waren zwei Pyramidien vor dem Eingang in der Mitte der Ostseite. Beide sind aus schwarzem Granit; das eine war poliert, das andere nur grob bearbeitet und es fehlte die Spitze. Der Doppelfund vor einem kaum begonnenen Oberbau läßt vermuten, daß die Schlußsteine lange vor der Fertigstellung hergebracht werden konnten, und warnt uns davor, das Pyramidion Amenemhets III. als Beweis anzusehen, daß seine Pyramide in Dahschur bis zur Spitze gediehen war. Eines der beiden Pyramidien kann für eine Subsidiärpyramide bestimmt gewesen sein. Weder auf ihnen noch sonstwo verriet eine Inschrift den Namen des Königs, für den die Pyramide begonnen wurde.

Erstaunlich ist der relativ weit gediehene Unterbau. Er ähnelt der Nordpyramide in Masghuna insoweit, als die Route zur Grabkammer auch hier eine U-Kurve beschreibt. Eine lange Treppenrampe führte zur ersten von drei großen Seiten-Fallsperren. An den Biegungen befanden sich die üblichen breiteren Kammern, und parallel einer kürzeren Treppe und Kammer verlief ein Blindgang. Über einen engen Gang gelangte man an zwei weiteren großen Fallsperren vorbei zu einer Vorkammer und dann zur Hauptgrabkammer. Diese bestand wieder aus einem kolossalen Quarzitblock von 150 Tonnen. Sarkophag und Kanopen waren ins Innere gehauen; geschlossen werden sollte die Kammer mit dem Sandschachtsystem. Wie die Fallsperren wurde auch dieses Verschlußsystem nie benutzt – der Deckel ruhte noch auf den Stützböcken.

Ungewöhnlich ist eine zweite Grabkammer nördlich der ersten, in die man über eine kleine Treppe von der Vorkammer aus gelangte. Sie besaß dieselben horizontal gleitenden Verschlußsteine wie die Pyramiden von Ameny-Qemau und Nord-Masghuna. In einer Nische in der Ecke befand sich das Kanopenabteil. Man hat die zweite Grabkammer als Königinnengrab

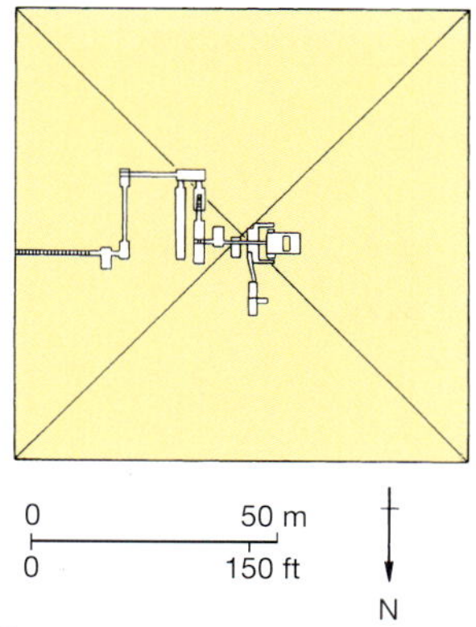

Mit dem Überbau der auf eine Seitenlänge von 78,75 m geplanten Pyramide in Süd-Saqqara ist kaum begonnen worden, aber der sauber gebaute Unterbau war ziemlich komplex.

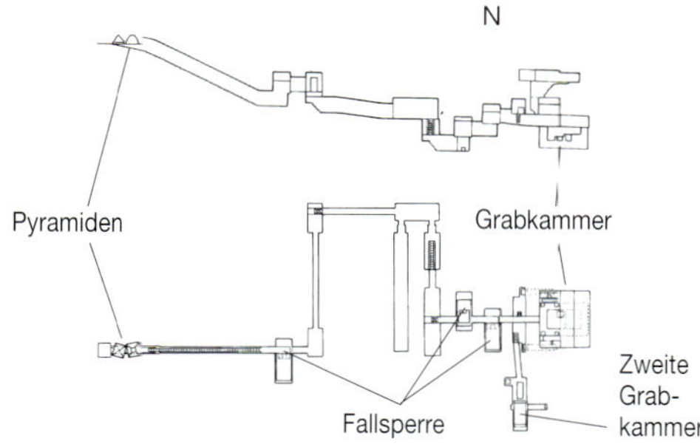

Am Eingang der südlichen Pyramide von Süd-Saqqara wurde dieses Paar Schlußsteine gefunden, obwohl der Pyramidenbau kaum begonnen hatte. Sollten sie etwa während des Baus fortlaufend mitgeschleppt werden, um so das Problem ihres Transports zur Spitze zu umgehen?

oder Scheinanlage zur Täuschung von Räubern betrachtet, doch wären diese erst einmal so weit gelangt, hätten sie die Hauptkammer schwerlich übersehen können.

Möglicherweise handelte es sich auch um ein *ka*-Grab, selbst wenn diese ansonsten meist südlich der Hauptkammer liegen. Nach Stadelmann deutet die Kunstfertigkeit des Grabbaus – die Verarbeitung der feinen Tura-Kalksteinverkleidung, deren Bemalung manchmal Granit imitiert, die treffliche Bauart der Grabkammer und das komplizierte Verschlußsystem (wozu man noch das große Basismaß hinzufügen kann) – darauf hin, daß die Pyramide für einen bedeutenden oder zumindest ehrgeizigen Herrscher begonnen wurde. Seine Pläne für das Leben nach dem Tode haben sich jedoch nicht erfüllt – jedenfalls nicht in diesem Denkmal.

Nahe der Ameny-Qemau-Pyramide könnte es in Dahschur zwei weitere aus der 13. Dynastie geben. Arnold und Stadelmann haben sie bemerkt, sie müssen aber erst noch erforscht werden. Praktisch weiß man bislang nur, daß sie wahrscheinlich aus dem späten Mittleren Reich datieren.

Daß in der Traditionszone der Memphis-Friedhöfe ein halbes Dutzend Pyramiden begonnen wurden, belegt einerseits, daß sich die Könige auf eine lange Herrschaft und das stete Vorhandensein erfahrener Steinmetzen, Maurer und Arbeiter verließen, die beispielsweise gigantische Blöcke behauen und herschleppen konnten. Andererseits zeugen ebendiese Pyramiden (von denen vielleicht nur die Chendjers beendet wurde) von kurzen Regierungszeiten und der, wie Kemp sagt, »Unfähigkeit« der Herrscherhäuser, »den Bau eines monumentalen Königsfriedhofs voranzutreiben«.

Die Pyramiden des Neuen Reiches

Die Ebene von Dira Abu'n Naga liegt jetzt unter Schuttbergen; einst krönte sie eine »Skyline« von schmalen, spitzen Königspyramiden.

Am Vorabend des Neuen Reiches, während sie sich noch mühten, das Land wieder zu vereinen, bauten die Pharaonen der 17. Dynastie die letzten Königspyramiden Ägyptens.

Pyramidengräber der 17. Dynastie

Gegenüber von Karnak, wo schon in der späten Zweiten Zwischenzeit der Amun-Tempel stand, liegt der Friedhof Dira Abu'n Naga. Hier begann bei einer Anlegestelle am Nilufer, die in späteren Texten *Chefet-hir-nebes* (»Gegenüber ihrem Herrn«) hieß, die Straße zu den Königsgräbern, die später durch den Wadi zum Tal der Könige führte. Die Pyramidengräber der 17. Dynastie erstreckten sich von hier bis zum Aufweg Mentuhoteps im Süden.

Bis vor kurzem wußten wir nur wenig über diese sechs bis sieben Königsgräber. Neben denen der 11. Dynastie tauchen sie in den Abbot- und Leopold-Amherst-Papyri auf – Berichten einer unter Ramses IX. in der 20. Dynastie zur Untersuchung angeblicher Grabräubereien eingesetzten Kommission. Die im Auftrag (aber leider oft in Abwesenheit) Mariettes vorgenommenen Ausgrabungen sind weitgehend unveröffentlicht. Außerdem gruben hier unerlaubterweise auch Dorfbewohner aus dem nahen Qurnah.

Diese (allesamt verschwundenen) Ziegelpyramiden waren nicht mehr mit Stein verkleidet, sondern nur noch vergipst oder geweißelt. Offenbar hatte man ihnen Pyramidien aufgesetzt, wie jenes des Sechemre-Wepmaat Intef V. zeigt, das zwar beschädigt ist, auf seinen vier Seiten aber Namen und Titel des Königs zeigt. Das Basismaß der Pyramiden von Dira Abu'n Naga war wohl kaum größer als 20 Königsellen (10,5 m). Diese Gräber der 17. Dynastie dürften wie eine Reihe sehr dünner und spitzer Pyramiden ausgesehen haben.

Eine kleine, wahrscheinlich mit Gewölbedecke versehene Kultkapelle stand vor oder unmittelbar an den Kleinpyramiden. Die Grabpyramide von Nubcheperre Intef VI., die Mariette 1860 ausgrub, muß auf dem höheren Felsstück über der Terrasse mit der Kapelle gestanden haben; Mariette verzeichnete aber keinen Fund von Pyramidenüberresten. Er fand hingegen zwei mit Namen und Titeln des Königs beschriftete Obelisken; ähnliche können auch das Kapellenvordere flankiert haben. Ebenso legen die Grabräuberpapyri eine Stele an der Kapellenrückwand nahe. In den Boden der Kapelle oder eines offenen Vorderhofes war eine Grube oder Treppe eingelassen, die zur in den Fels gehauenen Grabkammer führte.

Soweit der Wissensstand 1991, als Daniel Polz für das DAI Kairo (später in Zusammenarbeit mit der University of California in Los Angeles) den Friedhof von Dira Abu'n Naga erstmals systematisch zu untersuchen begann. Die Königsgräber sind noch nicht eindeutig identifiziert, aber Polz fand drei oder vier Felsgräber als wahrscheinliche Kandidaten. Eines davon enthält neben zwei großen Vorhöfen eine Schuttmasse, die von einer Pyramide stammen könnte. Ein Gang führt zu einer Halle mit vier Säulen, von der ein Schacht 10 m senkrecht nach unten führt. Von dort gelangt man über eine schon in den zwanziger Jahren freigelegte Passage zu einer menschenförmigen Mulde im Fußboden, in der einst der Holzsarg stand.

Ein Vergleich mit den Beschreibungen von Dorfbewohnern, die 1827 (33 Jahre vor Mariette) das Grab

Intefs VI. fanden, ist aufschlußreich. Vielleicht sahen sie noch das Innere, wie es die Kommission der 20. Dynastie verlassen hatte – »gerade von Dieben untertunnelt«, aber noch nicht ausgeraubt. Die Dörfler, heißt es, hätten die Mumie des Königs in seinem Sarg innerhalb eines in den Naturfels gehauenen, freistehenden, aber am Boden verankerten Sarkophags gefunden. Beim Leichnam sollen zwei Bogen und sechs Pfeile mit Feuersteinspitze gelegen haben; auf dem Haupt war ein Diadem, auf der Brust ein goldgefaßter Skarabäus.

Polz spürt auch dem Kontext dieser letzten Pyramidengräber nach. Auf der Ebene im Nordteil von Dira Abu'n Naga legt die Expedition derzeit einen Friedhof von thebanischen Höflingen und Gefolgsleuten unterschiedlichster Stellung frei. Der Forscher schätzt, daß hier im Schatten der königlichen Pyramidengräber entlang der Hügelkette rund 17 000 Menschen begraben sind. 1913 entdeckte H. E. Winlock eine Kleinpyramide mit einem Basismaß von nur 8 Metern und einer Neigung von 66° im sogenannten Birabi-Areal am Nordfuß des Mentuhotep-Aufwegs; ihm zufolge könnte sie zum Grab Kamoses, des älteren Bruders von Ahmose I., gehört haben.

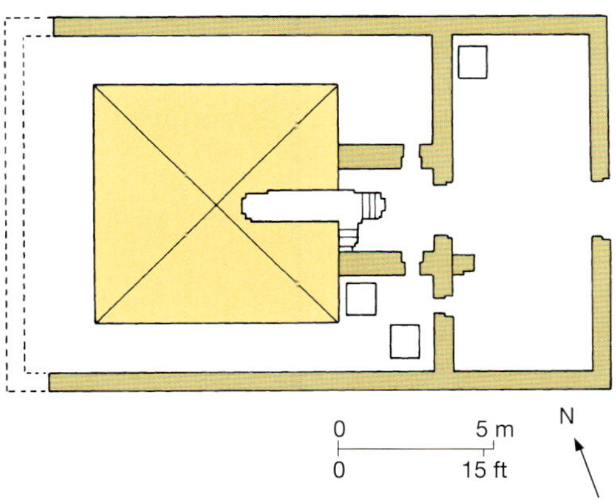

(Oben) Könnte das die Pyramide des Kamose sein? Das meinte jedenfalls Winlock, als er nahe des Südendes von Dira Abu'n Naga diese kleine Pyramide von nur 8 m Seitenlänge und 66° Neigung fand.

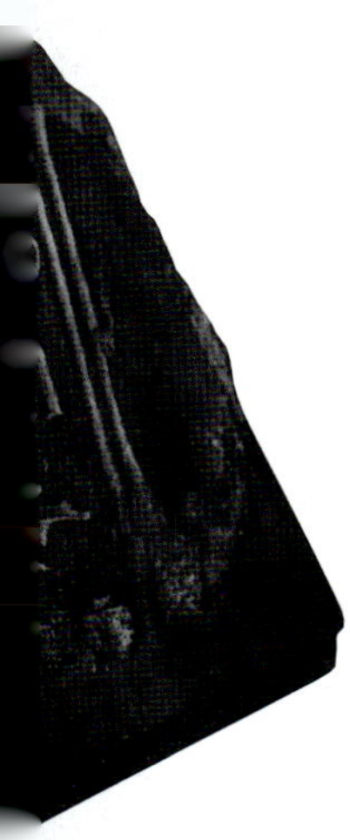

(Links) Das Pyramidion des Sechemre-Wepmaat Intef V. wurde in Dira Abu'n Naga gefunden. Es hat eine Neigung von 60° und ist mit dem Namen des Königs beschriftet.

Sarg-Stile

Der rischi-*Sarg Intefs VI. aus Dira Abu'n Naga bestand aus Holz und war ursprünglich vergoldet.* rischi *bedeutet im Arabischen »Feder«.*

In der 13. Dynastie war der Innensarg ein rechteckiger, schwarzgelackter Holzkasten mit aufgemaltem Dekor und leicht gewölbtem Deckel, der flach abschloß. Zur Zeit Intefs V. waren die Särge sperrige Holzkästen in der Form einer umwickelten Mumie mit massivem Fuß und *nemes*-Kopfbedeckung. Dieser Typ heißt *rischi* (arabisch: »Feder«), weil die aufgemalte und später eingelegte Dekoration um den Leib geschlungene Vogelschwingen darstellte. Der Vogel mit Menschenkopf verwandelte den Sarg in ein Abbild des *ba* (der Seele). Die schönsten bekannten Beispiele dafür sind die herrlichen Goldsärge Tutanchamuns.

Im Schutt der unteren Ebene von Dira Abu'n Naga wurden vier der primitiveren *rischi*-Särge der 17. Dynastie gefunden. Es handelt sich um Nachbestattungen, die vielleicht dieselben Priester vorgenommen hatten, die viele spätere Königsmumien aus ihren Gräbern im Tal der Könige in sichere Verstecke schafften, die 1881 wiederentdeckt wurden. Ein im Versteck von Deir el-Bahari gefundener *rischi*-Sarg der 17. Dynastie enthielt den Leichnam des Seqenenre Tao II., Vater von Kamose und Ahmose. Die massiven Proportionen dieser Särge vermitteln dasselbe Gemisch aus Macht und Provinzialismus wie die Kunst der früheren thebanischen Renaissance der 11. Dynastie. Kamose und Intef VII. hatten besonders grobe Särge, die wahrscheinlich hastig von jemandem ausgeborgt wurden, der nicht königlichen Geblüts war – andere Königssärge waren mit Blattgold überzogen.

Die Särge bestätigen Winlocks Urteil: »Die in diesem Friedhof beigesetzten Könige waren weit entfernt von den mächtigen und unvorstellbar reichen Pharaonen der großen Epochen.«

Wandel der Sitten

Wann immer sich das Reich auf das gesamte traditionelle Gebiet erstreckte – vom Delta bis Elephantine –, entfernte sich auch das Königsgrab weiter vom Lokalfriedhof. Das sahen wir schon in Umm el-Qa'ab in Abydos, wo sich die Königsgräber der 1. Dynastie vom überfüllten vordynastischen Gräberfeld entfernten. Die Riesenpyramiden des frühen Alten Reiches verdanken ihre Exklusivität neben der Ortswahl und Axialauslegung der Tempel und Aufwege ihrer schieren Größe.

Als der Sieg Ahmoses I. über die Hyksos das Neue Reich einläutete, ging man erneut mit den Gräbern auf Reise. Jetzt auch wurde die künstliche Pyramide als Zentralsymbol des Pharaonengrabs endgültig aufgegeben. Die Monarchen ließen sich im Tal der Könige beisetzen. Der Gipfel El-Qurn, dessen Patronin die Göttin Meretseger (»Die das Schweigen Liebt«) war, diente in den nächsten 500 Jahren den Königen der 18. bis 20. Dynastie als Naturpyramide.

Ahmose in Abydos

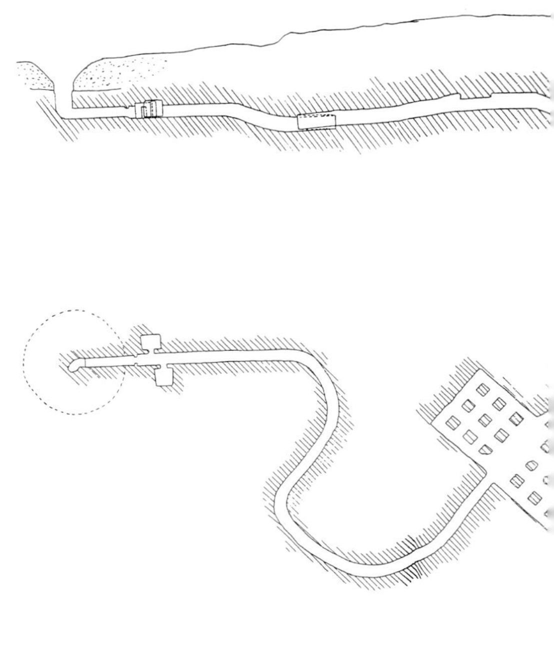

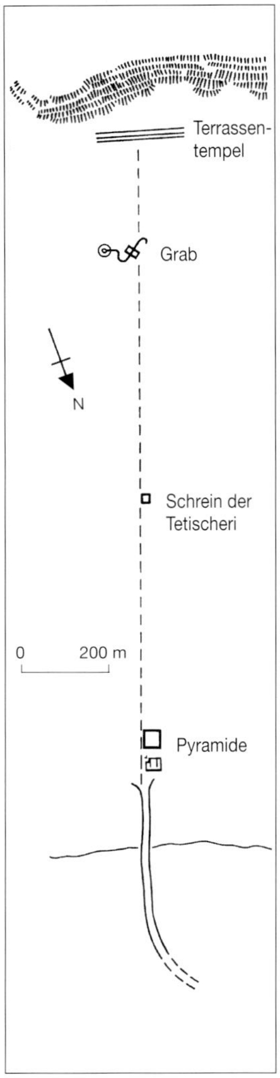

Die Pyramide Ahmoses I. in Abydos war ein Element seines 1200 m langen Axialkomplexes, der wie der dortige Kenotaph Senwosrets I. und die archaischen Königsgräber (ebenfalls in Abydos) von Nordosten nach Südwesten ausgerichtet war.

Ahmose I. (1550–1525 v. Chr.) wurde wahrscheinlich in einem der Pyramidengräber am Südende von Dira Abu'n Naga beigesetzt, erbaute aber auch in Abydos die letzte bekannte Königspyramide Ägyptens. Sie war Teil einer langgestreckten Anordnung von Kenotaph und Tempel, ähnelte der Senwosrets III. weiter nördlich und erstreckte sich vom Vegetationsrand zu den Hochklippen. Der Tempel war mit einer Pyramide verbunden und besaß seine eigene Stadt, gewissermaßen eine letzte Verneigung vor dem Pyramidenkomplex des Alten Reiches, und war vielleicht eine Kombination von Tal- und Totentempel.

Der Kern der Pyramide bestand aus losem Gestein und Sand. Da ein großer Teil der Außenverkleidung geraubt wurde, verfiel das Monument zu einem Schutthaufen; sein ursprüngliches Basismaß dürfte um die 100 Königsellen (52,2 m) betragen haben. Anhand zweier noch erhaltener Verschalungslagen am Fuß der Ostseite schätzte Arthur Mace den Neigungswinkel auf 60°, als er die Pyramide um die Jahrhundertwende untersuchte. Er trieb von der Nordseite einen Tunnel bis zur Pyramidenmitte vor, fand aber keine Kammern. C. T. Currelly, scheint sich vor allem gefragt zu haben, wohin bloß Ahmoses Arbeiter die beim Aushöhlen des Kenotaphs angefallenen Felsbrocken geschafft hätten, und schloß, sie seien als Pyramidenfüllung verwendet worden, so daß keine Gänge oder Kammern übrigblieben.

Zwischen der Pyramide und dem Tempel fand Mace ein eigenartiges, halbrundes Lehmziegeldepot – vielleicht die Überreste einer Rampe oder eines Innentempels wie im Alten Reich. Soweit bekannt, bestand der Tempel aus einer massiven Mauer im Osten mit einem Durchgang zu einer Art Vorhof in der Mitte. In zwei Gruben zu beiden Seiten des Eingangs mögen Bäume gestanden haben. Vom Vorhof führt eine Tür in einen quadratischen Hof. Auf rückwärtigen Fundamentblock-Reihen könnten die Säulen einer Kolonnade gestanden haben. Jenseits davon liegt ein Innenhof, in dem nur Pflasterteile und vier runde Kornspeichern gefunden wurden.

Kürzlich hat Stephen Harvey 2000 bemalte Relieffragmente geborgen, die einst den Tempel zierten, außerdem Wulst-, Brüstungs-, Quadratsäulen- und Stelenstücke und Teile einer Sternendecke. Die Reliefs erzählten vielleicht von Ahmoses Feldzug gegen die Hyksos. Auf hinreißenden Fragmenten sind aufgezäumte Pferde, die einst Streitwagen zogen, Bogenschützen beim Zielen und im Kampf gefallene »Asiaten« mit ihren charakteristischen Bärten und langärmligen Gewändern zu sehen. Ein Fragment trägt den Namen Ipep (es könnte sich um den Hyksos-Anführer Apophis handeln), ein anderes einen Teil des Namens von Hut Waret (Avaris), der Hyksosfestung in Tell ed-Dab'a. Ein zweiter, kleinerer Tempel in der Südost-Ecke der Pyramide war Ahmoses Gemahlin Ahmose Neferati geweiht.

Der Grabkomplex

Die Grundrisse zweier großer Häuser in der Stadt scheinen spiegelbildlich zu sein; neben jedem stehen kleinere Bauten – möglicherweise ein Stammhaus mit Diener- und Vorratsräumen. Sie könnten bei der Verwaltung von Ahmoses Pyramidentempel eine ähnliche Rolle gespielt haben wie im Mittleren Reich die großen Häuser in der Stadt Illahun.

Wahrscheinlich bildete wie bei Senwosret III. eine Straße die Achse des Ahmose-Komplexes. Auf ihr erbaute Ahmose einen eigenen Schrein für seine Großmutter, Königin Tetischeri: einen mastaba-ähnlichen, massiven Ziegelbau mit geröllgefülltem Raster von Haltewänden als Kern. Ein Korridor reicht bis in die Mitte dieser Masse, und rückwärts stand eine bemerkenswerte Stele, die Ahmose für seine Großmutter beschriften ließ, die auf dem Halbmond an der Spitze zweimal sitzend mit dem Geier-Kopfschmuck einer Königin erscheint, während der Enkel ihr opfert. Nach dem Hieroglyphentext teilt der König seiner Frau (die zugleich seine Schwester ist) mit, er plane zum Gedenken an ihre Großmutter eine Pyramide:

Ich gedenke wahrlich der Mutter meiner Mutter, Mutter meines Vaters, der Großen Königlichen Gattin und Königlichen Mutter Tetischeri der Gerech-

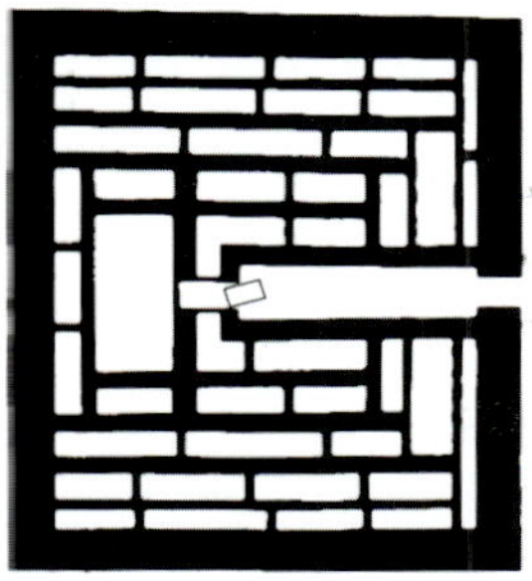

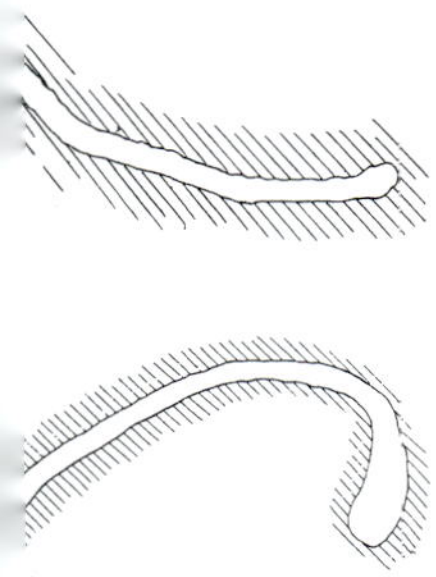

(Oben) Ein Lehmziegel-Kasemattenmassiv (21 x 23 m) beherbergte eine Stele, mit der Ahmose I. seine Großmutter Tetischeri ehrte. Er nannte die Struktur »Pyramide«.

(Links) Das Westende des Komplexes Ahmoses I. enthielt einen gewundenen unterirdischen Osiris-Weg aus hastig geschlagenen Passagen und Kammern.

An der Spitze einer Stele ihres Lehmziegelschreins nimmt Tetischeri, die Großmutter Ahmoses I., Gaben entgegen. Sie war die Trägerin der Lebenskraft (ka) von Ahmoses Königslinie oder Clan.

ten. Ihre Grabkammer und ihr Kenotaph stehen zwar jetzt auf der Erde der Nomoi Theben und Tinnit, aber ich sagte dir dieses, weil Meine Majestät ihr eine Pyramide und Kapelle im Heiligen Land [Abydos] beim Monument Meiner Majestät zu erbauen wünscht.

Der König verlangt, die Pyramide mit einem See, Land, Vieh, Pflanzungen, Priestern und Dienern auszustatten. »Pyramide« muß sich auf den Ziegelschrein beziehen, wo die Stele an der Rückwand der Kapelle errichtet war, und nicht etwa auf die Pyramide am Rand des bebauten Landes.

Tiefer in der Wüste ließ Ahmose einen Kenotaphen in den Felsgrund schlagen. Sein gewundener unterirdischer Verlauf ähnelt wiederum dem Grab Senwosrets III. in Abydos; er ist aber viel hastiger und weniger gekonnt erbaut. Den Eingang bildet eine Grube, die nicht größer ist als das Grab eines gewöhnlichen Sterblichen, und ein zunächst horizontaler Gang ist so niedrig, daß man auf Händen und Knien durchkriechen mußte. Räume auf beiden Seiten des Ganges sind grob gehauen und unfertig. Danach windet und wendet sich der Korridor zu einer Halle mit 18 Säulen. Von hier fällt der Weg steil in eine einfache Grotte ab. Das Ganze war so schnell und armselig gehauen, daß es wie eine rein symbolische osirische Unterwelt wirkt. Es liegt quer zur großen Fluchtlinie von Tempel, Pyramide und Schrein der Großmutter. Man kann das als absichtliche Gleichführung mit dem Lauf des Nils entlang der Abydos-Bucht ansehen; sofern die Bauaufseher Ahmoses und Senwosrets III. jedoch auf die echten Himmelsrichtungen achteten, verliefen diese langen Achsen etwa von Nordost nach Südwest – eine bedeutungsschwere Orientierung in der ganzen Pyramidengeschichte. Ein Schrein für die Königin-Großmutter auf dieser Linie paßt zu der Idee, daß die Königinmutter den Übergang des *ka* vom einen König zum nächsten sicherstellt.

Das Abschlußelement in Ahmoses Anlage bestand aus Terrassen in den Hochklippen südwestlich des Kenotaphen. Verstecke mit Votivkeramiken, Modellen von Steinvasen und Booten samt Rudern waren nahe des Südendes begraben. Der Aufstieg zu den Terrassen führte von Süden her über eine Flucht von Treppen und durch seltsam trapezförmige Räume. Weiter oben verlief ein langer Korridor weiter nach Süden. Am Ende stand eine kleine Kammer mit einem Podium aus Kalkstein – vielleicht der Standplatz einer Königsstatue.

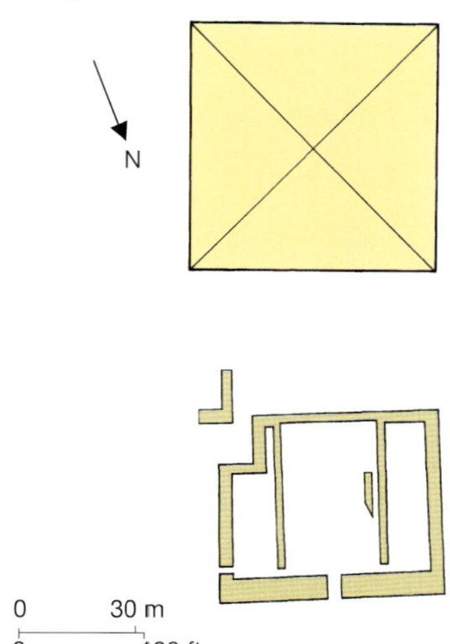

In der Anordnung von Pyramide und Tempel am Talende des Komplexes Ahmoses I. in Abydos spiegeln sich die Pyramidenkomplexe des Alten und Mittleren Reiches. Zwischen Pyramide und Tempel liegt vielleicht ein Innentempel begraben.

»Private« Pyramiden

Nachdem die Pyramide aufgehört hatte, Wahrzeichen und Symbol des Königsgrabs zu sein, verschwand sie für rund 200 Jahre völlig aus der Friedhofsarchitektur. Gegen Ende der 18. Dynastie begannen dann Nekropolisarbeiter und hohe Beamte, kleine Pyramiden über ihren »Privatgräbern« zu errichten. Der Gegensatz von »privat« und »königlich« ist freilich ein modernes Konzept; damals lief es schlicht darauf hinaus, daß die Pyramide kein ausschließliches Vorrecht des Königs mehr darstellte. Überreste von Kleinpyramiden des Neuen Reiches wurden auch an anderen Orten gefunden, von Nubien bis Memphis. Im Verhältnis zur Kapelle waren sie noch kleiner als die Königsgräber der 17. Dynastie.

Arbeiter-Pyramiden in Deir el-Medina

Die beim Bau der prunkvollen Gräber im Tal der Könige beschäftigten Künstler und Handwerker besaßen ihren eigenen Friedhof oberhalb des Arbeiterdorfs Deir el-Medina, das jenseits der die königliche Nekropolis abschirmenden Klippen lag. Auf dem Terrassenabhang über ihren Gräbern standen Kleinpyramiden. Die Gräber bestanden aus einem Hof mit Stein- oder Ziegelumfassungsmauer; der Eingang war im Osten. Im Dunkel der Kolonnade auf der Westseite des Hofes stand eine Kapelle mit Tonnengewölbe und gemalten Wandszenen. Ein in eine Stele geritztes Bild des Eigentümers beherrschte das Ganze von der Kapellenrückwand her. Tief im Felsgrund lag die Grabkammer, deren Wände Szenen des Toten mit den Göttern im Nachleben zierten. Die Kleinpyramiden waren mit Ziegeln über der Kapelle errichtet und hohl, um das Dach zu entlasten. Eine Nische in der Ostseite der Pyramide enthielt eine Statue des Toten, der manchmal kniete und eine kleine Stele hielt. Von solchen Pyramiden sind viele Schlußsteine gefunden worden, auf denen Figuren des Grabeigners vor Opfergaben sitzend den Sonnengott priesen.

Auf den Hügeln über der Arbeiterstadt Deir el-Medineh stand einst eine Reihe von Kleinpyramiden. Unten: Rekonstruktionszeichnung eines solchen Grabes (eine Rekonstruktion in situ *zeigt die gegenüberliegende Seite).*

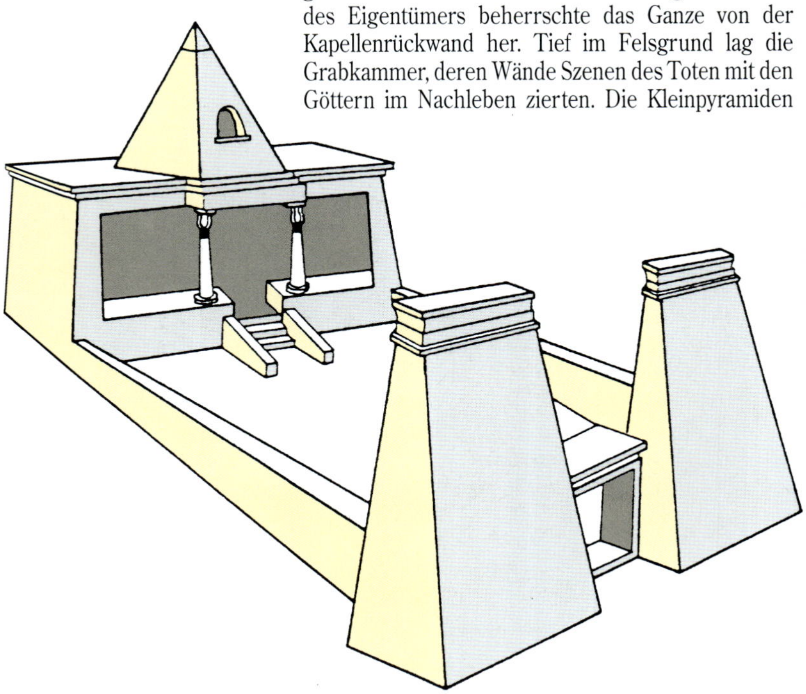

Rückkehr nach Saqqara

In Saqqara hatten die Gräber hoher Memphisbeamter des 18. Jahrhunderts die Form kleiner Tempel mit einer manchmal am Westende auf dem Steindach der Kapelle stehenden Ziegelpyramide. In der 19. Dynastie gehörten dazu auch unmittelbar westlich der Kapelle zu ebener Erde errichtete Steinpyramiden.

1982 entdeckte Geoffrey Martin südlich von Unas' Aufweg die Pyramide der Prinzessin Tia, einer Schwester Ramses' II., und ihres gleichnamigen Gatten. Weiter östlich grub Sayed Tewfik weitere große ramessidische Gräber mit Pyramiden aus. Das Grab der beiden Tias besteht aus einem gepflasterten Vorhof mit kleinem Portikus, einem massiven Pylonentor und einem Kolonnadenhof, von dessen Mitte ein tiefer Schacht zu den Grabkammern, einer Vorkammer mit zwei Säulen und einer Opferhalle hinabführt. Eine Pyramide aus solidem, kalksteinverschaltem Geröll stand leicht schräg westlich der Kapelle. Ihr Pyramidion wurde 1722 nach England gebracht; auf vor ihrem Verlust (1792) angefertigten Zeichnungen sind die Szenen erhalten, die ihre Flächen zierten.

Die Pyramiden in Unternubien

Von der 18. bis zur 20. Dynastie wurden in Aniba und Soleb (Unternubien) Kleinpyramiden-Gräber gebaut – Provinzimitationen derer von Theben mit kleineren Änderungen. Sie waren direkt mit gewölbebedachten Kapellen verbunden, die man von einem kleinen, mit hohen Mauern umgebenen Hof her betrat. Von seiner Mitte führte ein Schacht zur Grabkammer. Keines der beiden Elemente übertraf das andere erheblich an Größe, sondern Hof und Kapelle entsprachen proportional der Pyramide. Hier haben wir vielleicht die knappste Form der tausendjährigen Wesenselemente des Pyramidenkomplexes: die Pyramide als Zentralsymbol sowohl des Grabhügels als auch der Auferstehung; die Kapelle als Ort, wo man Zwiesprache mit den Toten hält und ihnen Opfer darbringt; den Eingang zur Grabkammer in geheiligtem Raum.

Die Saïten-Pyramiden

In der Saïten-Zeit (26. Dynastie, um 600 v. Chr.) wurden auch in Theben und Abydos Pyramidengräber erbaut. Nachdem Mariette solche Gräber mit ihrer charakteristischen Innenkuppel 1858 in Abydos entdeckt hatte, glaubte man einige Zeit, sie stammten aus dem Mittleren Reich. Erst die Entdeckung ähnlicher Gräber in Theben durch das Österreichische Archäologische Institut zeigte, daß sie späteren Datums waren. Das Kuppelinnere der kleinen Ziegelpyramiden entsprach in der Bauweise den altägyptischen

Rekonstruierte Pyramide eines Grabes auf dem Arbeiterfriedhof von Deir el-Medineh, Theben.

Kornspeichern und Backöfen mit Kragsteingewölbe. Kuppelgräber waren schon im Alten Reich bekannt. In den letzten Jahren grub Zahi Hawass in den Friedhöfen südlich des Sphinx eine ganze Serie davon aus, deren Äußeres aber ebenfalls kuppel- und nicht pyramidenförmig ist.

Die Abydos-Pyramiden standen auf einem rechteckigen Sockel. An einer Seite befand sich eine kleine rechteckige Kammer, die man durch eine Bogentür auf Bodenebene betrat und die eine Stele des Toten enthielt. Ein Schacht führte zu einer tieferen Kammer mit einem kleinen Seitengang zur Grabkammer unter der Pyramide. Ein doppelter Boden trennte die Grabkammer von der Kuppel, die in den Pyramidenkörper verkragt war und im Querschnitt den Kragsteinkammern Snofrus in Meidum und Dahschur entsprachen; allerdings ist hier die Kuppel im Verhältnis zur Pyramide viel größer.

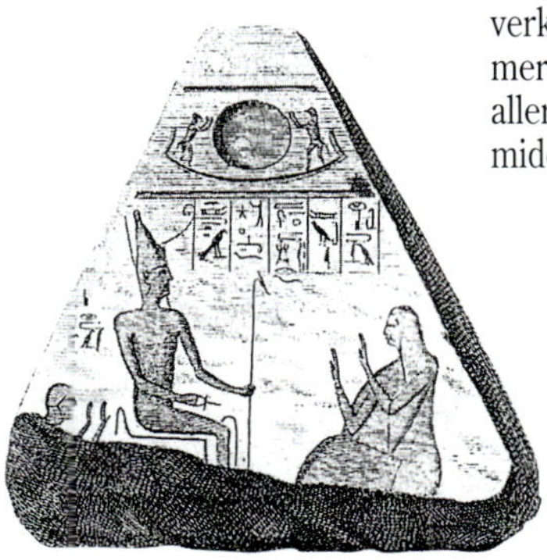

(Links) Zwei der vier verzierten Seiten des Pyramidions der beiden Tias. Die Verstorbenen huldigen Re-Harachte, Atum und Osiris. Ein kleiner ba-*Vogel mit Menschenkopf hinter jeder Gottheit ist mit »Osiris Tia« beschriftet.*

(Unten) Querschnitt und Plan eines Pyramidengrabes in Abydos. Das Kragsteingewölbe ähnelt alten ägyptischen Kornspeichern und Öfen.

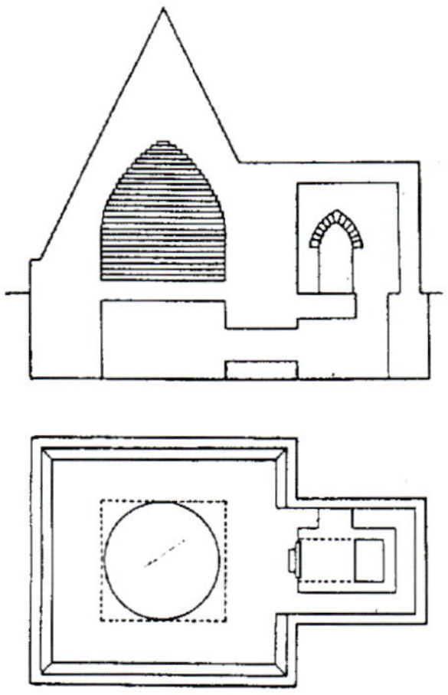

Pyramiden der Spätantike

Hat man in einem Katalog der ägyptischen Pyramiden bereits 1000 Jahre und über 90 Pyramiden abgehandelt, erschrickt man fast bei der Feststellung, daß in einem weiteren Jahrtausend doppelt so viele – rund 180 – in Nubien gebaut worden sind. Die nubische Reihe setzt gut 800 Jahre nach dem Bau der letzten Königspyramide in Ägypten ein. Das nilaufwärts gelegene Nubien bewahrte die altägyptische Kultur bis weit in die Spätantike hinein; die Wiederbelebung der Pyramidentradition war davon nur ein Aspekt. Das erste Reich von Kusch, wie die Ägypter das Land nannten, entwickelte sich aus einem schon im Mittleren Reich an der ägyptischen Peripherie errichteten Handelsposten. Sein Zentrum, die Stadt Kerma, liegt gleich unter dem 3. Katarakt. Nach den in Unternubien gebauten Festungen zu schließen, empfanden die Pharaonen der 12. Dynastie die dort regierenden Könige als Bedrohung. In der Endphase wurden im Friedhof von Kerma über großen unterirdischen, durch Mauern unterteilten Kreisen riesige Rundhügel errichtet. Die nicht mumifizierte Leiche des Königs lag auf einem vergoldeten Bett, umgeben von Schätzen und den Leichen der Diener, Höflinge und Frauen, die als Teil der Königsbestattung den Tod fanden.

Nubien – Zufluchtsort der Königspyramiden, als ihr Bau in Ägypten schon längst eingestellt war. Die wichtigsten Pyramidenfelder oberhalb des 3. Katarakts liegen bei Kurru, Djebel Barkal, Nuri und Meroe.

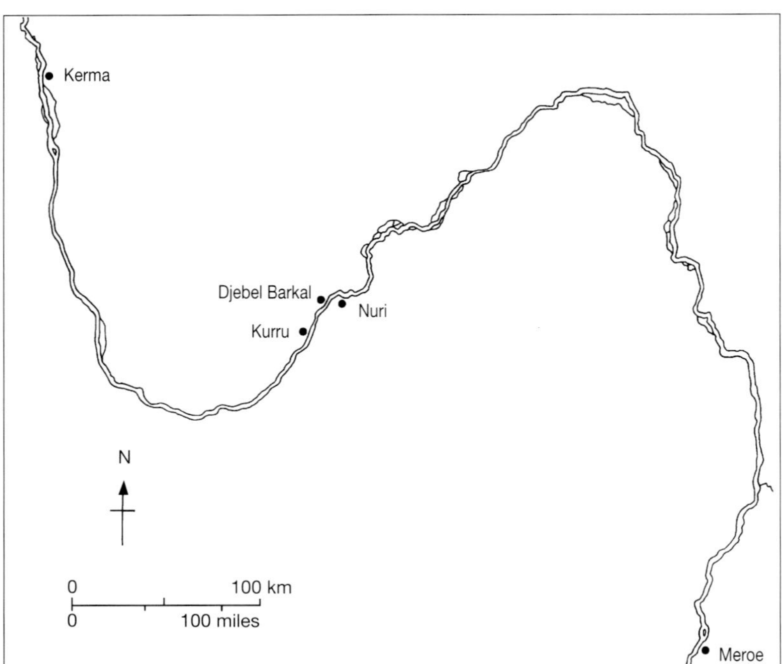

Die Lücke von 800 Jahren

Das ägyptische Neue Reich machte Nubien zur ägyptischen Provinz, die der »Königssohn von Kusch« regierte. Die Südgrenze ägyptischer Herrschaft dürfte beim Djebel (»Berg«) Barkal gelegen haben, wo ein Amun-Tempel erbaut wurde. Als das Neue Reich in rivalisierende Fürstentümer zerfiel, ging auch (wohl schon gegen 1070 v. Chr.) die Herrschaft über Nubien verloren. Für die folgenden zwei Jahrhunderte gibt es kaum historische oder archäologische Hinweise auf Nubien und Sudan. Dann tauchte in Oberägypten urplötzlich ein neues, kraftvolles Kuschiten-Reich auf.

Schon 770 v. Chr. unterwarf ein mächtiger Herrscher namens Kaschta von Napata am Fuße des Djebel Barkal aus Unternubien und Oberägypten bis nach Theben, wo er seine Schwester als »Göttliche Anbeterin Amuns« installierte – eine politisch inzwischen ebenso wichtige Funktion wie die des Hohenpriesters. Die Thebaner feierten Kaschta als König Ober- und Unterägyptens. Kaschtas Nachfolger Pije (früher las man Pianchi) griff die Fürstentümer Mittel- und Nordägyptens an; seinen Feldzug ließ er auf Stelen in den Tempeln von Karnak, Memphis und Djebel Barkal aufzeichnen. Nur letztere blieb erhalten. Diese bemerkenswerte, teils geschichtliche, teils romanhafte Erzählung schildert Pije in der traditionellen Rolle des Pharao als Wahrer der Ordnung gegen die Kräfte des Chaos. Nun nannten sich vier Herrscher »König von Ägypten«. Zudem gab es Tefnacht, den selbsternannten »Herrn des Westens«. Der großen Stele zufolge unterwarfen sie alle sich Pije in höchsteigener Person, ausgenommen Tefnacht, der Tribut und einen Kapitulationsbrief schickte. Vor der Zeremonie begab sich Pije nach Heliopolis, um dem Sonnengott zu huldigen und seine Krönung zu feiern. Zum Ritus gehörte auch ein intimer Augenblick am heiligen *ben-ben*:

> Er stieg die Stufen zum großen Fenster hinauf, um Re im Pyramidionhause zu sehen. Der König war ganz alleine. Er erbrach die Siegel der Riegel, öffnete die Tür, betrachtete seinen Vater Re im heiligen Pyramidionhaus, schmückte die Morgenbarke des Re und die Abendbarke des Atum.

Pije kehrte als Gründer einer nubischen Dynastie (der 25.) von Königen Ober- und Unterägyptens, die ein Jahrhundert regierten, nach Napata zurück. Seine Pilgerfahrt zum Urbild der Pyramide, dem *ben-ben*, paßt hervorragend dazu, daß er als erster König seit 800 Jahren wieder in einer Pyramide begraben wurde.

Die Pyramiden von Kurru

Pije erbaute seine Pyramide in Kurru, 13 km nilabwärts vom Amun-Tempel in Djebel Barkal. Die – nie gefundene – Residenz der Napata-Könige wird in der Nähe vermutet. Als Reisner 1918/19 in Kurru grub,

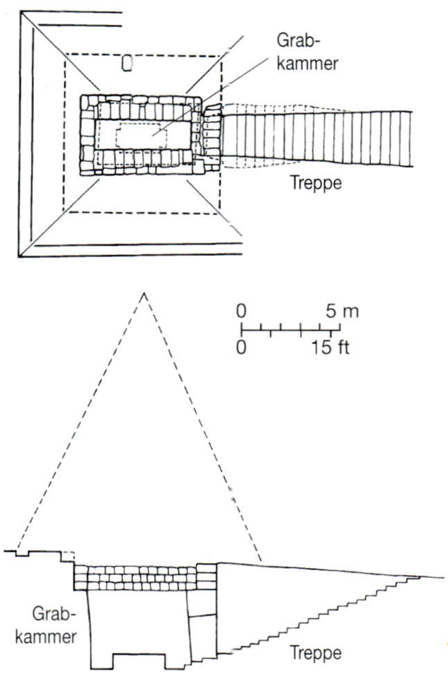

(Oben) Plan und Profil der Überreste des Pije-Grabes. Er wurde als erster König seit 800 Jahren in einer Pyramide beigesetzt.

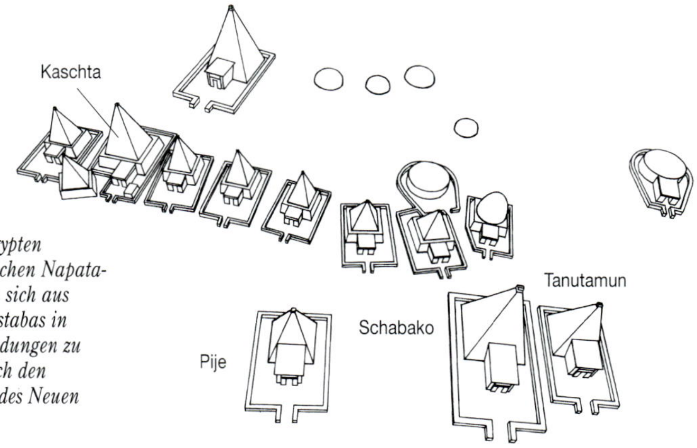

Die an das frühe Ägypten erinnernden königlichen Napata-Gräber entwickelten sich aus Kieshügeln und Mastabas in rechteckigen Einfriedungen zu Monumenten ähnlich den »Privatpyramiden« des Neuen Reichs.

(Oben) Der Königsfriedhof von Kurru enthielt die Gräber des Kaschta (Vater Pijes), fünf früherer Generationen sowie der Pije-Nachfolger Schabako, Schebitku und Tanutamun. Auf dem Friedhof standen außerdem 14 Königinnenpyramiden.

stand nur noch eine Pyramide. Unter niedrigen Geröllhalden fand er die Gräber Pijes und seiner Nachfolger der 25. Dynastie Schabako, Schebitku und Tanutamun. Einst hatten Pyramiden darüber gestanden, waren aber völlig beseitigt worden.

Nach geltender Lesart ließ sich Pije vom Anblick der Königspyramiden in Ägypten inspirieren, aber sein Grab ähnelt eher den »privaten« Pyramidengräbern des Neuen Reiches. Obwohl der Oberbau ganz fehlte, als Reisner grub, läßt der Fundamentgraben ein Basismaß von etwa 8 m und eine wahrscheinliche Neigung von rund 68° erkennen. Eine 19stufige Treppe führte vom Osten zur Grabkammer, die als offene Grube in den Felsgrund gehauen und mit einem gemauerten Tonnengewölbe überdacht war. Pijes Leiche lag auf einem Bett, das in der Kammermitte auf einer Steinbank ruhte; deren vier Ecken waren weggeschlagen, so daß sie die Bettfüße aufnehmen und die Liegefläche unmittelbar auf der Bank aufsetzen konnte. Dies war eine einheimische nubische Anordnung, aber Pije dürfte in ägyptischem Stil einbalsamiert gewesen sein, denn man fand Fragmente von Kanopenkrügen und Überreste der in zeitgenössischen ägyptischen Gräbern üblichen *uschebti*-Figuren. Die nach der Beisetzung über der Treppe erbaute Kapelle war völlig zerstört.

Die Pyramide von Pijes Nachfolger Schabako besaß dasselbe Layout, doch die Grabkammer lag völlig unter der Erde und ihre Gewölbedecke war in den Naturfels gehauen. Man betrat die Grabkammer durch einen kurzen Tunnel vom Fuß der Eingangstreppe her, die so weit im Osten der Totenkapelle begann, daß die Pyramide auch nach dem Bau der Kapelle noch zugänglich war. In Kurru gab es auch 14 Königinnenpyramiden; im Unterschied zu denen der Könige mit einer Seitenlänge von 8 bis 11 m betrug ihr Basismaß nur 6 bis 7 m. Nordöstlich des Königsfriedhofs fand Reisner die Gräber von 24 Pferden und zwei Hunden. Vier der Pferde gehörten Pije, vier Tanutamun; jede Gruppe mag ein Streitwagengespann gewesen sein. Schabako und Schebitku besaßen je zehn Pferde. Die Tiere waren geopfert, enthauptet und stehend begraben worden (die Schädel fehlten). Die Leichen waren mit Perlschnüren drapiert, an denen Kaurischalen und schwere Bronzekügelchen hingen; zudem hatten sie Silberkragen und vergoldete Federnhalter aus Silber. Kann man diese Pferde mit den früheren Schiffsbegräbnissen vergleichen?

Die Pyramiden von Nuri

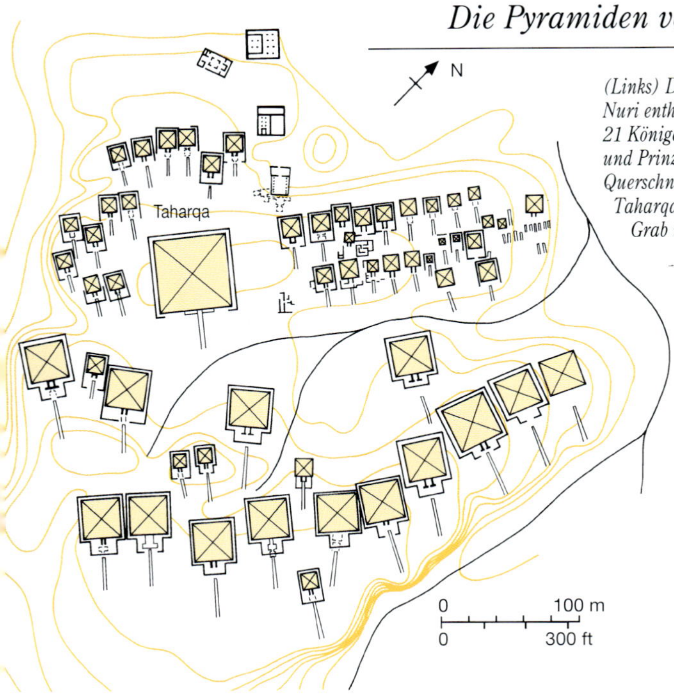

(Links) Das Pyramidenfeld von Nuri enthielt die Grabstätten von 21 Königen sowie 52 Königinnen und Prinzen. (Rechts) Plan und Querschnitt der Pyramide des Taharqa, der als erster sein Grab in Nuri errichtete.

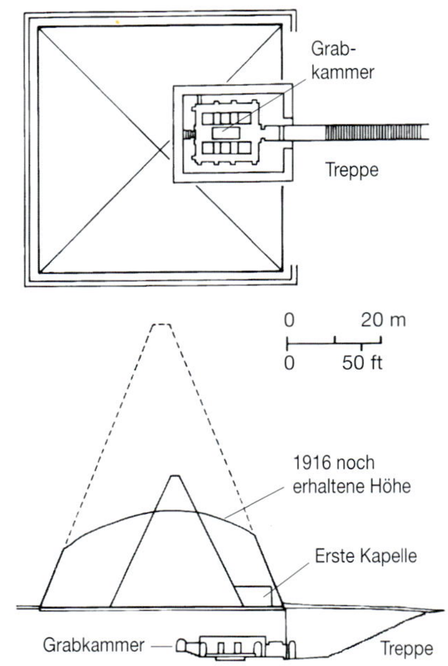

(Unten) Ein uschebti – *»Antworter« – des Taharqa. Dessen Pyramidengrab enthielt 1070 solcher Diener-Figurinen.*

Taharqa, der vorletzte König der 25. Dynastie (der Tirhaka von 2 Kön. 19,9), legte seine Pyramide nach Nuri auf der Flußseite gegenüber dem Djebel Barkal. Mit 51,75 m Basis und 40 oder 50 m Höhe war sie die größte von Nuri und ist in der nubischen Reihe insofern einmalig, als sie zwei Baustufen aufweist. Die erste war mit glattem Sandstein verkleidet. Zeichnungen und Berichte aus dem frühen 19. Jahrhundert lassen erkennen, daß die abgeflachte Spitze der inneren Pyramide aus dem zerfallenden Kern der größeren äußeren ragte. Letztere war die erste mit gestuften Lagen und abgeflachten Ecken; der Neigungswinkel betrug 69°. Als Reisner in Nuri grub, war die innere Pyramide schon viel niedriger. Eine Umfassungsmauer schloß sich eng um die Pyramide. Von der Kapelle fand sich keine Spur. Taharqas unterirdische Kammern sind die schönsten aller Kuschitengräber. Man betrat sie von Osten her über einen Treppengraben nördlich der Mittelachse der Pyramide, was der Anordnung der ursprünglichen kleineren Pyramide entspricht. Drei Stufen führten zu einer Tür mit ausgekehltem Rahmen und Gesims; von hier aus ging es in einen Tunnel, der sich zu einer Vorkammer mit Tonnengewölbe weitete. Sechs aus dem gewachsenen Fels gehauene Pfeiler unterteilen die Grabkammer in zwei Seitenschiffe und ein Mittelschiff, alle mit Tonnengewölbe.

Eine in den Fußboden gehauene Mulde nahm den Sarkophag auf, von dem nichts übrig ist. In der Nord- und Südwand waren vier, in der Westwand zwei rechteckige Nischen. Die ganze Kammer umgab ein wallgrabenähnlicher Korridor, in den man über Stufen vor dem Eingang der Vorkammer hinabstieg; vom Westende des Hauptschiffs führte ebenfalls eine Treppe hinunter. Das Ganze ähnelt dem Osireion – dem oberirdischen Tempel und symbolischen Osiris-Grab, das Seti I. in Abydos baute. Taharqa war nach guter ägyptischer Art beigesetzt.

Während seiner Herrschaft war Taharqa immer mehr mit dem expansionistischen Assyrerreich in Konflikt geraten. Seinem Nachfolger Tanutamun hatten sich kurze Zeit alle Delta-Führer unterworfen, aber dann warfen ihn die Assyrer nach Napata zurück. Die napatanische Beherrschung Ägyptens endete, als sich Psamtik I. zum alleinigen Herrscher eines vereinigten Ägypten aufwarf, doch das Reich in Obernubien bestand fort. Während sich die Denkmaltexte über Ägypten und andere ausländische Mächte vielsagend ausschweigen, herrschten Tanutamuns Nachfolger weitere 350 Jahre über ein Gebiet, das vom 1. Katarakt bis zum Weißen Nil reichte.

Tanutamun baute seine Pyramide wieder in Kurru, aber in Nuri wurden 21 Könige und 53 Königinnen

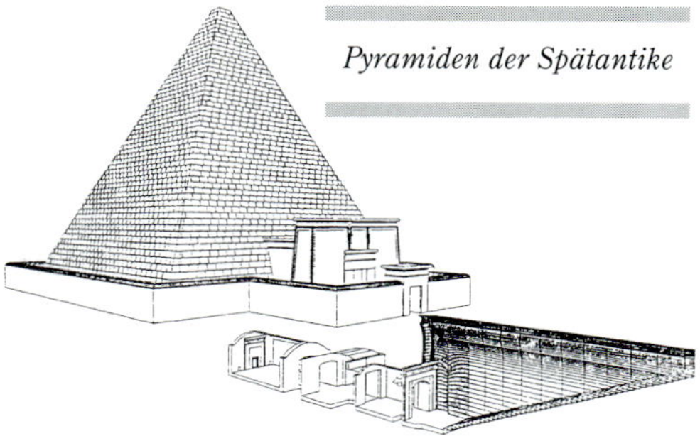

(Oben) Computerdiagramm des Grabes von König Aspelta im 6. Jhdt. v. Chr. Jetzt beherbergte der Pyramiden-Unterbau schon zwei oder drei Kammern mehr. Pylonengetragene Kapellen waren mit Reliefs geschmückt.

(Oben, Mitte und links) Die Pyramiden von Nuri; diese Kleinpyramiden haben die Zeit relativ gut überstanden.

und Prinzen unter soliden Mauerwerkspyramiden aus lokalem Rotsandstein begraben. Sie waren generell viel größer als die in Kurru und erreichten Höhen von 20 bis 30 Metern. Die an die Ostseite anschließenden Kapellen waren mit Reliefs verziert; eine ins Mauerwerk eingebaute Stele zeigte den König vor den Göttern. Wie der Oberbau war auch der Unterbau genormt. Über einen Treppengraben östlich der Kapelle erreichte man Kammern, die Taharqas Nachfolger auf zwei oder drei Räume erweiterten, deren Wände manchmal mit dem »Negativen Bekenntnis« aus dem Buch der Toten beschriftet wurden.

Die »Royals« von Napatan wurden nach ägyptischer Art mumifiziert und von unzähligen *uschebtis* begleitet (allein bei Taharqa fanden sich 1070). Goldschmuck, Krummstab und Dreschflegel (nur bei Königen), grüne Steinskarabäen, Goldbrustplatten und goldene Hüllen auf Fingern und Zehen zierten die Mumien. Die Leichen lagen in kleinen, menschenförmigen Holzsärgen mit Blattgoldverzierung und Intarsien aus farbigen Steinen. Die Außensärge könnten noch stärker dekoriert gewesen sein und in Gold- und Edelsteinintarsien das Motiv von Falken- und Geierschwingen getragen haben. Die Leichen der Könige Anlami und Aspelta (568 v. Chr.) lagen in riesigen Granitsarkophagen. Der Aspeltas wiegt 15,5 Tonnen und trägt wie sein 4 t schwerer Deckel Pyramidentexte, Kapitel aus dem Totenbuch und Bilder von ägyptischen Gottheiten.

Die Pyramiden von Meroe

Der letzte in Nuri begrabene König starb um 308 v. Chr. Danach gelangte Meroe (zwischen dem 5. und 6. Katarakt) zur Geltung, und die Könige begannen dort ihre Pyramiden zu bauen. Abgesehen von drei oder vier Pyramidengenerationen beim Djebel Barkal blieb Meroe nunmehr 600 Jahre lang bis 350 n. Chr. Königsfriedhof. Zuvor schon hatte es als königliche Residenz gedient. Der Wechsel von Napata hierher könnte schon 590 v. Chr. erfolgt sein: ein Jahr zuvor

Die Pyramiden von Meroe bestanden aus gestuften Lagen guter Mauerblöcke, die aus dem lokalen Rotsandstein gebrochen wurden.

relle und politische Entwicklung von Meroe ausging«. Funde auf dem Friedhof zeigen, daß Meroe schon unter Pije wichtig war. Niedrigere Adlige und Hofbeamte wurden dort bereits im 7. Jahrhundert v. Chr. begraben.

Die klassischen Autoren kannten das Kernland des meroitischen Gebiets, das heutige Butana, als »Insel von Meroe«. Obgleich es auf drei Seiten von Flüssen (Nil, Atbara und Blauer Nil) umgeben ist, verlief der Verkehr von Napata zumeist über die Straße durch den Wadi Abu Dom, die den großen Nilbogen zwischen dem 4. und 6. Katarakt durchquert. Dieses Kernland war wiederholt die Zuflucht der Könige von Napata und Meroe, wenn sie sich vor Weltmächten zurückzogen, die in den Nilkorridor eindrangen. Meroe lag knapp jenseits des Zugriffs des Römischen Reiches, mit dem es jedoch Handel trieb.

Die Siedlung Meroe liegt etwa einen Kilometer östlich des Flusses, ihre Friedhöfe noch weiter nach Osten in der Wüste. Als erster bedeutender König erbaute Arakakamani (Diodors »Ergamenes«) sein Grab in Meroe; er regierte, als Ptolemaios II. in Ägypten König war (285–247 v. Chr.). Seine Pyramide stand im seit Pije genutzten Südfriedhof. Dort erbauten noch ein König und eine Königin ihre Gräber, doch dann sahen sich die Herrscher durch das Gedränge von über 200 Einzelgräbern veranlaßt, auf einem geschwungenen Felsgrat jenseits eines engen Tales den Nordfriedhof anzulegen. Eine dritte Traube von Pyramiden in Meroe bietet der Westfriedhof. Diese ziegelverschalten Geröllpyramiden niedriger Mitglieder des Königshauses sind umgeben von einem Meer von vielfach reich ausgestatteten Gräbern der wichtigen Familien von Meroe.

Vom Nordfriedhof stammt der berühmte Ferlini-Schatz, den der italienische Forscher Giuseppe Ferlini 1830 in der Pyramide Beg. N.6 entdeckte, die Königin Amanischachto (spätes 1. Jhdt. v. Chr.) gehörte. Er besteht aus Goldringen, Halsschmuck und anderem Zierat, den er »aus einer Geheimkammer« an der Spitze einer Pyramide geborgen haben will. Prompt begannen weitere Schatzsucher, die Spitzen vieler anderer abzutragen. Der Schatz konnte jedoch nur aus einem Unterbau stammen, in den man, wie Reisner feststellte, über die übliche Osttreppe gelangte, die zu einem versperrten Durchgang vor drei aufeinanderfolgenden Kammern hinabführte. Zwei von ihnen haben quadratische, aus dem gewachsenen Fels gehauene Pfeiler, die dritte und innerste ist kleiner.

Die Decken waren anfänglich nur leicht, in den späteren – weit gröber behauenen – Kammern dann rund gewölbt. Der Leichnam wurde in Meroe in einem anthropomorphen Holzsarg beigesetzt, der auf einer erhaben gemauerten Bahre stand und manchmal mit eingeschnitzten Götterfiguren geschmückt war. Reliefszenen in den Kapellen an der Ostseite der Pyramiden stellten auch Mumien dar – der verstorbene Herrscher wurde also, wie auch Reste von Kanopengerät zeigen, weiterhin mumifiziert. Obwohl die Königsgräber von Meroe allesamt ausgeplündert wor-

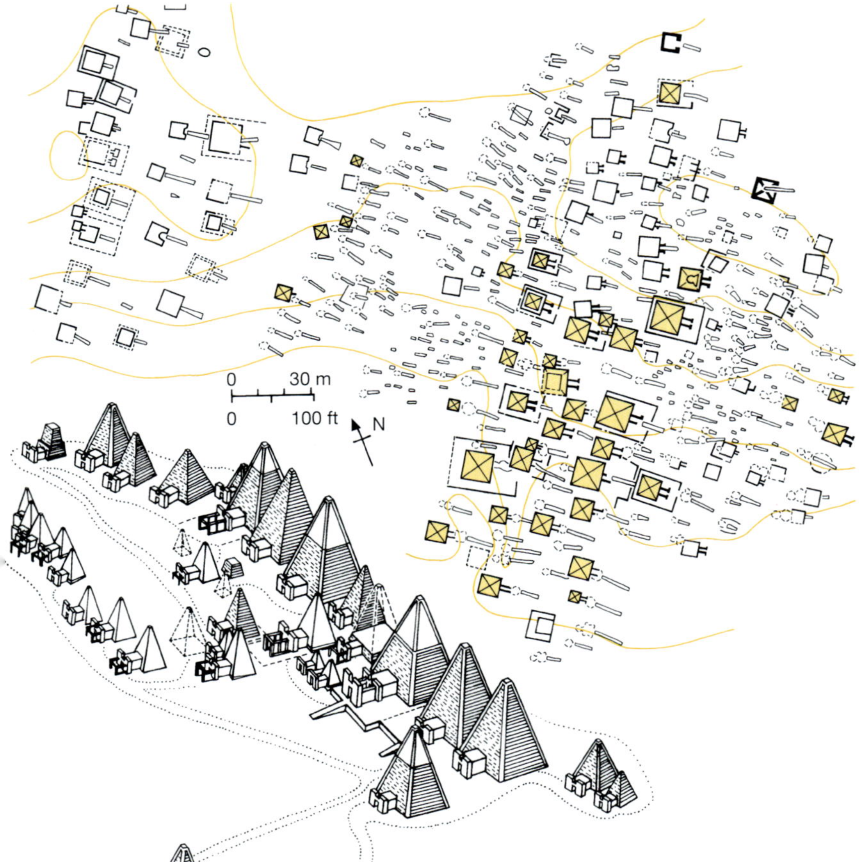

war der ägyptische Pharao Psamtik II. in Nubien eingefallen. Er scheint Aspeltas Truppen besiegt zu haben und könnte auf Napata marschiert sein. Grund und Zeitpunkt des Residenzwechsels sind aber ungeklärt.

Peter Shinnie, der in Meroe gegraben hat, hält es nicht einmal für sicher, daß die Königsresidenz überhaupt je in Napata lag, weil dort keine Siedlung gefunden wurde. Andererseits weiß man, daß Meroe schon im 8. Jahrhundert v. Chr. besiedelt war; es könnte also sein, daß »es vor Napata datierte und die ganze kultu-

Das riesige Pyramidenfeld von Meroe war dicht besetzt. Faktisch unterteilte es sich in den West- (Plan oben), Süd- und Nordfriedhof. Die Skizze beruht auf F. W. Hinkels Rekonstruktion der Nordgruppe.

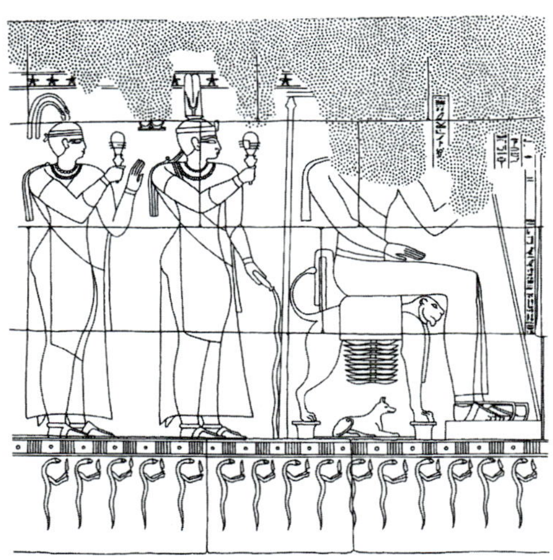

Die Pyramiden von Meroe waren mit Reliefs verziert, die häufig den Herrscher auf einem Thron in Löwengestalt zeigten wie hier; aus der Pyramide des Arqamani (Beg. N.7).

den waren, fand Reisner Hinweise, daß die Toten Gold- und Silberschmuck getragen hatten. Die Archäologen bargen Bogen, Köcher, Daumenringe von Bogenschützen, Pferdegeschirre, Holzkästen und Möbel, Bronzelampen, Bronze- und Silbergefäße, Glasflaschen und Keramik. Die Kammer nächst dem Eingang enthielt Weinamphoren und Aufbewahrungskrüge für Nahrungsmittel. Gefährten und Diener folgten den Königen und Reichen ins Grab und wurden dort offenbar bei der Bestattung geopfert. Auch Tiere, darunter jochtragende Pferde, Ochsen, Kamele und Hunde, wurden geschlachtet und außerhalb des Eingangs der Grabkammer begraben.

Die steilen Pyramiden von Meroe waren aus Sandstein und 10 bis 30 Meter hoch. Wie in Nuri waren sie gestuft und standen auf einem Sockel, aber jetzt rahmten glatte, erhaben gemauerte Bänder die Dreiecksseite an den Kanten ein, wo sie zusammenstießen. Das gilt auch für die Pyramiden am Djebel Barkal. Wo höhere Teile erhalten sind, sind die Linien wie beim Brüstungsgesims der Ecken ägyptischer Tempel im obersten Viertel der Gesamthöhe abgerundet. Gegen Ende der Meroiterzeit machte sich die im Unterbau erkennbare Degeneration auch an den nun wieder glatten Pyramiden bemerkbar. Die Verkleidungssteine waren viel kleiner und schlossen einen armselig gebauten Kern ein. Die spätesten Pyramiden wurden aus Geröll und Ziegeln errichtet und dann verputzt. Der Niedergang Meroes begann im 1. Jahrhundert n. Chr. und könnte durch veränderte Handelsströme und nur schwache Beziehungen zur römischen Wirtschaft verursacht worden sein. Meist wird als Grund angegeben, Meroe sei von seinen traditionellen Stammesfeinden überrannt worden. Mit Hilfe des Kamels hätten die Blemmyer die alten Handelsrouten lahmgelegt. Viehzüchterstämme, die Nubai und Noba aus der Savanne südlich und südwestlich des Nil, können ebenfalls eine große Bedrohung gewesen sein. Unmittelbar südlich des meroitischen Einflußbereichs wuchs eine weitere Macht heran – die Axum-Kultur im äthiopischen Hochland.

Das Ende der Pyramiden

Das Wiederaufleben der Königspyramide nach 800jähriger Pause ist ein interessantes Beispiel für den Übergang einer architektonischen Idee von einer Region und Kultur zu einer anderen. Die nubischen Pyramiden sind kleiner, viel zahlreicher, weit genormter und gehören viel mehr Mitgliedern des königlichen Haushalts als im klassischen Pyramidenzeitalter Ägyptens. Wir sollten jedoch die Pyramiden-Etats der napatanischen und meroitischen Reiche im Verhältnis zu ihrer Bevölkerungszahl betrachten, die erheblich kleiner gewesen sein dürfte als die Ägyptens im Alten und Mittleren Reich. Aspeltas kolossaler Granitsarkophag zum Beispiel könnte einen viel größeren Anteil des Bruttosozialprodukts verschlungen haben als etwa das Quarzit-Grabgewölbe Amenemhets III.

Das Eindrucksvollste an den nubischen Pyramiden ist die Dauerhaftigkeit der Standardform. Diese Standardisierung ist konsequenter und dauerhafter als die im Alten Königreich, was auf den Konservativismus der nubischen Kultur über einen geschichtlichen Zeitraum schließen läßt, der jenem von Djoser bis Ahmose I. entspricht. Die Pyramide kam fertig entfaltet nach Nubien; Proportionen, Unterbau und Kapelle hatten sich schon im Neuen Reich herausgebildet.

Die Meroiter-Kultur war der letzte Bannerträger von Traditionen und Symbolen, die ins älteste Ägypten zurückreichten. Als dieses Reich um 350 n. Chr. zerfiel, verschwand endgültig auch die Pyramide als Wahrzeichen eines Königsgrabs.

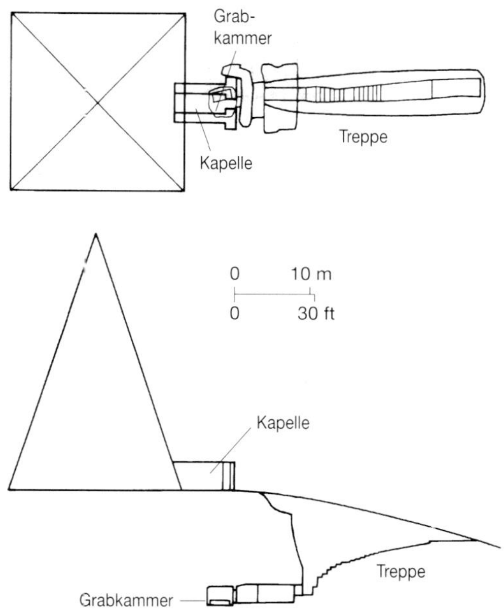

(Links) Plan und restauriertes Profil der Pyramide Beg. N.6 aus Meroe, in der der sogenannte Ferlini-Schatz gefunden wurde.

(Oben) Armreif aus der Pyramide von Königin Amanischachto.

Zwei der Pyramiden von Meroe nach der Restaurierung durch F. W. Hinkel.

Wie wurden die Pyramiden eigentlich gebaut? Diese Frage kommt gewöhnlich als erstes, wenn jemand erfährt, daß ich in Gise arbeite, und gewöhnlich erwartet man dabei eine einzige, einfache Antwort – eine, die viele Theoretiker auch zu besitzen glauben. Ihre Diagramme zeigen, wie Steine über irgendwelche Rampen geschleift, auf die Pyramidenstufen gehebelt, mit Gegengewichten oder hydraulischen Mechanismen hochgehievt wurden. Doch unter Ägyptens Sonne schmilzt so manche vorschnelle Idee rasch dahin. Was auch immer wir als wahrscheinlichste Baumethode vorschlagen: Es muß felsenfest in der Wirklichkeit der Pyramidenbaustellen verankert sein.

So wie es keine Standardpyramide gab, gab es auch keine Standardmethode für den Bau. Die Frage, »wie wurden sie gebaut?«, gilt meist stillschweigend den kolossalsten und berühmtesten Pyramiden wie jenen des Snofru, des Cheops und des Chephren. Diese Monumente bilden zwar nur eine winzige Minderheit, doch sie bieten zugleich die größte Variationsbreite, denn sie sind Produkte der Zeit des stärksten Experimentierens mit dem Pyramidenbau. In diesen Generationen erwarben und verfeinerten die Ägypter jenes technische und architektonische Können, das zur Grundlage des späteren Pyramidenzeitalters werden sollte. Und die Große Pyramide des Cheops selbst markiert unbestreitbar einen Höhepunkt in der Geschichte des Pyramidenbaus, an dem diese Fertigkeiten mit einem unübertroffenen Grad an Präzision angewendet wurden.

Eine Pyramide zu errichten hieß sich auf ein gewaltiges Landschaftsprojekt einzulassen, zumal bei den Riesenpyramiden, die darum auch in ihrem topographischen Zusammenhang gesehen werden müssen. Erst alle Facetten zusammen ergeben die ganze Geschichte der lebendigen Pyramide – und dazu gehören nicht zuletzt die Spuren und Zeugnisse der Menschen, die sie erbauten und unterhielten.

Blick über die Südseite der Pyramide des Cheops auf eine seiner Königinnenpyramiden (GI-c).

IV LEBENDIGE VERGANGENHEIT

Material und Transport

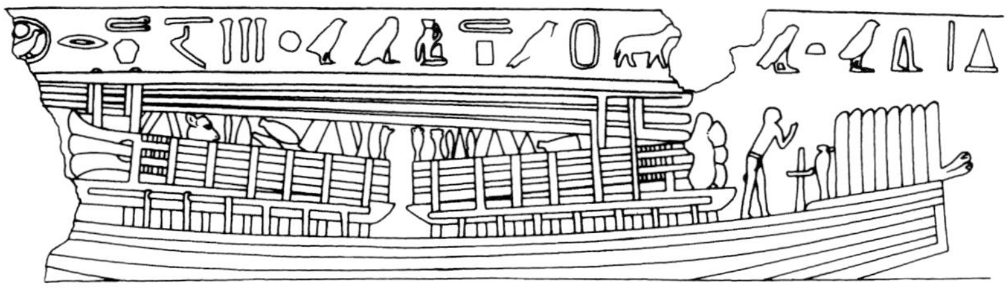

Schiffstransport granitener Palmsäulen von Aswan zu den Pyramidentempeln des Unas. Szene aus einem Relief im Unas-Aufweg.

Seine Majestät sandte mich nach Jeb [Elephantine], eine Scheintür, einen Opferstein und Türstürze aus Granit zu holen und Granitportale und -opfersteine für die Pyramide »Merenre-Erscheint-Glanzvoll«, meine Herrin, zu bringen.

Inschrift des Weni

Damit die Arbeit gleichmäßig vorangehen und der Pyramidenkomplex noch rechtzeitig zu Lebzeiten des Königs beendet werden konnte, mußte fortlaufend Baumaterial verschiedener Art in recht umfangreichen Mengen herangeschafft werden. Der Stein für die drei Gise-Pyramiden wurde größtenteils am Plateau selbst hügelabwärts der großen Nordost-Südwest-Diagonale gebrochen, der die Pyramiden folgen. Doch große Mengen Kalkstein kamen auch von woanders her. Der feine, homogene weiße Kalkstein der Verschalung findet sich in dieser Güte nicht vor Ort. Er wurde aus Steinbrüchen östlich des Nils nach Gise geholt: Mokattam, Maasara und vor allem Tura.

Granit – ebenfalls wichtig, aber lokal nicht vorhanden – wurde von Aswan hergeschafft. Gips und Basalt wurden aus dem Fajum importiert, Kupfer vom Sinai. Man brauchte Holz für Hebel, Schienen und Schlitten, Alabaster für Statuen und Tempelpflaster, Gneis für Statuen, Dolerit und Quarzit für Schlag- und Polierwerkzeuge.

Doch nicht nur Baumaterial wurde zum Plateau gebracht. Für das Schmieden und Reparieren von Kupferwerkzeugen, zum Kalkbrennen bei der Mörtelherstellung und zum Brotbacken und Bierbrauen für die Arbeiter wurden große Mengen Brennmaterial benötigt. Es bestand aus kleinen Bäumen und Büschen, die systematisch in der ägyptischen Landschaft gesammelt wurden. Zur Nahrungsversorgung gehörten Korn und Datteln, die Stärke und Kalorien lieferten, und Eiweiß in Form von Fischen, Geflügel, Schafen und Rindern, die wahrscheinlich aus eigens zum Unterhalt des Pyramidenkomplexes bestimmten Provinzen hergebracht wurden.

Ferntransport

Brennstoff und Lebensmittel wurden auf den kleinen Lastkähnen transportiert, die oft auf Gräberreliefs des Alten Reiches zu sehen sind und sich durch eine Mattenkabine am Heck und warenbeladene Decks auszeichnen. Problematischer war das viel schwerere Material, das es zur Baustelle zu schaffen galt. Ein Relief vom Unas-Aufweg zeigt eine große Barke, die zwei der gewaltigen Granitsäulen mit Palmkapitellen transportiert, die tatsächlich im Pyramidentempel standen. Die Inschrift spricht vom »Kommen dieser Barken aus Elephantine, beladen mit [Granit-] Säulen von 20 Königsellen«. Die Zahl dürfte die Gesamtlänge *beider* nennen: 20 Ellen sind 10,50 m, die Unas-Säulen sind 5,5 bis 6,5 m hoch.

Das ist immer noch eine beachtliche Ladung. Auf der Darstellung liegen die Säulen der Länge nach auf Schlitten, die ihrerseits auf einem Gerüst von Balken oder Stützen stehen. Wahrscheinlich sollte diese Konstruktion die Belastung des Decks verringern, aber sie könnte auch beim Be- und Entladen eine Rolle gespielt haben – beides kritische Vorgänge, denn ein 40 t schwerer Granitblock, wie er etwa bei der Cheops-Pyramide verwendet wurde, hätte jedes Boot zum Kentern gebracht, wenn er zu weit zur Seite rutschte. R. Engelbach meint, die gewaltigen Granitobelisken der Hatschepsut seien auf die großen, im Tempel von Deir-el-Bahari dargestellten Barken über eine Erdaufschüttung geladen (und so auch wieder entladen) worden, die die Barke bis Deckhöhe umschloß. War der Obelisk dann abgeladen, konnte man das Schiff wieder freigraben. Eine andere Entlademöglichkeit wäre, daß es in einen engen Kanal gebracht und zwischen die Stützen auf dem Deck große Zedernbalken geschoben wurden, deren Enden auf den Kanalufern ruhten. Nun konnte man die Barke mit Ballast so beschweren, daß sie unter ihrer Traglast herausgezogen werden konnte.

Der Beamte Weni (6. Dynastie) beschreibt, wie er für die Pyramide Merenres (er nennt sie »meine Herrin«) einen Opfertisch aus Hatnub-Alabaster und Granit aus Aswan hertransportierte. Er rühmt sich seiner Leistung – im Gegensatz zu seinen Kollegen aus der 4. Dynastie, die sich ausschwiegen, obwohl sie viel größere Mengen (und Einzellasten) Granit und Alabaster herschaffen mußten.

Vom Kanal zum Bauplatz

Aus Wenis Schilderung geht hervor, daß die Völker Unternubiens Boote aus einheimischem Holz zimmerten. Als man die Schiffe dann aus den größeren und teureren Zedern vom Libanon baute, wurden die Einzelteile mit Seilen so verschnürt, daß sie auseinandergenommen und neu zusammengebaut werden konnten. Waren die Teile abgenutzt, wurden sie wie Bahnschwellen für die Pisten verwendet, auf denen schwere Steine mit Schlitten vom Steinbruch zum Kanal oder Fluß und von dort wieder zum Bauplatz über Land gezogen wurden. Solche Schleifpisten fand man in Lischt bei den Pyramiden Amenemhets I. und Senwosrets I. (12. Dynastie).

Die Pisten mußten hart und standfest sein – nichts hält einen Zweitonnenblock mehr auf als weicher Sand, wie wir beim NOVA-Experiment (s.u.) bald merken sollten. Die erhaltenen Förderpisten in Lischt sind bis zu 11 m breit; sie bestehen aus einer Kalksteinbruch- und Mörtelverfüllung, in die Holzbalken eingezogen sind, um das Fundament zu verfestigen. Eine Schicht aus Kalksteinbruch und Gips über den Balken sorgte für eine solide Oberfläche. Nil-Schwemmschlamm über dem Ganzen dürfte als Schmiermittel für die Schlittenkufen gedient haben. Eine Reihe von Grabszenen zeigt, wie Holz- oder Steinstatuen auf Schlitten gezogen werden, wobei meist ein Arbeiter unter die Vorderkufen eine Flüssigkeit (vermutlich Wasser) gießt. Die berühmteste dieser Szenen stammt aus dem Grab des Adligen Djehutihotep (12. Dynastie) in el-Berscheh: 172 Mann ziehen eine Statue. Die Ägypter setzten auch Rinder ein, die Steine zogen und den Menschen beim Ziehen behilflich waren. Das ist auf mehreren Szenen dargestellt und wurde durch die Entdeckung von Zugtierkadavern im Bauschutt des Mentuhotep-Komplexes (11. Dynastie) in Deir el-Bahari bestätigt.

(Oben links) Beim Bau von Zugpisten in Lischt östlich der Pyramide Senwosrets I. wurden ausgediente Schiffsplanken wiederverwendet.

(Oben rechts) Beim NOVA-Experiment zogen zwanzig Mann einen Zweitonnenblock auf einem Schlitten problemlos über eine gleitend gemachte Bahn.

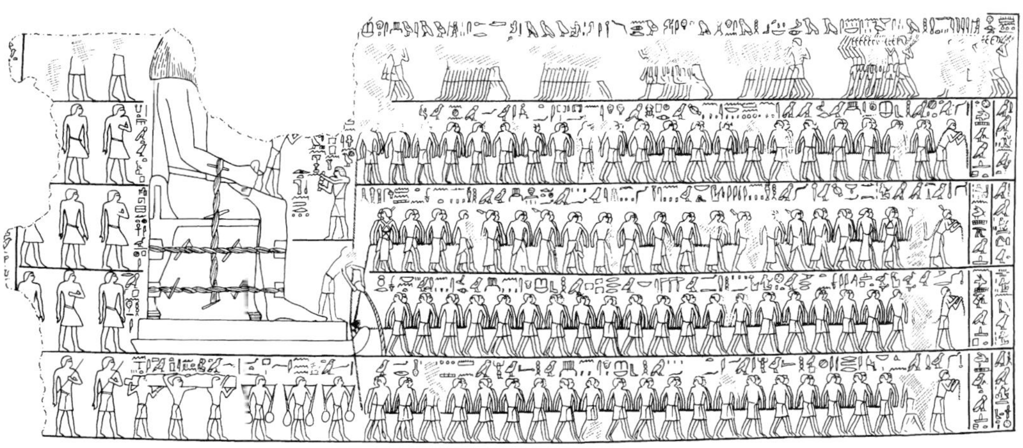

Schlepptransport der Kolossalstatue eines Adligen: 172 Mann ziehen die auf 58 t geschätzte Statue des Djehutihotep; Relief aus seinem Grab in el-Berscheh.

Die Umwandlung des Gise-Plateaus: Binnen dreier Generationen der 4. Dynastie wurden in Gise rund 9 Millionen Kubikmeter Stein gebrochen und bewegt. Hier eine Rekonstruktion des Gise-Plateaus, wie es gegen Ende der Cheops-Herrschaft ausgesehen haben mag. Der Architekt des Cheops könnte seine Nekropolis von der unten links der Mitte sichtbaren kleinen Kuppe aus geplant haben. Rechts unter ihr lag die Mündung des Wadi; dort dürfte sich, wie hier gezeigt, der Hafen befunden haben. Aus der schüsselförmigen Vertiefung zu seiner Linken mögen der Tafla-Lehm und die kleinen Steine gekommen sein, die in enormen Mengen für Rampen und Hilfsbauten benötigt wurden. Die Hypothese, hier habe eine eigene Arbeitersiedlung gestanden, ist von der Forschung der letzten zehn Jahre nicht bestätigt worden. Der hohe Teil des Mokattam-Gebirges vor ihm bildete ein perfektes Pyramidenfundament. Zu seiner Rechten und hinter der Kuppe lag ein idealer Bereich für eine Ansiedlung und die wirtschaftliche Infrastruktur der Pyramide. Die Lage von Cheops' Taltempel ist anhand der 1985 (als diese Rekonstruktion angefertigt wurde) verfügbaren Höhenlinienkarten geschätzt. Seit damals ist unser Wissen dramatisch gewachsen – nicht zuletzt durch die Entdeckung des tatsächlichen Tempelorts. Außerdem wissen wir inzwischen, daß der Flutspiegel im Alten Reich weitaus niedriger lag als bislang angenommen und es eine Siedlung aus dieser Zeit gibt, die einst eine Fläche von 200 ha bedeckt haben könnte. Archäologische Überreste davon kamen erstmals 1989 zutage, als das amerikanisch-britische Konsortium AMBRIC ein Kanalisationssystem für einen Vorort des heutigen Kairo anzulegen begann, der bis zum Fuß des Gise-Plateaus reicht.

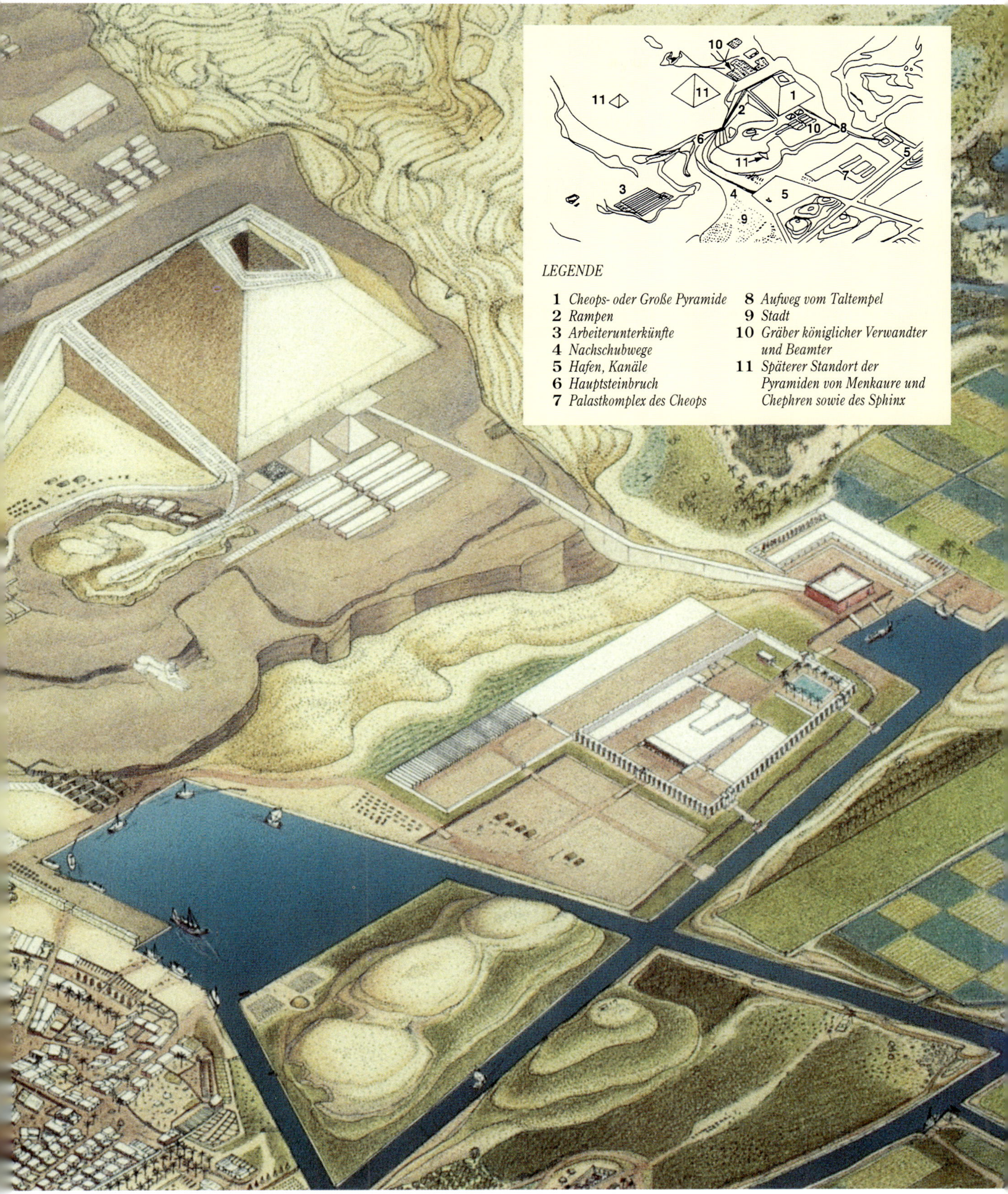
LEGENDE
1 Cheops- oder Große Pyramide
2 Rampen
3 Arbeiterunterkünfte
4 Nachschubwege
5 Hafen, Kanäle
6 Hauptsteinbruch
7 Palastkomplex des Cheops
8 Aufweg vom Taltempel
9 Stadt
10 Gräber königlicher Verwandter und Beamter
11 Späterer Standort der Pyramiden von Menkaure und Chephren sowie des Sphinx

Der Steinbruch

Im Idealfall lag nahe bei einer Pyramide ein Steinbruch, der die Masse des Materials für den Pyramidenkern hergab. Lage und Art des örtlichen Gesteins dürften für die Pyramidenerbauer eine wesentliche Überlegung gewesen sein. In Gise ist der Cheops-Steinbruch heute eine riesige, hufeisenförmige Plateaulücke etwa 300 Meter südlich der Großen Pyramide. An der tiefsten Stelle liegt sie ungewöhnliche 30 Meter unter der ursprünglichen Oberfläche. Die Menge des gebrochenen Steins (ca. 2 760 000 m^3) entspricht fast genau der Gesamtmasse der Cheops-Pyramide (2 650 000 m^3).

Zu genau. Es müßte viel mehr fehlen: Fachleute beziffern den durchschnittlichen Verlust beim Brechen der Steine auf 30 bis 50 Prozent. Doch der Steinbruch erstreckt sich unbekannt weit nach Süden, noch über Menkaures Aufweg hinaus (dort fand Abdel Aziz Saleh von der Kairoer Universität 1980 Spuren). Viel Stein kam außerdem aus dem Zentralwadi, durch den auch anderes Material wie etwa Tura-Kalkstein und Granit hergeschafft wurde. Wir dürfen annehmen, daß der meiste Stein vor Ort gebrochen wurde; genauer: daß dieser Steinbruch vermutlich die Masse des Kerns der Cheops-Pyramide geliefert hat. In seine hochaufragende Westwand sind mehrere Gräber der 4. Dynastie gehauen, davon drei für Kinder des Chephren; der Steinbruch hatte demnach zu dessen Zeit schon ausgedient.

Granitblöcke wurden nicht mit Kupfer- oder Bronzewerkzeugen abgebaut, sondern indem mit Steinhämmern Rinnen in den Felsgrund geschlagen wurden, um den Block vom Felsgrund zu lösen. Hier der Anfang einer solchen Rinne in einem Granitbruch in Aswan.

Methoden der Kalksteingewinnung

Das dreieckige Felsgebiet zwischen dem Hauptsteinbruch des Cheops und dem Sphinx ist mit Gräbern übersät. Einige davon sind in oder unter Felsrechtecke von der Größe kleiner Häuser gehauen, die so breite Korridore trennen, daß heute ganze Touristengruppen durchmarschieren können. Diese Rechtecke sind von Steinbrucharbeitern der 4. Dynastie stehengelassene Blöcke; die Gräber wurden erst viel später angelegt. Daß wir heute noch durch diese stillen Gänge wandern können, die einst vom Geräusch der steinernen Hämmer und dem Singsang der Arbeiter widerhallten, liegt daran, daß der Fels hier nicht so gründlich abgebaut wurde wie im Hauptsteinbruch. Und eben darum bietet dieses Gebiet auch wertvolle Hinweise auf die antiken Steinbruchtechniken.

Die großen Bruchblöcke wurden durch schmälere Rinnen unterteilt, die gerade so breit waren, daß ein Arbeiter, der sich mit dem Pickel den Weg bahnte, darin stehen konnte. An einigen Stellen sind noch Blöcke, wie man sie für die Kernwände der Chephren-Tempel verwendete, fast losgelöst vom Fels stehen geblieben. Hier und im Sphinx-Graben lagen wohl die Steinbrüche für diese Tempel, die als letzte Teile des Komplexes errichtet worden sein müssen.

Wieso zuerst so ungemein breite und tiefe Kanäle graben, wenn die Blöcke dann später doch wieder unterteilt wurden? Die Antwort lautet, daß es damals in Ägypten keine Eisenwerkzeuge gab. In einem modernen Steinbruch werden rund um einen Block Rinnen geschnitten, dann um den Fuß kleine Schlitze ausgehauen und Eisenkeile so lange hineingetrieben, bis sich der Block von unten her löst. Da die antiken Steinmetzen aber nur Stein-, Holz- oder Kupferwerkzeuge hatten, mußten sie die Blöcke mit großen hölzernen Hebeln loswuchten und brauchten viel mehr Spielraum. Im Menkaure-Steinbruch sind noch große Einschnitte für diese Hebel sichtbar. Sie folgen einem der weicheren, dünneren Bänder der Felsschichten in Gise, die das Abtrennnen des dickeren, härteren Steins darüber erleichterten. Es ist gesagt worden, in die Schlitze seien nicht Hebel gesteckt, sondern Holzkeile getrieben und durchfeuchtet worden, wobei der Stein durch die Ausdehnung des Holzes riß. Doch ob das funktioniert hätte, kann man bezweifeln. Am wahrscheinlichsten ist, daß ein Block, nachdem seine Seiten freigelegt waren, von Männerreihen mit Hebeln »losgeeist« wurde.

Wie viele Steinbrucharbeiter?

Um die Große Pyramide in 23 Jahren (der Mindestthronzeit des Cheops) zu bauen, mußten täglich 322 m^3 Stein gebrochen werden. Wie viele Männer waren dazu nötig? Unser NOVA-Experiment (s. S. 208) lieferte einen nützlichen Vergleichswert: 12 NOVA-Leute produzierten in 22 Tagen 186 Steine, d.h. 8,5 Steine pro Tag. Aber obwohl sie barfuß und ohne Motorwerkzeuge arbeiteten, besaßen sie doch den Vorteil einer Winde mit Stahltrosse, um die Steine vom Fels wegzuziehen. Dazu könnte in Cheops' Tagen ein weiteres 20köpfiges Team nötig gewesen sein. Selbst wenn man annimmt, daß zusätzliche 20 (also insgesamt 32) Männer nötig waren, um die

Tagesrate der NOVA-Leute zu erreichen, hätten immer noch 1212 Mann ausgereicht, um die 322 m³ pro Tag zu brechen (ein Pyramiden-Kernblock maß durchschnittlich 1 m³). Diese Zahl kann noch weiter erhöht werden, um andere Vorteile von Eisenwerkzeugen auszugleichen.

Andere Steinarten

Der feine Kalkstein für den Außenmantel kam übers Niltal aus Tura. Die dortigen Steinbrüche bilden jetzt tief in die Kalksteinböschung gehauene Galerien. Um den Lagen mit Kalkstein höchster Güte zu folgen, trieben die antiken Steinmetzen in und unter die darüber liegenden Schichten schlechterer Qualität Stollen vor. Als erstes schnitten sie einen »Führungs«-Sims, der dann zur Galeriedecke wurde, und brachen anschließend den Stein in Terrassen oder Bänken. Allein zur Verschalung der Cheops-Pyramide waren 67390 m³ Tura-Kalkstein nötig. Etwa 934 km südlich von Aswan lagen die Steinbrüche für die Granitblöcke, die Cheops' Grabkammer auskleideten und den Pyramidengang versperrten, Chephrens Pyramidentempel und Menkaures Pyramide verschalten und für die Säulen der Pyramiden der 5. und 6. Dynastie sowie für Scheintüren, Opfertische und Pyramidien benutzt wurden. Im Alten Reich wurden in Aswan nicht weniger als 45000 m³ Granit gebrochen. Dennoch behaupten manche, die Granitbearbeitung habe erst noch entwickelt werden müssen und damals seien nur Naturblöcke verwendet worden, die man lediglich entlang natürlicher Risse gebrochen, geformt und auf großen Barken nach Norden verschifft habe. Doch die granitenen Deckensteine der Cheops-Grabkammer und der Druckentlastungskammern waren über 5,5 m lang, desgleichen viele Säulen. Daß entsprechend große Naturbrocken vorhanden waren, ist schwer vorstellbar; also dürften sie im Rinnenbau gewonnen worden sein.

Beim Granit wurden die Rinnen jedoch mit Schlegeln aus Dolerit (einem Hartstein wie schwarzer Granit) geschlagen. Diese Technik ist im Neuen Reich gut bezeugt, und in den Steinbrüchen von Aswan sind viele hundert Schlegel gefunden worden. Desgleichen gibt es zahlreiche von Hand geschlagene Rinnen und unfertige Blöcke, deren Oberfläche ein einzelner Mann bearbeitet hatte. Als ich mich selbst daran versuchte, mußte ich fünf Stunden lang drauflosshämmern, um eine etwa 30 x 30 cm große und 2 cm tiefe Delle zu erzeugen. Wer »in den Granit« geschickt wurde, war zweifellos zur härtesten Arbeit des ganzen Pyramidenbaus verurteilt.

Je größer der Block sein sollte, desto breiter mußte die Rinne sein, mit der man ihn vom Felsgrund löste. Die Monolithen für die Chephren-Tempel wurden in einem Steinbruch südwestlich des Sphinx gebrochen.

NOVA-Helfer brachen in 22 Tagen manuell 186 Blöcke, allerdings mit dem beträchtlichen Vorteil, daß sie Eisenwerkzeuge benutzen konnten.

Das NOVA-Experiment

Die Frage, wie die alten Ägypter Monumente von der Größenordnung und Präzision der Pyramiden errichten konnten, hat viele Theorien entstehen lassen, aber nur die wenigsten davon sind in der Praxis nachgeprüft worden. Ich tat mich deshalb mit dem Steinmetz Roger Hopkins aus Sudbury (Massachusetts) und einer Gruppe ägyptischer Maurer, Steinbrecher und Arbeiter zu einem Experiment zusammen, das vom Fernsehkanal NOVA dokumentiert wurde – wir wollten in der Nähe des Gise-Plateaus eine kleine Pyramide bauen. Wir arbeiteten im Schatten der Cheops-Pyramide, doch der Zeitdruck der Filmaufnahmen ließ uns bare drei Wochen fürs Steinbrechen und weitere drei fürs Bauen, so daß wir Werkzeuge und Techniken benutzen mußten, die den alten Ägyptern nicht zur Verfügung gestanden hatten. Unsere Arbeiter verwendeten Hämmer, Meißel und Hebel aus Stahl; ihre Vorgänger hatten nur Holz, Stein und Kupfer. Und fürs Setzen der unteren Steinlagen verließ sich Roger

(Rechts) Die kritische erste Steinlage der NOVA-Pyramide wird nivelliert, nachdem die Rampe die Basis erreicht hat. Neben der Großen Pyramide im Hintergrund wirkt die unsrige mit ihrer Seitenlänge von nur 9 m wie ein Zwerg.

(Mitte) Die Methode des Hochhebelns schwerer Blöcke wurde von uns nachgeprüft. Sogar die industriell hergestellten Bretter erwiesen sich als recht unhandlich; zudem war Holz im alten Ägypten rar.

(Unten) Die obersten Steine mußten hochgehebelt werden, aber nun wurde es eng, und um genug Kraft zu bekommen, mußten die Hebel sehr lang und hoch sein.

auf einen Frontlader, damit wir Zeit hatten, an der Spitze, die wegen der Raumnot besonders problematisch ist, unterschiedliche Methoden auszuprobieren.

Wir wollten ein paar der gängigen Theorien von Lehnsessel-Pyramidenbauern testen und antike Techniken so authentisch wie möglich erproben. Eines wurde uns sonnenklar: Ihre Kunstfertigkeit verdankten die antiken Bauleute nicht einer mysteriösen Technik oder geheimnisvollen Kniffen, sondern generationenlanger Praxis und Erfahrung.

Das Bewegen der Steine

Bis zu 2,5 t schwere Steine konnten unsere NOVA-Arbeiter durch einfaches Wälzen bewegen. Blöcke unter einer Tonne konnten bloße vier bis fünf Mann hochhebeln und überrollen. Bei schwereren Brocken wurde um die Spitze ein Seil geschlungen, an dem ihn dann bis zu 20 Mann hochzogen, während einige andere von hinten mit Hebeln nachhalfen. Diese Technik eignete sich ideal zum Bewegen von Steinen auf dem Bauplatz – aber daß sich so innerhalb der Lebensspanne eines Königs genug Steine für eine ganze Pyramide eine Rampe hochwälzen ließen, war höchst unwahrscheinlich. Schnellere Methoden waren nötig.

Holzschlitten auf Rollen boten eine viel schnellere Bewegungsart, auch wenn, wie wir bald merkten, das bloße Aufladen auf den Schlitten beträchtliches Geschick erforderte. Als nächstes bauten wir auf weichen Sand eine künstliche Schleifpiste aus gehobeltem Bauholz; die altägyptischen waren allerdings breiter und hatten eine Gips- oder Packschlammoberfläche. Sodann benutzten wir Rollen aus kleinen, zylindrischen Holzstücken. Alles hing von dem Mann ab, der die Rollen hinten wegnahm und vorne wieder anlegte, um den Rollvorgang kontinuierlich zu halten. Wenn 12 bis 20 Mann die Last schnell ziehen, bedarf dies größten Könnens. Legte er auch nur eine Rolle schief an, rutschte der Schlitten samt Bürde sofort seitlich weg. Um die Steine die Pyramide hochzubewegen, hätte man unzählige Rollen benötigt. Da es in alter Zeit weder einen großen Holzvorrat noch mechanische Drehbänke gab, kann diese Methode nur begrenzt Anwendung gefunden haben.

Als viel leistungsfähiger erwiesen sich Schleifpisten, wie sie in Lischt gefunden wurden. Wir bauten zwei parallele Stützwände und füllten sie mit Geröll, um eine schräge Rampe zu erhalten. Darauf legten wir ein Straßenbett mit Holzquerstreben an. Wir stellten fest, daß 20 Mann oder weniger einen Zweitonnenstein auf einem Schlitten hochziehen konnten. In Verbindung mit Grabdarstellungen und den Überresten von Dämmen und Zugpisten in Lischt überzeugte uns dieser Erfolg, daß die alten Ägypter höchstwahrscheinlich ihre Steine mit dieser Methode bewegt hatten.

Das Hochhieven der Steine

Zwar gilt generell als ausgemacht, daß zum Hochhieven der Steine Rampen benutzt wurden, aber einige Theoretiker meinen, dies sei durch Hebel geschehen. Martin Isler hat provisorische Treppen in der Mitte jeder Pyramide ins Gespräch gebracht, über die die Steine hochgehebelt worden seien.

Aber als wir diese Technik ausprobierten, ergaben sich unerwartete Schwierigkeiten. Um einen Block hochzuhebeln, sind Hebel auf zwei Seiten vonnöten: Erst wird die eine Seite angehoben und abgestützt, dann die andere in die Waagrechte gebracht. Beim Hochrucken muß der Stein mit Holz abgestützt werden. Dazu braucht man an jeder Seite des Blocks zwei tiefe Kerben, die auf den Pyramidenkernsteinen aber nicht vorhanden sind. An Verschalungssteinen findet man gelegentlich Hebeleinschnitte, aber sie dienten eindeutig der Seitenjustierung. Kritischer noch: Die Holzstützen waren prekär und schwer zu handhaben, obwohl wir geglättetes Bauholz verwendeten. Ähnlich problematisch war das Widerlager des Hebels, das mit der Last nach oben geschafft werden mußte. Irgendein Rampensystem erschien uns deshalb als das wahrscheinlichste. Viele Pyramidentheoretiker erklären das Setzen der obersten Lagen und des Schlußsteins mit der Hebelmethode, da dort einfach kein Platz mehr für Rampen war. Doch wer die Cheops- oder Chephren-Pyramide ersteigt und das steile Gefälle und die schmalen Stufen hinabblickt, stellt sofort fest, daß der größte Teil der Pyramide nicht auf diese Weise errichtet worden sein kann.

Es kommt zum Schwur: NOVA-Maurer beginnen von oben her mit der Feinarbeit. Für den Bau unserer 6 m hohen Pyramide aus 186 Steinen hatten wir nur 3 Wochen und 44 Arbeiter. Sie hätte bequem auf die Spitze der Großen Pyramide gepaßt, in deren Schatten wir sie errichteten.

Werkzeuge, Techniken und Abläufe

Wie jede antike oder moderne Technologie beruhte auch der Pyramidenbau auf Werkzeugen, Techniken und Abläufen. Die äygptischen Bauleute benutzten ihre einfachen Werkzeuge – zum Beispiel Senkblei, Fäden, Seile, Holz, Steinhämmer, Schlegel, Kupfermeißel und Sägen – zum Messen, Ausrichten, Meißeln, Hebeln, Schneiden, Polieren usw. Diese Techniken verbanden sich zu Abläufen und letztlich zur Gesamtheit des Pyramidenbaus.

(Unten) Alte Holzwerkzeuge: Winkel mit Senklot (oben); Rechteckwinkel (links); Richtlatte (rechts). Museum Kairo.

Rechte Winkel, Lotrechte und Oberflächen

Das Ausrichten in seiner ganzen Finesse wurde wahrscheinlich mit einfachen Holzwerkzeugen und Senkloten bewerkstelligt. Rechte Winkel wurden mit dem Zeichendreieck angelegt oder nachgeprüft, die Vertikaljustierung mit dem Senklot. Zur Oberflächennivellierung diente ein A-förmiger Holzrahmen mit gleich langen Schenkeln. Wenn sich das von der Winkelspitze des »A« hängende Senkblei mit der Markierung in der Mitte des Querbalkens deckte, war die Oberfläche, auf der die Schenkel standen, eben.

Lange meinte man, die Basis der Pyramide sei mit Hilfe von Wassergräben nivelliert worden. Aber im Alten Reich beschränkte sich der Wassertransport auf einfache Schulterbalken mit einem Eimer an jedem Ende. Für die Nivellierung etwa der Cheopspyramide mit ihrem Grundriß von 5,3 ha hätte eine unmögliche Menge Wasser aufs Plateau gebracht werden müssen – von der Verdunstung, die auftrat, bis der Nivelliergraben voll genug war, ganz zu schweigen.

Das Bohren und Sägen sehr harten Steins

Eine der verwirrendsten technischen Fragen des Pyramidenbaus ist, wie die Bauleute in Stein eindrangen, der so hart ist wie Basalt oder Granit. In vielen Monumenten der 4. und 5. Dynastie sind Bohrlöcher im Granit mit deutlichen Riefen erhalten geblieben. Womit auch immer man sie bohrte – es mußte zumindestens so hart sein wie Quarz, das härteste der Minerale, aus denen sich Granit zusammensetzt.

Höchstwahrscheinlich wurde ein Kupferbohrer oder eine Kupfersäge in Verbindung mit einem Schleifgemisch aus Wasser, Gips und Quarzsand benutzt, wobei die Kupferklinge lediglich zur Führung diente und der Quarzsand das eigentliche Schneiden besorgte. Getrocknete Überreste des (vom Kupfer grüngefärbten) Gemischs sind noch in tiefen Einschnitten von Basaltblöcken aus Cheops' Totentempel erkennbar. Bronze (eine härtere Kupferlegierung mit etwas Zinn) wurde wahrscheinlich erst im Mittleren Reich eingesetzt.

Die Steinmetzen im alten Ägypten bohrten und sägten in hartem Basalt (unten rechts) und Granit. Kupferklingen führten wahrscheinlich den Gips und den Sand, die den eigentlichen Schnitt besorgten.

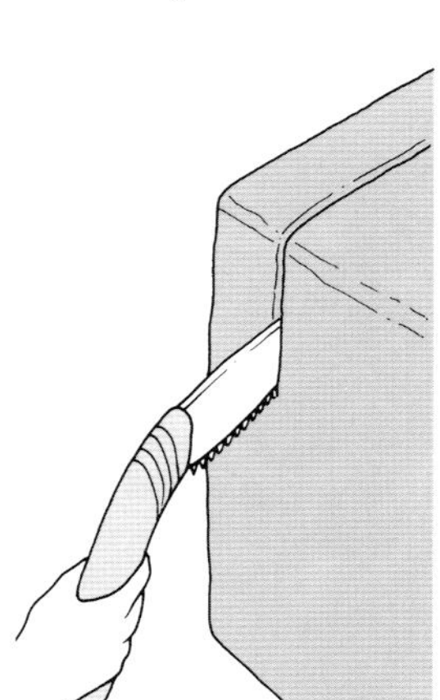

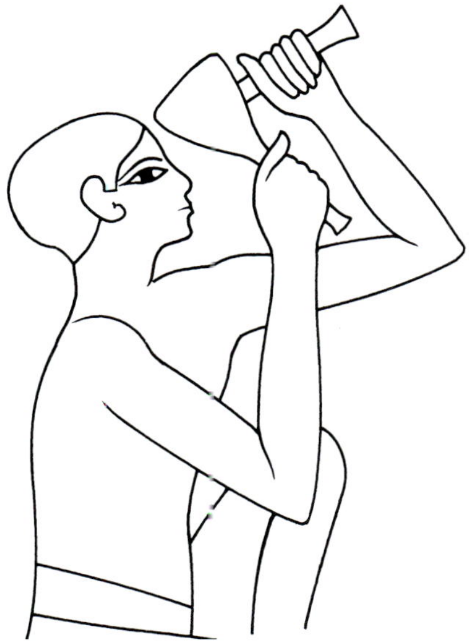

(Ganz links) Ein Block des hochwertigen Tura-Kalksteins vor der Nordpyramide in Dahschur (links) zeigt noch die daumenbreiten Meißelspuren kleiner Kupfermeißel. Zum Glätten der hektargroßen Verkleidungsflächen einer Riesenpyramide der 4. Dynastie müssen solche Werkzeuge zu Hunderten oder sogar Tausenden benutzt worden sein.

Das Glätten des Pyramidenmantels

Die vielen Hektar feinsten Tura-Kalksteins, die die Pyramiden überziehen, wurden mit nur rund 8 mm breiten Meißeln bearbeitet. Breitere Schneiden aus weichem Kupfer richten auf Stein ganz einfach nichts aus, doch dies steht auch im Einklang mit dem, was wir vom Alten Reich wissen: Große Projekte wurden stets in zahllosen kleinen Schritten erreicht.

Nick Fairplay, der englische Meisterbildhauer meiner Mannschaft, hat die alte Meißelarbeit eingehend studiert. Er kann nicht nur die Riefen erkennen, die ein bestimmter Meißel hinterlassen hat, sondern auch die genaue Stelle, an der sich seine Schneide verbog und den Arbeiter zum Nachschleifen zwang. Das mußte viel öfter geschehen als heute bei einem Stahlwerkzeug. Er schätzt, daß pro 100 Meißelarbeitern ein hauptamtlicher Schleifer erforderlich war.

Schlegel

Beim mühsamen Freilegen von Granitblöcken in Aswan wurden Doleritschlegel benutzt. Ursprünglich handelte es sich um birnenförmige Hammersteine, die aber immer runder wurden, je öfter der Steinmetz sie zur Nutzung einer neuen Schlagecke wendete. Da sie ca. 4–7 kg wogen, mußten beide Hände benutzt werden. Völlig abgerundet waren sie nicht mehr als Werkzeug zu gebrauchen, aber da einige unter sehr schweren Sarkophagen in Gise gefunden wurden, ist zu vermuten, daß sie sozusagen als primitive Kugellager Verwendung fanden.

Das geheimnisvolle Werkzeug

Weitgehend unklar ist die Funktion offenbar aus dem Alten Reich stammender Steinwerkzeuge, die in Gise gefunden wurden und die ungefähre Form eines Pilzes mit ein oder zwei Löchern im Stiel und drei parallelen Nuten im Kopf besitzen. Möglicherweise waren es Lagersteine oder Proto-Flaschenzüge, wobei der Stiel in einem Pfahl oder Gerüst steckte und die Rillen als Seilführung dienten. Im Gegensatz zu einem richtigen Flaschenzug gibt es kein Felgenrad, doch mit Hilfe der Nuten ließ sich vermutlich die Zugrichtung von Seilen umlenken.

(Unten) In Gise wurden pilzförmige Hartsteine mit Kopfrillen gefunden. Möglicherweise waren sie eine Art Vorläufer der Seilrolle und dienten bei scharfen Zugwinkelveränderungen als Führung.

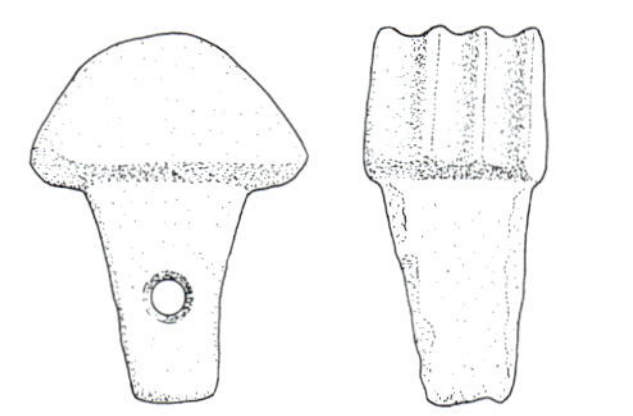

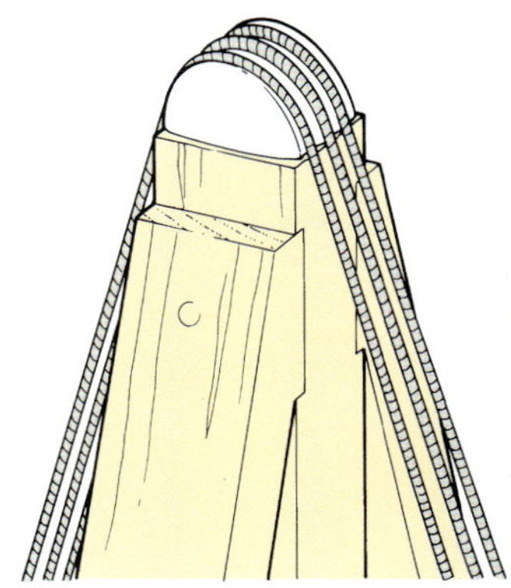

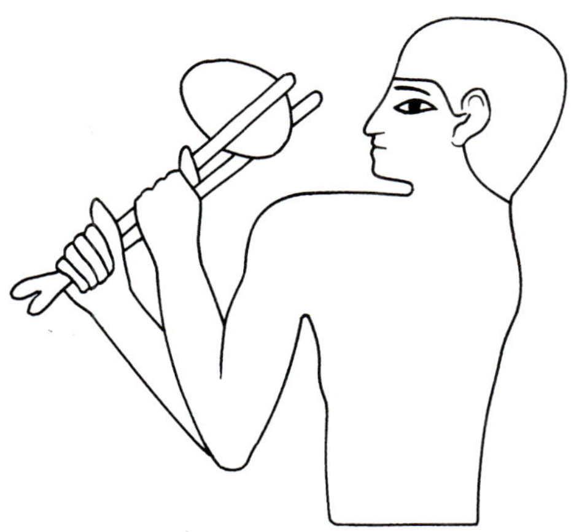

(Links) Granit wurde mit Doleritsteinen behauen, die man in beide Hände nahm. Mit kleineren, manchmal zwischen zwei Holzstöcke geklemmten Steinen wurde die Feinarbeit verrichtet.

Das Vermessen und Ausrichten

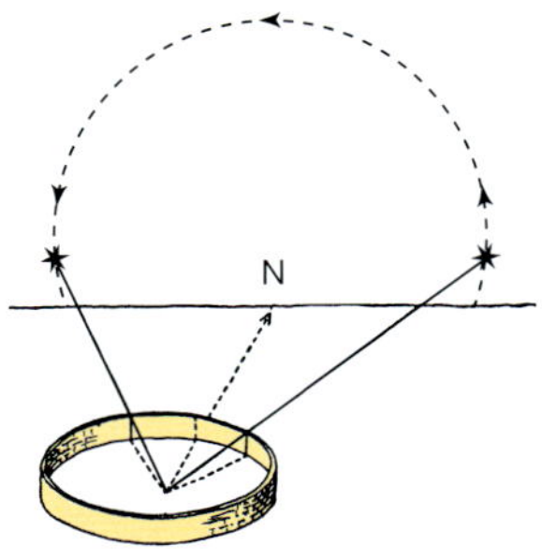

Ermitteln der Nordrichtung durch Halbieren des Winkels zwischen den über eine waagerechte Rundmauer beobachteten Auf- und Untergangsorten eines Sterns nach I. E. S. Edwards. Die Länge der erhaltenen Nordlinie wäre gleich dem Radius des Kreises.

Orientierung nach den Sternen ...
Beim Orientieren der Pyramidenseiten erreichten die Baumeister des Alten Reiches eine erstaunliche Genauigkeit – bei der Cheops-Pyramide beträgt die größte Abweichung weniger als 3' 26'' oder weniger als ein Fünfzehntel eines Grades. I. E. S. Edwards meinte, diese Präzision sei nur durch Sternbeobachtung möglich gewesen. Seine Methode bestand im Bau einer Rundmauer von einigen Fuß Durchmesser, die so hoch war, daß eine im Innern stehende Person nur noch den Nachthimmel sah. Als künstlicher Horizont mußte die Mauer absolut waagrecht sein – nach Edwards könnte das mit Hilfe wassergefüllter Lehmbehälter erreicht worden sein. Der Beobachtende habe nach Norden geblickt, sich einen Stern ausgesucht und dessen Auf- und Untergangspunkte auf der Mauer vermerkt. Diese seien dann per Senklot zum Mauerfuß verlängert und mit der Kreismitte verbunden worden. Norden lag genau in der Mitte des Winkels, den diese beiden Linien einschlossen.

Das Fundament der Cheops-Pyramide

Nachfolgend die Abläufe beim Errichten der Nordostecke der Cheops-Pyramide (*oben* und Skizzen): Die Ziffern bezeichnen vollständig oder spurenhaft vorhandene Merkmale oder solche, die an anderen Stellen rund um diese Pyramide und die Königinnenpyramide GI-c zutage treten. Die Darstellung ist maßstabsgerecht.

Als erstes legten die Erbauer eine nach Norden ausgerichtete Referenzlinie ***(1)*** an. Der nächste Schritt bestand im Umreißen eines exakt rechtwinkligen Quadrats. Der gewachsene Fels ***(2*** und *oben)* hinderte die Erbauer allerdings daran, ihr Quadrat durch Nachmessen der Diagonalen zu überprüfen.

II Die Fundamentplattform

Die Cheops-Pyramide verdankt ihre präzise Nivellierung der Tatsache, daß sie nicht auf dem Felsgrund, sondern auf einer Fundamentplattform steht. Diese ***(10)*** *bestand aus Kalksteinplatten der Tura-Qualität, die gelegentlich mit lokalem Sandstein (gesprenkelt) hinterlegt wurden. Beim Bau der weiteren Lagen wurden die Stufen des Felsmassivs* ***(2)*** *miteinbezogen.*

An der Nordostecke der Plattform lag eine gewaltige Platte ***(11)****, deren Größe darauf hindeuten könnte, daß hier die erste Ecke angelegt wurde. Ihr Sockel steht sogar 0,9 m über den Plattformlinien* ***(12)*** *vor.*

Wenn weitere Platten herangeschleift wurden, wischten sie die Setzlinie ***(9)*** *der Fundamentplattform natürlich weg. Entlang der Ost- und Nordseite verläuft eine Linie von rechteckigen Löchern, in denen Pfosten gesteckt haben könnten; die äußere Referenzlinie könnte mit einem zwischen ihnen gespannten Seil markiert worden sein. Beim Verlegen könnten die Linien der Frontfläche* ***(4, 9)*** *und des oberen Randes der Plattform auf jeder Platte durch Vermessen anhand der Referenzlinie markiert worden sein.*

Die Markierung verlor sich wohl teilweise beim Anschleppen der Platten und mußte danach wiederhergestellt werden. Pfostenlöcher ***(14)*** *zur Markierung der Ecke der Ost- und Nord-Referenzlinien sind nicht gefunden worden. Falls die Lotrechte zur Ost-Referenzlinie allerdings nach der Schnittmethode ermittelt wurde, wären sie auch nicht nötig gewesen.*

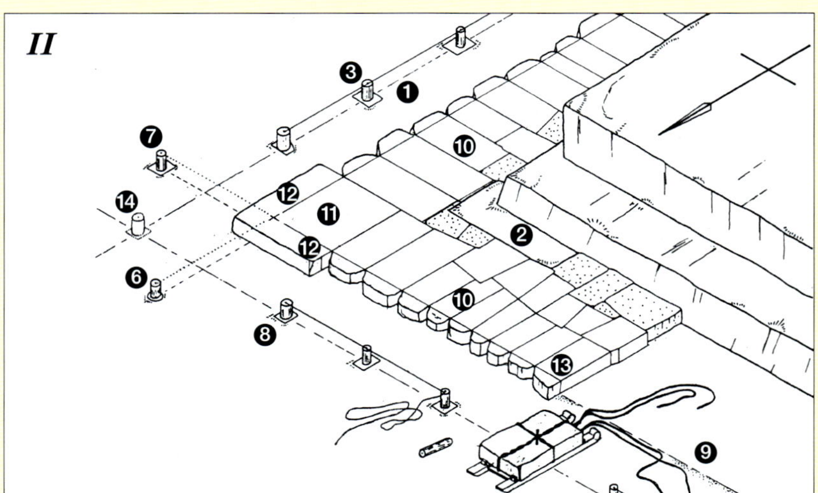

III Die erst
Steinlage

IV Absteck
der Pyramid
basis

I Die Konstruktion eines rechten Winkels

Die antiken Vermesser könnten einen rechten Winkel auf dreierlei Weise erreicht haben:

a) mit einem Winkelmaß
Der eine Schenkel eines A-förmigen Winkelmaßes wird an die schon festgelegte Linie angelegt; der andere zeigt damit in Richtung der Lotrechte. Sodann wird das Winkelmaß gedreht und die Operation wiederholt. Die genaue Lotrechte berücksichtigt auch die kleine (in der Zeichnung übertrieben dargestellte) Mißmessung zwischen den beiden Positionen. Mit 2,5 m Schenkellänge ist dieses Winkelmaß das größte aller aus dem alten Ägypten bekannten. Dennoch ist die damit erzielte Markierung kurz, wenn man bedenkt, daß sich die Linie über mehr als 230 m erstreckte.

b) mit einem 3-4-5-Dreieck
Das »heilige« oder pythagoreische Dreieck – drei Einheiten auf dem einen, vier auf dem anderen Schenkel und fünf auf der Hypotenuse – ergibt einen rechten Winkel. Solche Dreiecke scheinen bei der Planung von Totentempeln des Alten Reiches benutzt worden zu sein, was allerdings nicht schlüssig bewiesen ist. Hier wird eine Einheit von 7 Königsellen (7 x 0,525 m) zugrunde gelegt, weil dies dem Durchschnittsabstand zwischen den Pfostenlöchern (s. **II***) entlang der Seiten der Cheops-Pyramide entspricht. Mit dieser Methode erhält man eine 14,7 m lange Lotrechte – länger als die mit dem Winkelmaß erzielte. Viel größer hätte das Dreieck nebenbei auch nicht sein dürfen, ohne mit dem Felsmassiv zu kollidieren.*

c) durch Kreisbögen
Der Schnittpunkt zweier Bögen, die sich ergeben, wenn man mit Hilfe gespannter Schnüre derselben Länge Kreise um zwei Punkte einer Linie zieht, ergibt ebenfalls eine Lotrechte. An dieser Methode sind Zweifel angemeldet worden, weil die Schnur elastisch sei und sich daraus unsaubere Resultate ergäben; dennoch könnte sie einige Merkmale der Cheops-Pyramide erklären. Beim Auslegen der Pyramidenbasis mußte die Setzlinie für eine Seite der Plattform angelegt werden **(4)***. Als nächstes galt es, die Ecken festzulegen* **(5)***. Exakt 10 Königsellen (5,25 m) nördlich der Nordostecke der Fundamentplattform befindet sich ein rundes Loch* **(6)***. Ein Bogen vom Eckpunkt* **(5)** *berührt ein weiteres, diesmal wie die Löcher der Referenzlinie rechteckiges Loch* **(7)** *östlich davon und in Verlängerung der Nordlinie der Plattform. Die durch den Schnitt der Bögen mit den Mittelpunkten* **5** *und* **6** *ermittelte Lotrechte fällt allerdings weder mit der nördlichen Plattformlinie* **(9)** *noch mit der Linie der Löcher an der Nordseite* **(8)** *zusammen. Freilich könnten die Erbauer ihre Referenz- oder Setzlinie von jeder Lotrechten her gemessen haben.*

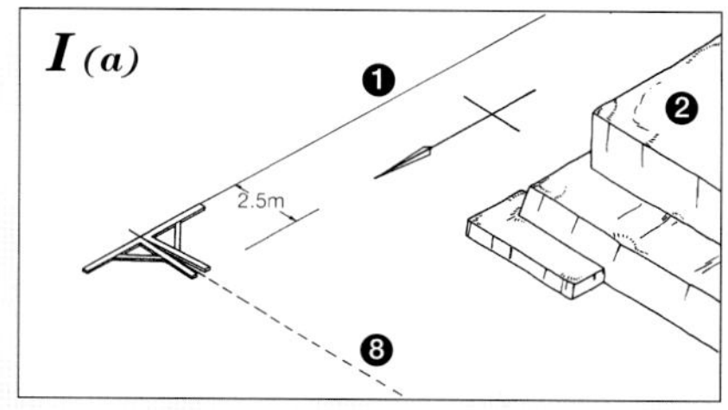

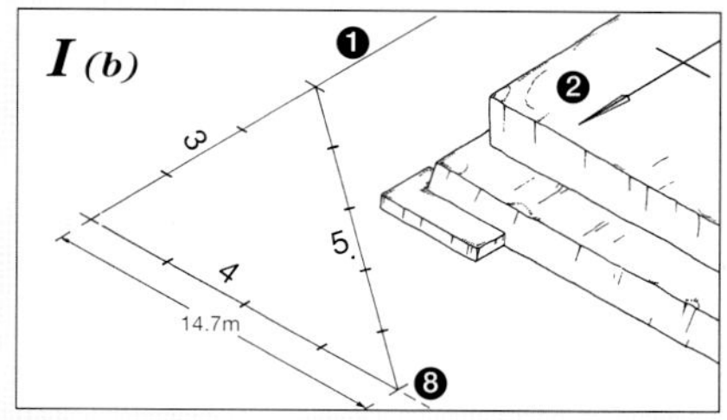

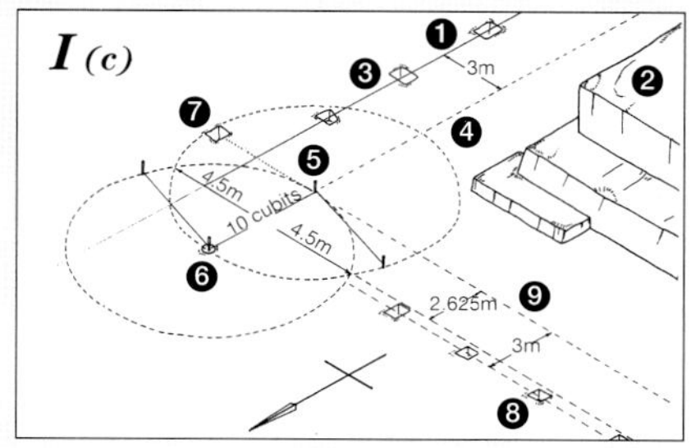

Die erste Steinlage der Pyramide erhebt sich leicht über die in den Felsgrund geschlagene Stufe **(15)***. Die Setzlinie* **(16)** *für den Fuß der Verkleidung springt von der Linie zurück, die die Oberkante der Fundamentplattform markiert* **(13)***. Der Vorrat und die Haltevorrichtungen an den Verschalungssteinen sind anhand von Beispielen an GI-c modelliert. Wiederum könnten, wenn ein Verkleidungsstein hergebracht wurde, Teile der Referenzlinie verwischt und danach wiederhergestellt worden sein.*

Zwei Blöcke sind auf Rollen hochgehievt worden, damit ihre Berührungsseiten parallel zugeschnitten werden können, bevor sie eingesetzt und die Pyramidenneigung auf ihrer Vorderseite markiert wird (S. 220).

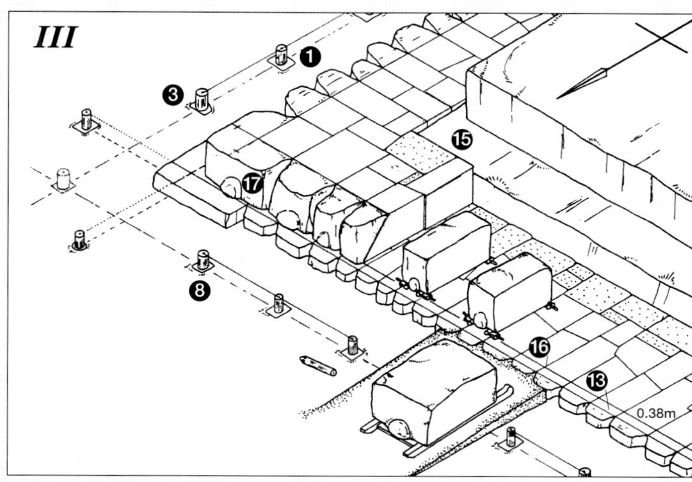

Die Pyramidenbasis ließ sich endgültig erst abstecken, wenn die Pyramide fertig und die an den Verkleidungssteinen überstehenden Teile weggeschlagen waren. Von der Fundamentplattform erstreckte sich nach allen Seiten auf 20 Königsellen (10,5 m) ein gepflasterter Pyramidenhof, den eine Einfriedungsmauer **(19)** *umgab.*

Platten gleicher Dicke wie die der Fundamentplattform machten die Pflasterung nun bündig mit der Plattform und verbargen völlig deren Frontfläche **(18)***, so daß der Fuß der Verschalung* **(16)** *die sichtbare Basislinie der Pyramide bildete. Die Platten wurden je nach Bedarf zurechtgeschnitten und als unregelmäßiges Mosaik verlegt.*

An der Nordostecke der Pyramide fehlt die Pflasterung heute völlig; die Skizze beruht daher auf einem an der Nordseite der Pyramide und entlang der Nordseite des Cheops-Totentempels erhalten gebliebenen Teilstück. In dieser Phase wurden die Pfostenlöcher entlang der Referenzlinie nicht mehr benötigt, weshalb die Maurer sie mit kleinen Steinen **(20)** *auffüllten und dann mit dem Hofpflaster zudeckten.*

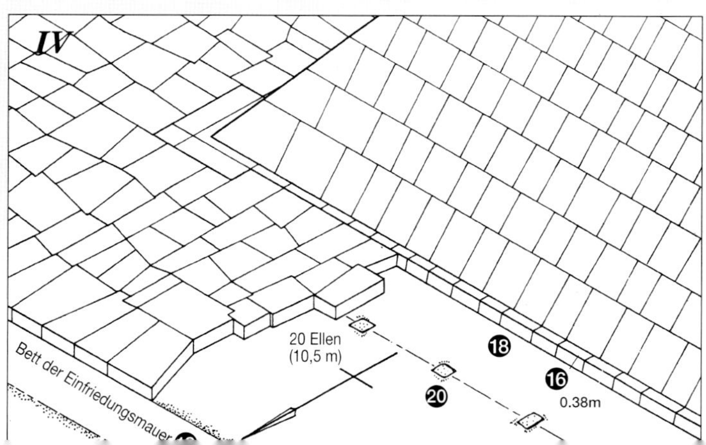

(Oben) Eingang zur absteigenden Passage der ersten Königinnenpyramide des Cheops. Im Türsturz ist deutlich eine Kerbe zu erkennen, die vielleicht die Achse einer nie errichteten Nebenpyramide kennzeichnen sollte.

… oder nach der Sonne?

Späte, recht geheimnisvolle Texte, die im Zusammenhang mit der Gründung von Tempeln »den Schatten« und den »Schritt des Re« erwähnen, deuten auf eine Sonnenmethode hin. Sie könnte darauf beruhen, daß die Sonne beidseits des geographischen Nordens im gleichen Winkel auf- und untergeht. Bei diesem Verfahren wird ungefähr drei Stunden vor Mittag der Schatten eines so lotrecht wie möglich stehenden Stabes oder Gnomons gemessen. Diese Länge gibt nun den Radius eines Kreises ab. Während die Sonne weitersteigt, wird der Schatten kürzer, am Nachmittag verlängert er sich wieder. Beim Wiedererreichen des Kreises bildet er einen Winkel zur Morgenlinie. Die Halbierende dieses Winkels gibt den geographischen Norden an.

Diese Methode mag nicht so akkurat sein wie die Sternenmethode und ist eindeutig von der Jahreszeit abhängig, weil sie um die Sonnenwenden genauer funktioniert. Als nächstes mußten die antiken Landvermesser auf jeden Fall die Linie ohne Abweichung auf das Maß einer Pyramidenseite verlängern. Beim NOVA-Experiment erzeugte Roger Hopkins mit einem 1,38 m hohen Gnomon eine 1,45 m lange Linie. Wie vielleicht seine Vorgänger wiederholte er diese Operation und erhielt so eine Reihe von Nordlinien, an denen er die Orientierung der Pyramidenlinie fortschreitend nachprüfte. Gnomone entlang der Pyramidengrundlinie sind vermutlich leichter vorstellbar als Rundmauern und künstliche Kanäle.

Ermittlung von Nord mit Hilfe der Sonne: Ein Pfosten oder Gnomon wird mit Hilfe eines Lots in die Senkrechte gebracht. Der geographische Norden liegt in der Mitte des Winkels der Schatten, die der Pfosten vor und nach Mittag wirft. Eine Pfostenreihe hätte eine Abfolge von Nordlinien ergeben, die zur Nachprüfung der Referenzlinie für die Pyramidenbasis dienen konnten.

Das Nivellieren der Pyramidenbasis

Die Pyramiden sind mit ebenso erstaunlicher Präzision nivelliert, wie sie ausgerichtet wurden. Die Basis der Cheops-Pyramide liegt innerhalb knapp 2,1 cm auf ebenem Grund. Wurde dazu Wasser benutzt? Edwards beispielsweise meinte, es seien Dämme aus Nilschlamm errichtet und der von ihnen umschlossene Bereich überschwemmt worden. Anschließend habe man dann ein Raster von Gräben ausgehauen, deren Sohlen in einheitlicher Tiefe unter dem Wasserspiegel lagen. Welche Probleme es bereitet hätte, unter Wasser mit Steinhämmern und Meißeln zu arbeiten, liegt freilich auf der Hand; da wäre es schon eher möglich gewesen, ein Kanalnetz zu graben, es zu fluten und auf den Seiten der Kanäle den Stand der Wasseroberfläche anzuzeichnen. Nach Ablassen des Wassers hätte man die Gräben anhand dieser Markierungen auf einheitliche Tiefe ausheben können.

Diese Theorie mag bei Pyramiden in Meidum und Dahschur funktioniert haben, die auf Wüstenoberflächen erbaut wurden und vielleicht eine flachere Basis besaßen. Doch beim Bau der Cheops- und Chephren-Pyramide mußten die antiken Bauleute auf einem abschüssigen Plateau 7–10 m über der späteren Basis anfangen und ließen auch beide Male im Pyramidenkörper ein Felsmassiv stehen. Sie nivellierten lediglich (auch das nur annähernd) einen Streifen rund um dieses Massiv, und bei der Cheops-Pyramide wurde nicht der Felsgrund nivelliert, sondern die Oberfläche der Fundamentplattform, und zwar präzise. Bei der Chephren-Pyramide schlugen die Bauleute an der Nordwestecke etwa 10 m Fels ab, während sie an der gegenüberliegenden Südostseite sogar hochbauten.

Bei jeder Nivellierungsmethode mit Wasser muß auch berücksichtigt werden, daß Wasser im Alten Reich wahrscheinlich nur per Tragjoch transportiert werden konnte. Selbst wenn man das ganze Wasser aufs Plateau hochgeschleppt hätte, wäre es höchstwahrscheinlich verdunstet oder versickert, ehe irgendwelche Messungen stattfinden konnten. Infolgedessen scheiden alle Wassertheorien aus.

Die Außen-Referenzlinie

Entlang der Seiten der Cheops- und der Chephren-Pyramide liegen Löcher in relativ gleichem Abstand auf einer Linie. Bei Chephren haben sie ca. 30 cm Durchmesser und bilden im Abstand von etwa 10 Ellen (5,25 m) seitlich versetzte Paare. Für eine Längenmessung sind die Abstände zu ungenau. Aber mit einer Schnur verbundene Stäbe in den Löchern konnten zur Lotrechtvermessung der endgültigen Basislinie verwendet worden sein. Gleichzeitig könnten sie als Nivellier-Referenzlinie gedient haben, indem sie auf derselben Höhe markiert oder abgeschnitten wurden.

Für das Einfügen eines Blocks konnte jeweils ein Teilstück von Stäben samt Schnur herausgenommen und danach wieder eingesetzt und an den noch stehenden ausgerichtet werden. Zum Schluß wurden dann die Steine für die Grundlinie zurechtgehauen.

Da die Steine für eine Riesenpyramide wie jene des Cheops bis zu 146 Meter hoch gehoben werden mußten, mußte auch die Rampe – wenn es denn tatsächlich eine gab – riesenhaft sein und hätte nach einigen Vorstellungen soviel oder sogar mehr Material verschlungen als die Pyramide selbst.

Petrie erkannte den Steinbruch für die Cheops-Pyramide deshalb nicht, weil er mit Millionen Kubikmetern Kalksteinbruch, Gips, Sand und Taflaschlamm angefüllt war. Dieser Schutt, den Selim Hassan in den 20er und 30er Jahren teilweise wegräumen ließ, enthält wahrscheinlich die nach Vollendung der Pyramide zurück in den Steinbruch verfrachteten Überreste der Baurampe. In Lischt bestanden die Rampen für die Pyramiden des Mittleren Reiches aus Lehmziegeln, doch in Gise gibt es keine nennenswerten Ablagerungen von Nilschlamm. Wie auch immer sie aussah – die Rampe mußte aus örtlichem Material bestehen, und diese künstliche Mischung aus Gips, Tafla und Kalksteinsplittern findet sich auf dem Plateau in gewaltigen Mengen.

Die Konfiguration der Rampe

Auf die Frage nach der Form der Baurampe gibt es viele denkbare Antworten: die gerade oder lotrechte Rampe; die entweder auf die Pyramide gesetzte oder auf dem Boden stehende und angelehnte spiralförmige Rampe; die (ebenso gebaute) Rampe, die an nur einer Pyramidenfläche im Zickzack nach oben führt; und die Innenrampe. Ebenso hat beispielsweise U. Hölscher vorgeschlagen, an jede Innenstufe hätten Rampen angelehnt sein können. Aber abgesehen davon, daß dies nicht die Frage beantwortet, wie denn dann die Verschalung aufgebracht werden konnte, widerspricht diese Idee auch den Fakten: die Provinzpyramide in Sinki (Süd-Abydos) und die Sechemchet-Pyramide – beide unfertige Stufenpyramiden – haben keine Parallel-, sondern Lotrechtrampen. Schließlich gibt es noch Theoretiker, die meinen, es habe überhaupt keine Rampen gegeben, sondern die Steine seien allesamt hochgehebelt worden. Wie wir sahen, hat das NOVA-Experiment gezeigt, daß Hebeln nur für das Verschieben nach der Seite, das letzte Ausrichten und das Setzen der allerhöchsten Lagen, nicht aber für die Masse der Kern- und Verschalungssteine praktikabel war.

Die gerade Rampe an einer Pyramidenseite hat viele Verfechter gefunden; mehrere Formen sind vorgeschlagen worden. Ein Streitpunkt ist, ob sie die Seitenfläche ganz oder nur teilweise bedeckte. Teilweise hätte bedeutet, daß sie im oberen Bereich sehr dünn und sehr schmal sein mußte. Für ein funktionales Gefälle (etwa eine Einheit Höhe auf zehn Einheiten Länge) mußte sie bei jedem Baufortschritt verlängert werden; dies hätte die Arbeit an der Pyramide verlangsamt und riesigen Personal- und Materialaufwand verschlungen. Andererseits blieben die vier Ecken zum Visiernehmen frei, das manche immer noch für die Kontrolle der Seitenneigung für wichtig halten.

Oder aber die Rampe wand sich spiralförmig um die Pyramide hinauf. Eine derartige Form hat Dows

Rampen

Beim Bau unserer NOVA-Pyramide errichteten wir mit Hilfe von Haltewänden aus Tafla, Kalksteinbruch und Gips eine Schrägrampe. Sie stieg bei 14 m Länge um einen Meter an, erreichte die Oberkante der ersten Steinlage an der Nordwestecke und wand sich dann um drei Seiten der Pyramide.

Dunham nach seiner Arbeit mit George Reiser an der Menkaure-Pyramide in Gise vorgeschlagen: Insgesamt vier Rampen sollten sich je von einer Ecke aus auf den gestuften, unverschalten Lagen jeder Seite ruhend allmählich im Gegenuhrzeigersinn hochwinden. Diese Form hätte viel weniger Material beansprucht als die gerade, weil man sie für ein funktionales Gefälle nicht so weit draußen ansetzen mußte. Desgleichen wäre die Fläche relativ frei geblieben für die Kontrolle der Pyramide selbst. Aber die unverschalten Außenlagen müßten dann ziemlich stufenartig gewesen sein, um die Fundamente der Rampen aufzunehmen. Nun zeigen aber Beispiele unfertiger Mantelsteine beispielsweise an der Menkaure-Pyramide, daß die Lagen zumindest dort nicht stufenförmig waren und also wohl keine derartige Rampe tragen konnten.

Nach einer verwandten Theorie soll die Rampe an einer Pyramidenseite im Zickzack hochgeführt haben. Die Probleme sind ähnlich wie bei der Spiralrampe. Ich habe ein Modell einer Spiralrampe untersucht, die nicht auf der Pyramide ruht, sondern aus Eigenlagen besteht, die an jede Pyramidenseite lehnen. Sie wird im Gleichschritt mit der Pyramide hochgezogen und hüllt sie fast vollkommen ein; obenauf befindet sich ein Bauweg. Auf diese Konfiguration verfiel ich teils aufgrund der topographischen Untersuchung der Cheops-Pyramide: Die Rampe hätte am Ausgang des Steinbruchs angesetzt und bei einer Steigung von 6° 36' auf den 320 Metern bis zur Südwestecke der Pyramide insgesamt 37 m Höhe gewonnen. Eine Rampe mit sehr ähnlichen Abmessungen ist

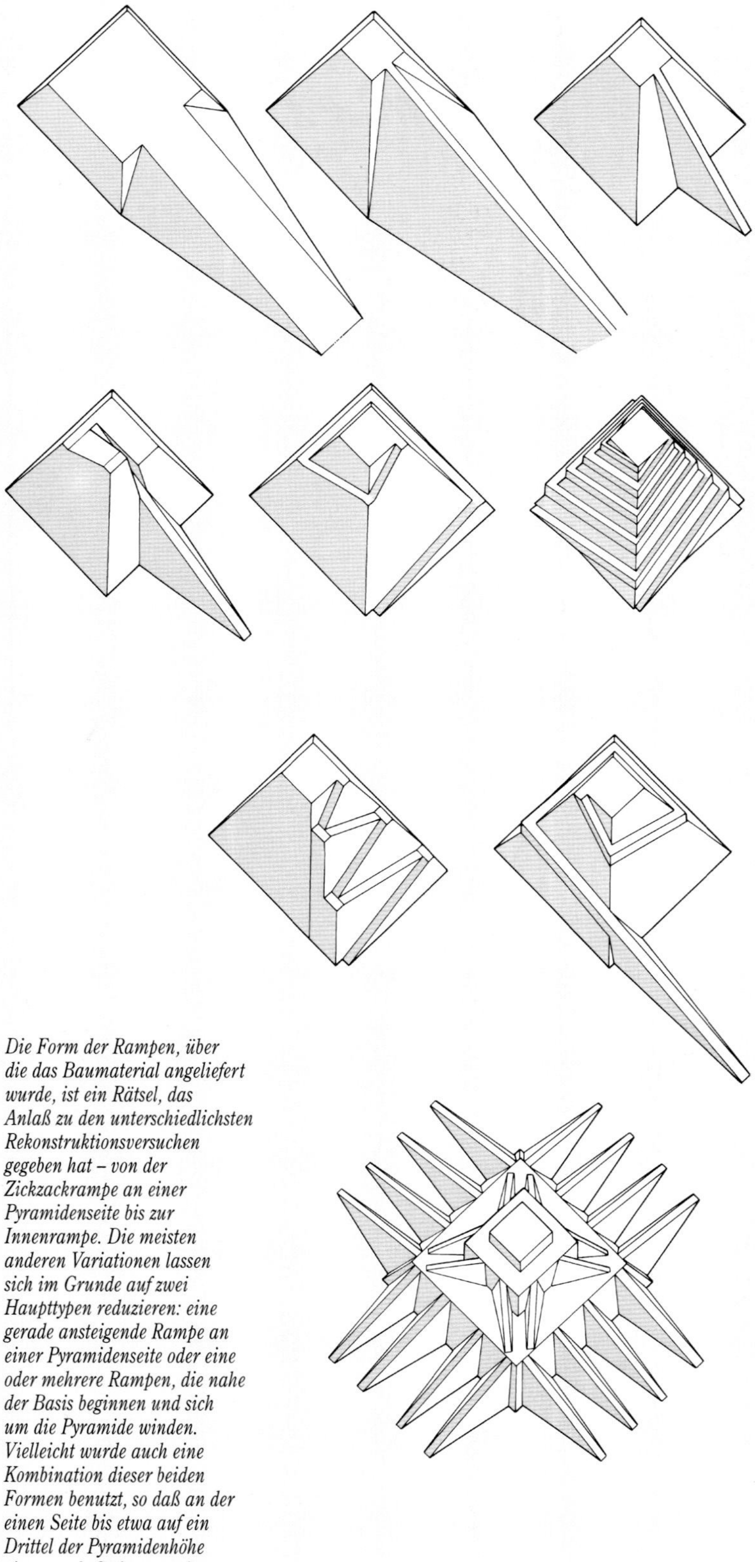

Die Form der Rampen, über die das Baumaterial angeliefert wurde, ist ein Rätsel, das Anlaß zu den unterschiedlichsten Rekonstruktionsversuchen gegeben hat – von der Zickzackrampe an einer Pyramidenseite bis zur Innenrampe. Die meisten anderen Variationen lassen sich im Grunde auf zwei Haupttypen reduzieren: eine gerade ansteigende Rampe an einer Pyramidenseite oder eine oder mehrere Rampen, die nahe der Basis beginnen und sich um die Pyramide winden. Vielleicht wurde auch eine Kombination dieser beiden Formen benutzt, so daß an der einen Seite bis etwa auf ein Drittel der Pyramidenhöhe eine gerade Steigrampe lag, die sich danach um die Pyramide wand (dritte Reihe, rechts).

im Anastasi-Papyrus (spätes Neues Reich) beschrieben, in dem ein Schreiber einen andern verspottet, eine Rampe der und der Größe könne er doch gar nicht bauen. Der nächste Abschnitt des Bauwegs stiege dann entlang der Westseite der Pyramide über eine Länge von 250 m (etwas mehr als die Pyramidenbasis) mit 7° 18' steiler an. Danach liefe die Rampe an der Nordseite entlang und so weiter und wände sich in eineinviertel Kehren um die ganze Pyramide herum nach oben. Die Steigung würde sich dabei über 10–12° auf 14° erhöhen und auf den letzten 40 Metern vor der Spitze mit 18° 39' sehr, wahrscheinlich sogar zu steil; zudem wäre den Bauleuten wohl auch der Platz ausgegangen.

Andere Theoretiker widersprechen dem, weil dabei die Pyramide völlig umhüllt gewesen wäre. Sie meinen, die Bauleute hätten eine deutliche Sicht auf das schon fertige Mauerwerk gebraucht, um die Neigungsflucht der Pyramidenseite kontrollieren zu können. Doch wie wir noch sehen werden, umhüllten die Ägypter die Pyramide praktisch schon, weil sie auf jedem gesetzten Verschalungsstein zusätzliche Steine lagerten. Die Rücksichtung auf schon verlegtes Mauerwerk kann also nicht wesentlich zur Kontrolle der Pyramidenschräge gedient haben.

Stadelmann hat eine Rampe vom Steinbruch zu einer Ecke suggeriert, die dann für den Mittelabschnitt der Pyramide (weitgehend wie das obige Modell) an einer Seite lehnte. Im unteren Teil hätten viele kleine gerade Rampen den Bau versorgt. Auf 120 m Höhe hätte eine Reihe kleiner Rampen auf Mauerstufen geruht, die nach Heranschaffen des Pyramidions und der Ecken aufgefüllt worden wären.

Schließlich müssen wir uns noch der Innenrampe zuwenden, die Dieter Arnold vorschlug. Dazu hätte man nicht so weit außerhalb wie für die gerade Rampe ansetzen müssen, denn ein Teil des Anstiegs hätte im Pyramidenmauerwerk selbst gelegen. Doch die Riesenpyramiden geben für diese Konfiguration kaum Anhaltspunkte her, wenngleich es in den Pyramiden der 5. Dynastie Baulücken für den Innenausbau der Grabkammern gibt.

Das NOVA-Experiment ließ mich eher der Idee zuneigen, daß Rampen an der Außenfläche lehnten. Als Fundament einer Erdaufschüttung samt Baustraße konnten Verschalungssteine dienen, die man (einzeln oder in Lagen) weiter vorstehen ließ. Erst vor kurzem ergaben sich Beweise, die diese These stützen könnten: Zahi Hawass hat nachgewiesen, daß es sich bei den am Fuß der Cheops-Königinnenpyramiden zurückgelassenen, ungeboßten Verschalungssteinen tatsächlich um einen Blockvorsprung handelte.

Archäologische Anhaltspunkte

Da wir wissen, wo der Cheops-Steinbruch liegt, können wir auf die Rampenkonfiguration schließen. Eine gerade Rampe unmittelbar vom Steinbrucheingang zur Pyramidenspitze kommt kaum in Frage, denn um die höheren Lagen zu erreichen, hätte sie viel zu steil sein müssen. Bei funktionalem Gefälle wäre sie spätestens bei Erreichen des obersten Pyramidendrittels über den Steinbruch hinausgewachsen. Ebenso unwahrscheinlich ist, daß die Rampe durch den Bereich östlich oder westlich der Pyramide verlief, denn dort ließ Cheops schon früh Friedhöfe einrichten: Hieroglyphentexte und Graffiti zeigen, daß der Bau des Westfriedhofs für hohe Beamte bereits im 5. Regierungsjahr des Königs und der des Ostfriedhofs mit den Mastabas für seine Königinnen und nächsten Verwandten im Jahr 12 seiner Herrschaft begonnen wurde.

Da nur wenige Rampen *in situ* erhalten blieben, sind wir weitgehend auf Vermutungen angewiesen. Ein paar Rampen sind an kleinen Pyramiden der 3. Dynastie gefunden worden. Eine davon führt beispielsweise von Steinbrüchen westlich der Sechemchet-Pyramide in Saqqara lotrecht über die Umfassungsmauer; ihr Bau wurde sehr früh eingestellt. In Sinki (Süd-Abydos) entdeckten Gunter Dreyer und Nabil Swelim gewissermaßen eine Momentaufnahme vom Bau einer winzigen Pyramide, wo über den unteren Stufen die Rampen noch lotrecht zu den Pyramidenseiten standen. Desgleichen sind, wie wir sahen, an späteren Pyramiden wie der Senwosrets I. in Lischt noch Hinweise auf Bauwege auf Dämmen und Rampen erhalten.

In Meidum finden sich Überreste einer Schleifpiste oder möglicherweise Rampe, die von Südwesten her kommt. Sie scheint direkt über die Nebenpyramide zu führen und erreicht projiziert die höheren Pyramidenlagen der Westseite. Eine weitere sogenannte Rampe kommt von Osten her, ist aber diesmal eher ein Aufweg als eine Baurampe. Sie liegt jedoch auf einer Linie mit dem Rücksprung auf Höhe der fünften oder sechsten Stufe der zweiten Stufenpyramide (E2); dies veranlaßte Borchardt, sie an dieser Stelle als sehr dünne und wunderlich hohe gerade oder Steigrampe zur Pyramidenseitenfläche zu rekonstruieren.

An der Nordpyramide von Dahschur gibt es Überreste von zwei Baustraßen von südwestlich gelegenen Steinbrüchen her. Sie bestehen aus kompakten Steinsplittern und Mergel und kommen der Pyramide sehr nahe, als seien die Kernsteine bis zu deren Basis herangeschafft worden; dies stützt die Theorie, die Rampe habe an der Pyramide gelehnt. Zwei weitere Rampen aus weißen Kalksteinsplittern kommen von Osten her; vielleicht wurden über sie die Verkleidungssteine herangeschafft.

Östlich der Cheops- und südlich der Königinnenpyramiden und Mastabas im östlichen Gräberfeld gruben Archäologen der Kairoer Universität zwei parallele Mauern aus, die wie viele andere Nebenmauern in Gise aus kleinen, in Taflalehm verlegten Gesteinsbrocken bestanden. Eine Mauer ist dicker und besteht aus etwa 10 Ellen (5,25 m) langen Segmenten. Da bei der Ausgrabung das Geröll dazwischen weggeräumt wurde, bilden sie jetzt einen Korridor, aber wir vermuten, daß es sich in Wirklichkeit um Haltemauern für das Geröll handelte, das eine Rampe oder einen Baudamm bildete. Ähnliche Strukturen sind gefunden worden, so ein Damm, der noch an der unfertigen Südmauer des Mastabafeldes westlich der Cheops-Pyramide lehnt. Und im Totentempel Menkaures entdeckte George Reisner in einem unfertigen Raum ebenfalls Baudämme.

Ein Großteil des Pyramidenbaus einschließlich der Rampen und Dämme bestand einfach in der sinnvollen Nutzung riesiger Mengen von Kalksteinbruch, Tafla und Gips. Ein Vorteil dieses Materials war, daß sich daraus errichtete Strukturen leicht mit der Spitzhacke abtragen ließen, wenn sie nicht mehr gebraucht wurden.

Die Sinki-Pyramide in Süd-Abydos ist eine kleine Stufenpyramide; an einer Seite steht die Rampe noch.

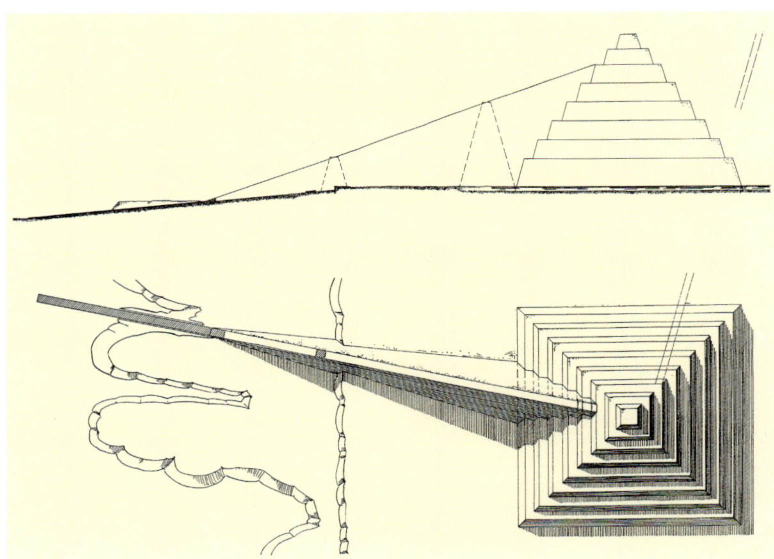

Für die Pyramide in Meidum hat Borchardt anhand der archäologischen Anhaltspunkte eine sehr schmale und hohe gerade Rampe rekonstruiert.

Die Seitenneigung

Eine Schlüsselfrage des Pyramidenbaus lautet, wie die ägyptischen Maurer die Achsen und Diagonalen kontrollierten, während sie die Pyramide hochzogen. Sie mußten sicherstellen, daß sie sich oben genau in der Mitte trafen, um nicht buchstäblich den entscheidenden Punkt zu verfehlen.

Die Ägypter maßen den Neigungswinkel in *sequed*, einer Einheit, die angibt, wie weit die Pyramidenfläche pro Elle Höhe zurückspringt. Ein Rücksprung von einer Elle pro Elle Höhengewinn ergibt eine Neigung von 45°. Auf diese Weise lassen sich Winkel festlegen, indem man lediglich in Höhen und Weiten rechnet. Um beispielsweise die Neigung der Cheops-Pyramide zu erzeugen, hätten die antiken Maurer 14 Einheiten nach oben und 11 nach innen abstecken können.

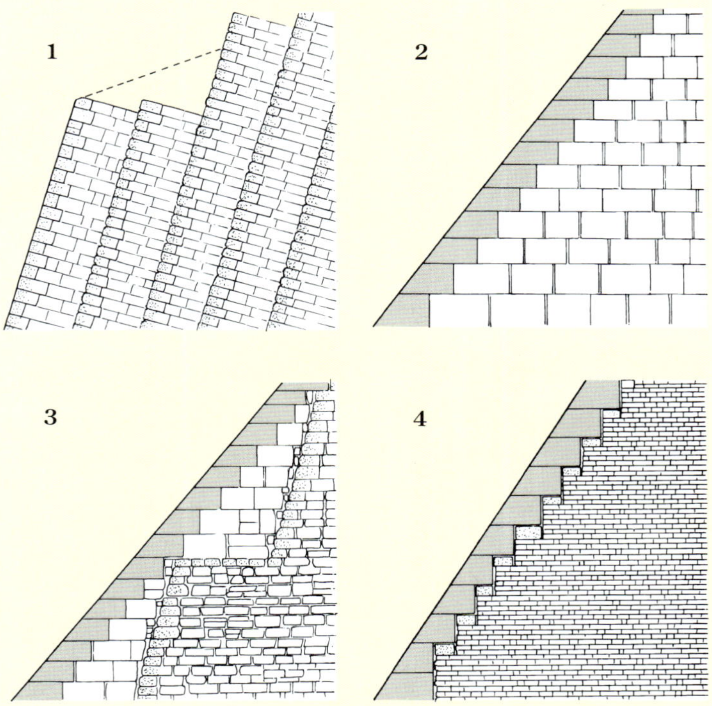

Nicht alle Pyramiden wurden auf dieselbe Weise gebaut; die Methoden änderten sich im Laufe der Zeit beträchtlich: **1** *Bei den Pyramiden der 3. Dynastie waren die Steinlagen nach innen geneigt.* **2** *In der 4. Dynastie bevorzugte man sauber aufgeführte Horizontalschichten mit vorgeschrägten Verkleidungsblöcken.* **3** *Die späteren Pyramiden besaßen grobe Mauerkerne. Zwischen Kern und Verkleidung lag eine Schicht von Stützsteinen.* **4** *Ab Senwosret III. hatten die Pyramiden einen fein verkleideten Lehmziegelkern.*

Die ersten Pyramiden wurden aus nach innen geneigten Schichten errichtet, wobei die Blöcke – einschließlich der Verkleidungssteine – schräg im Mauerbett saßen, so daß die Außenseite der Verschalungsblöcke die Neigung der Pyramide ergab. Erst bei der Knickpyramide von Dahschur begannen die ägyptischen Bauleute horizontale Mauerlagen zu verwenden. Die Verkleidungssteine mußten nun im Winkel der Pyramidenseiten zugeschnitten werden, was einen trapezoiden Querschnitt ergab. Es wird immer wieder behauptet, die Bauleute hätten die Seitenneigung durch Rücksichtung auf das bereits fertige Mauerwerk festgelegt. Doch während der Bauarbeiten lag die Pyramidenfläche vermutlich unter Geröll und Rampen verborgen; zudem ragten während der gesamten Bauzeit im unteren Teil der Pyramide einstweilen unbehauene Verschalungssteine vor. Man muß sich also fragen, ob es vor dem allerletzten Stadium der Arbeit, in dem die Bauleute beim Abtragen der Rampen und Baudämme von oben nach unten die Verschalung glätteten, überhaupt klare Linien und Diagonalen oder glatte Flächen gab, nach denen man sich hätte richten können.

Das überzeugendste Beweismaterial legt nahe, daß in jeden Verschalungsblock beim Verlegen Hilfslinien geschnitten wurden, welche die Pyramidenfläche bezeichneten – letztlich schufen die Steinmetzen die Pyramidenoberfläche sukzessive Block für Block, verbargen sie aber einstweilen unter überschüssigem Gestein. Obschon soviel feststeht, hat man eingewendet, daß die Oberfläche Unregelmäßigkeiten aufweisen müßte, wenn allein diese Methode angewendet worden wäre, weil sich dabei jegliche Fehler addierten. Doch andererseits hätten sie einander auch kompensiert – eine Abweichung bei einem Block wäre durch eine entgegengesetzte bei einem anderen ausgeglichen worden. Zudem könnte man, um Abweichungen vorzubeugen, auf dem Kern und in einiger Entfernung auf dem Boden Referenzmarkierungen für die Achsen und Diagonalen angebracht haben.

Fernmarkierungen als Visierhilfe

In *Ancient Egyptian Stone Masonry* (1930) stellten der Architekt Somers Clarke und der Ingenieur R. Engelbach die Hypothese auf, die Bauleute hätten bei der Arbeit am Pyramidenstumpf die Achsen und Diagonalen mit dem Auge anhand entfernter Standvisiere ausgerichtet. Das ist nie genauer untersucht worden, aber im Lauf der Jahre habe ich Löcher im Boden gefunden, die durchaus für Markierungspfosten bestimmt gewesen sein mögen. Eines davon liegt nördlich der Cheops-Pyramide, ist jetzt mit altem Schutt und modernem Kies gefüllt und scheint auf die Zentralachse der Pyramide ausgerichtet. Die systematische Kartographierung solcher Markierungen hat eben erst begonnen; vielleicht bringt sie mehr Aufschluß über die antiken Vermessungsverfahren.

(Links) Die drei Königinnenpyramiden des Menkaure lassen Konstruktionsdetails erkennen. Zwei von ihnen wurden vielleicht nie fertiggestellt.

Die innere Stufenpyramide

Wenngleich wir sicher wissen, daß Meidum zunächst eine Stufenpyramide war, gilt das wahrscheinlich nicht für die meisten Großpyramiden der 4. Dynastie, angefangen mit Snofrus Knickpyramide. Der Kern könnte jedoch ein wenig vor dem Verkleiden oder als eigenständige Baustufe in Stufenform angelegt worden sein. Außerdem stellt sich die Frage, ob innere Stufenpyramiden wie in Meidum aus einzelnen Steinlagen errichtet wurden. Im Gefolge Borchardts meinen einige Theoretiker, die sogenannten »Gürtelsteine«, durch die die Aufsteigende Passage der Großen Pyramide gehauen wurde, seien Mauerlagen einer Innen-Stufenpyramide. Die einfache Tatsache lautet jedoch, daß das Mauerwerk dieser Pyramiden zu vollständig ist, um einen Schluß in der einen oder anderen Richtung zu gestatten.

Die Königinnenpyramiden des Cheops – GI-a, GI-b und GI-c – besaßen eindeutig gestufte Innenkerne, die jedoch nicht aus Schichten bestanden. Dünne Wände aus kleinen Kalksteinblöcken an der freiliegenden Spitze und der nordwestlichen Ecke von GI-a könnte man für Mauerlagen halten, aber sie waren provisorische Mauern, die beim Markieren und Erbauen der Kernstufen eingesetzt wurden. Man hat diese Monumente als vierstufige Pyramiden bezeichnet, doch die vierte Stufe ist kaum mehr als ein auf der dritten Lage aufgestapelter Haufen grob behauener Steinbrocken. Die Lagen wurden von größeren Steinen verwischt, mit denen die Stufen aufgefüllt waren.

Menkaures Nebenpyramiden besaßen ebenfalls einen gestuften Kern. Die erste, GIII-a, wurde als Satellitenpyramide für den König begonnen und als echte fertiggestellt. Die anderen beiden sind ein ziemliches Rätsel. Aus der Tatsache, daß das äußere Mauerwerk der Stufen so sorgfältig bearbeitet ist, schließen manche Gelehrte, GIII-b und GIII-c seien von vornherein als Stufenpyramiden geplant gewesen. Andere glauben, daß diese gestuften Kerne einen Mantel aus Füllmaterial und eine Verkleidung erhalten sollten, um sie zu echten Pyramiden zu machen.

(Rechts) An der südlichsten Königinnenpyramide des Cheops (GI-c) sind Teile des gestuften Innenkerns und die feine Kalksteinverkleidung noch sichtbar. Kleine Löcher in den Ecken der Kernblöcke bilden mit der Pyramidendiagonale eine Fluchtlinie. Drei jeweils aus rechteckigen Mauerblöcken gebildete Reihen sind zu erkennen. In ihnen lassen sich gelegentlich senkrechte Nahtstellen entdecken, die möglicherweise die Bereiche konkurrierender Arbeiterkolonnen anzeigen. Zwischen den Stützsteinen und der Verkleidung liegen weichere und kleinere Verfüllsteine, während der obere Teil der Pyramide nur noch aus einer Masse loser, unregelmäßig geformter Kalksteinbrocken besteht.

Das würde wenig Platz für Ostkapellen gelassen haben, was wiederum andere zu der Ansicht bringt, daß sie einst verschalte Stufenpyramiden waren wie jene des Djoser. Andererseits weisen sie im Gegensatz zu GIII-a keine Überreste von Füll- oder Verschalungsmaterial auf. Falls sie nur gestuft sind, weil sie unvollendete echte Pyramiden darstellen, wurde zumindest hier der gesamte gestufte Kern errichtet, bevor man ihn auffüllte und verkleidete.

Daß Menkaures eigene Pyramide in Stufen oder Lagen errichtet wurde, von denen jede aus mastabaähnlichen Teilen besteht, läßt sich aus dem Muster des durch die große Lücke in ihrer Nordseite sichtbaren Kernmauerwerks schließen.

Kontrollmarken auf dem Kernmauerwerk

Das Mauerwerk dieser Stufenpyramiden war offenkundig viel zu grob konstruiert, um als Anhaltspunkt für die Außenneigung zu dienen. Doch es ist möglich, daß der gestufte Kern vor der Außenverkleidung

Verkleidungsblöcke und Böschungswinkel

Diese Skizzen veranschaulichen die ersten Phasen des Setzens der Eck-Verkleidungssteine und der ersten, auf beiden Seiten anschließenden Blöcke. Sie alle zeigen die Nordwestecke einer Pyramide, der Sichtwinkel wechselt jedoch zwischen Südost (bei I und III) und Nordost (II und IV). Die Schritte 1 bis 16 gelten jeweils für beide Seiten des Ecksteins.

1 *Der Eckstein wird auf Rollen in Setzposition gebracht. Nur die Unterseite ist bearbeitet.* **2** *Die Seitenflächen werden bearbeitet.* **3** *Auf jeder Seite werden die ersten normalen Blöcke in Position gebracht; nur die Unterseite ist bearbeitet. Die Seitenflächen der Anschlußsteine werden passend behauen und die Bündigkeit mit einer Schnur überprüft.*

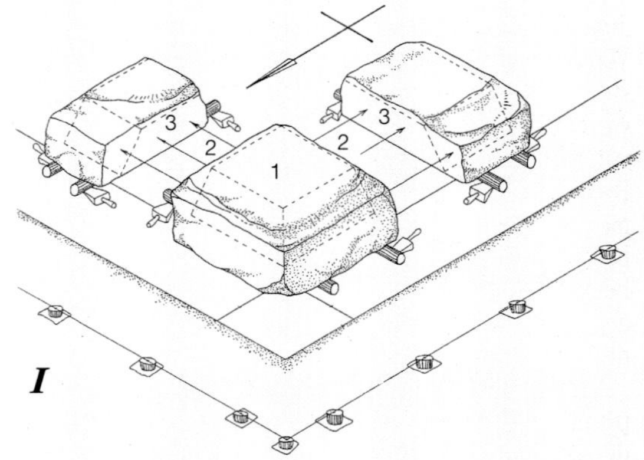

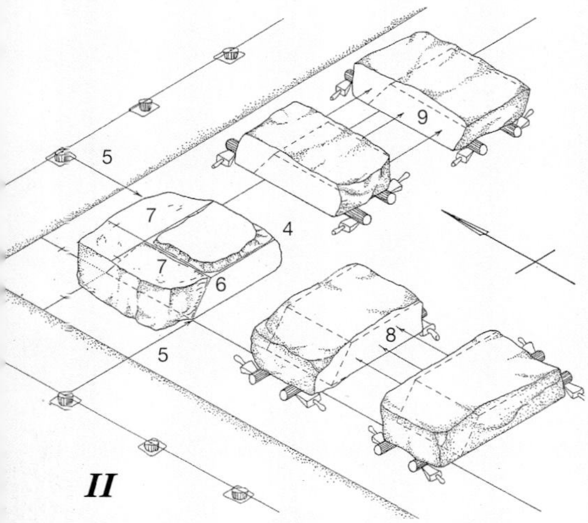

4 *Der Eckstein wird von den Rollen abgenommen und in die endgültige Position gebracht.* **5** *Durch Vermessen anhand der Außenreferenzlinie wird an den Anschlußseiten die Basislinie der Pyramide markiert (nur auf der ersten Steinlage).* **6** *Auf den Anschlußflächen des Ecksteins werden Neigung (14 Einheiten) und Flucht (11 Einheiten) mit Hilfe eines Senkbleis oder passenden Winkelmaßes markiert. Überstehender Stein an der Vorderseite wird abgeschrägt. Die Ecken selbst bleiben (im Gegensatz zu den Anschlußflächen der Ecksteine) ungeschrägt, damit die Flächenlinie erhalten bleibt.*

7 *Die Flächenlinie wird auf die Oberseite des Ecksteins aufgetragen. Diese wird nun entlang der Linie bearbeitet.* **8** *Auf jeder Seite wird der zweite Normalblock in Stellung gebracht.* **9** *Die seitlichen Anschlußflächen werden so beigeschnitten, daß sie mit dem ersten Normalblock bündig sind.*

10 *Auf beiden Seiten wird der erste Normalblock an den Eckstein herangeschoben. Die überstehende Schräge ragt über und vor der Anschlußstelle zum Eckstein vor.* **11** *Die überstehenden Teile der Frontflächen werden gemäß der Markierung abgeschrägt, so daß die Flächen zum Eckstein bündig sind.* **12** *Durch Vermessen anhand der Außenreferenzlinie wird die Basislinie der Pyramide auf den jeweiligen Anschlußflächen der ersten Normalblöcke markiert.* **13** *Auf den Anschlußflächen der ersten Normalblocks werden Neigung (14 Einheiten) und Flucht (11 Einheiten) markiert. Überstehende Teile auf der Vorderseite werden passend abgeschrägt.*

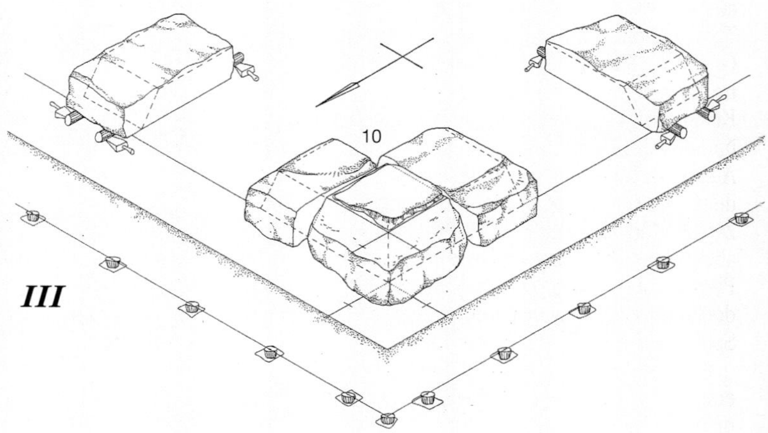

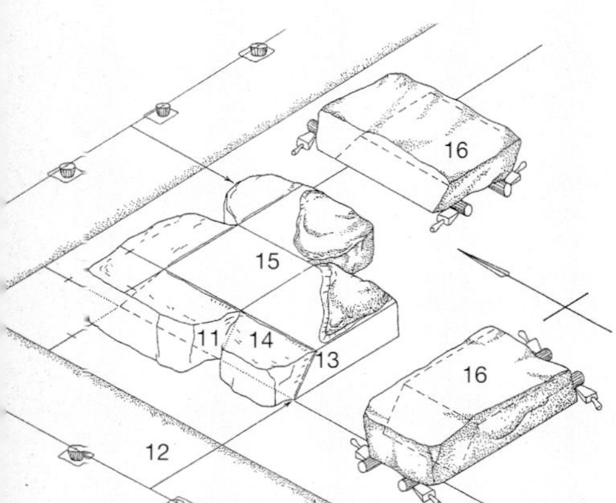

14 *Die Pyramidenfluchtlinie wird oben auf dem Block markiert. Er wird entsprechend abgeschrägt.* **15** *Die Oberseite des Blocks wird präzise nachbearbeitet, um das Bett für die nächste Verkleidungslage vorzubereiten.* **16** *Der zweite Normalblock wird herangeschafft; danach wiederholen sich Schritt 10 bis 15.*

(Rechts) Um den Neigungswinkel zu markieren, konnten die Erbauer entweder mit einem Senkblei nach innen messen oder eine hölzerne Schablone mit der richtigen Winkelung verwenden.

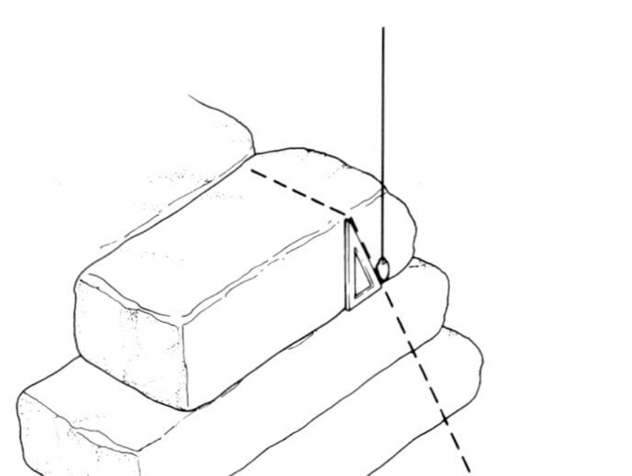

errichtet wurde, so daß man auf seinen Stufen Hilfslinien und Kontrollmarkierungen für das Verlegen der Verschalung hätte anbringen können. Auf der südlichsten Königinnenpyramide des Cheops (GI-c) fanden wir in den Ecken der Kernmauerlagen kleine Löcher von rund 5 cm Durchmesser, die anscheinend auf den Pyramidendiagonalen liegen, was allerdings erst noch nachgeprüft werden muß. Sie könnten für Pflöcke bestimmt gewesen sein, an denen die Richtschnur befestigt war, mit der ein inneres Referenzquadrat abgesteckt wurde, mit dessen Hilfe man die Linien der Verschalung vermessen konnte.

Andererseits mag die Schnur auch beim weniger präzisen Errichten des Stufenkerns eingesetzt worden sein. Das jedenfalls war der Zweck einer provisorischen Mauer mit rot aufgemalten Visierlinien und Maßangaben in Königsellen an der Nordwestecke von GI-a. Im hinteren Teil des Einschnitts in die Nordseite der Menkaure-Pyramide, den Saladins Sohn Othman anlegen ließ, tragen die Steine einer inneren Lage noch eine rote, senkrechte Linie, welche die Mittelachse der Pyramide bezeichnet. Eine Unmenge anderer, von antiken Steinmetzen, Architekten und Landvermessern angebrachter Markierungen bedarf noch der Untersuchung. Das Kernmauerwerk über den Eingängen der Nebenpyramide von Snofrus Knickpyramide und der Königinnenpyramide GI-a, auf der Rückseite der Westwand von Menkaures Totentempel und auf dem oberen Mauerblock vom Grab der Chentkaues in Gise weist auf der Zentralachse grobe Kerben auf. Ähnliches findet sich auf Kern- oder Haltesteinen an den Ecken der Cheops- und Chephren-Pyramiden; dort scheint es sich um Ausrichtemarken für das Kernmauerwerk zu handeln. Ohne weiteres Studium können wir über den Zweck derartiger Markierungen bloß spekulieren, aber wenn wir Hypothesen darüber aufstellen, wie die Pyramiden wohl erbaut wurden, müssen wir diese von den antiken Baumeistern im Stein hinterlassenen Spuren auf jeden Fall berücksichtigen.

Sobald die Cheops- und Chephren-Pyramiden sich erst einmal über das in ihrem Kern verborgene Felsmassiv erhoben, hätte man die rechten Winkel natürlich durch Ausmessen der Diagonalen nachkontrollieren können.

Neigungsgestaltung Stein für Stein

Während der Bauzeit sahen sich die Bauleute wohl unentwegt mit einem großen Mauerquadrat konfrontiert, in dem bei Cheops von Kern und dann Verschalung umschlossene Kammern und Passagen steckten. Der Kern mag dabei ein wenig vor den Füll- und Verkleidungsschichten gewachsen sein.

Mag es auch Fernmarkierungen und Kontrollzeichen auf dem Kern gegeben haben, so deutet die Beweislage doch darauf hin, daß die antiken Bauleute die Pyramidenneigung jedem einzelnen Verschalungsstein beim Schneiden und Einpassen verpaßten. Wenn er in Position gebracht wurde, war er nur unten bearbeitet. Erst wenn ein Block neben seinen Nachbarn gesetzt und richtig eingehebelt war, wurden die noch freien Flächen geglättet. Doch bevor andere Steine diese verdeckten, brachte man darauf eine Linie an, die die Position der geneigten Pyramidenseite angab – vielleicht, indem man von einer Lotlinie aus in festgelegten Schritten nach oben und innen maß oder vermittels einer hölzernen Lehre, die den korrekten Winkel angab. Dann kam das Entscheidende: Die Außenfläche des Verkleidungssteins wurde bis zu dieser Linie abgeschrägt.

Wenn in der Endphase die Rampen beseitigt und die Flächen bearbeitet wurden, wußten die antiken Steinmetzen genau, wieviel Material weggeschabt werden mußte, um eine glatte Oberfläche zu erzielen: Sie hörten einfach dort auf, wo die Kanten der Steine sich zu einer schmalen Naht fügten.

Anzeichen, daß die alten Ägypter dieses Verfahren benutzten, sind in den unteren Granitlagen der Menkaure-Pyramide zu erkennen. Diese blieben teilweise unbehauen, vermutlich, als der Bau beim Tod des Königs abgebrochen wurde, und enthalten deshalb noch etwas Stein, der wegzuschlagen blieb. Wo einzelne Steine herausgefallen sind, zeigen die benachbarten noch oben und an den Seiten die Linien, mit denen die Neigung der Pyramidenoberfläche markiert wurde.

Die Seitenneigung

(Unten) Die aus Granit bestehenden unteren Lagen der Menkaure-Pyramide blieben teilweise unbearbeitet, so daß überstehende Teile nie weggeschlagen wurden, um die endgültige glatte Fläche zu erzielen. (Eingeklinkt) Ich zeige auf die Linie und Schrägung, anhand derer die überstehenden Teile von Verkleidungssteinen beigearbeitet wurden.

Ärger an der Spitze

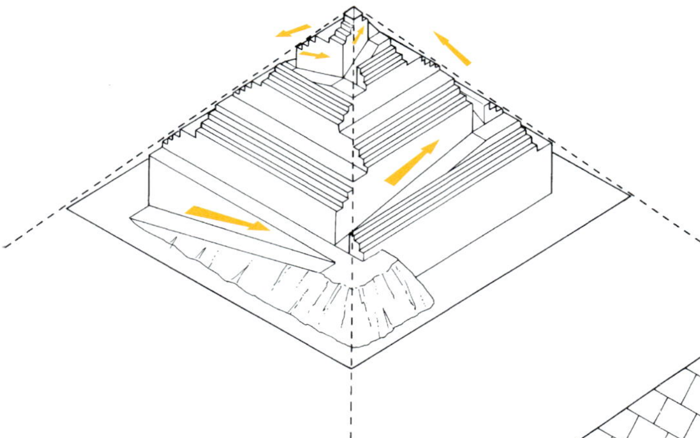

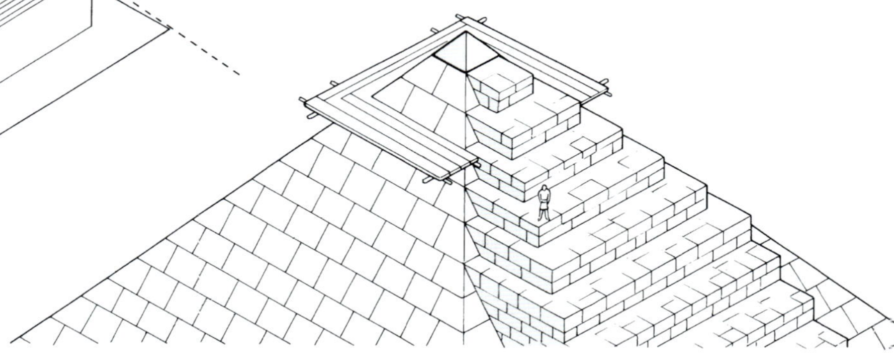

Erhalten gebliebene Verkleidungsblöcke an der Spitze der Chephren-Pyramide (ganz oben) sind nicht völlig plan – vielleicht wurden sie wegen der beengten Verhältnisse an der Spitze schon vor dem Setzen zugehauen. Über die Art, wie die obersten Lagen unter den dort herrschenden, erschwerten Bedingungen gesetzt wurden, gibt es mehrere Theorien. Eine davon besagt, daß um die Spitze mehrere Rampen liefen (oben links); eine andere Möglichkeit wäre eine Arbeitsplattform auf einer breiten Treppe (oben rechts).

Eine leichte Verzerrung an der Spitze der Chephren-Pyramide zeigt, daß die obersten Lagen besonders problematisch waren. Das gegenseitige Einpassen der Verschalungssteine dürfte in dieser Höhe kaum noch möglich gewesen sein. Die erhaltenen Verschalungsblöcke der obersten Lagen werden nicht nur zunehmend kleiner und dünner, sondern sie fluchten auch nicht mehr – der Stein steht hier an den Stoßkanten waagrecht und senkrecht um Millimeter vor. Das könnte ein durch Abraub der tieferen Verschalung verursachtes Senkphänomen sein. Wahrscheinlicher ist jedoch, daß diese Blöcke vor dem Setzen zugeschnitten wurden. Auf der Cheops-Pyramide wird (wie erst jetzt erkannt wurde) der Kernstein in den letzten Lagen vor der Spitze immer hochwertiger und gleicht schließlich fast der feinen Tura-Verkleidung. Auch das dürfte die wachsende Problematik bei Annäherung an die Spitze aufzeigen.

Natürlich ist nicht unbedingt anzunehmen, daß was unten funktionierte, auch zur Spitze hin erfolgreich sein mußte. Auf dieser Ebene wurde das Hochhieven und Manövrieren äußerst schwierig. Für Rampen war einfach kein Platz mehr. Stadelmann hat die These aufgestellt, erst sei die Masse der Pyramide mit Hilfe mehrerer gerader Rampen von allen Seiten her, später mit nur einer breiten geraden Rampe zu einer Ecke und in den höchsten Lagen schließlich mit kürzeren Anlehnrampen gebaut worden. Doch für den allerletzten Bauabschnitt schlägt er eine Abfolge von Stufenkonstruktionen vor, die bis zur Spitze gehende Rampen getragen hätten. War dann das Pyramidion aufgesetzt, hätten die Bauleute beim Abstieg die Stufen auffüllen oder beseitigen können.

Viele Theoretiker flüchten zum Hebelsystem, um zu erklären, wie die Steine nach ganz oben geschafft wurden. Dieter Arnold zum Beispiel stellt sich vor, die Endsteine seien von einer Holzplattform auf einer Treppe aus hochgehebelt worden. In 100 m Höhe standen 97 Prozent der Pyramide schon, die oberen 46,5 m stellten also nur noch 3 Prozent des Gesamtmauerwerks dar. Es ist denkbar, daß trotz aller Schwierigkeiten für diesen kleinen Rest die Hebelmethode immer noch die beste Wahl war.

Die Diagonalen und das Pyramidion

Sobald das Monument höher war als das Felsgrundmassiv im Pyramidenkern, ließ sich der Winkel der Außenhaut nicht nur anhand der unteren Lagen, sondern auch durch Messung der Diagonalen nachprüfen. Kürzlich von Zahi Hawass an der Cheops-Nebenpyramide entdecktes Beweismaterial zeigt, daß bis hinauf zur Spitze so verfahren wurde. Sie ist eine der beiden einzigen Pyramiden aus dem Alten Reich, deren Pyramidion erhalten blieb (die andere ist die Nordpyramide in Dahschur). Zwar fehlt der unmittelbar darunter passende Stein, aber Hawass hat den drittobersten identifiziert. Ab dieser Höhe war der Kern gekappt und nur noch mit Tura-Verkleidungsstein gebaut worden. Auf dem drittobersten Stein, der sehr sorgfältig bearbeitet und abgeschrägt ist, verläuft von jeder Ecke eine Linie zur Mitte: Die Bauleute kontrollierten aufs sorgfältigste den Winkel jeder sich verjüngenden Lage anhand der Diagonalen.

An Cheops' Nebenpyramide ist die Naht zwischen Pyramidion und darunterliegendem Stein besonders subtil; eigentlich ist es gar keine Fugen-Zapfen-Verbindung mehr, sondern in die Steinunterseite waren die Diagonalen so eingeschnitten, daß eine konvexe Oberfläche mit vier Dreiecksflächen entstand. Die Oberseite des Steins darunter wäre dann konkav gewesen, so daß beides sauber zusammenpaßte und die Stabilität des Pyramidions gewährleistet war.

(Oben und rechts) Der Schlußstein der Cheops-Nebenpyramide. Das Pyramidion, das auf dem Kopf stand, als Zahi Hawass es fand, ist zwar stark verwittert, aber die konvexe Grundfläche, die an die (fehlende) zweitletzte Verkleidungslage anschloß, ist noch erkennbar. Ähnlich war die drittletzte Lage gearbeitet, um die zweitletzte aufnehmen zu können (rechts).

Die NOVA-Erfahrung

Die »Spitzenproblematik« zeigte sich überdeutlich beim NOVA-Experiment. Die letzten vier Lagen mußten hochgehebelt werden, weil der Platz hier für den Einsatz des vorher so hilfreichen Frontladers nicht mehr ausreichte. Selbst dabei wurde es eng, und wegen der labilen Holzstützen schlidderten wir mehrfach nur knapp an einer Katastrophe vorbei. Doch Unterschiede in Mauerwerk und Technik von einer Pyramide des Alten Reiches zur nächsten lehren uns, daß die alten Baumethoden gelegentlich nicht minder improvisiert waren. In der Früh- und Versuchszeit der Riesenpyramiden gab es kein »Handbuch« für den Pyramidenbau. Das Aufsetzen des NOVA-Pyramidions war ein dramatischer Moment. Erst fassonierten die Arbeiter den Stein selbst und improvisierten eine Holztrage aus vier Balken. Dann wurde lange und nervös das mögliche Vorgehen diskutiert. Mit einem Stoßgebet zum Propheten hoben die Arbeiter das Gestell dann urplötzlich auf die Schultern und rannten praktisch unter viel Geschrei, Geschiebe und gemeinsamer Anstrengung die Spiralrampe hinauf – die Last war extrem schwer, und jeder wußte, daß es weder Ausruhen noch Umkehr gab. Welche Erleichterung, als der Schlußstein ohne Verletzung oder Katastrophe gesetzt war!

Zahi Hawass hat kürzlich am Aufweg zur Sahure-Pyramide in Abusir (5. Dynastie) ein Steinrelief entdeckt, auf dem Tanz, Gesänge und Feiern nach dem Setzen des Schlußsteins abgebildet sind – vielleicht gingen dereinst mit diesem Prozeß dieselbe Spannung und Erleichterung einher, die wir empfanden.

Gewiß gibt es kaum Hinweise auf ähnliche Steintrageverfahren im alten Ägypten, obwohl hölzerne Tragen gefunden wurden. Aber es ist durchaus wahrscheinlich, daß für das Schlußsteinsetzen ähnliche – oder jedenfalls ähnlich improvisierte – Methoden benutzt wurden. Und natürlich brauchten die Pyramidien sogar der Riesenpyramiden nicht viel größer als das unsere zu sein, denn je nachdem, wo man die Spitze kappt, läßt sich das Pyramidion ja beliebig groß oder klein gestalten. Allerdings war die Distanz vom Boden zur Spitze weit größer. An der Basis von Pyramiden des Mittleren Reiches gefundene Pyramidien lassen vermuten, daß sie schon mit nach oben geschafft werden sollten, während das Monument noch wuchs. Sobald unser Pyramidion an Ort und Stelle war, begannen die NOVA-Arbeiter, der Pyramidenoberfläche den letzten Schliff zu verleihen, indem sie Block für Block von überschüssigem Gestein befreiten – genau wie es einst ihre Vorfahren getan haben müssen.

(Rechts) Das Setzen des Schlußsteins oder Pyramidions dürfte besonders schwierig und gefährlich gewesen sein, wie wir beim NOVA-Experiment selbst erfahren mußten.

Die Arbeiterschaft

Wie viele Arbeiter bauten an den größten Pyramiden? Zehntausende oder gar mehr? Nehmen wir die Cheops-Pyramide: Mit ihren rund 2 300 000 Blöcken ist sie nicht nur atemberaubend groß und präzise, sondern wir müssen auch davon ausgehen, daß sie in nur 23 (oder weniger) Jahren erbaut wurde – der Regierungszeit, die der Turiner Papyrus dem Cheops zubilligt (sie könnte allerdings auch länger gedauert haben). Rainer Stadelmann hat ausgerechnet, daß dazu pro Tag rund 340 Blöcke (zu jeweils rund 1 m^3) gelegt werden mußten. Da das Tageslicht bestenfalls einen Zehnstundentag zuließ, waren also erstaunliche 34 Blocks pro Stunde zu setzen – alle zwei Minuten einer.

Da müssen doch Zehntausende am Werk gewesen sein, wenn nicht gar mehr? Herodot behauptete (allerdings über 2000 Jahre nach Abschluß der Bauarbeiten), die Cheops-Pyramide sei in 20 Jahren von 100 000 Mann gebaut worden. Möglich (und glaubhafter) ist, daß er damit die Gesamtzahl der pro Jahr Tätigen meinte, wobei vier 25 000köpfige Teams jeweils eine Dreimonats-»Schicht« geleistet hätten, statt daß sie alle zusammen in Gise waren.

Generell geht man von einer Zahl zwischen 20 000 und 30 000 aus. Das mag bemerkenswert niedrig erscheinen, aber anderes kommt hinzu. Zum einen weist der Pyramidenkern einen beträchtlichen »Lässigkeitsfaktor« auf: viele unregelmäßig gehauene Steine und eine Menge Füllsel (Steinsplitter und Bruch), und das, obwohl die Cheops-Pyramide das vielleicht sauberste Kernmauerwerk von allen hat. Das mag den Bau erheblich beschleunigt haben. Und nach 30 Metern Höhe stand schon die Hauptmasse, denn die höheren Lagen benötigten weit weniger Steine.

Trotz ihrer scheinbar unmöglichen Ausmaße waren die Pyramiden des alten Ägypten durchaus menschenmachbare Monumente. In unserem NOVA-Experiment stellten wir fest, daß sich Steinblöcke der erforderlichen Größe von einem Trupp Männer problemlos ziehen ließen.

Geschickte Bauleute und Handwerker standen wahrscheinlich permanent im Dienst des Pharaos. Über ihre genaue Zahl läßt sich nur spekulieren, aber wir wissen, daß die Masse der Arbeiterschaft aus Kolonnen dienstverpflichteter Bauern von je etwa 2000 Mann bestand. Jede Kolonne umfaßte zwei je 1000köpfige Mannschaften, deren jede in fünf *zaa* genannte Gruppen (das wurde in ptolemäischer Zeit mit dem griechischen »phyle« – »Stamm« – übersetzt) zu je 200 Leuten zerfiel. Jede Phyle bestand aus zehn Abteilungen zu 20 Mann (oder 20 zu zehn). Die im Wettstreit liegenden Mannschaften hatten jeweils eigene, auf den herrschenden König lautende Namen wie »Cheops' Freunde« oder »Menkaures Trunkenbolde«. Die fünf Stämme einer Mannschaft hatten immer die gleichen Namen: Großer (oder Steuerbord-), Asiatischer (oder Backbord-), Grüner (oder Bug-), Kleiner (oder Heck-) und Letzter (oder Guter) Stamm.

Der Pyramidenbau läßt sich in Teilabläufe zerlegen und die für jeden benötigte Zahl von Arbeitern überschlagen. Für den Steinbruch taten wir das schon. Die beiden anderen Hauptabläufe waren das Herbeischaffen und das Schneiden/Setzen der Steine. Da die Cheops-Pyramide einfach ihrer Größe wegen als problematischste erscheint, legen wir sie (als eine von mehreren Möglichkeiten) unserer Analyse zugrunde.

Die Steineschlepper

Nehmen wir an, die Steineschlepper hätten vom Steinbruch zur Pyramide pro Stunde 1 km zurücklegen können (der Rückweg mit leerem Schlitten verlief viel schneller). Damit konnten 20 Mann einen 2,5 t schweren Block vom Steinbruch über ein Gefälle von ca. 6° in 19 Minuten vom Steinbruch zur Pyramide schaffen (jedenfalls gelang das dem NOVA-Team ohne weiteres).

Bei Experimenten mit dem Bewegen großer Steine am Karnaktempel stellte der Ägyptologe Henri Chevrier fest, daß 3 Mann einen 1 t schweren Block über eine (zur Reibungsminderung mit Wasser begossene) Piste ziehen konnten, jeder also eine Dritteltonne; Untersuchungen an den europäischen Megalithen ergaben sogar eine halbe Tonne pro Mann. Und beim Bau der NOVA-Pyramide merkten wir, daß 10–12 Mann leicht einen Zweitonnenblock auf einem Schlitten über eine ansteigende Straße ziehen konnten. Noch mehr lernen wir aus der berühmten Szene im Djehutitotep-Grab, die den Transport einer Kolossalstatue über eine gleitend gemachte Oberfläche zeigt. Berücksichtigt man den Maßstab der Grabszene und war die Statue aus Alabaster (sie dürfte aus dem Alabastersteinbruch bei Hatnub gekommen sein), wog sie rund 58 t. Man sieht 172 Männer – womit jeder ca. eine Dritteltonne zieht. Moderne Versuche haben gezeigt, daß das auf einigermaßen glatter Oberfläche durchaus möglich ist.

Beim selben Verhältnis (1/3 t pro Mann) konnten 7,5 Arbeiter einen 2,5-Tonner über eine gleitende, ebene Oberfläche ziehen. Nehmen wir an, daß eine

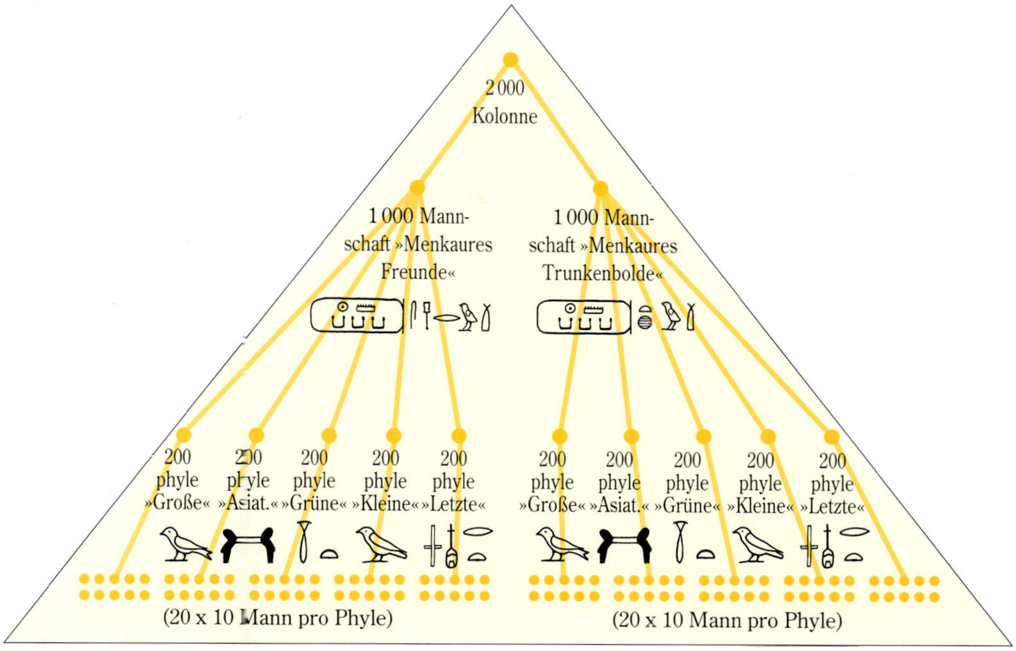

Berechnungen lassen darauf schließen, daß die gewaltige Leistung, die Steine für die Riesenpyramiden des Alten Reiches zu brechen, heranzuschaffen und zu setzen, von zwei (sich abwechselnden) Kolonnen zu je 2000 Mann bewältigt werden konnte. Jede Kolonne teilte sich in zwei Mannschaften (die in der Skizze verwendeten Namen wurden in Graffiti in Menkaures Pyramidentempel gefunden). Normalerweise bestand eine Mannschaft aus fünf Gruppen, »Phyle« genannt, die stets dieselben Namen trugen. Die hier angegebenen Bezeichnungen sind Abkürzungen: »Große« oder »Letzte« hieß meist »Die in der ›Großen‹ (bzw.) ›Letzten‹ sind«. Diese Phyle-Namen entsprechen Schiffsteilen: »Groß« = Steuerbord; »Grün« = Bug; »Klein« = Heck. Die Hieroglyphe für »Asiatisch« (setj) ist problematisch. Meist wird sie als »Backbord« (tawer) gelesen. Für »Letzte« (oder: »Unterste«) ist keine Schiffsentsprechung bekannt; die Bezeichnung ließe sich auch als »vollkommen« oder »schön« lesen. Jede Phyle war wahrscheinlich ihrerseits in entweder zehn Trupps zu 20 oder zwanzig Trupps zu 10 Mann unterteilt.

Abteilung (20 Mann) pro Tag 10 Steine bewegte – wobei wir eine Stunde für den Weg zur Pyramide und die Rückkehr mit leerem Schlitten ansetzen –, konnten 34 Abteilungen pro Tag 340 Steine vom Steinbruch zur Pyramide schaffen. Die Gleichung bedarf auf beiden Seiten einer Anmerkung. Am unteren Teil der Pyramiden konnten mehr Abteilungen gleichzeitig arbeiten, wenn viele Rampen da waren; daraus folgt eine höhere Anschlepprate. Doch je höher man kam, desto weniger Leute konnten mitmachen, weil es weniger Platz gab und die Rampen steiler waren. Desgleichen sind nicht alle Cheops-Steine 2,5 t schwer (dieser oft zitierte Durchschnitt ist prüfungsbedürftig). Viele Steine, vor allem zur Spitze zu, sind kleiner, die Kernsteine alles andere als saubere 2,5-t-Würfel, und ganz unten übersteigen sie oft dieses Gewicht.

Vielleicht ist eine Stunde pro Stein zu anspruchsvoll. Verdoppeln wir die Zeit, dann schaffte eine Abteilung pro Tag nur fünf Steine; für 340 waren dann 68 Abteilungen nötig. Bei 20 Mann pro Abteilung erhalten wir eine vielleicht realistischere Schätzung von 1360 Steinschleppern. Immerhin: das klingt noch überaus praktikabel.

Die Steinmetzen

Wie sah es nun bei denen aus, die die Steine zurechtschnitten und setzten? Wie Petrie feststellte, bleibt pro Durchschnittsblock von 2,5 t einfach kein Platz für mehr als 8 Steinmetzen. Gehen wir von vier an den Hebeln und zwei weiteren fürs Schieben und Justieren aus (so war es bei NOVA), haben wir 6. Nehmen wir zwei Steinmetzen fürs Bearbeiten hinzu (vor allem an der Verschalung notwendig), haben wir 8. Noch zwei Zusatzleute für die Handhabung ergeben 10 pro Block. Wie die heutigen Maurer arbeiteten die Steinmetzen vermutlich von der Pyramidenecke nach innen. Setzen wir jedoch zwei weitere Teams an, die von der Mitte aus nach außen arbeiten, dann erhalten wir insgesamt 160 Steinmetzen für die Verschalung. Diese war am zeitraubendsten, denn die Steine mußten beim Verlegen einzeln eingepaßt und abgeschrägt werden. Wurden (wieder dient Cheops als Beispiel) pro Stunde 34 Steine angeliefert und konnten die Steinmetzen mithalten (10 Mann setzen 1 Stein pro Stunde), dann arbeiteten an der ganzen Pyramide 340. Vielleicht ist unsere Tempoannahme zu knapp. Verdoppeln wir die Zeit, kommen wir auf rund 680 Steinmetzen – immer noch wären maximal 1000 Arbeiter für das Schneiden und Setzen der Steine der Cheops-Pyramide nötig gewesen.

Unsere Rechnung legt den Schluß nahe, daß die Cheops-Pyramide von zwei 2000-Mann-Kolonnen gebaut werden konnte. Natürlich wurden neben Schleppern und Steinmetzen noch viele andere gebraucht. Wahrscheinlich war eine Kolonne allein für den Rampen- und Böschungsbau nötig. Desgleichen brauchte man Zimmerleute für die Herstellung der Werkzeuge und Schlitten, Metallarbeiter für die Schneidewerkzeuge (samt Nachschleifen), Töpfer für die Gefäße zum Kochen und zum Holen des Wassers für den Mörtel, Wasserträger, Bäcker, Brauer – und sicher noch andere. So kann die Gesamtzahl der für Bau und Erhaltung der Infrastruktur nötigen Leute bei der Cheops-Pyramide bei 20000, vielleicht sogar 25000 gelegen haben. Das setzt zwar eine große Siedlung voraus, unterstreicht aber auch, daß die Pyramiden Menschenwerk sind, das die Ägypter der 4. Dynastie ohne weiteres zustande bringen konnten.

Der Bau einer Pyramide im Mittleren Reich

Denkt man zu sehr nur an die Riesenpyramiden des Alten Reiches und die Frage, wie sie gebaut wurden, so übersieht man leicht die ganz anderen späteren Methoden. Aus den Pyramiden des Mittleren Reiches haben wir viel über die Einmaligkeit jeder einzelnen und die allen gemeinsame Maurertechnik gelernt.

Neuerungen im Mittleren Reich

Als Amenemhet I. in Lischt zu bauen begann, war seit 190 Jahren keine große Königspyramide mehr gebaut worden, so daß das Fachwissen und -können verlorengegangen sein kann. Der Kern bestand aus kleinen, groben Kalksteinblöcken und einer losen Sand-, Geröll- und Ziegelfüllung. Die Neuerung Senwosrets I. war ein inneres Mauerwerk mit Zwischenstufen aus Steinplatten. Auch die Baumeister Amenemhets II. und Senwosrets II. benutzten einen derartigen Rahmen, füllten aber die Zwischenräume mit Lehmziegeln, aus denen auch der obere Teil des Kerns gebaut wurde. Lehmziegel wurden auch für die Kerne aller nachfolgenden Pyramiden des Mittleren Reiches verwendet.

Dank intensiver Erforschung der Pyramide Amenemhets III. in Dahschur konnte Dieter Arnold die Zahl der für eine Lehmziegelpyramide erforderlichen Arbeitskräfte schätzen; er kommt auf dieselbe Gesamtzahl (rund 5000) wie Barry Kemp anhand der maximalen Menge der Jahresrationen, welche die großen Kornspeicher der Pyramidenstadt Senwosrets II. in Illahun aufnehmen konnten.

Die für die Verschalungsblöcke der früheren Pyramiden charakteristischen, außergewöhnlich feinen Fugen sucht man im Mittleren Reich vergeblich; zum Ausgleich verbanden die Steinmetzen bauwichtige Blöcke mit Schwalbenschwanzklammern.

Arnold schätzt die Zahl der Holzklammern im Pyramidenkomplex Senwosrets I. auf 12 000; jede einzelne war mit dem Namen des Königs beschriftet. Zahlreiche Flickstellen und Risse in der erhaltenen Verschalung der Pyramiden Senwosrets I. und III. sowie Amenemhets III. lassen erkennen, mit welchem Problem sich die Bauleute im Mittleren Reich herumplagten: dem Setzen und Senken der Bauten. Bei den Pyramiden Senwosrets I. und Amenemhets III. in Dahschur wurde das noch dadurch verschärft, daß sie über einem offenen Schacht oder umfänglichen Kammern und Passagen auf weichem Grund standen: 320 m Tunnel und 27 Räume unter der Amenemhets III. Der Unterbau seiner Hawara-Pyramide, von der ein Architektenmodell in seiner Dahschur-Pyramide gefunden wurde, war der Versuch, diese Schwächen wettzumachen; er wurde auch zum Muster späterer Pyramiden. Wenig tragfähige Fundamente waren eine weitere Quelle der Instabilität. Der Fuß der Pyramide Senwosrets I. sank sofort um 15 cm ab.

Umgestaltung der Landschaft

In Lischt wurden mehr Transportstraßen, Rampenreste und Steinbearbeitungswerkstätten gefunden als sonstwo in Ägypten. Sie zeigen, wie die Landschaft für den Pyramidenbau umgestaltet wurde. Arnold konnte die Steinbrüche, Landekais und Zugangswadis für die Pyramide Senwosrets I. ausmachen, ja anhand großer Mengen von Kalksteinbruch und Granitstaub sogar die Bezirke, in denen Stein gelagert und bearbeitet wurde. Der Kalkstein für den Kern wurde vor Ort süd-

Die Arbeiterschaft der Pyramide Amenemhets III. in Dahschur:

40 Ziegelhersteller: *10 Ziegelmacher mit je 3 Gehilfen konnten täglich 500 Ziegel produzieren; mithin ergaben 10 x 500 x 350 Manntage/Jahr x 15 Pyramidenbaujahre 26 250 000 Ziegel.*
50 Lehm-, Stroh- und Steineschlepper: *für 5000 Ziegel pro Trag, mit Eseln.*
600 Ziegelträger: *1 Mann konnte 5mal täglich vier Ziegel zur Pyramide tragen; bei 300 Trägern ergibt das pro Tag 6000 Ziegel (mit Eseln verringert sich die Mannzahl). Die Pyramide hinauf trug ein Mann 2 Ziegel, aber – des kürzeren Weges wegen – 10mal pro Tag. Das verlangte weitere 300 Ziegelträger.*
30 Sandträger: *Den Verfüllsand (10 % der Pyramidenmasse) konnten 30 Mann mit 10 Gängen pro Tag zur Pyramide schaffen = 300 Körbe.*
250 Steinmetze: *Arnold errechnete 122 000 Verkleidungsblöcke, rund 3000 kleinere Verschalungsblöcke für Kammern und Korridore und 130 000 Blöcke für den Pyramidentempel: 150 Steinmetzen hätten die Roh-, weitere 100 die Feinbearbeitung erledigen können.*
1500 Steinschlepper: *30 Mann könnten pro Tag einen 2-3 t schweren Block die Pyramide hochgezogen haben – macht bei 750 Mann 25 Blöcke täglich. Dieselbe Anzahl könnte die Steine vom Steinbruch am Ostufer zum Fluß gebracht haben.*
200 Matrosen: *3 Lastkähne mit insgesamt rund 100 Mann Besatzung könnten pro Tag 25 Blöcke transportiert haben; Zahl für Pendelverkehr verdoppelt.*
600 Steinehiever: *Maximalzahl für das Hochhieven der Steine auf die jeweils im Bau befindliche Lage. Arnold spricht sich für Hebel und Treppenrampen aus.*
1500 Sonstige: *Zimmerleute, Kontrolleure, Bildhauer und Maler, aber auch Bäcker, Brauer, Töpfer, Sandalenmacher, Weber und Wasserträger. Außerdem Schiffer für den Antransport von Granitsäulen, Architraven und Sarkophagen aus Aswan.*
Gesamtzahl: 4770

lich der Pyramide gebrochen. Granit kam aus dem Norden, wo man ihn auch zuschnitt. Feiner Verschalungskalkstein wurde über den Aufweg heraufgebracht. Entlang der Zubringerrouten sind noch Teile von mit hölzernen Schwellen aus Schiffsteilen befestigten Straßen und Schleifpisten erhalten. Von den Steinbrüchen im Süden führte eine breite, geröllgefüllte und von Ziegeltürmen flankierte Lehmziegelrampe mit 8° Steigung zur Pyramide hinauf. Näher an der Pyramide entdeckte Arnold Überreste von Lehmziegelrampen. Die Nähe zur Pyramide läßt ein ziemliches Gefälle vermuten. Daß sie aus Lehmziegeln waren und fast lotrecht zur Pyramide verliefen, unterscheidet sie deutlich von den vermutlich in Gise verwendeten.

Kontrollvermerke

Auf unbearbeiteten Pflaster-, Halte- und Verschalungssteinen sind Markierungen aufgebracht, die zum Spannendsten gehören, das sich an den Pyramiden des Mittleren Reiches findet:

»Kontrollvermerke« für Kontrolleure und Schreiber. Felix Arnold hat zwei Sorten identifiziert. Für den Kontrolleur hielt eine vollständige Notiz in getrennten Zeilen das Transportdatum, die mit dem Stein befaßten Arbeiter und die Transportphase fest. Der Weg begann im Steinbruch: »von … gebracht« oder »entfernt aus …« sind übliche Vermerke. Die Verschiffung wird erwähnt, und wir lesen, Stein sei am *mereyt* (Hafen oder Löschdamm) angeliefert worden. Steine wurden »vom Damm hergebracht« und in »Lagerhöfen« abgeladen. Desgleichen wurden sie zur Pyramide »gebracht« oder »gezogen« oder »an der Rampe angeliefert«. Kuhhirten werden erwähnt, die vielleicht Zugochsen angetrieben haben.

Die zweite Sorte von Vermerken besteht aus größeren Zeichen, die manchmal die kleineren, genaueren Angaben überlappen. Dies sind Mannschaftsmarkierungen, wie sie vielleicht die lese- und schreibunkundigen Arbeiter hinkritzelten, die hier zwei bis vier Monate lang Dienst taten. Manchmal sind es bekannte Hieroglyphen, manchmal erfundene Zeichen wie Mistgabeln und gekreuzte Stäbe. Arnold glaubt, die Markierungen hätten die Heimatstädte der Arbeiter bezeichnet, wobei die erfundenen Zeichen kleinere Dörfer benannten. Sie können auch die Unterteilung der Arbeitskolonnen bezeichnen, die im Mittleren Reich aus *tjeset*, »Trupps«, von je zehn Mann bestanden. Oder aber sie nennen beides: Ort und Trupp. Einige Teams sind nach dem Herrn benannt, zu dessen Grundbesitz sie gehörten.

Oft sprechen wir beim Pyramidenbau in den Kategorien der militärischen Rekrutierung oder der Lohnarbeiter moderner Bauvorhaben. Damit verbindet sich die gängige Sicht des Pharaos als eines absoluten Autokraten. Beides verdunkelt die Art und Weise, wie sehr die Macht des Pharaos mit der Gesamtgesellschaft verwoben war und wie die Arbeitskräfte für »öffentliche« Großprojekte absteigend nach Städten, Dörfern, Gütern und Haushalten organisiert waren. »Zwangsarbeit« mag heute im Gegensatz zur »freiwilligen« stehen, aber auf den Zustrom dieser Männer aus der Provinz ist diese Vorstellung nicht anwendbar. Der Pyramidenbau könnte als ritueller Akt empfunden worden sein, der fest im Brauchtum und der gesellschaftlichen Tradition verankert war.

In den bislang entzifferten Kontrollnotizen ist vor allem von Städten eines bestimmten mittelägyptischen Gebiets die Rede: der Raum um die alte Hauptstadt Memphis, um Heliopolis und im Delta. Das entspricht auffallend dem Muster der Binnenkolonisierung im Alten Reich. Wurden die ungelernten Arbeiter für den Bau der Pyramiden des Alten Reiches aus den gerade kolonisierten Gebieten geholt?

Rainer Stadelmann entdeckte unter dem Taltempel der Pyramide Amenemhets III. in Dahschur vergraben einen Entwurf des innovativen Unterbaus seiner Pyramide in Hawara in Form eines kleinen Kalksteinmodells. Die langen Anmarsch-Korridore der wirklichen Pyramide sind hier verkürzt, aber einer der riesigen, seitlich einrutschenden Sperrblöcke ist als Holzmodell gezeigt. Die Vorkammer, die Grabkammer und das System für das Ablassen des letzten Deckenblocks sind getreulich dargestellt. Das Modell mag vor allem als visuelles Hilfsmittel für die Darstellung der Höhenunterschiede wichtig gewesen sein.

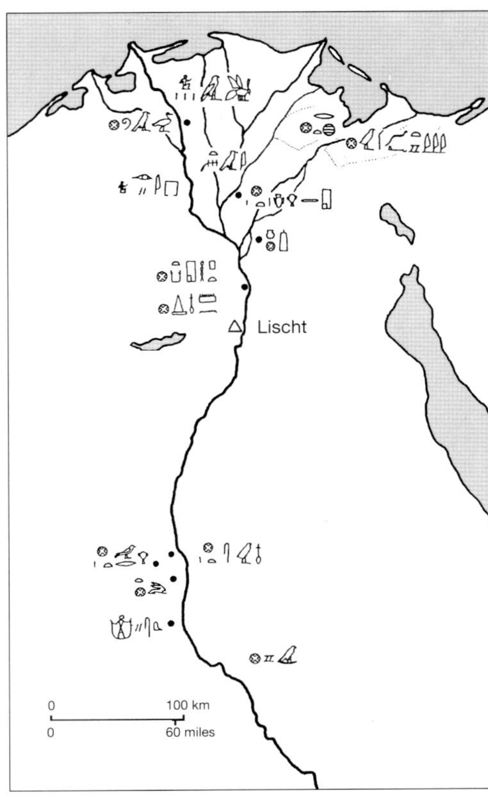

(Rechts) Diese Karte von Felix Arnold zeigt, woher die in den von ihm untersuchten Kontrollaufzeichnungen genannten Arbeiter kamen. Einwohner Unterägyptens werden häufig ohne Nennung einer bestimmten Stadt gekennzeichnet.

(Unten) Von Felix Arnold dokumentierte Kontrollnotiz an der Pyramide Senwosrets I. in Lischt. Die längere, detailliertere Notiz gilt dem Kontrolleur und den Schreibern, während die größeren und gröberen Markierungen Kolonnengraffiti (hier der »Memphis-Kolonne«) sind.

Die Güter der Pyramide

Kolonien, Pyramiden und das Entstehen eines Zentralstaates

Das Rätsel, wie die Ägypter die Pyramiden gebaut haben, fasziniert immer wieder aufs neue. Weniger augenscheinlich, aber wichtiger ist die größere Frage, wie die Pyramiden Ägypten zu bauen halfen. Der Anfang des Pyramidenzeitalters fällt mit dem Beginn einer Binnenkolonisierung zusammen, bei der im ganzen Hinterland neue Dörfer (*niut*) und neue Güter (*hut*) entstanden. Sie lieferten den Pyramiden, Tempeln und Elitegräbern die Nahrung und schufen einen ständigen Ressourcenstrom zwischen Peripherie und Zentrum des Staates. So kam dem Pyramidenbau beim Zusammenschmieden Ägyptens als erstem zentralisierten Nationalstaat der Welt, der sich gänzlich vom Stadtstaatmuster Mesopotamiens und Nordsyriens unterschied, eine Schlüsselrolle zu.

Im Delta wurden Landgüter und Viehbetriebe schon unter der 1. Dynastie gegründet, aber mit Beginn des Pyramidenbaus nehmen die Beispiele zu.

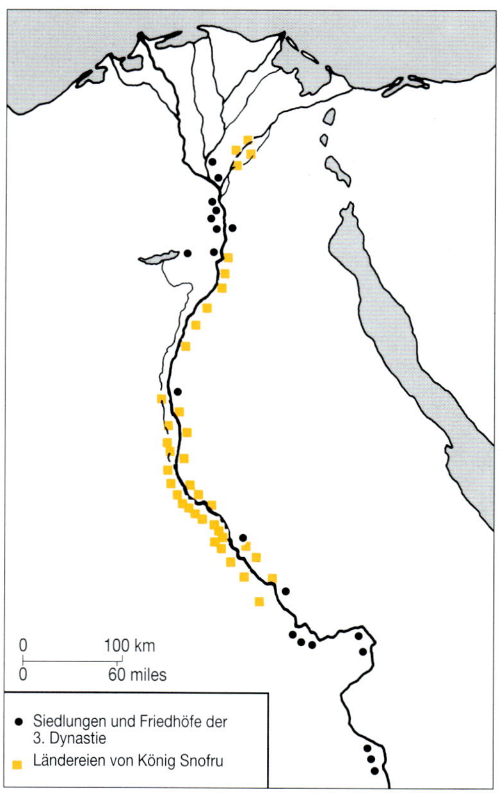

Vergleich der Ländereien Snofrus mit der Lage der Monumente der 3. Dynastie. Letztere ballen sich im Kina-Bogen und engen Teil des Niltals unterhalb der Deltaspitze, während die Ländereien über das breite Niltal Mittelägyptens und im Delta-Hinterland verstreut sind.

Ein Jahreseintrag auf dem Palermo-Stein für Snofru lautet: »das Jahr der Schaffung von 35 Gütern mit Menschen und 122 [Vieh-] Höfen«. Der Grundbesitz Snofrus ist im Taltempel seiner Knickpyramide in Dahschur dargestellt, personifiziert durch Opferträgerinnen (*niut* und *hut* sind feminin), jede mit einer Standarte auf dem Kopf, die den Namen Snofrus und die Zeichen für *niut* und *hut* trägt. Eine Gruppe folgt dem 16. Nomos Oberägyptens, dem Onyx. Ihre Namen: »Snofrus Wonne«, »Snofrus Tänzerinnen«, »Straße des Snofru«, »Snofrus saftige Weiden« und »Snofrus Amme«, erinnern an Ranch-Namen zur Zeit der Kolonisierung des amerikanischen Westens. Die bekannten Besitztümer Snofrus lagen zumeist im breiten Niltal Mittelägyptens. Für Unterägypten sind nur ein Name und vier Besitztümer erhalten, aber Helen Jacquet hat nachgewiesen, daß im Alten Reich der Großteil der Landgüter im Delta lag.

Solche Reliefs mit Opferträgerreihen waren eine Art Schenkungsurkunde für neue Parzellen. Jedes Grab und jede Pyramide war ein Wirtschaftsknoten, ein Motor der Produktion, Lagerung und Verteilung. Die einfachste Form des Besitztums hieß *hut ka*: Standort des Geistes oder fromme Stiftung. Dabei wurde jungfräuliches Land von einer Gruppe mit Zugtieren und Gerät unter einem Aufseher besiedelt, der ein Herrenhaus bewohnte. Sie belieferten nun eine bestimmte Kultstiftung, deren Schwerpunkt das Grab und die Statue des Verstorbenen in ihm bildete, mit Feldfrüchten und Vieh.

Wiederaufsplitterung von Macht und Mitteln

Allmählich machte sich Widerstand gegen den Zentralisierungsdrang der Kolonisierung in der frühen Pyramidenzeit bemerkbar. In der 5. Dynastie began-

Personifizierte Ländereien (links) als Opferträger. Aus Reliefs im Taltempel Snofrus neben seiner Knickpyramide in Dahschur (oben).

nen die hohen Beamten und Priester, die dem Andenken des Königs im Pyramidentempel dienten, ihren Anteil am Ertrag der Besitztümer zu fordern. So zählt der Beamte Nenchefetka (5. Dynastie) in seinem Grab in Saqqara 14 Landgüter auf, von denen zwei nach Userkaf (»Die Leiter Userkafs« und »Userkaf ist Schön im Geiste«) und drei nach Sahure (»Hathor Will, daß Sahure Lebe«, »Der Geist Gehört Sahure« und »Die Flut des Sahure«) benannt sind. Nicht zufällig schließen Senchefetkas Titel auch Priesterfunktionen in den Pyramiden Userkafs und Sahures ein.

Ebenfalls in der 5. Dynastie wurden riesige Ländereien im Delta dem Sonnengott Re und dem Tempel von Heliopolis geschenkt. Später fingen die Pharaonen des Alten Reiches an, Provinztempel mit Schenkungen und Steuerbefreiungen zu bedenken. In Oberägypten waren die Chefs der Nomoi für die Tempel zuständig. Ihr Anteil am Tempeleinkommen und ihren Toten-Besitztümern vor Ort verzahnten sich mit erblichen Ansprüchen auf das Land, die mit fernen Kultstiftungen wetteiferten. Sie wurden mächtiger, bauten große Gräber in ihren Provinzen und wurden, wenngleich noch eingebettet ins vereinigte Reich, zu eigenständigen Herrscherhäusern en miniature.

Gegen Ende des Alten Reiches übernahmen die unmittelbaren Familienmitglieder des Königs zunehmend eher zeremonielle Funktionen und kamen die hohen Beamten nicht mehr allein aus den oberen Rängen des Herrscherhauses. Es entstand eine echte Bürokratie, deren Beamte nicht mehr so eng mit dem Königshaus zusammenhingen, aber nun ihrerseits Anteil an den Erträgen, Waren und Dienstleistungen für den Pyramidentempel erlangten. Das ließ Zentrifugalkräfte entstehen, die die zentralisierte Macht des frühen Alten Reiches auf die einst zu ihrer Versorgung gedachten Kolonien verteilten. Der Übergang von den Riesenpyramiden zu den kleineren, genormten Pyramiden des Endes des Alten Reiches verlief parallel dazu.

Von der Binnenkolonisierung zum Imperium

Am Ende des Alten Reiches zerfiel Ägypten mit dem Zusammenbruch der 6. Dynastie in sich bekriegende Fürstentümer. Als das Mittlere Reich anbrach, dürfte das den Pharaonen des Alten Reiches gehörige oder von ihnen besiedelte Land schon lange in erbliche Ansprüche übergegangen und den Kultzentren wie Gise und Saqqara entfremdet worden sein. Der einstige aktive Wirtschaftsmotor war völlig zum Stillstand gekommen; seine Monumente waren abgetragen, ihr Stein in Bauten wie die Pyramide Amenemhets I. in Lischt geflossen. Doch die Kolonisierungs- und Expansionsprozesse liefen unaufhaltsam weiter. Das Delta und breite Teile Mittelägyptens wurden weiterhin neubesiedelt und das Land verteilt, aber hier entstanden jetzt hochentwickelte eigenständige Stadtzentren. Die Pharaonen des Mittleren Reiches wandten ihre Aufmerksamkeit dem Fajum zu. Entlang des Tors zum Fajum bauten Senwosret II. und Amenemhet III. große Pyramiden.

Auch der Blick über die Grenzen Ägyptens bekam nun eine ganz neue Perspektive, bei der es nicht mehr allein um die Einfuhr von Nadelholzprodukten, Wein und Öl ging. Die Pharaonen des Mittleren Reiches errichteten Grenzbefestigungen wie Amenemhets Königsmauer im Nordosten des Deltas und die Kette von Forts in der Nähe des 2. Katarakts. So wurde Ägypten nach dem Zusammenbruch und Wiedererstehen des Reiches in der Zweiten Zwischenzeit schließlich zum Imperium. Im Neuen Reich waren in ganz Palästina bis hinauf nach Syrien und Unternubien ägyptische Garnisonen stationiert (Nubien war jetzt bloß noch eine Provinz unter anderen). Die Pyramiden des frühen Alten Reiches hatten nicht nur mitgeholfen, Ägypten auf den Weg zu einem konsolidierten Reich und echten Nationalstaat zu bringen; was sie in Gang setzten, sollte letztlich zu einem der ersten Weltreiche werden.

Die Pyramidenstädte

So könnte die Nekropolis von Gise gegen Ende der 4. Dynastie im Blick von Südosten nach Nordwesten ausgesehen haben, nachdem die drei Riesenpyramiden fertig waren. Die Flutebene wird mit den heutigen Umrissen gezeigt.

Wurde nun buchstäblich die gesamte Ernte und alles Vieh eines Provinzbesitzes in die Pyramidennekropole gebracht oder nur eine symbolische Gabe und der Hauptteil anderswohin? Auf Inschriften an Niuserres Sonnentempel sind Jahresliefermengen vermerkt, darunter 100800 Rationen Brot, Bier und Kuchen, 7720 Laibe *pesen*-Brot, 1002 Ochsen und 1000 Gänse. Für eine Pyramide wie die des Cheops sind noch größere Mengen denkbar. Das alles mußte irgendwo und irgendwie gelagert, verarbeitet und verteilt werden. Wo waren die dazu nötigen Anlagen und Vorrichtungen?

Die Standardelemente des Pyramidenkomplexes haben wir bereits betrachtet: die Pyramide als solche, Tempel und Aufweg – das für die Ewigkeit Gedachte. Jede Pyramide hatte aber auch ihre Pyramidenstadt (meist am Fuß des Plateaus), in der Priester, Beamte und Wächter samt dem zu ihrer Versorgung nötigen Personal wohnten, während die Pyramide selbst rituelles Zentrum war. Lag dies alles getrennt von den – vielleicht nur temporären – Quartieren der riesigen Arbeiterkolonnen, die es gebraucht haben muß, um die Pyramide zu errichten?

Hauptstadt und »Großes Haus«

Wer über die Pyramidenstädte redet, muß den Sitz des Königshauses und die Rolle von Memphis berücksichtigen, das man oft die »Hauptstadt« Ägyptens nennt. Der Vorstellung einer Hauptstadt im heutigen Sinne kam im Alten Reich die Residenz des Pharaos am nächsten. Er hatte zwar auch Paläste in der Provinz, aber man geht schon lange davon aus, daß die Hauptresidenz in der Nähe des Pyramidenkomplexes lag, der gerade gebaut wurde. Damit war die ägypti-

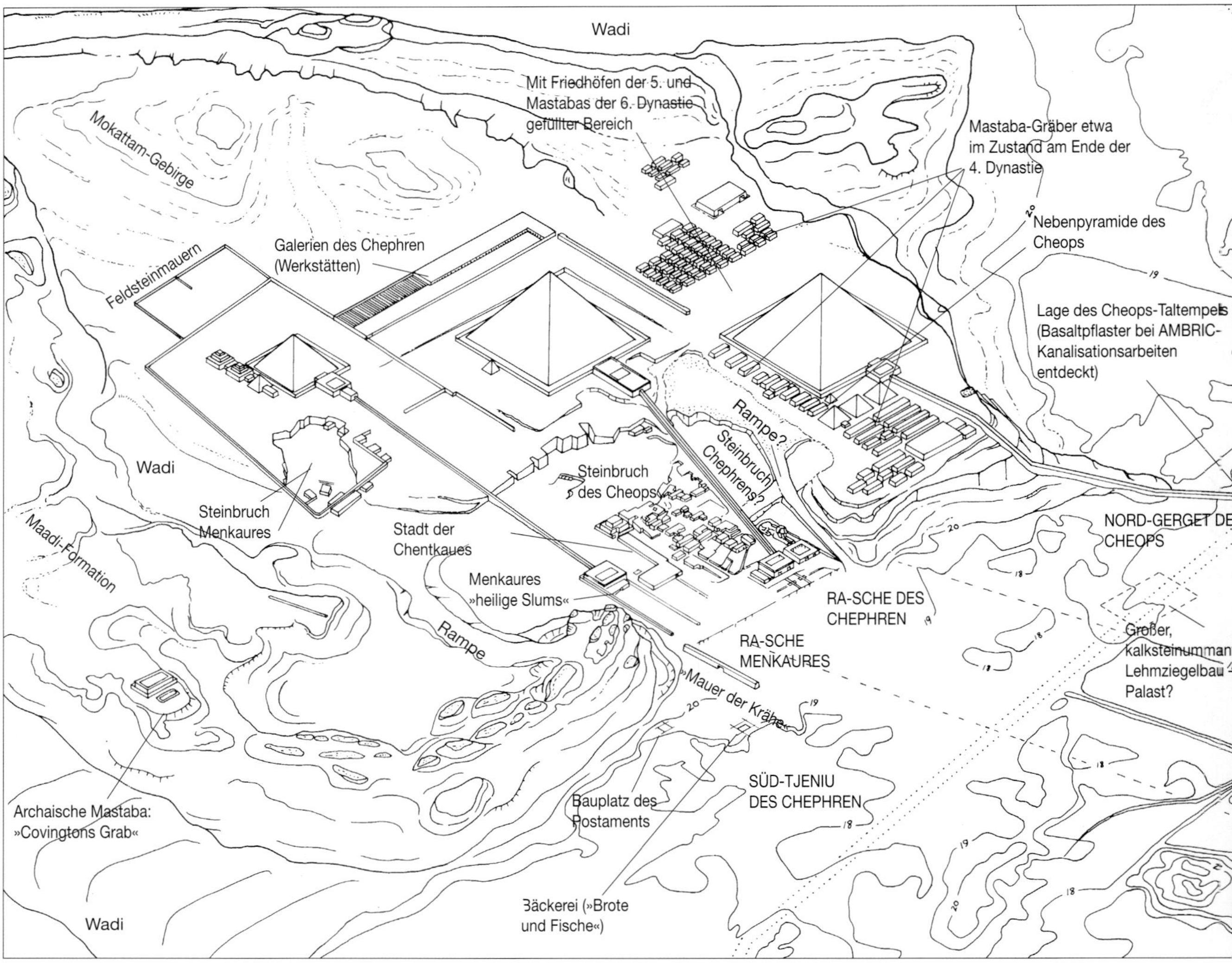

sche »Hauptstadt« innerhalb der Pyramidenzone entlang des Niltals ziemlich beweglich. Zwar mögen aufeinanderfolgende Herrscher, die dieselbe Nekropole bevorzugten, auch die gleiche Residenz benutzt haben, etwa Gise oder Abusir, aber daß Menes in Memphis eine neue Stadt gründete, kann ebensogut Regel wie Ausnahme gewesen sein. Echnatons berühmte, aber kurzlebige Hauptstadt in Amarna könnte das besterhaltene Beispiel einer Praxis sein, die auch andere Pharaonen befolgten.

Inschriften wie jene, die in Gise im Grab des Nikanesut aus der 5. Dynastie gefunden wurden, veranschaulichen den Aufbau größerer Haushalte. Zum seinigen gehörten 2 Landaufseher, 11 Schreiber, ein Führer der Arbeiterkolonnen, 2 Chefs der Speisehalle, 2 Leinenaufseher, ein Siegelträger, 3 Fleischer, 2 Bäcker, 1 Koch und 5 Butler. Zog nun das größte von allen, das Königshaus (das »Große Haus«) für drei Generationen nach Gise oder Abusir um, dann müssen auch zahllose Fleischer, Bäcker, Sandalenschuster und sonstige Diener und Beamte umgezogen sein.

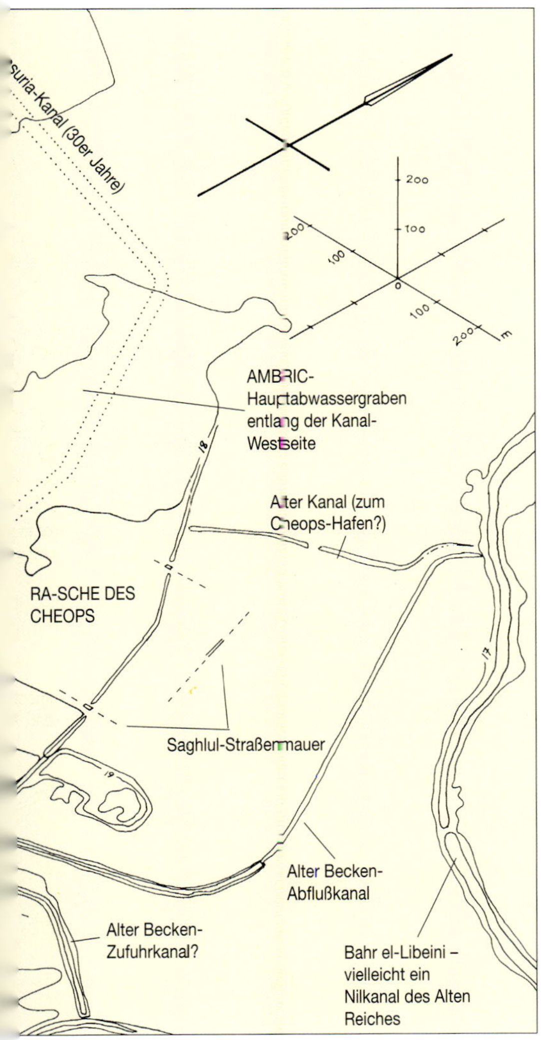

Tatsächlich erwähnt der Beamte Senedjemib (5. Dynastie) in seinem Grab, daß er für Djedkare-Asosi nicht nur eine Pyramide, sondern auch einen neuen Palast namens »Lotusblüte des Asosi« erbaut habe. Die Zahlen sind schwer lesbar, aber er scheint rund 1220 x 440 Ellen (640 x 231 m) groß gewesen zu sein. Selbst wenn das für die Außeneinfriedung gilt, war sie immer noch größer als die Basis der Cheops-Pyramide und entsprach etwa der Umfassung von Djosers Stufenpyramide – kein alltäglicher Bau also.

Aus Grabtexten geht hervor, daß die in den Friedhöfen um die Pyramiden Begrabenen prominente Bewohner naher Pyramidenstädte waren. Deren Name ist oft mit dem der Pyramide identisch. *Djed Snofru* (»Snofru lebt fort«) gehörte zu Snofrus Pyramide in Meidum, während seine zwei Pyramiden in Dahschur von einer Doppelstadt begleitet waren, Nord- und Süd-*Cha Snofru* (»Snofru erscheint«). In Gise sind zwei Siedlungen namentlich bekannt, Cheops' *Gerget* (»Siedlung«) im Norden und Chephrens *Tjeniu* (»Grenzmarke«, »Vegetationsrand«) im Süden. Erstere lag vielleicht im Umkreis von Cheops' Taltempel, letztere südlich von Chephrens Taltempel und der großen Grenzmauer, die heute als »Krähenwall« bekannt ist.

Bis zur 5. Dynastie wurden die Pyramidenstädte mit ihren Handwerkern, Bauern und Nekropoliswächtern von Prinzen der zweiten Generation verwaltet. Sie und ihre Abkömmlinge waren auch dann noch für die Priesterschaft des Königs verantwortlich, wenn der Königshof anderswohin umgezogen war. Später wurden die Städte durch mittlere und niedrige Beamte verwaltet, die in den Genuß des Einkommens und der Steuerbefreiung kamen, die damit einhergingen, daß man in einer Pyramidenstadt wohnte und diente. In der Pyramidenstadt Senwosrets II. in Illahun lebten vermutlich mehrere tausend Menschen. Im West- und Südteil lagen 220 kleine Häuser, während der Nordostbezirk von lediglich neun oder zehn großen, wohl von den hohen Beamten des Königs bewohnten Stadtbesitztümern eingenommen wurde. Barry Kemp hat diese Adelspaläste mit den Holzmodellen verglichen, die im Grab des Kanzlers Mentuhoteps I., Meketre (Mittleres Reich), entdeckt wurden. Eines davon stellt ein großes Haus mit Portikus dar, das einen Teich in einem Baumhain sowie eine Backstube und eine Brauerei, Schreiner- und Weberwerkstätten und einen Kornspeicher besitzt. Wie bei den Meketre-Modellen gab es in jedem Großbesitz von Illahun ein Kernhaus mit Portikus, der von der Straße wegzeigte, und einen Gartenhof sowie einen Kornspeicher; die Gesamtfassungsmenge reichte nach Kemps Schätzung aus, um jährlich 5000–9000 Menschen zu ernähren. Die Bewohner der Kleinwohnungen in der übrigen Stadt dürften für die großen Haushalte oder in ihnen gearbeitet und damit ihren Lebensunterhalt verdient haben.

Heilige Slums

Archäologische Spuren anderer Pyramidenstädte lassen auf Kleingemeinden aus Lehmziegelhäusern

Die »Mauer der Krähe« mit ihrem Kolossaltor war vielleicht der Eingang zur Gise-Nekropole.

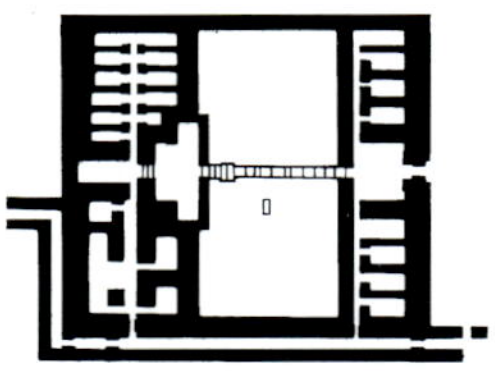

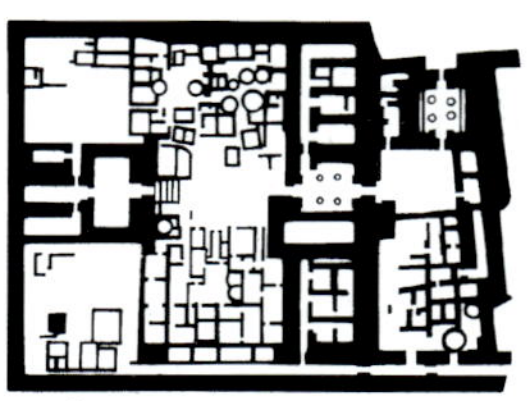

Im Taltempel Menkaures (Mitte) misteten sich die Einwohner seiner Pyramidenstadt ein,errichteten Häuser und Kornspeicher (ganz oben und ganz unten).

schließen, die nach dem Verlegen des Nekropolis-Standorts überfüllt und schäbig geworden waren. Reisner hat vor Menkaures Taltempel eine solche Agglomeration kleiner Häuser ausgegraben. Die steuerbefreite Pyramidenstadt hatte ungeordnet expandiert, sich immer näher an den Tempel herangedrängt und ihn schließlich eingenommen: Kleine Lehmhütten, Lagertonnen und Kornsilos füllten den offenen Tempelhof. Unterdessen ging der Königskult weiter, vielleicht im Totentempel, sicher aber in einem kleinen, dunklen Sanktuarium im rückwärtigen Teil des Taltempels.

Dieses Muster einer kleinen Lehmhäusersiedlung neben dem Tempel, die nach Wegzug des Königshauses zu einer Art heiligem Slum verfiel, wurde als typische Pyramidenstadt des Alten Reiches angesehen. Aber Menkaures Anlagen für die Lagerung und Verarbeitung der Ernten seines Großbesitzes müssen viel mehr als die Kleinwohnungen beim Tempel umfaßt haben. Doch wo lagen sie?

Der *ra-sche*

Unser Wissen über Leben, Gesellschaft und Wirtschaft einer lebenden Pyramide verdanken wir hauptsächlich den Abusir-Papyri. Unter anderem erwähnen sie einen offenbar hochwichtigen Bestandteil des Pyramidenkomplexes namens *ra-sche*.

Geschrieben wird er mit dem Zeichen für Mund und dem alphabetischen Zeichen für ein Becken, was wörtlich etwa »Mund [Eingang] des Beckens« heißt. Die Papyri schildern ihn als Anlieferungs-, Lagerungs- und Produktionsort.

Woher der Name? Und wo lag er? Aus dem Studium des Begriffs *sche* – wie in *chentiu sche* und *sche en per a'aa* (*sche* des Pharao) schloß Stadelmann auf die Bedeutung »königlicher Bezirk«. Inschriften erwähnen die Planung, Vermessung und Öffnung von *sches* mit Namen wie »Thron der Götter«, »Libation der Götter« und »Amme der Götter«, die Stadelmann mit archaischen Höfen um Königsgräber in Abydos und Saqqara verbindet. Es könnte sich allerdings auch um Eigennamen bestimmter Landbaubecken handeln, welche das Wasser der alljährlichen Überschwemmung zurückhielten, wie etwa die benannten Becken Oberägyptens im 19. Jahrhundert n. Chr. Hatte jeder Pyramidenkomplex sein eigenes Becken, wäre der *ra-sche* das Bindeglied zwischen der Welt der Toten und der der Lebenden, zwischen dem Pyramidenbezirk und dem Flutbecken, gewesen, wobei die Pyramidenstadt und der Sakralbezirk auf erhabenem Boden aneinander anschlossen. Dann wäre der *ra-sche* der Eingang zum Talganzen von Taltempel, Hafen, Kanal und Pyramidenstadt. In Gise befände sich dann eine Pyramidenstadt irgendwo in der Tiefwüste zwischen Niltal und Pyramiden-Hochplateau.

Eine »Verlorene Pyramidenstadt«?

Ende der 80er Jahre förderte ein Projekt umfangreiche Hinweise auf eine Siedlung zutage, die sich unter der heutigen Stadt weit über das Gise-Plateau hinaus erstreckte. Zu den Bauarbeiten des großen Abwasserprojekts des AMBRIC-Konsortiums gehörten auch Gräben und Bohrungen im Talboden östlich des Sphinx und der Pyramiden. Die archäologische Leitung lag bei Zahi Hawass, die Aufsicht bei Michael Jones. In einem weiten Gebiet wurden Überreste gefunden, darunter das Fundament des Cheops-Aufwegs und ein Basaltpflaster, das wahrscheinlich seinen Taltempel markiert.

In einem tiefen Graben entlang eines modernen Kanals wurde eine kontinuierliche Schicht von Lehmziegelbauten entdeckt, die etwa 50 m südlich der möglichen Lage des Taltempels begann. Hier lag vielleicht die *Gerget Chufu* (»Siedlung des Cheops«). Man entdeckte Tausende Fragmente von Alltagstonwaren, Brotformen, Kochtöpfen, Krügen, Tabletts und Schalen, desgleichen Tierknochen, Mühlsteine sowie massenhaft Holzkohle und Asche.

Östlich der Südseite der Cheops-Pyramide durchschnitt der Graben massive Lehmziegelwände eines sehr großen Gebäudes – eines Palastes vielleicht? Leider ist der Querschnitt, den ein Abwassergraben liefert, für die Archäologie alles andere als ideal, und da er schnell wieder zugefüllt wurde, bleiben viele Fragen offen.

Bei späteren Bauarbeiten (1994) trat 500 m östlich des Cheops-Taltempels eine gewaltige Kalkstein- und Basaltmauer zutage (links im Photo), deren Orientierung mit dortigen älteren Dränagekanälen übereinstimmt. Sie könnte die Grenze des Flutbeckens oder Hafens vor dem Cheops-Taltempel markieren. Die den Riesenpyramiden von Gise gehörende Siedlung war mehr als eine kleine Ansammlung geplanter Häuser, die später zum Slum verkam.

Die Beweislage deutet auf eine Art Proto-Stadt (sozusagen das »Downtown-Ägypten« der Blütezeit von Gise) hin, die nach Bauschluß von den Priestern bewohnt wurde, die den Kult des Cheops, Chephren und Menkaure pflegten.

Versorger und Versorgte

Im Innern des Pyramidentempels fanden täglich Gottesdienste zu Ehren des Pharaos und der von ihm verkörperten Gottheit statt. Ist unser Wissen vom Tempelritual auch höchst fragmentarisch, so können wir doch mit Bestimmtheit davon ausgehen, daß vor den Königsstatuen und am Fuß der Scheintür abgelegte Opfergaben den Schwerpunkt bildeten. Der ganze Tempel ist im Grunde eine Fortentwicklung des Ortes, an dem in den einfachsten Gräbern dem *ka*, der Lebenskraft des Toten, Nahrungsopfer dargebracht werden konnten. Der König war »der *ka* der Lebenden«, und damit hatte die ganze Gemeinde Anteil an der vom Schöpfergott auf den König und von den Eltern auf das Kind übertragenen Lebenskraft. Sozial schlug sich das in einer Hierarchie der Haushalte nieder, deren »Größtes Haus« das des Pharaos war. Begräbnisseitig entsprach dem der Begriff *imachu*, den man manchmal mit »geehrt« übersetzt. Jaromir Málek hat nachgewiesen, daß das auch »versorgt« heißen kann und die Teilhabe an Opfern für einen Haushalt höheren Status' durch ein *wedjeb* (»Verteilung«) bedeutete. Ein Mann namens Netjerpunesut vermerkte in seinem Grab in Gise, er sei »Besitzer der Versorgung« von sechs Königen: Djedefre, Chephren, Menkaure, Schepseskaf, Userkaf und Sahure.

Die Dienenden: Priester und Wächter

Die Entwicklung der Tempelverwaltung

Den Grabtexten zufolge war die Tempelorganisation im frühen Pyramidenzeitalter recht einfach. Die Pyramide wurde verwaltet durch einen *imy-ra*: »Aufseher« (wörtlich: »Der im Mund ist«). Sodann gab es den *wabu* (»Reinigungspriester«) und *cheri-heb* (»Lektorenpriester« – sie lasen das Ritual). Des weiteren die *hemu-netjer* (wörtlich: »Diener des Gottes«); der Titel taucht in den Gräbern hochgestellter Ägypter auf, konnte aber auch einfacherem Volk wie Handwerkern und Bauern der nahen Pyramidenstadt verliehen werden.

In der späten 5. und der 6. Dynastie tauchte zeitgleich mit dem dramatischen Rückgang der Pyramidengröße und der Vergrößerung des Totentempels sowie der Entwicklung der Standardkomponenten des Tempels eine komplexere soziale und religiöse

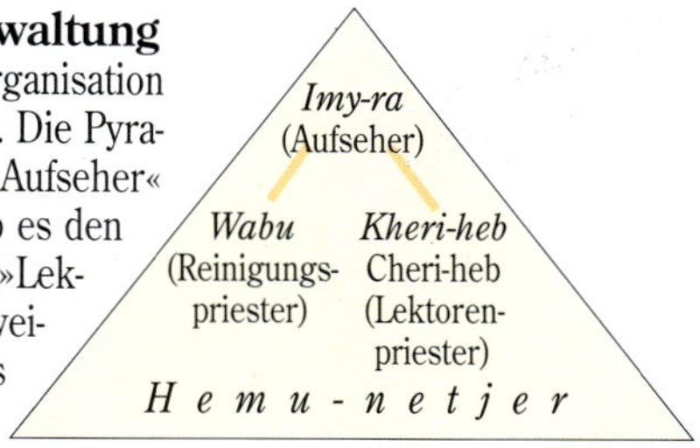

(Oben) Die Organisation des Pyramidentempel-Personals im frühen Pyramidenzeitalter.
(Unten) Dieses Relief aus dem Grab eines wichtigen Majordomus zeigt Opferträger, die Erzeugnisse seiner Güter zu seinem Grab bringen.

Beamte der höchsten Ränge des Alten Reiches verneigen sich vor Pepi II. (Relief aus der kleinen quadratischen Vorkammer seines inneren Totentempels), darunter der Aufseher der (aller?) chentiu-sche, *der sich von den niedrigeren Rängen nicht durch Tracht oder Insignien unterscheidet.*

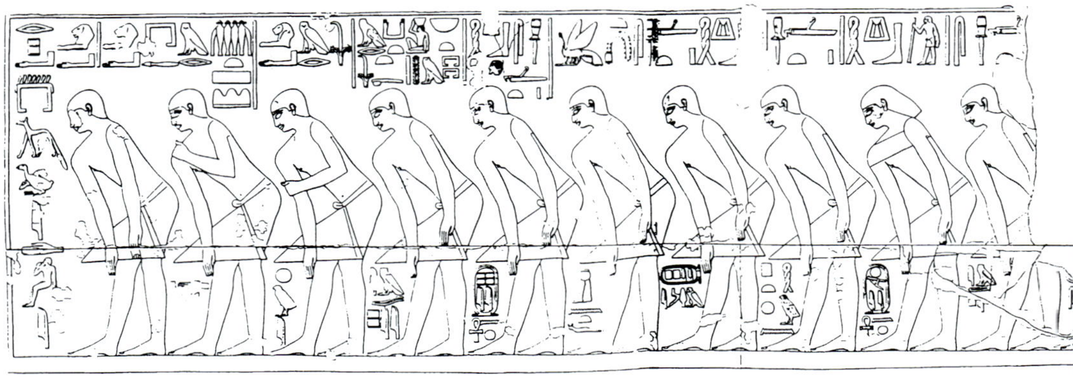

Organisation auf. Die Abusir-Papyri aus den Tempeln des Nefererkare, des Raneferef und der Chentkaues geben Aufschluß über den Betrieb eines Pyramidentempels etwa zu dieser Zeit. In den Diensttafeln wird das Tempelpersonal in zwei große Gruppen geteilt: die *hemu-netjer* (der ältere Titel) und die *chentiu-sche*. Wörtlich bedeutet letzteres einfach »Die vor dem *sche*«, aber die genaue Bedeutung des Wortes und der Funktion dieser Leute ist problematischer.

Im Neuen Reich scheinen die *chentiu-sche* »Gärtner« gewesen zu sein. Im Alten Reich reicht die Übersetzung von »Siedler« oder »Pachtbauer« bis zu »Palastdiener«. Das Problem ist das Wort *sche*, das für so unterschiedliche Dinge wie »bebautes Land«, »See«, »Steinbruch« oder »Werkstatt« benutzt wurde. Man löst es mit der Übersetzung »Becken«, wenn man berücksichtigt, daß das Niltal in jährlich überflutete Becken aufgeteilt war: Seen mit Bäumen und Gärten am Ufer. Aus alten Texten kennen wir Institutionen wie den *ra-sche* der Pyramide und den »*sche* des Pharao« – vielleicht der Begräbnisbezirk. Bedenken wir jedoch, daß vor jedem Pyramidenkomplex ein großes Becken lag, das Teil des aus Pyramidenstadt, Palast, Hafen, Kanalmündung (*ra*) und Becken (*sche*) bestehenden Ganzen war, dann macht der Dienst von *chentiu-sche* sowohl im Palast des lebenden als auch im Tempel des vergöttlichten Königs Sinn.

Die *chentiu-sche* wohnten in der Pyramidenstadt (vielleicht schon seit ihrer Geburt). Viele Inhaber dieses Titels ergänzten ihren Namen mit dem des Königs, in dessen Tempel sie dienten. Damit wurden sie Mitglieder des erweiterten Haushalts des Königs, der sämtliche Schichten umschloß – Bauern, Gärtner und später hohe Beamte. Den Abusir-Papyri nach waren die jüngeren *chentiu-sche* vor allem mit dem Transport von Fleisch und anderen Vorräten zum Tempel beschäftigt, während die älteren Wachdienste leisteten. Zusammen bildeten sie einen menschlichen Filter für die Verwandlung aller Rohstoffe in heilige Versorgungsgüter der Pyramide und ihrer Klientel. Ist der Titel *chentiu-sche* auch nur ab der Zeit Djedkare-Asosis bekannt, meinen Paule Posener-Kriéger und Rainer Stadelmann, das Amt gehe bis in die Zeit Snofrus zurück. Ein Schutzedikt Pepis I. für die *chentiu-sche* von Snofrus Doppel-Pyramidenstadt läßt darauf schließen, daß sie und ihre Bewohner in die Zeit des Baus der Pyramiden zurückreichen.

Die *hemu-netjer* scheinen weniger an eine bestimmte Pyramide gebunden gewesen zu sein. In den Abusir-Papyri scheinen sie rangmäßig über den *chentiu-sche* zu stehen: Sie transportierten keine Versorgungsgüter, wurden als erste genannt, erhielten ihre Zuteilung von Opfergaben im Allerheiligsten der Opferhalle, und ihre Titel deuten gelegentlich einen mittleren bis hohen Rang an. Offenbar hinderte sie ihr Status jedoch nicht daran, gemeinsam mit Niedrigergestellten relativ einfache Aufgaben wahrzunehmen. So finden wir beim Bewachen von tönernem Tempelgeschirr neben einem Tänzer und einem Palast-Coiffeur auch einen Richter und einen Schreiber.

Eine klarere Vorstellung vom Pyramidentempel erlangen wir jedoch, wenn wir uns die Bedeutung eines Titels wie Coiffeur klarmachen: einer, der den göttlichen Leib des Gottkönigs berühren durfte. Im Intimbereich des Tempels waren königliche Coiffeure von besonderer Bedeutung. Daß diejenigen, die die Person des Königs berühren und seine Mahlzeiten zubereiten, im Tempelinnersten eine wichtige Rolle spielen, paßt zu unserer Auslegung der Pyramidenkammern als ewiges Gegenstück zu den Privatgemächern im Palast. Wenn der König jeden Morgen vom Tod aufsteht, gehen ihm seine Diener zur Hand, ehe er (wie seine Statuen im Vorderteil des Tempels) seinen Gang aufnimmt.

Die *chentiu-sche* und *hemu-netjer* dienten gemeinsam in Phylen. Jede Phyle zerfiel in zwei Abteilungen, so daß eine Halb-Phyle jeden zehnten Monat Dienst hatte. Sie wurde mit Einzelhieroglyphen wie »Stärke«, »Leben«, »Herrschaft« bezeichnet. So konnten mehr Personen die ausgefeilte Symbolik der Rituale und das ehrfurchteinflößende Innere der Pyramidentempel mit ihren Statuen und ihrem Halbdunkel erleben.

Organisation des rotierenden und permanenten Dienstes im Nefererkare-Tempel anhand von Papyri, die in seinem Totentempel gefunden wurden.

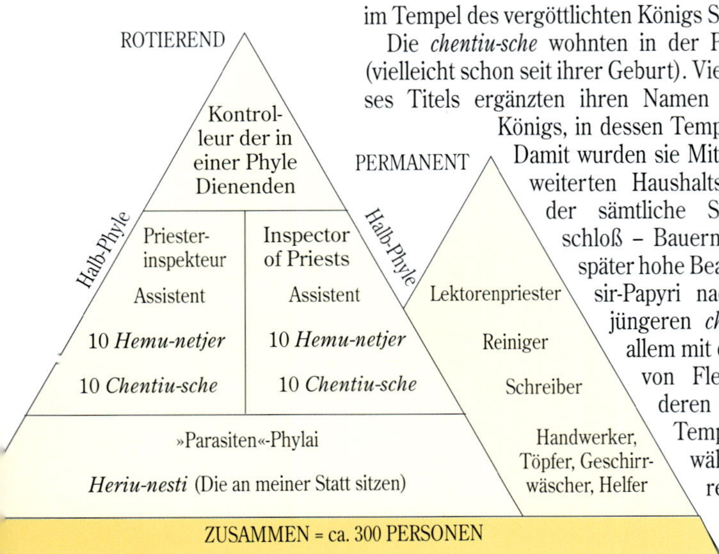

Die Dienenden: Priester und Wächter

Andere dienten im Tempel, scheinen aber nicht an der Rotation teilgenommen zu haben, darunter die *wabu* (Reinigungspriester), die Lektorenpriester (vielleicht jeweils zu dritt) und eine Gruppe namens *cheriu-nesti* (wörtlich: »Die an meiner Statt sitzen«) – vielleicht die Erben der *hemu-netjer* und *chentiu-sche.* Es gibt auch Hinweise, daß das regelmäßig rotierende Personal durch Phylen ergänzt wurde, die zu den Mastabagräbern der Nekropolis gehörten. Posener nannte sie »Parasiten-Phylen«, weil sie wohl an den Tempeleinnahmen teilhatten.

Im Neferirkare-Tempel unterstanden die Phylen einem Inspektor der Priester und dessen Vertreter. Außer ihnen umfaßte jede Schicht wohl rund 20 *chentiu-sche* und *hemu-netjer,* was uns auf eine Gesamtzahl von etwa 220 bringt. Fügt man die Lektorenpriester, das feste Personal, Schreiber, Handwerker und »Parasiten-Phylen« hinzu, kommt man auf 300 bis 350. Den Rotationsdienst bei Raneferef schätzt Posener auf 70 bis 100 Personen.

Im Tode verlagerte sich der Palast des Pharaos vom Tal in die Pyramide – zum Urhügel im Zentrum des Sonnenkreislaufs. Der tote König erwachte jeden Tag, wurde frisiert, bekleidet und darauf vorbereitet, den Herrn des Himmels zu treffen (oder zu verkörpern) – so lange seine Diener das tägliche Ritual vollzogen.

Täglicher Dienst

Was geschah an einem Durchschnittstag in einem Pyramidentempel? Offenbar kreisten täglich dieselben Morgen- und Abendriten um ein rituelles Mahl. In den Pyramidentexten nimmt der König jeden Tag fünf Mahlzeiten zu sich – drei im Himmel, zwei auf Erden. Für die irdischen Mähler waren die im Tempel Dienenden verantwortlich. Dazu mußte an den Königsstatuen in den fünf Nischen (seit Chephren Standard) zwischen Vor- und Innentempel eine Mundöffnungszeremonie vollzogen werden. Jede Statue verkörperte einen anderen Aspekt des Königs. Nach den Abusir-Papyri stellte die mittlere Statue den König als Osiris, die beiden End-Statuen als König von Ober- und Unterägypten dar. Was die restlichen zwei darstellten, wissen wir nicht.

Ein Schrein (*tjephet* – »Höhle«) nach dem anderen wurde für die Darreichung eines Tuches und die Salbung mit heiligem Öl unter Rezitieren der heiligen Formel für die betreffende Statue geöffnet. Die *chentiu-sche* entschleierten, reinigten, kleideten und schmückten die Statuen, während die *hemu-netjer* weihräucherten. Es folgte die Opferzeremonie (das rituelle Mahl), aber wir wissen nicht, ob dies vor den Statuen im Hof des Vordertempels, in der Opferhalle oder in beiden stattfand. Sie bestand aus Trankopfern und dem Abwischen des Opfertisches. Reinigungen, Weihräuchern, rituelle Mähler und Trankopfer waren auch Teil des Begräbnisrituals. Ein weiteres Fest in jedem Mond-Monat konzentrierte sich auf die Osiris-Statue des Königs und dauerte vom Tag des Neumondes bis zum ersten Mondviertel. An Festtagen von Gottheiten wie Sokar und Hathor wurde die Ritensequenz ebenfalls erweitert.

Am Ende der Zeremonie entleerten ein *chentiu-sche* und ein *hemu-netjer* das Becken mit dem Wasser der Trankopfer über einen Abfluß unter der Ostwand der Opferhalle. Das zeigt die Bedeutung der Kanalisationssysteme, wie sie im Totentempel Sahures gefunden wurden. Sodann wurden das Becken, der Wasserkrug, die Papyrusrolle mit dem Text des Rituals und das übrige Gerät sorgfältig nachgezählt und wieder in Truhen verstaut. Nach den Raneferef-Papyri besaß jede Phyle ihre eigenen liturgischen Geräte.

Es folgte einer der rätselhaftesten Aspekte des Tagesrituals. Ein Krug mit Natronwasser wurde unter vierfacher Anrufung des Königs zur Hälfte ausgeleert und anschließend von einem *chentiu-sche* weggebracht. Jeden Abend und Morgen nahmen ein *hemu-netjer* und ein *chentiu-sche* den Krug, ging um die Pyramide herum und besprengte sie mit dem heiligen Natronwasser. Dies nannte man »den Weg des *hem-netjer* um die Pyramide«. Die beiden Priester gingen durch die Südtür des Innentempels hinaus und kehrten durch die Nordtür zurück; ihr Rundgang im Uhrzeigersinne symbolisierte den Lauf der Sonne.

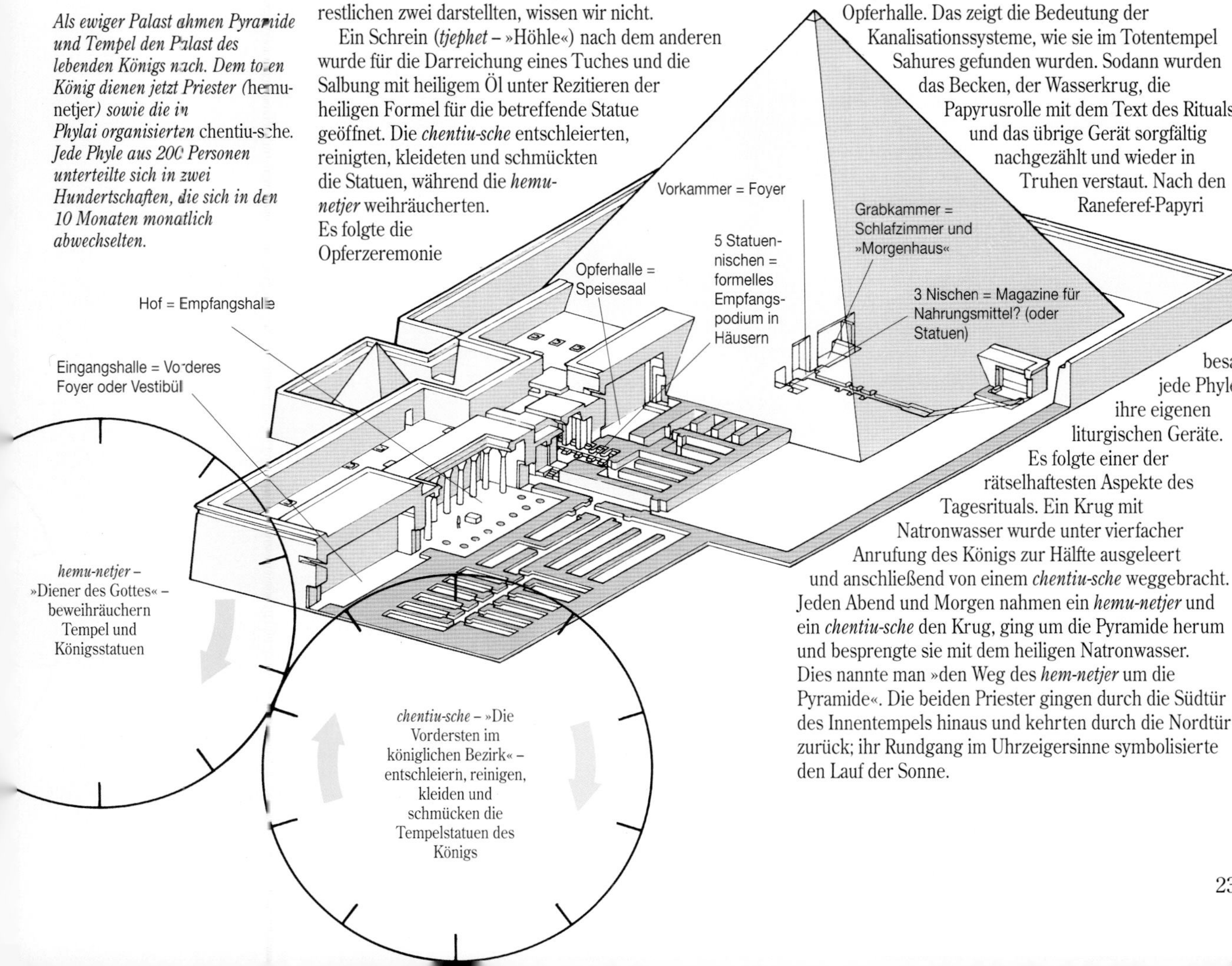

*Als ewiger Palast ahmen Pyramide und Tempel den Palast des lebenden Königs nach. Dem toten König dienen jetzt Priester (*hemu-netjer*) sowie die in Phylai organisierten* chentiu-sche. *Jede Phyle aus 200 Personen unterteilte sich in zwei Hundertschaften, die sich in den 10 Monaten monatlich abwechselten.*

Brote und Fische

Dieser Siegelabdruck aus dem Piedestalbau erwähnt das wabet *(den topftragenden Knienden, über dessen ausgestreckte Arme Wasser fließt).*

Bislang haben wir das Leben rund um die Pyramide nur anhand von Grabszenen und Inschriften, der Abusir-Papyri und der Landschaft von Gise rekonstruiert. Doch 1988/1989 begannen wir auch zu graben. Damit konnten wir endlich unsere Theorie nachprüfen, die Arbeitersiedlung und die Unterhaltsbauten für die Pyramide hätten in der Tiefwüste am Südsüdosthang des Gise-Plateaus gleich jenseits der Steinbrüche, der Versorgungsstraße und des Hafens gelegen. Dieser Bereich (Bezirk A) liegt südlich eines 200 m langen Pharaonenwalls namens *Heit el-Ghurab* (»Krähenwall«) – vielleicht einer Grenzmauer des *ra-sche*. Man betritt ihn immer noch durch ein imposantes Tor mit drei großen Stürzen, das vielleicht ein erhabener Eingang zur ganzen Nekropolis war. Als erstes gruben wir nordwestlich eines großen Fußballplatzes am Rande von Nazlet el-Semman. Als die Dorfbewohner hier Sand aushoben, waren Tonscherben und Mauern aus der Pyramidenzeit zutage getreten.

Kornspeicher oder Werkstätten?

1988/89 legten wir ein 9 x 6 m großes, rechteckiges Gebäude mit Bruchsteinmauern und Wüstenlehmboden frei. Es war in alter Zeit so gründlich gereinigt worden, daß nur wenig Schutt auf dem Fußboden lag. Auf jeder Seite einer niedrigen Mittelwand waren rechteckige, ca. 60 cm hohe Postamente im Abstand von rund 20 cm aufgereiht – ein Rätsel, denn für Säulensockel war das zu eng. Grabszenen legten nahe, daß es sich um Stützen für Silos in einem Kornspeicher handelte, der im alten Ägypten *schenuti* hieß, was genaugenommen »Doppelspeicher« bedeutet. Das konnte die zwei Reihen erklären.

Doch dann tauchten andere Hinweise auf, vor allem im Korridor zwischen diesem Gebäude und einem anderen östlich davon. Der Gang war mit Abfall gefüllt – Asche, Scherben und Knochen sowie Lehmsiegelabdrücke –, der wahrscheinlich aus dem Postamentbau gekommen war. Mehrere Abdrücke erwähnten den *wabet* Menkaures. *wabet* bedeutet Balsamierungswerkstatt, konnte sich aber auch auf mehr beziehen, nämlich auf alles, was mit der Grabausstattung zu tun hatte, einschließlich Werkstätten und Lagerräume für Nahrungsopfer.

Diese Lehmsiegelabdrücke, die geringe Größe einiger Lagerabteile im Postamentbau und die Tatsache, daß er so sauber gefegt worden war, ließen uns vermuten, daß Wertvolleres als Korn hier gelagert hatte, der Bau vielleicht sogar Teil des Gesamtaufwandes für die Ausstattung des Grabes war.

Die Ernährung der Arbeiter

1991 spielten wir erneut archäologische Feuerwehr. Der Sandbagger eines nahen Bauvorhabens hatte etwa 200 Meter östlich unserer Ausgrabung von 1989 einen riesigen Graben in der Wüste ausgehoben und massive Lehmziegelmauern und riesige Mengen Keramik, vor allem Fragmente von Brotbackformen zutage gefördert. Wir legten das Umfeld des Grabens frei und fanden zwei Räume und darin unter einer dünnen Schicht zerfallener Ziegel schwarze Asche – eindeutig zwei Backstuben.

Diese waren, anders als der Postamentbau, nicht saubergefegt worden. In der Asche steckten noch immer Bottiche (genauer: die Löcher, in denen sie gestanden hatten). Sie mußten zum Teigkneten oder als Behälter für Wasser, Mehl und Sauerteig benutzt worden sein. Desgleichen entdeckten wir ein Lager mit großen, glockenförmigen *bedja*-Töpfen, wie man sie zum Brotbacken verwendete. Sie sind auf Grabreliefs des Alten Reiches über offenem Feuer aufgesta-

Die Bäckereiszene aus dem Ti-Grab (5. Dynastie) in Saqqara ist die vollständigste, aus Altägypten bekannte Darstellung. Das Relief zeigt das Erhitzen aufgestapelter Brotformen, das Eingießen des Teigs, das Öffnen der Formen und die Herausnahme der Laibe.

pelt zu sehen (vielleicht wurden sie, im Innern mit Öl oder Fett bestrichen, »vorgewärmt«, um ein Anhängen des Teiges zu verhindern). Entlang der Ostwand jeder Backstube fanden sich unter einem Aschekuchen wie Eierkartons geformte Backgruben. In ihnen stehende Töpfe wären mit Teig gefüllt, mit umgestülpten Töpfen abgedeckt und schließlich mit glühender Kohle umgeben worden, damit der Teig buk.

Brot und Bier waren die Hauptnahrungsmittel der alten Ägypter und damit auch für jedes Bauprojekt vonnöten. Doch verköstigte dieses topfgebackene Brot Arbeiter, oder wurde es speziell für Tempelgaben und -feiern hergestellt? Viel einfacher läßt sich Brot ja backen, indem man wie die Beduinen und andere Nomaden Teigfladen auf eine heiße Oberfläche klatscht. Die alten Ägypter hatten nur Emmerweizen und Gerste, wahrscheinlich nicht unseren viel glutenhaltigeren Brotweizen. Die Laibe waren darum trotz Treibmittelverwendung sehr schwer. Mit Unterstützung des Magazins *National Geographic* und des Brotexperten Ed Wood bauten wir die Bäckerei nach und buken darin Brot aus Emmer- und Gerstenmehl mit der vor Ort gewonnenen Wildhefe. Das ergab Laibe mit ungemein viel Stärke und Kalorien. An einem hätte eine Person mehrere Tage gegessen. Wir schlossen daraus, daß das Topfbacken im Alten Reich die Lösung des Problems der Massenproduktion von Brot gewesen sein könnte.

Neben den Bäckereien stand ein gewaltiges Lehmziegelgebäude. An der Südostecke war ein Stück seines Innern schon freigelegt, und wir entdeckten ein Tongeschirrdepot, darunter kleine Schalen (wahrscheinlich Krugdeckel) und zylindrische Keramikstücke, die als Ständer für Gefäße mit konischem Boden gedient hatten. Auch eine Reihe niedriger (etwa knöchelhoher) Simse und Tröge mit nur 20 cm hohen Trennwänden wurde entdeckt. Sie erstreckten sich weit über unsere Ausgrabungsquadrate, bestanden aus Schwemmlehm, Lehmziegeln und Steingeröll und waren ursprünglich mit sauberem Wüstenlehm gepflastert gewesen.

Zunächst spekulierten wir, diese rätselhaften Borde und Tröge könnten zum Auslegen der Brote gedient haben, damit sie von Schreibern gezählt werden konnten (eine solche Szene findet sich auf einem Relief aus dem Grab des Ti). Doch der Boden war von einer feinen, aschenartigen Ablagerung bedeckt, die organisches Fasermaterial enthielt. Als wir diese Schicht vorsichtig ankratzten, fanden wir Kiemen, Flossen und andere Teile von Welsen und Bundbarschen. Wilma Wetterstrom, unsere Paläobotanikerin, untersuchte Erdproben aus den Trögen unter dem Mikroskop und entdeckte darin Unmengen von winzigen Fischgräten. Welse laichen kurz nach der Überschwemmung, die das Niltal zum See und Laichgrund macht.

Dieser Teil unseres riesigen, rechtwinklig angelegten Gebäudes wurde also anscheinend zum Verarbeiten von Fischen benutzt. Doch die werden schnell schlecht, zumal ohne Kühlung. Wie also wurden sie gelagert? Die systematische Anordnung läßt auf große und organisierte – vielleicht jahreszeitlich bedingte – Fischzüge schließen. Die Fische müssen getrocknet worden sein, vielleicht auch noch geräuchert oder eingesalzen. Die Tröge und Bänke könnten nicht nur als Arbeitstische gedient, sondern auch eine Art Ventilationssystem für den auf Weidengestellen ausgebreiteten Fisch gebildet haben.

Wir hatten buchstäblich Brote und Fische gefunden – genug Stärke, Kalorien und Eiweiß, um eine Armee von Arbeitern zu ernähren. Das Ganze stammt wahrscheinlich aus der Regierungsperiode Menkaures – der Endzeit des Pyramidenbaus in Gise. Da Menkaures Pyramidenkomplex bei seinem Tod unvollendet war, müssen zu der Zeit, da unsere Bäckereien in Betrieb waren, Arbeiter verpflegt worden sein. Bislang haben wir nur die obersten Schichten der Anlage freigelegt. Die tiefsten und ältesten, im Baggergraben sichtbaren Schichten offenbaren große Brenngruben – vielleicht die Reste von Lagerfeuern einer weniger durchorganisierten Arbeiterschaft.

(Oben) In unserer rekonstruierten altägyptischen Bäckerei bäckt der Brot- und Hefefachmann Ed Wood Brot der Art, von dem sich die Pyramidenbauer einst ernährt haben könnten; Hinweise darauf stammen aus unseren Ausgrabungen (links). Wir benutzten die typischen bedja-Töpfe, die zu den alltäglichsten, gröbsten ägyptischen Tonwaren gehören, aber äußerst interessant sind. Mit ihrem Stulpenrand und konischen Innern ähneln sie großen Glocken. Die Tonwände sind dick und haben viele Einschlüsse, die wegbrennen, wodurch das Behältnis sehr porös wird. Derartige Brotformen machen rund 40–50 % der Keramikfunde des Alten Reiches aus.

Bei unserer Ausgrabung im Bereich der Bäckereien fanden wir winzige Überreste einer Fischkieme oder -flosse.

Die königlichen Werkstätten

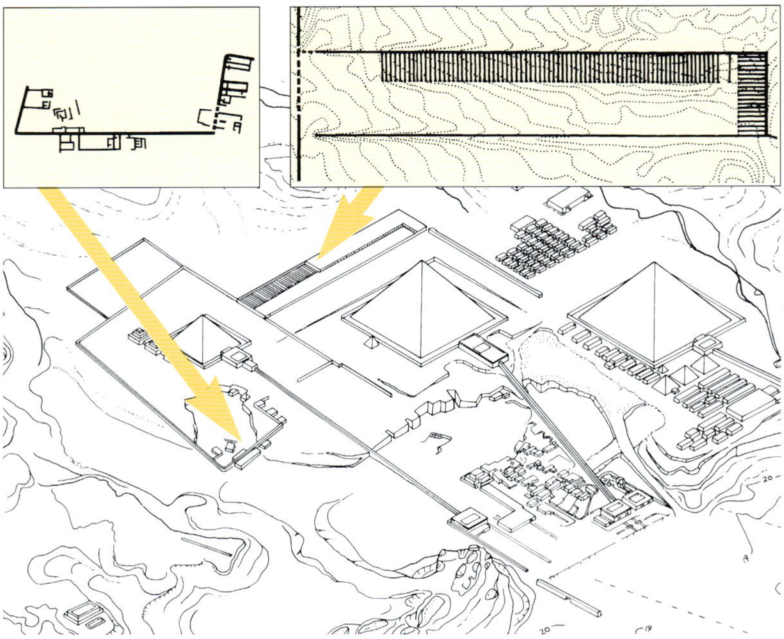

Gewerbeanlagen an den Gise-Pyramiden. Jede der Chephren-Galerien (Plan oben rechts) war etwa 3 m breit – ungefähr das Höchstmaß, das sich mit Palmholz und Pflanzenmaterial überdachen ließ. Hinweise auf diese Bedachung fanden sich in Lehmabdrücken. Die Schwellen waren aus Kalksteinpflaster, das über die gesamte Galerielänge gelegt worden sein muß. Die Wände waren mit Nilschlamm verfugt, der Fußboden bestand aus einer Mischung von Tafla- und Alluviallehm. In der Menkaure-Einfriedung (Plan oben links) fanden sich Spuren von Kupfer- und Alabasterverarbeitung sowie Fragmente von Back- und Brennöfen (vermutlich für Brot und Keramik), möglichen Aufnahmehallen und Lagergruben für Töpfe, Lebensmittel und Wasser.

Die Chephren-Galerien

Als wir 1988/89 zu graben anfingen, ging es uns nicht um weitere Gräber, Tempel oder Statuen, nach denen ja schon zwei Jahrhunderte lang in Gise gesucht worden war. Wir wollten mehr über die Siedlungen und das Wirtschaftssystem erfahren, die zunächst dem Bau und dann dem Betrieb der Pyramidenkomplexe gedient hatten. Als Ausgangspunkt bot sich der riesige rechteckige Hof entlang der Westseite der Chephren-Pyramide an. Aus der 450 m langen Westmauer des Hofes ragen Mauern wie Kammzähne heraus und beschreiben 75 je 30 m lange und 3 m breite Galerien. Zusammen mit weiteren von der Nordeinfassung her ergeben sich fast 100 Galerien.

1881 legte Petrie zwei davon frei und schloß, obwohl er Fragmente von Königsstatuen fand, es handle sich um Arbeiterkasernen. So heißen sie seither in fast allen Gise-Plänen. Aber wenn Menschen längere Zeit irgendwo wohnen, produzieren sie eine Menge Abfall wie Tonscherben und Herdasche. Davon findet sich hier wenig, vielmehr umgibt sichtbarer Felsgrund die Gegend. Die Galerien ähneln eher den ebenfalls kammähnlichen Galerien der Tempel des Neuen Reiches, insbesondere dem Echnatons am Tell el-Amarna. Barry Kemp hat sie anhand der Millionen Fragmente von Brotformen als Bäckereien identifiziert. Auch davor waren bei Grabungen schon Anhaltspunkte auf handwerkliche Tätigkeiten gefunden worden, darunter Fayencefiguren und Intarsien, eine Probeskulptur sowie Bronzeringe und -nägel. Die Galerien dienten eindeutig mehreren Zwecken; vielleicht galt gleiches (trotz des Abstands von einem Jahrtausend oder mehr) auch für die bei der Chephren-Pyramide.

Die Galerien waren mit Sand gefüllt, so daß nur die Mauergrate sichtbar waren. Bei der Grabung erwies sich, daß der ganze Bau in alter Zeit skrupulös saubergefegt worden war. Gelegentlich fanden wir indes Teile von Werkzeugen wie Sandschmirgeln (aus in Gips eingebetteten Sandkörnern statt aus massivem Sandstein) zum Abschleifen und Polieren von Oberflächen. In den Ecken und im Fußboden steckten Malachit-, Feldspat-, Karneol- und Kupferfragmente und ein Stück Fayencefliese.

Schließlich erreichten wir in den allerletzten Grabungstagen seichte Depots, die nicht gesäubert waren. Darin fanden wir Tonwaren, eine Schmuckperle, Knochen- und Pflanzenmaterial, Basaltscheiben, unbearbeitete Granitstücke und einen Feuerstein mit abgebrochenen Splittern gleich daneben. Am aufregendsten war eine Sammlung winziger Statuenfragmente von höchstens Zeigefingerlänge. Dazu gehörte eine schwarzbemalte Löwenpfote, eine Löwenskulptur (vielleicht ein Spielstein) und Teile von möglicherweise königlichen Figuren. Unter diesen fand sich eine fingergroße Figurine des ausschreitenden Königs im *schendyt*-Rock und mit der Krone des Südens. Augen, Brauen und Bart sind schwarz bemalt; ein Bein war eindeutig abgebrochen, aber der linke Arm war an der Schulter glatt abgesägt worden. Das war das Versuchsstück eines Bildhauers. Um ein Gefühl für die richtigen Proportionen zu bekommen, modellierten die Künstler die Gestalt und schnitten dann jene Teile weg, die in der eigentlichen Skulptur nicht verwendet werden sollten.

Daß dies die Überreste einer Künstlerwerkstatt waren, bestätigte schließlich der Fund eines Fragments einer Statuette des Königs mit Südkrone vor einer Säule, von deren Spitze ein kurzes Dach herausragt. Zur Granitimitation ist das Ganze rot bemalt und schwarz gepünktelt. Das Fragment stellt eine große Statue in einem Tempelhof mit Kolonnadendach dar, wie man ihn nur in Chephrens Totentempel und im Sphinx-Tempel findet. Die als Arbeitsmodell zu kleine Figurine ist eine Miniaturvorlage und wurde geschaffen, um entscheiden zu können, was im großen Maßstab hergestellt werden sollte; als ihr Kopf von der Rücksäule abbrach, wurde sie weggeworfen.

Daß die Galerien so sorgfältig gereinigt waren, ließ vermuten, daß auch wertvolles Material verarbeitet wurde. Gleiches galt für die Lage der Galerien weit entfernt von den vermuteten Hauptsiedlungen von Gise. Zwei substantiellere Depots enthielten jedoch ein Gemisch aus Kochgeschirr, Pflanzenresten, Tierknochen und ähnlichem. Man sollte also nicht vorschnell schließen, die Galerien hätten nur einem einzigen Zweck gedient. Viele mochten leer sein, weil man sie nie richtig benutzt hatte. Wir können uns sogar fragen, inwieweit sie auch Symbolcharakter hatten – als oberirdisches Gegenstück zu den weiträumigen unterirdischen Galerien entlang der Westseite von Djosers Stufenpyramidenkomplex.

Die Alabaster-Werkstätten

In Gise gibt es, diesmal südsüdöstlich der Menkaure-Pyramide, noch weitere Werkstätten. Sie sind Teil der großen Sekundärmauer um den riesigen Pyramidenbezirk. Hier beschreibt die Mauer kein sauberes Rechteck, sondern schwingt wie ein Ellbogen erheblich nach Süden aus. Anfang der siebziger Jahre grub ein Team der Kairoer Universität unter Dr. Abdul Aziz Salah ein, wie es scheint, großes Gewerbezentrum aus, das sich in die Kuhle des »Ellbogens« schmiegt.

Die Anlage war viel nachlässiger angelegt als die Chephren-Galerien. Sie besteht aus einem breiten, offenen Hof und kleinen, hausähnlichen Bauten an den Seiten der Umfassungsmauer. Einige haben einen kleinen Raum mit einem Podium – wahrscheinlich stand hier ein Bett. Von Trögen umgebene, geneigte Postamentreihen könnten Arbeitsflächen für die Herstellung von Schilfmatten oder -körben sein. Zwei Bauten enthalten Öfen, die Tonbrennöfen sein könnten; zudem gibt es 12 hufeisenförmige Herde, die vielleicht zum Herstellen und Schärfen von Kupferwerkzeugen benutzt worden sind – eine gewaltige Aufgabe beim Pyramidenbau. Bezeichnenderweise wurde im Hof ein großes Depot von Alabasterbrocken und -fragmenten gefunden. Das mag bedeuten, daß die Anlage dem Chephren-Komplex diente, in dem riesige Alabastermengen Verwendung fanden. Das würde auch die seltsame Gestalt der Bezirkswälle Menkaures erklären. Mit dem »Ellbogen« ließ sich diese Anlage einbeziehen, die auch nach Chephren in Betrieb blieb. Rainer Stadelmann meint, vielleicht hätten wir hier das *kemut-semit*, die in Arbeitergraffiti auf den gigantischen Granitblöcken, mit denen ein Teil der Wände von Menkaures Totentempel verkleidet ist, erwähnten Wüsten- oder Nekropolis-Werkstätten vor uns.

Der »verborgene Aspekt« des Pyramidenbaus

Menkaures Werkstattkomplex war auf dicken Schichten von Bauschutt errichtet (und unter ihnen begraben) – Stein, Gips und Tafla. Der Umgang mit gewaltigen Mengen dieser Materialien machte beim Pyramidenbau die Hauptarbeit aus. Und vielleicht könnte unter ihnen sogar ein großer Teil der Infrastruktur verlorengegangen sein. Als Cheops zu bauen begann, bot das Plateau noch ausreichend Platz für Arbeiteranlagen und -siedlungen, aber bei Chephren und Menkaure traf das nicht mehr zu, so daß man Hilfsbauten, die im Weg standen, wohl abriß und den Schutt woanders hinkippte. Diese Technik des mit Trümmern Auffüllens wurde in großem Maßstab angewendet. Barry Kemp nannte sie den »verborgenen Aspekt« des Pyramidenbaus.

Anfang der siebziger Jahre legte Karl Kromer einen Bereich südöstlich der Gewerbeanlage im Menkaure-Hof frei, weil er dort eine Siedlung vermutete. Er fand zwar Siedlungsschutt, aber er war hier nur abgelagert worden. Ebenso führte eine Rampe aus Bauschutt zum Schuttplatz hinauf. Kromer meint, vielleicht sei sie beim Abbruch und Schuttabladen eines Dorfes oder einer Anlage geschaffen worden, die am Bauplatz einer neuen Pyramide stand – vermutlich der Menkaures, denn Siegelabdrücke mit den Namen Cheops' und Chephrens, nicht aber Menkaures oder Schepseskafs, wurden gefunden.

Fragmente kleiner Kalksteinfigurinen, vielleicht »Probestücke«, aus den Galerien westlich der Chephren-Pyramide.

(Unten) Blick von der Spitze der Menkaure-Pyramide nach Norden auf die Bereichsmauern und Galerien westlich der Chephren-Pyramide. (Unten links) Eine der Galerien an der Nordmauer nach der Ausgrabung.

Epilog: Das Vermächtnis der Pyramiden

Die alten Ägypter planten und entwickelten die Pyramiden als architektonische Simulationen. Mit Lehmziegeln, später in Stein, ahmten sie Holz- und Schilfmattenschreine nach und folgten dabei dem »Scheintürprinzip«, nach dem eine Tür oder dergleichen in der Unterwelt in dem Maße funktionsfähig ist, wie sie im Diesseits eine Replik oder Nachbildung darstellt. So war denn die Pyramide ein Abbild der immateriellen Strahlen der Sonne und des Urhügels zugleich – eine Gigantenversion des *ben-ben*-Symbols im Sonnentempel von Heliopolis.

Jede Pyramide war das, eine Gesamtheit von Sinnbildern, Zeichen und Symbolen wuchtig überragende, zentrale Motiv einer riesenhaften architektonischen Erzählung. Heute ist Djosers Stufenpyramidenkomplex weitgehend nur noch eine Ruine, deren architektonische Elemente Jean-Phillipe Lauer derzeit rekonstruiert. Begreifen wir so Imhoteps Design mit seinen steingewordenen Schreinen und Statuen Djosers auf jeder größeren Etappe seines virtuellen und ewigen Durchschreitens der Scheinbauten, deren verschlossene Türen sich auf ewig öffnen, dann ermessen wir, daß der Riesenkomplex als gewaltiger »special effect« gedacht war. Hier wie überhaupt im klassischen Pyramidenkomplex stehen wir inmitten eines gigantischen Hieroglyphentextes.

Der Kreis der Sinnbildlichkeit schließt sich vom alten Ägypten zum neuen Amerika in Gestalt des Luxor-Hotels/Pyramiden-Casinos der Circus-Circus Corporation in Las Vegas, einer der größten Pyramiden an der Schwelle zum dritten Jahrtausend n. Chr. 1972 nannte der Architekt Robert Venturi Las Vegas einen »grandiosen architektonischen Comic-Strip«, formal nicht ganz unähnlich der Hieroglyphenarchitektur des alten Ägypten. Das Las Vegas von heute ist das Lexikon einer aus neuer und alter Vergangenheit geborgten Symbolmixtur. So kann ein Hotel/Kasino Altägypten nachahmen – genauer, seine volkstümliche Kinoversion: ein Sammelsurium von wahllos aus dreitausendjährigem Pharaonenstil abgeschauten Motiven; schon der Name »Luxor« nach der religiösen Hauptstadt Thebens zu einer Zeit, als längst keine großen Pyramiden mehr gebaut wurden, spricht ja Bände. Diese Spielerpyramide rankt sich mit mäßigen 39° Neigung über 111,25 m und 30 Stockwerke hoch.

Spezialeffekte und Laserlicht gaukeln eine ägyptoide Scheinkultur vor. Sinnleere »krypto-ägyptische« Hieroglyphen zieren die Balkenkolosse im Innern, und echte Hieroglyphen sind so angeordnet, daß sie bewußt nichts aussagen und so niemanden beleidigen können. Das schwarze Äußere der Pyramide ist ambivalent, eine Grenzzone zum Nirgendwo. Glaspaneele, die eigentlich das Sonnenlicht spiegeln sollten, lassen die schlichte Form statt dessen dunkel und abgeschliffen erscheinen. Doch neben der Pyramide sitzt wie ein Wachhund der kolossale zehnstöckige Sphinx – doppelt so groß wie der Große von Gise – mit seinen grellen Pastelltönen – und dient als Parkhaus. Die Augen des Sphinx senden Laserpfeile aus, die ein Obelisk in tanzende Wasser ableitet, die ein Bild

König Tuts projizieren. Hier gerät der Versuch, die idealisierte Gelassenheit und erhabene Selbstgewißheit in der Königsmiene des altägyptischen Sphinx nachzuäffen, zum blanken Hohn.

Von Rom ins 20. Jahrhundert

Vom alten Ägypten bis Las Vegas zieht sich ein Schweif von Pyramiden durch die Zeit und quer über die Kontinente. Das alte Rom trug die Pyramide von der Antike ins Renaissance-Europa. Die bekannteste steht heute noch und wurde unter Augustus 12 v. Chr. für Gaius Cestius erbaut. Sie ist 36,58 m hoch, aus ziegelbedecktem Beton mit Marmormantel erbaut, hat weit steilere Seitenflächen als die klassischen Pyramiden des Alten Reiches und ähnelt mehr den ägyptischen und nubischen Spätpyramiden. Eine andere, größere stand in der Nekropolis auf dem Vatikanhügel, war aber im 16. Jahrhundert nur noch ein Trümmerhäufchen; über den Gräbern, welche einst die Zufahrtsstraßen nach Rom säumten, mögen noch andere aufgeragt haben.

Nach dem Untergang des Römischen Reiches blieb die Pyramide dank gelehrter Schriften über die Altertümer Roms und der künstlerischen Verwendung ägyptischer Motive in höchst unägyptischen Kombinationen wie Obelisken auf Stufenpyramiden oder Kugeln im Kollektivbewußtsein lebendig. Im 17. und frühen 18. Jahrhundert ließen sich Formgestalter von immer genaueren Reiseberichten inspirieren. Kleine cestius-ähnliche Pyramiden standen auf Podesten in Friedhöfen und Gärten. Ende des 18. Jahrhunderts wurden größere Pyramidendenkmäler, vom Ausmaß her manchmal den ägyptischen gleich, geplant, aber Gott sei Dank meist nicht ausgeführt.

Die Sicht der Pyramide speiste sich im 18. Jahrhundert aus zwei widerstreitenden Quellen. Giovanni Battista Piranesi (ca. 1720–1778) popularisierte ägyptische Motive in seinen schwülstigen Rokoko-Designs von Caféhaus-Einrichtungen, Kaminen und Phantasiebildern. Zum andern bewunderte Johann Gottfried Herder (1744–1803) die klaren Linien der ägyptischen Baukunst, vor allem der Pyramiden.

Französische Architekten vereinten Piranesis überladene Ägyptisierung mit der Einfachheit der Form, die Herder in seiner Vision gewaltiger Monumente aus schierer Masse und Symmetrie verherrlichte. Ihr Anführer Etienne-Louis Boullée (1728–1799) entwarf Denkmäler in der Form kolossaler Sarkophage, Triumphbögen, Kuppeln und Pyramiden. Einer seiner Kenotaphentwürfe war eine gigantische gekappte Pyramide mit einem Neigungswinkel, der dem im Alten Reich nahekam. Im Entwurf einer Totenkapelle verringerte er das Gefälle noch mehr. Seine Pyramiden sollten »den Schrecken und die Trostlosigkeit des Todes« vermitteln.

In Europa und Skandinavien wurden Pyramiden für Grabtempel, eine Molkerei, Krematorien, Gartenschreine und Mausoleen gebaut oder entworfen. Claude-Nicolas Ledoux (1736–1806), der sich der Freimaurerei und Mystik hingab, entwarf für Chaux

Eine römische Pyramide: das anno 12 v. Chr. erbaute Grab des Gaius Cestius.

eine Kanonenschmiede mit Pyramiden als Fabrikschloten an den Ecken. Seine qualmenden Pyramiden sehen aus, als seien sie mit Vulkanen gekreuzt worden.

Nach Napoleons Feldzug in Ägypten kehrte mit der Veröffentlichung der *Description de l'Egypte* und dem etwas zugänglicheren Bildband des Malers Vivant Denon von 1802 mehr archäologische Genauigkeit in die ägyptisierten Entwürfe ein. Hinzu kamen Werke reisender Maler wie David Roberts (1796–1864) und John Frederick Lewis (1805–1876).

Das 19. Jahrhunderte erlebte einen Wust ägyptischer Häuser, Gärten, Parks, Sphinxe, Architrave, Salons, Pylonen, Brücken und Giebel. In Deutschland wurden Gedenkpyramiden für Fürsten errichtet. In England entwarf Thomas Harrison (1744–1829) eine Monumentalpyramide mit etwa gleichen Proportionen wie die ägyptischen. In Biddulph Grange (Staffordshire) schufen James Bateman (1811–1897) und Mary Warburton einen ägyptischen Hof, der in einem getrimmten Heckengehege steinerne Sphinxe, einen Pyloneneingang und eine große, gekappte Pyramide kunterbunt vereinte.

Auf Friedhöfen des 19. Jahrhunderts wurden Pyramiden zu allgegenwärtigen Monumenten, so das 1812

(Gegenüber) Weiter von den Originalen entfernt kann eine Pyramide wohl kaum sein: Die des Luxor-Hotels in Las Vegas wird von einem Sphinx bewacht, dessen Augen Laserstrahlen versprühen.

Zu allen Zeiten haben die Pyramiden Künstler und Architekten inspiriert: Piranesi baute sie in seine Kamindekorationen ein (oben); Ledoux entwarf den Schlot einer Kanonenschmiede als Pyramide (Mitte); Bouillé plante einen Pyramiden-Kenotaph (unten).

Die Pyramiden-Renaissance im späten 20. Jahrhundert

Gegen Ende des 20. Jahrhunderts wurde die Pyramide wiederentdeckt, diesmal nicht als Beisetzungs- oder Feierstätte für die Großen, sondern als von lebendigen Menschen wimmelnde Anlage für Geschäfte oder Lustbarkeiten.

Die Cleveland-Pyramide
In Cleveland steht die »Rock and Roll Hall of Fame«, eine fünfstöckige Glaspyramide am North Coast Harbor mit einer 92 Millionen Dollar werten Sammlung von Pop-Musik-Memorabilien und Spielcomputern.

Die Pyramide von Galveston
Die Rainforest Pyramid von Galveston, Texas, aus 1700 Glasflächen in einem Stahlrahmen ist 38 m hoch und beherbergt den größten überdachten Regenwald der Welt. Die Pyramidenform wurde gewählt, weil sie optimale Lichtbedingungen bietet und orkanstarke Winde ableiten kann.

Die Grand-Rapids-Pyramide
Steelcase Inc. baute seine 111 Millionen teure Hauptverwaltung bei Grand Rapids, Michigan, in Form einer breiten, glatten Stahlpyramide, die sich in flachem Winkel siebenstufig aus der Prärie erhebt.

Haus-Pyramiden
Nicht wenige Hausbesitzer haben sich für die Pyramidenform entschieden. Das vielleicht bekannteste, mit Blattgold überzogene Pyramidenhaus wurde von Jim Onan in Wadsworth, Lake County, Illinois erbaut. Burt Rutan, »Amerikas innovativster Gestalter von Flugzeugen, Raketenschiffen und anderen schnellfliegenden Objekten«, entwarf eine dreistöckige Sechseckpyramide. Der Hypnotherapeut und Kunsthandwerker Al Pecor aus Wisconsin baute südlich von Phoenix in der Sonora-Wüste von Arizona ein weißes Pyramidenhaus für seine Frau. Es ist 13 m hoch; die Innenräume enthalten viel ägyptischen Krimskrams. Das Gästezimmer prunkt mit einem grünen Teppich-Sarkophag, in dem der Gast liegt und durch die Pyramidenspitze – zwei riesige Dreiecksfenster – die Sterne betrachten kann.

Die Pyramide von Long Beach
Die California State University errichtete in Long Beach für 20 Millionen Dollar eine Leibesertüchtigungs-Pyramide

Die Pyramiden an der Schwelle zum 3. Jahrtausend dienen auf vielerlei Weise den Lebenden.
(Ganz oben) Die Galveston-Pyramide beherbergt einen Regenwald. (Mitte) Die Long-Beach-Pyramide ist ein moderner Fitneß-Tempel.
(Links) Die Grand-Rapids-Pyramide: Hauptverwaltung einer Firma.
(Rechts) Eine Glaspyramide bildet das neue Herzstück des Louvre in Paris.

von 56,62 m Höhe und 105,23 m Seitenlänge. Entworfen wurde sie von Advanced Structures Inc. in Venice, Kalifornien, für die Architektenfirma Hugh & Donald Gibbs. Sie besteht aus vielen kleinen Pyramiden-»Blocks«, die zusammen einen »Vielschichten-Raumraster« bilden. Die Pyramide enthält einen Fitneßclub und Veranstaltungsräume mit 6800 beweglichen Zuschauersitzen.

Die Pyramide im Louvre
In den 80er Jahren sorgte I. M. Pei mit seiner High-Tech-Glaspyramide im Hof der französischen Kulturbastion für eine Sensation. Der Sockel besteht aus Stein und Sichtbeton, die Pyramide aus klarem Glas in nichtrostenden Stahlrahmen. Wegen des extremen Gegensatzes zu den alten Gebäuden kam es zu großen Auseinandersetzungen. Daraufhin ergänzten das französische Kultusministerium und der Direktor des Louvre, Michel Laclotte, die Glaspyramide mit einer weiteren – diesmal unterirdisch und auf dem Kopf stehend – als Teil des »Carrousel du Louvre«, wo zwischen der Pei-Pyramide und dem Triumphbogen Parkplätze, Modehäuser und Restaurants liegen. Die kopfstehende Pyramide als Lichtspender und Blickfang hängt wie ein Kandelaber in die unterirdische Ladenstraße hinunter. Entworfen haben sie Pei, Cobb, Freed & Partner; die Projektkosten betrugen 2,5 Millionen Dollar.

Die Pyramide von Memphis, Tennessee
Ende der 80er Jahre begann Memphis mit dem Bau eines 32stöckigen, 75 Millionen Dollar teuren pyramidenförmigen Sportstadions am Mississippi mit Namen »Great American Pyramid«, das 20 000 Zuschauern Platz bietet.

Die Pyramide von San Francisco
Die Hauptverwaltung der Transamerica Corporation in San Francisco zieht sich so in die Länge und ist so stilisiert, daß sie sich kaum noch in die Kategorie »Pyramide« zwängen läßt. Das 48stöckige, einschließlich Spitzturm 260 m hohe Gebäude dürfte die einzige Pyramide sein, die bei Erdbeben hin und her schwankt. Obwohl fast doppelt so hoch wie die Cheops-Pyramide, hat sie eine kleinere Basis. Entworfen hat sie William L. Pereira. Der 1969 begonnene Bau wurde 1972 abgeschlossen. Der Werbeslogan der Firma heißt: »Die Kraft der Pyramide arbeitet für Sie«.

für den Abgeordneten »Mad Jack« Fuller auf dem Thomas-Beckett-Friedhof in Brightling, East Sussex, erbaute Pyramidenmausoleum oder die vielen Pyramiden (und Obelisken) in der Egyptian Avenue des Highgate Cemetery, die Stephen Geary 1830 für die Londoner Friedhofsgesellschaft entwarf. In Amerika bevorzugten die Ägypten-Fans des 19. Jahrhunderts Obelisken, deren größter R. Mills' Washington National Monument von 1833 ist.

Den bizarrsten Einfall für eine Pyramide, die es der Großen von Gise gleichtun sollte, hatte 1824 Thomas Wilson (der ihn 1842 auch veröffentlichte). Ganz im Geist Boullées schlug er vor, in der Nähe des Londoner Primrose Hill aus granitverkleidetem Ziegelstein eine »Pyramide für fünf Millionen Leichen« zu errichten. Diese von einem Obelisken gekrönte Steilpyramide würde eine Grundfläche von 7,3 Hektar eingenommen haben, wäre höher gewesen als die St. Paul's Cathedral und hätte 94 Gewölbestockwerke enthalten.

1882 entwarf ein anderer Thomas Wilson (vielleicht der Sohn des obigen) ein Pyramidenmausoleum für den ermordeten US-Präsidenten Garfield. Auch dieses sollte ein Obelisk krönen, eine Innenkuppel die Katakomben bergen. Die Renaissance Ägyptens setzte sich mit Kleinpyramiden und Obelisken für Grabsteine und Gedenkstätten ungebrochen bis ins frühe 20. Jahrhundert fort. Als Howard Carter 1922 das Tutanchamun-Grab entdeckte, läutete er damit eine zweite Ägypten-Renaissance ein. Hätten die Nazis gesiegt, dann wären wohl noch Mitte des Jahrhunderts düster dräuende Pyramiden erbaut worden – Wilhelm Kreis und Albert Speer sahen sich bei Boullée und Ledoux nach Inspiration um.

Form und Funktion

Die modernen Pyramiden am Eingang zum 3. Jahrtausend n. Chr. behalten zwar die Form bei, verkehren indes die Funktion der Riesenpyramiden des 3. Jahrtausends v. Chr. ins Gegenteil. Die antiken Pyramiden waren massive, solide »Schein«-Hieroglyphen, mächtige Symbolbrennpunkte von Gesellschaft und Kosmos. Die modernen sind leichte Skelettbauten, deren Formreinheit zwar ihren Vorahnen zunickt, die aber ansonsten keinerlei metaphorische Bedeutung haben. Die alte Pyramide überdeckte den exklusivsten und unzugänglichsten Raum – die Grabkammer des Königs, Bühne des Todes und geheimsten Rituals. Das Innere moderner Pyramiden will möglichst vielen Menschen leichtzugängliche Arbeits- und Unterhaltungsmöglichkeiten bieten.

Die Pyramiden des alten Ägypten umfingen leiblichen Tod und spirituelle Wiedergeburt. Die Pyramiden von heute dienen der körperlichen Erholung, haben mit Geist aber nichts im Sinn. Dennoch empfindet man in den meisten modernen Pyramiden ein Gefühl der Leichtigkeit. Die Reinheit ihrer Form – vier Ecken fest im Boden verankert, der zentrale Punkt dem Himmel entgegenstrebend – vermittelt jenes Aufschwingen des Geistes, das die ganze Geschichte der Menschheit geprägt hat.

(Oben) Noch einmal die Pyramide als Grab. Vom Bildhauer Antonio Canova (1757–1822) für Maria Christina von Österreich entworfenes Grabdenkmal (1798).

Tips für Touristen

Die heutige Straßenführung läßt die Pyramiden oft ganz anders erscheinen als zur Zeit ihrer Erbauung, denn der Besucher nähert sich ihnen auf Wegen, die mit den Routen der antiken Landschaft nur noch wenig gemein haben. Doch wie immer man sich ihnen auch nähert – die Riesenpyramiden sind und bleiben ein gewaltiger Anblick. Wer Zeit hat für eine eingehendere Betrachtung, für den kann der Vergleich von Skizzen, Karten und Plänen mit der Wirklichkeit an Ort und Stelle zum eindrucksvollen Erlebnis werden. Der wißbegierige Besucher sollte ein Buch wie dieses, Schreibzeug für Notizen und Fragen, eine Kamera und – für das Pyramideninnere unerläßlich – eine gute Taschenlampe dabeihaben. Für alle Besucher Ägyptens sind Hut und Wasservorrat unverzichtbar.

Eine Beschreibung, wie man zu allen wichtigeren Pyramiden gelangt, verbietet sich schon aus Platzmangel. Glücklicherweise stehen jedoch die bedeutsamsten an den zugänglichsten Pyramidenplätzen Gise und Saqqara beisammen. Dahschur, Abusir und Meidum sind zwar weniger frequentiert, stehen aber dem Publikum schon jetzt oder demnächst offen. Unsere Beschreibung geht in der Reihenfolge der Erreichbarkeit von Kairo hervor.

Gise

Die Eintrittskarte zum Plateau von Gise erwirbt man am Ausgangspunkt der modernen Straße, die am Mena House Hotel Ende der Pyramids Road vorbeiführt. Für das Innere der Cheops-Pyramide und das Cheops-Schiffsmuseum müssen zusätzliche Tickets erworben werden. Reiseführer holen die Eintrittskarten für alle Buspassagiere; der Bus fährt dann über die Pflasterstraße bis zur Nordseite der Cheops-Pyramide. Wer zu Fuß geht, sieht die Cheops-Pyramide großartig vor sich aufsteigen, aber einen Gesamtüberblick über den großen Pyramidenkomplex erhält man dabei kaum. In der Antike dürften sich die Besucher Gise nur selten von Norden her genähert haben.

Östlich des Sphinx und des Chephren-Taltempels stehen Sitzgelegenheiten, von denen aus man abends die Licht- und Tonschau verfolgen kann. Der Begleittext ist alt, aber seit neuestem werden beispielsweise die Innenpassagen und das Kammernsystem mit Laserlicht auf die Große Pyramide projiziert. Demnächst ist mit einer touristischen Neugestaltung des Gise-Plateaus zu rechnen.

I. Die Große Cheops-Pyramide. Ursprünglich näherte man sich ihr vom Osten her über den Aufweg und Taltempel, aber diese sind in der modernen Stadt untergegangen. Man betrachte sorgfältig das Mauerwerk an der Ost- und Westseite und bewundere die exquisite Steinmetzarbeit der Außenverkleidung etwa in der Mitte des Nordfußes (die Blöcke an der Westseite sind restauriert), achte aber auch auf den »Schlampigkeitsfaktor« im Baukern. Wo die Kernsteine noch erhalten sind, kann man Meißelspuren von der Hand eines geübten Steinmetzes entdecken, der hier vor 4600 Jahren gearbeitet hat. An der Ostseite findet man zwischen zwei riesigen offenen Schiffsgruben ein Stück Schwarzbasaltpflaster des Totentempel-Innenhofes.

Man betritt die Pyramide durch einen ins massive Mauerwerk gesprengten Stollen und gelangt kurz hinter der Stelle, wo die Ab- und die Aufsteigende Passage zusammenstoßen, ins ursprüngliche Korridorsystem. Von hier arbeitet man sich meist kriechend durch die sehr enge Aufsteigende Passage zur Großen Galerie empor. Von dort geht man geduckt durch die Vorkammer und gelangt in die Königskammer.

Ein Besuch des Schiffsmuseums ist sehr lohnend. Als wahrhaft sublime Schöpfung aus organischem Material zeigt das Schiff das ganze Können und die Größe der Gesellschaft, welche die Pyramiden erbaute.

II. Der Sphinx und der Chephren-Komplex. Der Zugang zu Gise vom Osten her geschah ursprünglich (zumindest saisonal) auf dem Wasserweg; heute führt eine Pflasterstraße durch den belebten Vorort Nazlet el-Samman. Diese Route führt den Besucher durch das Nordtor des Chephren-Taltempels, seine guterhaltenen Räume und die Halle zum Chephren-Aufweg. Von dessen Felsvorsprung aus blickt man in den Sphinx-Hof hinunter; auch das könnte sich demnächst ändern.

Wer nicht nur eine Stippvisite vorhat, sollte einen Rundgang durch den ganzen Pyramidenkomplex unternehmen, den vielleicht vollständigsten aller Pyramiden des Alten Reiches. Der Totentempel nahe der Pyramide ist im Vergleich zum Taltempel zwar schwer beschädigt, aber seine wichtigsten Merkmale sind noch erkennbar. Die Chephren-Pyramide betritt man von Norden her (der Eintritt ist im Pauschalpreis enthalten).

III. Zur Menkaure-Pyramide fährt oder geht man von Norden her, indem man hinter der Westseite der Chephren-Pyramide von der modernen Straße abbiegt (das Gise-Ticket berechtigt auch hier zum Besuch). Ihre gewölbte Grabkammer ist klein und elegant. Außen ist der Granitmantel unfertig; bei näherem Hinsehen kann man erkennen, daß die Steinmetze die Blöcke bereits zum Abschrägen vorbereitet hatten und nur noch der überstehende Stein wegzuschlagen blieb. Um die Ostseite der Pyramide herum gelangt man zum Totentempel. Vom zerfallenen Tempeleingang aus betrachtet, stellt sich der Aufweg als bloßes dunkles Lehmband mit Steineinfassung dar. Den Taltempel hat seit seiner Ausgrabung durch Reisner wieder der Sand bedeckt.

Saqqara

Saqqara bietet so viel Sehenswertes, daß wir uns hier auf die Pyramiden beschränken wollen. Der heutige Besucher betritt die Nekropole von Osten her bei den Überresten des Unas-Taltempels, der von zwei (restaurierten) Granitpfeilern in Palmenform markiert wird. Die Eintrittskarte kauft man am Kiosk gleich rechts. Steigt man aufs Plateau hinauf, so liegt weit rechts der niedrige Tumulus der Teti-Pyramide und geradeaus (etwas links) die Userkaf-Pyramide, die sich wie ein Felshaufen ausnimmt.

I. Djosers Stufenpyramide dominiert die heutigen Besichtigungstouren des Saqqara-Plateaus wohl immer noch so wie in der Antike. In der 3. Dynastie könnte der vom Abusir-See heraufführende breite Wadi im Osten den Hauptzugang gebildet haben.

Der Eingang zur Djoser-Einfriedung lag am Südende der Ostseite. Hier zwängen sich die Besucher heute durch ein knapp einen Meter breites Tor, gehen durch die Kolonnaden-Eingangshalle und gelangen in den großen Südhof, der einen prachtvollen Blick auf die Stufenpyramide bietet. Viele Führungen wenden sich nun nach rechts (Osten) dem Hof mit den Nischen für das Sed-Fest zu, wo Lauer das Podium des Königs und ein paar Steinmodelle der Schilfmattenschreine rekonstruiert hat. Von dort begibt sich der Besucher nach Norden entlang der Ostseite der Pyramide und Ruinen der Pavillons (rechts), von denen man annimmt, daß sie Nord- und Südägypten repräsentieren.

An der Nordseite der Pyramide steht, schräg zum Nordhimmel gerichtet, die Serdab-Kammer mit der Djoser-Statue (jetzt als Replik). Vom Serdab aus gelangt man über eine Treppe zu einer Terrasse mit dem

Totentempel. Er ist stark zerstört, aber sein Grundriß ist dank einiger Restaurierungen erkennbar. Die meisten Besucher gehen von hier aus wieder zurück und an der tiefen Grube des Südgrabes in der südlichen Umfassungsmauer vorbei. Auf die Mauer führt eine moderne Treppe am Kobra-Fries vorbei. Von hier nimmt sich der große Tumulus entlang der Westseite des Djoser-Hofs wie ein riesiger Schutthaufen aus; darunter liegen umfangreiche, nie vollständig erforschte Galerien. An klaren Tagen sieht man im Süden unter anderem die Hügel der Pyramiden von Süd-Saqqara, Schepseskafs Riesenmastaba und noch weiter südlich die Pyramiden Snofrus und Amenemhets III. in Dahschur.

II. Weitere Saqqara-Pyramiden. Wie die Pyramiden in Gise liegen auch diese in diagonaler Nordost-Südwest-Flucht. Am äußersten Südwestende, jenseits der Unas-Pyramide, befinden sich die Ruinen der unvollendeten Sechemchet-Pyramide. Wenn man vor ihr steht, ist das Layout auszumachen, desgleichen sind der Eingangsgraben und die weiße Kalkstein-Nischenmauer entlang der Nordseite der ersten Bauphase erkennbar. Von den Schutthügeln in der Einfriedung aus sieht man im Westen die gewaltige niedrige Einfriedung namens Gisr el-Mudir.

Als nächstes gelangt man zur Unas-Pyramide. Die Pyramidentexte auf ihren Wänden werden als weltälteste religiöse Literatur gefeiert. Durch die Feuchtigkeit, die Tausende Touristen mitgebracht haben, ist ihr Blau leider verblaßt, weshalb die Pyramide einige Zeit geschlossen blieb. Der Plan des Totentempels läßt sich kaum erkennen, aber der Granitrahmen der Eingangstür ist restauriert worden.

Wandert man den Unas-Aufweg mit seinen teils erhaltenen, teils restaurierten niedrigen Wänden und der Bodenpflasterung hinunter, so gewinnt man ein Gefühl dafür, wie die Anlage einst ausgesehen hat. Etwa auf halber Strecke finden sich zwei riesige mit Stein ausgekleidete Schiffsgruben.

Wer Pyramidentexte sehen möchte, muß sich die Teti-Pyramide nordöstlich der Djoser- und Userkaf-Pyramide am anderen Ende der Saqqara-Diagonale vornehmen. Von der Pyramide selbst ist wenig übriggeblieben, und der Tempel ist wie der des Unas von Kalkbrennern praktisch abgetragen worden.

Schwieriger gestaltet sich der Zugang zu den Pyramiden von Süd-Saqqara – Djedkare-Asosi, Pepi I., Merenre und Pepi II. Entweder nimmt man die Wüstenpiste westlich des Hauptplateaus von Saqqara oder – zu Pepi II. und zur Mastaba el-Fara'un – die Straße entlang des bebauten Landes und durch das heutige Dorf Saqqara.

Dahschur

Dahschur ist seit kurzem der Öffentlichkeit zugänglich. Die Eintrittskarten erwirbt man am Ende der vom Dorf Dahschur etwa 20 Kilometer südlich von Saqqara kommenden Straße vor dem Aufstieg zum Plateau.

I. Das Betreten der Nord- oder Roten Pyramide kostet einige Mühe. Eine starke Taschenlampe ist hier sehr nützlich. Wenn man die modernen Stufen hinaufsteigt, erhält man einen Eindruck davon, wie hoch die Erbauer den Eintritt legen mußten, um eine lange absteigende Passage zu einer Grabkammer etwa auf Bodenhöhe einbauen zu können. Über ein Holzgerüst samt Treppe gelangt man von weit oben in der zweiten Vorkammer zur Grabkammer hinunter. Die im Fußboden sichtbaren Gruben stammen von Schatzjägern. Man hebe den Blick zu der exquisiten Verkragung, die auch die Vorkammern krönt.

Wieder im Freien, wandert man um die Nordostecke der Pyramide zu den Überresten des Totentempels, den Rainer Stadelmann ausgegraben und teilweise rekonstruiert hat; dort auch findet sich das rekonstruierte Pyramidion aus Kalkstein.

II. Die Knick- oder Südpyramide. Vom Westen der Nordpyramide führt eine Wüstenstraße zur Knickpyramide – wer sie zu Fuß geht, hat ein gutes Stück Weges vor sich. Den Westeingang kann man als kleine Öffnung hoch oben in der Verkleidung der Pyramide erkennen; er ist jedoch nicht leicht zugänglich. An der Nordostecke ist die Trasse des Aufwegs noch in Form von Kalksteinbrocken erkennbar. Folgt man ihm, gelangt man zu den spärlichen Ruinen des sogenannten Taltempels. Geht man an der Ostseite der Pyramide entlang, so landet man bei den Überresten der kleinen Kapelle mit den Stümpfen von zwei Stelen und der Steinkanope über einem hetep-Opferstein. Um die Südostecke der Knickpyramide gelangt man zu ihrer kleinen Nebenpyramide. An der Ostseite entdeckte Ahmed Fakhry die Überreste von zwei weiteren Stelen. Der Eingang zur Nebenpyramide ist an sich offen, wird aber von Sand versperrt.

Die Dahschur-Pyramiden des Mittleren Reiches liegen weitab der üblichen Touristenpfade. Derzeit gräbt Dieter Arnold den Pyramiden-Komplex Senwosrets III. aus; eine Besichtigung ist nicht möglich.

Abusir

Abusir soll demnächst zugänglicher werden. Wer von Süden kommt, nehme bei Gise die Westabfahrt zwischen Saqqara und Nazlet el-Samman und fahre durch die geschäftige Stadt Abusir.

I. Sahure. Das Gebiet um den Taltempel Sahures ist vor kurzem freigelegt worden. Über den Sahure-Aufweg, dessen Fundamente gut erhalten sind, gelangt man zur Eingangshalle und zum Innenhof des Totentempels. Zwei Palmsäulen aus Granit sind wiedererrichtet worden, weitere Säulenfüße sind zu sehen. Das Ambulatorium ist noch erkennbar, auf Steinfragmenten sind Teile der Titel Sahures zu sehen. Der näher an der Pyramide gelegene Innentempel ist nur noch ein Steinhaufen, aber ein paar Teile des Tempels sind recht gut erhalten.

Als der Außenmantel entfernt wurde, fiel die Pyramide in sich zusammen. Ein kürzliches Erdbeben ließ den Eingang und die Grabkammer baufällig werden, so daß man die Pyramide nicht betreten sollte. Aus etwas Abstand vom Eingang kann man die »Baulücke« entdecken, die sich am besseren Mauerwerk der Haltemauern im unteren Teil des Kerns erkennen läßt. Die Baulücke war für den Bau der Kammer und der Passage offengelassen und dann mit loserem Material aufgefüllt worden.

II. Niuserre. Zur Besichtigung der anderen Abusir-Pyramiden kehre man zur Südostecke der Sahure-Pyramide zurück und wandere in südwestlicher Richtung die Diagonalverlängerung der Nekropolis entlang. Die (räumlich, aber nicht zeitlich) nächste Pyramide ist die des Niuserre. Als erstes trifft man auf einen Pylonen, mit dem die vordere Ostecke des Hofes verstärkt war. Südlich davon liegen die Hofpflasterung und die Überreste des Innenteils des Totentempels Niuserres. Niuserre ließ seinen Tempel in L-Form anlegen; über den Schenkel des L gelangt man in die Eingangshalle, die an ihren großen Postamentwürfeln aus Basalt erkennbar ist. Der vom Nefererkare-Komplex abzweigende Aufweg wird von Brocken aus Basalt flankiert; dieser säumte den Unterteil der Ummauerung auf der gesamten Länge.

III. Nefererkare. Weiter nach Südwesten kommt man an der Südostecke der Niuserre-Pyramide (die jetzt nur noch ein runder Hügel ist) vorbei und blickt zu den niedrigen Überresten von Nefererkares Totentempel hinüber, der nur noch in groben Umrissen erkennbar ist. Blickt man zur Südwestecke der Nefererkare-Pyramide hinauf, so sieht man die Mauerlagen, die einige Ägyptologen vermuten ließen, Neferirkare habe eine Stufenpyramide erbauen wollen.

IV. Chentkaues. Überquert man das unregelmäßige Terrain südlich der Neferirkare-Pyramide, so blickt man auf die Pyramide und den Tempel der Chentkaues hinunter. Die Pyramide ist schwer beschädigt – die Grube in der Grabkammer liegt unter losem Geröll. Auch vom steinernen Innentempel ist wenig übrig; nur der Fuß einer rotbemalten und mit der Gestalt und den Titeln der Königin verzierten Säule steht noch. Von der Nebenpyramide ist nur noch eine kleine Ecke in der Lehmziegeleinfriedung zu sehen. Weiter östlich stehen die besser erhaltenen Wände von fünf Magazinräumen. Jenseits der Chentkaues-Pyramide nach Süden sieht man die teilweise ausgegrabenen Ruinen der »Pyramiden«, die Lepsius mit den Nummern XXIV und XXV versehen hat.

V. Die Raneferef-Pyramide, die letzte in Südwestrichtung, wird vielleicht zugänglich werden, wenn die Umgestaltung der Gesamtanlage abgeschlossen ist. Hier haben wir ein gutes Beispiel einer Pyramide ganz zu Beginn der 5. Dynastie – eine niedrige Mastaba mit Mittelgrube und Baulücke an der Nordseite. Vom Innentempel sind nur Teile der Pflasterung und Wände übrig, aber die Lehmziegelwände des Restteils ragen überraschend hoch auf, und ein Großteil ihrer vergipsten Oberfläche ist noch erhalten.

VI. Zu den Sonnentempeln gelangt man in einem kräftigen Fußmarsch nach Süden über die Sandstrecken der Pyramidengruppe von Abusir. Man kann auch den Höhenweg nehmen, muß dann aber die Wüstenhügel hinauf- und hinunterwandern, oder man wählt den niedrigen Wüstenweg entlang des bebauten Landes. Als erstes trifft man auf die Überreste des Userkaf-Sonnentempels, die man allerdings leicht übersieht, wenn man nicht sehr genau darauf achtet. Vom Obertempel sind lediglich ein paar verstreute Steinbrocken des Obelisken, der Hofterrasse sowie Schutthaufen von den Ausgrabungen übrig. Weiter westlich liegen Steinbrocken, darunter auch Teile eines riesigen Abflußsystems aus Quarzit. Viele Kalksteinstücke tragen Arbeiternotizen in Form eingeritzter Hieroglyphen. Vom Taltempel ist fast nichts zu sehen.

Begibt man sich weiter nach Süden, so gelangt man zum Sonnentempel Niuserres, der besser erhalten ist. Deutlich sichtbar auf dem Hügel steht der Kern der Einfriedungsmauer und des Obeliskenfußes. Die Ruinen des Taltempels hat der Wüstensand verschlungen. Am oberen Ende des Aufwegs sind noch Einfassungsmauern erhalten, die in einen breiten Hof münden. Blickt man über ihn hinweg, so sieht man die Überreste des Obeliskenfußes. Geradeaus am anderen Ende steht der große Alabasteraltar. Ein Reliefstück an seiner Nordwestecke trägt den Namen des Tempels, »Wonne des Re«, wobei der Obelisk auf seinem Postament das Ideogramm dazu abgibt. Nördlich des Altars findet man große Stücke des Kalksteinpflasters mit eingelassenen Abflußrinnen, von dem man annimmt, daß es die Terrasse bedeckte, auf der Tiere geschlachtet wurden. Nördlich des Obeliskenfußes liegen drei weitere – weniger fein gearbeitete – Alabasterbecken mit je drei Abflußlöchern.

Meidum

Meidum liegt 50 Kilometer südlich von Saqqara und 70 Kilometer südlich von Kairo, so daß man für die Hin- und Rückfahrt von Kairo einen vollen Tag einplanen sollte. Am besten erreicht man es über die oberägyptische Fernstraße von Kairo aus. Man biegt von ihr nach Westen zum Dorf Meidum ab und fährt dann weiter in die Wüste südlich der Pyramide.

Die Pyramide sieht aus wie ein in sich abgeschlossener Turm (allerdings wissen wir, daß diese Gestalt die Folge von Umbauten und Räubereien ist), der sich aus einem vorstehenden weißen Schutthügel erhebt. Folgt man der Straße westlich der Pyramide, so gelangt man zu einem Rasthaus der Regierung. An der Nordseite der Pyramide befindet sich die amtliche Verkaufsstelle für die Eintrittkarten. Vom Ende der Pflasterstraße aus bieten die Ausgrabungen von Dr. Ali el-Chuli an der Nordwestecke eine klare Sicht auf das Mauerwerk von E3, das die Stufenpyramide auffüllte und eine echte Pyramide schuf. Etwas von der Ecke entfernt sieht man den intakten Außenmantel aus Tura-Kalkstein mit seinen horizontal verlegten Blöcken. Dahinter steckt der gelbe Sandstein als Verfüllungsmaterial zwischen Kern und Außenverkleidung. Etwas höher lugen die Kalksteinecken von E1 und E2 durch das Mauerwerk der großen Kernfüllblöcke von E3.

In die Pyramide gelangt man über eine kurze Holztreppe und kriecht anschließend durch die lange Absteigende Passage. Beim Erklimmen des senkrechten Schachts zur Grabkammer achte man auf die großen Zedernbalken im Mauerwerk. Die Grabkammer ist klein und unfertig. Man betrachte den Stumpf eines Zedernstamms gleich über dem Eingangsschacht, etwas höher einen weiteren, sowie den vollständigen Stamm quer über die Deckenspitze – Überbleibsel des Systems, mit dem der Sarkophag in die Kammer gebracht wurde? Draußen kann man um die Ostseite der Pyramide herum über die Trümmer steigen oder aber ihre Basis entlanggehen. Damit erreicht man das Totentempelchen oder Kapellchen. Von ganz oben sieht man die steil zum Ackerland abfallende Trasse des Aufwegs. Von unten erkennt man die übers Kapellendach ragenden Stelenspitzen. Jede sollte von einem auf Snofrus serech thronenden Horusfalken gekrönt werden, blieb aber unbearbeitet. Die Lage der Nebenpyramide am Westende der Südseite wird von Gruben im Geröll markiert.

Weiterführende Literatur

Altenmüller, Hartwig: Die Texte zum Begräbnisritual in den Pyramiden des Alten Reiches. Wiesbaden 1972.

Arnold, Dieter: Die Tempel Ägyptens, Götterwohnungen, Kultstätten, Baudenkmäler. Zürich/Düsseldorf 1992.

ders.: Lexikon der ägyptischen Baukunst. Zürich/Düsseldorf 1994.

Assmann, Jan: Ägypten, Theologie und Frömmigkeit einer frühen Hochkultur. 2. Aufl., Stuttgart 1991.

Bacher-Göttfried, Ilona: Totenkult und Jenseitsvorstellungen im Alten Ägypten. München 1994.

Baines, John und Málek, Jaromir: Ägypten. München 1980 (= Weltatlas der Alten Kulturen).

Bauval, Robert und Gilbert, Adrian: Das Geheimnis des Orion. Nach mehr als 4000 Jahren wird das Geheimnis der Pyramiden gelöst. München 1996.

Belzoni, Giovanni und Nowel, Ingrid: Entdeckungsreise in Ägypten 1815–1819. In den Pyramiden, Tempeln und Gräbern am Nil. Köln 1990.

Braem, Harald: Die Geheimnisse der Pyramiden. Auf der Suche nach dem Rätsel ihrer Entstehung. München 1994.

ders.: Das magische Dreieck. Neue Geheimnisse aus dem Reich der Pyramiden. Stuttgart 1992.

Brier, Robert: Zauber und Magie im alten Ägypten. Geheimes Wissen und Totenkult im Pharaonenreich. Frankfurt a. M. 1991.

Büttner, Friedemann und Klostermeier, Inge: Ägypten. München 1991.

Caselli, Giovanni und Rossi, Guido A.: Ägypten. Reich der Götter, Pharaonen, Pyramiden. Luzern 1990.

Ceram, C. W.: Das Buch der Pyramiden. Reinbek 1991.

ders.: Götter, Gräber und Gelehrte. Roman der Archäologie. Reinbek 1995.

Clayton, Peter A.: Die Pharaonen. Herrscher und Dynastien im Alten Ägypten. Düsseldorf 1995.

Cottrell, Leonard: Das Volk der Pharaonen. Augsburg 1996.

Courtalon, Corinne: Ägypten zur Zeit der Pharaonen. Ravensburg 1995.

Die Pyramiden-Box. München 1995.

Edwards, I. E.: Die ägyptischen Pyramiden. Wiesbaden 1967.

Fischer, Rudolf: Pyramiden, Tempel, Gräber. Eine Einführung in die altägyptische Kultur. 1985.

Friedell, Egon: Kulturgeschichte Ägyptens und des Alten Orients. Neuaufl., München 1992.

Germer, Renate: Das Geheimnis der Mumien. Reinbek 1994.

dies.: Mumien: Zeugen des Pharaonenreichs. Frankfurt a. M. 1993.

Hart, George: Das Alte Ägypten. Kultur und Alltagsleben im Reich der Pharaonen. 1992.

v. Helck, Wolfgang (Hg.): Tempel und Kult. Wiesbaden 1987.

ders. und Otto, Eberhard (Hg.): Lexikon der Ägyptologie. Wiesbaden 1975 bis 1992.

Hofer, Johannes: Kultur und Kreativität. Aufstieg und Fall der Hochkulturen. Frankfurt a. M. 1988.

Illig, Heribert und Löhner, Franz: Der Bau der Cheopspyramide. Seilrollen auf der Pyramidenflanke – oder wie die Pharaonen wirklich bauten. 2. Aufl., München 1994.

Kees, Hermann: Der Götterglaube im Alten Ägypten. 7. Aufl., Berlin 1990.

Koch, Klaus: Geschichte der ägyptischen Religion. Von den Pyramiden bis zu den Mysterien der Isis. Stuttgart 1993.

Lange, Kurt und Hirmer, Max: Ägypten. Architektur, Plastik, Malerei in drei Jahrtausenden. München 1985.

Lebensalltag zur Zeit der Pharaonen (Reisen in die Vergangenheit). Frankfurt a. M. 1996.

Lepsius, Carl R.: Die Chronologie der Ägypter. Nachdruck, Berlin 1985.

Lurker, Manfred: Lexikon der Götter und Symbole der alten Ägypter: Handbuch der mystischen und magischen Welt Ägyptens. Neuausg., München 1987.

Macaulay, David: Wo die Pyramiden stehen. Düsseldorf 1976.

Mendelssohn, Kurt: Das Rätsel der Pyramiden. Augsburg 1992.

Montet, Pierre: Das Leben der Pharaonen. Frankfurt a. M./Berlin/Wien 1970.

Rauprich, Herbert: Cheops. Anfang und Ende der Zeit im Grundmuster der Pyramide. Braunschweig 1982.

Riedl, Oskar M.: Der Pyramidenbau und seine Transportprobleme. Die Maschinen des Herodot. Die Lösung des Jahrtausendrätsels ohne Wunder und Zauberei. 1985.

Saleh, Mohamed und Sourouzian, Hourig: Ägyptisches Museum Kairo. Mainz 1986.

Sasse, Torsten und Haase, Michael: Im Schatten der Pyramiden. Spurensuche im Alten Ägypten, Düsseldorf 1997.

Schneider, Thomas: Lexikon der Pharaonen. Alle altägyptischen Könige von der Frühzeit bis zur Römerherrschaft. Zürich/Düsseldorf 1994.

Schüssler, Karlheinz: Die ägyptische Pyramide. Erforschung, Baugeschichte und Bedeutung. Köln 1983.

Siliotti, Alberto: Ägypten: Götter, Tempel, Pyramiden. Erlangen 1994.

Sitchin, Zecharia: Götter, Mythen, Kulturen, Pyramiden. Die Suche nach der Unsterblichkeit. München 1990.

Spiegel, Joachim: Die Idee vom Totengericht in der ägyptischen Religion. 2. Aufl., Glückstadt 1976.

Stadelmann, Rainer: Die ägyptischen Pyramiden. Vom Ziegelbau zum Weltwunder. 2. Aufl., Wiesbaden 1991.

Stierlin, Henri: Baukunst der Pharaonen. Wiesbaden 1993.

Strauss-Seeber, Christine: DuMont's Bildlexikon der Ägyptischen Götterwelt. Köln 1994.

Strelocke, Hans: Ägypten und Sinai. Kunst-Reiseführer. Geschichte, Kunst und Kultur im Niltal: Vom Reich der Pharaonen bis zur Gegenwart. Köln 1993.

Strouhal, Eugen: Ägypten zur Pharaonenzeit. Alltag und gesellschaftliches Leben. Tübingen 1994.

Teichmann, Frank: Der Mensch und sein Tempel. Bd. 1: Ägypten. Stuttgart 1978.

Tompkins, Peter: Cheops. Die Geheimnisse der Großen Pyramide – Zentrum allen Wissens der alten Ägypter. Neuaufl., München 1992.

Vandersleyen, Claude: Das alte Ägypten. Propyläen Kunstgeschichte, Bd. 15. Berlin 1975.

Vercoutter, Jean: Ägypten – Entdeckung einer alten Welt. Ravensburg 1990.

Wenzel, Gabriele: Jenseitsvorstellungen und Götterglaube im alten Ägypten, 1995.

Bildnachweis

Abkürzungen l=links; m=Mitte; o=oben; r=rechts; u=unten

Abbildungen

Alinari 42r
Robert Partridge: The Ancient Egypt Picture Library 28u, 175m
Helen Lowell: aus The Ancient Egypt Picture Library 186u
Carl Andrews, © Aera 214o
Archivio Mondadori 160m
G.B.Belzoni, *Narrative...* 48l, 48r
L. Borchardt, *Grabdenkmal des Königs S'a hu-re* 60
Museum of Fine Arts, Boston 9r, 117o, 117ur, 196u
Egyptian Photographic Archive 58ul, 59, 65, 95o, 232o
Ägyptisches Museum Kairo 8r, 9l, 22o, 23, 73ur, 126o, 130ol, 141or, 159l, 161ol, 172ol, 174ul, 176o, 178o, 180ol, 182u, 191or
DAI Kairo 68, 75, 227o
Service des Antiquités de l'Egypte, Kairo 139u, 176m
Oriental Institute of Chicago 55u, 99m
Peter Clayton 47u, 126–127u
Tschechisches Institut der Ägyptologie, Prag, Photo Milan Zemina 6, 140–141o, 145o, 146o, 147or, 148, 149u, 152u, 159o
Description de l'Egypte 14ur, 36–37, 46o, 46u
Aidan Dodson 34ul, 139o, 153u, 160u, 165o, 185u, 187mr, 188o, 188u
G. Dreyer, DAI Kairo 76ol
Michael Duigan 169ol, 169u, 176u, 199m
The Royal Observatory, Edinburgh 57m
W.B. Emery, *Excavations at Saqqara* 79ul, 81ul, 81m
Kenneth Garrett 233
J. Greaves, *Pyramidographia* 44o, 44om
Jim Henderson, AMPA 82
Fotoarchiv Hirmer 8l, 150ur, 172
Image Bank 2 (Louis Tarpey), 86–91 (Guido Alberto Rossi), 103o, 109o
George B. Johnson 14ol, 14ml, 35o, 96or, 96m, 105o, 156u, 156–157, 168, 177o, 179u
Kircher, *Turris Babel* 42l
Labrousse/EDF 157u
E.W. Lane, *The Thousand and One Nights* 40o
J.P. Lauer 62u, 87ur, 89or, 94u, 159m
Mark Lehner 13, 15, 41o, 41m, 41u, 50o, 51ol, 51or, 58ol, 58om, 64, 67, 69, 85o, 85ul, 90ol, 98o, 99o, 100ol, 100or, 100u, 101o 102o, 105u, 106u, 116o, 116m, 118u, 119or, 121o, 121m, 122ul, 123ol, 123or, 124o, 128o, 130om, 130or, 131, 135ml, 135m, 135mr, 138ol, 141u, 143or, 145u, 149or, 154o, 155u, 162ol, 164ul, 167or, 171, 175o, 193o, 200–201, 203ol, 203or, 206u, 207o, 207u, 208o, 208m, 208u, 209, 210l, 210u, 211om, 211ur, 212o, 214m, 214u, 215, 217o, 219o, 219r, 221u, 222o, 223o, 223m, 223u, 224, 226–227, 229, 231, 232ul, 236or, 237o, 237u, 239o, 239m, 239ul, 239ur, 240, 242o, 242–243
K.R. Lepsius, *Denkmäler aus Ägypten* 54o, 55o
© British Museum, London 20–21, 24, 25, 177u, 189r
Bruce Ludwig 221o
G.T.Martin 54u
David J. Nelson, CSULB 242m
F. Norden, *Travels in Egypt and Nubia* 45r
© Bibliothèque Nationale de France, Paris 241u
Musée du Louvre, Paris 120o
NOVA/WGBH 111u, 114
Petrie Museum, University College, London 56
G.B. Piranesi, *Diverse Manière* 241m
R. Pococke, *A Description of the East* 45u
Greg Reeder 14or
John G. Ross 6–7, 32, 33, 62or, 70–71, 90r, 119m, 125mr, 133, 136, 137o, 140ol, 144o, 152o, 155o, 161or
Peggy Sanders, Archaeological Graphic Services /AERA 109m, 124l, 132u
G. Sandys, *Relation of a Journey* 43or
Chris Scarre 94ol, 182o
Margaret Sears 97ul
Albert Shoucair 63u
Alberto Siliotti 113or
A.J. Spencer 103u
Steelcase Corporation 242u
Frank Teichmann 14u, 28–29, 112–113m, 154u
Musée de Versailles 47o
R.W.H. Vyse und J.S. Perring, *Operations Carried on at the Pyramids* 49l, 49r, 51u, 52, 53o, 132o
The Egyptian Cultural Centre, Waseda-Universität, Tokyo, Photo Y. Karino 67, 118–119
Derek Welsby 196–197, 197m, 197u, 199u

Karten und Skizzen

D. Arnold, *Die Pyramidenbezirke des Königs Amenemhet III.* 180o
L. Borchardt, *Die Pyramiden* 44u, 217
Ian Bott 22o
Garth Denning 119ul (nach Landström), 166u
L. Epron, F. Daumas und H. Wild, *Le tombeau de Ti* 234o, 236u
Tom Jaggers, Jerde Partnership 131
G. Jequier 26–27o
Stuart Haskayne 22u
Labrousse 31, 157, 160o
MAFS/IFAO 158u
Mark Lehner 72, 73, 74, 96u, 99, 126, 128–129, 204–205, 212, 213, 220, 230, 236ol, 238m
Mark Lehner/Jerde Partnership 106–107, 109u, 110–115, 124ul, 130–131o, 132u
nach Kurt Mendelssohn 19
ML Design 10–11, 83, 101
W. Flinders Petrie, *Pyramids and Temples of Gizeh* 39, 57o
C. Piazzi Smyth, *Our Inheritance in the Great Pyramid* 56ur, 56or
G.A. Reisner, *Models of Ships and Boats* 119ur
William Riseman (m. frdl. Genehmigung d. Museum of Fine Arts, Boston) 197or
Lucinda Rodd 198u
W.K. Simpson, *The Mastabas of Qar and Idu* 26–27
R. Stadelmann, *Die äygptischen Pyramiden* 116
George Taylor 62–63, 64–65, 76, 78, 79or, 113ol
M. Verner, *Forgotten Pharaohs, Lost Pyramids, Abusir* 138m
M.E. Weaver 125
Tracy Wellman 7,13, 15, 26l, 27, 106, 107, 129o, 143m, 162, 177mr, 178, 183, 190, 191, 194, 195, 196, 198o, 199, 227, 232, 238o
Philip Winton 16–17, 18 (nach Audran Labrousse), 33, 75, 80, 81, 84, 85, 87, 88–89, 93, 94, 95, 96o, 97, 98, 100, 102, 104, 105, 108, 109o, 111, 112–113, 120, 122–123, 124, 134–135, 137, 138r, 139, 140, 142, 143ol, 143u, 144, 145, 146, 147, 148, 149, 150, 151, 153, 154, 155, 157o, 159, 160ml, 161, 163, 164, 165, 166o, 167, 169, 170, 174, 175, 177ml, 179, 181, 184, 185, 186, 187, 189 (nach Aidan Dodson), 202, 203, 210, 211, 216, 218, 222, 225, 228–229, 235 (nach Audran Labrousse)

Zitatquellen

Die klassischen Zitate sind folgenden Übersetzungen entnommen:

Flavius Josephus, *Die jüdischen Altertümer*, Zweites Buch, Neuntes Hauptstück, Übers. K. Martin, Köln 1852.
Herodot, *Historien*, Zweites Buch, Übers. Dr. Eberhard Richtsteig, München o.J.
Strabo, *Erdbeschreibung*, Siebzehntes Buch, Übers. Christoph Gottlieb Groskurd, Hildesheim 1988 (Nachdruck).

Die übrigen Zitate entstammen nachstehenden Werken [in eckigen Klammern sind die Seitenzahlen angegeben, auf denen die betreffenden Zitate stehen]:

Allen, J., »The Cosmology of the Pyramid Texts« in J.P. Allen (Hrsg.), *Religion and Philosophy in Ancient Egypt*, Yale Egyptological Studies, New Haven 1989 [S. 29].
Ders., *Genesis in Egypt: the Philosophy of Ancient Egyptian Creation Accounts*, Yale Egyptological Studies 2, New Haven 1988 [S. 34].
Allen, T.G., *The Book of the Dead or Going Forth by Day*, Studies in Ancient Oriental Civilisation, Bd. 37 [S. 28].
Belzoni, G.B., *Narrative of the Operations and Recent Discoveries within the Pyramids, Temples, Tombs, and Excavations, in Egypt and Nubia*, London 1820 [S. 48].
Cottrell, L., *The Mountains of Pharao*, London 1956 [S. 55].
Denon, V., *Travels in Upper and Lower Egypt*, London 1803 [S. 46].
Fodor, A., »The Origins of the Arabic Legends of the Pyramids«, *Acta Orientalia Academiae Scientiarum Hungaricae*, XXIII,3 1970 [S. 40].
Greener, L., *The Discovery of Egypt*, London 1966 [S. 38; 42].
Labrousse, A., *Regards sur une Pyramide*, Paris 1991 [S. 30].
Lepsius, K.R., *Discoveries in Egypt*, London 1853 [S. 54].
Lichtheim, M., *Ancient Egyptian Literature*, Bd. 1: *The Old and Middle Kingdoms*, Berkeley 1978 [S. 202].
Petrie, W.M.F., *Royal Tombs of the First Dynasty*, London 1900 [S. 77].
Ders., *Seventy Years in Archaeology*, London 1933 [S. 56].
Reisner, G.A., *The Development of the Egyptian Tomb*, Cambridge/Mass. 1935 [S. 18].
Ders., Unveröfftl. Ausgrabungshandbuch »Archaeological Field Work in Egypt« [S. 59].
Twain, M., *Die Arglosen im Ausland*, München 1966 [S. 58].
Vyse, H., und Perring, J., *Operations Carried on at the Pyramids of Gizeh ...*, London 1840 [S. 50; 51].
Winlock, H., »The Tombs of the kings of the Seventeenth Dynasty at Thebes«, *Journal of Egyptian Archaeology* 10 (1923) [S. 191].
Zakbar, L.V., *A Study of the Ba Concept in Ancient Egyptian Texts*, Studies in Ancient Oriental Civilisation, Bd. 34 [S. 28].

Register

Kursiv gesetzte Seitenzahlen verweisen auf Abbildungen. Abkürzungen hinter den Namen: (g) Gott; (gn) Göttin; (k) König; (kn) Königin.

Danksagung

Für jahrelange Freundschaft, Unterstützung und Rat danke ich Zahi Hawass, Generaldirektor für Gise und Saqqara im Ägyptischen Obersten Altertumsrat. Desgleichen bin ich dem ganzen Stab der Gise-Pyramiden und dem Inspektorat Saqqara des Altertumsrates für ihre Hilfe und Mitarbeit verbunden, ganz besonders Sabry Abd al Aziz, Direktor für Gise, und Mansour Radwan, Leitender Inspektor für Gise.

Ohne den Beistand von David Koch, Bruce Ludwig, Jon Jerde, Matthew McCauley, Frank Blanning und James Allen wäre meine Arbeit über das Thema dieses Buches nicht möglich gewesen. Ich danke ihnen für die Mühe, der sie sich als Vorstandsmitglieder der »Ancient Egypt Research Associates« (AERA) unterziehen. James Allen hat mir unermüdlich als Mentor und Lehrer zur Seite gestanden. Rainer Stadelmann möchte ich danken für den anspornenden und stets hilfreichen Beitrag zu unserem Wissen um die ägyptischen Pyramiden. Jean Leclant, Audran Labrousse, Miroslav Verner, Dieter Arnold und Nabil Swelim haben ihre Überlegungen, Arbeitsergebnisse und Photographien großzügig mit mir geteilt. Mit McGuire Gibson, David Schloen, John Swanson und Peter Lacovara durfte ich viele erhebende und klärende Gespräche führen. Aidan Dobson las das Manuskript durch und stand mir mit Erläuterungen und Anregungen zur Seite. Ihnen allen danke ich. Meinem Lehrer William Kelly Simpson bin ich dankbar für die Studienbetreuung während meiner Jahre an der Universität Yale und dafür, daß er mich bei Thames and Hudson eingeführt hat. Während meiner Arbeit an diesem Buch hat mir Dr. Lawrence Stager im Harvard Semitic Museum dankenswerterweise einen Arbeitsplatz zur Verfügung gestellt. Dem Direktor des Oriental Institute danke ich für seine Geduld und Hilfe.

Tom Jaggers und John und Peggy Sanders widmeten der Computerdarstellung rückhaltlos Zeit und Einfallsreichtum. Mein Dank gilt der Vermessungsarbeit von Ulrich Kapp, die ihm das Deutsche Archäologische Institut Kairo zu meinen Gunsten erlaubte; ebenso David Goodman, dem Chefplaner des Mapping Project für das Gise-Plateau (GPMP), der mich bei der Forschung an Ort und Stelle seit Jahren beratend begleitet. Dankbar nenne ich die Mitwirkung von John Nolan und Wilma Wetterstrom bei meinen Arbeiten vor Ort und zu Hause, desgleichen die Unterstützung des American Research Center in Egypt (ARCE) und seiner Direktoren Terry Walz und Mark Easton. Ein besonderes Wort des Dankes gilt dem stellvertretenden Leiter von ARCE, Amira Khattab, sowie dem Projektleiter des GPMP, Amir Hassan Abdel Hamid.

Ohne die liebevolle Hilfe von Julia Cort und ihrer großen Familie hätte dieses Buch nicht zustande kommen können. Meinen Söhnen Ramsi und Luke Lehner danke ich von Herzen für ihr Verständnis und ihre tatkräftige Unterstützung. Der Aufenthalt in Ägypten während meiner eigenen archäologischen Tätigkeit wäre undenkbar gewesen ohne Hugh Lynn Cayce, die Edgar Cayce Foundation, Norrene und David Leary, Sam und Rufus Moseley, Arch und Ann Ogden, Ursula Martin und Joseph Jahoda. Angefangen von den prädynastischen Arbeiten bis hin zu diesem Buch ist all meine Arbeit letztlich der Ermutigung und dem Forscherdrang meiner Eltern Paul und Ethel Lehner zu verdanken, nicht zuletzt der Faszination, die das ferne Ägypten im weitab gelegenen North Dakota seit jeher auf meine Mutter ausgeübt hat.